Lehrbücher und Grundrisse

der

Rechtswissenschaft

Erster Band

Berlin 1963

WALTER DE GRUYTER & CO.

vormals G. J. Göschen'sche Verlagshandlung · J. Guttentag, Verlagsbuchhandlung
Georg Reimer · Karl J. Trübner · Veit & Comp.

Allgemeiner Teil

des

Bürgerlichen Gesetzbuches

Von

Professor Dr. jur. Dr. rer. pol. h. c. Dr. phil. h. c.

HEINRICH LEHMANN

in Köln

Vierzehnte, unveränderte Auflage

Berlin 1963

WALTER DE GRUYTER & CO.

vormals G. J. Göschen'sche Verlagshandlung · J. Guttentag, Verlagsbuchhandlung
Georg Reimer · Karl J. Trübner · Veit & Comp.

Archiv-Nr. 23 05 63 1
Satz und Druck: Walter de Gruyter & Co., Berlin 30

Dem Andenken

an

Ernst Zitelmann

geboren am 7. August 1852

zu Stettin

gestorben am 25. November 1923

zu Bonn

Vorwort zur zwölften Auflage

In der neuen zwölften Auflage habe ich mich bemüht, das Buch durch Nachträge und Ergänzungen auf den neuesten Stand zu bringen.

Köln, im Juni 1960 Heinrich Lehmann

Vorwort zur fünften Auflage

Der Allgemeine Teil des Bürgerlichen Gesetzbuches ist wieder in seine alten Rechte eingesetzt worden. Damit werden die Wünsche aller derer erfüllt, die das Bedürfnis empfinden, die Fülle des privatrechtlichen Stoffes von einem höheren Blickpunkt aus zu übersehen, die leitenden Grundgedanken herauszuarbeiten und zu einem einheitlichen Bau zu ordnen — also namentlich die Wünsche der Studenten, die bei dem Rechtsstudium nach der aufgehobenen nazistischen Studienordnung über mangelnden Überblick klagten, aber auch die Wünsche der fertigen Juristen, denen die Rechtsanwendung mehr als eine handwerksmäßige Fertigkeit in der Handhabe der einzelnen Gesetzesbestimmungen bedeutet.

Die Bedenken, die man in dem letzten Jahrzwölft gegen den Allgemeinen Teil geltend gemacht hat, lassen sich keinenfalls gegen die wissenschaftliche Herausarbeitung der Grundsätze erheben, die ein Rechtsgebiet beherrschen, sondern allenfalls gegen die gesetzliche Festlegung solcher Grundsätze durch vorzeitig verallgemeinerte Begriffe, also ehe das gesamte Tatsachenmaterial, für das sie in Betracht kommen, klar angeschaut und abgegrenzt ist. Das ist allerdings im Kernstück des Allgemeinen Teils, dem Abschnitt über Rechtsgeschäfte (§§ 104—185 BGB.), nicht überall hinreichend beachtet worden. Es ist eine Schwäche des Allgemeinen Teils, daß seine Vorschriften über die Rechtsgeschäfte, obwohl sie z. T. nur Abstraktionen aus den angeschauten Tatbeständen des individualrechtlichen Verkehrs unter Einzelpersonen sind, gleichwohl ihrem Wortlaut nach allgemeine Anforderungen für alle Rechtsgeschäfte enthalten. So hat sich in den verflossenen

Jahrzehnten immer mehr herausgestellt, daß diese Vorschriften der Eigenart der sozialrechtlichen Geschäfte, wie z. B. der des Verlöbnisses, der Gesellschaftsgründung, der Beitrittserklärung zur Gesellschaft, Beschluß und Abstimmung usw. nicht hinreichend gerecht werden. Das hat den Nachteil mit sich gebracht, daß ein vom Gesetzgeber in seiner Wesensart noch nicht richtig gewerteter sozialrechtlicher Tatbestand unter eine nicht passende Vorschrift gebracht wurde. Das wurde besonders bei der Einkleidung des Verlöbnisses in die Form eines „Vertrages" im Sinne des Allgemeinen Teils durch das Reichsgericht (RG. **61** 270 u. **80** 89) klar. Der Rechtsprechung fällt es erfahrungsgemäß viel schwerer, Restriktion zu treiben als sich zur Analogie zu entschließen, obwohl jene als ein Engerdenken der Norm aus dem vernünftigen Gesetzeszweck heraus genauso berechtigt und notwendig ist als diese, die den im Gesetz niedergelegten Grundgedanken für die nicht geregelten, aber gleich zu behandelnden Tatbestände zu Ende denkt.

Die mit den Abstraktionen des Allgemeinen Teils verbundene Gefahr läßt sich durch eine richtige Gesetzesanwendung mit diesen beiden Mitteln durchaus bannen, wenn die Rechtsprechung der Aufgabe gerecht wird, jeder Anwendung einer gesetzlichen Vorschrift eine sorgfältige Untersuchung der durch sie getroffenen Tatsachen und Lebensverhältnisse sowie des vernünftig begrenzten oder erstrebten Gesetzeszweckes vorangehen zu lassen. Das Gesetz will im Zweifel die vernünftige und gerechte Ordnung der Lebensverhältnisse evident machen, nicht aber diese unpassend zurechtstutzen.

In diesem Sinne verstanden und gehandhabt, verlieren die Vorschriften des Allgemeinen Teils das Bedenkliche zu weit getriebener Abstraktion. Statt ein Prokrustesbett der Lebenstatbestände werden sie ein unvergleichliches Mittel zur Beherrschung, systematischen Ordnung und gerechten Handhabung der positiven Rechtsnormen.

Köln, Weihnachten 1946

Heinrich Lehmann

Vorwort zur ersten Auflage

Der „Allgemeine Teil" des Bürgerlichen Gesetzbuches gibt keine inhaltliche Regelung der einzelnen Lebens- und Rechtsverhältnisse. Er enthält nichts darüber, wie z. B. Käufe oder Mietverträge abgeschlossen werden und wirken, wie man Eigentum erwirbt, die Ehe eingeht oder ein Testament macht usw.

Aber alle diese einzelnen Rechtsvorgänge und die dadurch begründeten Rechtsverhältnisse haben gemeinsame Bestandteile. Großen Einfluß hat beim Rechtserwerb und -verlust z. B. die Willenserklärung: Käufer und Mieter wird man grundsätzlich nur, wenn man eine darauf gerichtete Willenserklärung abgibt, ebenso ist es grundsätzlich bei Eigentumserwerb, Schließung der Ehe, Ernennung des Erben. Wichtigster Gegenstand rechtlicher Herrschaft sind die Sachgüter. Überall ist die Frage bedeutsam, wem die Rechte zustehen können: nur natürlichen Personen oder auch sonstigen menschlichen Einrichtungen wie Vereinen oder Stiftungen? Zudem eignet sämtlichen Rechten ein gleichmäßiges Grundgefüge.

So liegt es nahe, diese gemeinsamen Bestandteile auszuscheiden und der inhaltlichen Regelung der einzelnen Rechtsverhältnisse in einem allgemeinen Teil voranzustellen. Dadurch werden nicht bloß Wiederholungen vermieden, sondern es wird auch erst die geistige Beherrschung des Rechtsstoffs gewonnen. Selbst wenn das Gesetz unterlassen hätte, die Bildung solcher Grundbegriffe und Obersätze vorzunehmen, so müßte die Wissenschaft diese Arbeit leisten. Denn sie hat die Aufgabe, die Fülle des Rechtsstoffs unter letzte einheitliche Oberbegriffe zu bringen und das geistige Band zu knüpfen, das die Teile zu einem einheitlichen Ganzen zusammenfaßt. So haben auch schon die Lehrbücher des Gemeinen Rechts den einzelnen Rechtsgebieten einen allgemeinen Teil vorausgeschickt. Demgegenüber ist beim Bürgerlichen Gesetzbuch das Neue nur, daß das Gesetz dieses Verfahren angenommen hat und selber in einem ersten Buche, dem sog. „Allgemeinen Teil", seine Oberbegriffe und Leitsätze formt.

Der „Allgemeine Teil" bringt danach keine völligen Neuwerte, sondern enthält zum größten Teil altes Gedankengut, das Ergebnis jahrhundertelanger Gelehrtenarbeit. Abhängig ist er von der Vergangenheit schon in seinem Aufbau, der an die alte römische Dreiteilung erinnert, in das ius quod pertinet ad personas, ad res und ad actiones.

Dieser Grundriß gliedert sich teilweise anders als das Gesetz, namentlich wo es galt, das Verständnis des Anfängers nicht allzusehr zu erschweren; so ist z. B. das Personenrecht an den Schluß gestellt, wo es m. E. auch in der Vorlesung behandelt werden muß: es setzt die Kenntnis der Lehre vom Rechtsgeschäft voraus. Im Gesetzbuch fehlen Grundsätze über die Rechtsvorschriften selbst: sie sind in einer Einleitung als „Lehre vom objektiven Recht" kurz zusammengestellt.

Auf der andern Seite schien mir nicht ratsam, einen völligen Neubau im Gefüge des Allgemeinen Teils zu versuchen, so sehr auch die Aufgabe lockt und dereinst erfüllt werden muß. Aber jetzt ist die Zeit dafür noch nicht reif und dann warnt auch vor allzu eingreifenden Neuerungen der Zweck des Grundrisses.

Immerhin mögen die von mir beliebten Abweichungen sowie die gelegentlichen abwertenden Betrachtungen den Leser davor bewahren, Begriffsgebilde und gedanklichen Aufbau des „Allgemeinen Teils" zu überschätzen. Seine Begriffe sind keine allgemeingültigen Werte, keine unveränderlichen, bloß rechnerischen Größen, die man einfach auf die einzelnen Lebens- und Rechtsverhältnisse anzuwenden brauchte, um ihre Regelung als eine logisch-mathematische Lösung wie von einem Zähler abzulesen, sie sind selber erst aus den Einzelsätzen des geltenden Rechts abgeleitet und bedürfen deshalb steter Überprüfung nach ihrer Wirkung im Leben.

Schon der Anfänger muß sich recht frühzeitig darüber klar werden: Die Kunst des Juristen besteht nicht darin, die Rechtssätze von außen an die Dinge heranzubringen und ihren gesunden Lebenswuchs zurechtzustutzen, sondern das Recht aus den angeschauten Dingen, aus der greifbaren Wirklichkeit des frischen Lebens herauszuholen; jeder Begriff ist so auszulegen, daß er einen möglichst hohen Lebenswert hat, die Gerechtigkeit darbietet, die menschlichem Können erreichbar ist. Möglichst gerecht den Fall entscheiden, das ist in allem das Leitziel.

Heinrich Lehmann

Inhaltsverzeichnis

Der Allgemeine Teil (Buch 1) des Bürgerlichen Gesetzbuchs

Einleitung

Das deutsche bürgerliche Recht — die Lehre von den Rechtsvorschriften (vom objektiven Recht)

I. Buch des Bürgerlichen Gesetzbuches

Allgemeine Lehren

I. Teil

Die Lehre vom subjektiven Recht und seiner Ausübung

II. Teil

Die Lehre von der Entstehung, dem Untergang und der Veränderung der Rechte — Lehre vom Tatbestand

III. Teil

Die Lehre von den Rechtsobjekten (Gegenständen)

IV. Teil

Die Lehre von den Rechtssubjekten (Personen)

Verzeichnis der Abkürzungen

1. Die §§ des BGB. sind nur mit der Zahl zitiert. Bei allen übrigen Gesetzen erfolgt das Zitat unter abgekürzter Angabe der Gesetzesstelle, etwa: EG. 2 = Einführungsgesetz zum BGB. Art. 2.

2. Auf andere Stellen dieses Buches wird durch den Vorsatz „oben“ oder „unten“ hingewiesen.

3. Einzelne Abkürzungen.

AcP.	= Archiv für zivilistische Praxis.
AG.	= Ausführungsgesetz zum BGB.
AktG.	= Aktiengesetz vom 30. Januar 1937.
ALR.	= Preußisches Allgemeines Landrecht.
ArchöffR.	= Archiv für öffentliches Recht.
AV.	= Ausführungsverordnung.
BGB.	= Bürgerliches Gesetzbuch für das Deutsche Reich.
BelZG.	= Preußisches Gesetz über den Belagerungszustand vom 4. 6. 1851.
Bensh.	= Entscheidungen des Reichsarbeitsgerichts und der Landesarbeitsgerichte, Verlag Bensheimer.
BGH.	= Entscheidungen des Bundesgerichtshofes in Zivilsachen, seit 1951.
BRV.	= Bundesratsverordnung.
BürgA.	= Archiv für bürgerliches Recht.
DDR.	= Deutsche Demokratische Republik.
Denkschr.	= Denkschrift zum BGB.
DJZ.	= Deutsche Juristenzeitung.
DR.	= Deutsches Recht, an Stelle der Juristischen Wochenschrift getreten.
DRZsch.	= Deutsche Rechts-Zeitschrift. Herausgegeben von Karl S. Bader, Freiburg i. Br.; Verlag J. C. B. Mohr, Tübingen.
DogmJ.	= Jherings Jahrbücher für die Dogmatik des heutigen römischen und deutschen Privatrechts, jetzt des bürgerlichen Rechts.
EG.	= Einführungsgesetz.
EGBGB.	= Einführungsgesetz zum Bürgerlichen Gesetzbuch vom 18. 3. 1896.
FrGG.	= Reichsgesetz über die Angelegenheiten der freiwilligen Gerichtsbarkeit vom 17. 5. 1898.
G.	= Gesetz.
GG.	= Grundgesetz für die Bundesrepublik Deutschland v. 23. 5. 1949.
GBO.	= Grundbuchordnung.
GewO.	= Gewerbeordnung für das Deutsche Reich.
Gruchot	= Beitr. zur Erläuterung des deutschen Rechts, begründet von J. Gruchot.
Grünhut	= Zeitschrift für das Privat- und öffentliche Recht von Grünhut.
GVG.	= Gerichtsverfassungsgesetz für das Deutsche Reich vom 27. 1. 1877, 22. 3. 1924.
HaftpflG.	= Gesetz betr. die Verbindlichkeit zum Schadenersatz für die bei dem Betriebe von Eisenbahnen, Bergwerken usw. herbeigeführten Tötungen und Körperverletzungen vom 7. 6. 1871.
HdwbR.	= Handwörterbuch der Rechtswissenschaft.
HGB.	= Handelsgesetzbuch vom 10. 5. 1897.
HEZ.	= Höchstrichterliche Entscheidungen in Zivilsachen, seit 1948.

JRdsch. = Juristische Rundschau, seit 1925.
JW. = Juristische Wochenschrift.
JZ. = Juristenzeitung, seit 1951.
KO. = Konkursordnung.
KrfG. = Kraftfahrzeuggesetz.
KunstUrhG. = Gesetz betr. das Urheberrecht an Werken der bildenden Künste und der Photographie vom 9. 1. 1907/22. 5. 1910.
LitUrhG. = Gesetz betr. das Urheberrecht an Werken der Literatur und der Tonkunst vom 19. 6. 1901/22. 5. 1910.
LZ. = Leipziger Zeitschrift für deutsches Recht.
Mot. = Motive zum Entwurf eines BGB. (amtliche Ausgabe).
NJW. = Neue Juristische Wochenschrift seit 1947.
OGHbrZ. = Entscheidungen des Obersten Gerichtshofes für die brit. Zone in Zivilsachen von 1948—1950.
OLG. = Rechtsprechung der Oberlandesgerichte, herausgegeben von Mugdan und Falkmann.
PStG. = Personenstandsgesetz vom 8. 8. 57.
PostG. = Gesetz über das Postwesen des Deutschen Reiches vom 28. 10. 1871/20. Dezember 1899/5. Februar 1925/13. 12. 1933.
PrV. = Preußische Verfassungsurkunde vom 30. 11. 1920.
Prot. = Protokolle der Kommission für die II. Lesung des Entwurfs des BGB., bearbeitet von Achilles u. a.
Recht = Das Recht, Rundschau für den deutschen Juristenstand.
RdA. = Recht der Arbeit.
RG. = Entscheidungen des Reichsgerichts in Zivilsachen.
RGRKomm. = Kommentar von Reichsgerichtsräten zum BGB.
RGStr. = Entscheidungen des Reichsgerichts in Strafsachen.
RGWarn. = Warneyer, Rechtsprechung des Reichsgerichts.
RV. = Gesetz betr. Verfassung des Deutschen Reiches vom 16. 4. 1871.
RVerf. oder WeimV. = Verfassung des Deutschen Reiches vom 11. 8. 1919.
RvglHdwb. = Rechtsvergleichendes Handwörterbuch für das Zivil- und Handelsrecht des In- und Auslandes.
RVerG. = Reichsvereinsgesetz vom 19. 4. 1908.
RVO. = Reichsversicherungsordnung.
SeuffA. = Seufferts Archiv für Entscheidungen der obersten Gerichte.
SeuffBl. = Seufferts Blätter für Rechtsanwendung.
StGB. = Strafgesetzbuch für das Deutsche Reich vom 15.5.1871/25.8.1953.
SüddJZ. = Süddeutsche Juristenzeitung. Herausgegeben von Geiler u. a. Verlag Lambert Schneider, Heidelberg.
UnlWG. = Gesetz zur Bekämpfung des unlauteren Wettbewerbs vom 27. 5. 1896, 7. 6. 1909.
VO. = Verordnung.
WarenzeichenG. = Gesetz zum Schutze der Warenbezeichnungen vom 18. 7. 1953.
Warn. = Warneyer, Jahrbuch der Entscheidungen.
WG. = Wechselgesetz vom 21. 6. 1933.
ZfHR. = Zeitschrift für das gesamte Handelsrecht.
ZentrBlfHR. = Zentralblatt für Handelsrecht.
ZPO. = Zivilprozeßordnung.
ZVG. = Gesetz über die Zwangsversteigerung und Zwangsverwaltung vom 24. 3. 1897.

Einleitung

Das deutsche bürgerliche Recht
Die Lehre von den Rechtsvorschriften (vom objektiven Recht)

I. Abschnitt

Begriff des deutschen bürgerlichen Rechts §1

Gustav Boehmer, Grundlagen der Bürgerlichen Rechtsordnung, I. Buch, 1950.

I. Das bürgerliche Recht ist Privatrecht.

Die Rechtsnormen, die das gesellschaftliche Zusammenleben der Menschen regeln, teilen wir herkömmlicherweise ein in öffentliches Recht und in Privatrecht („Bürgerliches" oder „Zivilrecht").

Das öffentliche Recht regelt die Beziehungen des Einzelnen zu Staat und öffentlichen Verbänden (Provinz, Kreis, Stadt- und Landgemeinde) und die Beziehungen dieser Verbände zueinander; es regelt sie unter dem Gesichtspunkt grundsätzlicher Über- und Unterordnung. Kurz gesagt: das öffentliche Recht ist das Recht der öffentlichrechtlichen Verbände, d. h. der mit Herrschaftsgewalt ausgestatteten Gemeinwesen, es ist das Recht der gemeinnützigen Machtverhältnisse.

Das Privatrecht dagegen regelt die Verhältnisse der einzelnen Rechtsgenossen als Einzelner unter dem Gesichtspunkt grundsätzlicher Gleichberechtigung. Privatrecht ist Recht für beliebige Einzelne, es ist das Recht der eigennützigen Machtverhältnisse.

Dem öffentlichen Recht gehören z. B. an die Vorschriften über Erwerb und Verlust der Staatsangehörigkeit, über Wahlrecht, Steuerpflicht, Mitwirkung bei der Gerichtsbarkeit. – Dem Privatrecht gehören an die Vorschriften über das Eigentum und die dinglichen Rechte, über Kauf, Miete, Darlehn, über die familien- und erbrechtlichen Beziehungen usw.

Entscheidend für den Rechtscharakter einer Vorschrift ist im Zweifel ihr Zweck. Ist für die Zumessung der Rechte und Pflichten das Interesse der Gesamtheit ausschlaggebend, so liegt ein Satz des öffentlichen Rechts vor. Beim Privatrecht sind dagegen die Interessen des Einzelnen das zunächst Bestimmende. Freilich sind auch die Normen des bürgerlichen Rechts in letzter Linie dazu bestimmt, die Lebensbedingungen der Gemeinschaft zu sichern, gerade wie umgekehrt die Normen des öffentlichen Rechts auch das Wohl des Einzelnen fördern wollen. Entscheidend ist die Reihenfolge der Zwecke. Beim öffentlichen Recht ist der nächste Zweck die Wahrung der Gesamtbelange, während das beim bürgerlichen Recht der entferntere Zweck ist. Seine Vorschriften suchen dem Wohl der Gesamtheit zu dienen, indem sie dem Einzelnen einen geschützten Machtkreis zuweisen, innerhalb dessen er seine Persönlichkeit frei entfalten kann. Ausbildung und Entfaltung der freien Einzelpersönlichkeit zu gewährleisten, das ist Aufgabe und Leistung des Privatrechts.

Der kritische Blick sieht freilich bald, daß sich die Scheidung zwischen öffentlichem und privatem Recht zwar theoretisch unschwer vornehmen läßt, daß aber im einzelnen Rechtsverhältnis oft öffentlichrechtliche und privatrechtliche Bestandteile verschmelzen. Die Ordnung der Familienbeziehungen ist nicht ohne eine gewisse Über- und Unterordnung denkbar. Auch die Einzelnen können sich zu Verbänden (Vereinen oder Gesellschaften) zusammenschließen, die als niedere oder privatrechtliche Verbände zwar zu dem Staat und den öffentlichrechtlichen Verbänden im Gegensatz stehen, aber doch überindividuelle, soziale Zwecke verfolgen. Die „Sozialisierung" führt zur Umformung rein privatrechtlicher Verhältnisse unter dem Gesichtspunkt des Gemeininteresses. So wird beim Privateigentum in Art. 14 GG. ebenso wie schon in Art. 153 Weim. RV. betont, daß es auch dem Gemeinwohl zu dienen habe. Dementsprechend sind im Grundstücksrecht eine Anzahl neuer Bindungen entstanden, die zum Teil öffentlichrechtlichen Charakter haben. Die Vertragsfreiheit ist in der Zeit nach dem ersten Weltkrieg stark beschnitten worden, indem Rechtsverhältnisse unter Privaten in gewissen Fällen durch Verwaltungsakt begründet oder verändert werden können (man denke an Miet-, Pacht- und Arbeitsrecht). So stehen beispielsweise Ehe und Familie nach Art. 6 GG. unter dem besonderen Schutz der staatlichen Ordnung. Mit fortschreitender Durchdringung des Privatrechtes mit öffentlichrechtlichen Bestandteilen, d. h. mit dem fortschreitenden Ausgleich des Gegensatzes zwischen Einzelperson und Gesamtheit wird deshalb der Wert der Scheidung immer fraglicher.

Folglich darf es nicht wundernehmen, daß jeder Unterschied zwischen privatem und öffentlichem Recht geleugnet worden ist; so namentlich von Hans Kelsen und seiner Schule. Kelsen will das Recht ausschließlich als formale Ordnung begreifen und lehnt deshalb eine Scheidung nach der Art der geschützten Interessen, also nach dem Inhalt der Normen, als unzulässig ab. Jeder Rechtssatz und jedes subjektive Recht könne sowohl als im öffentlichen wie im privaten Interesse stehend angesehen werden. Vom Standpunkt der Gesamtheit aus gesehen, sei jeder Rechtssatz öffentlichrechtlicher Natur. Alles Recht sei Staatsrecht, jeder Staat sei Rechtsstaat.

Eine solche Mißachtung der Rechtsinhalte ist als einseitig zu verwerfen. Ein stoffloses Recht ist ein Unding. „Wer wie Kelsen die Verwendung des Zweckmoments in der juristischen Wissenschaft für unzulässig erklärt, schneidet sich überhaupt jegliche Möglichkeit juristischer Begriffsbildung ab." (So zutreffend A. Baumgarten, Die Wissenschaft vom Recht und ihre Methode, Bd. II, S. 10.)

Auch unter der Herrschaft des Nazismus wurde der Unterschied von vielen geleugnet, weil alles Recht nur dem Gemeinwohl zu dienen habe — eine Überspannung, die die Belange der Einzelpersönlichkeit mißachtete. Demgegenüber ist daran festzuhalten, daß man durch Zurückgreifen auf den primären Zweck der Rechtssätze zu einer wissenschaftlich haltbaren Scheidung des objektiven Rechts in zwei Hauptbestandteile: öffentliches und privates Recht kommen kann. Wo ein öffentlichrechtlicher Verband als solcher, d. h. als Träger öffentlicher Gewalt am Rechtsverhältnis beteiligt ist, hat dieses öffentlichrechtlichen Charakter (Subjektstheorie): vgl. RG. 166, 226; 167, 284. Ob im einzelnen (typischen) Fall eine solche Beteiligung vorliegt, kann freilich nicht immer aus dem Inhalt der Rechtsnorm ohne weiteres entnommen, sondern nur nach eingehender Erforschung der in

Betracht kommenden Interessen und Zwecke der Norm entschieden werden, hängt davon ab, ob der unmittelbare Zweck der Norm die Wahrung der Interessen der Allgemeinheit ist oder nicht. Ja bei einer noch schärferen Sonderung der durch das objektive Recht geschützten Interessen dürfte sich diese Zweiteilung durch eine Dreiteilung fruchtbringend ersetzen lassen. Nach dem Vorgang O. v. Gierkes (Deutsches Privatrecht I 26ff.) kann man unterscheiden:

1. Normen, die die Sonderinteressen des Einzelnen als solche schützen wollen und dementsprechend eigenartig persönliche, eigennützige Machtverhältnisse schaffen — Privatrecht im eigentlichen Sinne;

2. Normen, die die Interessen des Staates, also des herrschenden, mit unabhängiger Herrschaftsgewalt ausgestatteten Gemeinwesens und seiner Teile (Provinz, Kreis, Gemeinde) schützen wollen und dementsprechend gemeinnützige Machtverhältnisse begründen — öffentliches Recht im strengen Sinne;

3. Normen, die die Interessen der sozialen Verbände, der Gesellschaft und ihrer Teile (Berufsklassen, Vereine, Gesellschaften, Familie) schützen wollen und das durch Begründung teils eigennütziger, teils gemeinnütziger Machtverhältnisse tun — Verbands- oder Sozialrecht.

Die Vorschriften, die die Verbandsinteressen schützen, sind zum Teil die gleichen, wie die Vorschriften, die die Einzelinteressen garantieren (Vertrags-, Gewerbe-, Vereinsfreiheit, Familien- und Erbrecht).

Zum Teil schützt der Staat auch die Gesellschaftsinteressen wie eigene, macht sie geradezu zu staatlichen (gutes Beispiel: Schutz der Arbeitskraft in Art. 24 der Verfassung von Nordrhein-Westfalen). Im sozialistischen Staat nähert sich die Verstaatlichung der gesellschaftlichen Interessen dem Maximum. So erklärt sich, daß das Sozialrecht zum Teil im Privatrecht enthalten, zum Teil im Rahmen des öffentlichen Rechts mitgestaltet und entwickelt ist. Immerhin gibt es Gebilde, die in ihrer Eigenart, weder durch das Privatrecht befriedigend geregelt werden, noch auch als rein staatliche behandelt werden können, die eben gesellschaftlich zu regeln sind, z. B. Truste und Kartelle, Tarifgemeinschaften.

4. Endlich gibt es Normen, die die Interessen der staatlichen Verbände als Inhaber höchster Gewalt im Verhältnis zueinander schützen wollen, die die internationale Interessengemeinschaft zur Rechtsgemeinschaft erheben — Völkerrecht — und Normen, die Wechselbeziehungen des weltlichen Verbandes zum geistlichen Verband regeln — Kirchenrecht.

Für das Privatrecht, das die Einzelnen als solche miteinander in Beziehung setzt, gilt Gleichordnung; für das öffentliche Recht, das die Beziehungen des Einzelnen zum Verband regelt, gilt Über- und Unterordnung. Dagegen finden sich beide Gestaltungsprinzipien im Sozialrecht (z. B. grundsätzliche Gleichordnung der Gatten, Überordnung der Eltern). Das Völkerrecht verbindet die Staaten grundsätzlich als gleichgeordnete Gemeinwesen, erst die Ausbildung eines wirklichen Völkerbundes würde auch hier Verhältnisse der Über- und Unterordnung schaffen.

Zur Zeit wird man freilich an der Zweiteilung zwischen Privatrecht und öffentlichem Recht schon mit Rücksicht auf das positive Recht festhalten müssen. Zwar ist der Rechtsweg heute auch gegen jegliche Maßnahmen öffentlichrechtlicher Art geöffnet (Art. 19 IV GG.), jedoch sind privatrechtliche Ansprüche grundsätzlich vor den ordentlichen Gerichten zu verfolgen (§ 13 GVG.), während öffentlichrechtliche Ansprüche im Regelfall vor den Verwaltungsgerichten geltend zu machen sind. Immerhin erleichtert die hier versuchte Einteilung das Verständnis dafür, daß sich in so vielen Rechtsverhältnissen öffentlichrechtliche und privatrechtliche Bestandteile verschmelzen, und daß die Grenzen zwischen Privat- und öffentlichem Recht vielfach unsicher sind und sich ständig verschieben.

Vgl. zu den Theorien über öffentliches und privates Recht Stier-Somlo (Reichs- und Landesstaatsrecht, Bd. 1, Grundrisse XVIII, 1ff.), sowie Weyr, Zum Problem eines einheitlichen Rechtssystems (Arch. öff. R. 23, 529—580), Kelsen, Hauptprobleme der Staatsrechtslehre 1911, und allgemeine Staatslehre 1925; Staat und Recht (i. d. Kölner Vierteljahrsheften für Sozialwissenschaften, II. Jahrg., 4. Heft); Koellreuter, HdwbRw. IV 265; Molitor, Über öffentliches Recht und Privatrecht (1949); Boehmer, Bd. I S. 164f.; H. J. Wolff, Der Unterschied zwischen öff. u. priv. Recht, AöR. 76, 205ff.

II. Unter bürgerlichem Recht im Sinne der Darstellung ist nur zu verstehen das gegenwärtig geltende deutsche Privatrecht.

Das deutsche bürgerliche Recht ist, wie die Rechtsordnungen aller Kulturvölker, nicht stets inhaltsgleich gewesen, sondern ist das Ergebnis einer langen geschichtlichen Entwicklung. Wenn auch die Darstellung des allgemeinen Teils nur das gegenwärtig geltende Recht zum Gegenstand hat, so muß man sich doch diesen Entwicklungsgang in großen Zügen vergegenwärtigen. Ohne Kenntnis des geschichtlichen Unterbaues ist das Gegenwartsrecht nicht voll verständlich.

III. Das bürgerliche Recht im engeren, hier in Betracht kommenden Sinne umfaßt aber nicht einmal das ganze geltende deutsche Privatrecht sondern nur einen Ausschnitt daraus. Seit Erlaß des Bürgerlichen Gesetzbuches versteht man darunter nur das für jedermann geltende Privatrecht, das auf dem Bürgerlichen Gesetzbuch und seinen Ergänzungsgesetzen beruht.

Im Gegensatz dazu stehen:

a) die privatrechtlichen Sätze, die für besondere Lebenskreise gelten, wie das Handelsrecht, das im wesentlichen Kaufmannsrecht ist, das Gewerberecht, soweit es die privatrechtlichen Interessen der gewerblichen Unternehmungen regelt, das Arbeitsrecht, das das Arbeitsverhältnis der abhängigen Arbeitnehmer normiert usw.

b) die privatrechtlichen Sätze, die für besondere Güterkreise in Sondergesetzen niedergelegt sind, wie das Urheberrecht, Patentrecht, Verlagsrecht usw., die gewissen Erzeugnissen der schöpferischen Tätigkeit Rechtsschutz verleihen.

II. Abschnitt

Die Vorgeschichte des Bürgerlichen Gesetzbuchs, seine Entstehung und Weiterentwicklung

Zur Entwicklung des deutschen Zivilrechts seit dem Zusammenbruch vgl. AcP. Bd. 150, 52f.; Gustav Boehmer, Grundlagen der Bürgerl. Rechtsordnung, II. Buch, 1. Abt. 1951; Franz Wieacker, Privatrechtsgeschichte der Neuzeit, 1952; Isele, Ein halbes Jahrhundert Deutsches Bürgerliches Gesetzbuch, AcP. 150, 1.

I. Vorgeschichte.

1. Die Rezeption und die Entwicklung bis zu den landesrechtlichen Kodifikationen.

Gegen Ausgang des Mittelalters ist das römische Recht (samt kanonischem Recht und langobardischem Lehnsrecht) als geltendes Recht in Deutschland aufgenommen worden (sogenannte Rezeption). Das geschah allmählich durch die Übung der Gerichte, bei denen die gelehrten Richter die volkstümlichen Laienrichter ersetzten. Das einheimische Recht wurde zum größten Teil verdrängt. Eine wirkliche Rechtseinheit brachte die Rezeption gleichwohl nicht. Denn nach deutschrechtlicher Auffassung ging das Recht des engeren Lebens- und Rechtskreises dem des weiteren vor: „Willkür bricht Stadtrecht, Stadtrecht bricht Landrecht, Landrecht bricht Reichsrecht." Das römische Recht erhielt nur aushilfsweise (subsidiäre) Geltung. Die Rechtszersplitterung, die für das mittelalterliche deutsche Recht kennzeichnend war, bestand also zum Teil weiter.

Bald setzte auch eine Gegenbewegung ein, die einmal das römische Recht den deutschen Verhältnissen anzupassen suchte, dann aber auch bemüht war, deutsche Anschauungen festzuhalten oder zu erneuter Geltung und Anerkennung zu bringen.

Weitergebildet wurde das römische Recht vornehmlich im Wege der Gewohnheit durch die Rechtsprechung; die Reichsgesetzgebung betätigte sich wenig im Privatrecht. Das deutsche Recht erhielt sich in den Partikularrechten, die fortbestehen blieben und ihren Vorrang vor dem römischen Recht behielten (namentlich das gemeine Sachsenrecht, ius commune Saxonicum).

2. Die großen landesrechtlichen Kodifikationen.

Mit dem Niedergang des Heiligen Römischen Reichs Deutscher Nation ging die Gesetzgebungsgewalt über auf die landesherrliche Gewalt. Zunächst unternahm diese nur die Einzelregelung bestimmter Rechtsverhältnisse.

Mit ihrem Erstarken aber regte sich der Gedanke einer Kodifikation, d. h. einer gesetzlichen Neugestaltung des Landesrechts als eines Ganzen. Fördernd wirkten in dieser Richtung die naturrechtliche und die völkische Strömung, die sich in dem Verlangen vereinigten nach einem in deutscher Sprache verfaßten Gesetzbuch, das die brauchbaren Teile des römischen Rechts mit den lebenskräftigen Gedanken und Einrichtungen des deutschen Rechts verschmelzen und so Sicherheit und Einheitlichkeit des Rechtszustands bebegründen sollte.

Für das Reich konnte man sich zu einer derartigen gesetzgeberischen Tat nicht mehr aufschwingen, dagegen hatte in den Einzelstaaten der Kodifikationsgedanke große Erfolge.

In Betracht kommen namentlich außer dem 1756 für Bayern erlassenen (v. Kreittmayer) Codex Maximilianeus Bavaricus civilis, der dem Gemeinen Recht subsidiäre Geltung beließ:

a) Das Allgemeine Landrecht für die preußischen Staaten, verkündet 5. Februar 1794, in Kraft seit 1. Juni 1794;

b) der Code civil oder Napoleon (unter Mitwirkung Napoleons entstanden) vom 20. März 1804;

c) das Badische Landrecht von 1809, in der Hauptsache eine deutsche Übersetzung des Code civil;

d) Das Allgemeine bürgerliche Gesetzbuch für die gesamten Erbländer der österreichischen Monarchie vom 1. Juni 1811;

e) das Bürgerliche Gesetzbuch für das Königreich Sachsen, verkündet 2. Januar 1863, in Kraft seit 1. März 1865.

Durch die landesrechtlichen Kodifikationen wurde zwar für ihr Geltungsgebiet ein einheitliches Privatrecht geschaffen, für Deutschland dagegen die durch die Rezeption gewonnene teilweise Rechtseinheit wieder zerstört. Den Ländern des kodifizierten Rechts standen die Gebiete gegenüber, in denen das Gemeine Recht seine Hilfsgeltung behielt. Danach waren in Deutschland vier große Rechtsgebiete zu unterscheiden: das des preußischen Landrechts, des französischen Rechts, des sächsischen Rechts und des Gemeinen Rechts. Selbst Preußen zerfiel in drei Privatrechtsgebiete: in der Rheinprovinz galt der Code civil, in den östlichen Provinzen und Westfalen das Allgemeine Landrecht und in den 1866 erworbenen Landesteilen das Gemeine Recht.

Helfen konnte aus dieser Zersplitterung nur eine reichsrechtliche Neuordnung (Kodifikation).

3. Die Rechtsgleichheitsbestrebungen.

Dem Deutschen Bund (1815—1866) fehlte die Gesetzgebungsgewalt; er war nur ein völkerrechtlicher Verband. Er konnte aber Gesetzesentwürfe beraten lassen und ihre Annahme den einzelnen Staaten empfehlen. Gesetzeskraft vermochten diese Entwürfe nur durch Erlaß als einzelstaatliche Gesetze zu erlangen. So sind zwei vortreffliche Gesetze, die deutsche Wechselordnung (1848) und das Allgemeine deutsche Handelsgesetzbuch (1861) entstanden. Dadurch wurde freilich kein gemeines (d. h. aus einer gemeinsamen Quelle geflossenes), sondern nur allgemeines (d. h. tatsächlich übereinstimmendes) Recht geschaffen.

Diese beiden Gesetzeswerke sind das Ergebnis der gleich mit den Freiheitskriegen einsetzenden Bestrebungen nach einem einheitlichen und deutschen Recht.

Bereits 1814 forderte der Heidelberger Rechtslehrer Justus Thibaut ein gemeinsames Gesetzbuch in einer Flugschrift: Über die Notwendigkeit eines allgemeinen bürgerlichen Rechts für Deutschland.

Gegen ihn wandte sich noch im selben Jahre v. Savigny in seinem, das Programm der historischen Rechtsschule enthaltenden Buche „Vom Beruf unsrer Zeit für Gesetzgebung und Rechtswissenschaft". Er bekämpfte den Vorschlag Thibauts: 1. weil Preußen und Österreich doch nicht auf ihre eben geschaffenen Gesetzbücher verzichten würden, 2. weil der Zeit die Fähigkeit fehle, ein gutes Gesetzbuch hervorzubringen, 3. weil eine brauchbare Rechtssprache noch mangele.

Die Auffassung Savignys trug damals den Sieg davon, es blieb alles beim alten. Erst die deutsche Nationalversammlung 1849 gab dem Verlangen nach einem einheitlichen bürgerlichen Recht wieder kräftigeren Ausdruck. Es kam jedoch nur zum Erlaß der Wechselordnung und des Handelsgesetzbuches sowie zur Arbeit an einem Entwurf eines gemeinsamen Obligationenrechts (übrigens gegen den Widerspruch Preußens). Dieser wurde unmittelbar vor Auflösung des Bundes 1866 fertiggestellt (sog. Dresdener Entwurf).

4. Die Gesetzgebung des Norddeutschen Bundes und des Reichs bis zum BGB.

Nach der Verfassung des Norddeutschen Bundes vom 17. April 1867 war dieser ein Bundesstaat mit einer einheitlichen Zentralgewalt und dem Recht unmittelbarer Gesetzgebung für das Bundesgebiet. Art. 4 Nr. 13 der Reichsverfassung vom 16. April 1871 beschränkte freilich die Gesetzgebung — was das Privatrecht anging — auf das Obligationen-, Handels- und Wechselrecht.

Erst ein fünfmal wiederholter Antrag Miquel-Lasker brachte durch das G. vom 20. Dezember 1873 die Ausdehnung der Zuständigkeit zur Gesetzgebung auf das gesamte bürgerliche Recht. Damit war endlich die Grundlage zum einheitlichen Neubau des Privatrechts für das ganze Reich gelegt. Einer erneuten Rechtszersplitterung war durch Art. 2 der Reichsverfassung von 1871 vorgebeugt, wonach die Reichsgesetze den Landesgesetzen vorgehen.

II. Die Entstehung des Bürgerlichen Gesetzbuchs.

1. 1874 wurde eine Vorkommission eingesetzt, die über Plan und Arbeitsweise Vorschläge machen sollte.

2. Nach ihrem Gutachten beschloß der Bundesrat 1874 die Einsetzung einer Kommission zur Ausarbeitung des Entwurfs. Diese bestand aus elf Mitgliedern unter Vorsitz des Reichsoberhandelsgerichtspräsidenten Pape. Zwei Mitglieder waren Theoretiker (Windscheid und Roth), die übrigen neun Praktiker (vornehmlich Planck). Zuerst wurden von fünf Redaktoren für die fünf Bücher Teilentwürfe hergestellt in siebenjähriger Arbeit. 1881 begannen die gemeinsamen Beratungen. Erst 1887 wurde der fertiggestellte Entwurf dem Reichskanzler übergeben mit Motiven, die von Hilfsarbeitern ohne Verantwortung der Kommission hergestellt waren.

Der sog. I. Entwurf wurde samt den Motiven 1888 veröffentlicht und erfuhr eine herbe Kritik, mehr Widerspruch als Zustimmung. Man warf ihm vor eine überromanistische, doktrinäre, undeutsche, unsoziale Haltung und eine schwerfällige, unverständliche Ausdrucksweise. Als scharfe Kritiker traten namentlich hervor Gierke, Bähr (der einen vollständigen Gegenentwurf vorlegte), Menger (Das bürgerliche Recht und die besitzlosen Klassen, 1890), sowie eine Reihe von Verfassern (Zitelmann u. a.) in den von Becker und Fischer herausgegebenen „Beiträgen zur Erläuterung und Beurteilung des Entwurfs eines BGB.".

Völlig zutreffend war der Tadel der Form, die Sprache war ein Schriftdeutsch schlimmster Sorte, die vielen Verweisungen erschwerten das Verständnis ungeheuer (vgl. noch heute §§ 581, 543, 539—541, 460, 464, 469—471 und 651 BGB.). Der Inhalt war besser, ein Auszug aus der damaligen Zivilistik, aber teilweise zu romanistisch, zu dogmatisch und konstruktiv, nahm zu wenig Rücksicht auf die Bedürfnisse des Lebens und die Lage der wirtschaftlich Schwachen (die Kommission hatte am grünen Tisch ohne Fühlung mit den Vertretern der wirtschaftlichen Berufsstände gearbeitet), war zu kleinlich, dem Richter zu wenig Vertrauen schenkend. Immerhin war der Entwurf wertvoll als Grundlage für eine erneute Bearbeitung.

3. 1890 betraute der Bundesrat mit der Umarbeitung eine zweite Kommission. Zu ihr wurden neben Fachleuten nun auch Vertreter der verschiedenen wirtschaftlichen Interessentenkreise zugezogen, ebenso Vertreter der größten Reichstagsparteien.

Planck wurde zum Generalreferenten bestellt. 1895 war die Umarbeitung vollendet. Aber schon vorher veröffentlichte man wöchentlich die Beschlüsse der Kommission durch den Reichsanzeiger, nicht minder jedes Buch nach seiner Fertigstellung (sog. Teilentwürfe II. Lesung). Nach einer Schlußredaktion wurde die Arbeit Ende Oktober 1895 dem Bundesrat als Ganzes vorgelegt (Bundesratsvorlage, zweiter Entwurf [E. II]). Im Anschluß daran beriet man den Entwurf des Einführungsgesetzes.

1898 ist der II. E. im Druck erschienen, ebenso erschienen die Protokolle der II. Kommission 1897—1899. Der Entwurf hatte in dieser Fassung 6 Bücher; in einem 6. Buch waren die Vorschriften zum sog. Internationalen Privatrecht enthalten.

4. Der Bundesrat nahm den Entwurf 1896 mit den von seinem Justizausschuß beantragten unerheblichen Änderungen an. Das Internationale Privatrecht wurde ins Einführungsgesetz verwiesen. Der Reichskanzler legte den Entwurf 1896 dem Reichstag mit einer im Reichsjustizamt ausgearbeiteten Denkschrift vor — Reichstagsvorlage.

5. Der Reichstag verwies nach der 1. Lesung den Entwurf an eine Kommission von 21 Mitgliedern. Nach der Beratung in zwei Lesungen (dazu Kommissionsberichte) erfolgte die zweite und dritte Lesung im Parlament. Am 1. Juli 1896 wurden BGB. und EG. in namentlicher Abstimmung angenommen.

Von 288 anwesenden Abgeordneten stimmten 222 dafür, 48 dagegen, 18 enthielten sich; 50 Mitglieder fehlten.

Die vom Reichstag beschlossenen Änderungen sind gleichfalls nicht sehr erheblich, insbesondere verdankt das eigenhändige Testament des französischen Rechts seine Aufnahme ins Gesetz dem Reichstag; abgeändert wurden ferner Eherecht und Vereinsrecht.

6. Der Bundesrat trat am 14. Juli 1896 den Reichstagsbeschlüssen bei. Am 18. August 1896 wurde das Gesetz vom Kaiser unterschriftlich vollzogen, als Tag des Inkrafttretens wurde der 1. Januar 1900 bestimmt.

Abgeändert wurden bis zum ersten Weltkrieg nur wenige Vorschriften; § 72 durch § 22 des ReichsvereinsG. und § 833 (Haftung des Tierhalters) durch G. vom 30. Mai 1908.

III. Die Nebengesetze des BGB., die Anpassung älterer Reichsgesetze, landesrechtliche Ausführungsgesetze.

1. Zur Ergänzung des BGB., namentlich im Hinblick auf das Verfahren,

wurden gewisse Fragen des bürgerlichen Rechts in drei gleichzeitig in Kraft getretenen Sondergesetzen geregelt — sog. Nebengesetze.

a) Die Grundbuchordnung vom 24. März 1897,

b) das Gesetz über die Zwangsversteigerung und Zwangsverwaltung vom 24. März 1897,

c) das Gesetz über die Angelegenheiten der freiwilligen Gerichtsbarkeit vom 17. Mai 1898.

2. Änderungen erlitten auch einige ältere Reichsgesetze, die dem neuen bürgerlichen Recht angepaßt wurden.

So das Handelsgesetzbuch, das Gerichtsverfassungsgesetz, die Zivilprozeßordnung, die Konkursordnung, das Strafgesetzbuch, die Strafprozeßordnung, die Gewerbeordnung, das Gesetz über die Beurkundung des Personenstandes und die Eheschließung usw.

3. Endlich hat die Neugestaltung des Privatrechts in sämtlichen Einzelstaaten landesrechtliche Vorschriften zur Ausführung des BGB., sog. Ausführungsgesetze nötig gemacht. Außerdem sind zahlreiche landesherrliche und ministerielle Verordnungen ergangen.

IV. Einfluß von Krieg und Revolution auf das BGB. — Die Weimarer Reichsverfassung. — Die nationalsozialistische Bewegung. — Das Bonner Grundgesetz.

Der Weltkrieg 1914—1918 und die Novemberrevolution von 1918 haben auf die Weiterentwicklung des Privatrechts einen großen Einfluß gehabt, der allerdings weniger in bestimmten gesetzgeberischen Eingriffen in die Paragraphenwelt des BGB. zutage trat als in einer durch das Vordringen der Sozialisierungsidee bewirkten Umformung unseres Denkens und damit unserer Rechtsprechung sowie in gewissen zunächst nur programmatisch in der Weimarer Reichsverfassung ausgesprochenen Grundforderungen.

Der Sozialisierungsgedanke wurde dabei nicht im engeren technischen Sinne verstanden, wonach er auf Aufhebung des Sondereigentums an den Produktionsmitteln zugunsten der Gesamtheit hinausläuft, sondern in dem weiteren Sinne einer sozialen Ausgestaltung des menschlichen Gemeinschaftslebens, die den Schutz des wirtschaftlich Schwächeren und darüber hinaus die Wohlfahrt Aller möglichst erstrebt (vgl. Röpke, HdwbStaatsw. VII 567).

Die Weimarer Reichsverfassung vom 11. August 1919 beließ es bei der bisherigen Wirtschaftsorganisation, die beruhte auf dem Privateigentum (RV. Art. 153), der Vertragsfreiheit und der freien gewerblichen Betätigung des Einzelnen überhaupt (RV. Art. 152, 151). Ebenso wurde das Erbrecht nach Maßgabe des bürgerlichen Rechts gewährleistet (Art. 154 RV.). Die Anerkennung der alten Grundlagen der Privatrechtsordnung erfolgte aber nur grundsätzlich unter deutlicher Absage an den Geist des schrankenlosen Individualismus. Die bisher übliche Auffassung des subjektiven Privatrechts als eines vorwiegend eigennützigen Machtverhältnisses wurde preisgegeben. Überall in der Verfassung wurde der Pflichtengehalt, der den Privatrechten im Hinblick auf die Allgemeinheit innewohnt, betont; am schönsten und eindrucksvollsten beim Eigentum, von dem es in Abs. III des Art. 153 RV. heißt: Eigentum verpflichtet. Sein Gebrauch soll zugleich Dienst sein für das Gemeine Beste.

Den Ideen des Sozialismus wurde also in Ausnahmen vom Grundsatz eine gewisse Anerkennung gezollt und der weiteren Entwicklung überlassen, ob und wie zwischen der Gedankenwelt des Sozialismus und der des Individualismus ein Ausgleich gefunden werden kann.

Die nationalsozialistische Bewegung trieb dann nach dem sog. Umbruch (März 1933) den Gemeinschaftsgedanken unter gleichzeitiger Absage an die Ideen des Marxismus auf die Spitze und unternahm es, Staat und Recht auf der Grundlage einer blutmäßig verbundenen, rassisch reinen deutschen Volksgemeinschaft aufzubauen. Das führte zu einer weitgehenden Mißachtung der freien Einzelpersönlichkeit und ihrer natürlichen Grundrechte sowie zu einer die Menschlichkeit und Gerechtigkeit verletzenden Unterdrükkung der fremdrassischen Bevölkerungsteile, namentlich der Juden.

Die unmittelbaren Eingriffe in die Paragraphenwelt des BGB. hielten sich aber auch jetzt in engen Grenzen, die Rechtsumgestaltung vollzog sich vornehmlich durch Beeinflussung des Rechtsdenkens und der Rechtsprechung, deren Unabhängigkeit man nicht mehr anerkennen wollte, sondern zu lenken versuchte. Hervorzuheben sind an privatrechtlichen Änderungsgesetzen auf dem Gebiete des BGB. das EheG. vom 6. 7. 1938 und das TestamentsG. vom 31. 7. 1938.

Nachdem die Diktatur und der Terror, mittels deren diese Grundgedanken durchgeführt wurden, durch den Zusammenbruch des Nazismus beseitigt worden waren, gehörte die Aufhebung des nationalsozialistischen Rechts zu einer der ersten Maßnahmen der Militärregierung. Durch Gesetz Nr. 1 der Militärregierung wurden u. a. das sog. BlutschutzG. vom 15. 9. 1935 und das ReichsbürgerG. vom 15. 9. 1935 aufgehoben. Das EheG. wurde von den nationalzozialistischen Gedanken gereinigt und neu publiziert durch KontrollratsG. Nr. 16 vom 20.2.1946. Das TestamentsG. blieb zunächst bestehen, bis es durch das G. zur Wiederherstellung der Gesetzeseinheit auf dem Gebiete des bürgerlichen Rechts v. 5. 3. 1953 aufgehoben und mit Ergänzungen und Änderungen wieder in das BGB. eingefügt wurde.

Das Bonner Grundgesetz vom 23. 5. 1949, das dem staatlichen Leben in der Bundesrepublik bis zur endgültigen Wiedervereinigung Deutschlands eine neue Ordnung geben will, hat unter deutlicher Absage an die Lehren des Nationalsozialismus die freie Einzelpersönlichkeit und ihre natürlichen Grundrechte wieder in den Vordergrund gestellt. So bekennt es sich zu unverletzlichen und unveräußerlichen Menschenrechten als Grundlage jeder menschlichen Gemeinschaft (Art. 1 Abs. II) und spricht jedem das Recht auf die freie Entfaltung seiner Persönlichkeit zu (Art. 2 Abs. I). So garantiert es ebenso wie die Weim.

RV. Eigentum und Erbrecht (Art. 14 I). Aber genau wie diese lehnt es den schrankenlosen Individualismus ab und hebt vor allem die Pflichten hervor, die den Privatrechten im Hinblick auf die Allgemeinheit entspringen, so z. B. für das Eigentum in Art. 14 Abs. II.

Auch heute nach Aufhebung des nationalsozialistischen Rechts geht der große Prozeß der Sozialisierung, befreit von den bisherigen nationalsozialistischen Tendenzen, unaufhörlich weiter. Und zwar jetzt mehr im Sinne des Sozialisierungsgedankens im engeren technischen Sinne. Die Vergesellschaftung der Produktionsmittel wird dabei nicht mehr auf der ganzen Linie erstrebt, sondern nur, soweit die Aufrechterhaltung des Privateigentums an ihnen die Möglichkeit sozialer Ausbeutung und ungerechtfertigter Monopolgewinne eröffnet, also unter großbetrieblichen kapitalistischen Verhältnissen.

So hat beispielsweise das Land Hessen in seiner Verfassung vom 1. 12. 46 — in Art. 41 versucht, den Bergbau (Kohlen, Kali, Erze), die Betriebe der Eisen- und Stahlerzeugung, die Betriebe der Energiewirtschaft und das an Schienen und Oberleitungen gebundene Verkehrswesen in Gemeineigentum zu überführen; Art. 43 nimmt aber Klein- und Mittelbetriebe aus. Das Bonner Grundgesetz sieht die Möglichkeit einer Sozialisierung von Grund und Boden, Naturschätzen und Produktionsmitteln in Art. 15 ausdrücklich vor.

Die augenblickliche Entwicklung ist dadurch gekennzeichnet, daß zur Zeit das Streben nach völliger Sozialisierung gegenüber dem Verlangen der Arbeitnehmer auf Mitbestimmung in den Organen der juristischen Personen zurücktritt. Ihren ersten gesetzlichen Niederschlag hat diese Entwicklung in dem Gesetz über die Mitbestimmung der Arbeitnehmer in den Aufsichtsräten und Vorständen der Unternehmen des Bergbaus und der Eisen und Stahl erzeugenden Industrie vom 21. 5. 1951 (BGBl. S. 347) gefunden. Das Drängen auf Einführung des Mitbestimmungsrechts in den anderen Industriezweigen wurde immer stärker und führte bald darauf zum Erlaß des Betriebsverfassungsgesetzes vom 11. 10. 1952. Inwieweit durch diese Entwicklung der eigentliche Sozialisierungsprozeß beeinflußt wird, bleibt abzuwarten. Jedenfalls muß mit der sich solchermaßen anbahnenden Neuordnung des Wirtschaftslebens die möglichste Freiheit und Gleichheit der Einzelpersönlichkeit im staatlichen, wirtschaftlichen und kulturellen Leben vereint werden. Es bleibt die Aufgabe des Privatrechts, sie zu garantieren.

Die bedeutsamste. Weiterbildung des Privatrechts durch die Gesetzgebung ist durch das zur Durchführung des vom GG. in Art. 3 proklamierten allgemeinen Gleichheitssatzes erlassene Gleichberechtigungsgesetz vom 18. 6. 1957 erfolgt; vgl. darüber unten § 8 V.

Für die Ostzone wurde die Verfassung der DDR. am 7. 10. 1949 durch die sog. Provisorische Volkskammer in Kraft gesetzt (GBl. S. 2ff. 49). Diese Verf. orientiert sich im Wortlaut weitgehend am Vorbild der Weimarer Verfassung.

Vgl. Drath, Verfassungsrecht und Verfassungswirklichkeit in der Sowjetischen Besatzungszone, 1954.

III. Abschnitt

§ 3

Die Quellen und Erscheinungsformen des deutschen bürgerlichen Rechts

Peter Liver, Der Begriff der Rechtsquelle, 1955. Schlegelberger, Das Recht der Gegenwart (3) 1957.

I. Überblick.

1. Man kann alles Recht nach seinen Quellen scheiden. Der Begriff „Quelle" wird in dreifachem Sinne gebraucht:

a) Im formellen Sinne der Entstehungsursache eines Rechtssatzes an sich.

Gefragt wird hier nach der möglichen Begründungsform eines Rechtssatzes, nach den Tatbeständen, woraus überhaupt eine verbindliche Norm erwachsen kann (Gesetz? Gewohnheit? Gerichtsgebrauch? Wissenschaft?).

b) Im Sinne des Ursprungs dieser Quelle, also der den Rechtssatz erzeugenden verschiedenen Lebenskreise.

Gefragt wird hier nach den Subjekten der Rechtserzeugung; danach, ob der Rechtssatz vom Bund, einem Land oder einer autonomen, d. h. zu einer selbständigen Rechtssatzung befugten Gemeinschaft (Kirche, Gemeinde usw.) erzeugt ist.

c) Im Sinne der äußeren Erscheinungsform eines Rechtssatzes.

Hier wird nach der Art und Weise gefragt, wie der Rechtssatz zum Ausdruck kommt, nach der Art der Aufzeichnung in Gesetzen, Staatsverträgen, autonomen Satzungen, Niederschriften von Gewohnheitsrecht, Gerichtsentscheidungen usw.

2. Unter Rechtssatz verstehen wir eine innerhalb einer organisierten menschlichen Gemeinschaft geltende, auf ihrem Willen beruhende Verhaltensnorm, die unter gewissen Voraussetzungen ein bestimmtes äußeres Verhalten bindend vorschreibt, d. h. mit einem vom Willen der Unterworfenen unabhängigen Geltungsanspruch.

Die sog. genossenschaftliche Rechtstheorie, wie sie z. B. v. Gierke (Dt. Privatrecht I 112ff.) vertritt, erkennt dabei an, daß jede organische Gemeinschaft, auch Religionsgemeinschaften, Stände, Berufsklassen, an sich zur Erzeugung von objektivem Recht befähigt sind. Die staatliche Rechtstheorie führt dagegen alles Recht im eigentlichen Sinne auf den Staat zurück, spricht diesem das Rechtserzeugungsmonopol zu. Nach ihr gehören zum objektiven Recht nur die vom Staat selbst durch seine Organe erlassenen Rechtssätze und die mit staatlicher Zulassung von einem im Staate bestehenden engeren autonomen Verband erzeugten Verhaltensnormen (vgl. E. Jacobi, Grundlehren des Arbeitsrechts 1927 S. 76).

Der Gegensatz wird bedeutsam bei den sogenannten Gesamtvereinbarungen des Arbeitsrechts, den Tarifverträgen und den Betriebsvereinbarungen; TarifvertragsG. v. 9. 4. 1949 u. BetriebsverfassungsG. v. 11. 10. 1952. Die herrschende Lehre hat sie bisher als Rechtsquelle angesehen, soweit ihr normativer

Teil in Frage steht. Die gegenteilige Auffassung hat E. Jacobi für das frühere Recht (1927 a. o. O. S. 73f., 260f.) scharfsinnig entwickelt. An der herrschenden Ansicht ist auch jetzt noch festzuhalten. Auch für die rechtliche Kennzeichnung der Satzung des Vereins, die dieser nach dem Willen der Majorität seiner Mitglieder gestalten kann, ist streitig, ob der Verein seinen Mitgliedern gegenüber eine Art gesetzgeberischer Gewalt, Autonomie, hat, oder ob die „sog. Vereinsautonomie" nichts anderes ist wie ein ungenauer Ausdruck für die auf rechtsgeschäftlicher Unterwerfung beruhende Befugnis, die Rechtsbeziehungen der Mitglieder in gewisser Weise zu gestalten (lex contractus).

Nach RG. 165 S. 143 hat die Satzung den Charakter einer vertraglichen Vereinbarung nur so lange, bis der Verein ins Leben getreten ist; sobald das aber geschehen ist, gilt sie als die von der Persönlichkeit seiner Mitglieder losgelöste Verfassung seines Eigenlebens.

Da es immerhin rechtsgeschäftliche Vorgänge sind, die diese gesetzesähnliche Geltungskraft entfalten, bestehen aber keine Bedenken, die Vorschriften des BGB. über die rechtsgeschäftlichen Willenserklärungen — soweit sie passen — analog anzuwenden. Man darf sich durch die Annahme einer Vereinsautonomie z. B. nicht abhalten lassen, eine im Statut vorgesehene übermäßige Strafe für die Nichterfüllung von Mitgliedschaftspflichten in analoger Anwendung des § 343 BGB. als durch Richterspruch herabsetzbar zu behandeln.

3. Als Rechtsquellen im formellen Sinne einer tauglichen Entstehungsursache des objektiven Rechts kommen nur zwei in Betracht: Satzung und Gewohnheit. Die Rechtsregel kann von oben her, von der Zentralgewalt einer Gemeinschaft vorgeschrieben werden (Gesetz, Rechtssatzung) oder sich von unten her bilden durch freiwillige tatsächliche Übung (Gewohnheitsrecht).

Auf niedrigen Kulturstufen ist das Recht fast ausschließlich Gewohnheitsrecht. In dem Maße, wie das Gefüge eines Gemeinwesens fester wird und sich die Kultur hebt, wird das Gewohnheitsrecht immer mehr zurückgedrängt durch Gesetze, die von der Staatsgewalt im Namen der Gesamtheit erlassen werden. Heute ist das Recht fast ausnahmslos von oben her gesetztes Recht und gelangt zur Erscheinung in geschriebenen oder gedruckten Urkunden. Doch hat sich auch noch Gewohnheitsrecht erhalten oder bildet sich neu, meist allerdings im Gewande der Rechtsanwendung.

4. Die Gewohnheit ist eine der Gesetzgebung ebenbürtige Rechtsquelle.

Der allgemeine Wille, der sich in einer festen gleichmäßigen Übung eines bestimmten Verhaltens äußert, ist Recht, und wenn er sich im Widerspruch mit dem Gesetz durchsetzt, hat das Gesetz seine Geltung verloren. Selbstverständlich kann Reichsgesetzesrecht nur durch Reichsgewohnheitsrecht abgeändert werden (Art. 5 Reichsverfassung v. 1871: Reichsrecht bricht Landesrecht). Das BGB. erwähnt das Gewohnheitsrecht nicht besonders, erkennt es aber mittelbar an; nach Art. 2 EG. ist „Gesetz" in seinem Sinne „jede Rechtsnorm", also auch die gewohnheitsrechtliche.

II. Satzungsrecht — Gesetz u. autonome Satzung — Vereinbarung,

1. Gesetz im materiellen Sinne ist jede staatliche Rechtssatzung, also auch die nicht in der Form des „Gesetzes" ergangene rechtsverbindliche Anordnung eines Rechtssatzes.

a) Ein Gesetz im materiellen Sinne kann danach zustande kommen:

einmal auf dem in der Verfassung vorgesehenen, regelmäßigen Wege der „Gesetzesgebung", also unter Mitwirkung der Volksvertretung oder, wo das Volk die alleinige Quelle der Gesetzgebung ist, durch die Volksvertretung — Gesetz im formellen Sinne,

aber auch im Wege einer von einem Regierungsorgan ohne Mitwirkung der Volksvertretung erlassenen Vorschrift — sog. Rechtsverordnung.

α) Die Gesetzgebung.

Nach der Reichsverfassung von 1871 waren die zur Gesetzgebung berufenen Organe im Reich Bundesrat und Reichstag; nicht der Kaiser, ihm stand nur die Ausfertigung und Verkündung der Reichsgesetze zu. Im Königreich Preußen waren die gesetzgebenden Organe der König und die beiden Häuser des Landtags.

In der deutschen Republik war nach der Weimarer Verfassung das Volk die alleinige Quelle der Gesetzgebung. Die Reichsgesetze wurden vom Reichstag beschlossen. Ausnahmsweise war ein Volksentscheid (Referendum) vorgesehen. Außerdem gab Art. 48 II dem Reichspräsidenten ein Notverordnungsrecht, wenn im Deutschen Reich die öffentliche Sicherheit und Ordnung erheblich gestört oder gefährdet war.

Unter der Herrschaft des Nazismus vollzog sich ein Umbau der gesetzgebenden Faktoren. Das Gesetz zur Behebung der Not von Volk und Reich vom 24. 3. 1933 — das sog. ErmächtigungsG. — erteilte der Reichsregierung eine umfassende Vollmacht. Nach Art. I konnten Reichsgesetze außer dem in der Reichsverfassung vorgesehenen Verfahren auch durch die Reichsregierung beschlossen werden. Daneben blieb der in der Verfassung (Art. 68 II) vorgesehene Weg der Gesetzgebung als zulässig bestehen. Nach dem Gesetz über die Volksabstimmung v. 14. 7. 1933 konnte die Reichsregierung das Volk befragen, ob es einer von der Reichsregierung beabsichtigten Maßnahme zustimme oder nicht. So wurde das Gesetz über das Staatsoberhaupt des Deutschen Reiches, wonach das Amt des Reichspräsidenten mit dem des Reichskanzlers vereinigt wurde, der Volksabstimmung unterbreitet. Endlich konnte der Führer als oberster Gesetzgeber durch Führererlaß oder Anordnung Rechtsvorschriften setzen. Davon wurde in den letzten Jahren der nazistischen Herrschaft immer mehr Gebrauch gemacht. Damit war die Demokratie durch eine Diktatur ersetzt.

Der Zusammenbruch Deutschlands und seine Besetzung durch die alliierten Streitkräfte führte zu einer Beseitigung oder Stillegung aller Zentralstellen des Reichs. Die gesetzgebende Gewalt ging auf den obersten Militärbefehlshaber über. Er übernahm die oberste Regierungsgewalt durch die Proklamation Nr. 1.

Durch Beschluß v. 5. 6. 45 übernahmen sodann die Regierungen Englands, Frankreichs, Rußlands und der Vereinigten Staaten diese Regierungsgewalt und übertrugen sie dem Kontrollrat in Berlin. Seitdem wurden die Rechts- und Verwaltungsvorschriften für ganz Deutschland ausschließlich vom KR. erlassen, während die für die einzelnen Besatzungszonen bestimmten von den Oberbefehlshabern der Zonen oder den von diesen bestimmten Stellen erlassen werden. Als solche Stellen wurden in immer weiterem Umfang auch deutsche Behörden mit Zuständigkeiten ausgestattet, z. B. für die Justizangelegenheiten die Oberlandesgerichtspräsidenten, bzw. die Justizminister der gebildeten Länder, in der brit. Zone später das Zentraljustizamt in Hamburg. In späterer Zeit wurde die gesetzgeberische Tätigkeit des Kontrollrats geringer und die Militärregierungsgesetze übernahmen die

Führung. Sie übertrugen immer weitere Zuständigkeiten an deutsche Stellen, in dem Maße, wie sich die deutschen Länder eine Verfassung gaben und als staatliche Willensträger neu konstituierten. Am raschesten vollzog sich diese Entwicklung in der amerikanischen Zone.

Die Potsdamer Übereinkunft zwischen Großbritannien, den USA. und der Sowjet-Union vom 2. 8. 1945 hatte die Schaffung gemeinsamer Verwaltungseinrichtungen für die wichtigsten Wirtschaftsgebiete in Aussicht genommen. Da es nicht gelang, eine Übereinstimmung zwischen den alliierten Besatzungsmächten zu erzielen, wurde im Juli 1947 für die amerik. und brit. Zone eine gemeinsame Verwaltung für die Gebiete der Ernährung, Wirtschaft, Finanzen, Post und des Verkehrs gebildet. Es wurden bizonale Räte eingerichtet mit der Befugnis, im Rahmen ihrer Zuständigkeit auch Vorlagen von Gesetzen zu beschließen, die von den Ländern erlassen werden sollten. Durch die MilitRErl. vom Febr. 1948 (Prokl. Nr. 7 der US-MR/Ord Nr. 126 der BritMR. vom 7. 2. 48) wurde das vereinigte amerik. und brit. Wirtschaftsgebiet noch stärker zusammengefaßt (VW).

Man muß also unterscheiden die ursprüngliche Gesetzgebungsbefugnis des Kontrollrats, die z. T. ursprüngliche, z. T. abgeleitete der Zonenregierung und die stets abgeleitete deutscher Behörden.

Die Gesetze des Kontrollrats enthielten grundsätzlich nur Richtlinien, deren Ausführung den Zonenregierungen überlassen blieb. Auch die brit. Militärregierung hat die Auffassung vertreten, daß die Gesetze des Kontrollrats erst durch eine besondere Anordnung der Zonenregierung in Kraft gesetzt werden müßten; vgl. Hann. Rpflege 1946 S. 23 Z. 7.

Neben den Vorschriften des KR. galten in den drei westlichen Zonen auch noch die Proklamationen, Gesetze, Verordnungen und sonstigen Bestimmungen der Militärregierung Deutschland — Kontrollgebiet des Obersten Befehlshabers, soweit sie nicht ersetzt oder durch spätere Vorschriften überholt sind. Die Trennung der vereinigten militärischen Befehlsgewalt unter dem 14. 7. 1945 bildet hier den Einschnitt. Die Oberbefehlshaber der einzelnen Besatzungszonen bedienten sich ebenfalls der verschiedensten Formen für den Erlaß von Rechtsvorschriften, nämlich der Verordnung, Bekanntmachung, Verfügung, Anordnung. Zu beachten ist, daß der vom deutschen Recht gemachte Unterschied zwischen Gesetz und Verordnung auf die rechtsetzende Tätigkeit der Militärbehörden nicht anwendbar ist. Richtiger Ansicht nach sind alle Erlasse der Besatzungsmächte, gleichgültig in welcher Form sie ergehen, als gesetzgeberische Maßnahmen wirksam, und zwar auch dann, wenn sie sich als Anweisung nur an einen bestimmten Personenkreis richten; vgl. Stödter, Deutschlands Rechtslage, 1948, S. 209f.

Bei allem Besatzungsrecht ist davon auszugehen, daß die Siegermächte bei ihrer Rechtsetzung kraft Völkerrechts eine eigenständige Autorität ausübten, eine völkerrechtliche Gewalt, die ihren Rechtsgrund lediglich im Okkupationsverhältnis fand und ihrem Inhalt nach aus diesem zu bestimmen war (so heute die überwiegende Meinung; vgl. Stödter a. a. O. S. 198, Kaufmann, Deutschlands Rechtslage S. 27, Jahrreiß, Die Rechtspflicht der Bundesrepublik Deutschland zur Entschädigung für Reparations- und Demilitarisierungseingriffe der Kriegsgegner des Reiches in Privatvermögen, 1950, S. 8).

Nachdem der Kontrollrat infolge der politischen Verhältnisse funktionsunfähig geworden war, verstärkte sich das Bestreben, die von den westlichen Alliierten besetzten Gebiete zu einer Einheit zusammenzufassen. Durch inhaltlich übereinstimmende Landesgesetze wurde im Herbst 1948 mit Zustimmung der westlichen Besatzungsmächte der Parlamentarische Rat ins Leben gerufen und mit der Ausarbeitung eines Grundgesetzes für das Gebiet der westlichen Besatzungszonen beauftragt.

Das Grundgesetz vom 23.5.49 faßt die elf westdeutschen Länder zur Bundesrepublik Deutschland zusammen und stellt ihr staatliches Leben auf eine neue Grundlage. Allerdings soll es im Hinblick auf die zu erstrebende Wiedervereinigung Gesamtdeutschlands nur Übergangscharakter haben (vgl. die Präambel und Art. 146).

Die Schaffung des Grundgesetzes war jedoch nicht bereits gleichbedeutend mit der Erlangung der völligen Souveränität durch die Bundesrepublik. Das am 21. 9. 49 in Kraft getretene Besatzungsstatut enthielt die Sonderbefugnisse, die die drei westlichen Besatzungsmächte in Ausübung der bei ihnen verbliebenen obersten Gewalt für sich in Anspruch nahmen. Hier sind vor allem der Vorlegungszwang von Gesetzen vor der Verkündung und die Einspruchsmöglichkeit der Besatzungsbehörden gegen Gesetze zu erwähnen, daneben die in Ziffer 2 aufgeführten Vorbehalte. Außer dem Besatzungsstatut ist das am 29. 4. 49 in Kraft getretene Ruhrstatut hervorzuheben, das ebenfalls starke Hoheitsbeschränkungen für dieses Gebiet enthielt.

Inzwischen ist das Ruhrstatut in Fortfall gekommen und entsprechend dem Schumannplan durch die sog. Montanunion ersetzt worden, an der die Bundesrepublik gleichberechtigt beteiligt ist. Die Verhandlungen über die Beseitigung des Besatzungsstatuts führten dann zum Abschluß des sog. Generalvertrags (EVG), der die Schaffung einer gemeinsamen europäischen Armee vorsah, aber infolge der ablehnenden Haltung Frankreichs durch die sog. Pariser Abkommen ersetzt werden mußte. Sie geben Deutschland im wesentlichen die volle Souveränität wieder unter Aufnahme in den Brüsseler Pakt und den Nordatlantikpakt in Verbindung mit gleichzeitiger Sicherstellung eines deutschen militärischen Beitrags zur Verteidigung der freien Welt. Diese Abkommen sind ratifiziert worden. Amerika hat die Ratifikationsurkunden bereits am 20. 4. 1955 in Bonn hinterlegt.

β) Die Rechtsverordnung.

Vom Gesetz unterscheidet man die sog. Rechtsverordnung, die durch ein ausführendes (Exekutiv-) Organ auf Grund allgemeiner oder besonderer (verfassungsmäßiger oder gesetzlicher) Ermächtigung erlassen wird. Eine solche Ermächtigung ist aber nur nötig für die Rechtsverordnung, die eine die Staatsangehörigen unmittelbar verpflichtende Rechtsvorschrift einführt. Im Gegensatz dazu steht die sog. Verwaltungsverordnung, die nur eine, die Einrichtung oder Tätigkeit der Staatsorgane oder der öffentlichen Anstalten betreffende Anweisung der vorgesetzten an die nachgeordnete Behörde enthält (Instruktion oder Reglement). Derartige Verordnungen dienen nur der Durchführung des geltenden Rechtes. Bei den Rechtsverordnungen unterscheidet man weiter die sog. Notverordnungen, die in außerordentlichen Notlagen des staatlichen Lebens von einem Träger der vollziehenden Gewalt erlassen werden (Artikel 48, Abs. 2 Weim. RV); das Grundgesetz sieht jedoch keine Notverordnungen vor, es hat die Frage der Gesetzgebung bei außerordentlichen Notlagen, einem sog. Gesetzgebungsnotstand, in Art. 81 völlig neu geregelt. Ferner die Ausführungsverordnungen, die die Bestimmungen eines Gesetzes ergänzen oder die von ihm gelassenen Lücken ausfüllen, z. B. die vom Kaiser mit Zustimmung des Bundesrats erlassene Verordnung vom 27. März 1899, betr. die Hauptmängel und Gewährfristen beim Viehkauf; endlich die Polizeiverordnungen, das sind allgemeine Anordnungen der Polizeibehörden, wodurch Handlungen unter Strafandrohung geboten oder verboten werden. Z. B. Straßen-, Markt-, Friedhof-, Preisschilderverordnungen — Gegensatz die an die einzelnen gerichtete Polizeiverfügung und die polizeiliche Strafverfügung.

Der Unterschied zwischen Gesetz im formellen Sinn und Rechtsverordnung hatte unter der Herrschaft des Nazismus seine Bedeutung verloren in dem Maße, in dem der Führererlaß oder die Führeranordnung die ordentliche Gesetzgebung verdrängte. Heute ist er auf die rechtsetzende Tätigkeit der Militärbehörden überhaupt nicht mehr anwendbar. Das Grundgesetz hat ihm jedoch in Art 80 wieder Geltung verschafft.

b) Das Gesetz bedarf der Verkündung.

Sie bringt es zur allgemeinen Kenntnis und vollendet den Gesetzgebungsakt. Ohne Publikation würde die Durchsetzung des Gesetzes auf schwachen Füßen stehen.

Früher wurden die Reichsgesetze im Reichsgesetzblatt verkündet. Sie traten nach § 3 des ErmächtigungsG., soweit nicht ein anderes bestimmt wurde, mit dem auf die Verkündung folgenden Tage in Kraft.

Die Militärgesetze wurden in besonderen Amtsblättern der Militärregierung verkündet, für die brit. Zone z. B. im „Amtsblatt der Militärregierung Deutschland, Britisches Kontrollgebiet"; Bundesgesetze und Rechtsverordnungen der Bundesbehörde im Bundesgesetzblatt (Art. 82 I GG.).

Die Gesetze und Anordnungen der Militärregierung treten grundsätzlich mit ihrer Verkündung in Kraft. Bundesgesetze und Rechtsverordnungen des Bundes sollen den Tag ihres Inkrafttretens enthalten; fehlt eine solche Bestimmung, so treten sie 14 Tage nach Ausgabe des betreffenden Bundesgesetzblattes in Kraft (Art. 82 II GG.)

2. Staatsverträge sind als solche keine Gesetze.

Sie verpflichten als völkerrechtliche Abmachungen nur die vertragschließenden Staaten. Damit sie den Charakter einer Rechts- oder Verwaltungsvorschrift nach innen erhalten, müssen sie außerdem noch als staatlicher Befehl verkündet werden. Dies geschieht, soweit sie sich auf Gegenstände der Bundesgesetzgebung beziehen, in der Form eines Bundesgesetzes (Art. 59 II GG.), bei Verwaltungsabkommen entsprechend den Vorschriften über die Bundesverwaltung.

3. Autonome Satzung ist eine Rechtsvorschrift, die von einem mit Rechtsetzungsbefugnis ausgestatteten, im Staate bestehenden engeren Verband erlassen ist. Gewisse örtliche Verbände (wie Provinzen, Kreise, Gemeinden), aber auch persönliche Verbände haben das sog. Recht der Autonomie, d. h. ein Gesetzgebungsrecht für ihnen eigentümliche Verhältnisse. Diese Satzungsgewalt besteht heute nur kraft Zulassung oder Übertragung von seiten des Staates.

Beseitigt ist die Autonomie des hohen Adels (EG.BGB. 57, 58) durch Art. 109 III WRV. Die Weim. V. enthält genau genommen nur eine Anweisung zur Beseitigung, der Abbau der Vorrechte des hohen Adels ist dem Landesrecht überlassen. Preußen hat die Beseitigung der Standesrechte vollzogen durch Gesetz über die Standesvorrechte des Adels und die Auflösung der Hausvermögen vom 23. Juni 1920.

Von der Satzungsautonomie ist die rechtsgeschäftliche Privatautonomie zu unterscheiden, kraft deren die einzelnen Rechtsgenossen ihre Beziehungen durch Rechtsgeschäft beliebig gestalten können: siehe darüber unter § 24 I — III.

4. Vereinbarung. Als eigenartiger Entstehungstatbestand eines Rechtssatzes ist in der neueren Literatur der Begriff der rechtsetzenden Vereinbarung herausgearbeitet worden.

Binding, Gründung des Norddeutsch. Bundes 1888, 69ff.; ders., Zum Werden und Leben der Staaten 1920, S. 191ff.; Georg Jellinek, Die Lehre von den Staatenverbindungen 1882, 101ff.; Triepel, Völkerrecht u. Landesrecht 1899, 43ff.; Hatschek, Lehrb. des deutsch. u. preuß. Verwaltungsrechts (5/6) 56ff.; E. Jacobi (a. a. O. 260ff.); Engländer, Die regelmäßige Rechtsgemeinschaft 182ff., 205ff., 211ff.; Vogel, Vertrag u. Vereinbarung 1932.

Die Vereinbarung darf nach dieser Lehre mit dem Vertrag nicht gleichgesetzt werden. Sie ist zwar wie dieser die erklärte Willensübereinstimmung mehrerer Parteien. Während sich aber beim Vertrag die Parteien als Träger entgegengesetzter Interessen gegenüberstehen und inhaltlich verschiedene, aber einander entsprechende Willenserklärungen abgeben, die sich auf einen einheitlichen Erfolg zusammenfinden, stehen bei der Vereinbarung die Parteien einander nicht als Träger entgegengesetzter Interessen gegenüber, sondern geben inhaltlich gleiche Erklärungen ab, die auf den gleichen rechtlichen Erfolg gerichtet sind und gemeinsame, gleiche oder einheitliche Interessen befriedigen. Als Beispiele für eine solche Vereinbarung werden u. a. angeführt: die Vereinbarung der Verfassung eines Bundesstaates durch die sich zusammenschließenden Staaten, die Aufstellung von Völkerrechtssätzen durch mehrere Staaten, die Errichtung der Vereinsstatuten durch mehrere Einzelpersonen, die sogenannten Regulierungsrezesse zwischen Gutsherrschaft und Gemeinden usw.

In diesem Zusammenhang interessiert nur die rechtsetzende Vereinbarung. Selbst wenn sie für das Völkerrecht eine besondere Rechtsquelle neben dem Vertrag darstellen sollte, besteht doch für die Vereinbarungen im Gebiete des innerstaatlichen Rechts, die vom staatlichen Gesetzgeber mit rechtserzeugender Kraft ausgestattet sind, keinerlei Notwendigkeit, sie als eine besondere Rechtsquelle neben der autonomen Satzung anzuerkennen. Denn es ist zu beachten, daß die Erscheinungsform, in der in solchen Fällen der Rechtssatz entgegentritt, nicht die Vereinbarung an sich, sondern die Erklärung des durch die Vereinbarung entstandenen gemeinsamen Willens ist, der sog. Gesamtakt im Sinne Kuntzes (Leipziger Festgabe für Müller 29). „Die Vereinbarung beschränkt sich auf die Bildung eines gemeinsamen oder Gemeinwillens, der Gesamtakt ist Erklärung des fertigen gemeinsamen oder Gemeinwillens Dritten gegenüber“ (Triepel, a. a. O., 60 u. 75). Eine Erklärung Dritten gegenüber ist nur dann unnötig, wenn der Kreis der von dem vereinbarten Rechtssatz Betroffenen zusammenfällt mit dem Kreis der bei der Rechtsbildung Beteiligten.

Wenn aber die bloße Vereinbarung ohne Erklärung nicht genügt, um einen Rechtssatz zu erzeugen, dann ist die Vereinbarung auch nicht als eine eigene

Rechtsquelle neben der autonomen Satzung anzuerkennen, bildet vielmehr nur einen besonderen Entstehungsvorgang für autonomes Satzungsrecht.

Die autonome Satzung wird sich allerdings regelmäßig darstellen als die einseitige Erklärung der Zentralgewalt eines Verbandes, sie kann aber auch eine zweiseitige Erklärung mehrerer Verbände oder eines Verbandes und einer Einzelperson (Arbeitgeber beim Tarifvertrag) sein.

Die Vereinbarung ist an sich nur eine formale Kategorie, die sofort zu der Frage nötigt, warum denn gerade eine solche Vereinbarung mit rechtsetzender Kraft ausgestattet worden ist. Und darauf lautet die Antwort: weil der staatliche Gesetzgeber den in Betracht kommenden Verbänden die Möglichkeit eröffnen wollte, ihre eigentümlichen Verhältnisse im Wege der Selbstverwaltung im Rahmen des allgemeinen Rechts zu ordnen. Das aber ist Autonomie.

Auch der Tarifvertrag läßt sich — soweit sein normativer Teil reicht — als eine solche Vereinbarung ansprechen; auf beiden Seiten ist ein gleicher Wille und ein gleiches Interesse dahingehend vorhanden, daß bestimmte Arbeitsnormen die einzelnen Arbeitsverträge beherrschen sollen (vgl. Nipperdey, Beiträge zum Tarifrecht, 1924, S. 140 Anm. 86).

III. Gewohnheitsrecht und Observanz.

M. Rümelin, Die bindende Kraft des Gewohnheitsrechts, 1929; Hans Mocre, Zur Theorie des Gewohnheitsrechts, ZöffR. 12 (1932), 273, 386ff.; Mezger, AcP. 133, Beilagenheft 32ff.; Rehfeldt, Die Wurzeln des Rechts, 1951.

1. Gewohnheitsrecht ist die nicht durch Satzung, sondern durch tatsächliche Übung innerhalb einer Gemeinschaft erzeugte Rechtsregel. Erforderlich ist:

a) eine tatsächliche, nicht bloß vorübergehende gleichmäßige Übung innerhalb einer Gemeinschaft.

b) eine derartige Übung im Sinne einer auch für die Zukunft maßgebenden Verhaltensnorm (Geltungswille).

Die ältere Übungstheorie begnügte sich mit der Übung, was zur Vermischung mit den Normen der Sitte führt, bei denen der Wille, eine bindende Regel zu verwirklichen, fehlt. Vor allem ist aber nicht einzusehen, daß der bloßen Tatsache der Übung verbindliche Kraft zukommen soll. Abzulehnen ist auch die sog. Überzeugungstheorie, soweit ihre Anhänger sich mit der bloßen Volksüberzeugung begnügen, daß etwas Recht sei. Maßgebend ist der in der Übung zutage tretende Geltungswille, daß etwas als Rechtssatz gelten solle (Enneccerus), was nicht dem Willen gleichgesetzt werden darf, einen Rechtssatz neu zur Entstehung zu bringen. Soweit die Überzeugungstheorie die Volksüberzeugung versteht als „willenskräftige Überzeugung, daß etwas Recht sein solle“ (Schuppe, Gewohnheitsrecht, 19—21), kommt sie sachlich auf dasselbe hinaus; vgl. M. Rümelin, a. a. O. 38.

Gewohnheitsrecht bildet sich vornehmlich durch richterliche Rechtsfortbildung, durch einen Gerichtsgebrauch, der sich allgemein durchsetzt; vgl. unt.

§ 3 V 1. Bestes Beispiel ist die Entwicklung der vorbeugenden Unterlassungsklage durch die Rechtsprechung des Reichsgerichts; siehe unt. § 19 III.

2. Observanz ist das Gewohnheitsrecht eines mit Autonomie begabten Verbandes. Sie ist grundsätzlich in denselben Grenzen zulässig wie das Satzungsrecht des Verbandes.

IV. Naturrecht.

Coing, Die obersten Grundsätze des Rechts, Ein Versuch zur Neugründung des Naturrechts, 1947; Lehmann, Die Wirkungsstärke des Naturrechts in Festschr. f. Raape S. 371ff.; Stammler, Lehre vom richtigen Recht (2) 1926; Mausbach-Ermecke, Kathol. Moraltheologie (9) Bd. III 1953; Rommen, Die ewige Wiederkehr des Naturrechts (2) 1947; E. v. Hippel, Rechtsgesetz u. Naturgesetz (2) 1949. Bohne, Naturrecht u. Gerechtigkeit i. Festschr. f. Heinrich Lehmann z. 80. Geburtstag 3f.; Darmstaedter, ebenda 33f. Welzel, Naturrecht u. materiale Gerechtigkeit (2) 1955; Wolf, E. Das Problem der Naturrechtslehre.

Der Zwiespalt zwischen dem positiven Recht als bloßem Machtgebot des Gesetzgebers und dem über den positiven Gesetzen stehenden, ungeschriebenen ewigen Recht, dem Naturrecht, tritt vor allem in Zeiten starker wirtschaftlicher und sozialer Umwälzungen in Erscheinung. Hier ist der Widerspruch zwischen den Gerechtigkeitsforderungen des Tages und der Rechtsmoral der staatlichen Machthaber besonders deutlich. So ist es nur folgerichtig, daß nach dem Zusammenbruch der in rein positivistischem Denken befangenen nationalsozialistischen Gewaltherrschaft das Naturrecht eine Renaissance erfahren hat.

Führt man sich vor Augen, daß positives Recht dadurch zustande kommt, daß mit entsprechender Macht ausgestattete Menschen innerhalb einer Gemeinschaft allgemeinverbindliche Normen aufstellen, so ergibt sich, daß damit über die Qualität dieser Normen noch nichts gesagt ist. Es erhebt sich die Frage, ob die Vorschriften des positiven Rechts auch so sein sollen, wie sie tatsächlich sind und worauf sich ihre Geltungskraft stützen läßt. Es ist hier kein Raum auf die mannigfaltigen Auffassungen zu diesem Problemkreis einzugehen; m. E. kann die verpflichtende Wirkung des positiven Rechts nur aus seinem Zweck erwachsen, der in erster Linie darin besteht, die Idee der Gerechtigkeit zu verwirklichen. Rechtssicherheit kann immer nur Voraussetzung für diesen Zweck sein, niemals aber der Endzweck selbst.

So sehen wir uns der Grundfrage gegenüber, ob und inwieweit sich über dem positiven Recht stehende unwandelbare Normen von gewisser inhaltlicher Tragweite nachweisen lassen und welche funktionelle Stärke diesen Normen zukommt.

Der Christ bejaht die Existenz solcher Normen unbedingt und leitet sie vom göttlichen Willen ab; hier ist das Naturrecht aber in erster Linie Glaubens- und nicht Erkenntnissache. Die verschiedenen Naturrechtsschulen haben zahlreiche Versuche unternommen, das Naturrecht erkenntnismäßig zu rechtfertigen. Ein befriedigendes Ergebnis kann nur gewonnen werden, wenn man sich darauf beschränkt, die förmlichen Ordnungsgedanken herauszustellen, die sich aus der Idee des Rechts als einer Ordnung des Gemeinschaftslebens frei wollender Menschen ergeben. Daraus erwächst die Forderung, daß das positive Recht der Idee einer Gemeinschaft frei wollender Menschen dienen muß und jedem Glied der Gemeinschaft die ihm gebührende Stellung einzuräumen hat, kurz der Grundsatz des Suum cuique; vgl. Stammler.

Über die inhaltlichen Ordnungsprinzipien einer gerechten Ordnung ist damit freilich noch nichts gesagt; es muß Aufgabe der positiven Rechtsordnung bleiben, festzulegen, was dem einzelnen auf Grund einer derartigen nur förmlich bestimmten Gerechtigkeitsidee gebührt und in welcher Form er es zu erhalten hat. Trotz dieser Beschränkung ist den aus der Gerechtigkeitsidee abgeleiteten Forderungen nicht jede inhaltliche Bedeutung abzusprechen. Sie stellen Richtlinien an den Gesetzgeber dar, seine Machtgebote so zu gestalten, daß sie dem sozialen Ideal einer bestimmten organisierten Gemeinschaft frei wollender, grundsätzlich gleichgestellter Menschen auf ihrer jeweiligen wirtschaftlichen, sozialen und kulturellen Entwicklungsstufe möglichst entsprechen. Hieraus ergibt sich, wie relativ die Erfüllung auch sein mag, die inhaltliche Schranke, daß der Gesetzgeber niemandem das Seine ganz absprechen, d. h. ihn der Willkür eines andern überliefern oder von der Teilnahme an der Gemeinschaft ganz ausschließen darf. Diese in der Rechtsidee begründeten förmlichen Ordnungsgedanken haben allgemeingültigen Charakter.

Richtet sich der Gesetzgeber überhaupt nicht mehr nach dieser Grundforderung, d. h. nimmt er seinen Geboten den Charakter eines wahren Rechtssatzes und stellt sich damit außerhalb des Rechts, so verliert auch das von ihm gesetzte positive Recht seine Legitimation. Das gleiche Ergebnis gewinnt man, wenn man als Christ eine göttliche, über den Menschen stehende Weltordnung annimmt. Danach verpflichtet positives Recht nur, wenn es als eine wenn auch unvollkommene Verwirklichung der Idee der Gerechtigkeit angesprochen werden kann.

Es erhebt sich die Frage, welche Intensität der Schlechtigkeitsgrad des positiven Rechts erreichen muß, damit es seinen verbindlichen Charakter verliert. Dies ist erst dann anzunehmen, wenn die betreffende positiv-rechtliche Bestimmung die Grundidee der Gerechtigkeit geradezu verneint. Läßt sie sich mit der obersten Gerechtigkeitsforderung auch noch eben in Einklang bringen, so ist der Rechtssicherheit als Ordnungsfaktor immer der Vorzug zu geben. Ganz allgemein läßt sich die Frage etwa wie folgt beantworten: Eine Vorschrift des positiven Rechts ist im Gewissen unverbindlich, wenn sie in so starkem Widerspruch zur Rechtsidee und zum allgemeinen sittlichen Empfinden steht, daß sie nicht einmal mehr als ein Versuch eines gerechten Interessenausgleichs angesehen werden kann, sondern eine Verneinung des Ausgleichsgedankens, des suum cuique, bedeutet.

Somit zeigt sich der absolute Charakter der aus der Gerechtigkeitsidee abgeleiteten Forderungen darin, daß sie dem Gesetzgeber Schranken setzen, die dieser mit verbindlicher Wirkung nicht zu überschreiten vermag. Zur Erfüllung dieser Forderungen bleibt freilich dem Gesetzgeber ein weiter Spielraum. Die Rechtsordnung wird immer die beste sein, die dem sozialen Ideal einer bestimmten organisierten Gemeinschaft auf einer bestimmten wirtschaftlichen, sozialen und kulturellen Entwicklungsstufe am vollkommensten entspricht.

Auch das Bonner GG. erkennt heute einige schlechthin verbindliche, überpositive Grundnormen an, die sich aus dem sittlichen Eigenwert des Menschen als eines frei wollenden, grundsätzlich gleichgestellten Mitgliedes jeder organisierten menschlichen Gemeinschaft ergeben. Es leitet daraus gewisse allgemeine, auch den Verfassungsgesetzgeber absolut bindende unverletzliche und unveräußerliche „Menschenrechte“ ab, namentlich das Recht auf freie Entfaltung der Persönlichkeit und auf gesetzgeberische Gleichbehandlung; vgl. Art. 1, 2, 3, 19 II, 20 III, 79 III GG. Vgl. auch BVerfG. 1, 16 (52); 254 (275); 418 (427); BayVerfGH. 1, 65; 4, 51; siehe ferner BVerfG. in NJW. 1951, 877 = JZ. 1951, 728; BGH. 11 Anh. S. 81.

V. Gerichtsgebrauch und Wissenschaft.

Oskar Bülow, Gesetz u. Richteramt, 1885; Reichel, Gesetz u. Richterspruch, 1915.

1. Sehr bestritten ist, ob der Gerichtsgebrauch, eine feste, gleichförmige Rechtsprechung, Recht ist.

Schon Oskar Bülow hat nachgewiesen, daß die Rechtsprechung kein bloß logischer Vorgang ist, daß dem Richter auch im Zeitalter der Kodifikationen ein weiter Bereich selbständiger, nicht schon von der Gesetzgebung voraus geregelter Rechtsfindung und Rechtsschöpfung offen geblieben ist. La loi n'est pas le droit (Gény, Methode d'interprétation et des sources en droit privé positif (2) 1919). Das Gesetz hat Lücken, sei es, daß sich der Gesetzgeber absichtlich der Regelung enthalten hat, um Wissenschaft und Rechtsprechung nicht vorzugreifen, sei es, daß er die Normierung eines Tatbestandes übersehen hat. Vielfach knüpft das Gesetz auch die Rechtsfolgen nicht an einen nach seinen tatsächlichen Merkmalen genau bestimmten Tatbestand als solchen, sondern an ein Werturteil des Richters, so bei den Wert- oder Ausfüllungsbegriffen (Angemessenheit, Treu und Glauben usw.). Die Wortformeln des Gesetzes lassen zudem meist mehrere Deutungen zu („mit Worten läßt sich trefflich streiten“). Nicht selten ist endlich eine Weiterbildung oder Einschränkung des gesetzgeberischen Gedankens behufs gerechter, zweckmäßiger Entscheidung eines Interessengegensatzes geboten. — So ist der Richter in vielen Fällen zur unmittelbaren Anwendung des Gesetzesrechtes ganz außerstande, er muß den abstrakten Rechtsbefehl erst zur Anwendung auf den konkreten Fall gebrauchsfertig machen und dabei schöpferisch vorgehen (vgl. § 8 dieses Buches).

Aber der Richterspruch schafft immer nur Recht für den einzelnen Fall. Die vom Richter gefundenen richterlichen Ergänzungssätze haben nur für dies eine Mal bindende Kraft, ihre Aufgabe ist Konkretisierung und Ausgestaltung des Gesetzesrechtes. Andere Richter sind daran nicht gebunden. Selbst wenn ein solcher Ergänzungssatz freiwillig von andern Gerichten angewandt wird, sich ein Gerichtsgebrauch bildet, ist damit allein noch keine objektive Rechtsregel, kein allgemein verbindlicher Rechtssatz geschaffen. Dazu muß noch kommen, daß aus einer derartigen gleichförmigen Praxis Regeln für das allgemeine Verhalten der Rechtsunterworfenen tatsächlich entnommen werden. Das ist freilich das Normale. Solange aber der Wille der Bevölkerung dem Gerichtsgebrauch entgegensteht, fehlt zur Entstehung eines Gewohnheitsrechtssatzes noch die allgemeine Übung. Danach gibt der Gerichtsgebrauch wohl den Anstoß zur Bildung von Gewohnheitsrecht, darf aber nicht als selbständige Rechtsquelle im förmlichen Sinne neben die Gewohnheit gestellt werden.

Anders liegt die Sache nur auf dem Gebiet der Normen, die sich bloß an den Richter wenden, wie denen des internationalen Privatrechts. Hier ist mit der festen gleichmäßigen Anwendung einer Grenznorm durch die Gerichte die Rechtsbildung vollzogen, falls diese Norm als maßgebliche Rechtsregel angewandt wird.

Wo das Gericht die schon vollzogene Bildung von Gewohnheitsrecht feststellt, macht es zwar die Rechtsnatur der Übung gewiß, vollendet dadurch aber höchstens tatsächlich, nicht rechtlich den Entstehungsvorgang des Rechtssatzes.

Wenn demnach auch zu leugnen ist, daß der Richterspruch, die Gerichtspraxis, die Natur einer Rechtsquelle im formellen Sinne hat, so kann doch die Bedeutung des Richterspruchs für die Rechtsfortbildung nicht hoch genug gewertet werden.

Tatsächlich war die gleichförmige Praxis, namentlich des Reichsgerichts, für die Urteilsbildung außerordentlich groß. Das ist im Interesse der Rechtseinheit und Rechtssicherheit zu begrüßen, solange die Übernahme vorliegender Rechtssprüche nur nach kritischer Prüfung erfolgt und nicht zum bloßen „Präjudizienkult“ erstarrt. Die von manchen geforderte gesetzliche Bindung des höchsten Gerichts an seine eigenen Präjudizien und die der Untergerichte an die Urteile des höchsten Gerichts ist im Interesse der fortschrittlichen Entwicklung des Rechts nicht zu empfehlen. Vgl. Schiffer, Die deutsche Justiz, 1928; Gerland, Probleme des englischen Rechtslebens, 1929; Llewellyn, Einführung in das amerikanische Präjudizienwesen, 1928.

Nach dem Wegfall des Reichsgerichts wurden in der Nachkriegszeit verschiedene Übergangslösungen gewählt. Hervorzuheben ist hier vor allem die Errichtung des Obersten Gerichtshofs für die britische Zone als Revisionsgericht für diese Besatzungszone durch die MilRVO. Nr. 98.

Seit dem 1. 10. 1950 hat der Bundesgerichtshof in Karlsruhe auf Grund des Gesetzes zur Wiederherstellung der Rechtseinheit auf dem Gebiet der Gerichts verfassung, der bürgerlichen Rechtspflege, des Strafverfahrens und des Kostenrechts vom 12. 9. 50 die Aufgaben des früheren Reichsgerichts für das Gebiet der Bundesrepublik Deutschland übernommen. Daneben sieht das Grundgesetz (Art. 95) ein Oberstes Bundesgericht vor, das bei abweichender Auffassung der Oberen Bundesgerichte (Bundesgerichtshof, Bundesfinanzhof, Bundesverwaltungsgericht, Bundesarbeitsgericht) entscheiden soll; dieses Gericht ist jedoch z. Z. noch nicht errichtet. Mit dem obersten Bundesgericht darf nicht das für Verfassungsfragen zuständige Bundesverfassungsgericht verwechselt werden, das in Art. 93, 94 GG. vorgesehen und durch das BVerfGG. vom 12. 3. 1951 (BGBl. I 243f.) errichtet wor en ist; vgl. Fuchs, JZ. 1953 S. 592ff.

2. Die Wissenschaft ist keine Rechtsquelle, ihre Lehre hat keine bindende Kraft, kann aber Ausgangspunkt für die Rechtsbildung sein —, man denke etwa an Staubs Aufsatz über die „Positiven Vertragsverletzungen".

VI. Auch die Verkehrssitte ist keine Rechtsquelle im formellen Sinne. Bei ihr handelt es sich nur um eine tatsächliche Übung. Es fehlt der Geltungswille (opinio necessitatis). Sie ist oft die Vorstufe des Gewohnheitsrechts, wie überhaupt die Grenzen zu ihm sich schwierig ziehen lassen.

Das Gesetz verweist auf die Verkehrssitte in §§ 157 und 242. Nach 157 soll die Verkehrssitte zur Auslegung von Verträgen, zur Feststellung des Vertragsinhalts herangezogen werden; nach 242 BGB. soll nach der Verkehrssitte bestimmt werden, wie der Schuldner zu leisten hat. Für den Verkehr unter Kaufleuten ist nach 346 HGB. auf die im Handelsverkehr geltenden Gewohnheiten und Gebräuche (Handelsbräuche) — also auf die kaufmännische Verkehrssitte — Rücksicht zu nehmen.

Insoweit das Gesetz den Richter anweist, auf die Verkehrssitte Rücksicht zu nehmen, verwendet es sie als objektivrechtlichen Hilfsbegriff. Damit werden die aus der Verkehrsübung abgezogenen Sätze aber noch nicht „gesetzlich sanktionierte Gewohnheitsrechtssätze" (so Danz). Zwingende Bestimmungen des Gesetzes können durch sie keinesfalls abgeändert werden, wohl aber geht die Verkehrssitte nach der herrschenden Lehre den ergänzenden (dispositiven) Vorschriften des Gesetzes grundsätzlich vor.

Das Verhältnis der Verkehrssitte zu den nachgiebigen Rechtssätzen ist streitig. R. A. nach geht die abweichende Verkehrssitte weder schlechthin vor noch ist sie schlechthin unbeachtlich. Vielmehr ist aus dem Zweck der fraglichen gesetzlichen Bestimmungen zu entnehmen, ob diese als kodifizierte Verkehrssitte den Vorrang beanspruchen; vgl. RG. 112, 321; 135, 345. Das ist dann anzunehmen, wenn durch Anerkennung der Verkehrssitte wesentliche Gerechtigkeits- und Ordnungsgedanken einer Gesetzesvorschrift ausgeschaltet und die Verkehrs sicherheit mißachtet würde.

Die Maßgeblichkeit der Verkehrssitte kann durch Parteivereinbarung außer Kraft gesetzt werden, hängt aber nicht von der Kenntnis der Parteien ab. Unkenntnis muß durch Irrtumsanfechtung geltend gemacht werden — ausgenommen bei Handelsbräuchen; RG. 95, 243.

Die Frage, ob eine Verkehrssitte besteht, ist als rein tatsächliche der Nachprüfung in der Revisionsinstanz entzogen, § 549 I ZPO. Dagegen gehören die Feststellung ihres Sinnes und die Wertung des festgestellten Erklärungstatbestandes zur Rechtsanwendung und sind mithin revisibel; RG. 118, 292; 126, 327.

Vgl. Oertmann, Rechtsordnung und Verkehrssitte 1914; Schreiber, Handelsbräuche 1922; Düringer-Hachenburg-Geiler I 12f.; Sachse, AcPr. 127, 288.

VII. Allgemeine Geschäftsbedingungen.

Die individuelle rechtsgeschäftliche Gestaltungs- und Vertragsfreiheit läßt sich in der heutigen Zeit der Massenerzeugung und des Massenverkehrs auch in dem gesetzlichen Rahmen nicht völlig aufrechterhalten. Sie verlangt gleichmäßige Bedingungen; mit ihr ist die individuelle Aushandlung der Bedingungen nicht mehr verträglich. Das bringt die Gefahr mit sich, daß der wirtschaftlich stärkere Teil seine Machtstellung ausnutzt und in der Form des freien Vertrags die Vertragsbedingungen einseitig diktiert, auf die sich der schwächere Teil einlassen muß, wenn der Abschluß nicht scheitern soll. So ist es immer mehr üblich geworden, daß mächtige Wirtschaftsgruppen oder Unternehmerverbände, aber auch Einzelunternehmer, Allgemeine Geschäftsbedingungen aufstellen, die für die mit ihnen geschlossenen Verträge maßgebend sein sollen; so z. B. die Banken, die Versicherungsunternehmer, die Spediteure. die Transportanstalten, die Lagerhalter usw. Sie sind als Normalinhalt eines Vertrages gedacht, bedürfen also der Annahme oder Einverständniserklärung, die auch stillschweigend erfolgen kann.

So hat sich ein „selbstgeschaffenes Recht der Wirtschaft" gebildet (Großmann-Doerth), das das Gesetzesrecht weitgehend auszuschalten droht. Die gesetzliche Haftung der Gastwirte nach § 701 BGB. steht z. B. auf Grund des üblichen Haftpflichtreverses des Verbandes Deutscher Hotels nur mehr auf dem Papier. Die Rechtsprechung hat sich praktisch außerstande gezeigt, die durch die Allgemeinen Geschäftsbedingungen heraufbeschworene Gefahr der Ausschaltung des Gesetzesrechts und der übermäßigen Ausnutzung der wirtschaftlichen Machtstellung aus dem Gesichtspunkt eines Sittenverstoßes hinreichend zu bekämpfen. Vgl. etwa RG. 115, 218 u. 132, 276. Auch die Ausstattung weiterer gesetzlicher Vorschriften mit zwingender Wirkung wäre kein Heilmittel, weil hier alles auf die Beurteilung des Einzelfalles ankommt. Deshalb hat man neuerdings mit mehr Erfolg den Weg beschritten, auf die Gestaltung der AGB. schon im Stadium ihrer Vorbereitung und Festlegung Einfluß zu nehmen, indem man die zuständigen Behörden und die Organisationen der beteiligten Interessentenkreise einschaltet. So z. B. bei der Schaffung des sog. „Deutschen Einheitsmietvertrages", der „Allgemeinen Deutschen Spediteurbedingungen" usw. Z. T. sind derartige AGB. für allgemein verbindlich erklärt worden, wie z. B. die ADSpB.; sie beherrschen dann die abgeschlossenen Geschäfte unmittelbar, ohne daß es noch auf eine stillschweigende vertragliche Unterwerfung unter sie ankäme. Insoweit sind sie als Rechtsquelle anerkannt. Ihr Inhalt ist objektives Recht.

Im einzelnen ist hervorzuheben:

1. Mangels allgemeiner Verbindlichkeitserklärung kommt es auf die mindestens stillschweigende Unterwerfung unter die AGB. an; BGH. 17, 1. Doch hat sich vielfach eine Verkehrssitte herausgebildet, wonach ein Vertragsschluß unter gewissen Voraussetzungen im Sinne einer solchen Unterwerfung gedeutet wird, z. B. bei der Inanspruchnahme der Versorgungsbetriebe (Gas, Wasser, Elektrizität). Voraussetzung ist, daß die AGB. gehörig bekannt gemacht worden sind und der andere Teil die Möglichkeit hatte, die AGB. zu prüfen. Auf Unkenntnis der Bedingungen kann er sich dann nicht berufen. Vgl. etwa RG. betr. Die Bedingungen der Transportanstalten, RG. 103, 84; 109, 304. Die Banken unterbreiten ihren Kunden vor Abschluß von Einzelverträgen ihre AGB. zwecks Abschluß eines Geschäftsbedingungsvertrages. In der Zurücksendung der AGB. einer Bank mit dem Vermerk: „Gesehen" und „Kenntnis genommen" erblickt RG. 122, 79 eine Unterwerfung, nicht aber in einer bloßen Empfangsbestätigung.

2. Die Auslegung erfolgt nur aus dem Inhalt der Bedingungen selbst, also unter Berücksichtigung der typischen Lage der Vertragsparteien, nicht unter Berücksichtigung der besonderen Lage des Einzelfalles, es sei denn, daß daneben noch besondere Vereinbarungen getroffen sind, RG. 155, 28 u. 133; 170, 240f.; 171, 46; BGH. 1, 85; 2, 183. Unklarheiten gehen zu Lasten des Unternehmers, der die Bedingungen aufgestellt hat. RG. 145, 26. Anders natürlich bei den unter Mitwirkung der Behörde und der beteiligten Interessentengruppen zustande gekommenen Bedingungen, wie z. B. beim Einheitsmietvertrag.

3. Die Auslegung unterliegt der Nachprüfung durch das Revisionsgericht, wenn sie dazu bestimmt sind, in zahlreiche, gleichliegende Verträge, die nicht auf den Bezirk eines Oberlandesgerichts beschränkt sind, aufgenommen zu werden; § 549/50 ZPO. u. RG. 81, 117.

4. Was das Verhältnis zu den nachgiebigen Sätzen des Gesetzesrechts angeht so dürfen die AGB. so wenig wie eine abweichende Verkehrssitte wesentliche Gerechtigkeits- und Ordnungsgedanken einer Gesetzesvorschrift zum Nachteil der Verkehrssicherheit ausschalten; RG. 118, 321; 135, 345. BGH. 22, 96 betont dementsprechend neuerdings, daß der Zulässigkeit allgemeiner Geschäftsbedingungen immanente Schranken nicht bloß durch § 138, sondern auch durch § 242 gezogen sind.

Schrifttum:

Großmann-Doerth, Selbstgeschaffenes Recht der Wirtschaft, 1933; Raiser, R. der Allgemeinen Geschäftsbedingungen, 1935; Haupt, Die Allgemeinen Geschäftsbedingungen der Banken, 1937; Flume, Rechtsgeschäft u. Privatautonomie, 165f.

VIII. Außerkrafttreten der Rechtsvorschriften.

1. Eine Rechtsvorschrift tritt außer Kraft, wenn sich eine mit ihr unvereinbare neue Rechtsregel bildet, lex posterior derogat legi priori.

Auslegungsfrage ist, ob bei teilweisem Widerspruch die frühere Vorschrift nur abgeändert oder ganz beseitigt wird; ebenso, ob bei Ersatz einer allgemeinen Vorschrift durch einen neuen Rechtssatz auch die Ausnahmen von der früheren Vorschrift beseitigt werden. Das ist nicht ohne weiteres anzunehmen, lex posterior non derogat legi priori speciali.

Selbstverständlich kann die neuere widersprechende Rechtsregel auch ein Satz des Gewohnheitsrechts sein.

2. Auch ohne Aufhebung durch eine widersprechende neue Regel tritt eine Rechtsvorschrift außer Kraft:

a) wenn sie nur für beschränkte Zeit oder die Dauer eines bestimmten Zustandes (Kriegszustand, Zeit der wirtschaftlichen Demobilmachung) erlassen war, mit dem Ablauf dieser Zeit oder Wegfall des Zustandes — sog. transitorische oder temporäre Gesetze;

b) wenn die Verhältnisse, für die sie gelten will, für immer weggefallen sind — nicht aber schon ohne weiteres, wenn diese Verhältnisse sich geändert haben und damit der gesetzgeberische Grund zur fraglichen Regelung weggefallen ist. Der Satz: cessante ratione legis, cessat lex ipsa ist deshalb irreführend (Enneccerus-Nipperdey, § 45 Anm. 10; vgl. ferner BGH. 1, 375). Aber es steckt doch ein richtiger Kern in ihm; eine gesunde Rechtsanwendung, die die zweckgetreue Entscheidung über eine wortgetreue stellt, wird die Anwendung eines Rechtssatzes, dessen Zweck nicht mehr erreichbar ist, zu vermeiden wissen oder ihn so umdeuten, daß zweckwidrige Ergebnisse verhütet werden. Nicht: fiat iustitia, pereat mundus, sondern: fiat iustitia, vivat mundus muß als Leitgedanke über der Rechtsanwendung stehen.

IV. Abschnitt

Allgemeine Kennzeichen des bürgerlichen Rechts Arten seiner Vorschriften § 4

Gustav Boehmer, Grundlagen der Bürgerl. Rechtsordnung, 1950, S. 12f.

I. Das System des bürgerlichen Rechts ist das übliche der Pandektenlehrbücher. Das BGB. ist in 5 Bücher eingeteilt:

a) der Allgemeine Teil — I. Buch — befaßt sich in der Hauptsache nicht mit der inhaltlichen Regelung der einzelnen Lebensverhältnisse, sondern enthält die gemeinsamen Grundsätze für alle Rechtsverhältnisse.

b) Das Recht der Schuldverhältnisse — II. Buch — regelt die Sonderverbindungen zwischen einzelnen Rechtsgenossen, dem Gläubiger und Schuldner, nach denen jener von diesem zur Befriedigung eines schutzwürdigen Interesses ein bestimmtes Verhalten verlangen kann. Es ermöglicht dem einzelnen die grundsätzlich beliebige Gestaltung seiner Lebensverhältnisse durch Abschluß von Rechtsgeschäften.

c) Das Sachenrecht — III. Buch — weist dem einzelnen einen bestimmten Anteil an den Lebensgütern zu, indem es die Dinge der Außenwelt seiner ausschließlichen Herrschaft unterwirft, für ihn monopolisiert.

d) Das Familienrecht — IV. Buch — ordnet die Beziehungen, die durch die Geschlechtsgemeinschaft und Abstammung entstehen.

e) Das Erbrecht — V. Buch — regelt den Einfluß der Familienbeziehungen auf das Schicksal des Vermögens der Privatperson im Falle ihres Todes und sichert ihr die Möglichkeit, diese Schicksale über den Tod hinaus in gewissem Rahmen zu bestimmen.

f) Das sich daran anschließende Einführungsgesetz (EG.) ist in 4 Abschnitte geteilt: I. Allgemeine Bestimmungen. II. Verhältnis des BGB. zu den Reichsgesetzen. III. Verhältnis zu den Landesgesetzen. IV. Übergangsvorschriften.

II. Die inhaltliche Bedeutung des BGB.

1. Nationale Bedeutung.

a) Das BGB. hat Deutschland das kostbare Gut der Rechtseinheit gebracht und damit ein neues völkisches Band um alle deutschen Stämme geschlungen.

Die Rechtseinheit, die nach dem Kriege durch die Aufteilung Deutschlands in vier Besatzungszonen und in eine Reihe von Ländern verlorenzugehen drohte, ist heute für das Gebiet der Bundesrepublik Deutschland durch das Grundgesetz und durch das Gesetz zur Wiederherstellung der Rechtseinheit auf dem Gebiet der Gerichtsverfassung, der bürgerlichen Rechtspflege, des Strafverfahrens und des Kostenrechts v. 12. 9. 1950 sowie durch das Gesetz zur Wiederherstellung der Gesetzeseinheit auf dem Gebiet des bürgerlichen Rechts v. 5. 3. 1953 weitgehend wiederhergestellt.

b) Es hat ferner fruchtbare Gedanken des einheimischen Rechts wieder zur Anerkennung gebracht und mit römisch-rechtlichen Verkehrsgedanken zu einer neuen Einheit verschmolzen.

2. Wirtschaftliche Bedeutung.

a) Im Vordergrund steht heute der scharfe Gegensatz zwischen Gesamtheit und Einzelpersönlichkeit, Sozialprinzip und Individualprinzip. Der Grundcharakter des BGB. ist stark individualistisch. Es hat unter dem Einfluß der zur Zeit seiner Entstehung herrschenden liberalen Wirtschaftsauffassungen die damalige individualistische Wirtschaftsordnung rechtlich sanktioniert. Nach ihr ist die Wirtschaft Sache des einzelnen. Die wirtschaftliche Fortbewegung wird von den einzelnen Wirtschaftsträgern erwartet. Laisser faire, laisser passer!

Die Grundlagen, auf denen die Privatrechtsordnung des BGB. beruht, sind das Privateigentum, die Vertragsfreiheit. Immerhin hat das Gesetz auch den Gedanken des sozialen Ausgleichs, des Schutzes des wirtschaftlich Schwächeren Rechnung getragen; es ist, wie man gesagt hat, mit einem Tropfen „sozialen Öls" gesalbt.

Vgl. etwa die Ordnung des Dienstverhältnisses (616—619), die Herabsetzung der übermäßigen Vertragsstrafe (343), die Wucherbekämpfung (138 II).

Oben (§ 2 IV) ist bereits dargelegt, daß die Fortentwicklung gekennzeichnet ist durch eine immer stärkere Abkehr von dieser individualistischen Grundeinstellung und durch eine weitgehende Durchführung des Gemeinschaftsgedankens, eine wachsende Durchdringung mit sozialrechtlichen Bindungen.

b) Das BGB. erstrebt in höherem Maße als bisher eine gerechte und billige Ausgleichung der Interessengegensätze durch Aufstellung schmiegsamer Normen, die die besonderen Verhältnisse des Einzelfalles berücksichtigen lassen. Die Hauptvorschriften dieses Billigkeitsrechts sind die §§ 138, 157, 242, 320 II, 826.

Das oberste Gebot der Gerechtigkeit ist: Gleiches leich, Ungleiches ungleich zu behandeln, jedem das Seine zu geben. Zwecks gleicher Behandlung muß das Gesetz an typische Tatbestände anknüpfen. Da aber kein Fall dem andern völlig gleicht, entsteht so die Gefahr der Erstarrung und des Schematismus. Um ihr zu entgehen, muß mit der Festigkeit der Regeln eine gewisse Schmiegsamkeit verbunden werden. Zur Lösung dieser Aufgaben haben die obengenannten Vorschriften des neuen Billigkeitsrechts in den letzten Jahrzehnten in hervorragendem Maße beigetragen, sie haben eine Anpassung der Rechtsanwendung an die Veränderungen des wirtschaftlichen Lebens und Kampfes ermöglicht und unser Bürgerliches Re ht vor Erstarrung bewahrt; vgl. Hedemann, Werden und Wachsen im Bürgerlichen Recht, 1913; derselbe, Die Flucht in die Generalklauseln, 1933; Max Rümelin, Die Gerechtigkeit, 1920; derselbe, Die Billigkeit im Recht, 1921.

c) Das BGB. sucht die Verkehrssicherheit zu festigen, indem es das berechtigte Vertrauen auf äußere Tatbestände (den Schein des Rechts) schützt.

Vgl. etwa 793, 892/93, 2366/67, 932/35. Von einer grundsätzlichen und einheitlichen Stellung der Frage, inwieweit beim Erwerb das Vertrauen auf das Vorhandensein der Erwerbsvoraussetzungen geschützt werden soll, ist freilich noch nichts zu merken.

3. Sittliche, erzieherische Bedeutung.

Das positive Recht als Ausdruck für die Tatsache eines machthabenden Willens in einer Gemeinschaft, ist an sich „jenseits von Gut und Böse". Aber die Rechtsordnung trachtet dauernd danach, mit dem Sittengesetz in Einklang zu bleiben, sie ist ein „Zwangsversuch zum richtigen sozialen Verhalten", so wie es die jeweiligen Machthaber verstehen (Stammler). An eine völlige Übernahme der Moralvorschriften in eine Rechtsordnung ist selbstverständlich nicht zu denken. Das Recht muß sich mit einem „ethischen Minimum" begnügen (Jellinek).

Das BGB. hielt entsprechend der damals herrschenden Volksmoral fest an der Einehe und patriarchalischen (und christlichen) Eheauffassung, wonach dem Mann und Vater ein gewisser Vorrang zugebilligt wird. Die in Art. 3 II GG. verankerte Gleichberechtigung von Mann und Frau will allerdings diese Vorrangstellung des Mannes, vor allem im Bereich des ehelichen Güterrechts, beseitigen. Mit Ablauf des 31. 3. 1953 ist das dem Gleichberechtigungsgrundsatz entgegenstehende Recht außer Kraft getreten; siehe Art. 117

I GG. u. BGH. 10 266ff. Inzwischen ist am 18. 6. 1957 das sog. Gleichberechtigungsgesetz ergangen, das am 1. 7. 1958 in Kraft getreten ist. Vgl. dazu unten § 8 V. — Auch sonst hat sich das BGB. bemüht, seine Vorschriften im Einklang mit der Volksmoral zu gestalten, z. B. durch das Wucherverbot (138 II).

Darüber hinaus macht sich das Gesetz sogar gewisse Vorschriften der Moral mittelbar zu eigen, indem es Verträge und Rechtshandlungen auch dann mißbilligt, wenn sie zwar vor dem Forum der Rechtsvorschriften bestehen können, aber einen Verstoß gegen die „guten Sitten" bedeuten (138, 826). Die guten Sitten sind die herrschende Volksmoral, das Maß der zu stellenden Anforderungen ist aus der Denkweise eines anständigen Durchschnittsmenschen zu entnehmen; die „Rechtsmoral" der §§ 138 und 826 ist also eine den Aufgaben der Rechtsordnung angepaßte, vergröberte Moral. Indem der Richter angewiesen wird, seine Entscheidung nach dem sich fortwährend wandelnden Anstandsgefühl aller billig und gerecht Denkenden zu fällen, wird eine dauernde Beeinflussung der Rechtsanwendung durch die Moral sichergestellt und der Einklang mit der Volksüberzeugung und dem Rechtsgefühl im wesentlichen gewährleistet. Auch die Verweisung des Richters aus „Treu und Glauben" (242, 157 usw.) will die Rechtshandhabung in Einklang mit den Anforderungen der „Gerechtigkeit" bringen, eine Annäherung an das „soziale Ideal" anbahnen.

III. Die Form ist weniger glücklich.

1. Das Gesetz bedient sich zwar einer knappen, klaren, festen — manchmal freilich zu kleinlich-peinlich abgezirkelten — Ausdrucksweise, es zeichnet sich ferner aus durch scharfe, stark verallgemeinerte (abstrakte) Begriffe —, die zuweilen einen Ausdruck in einem von der Sprache des täglichen Lebens abweichenden technischen Sinne gebrauchen (Besitzer, Frucht usw.) — und durch streng logischen Aufbau.

Zwischen den Gegensätzen einer sog. kasuistischen, d. i. Fälleregelung, welche Vorschriften für jedes einzelne Lebensverhältnis geben will, und einer rein grundsätzlichen Ordnung durch Aufstellung allgemeiner Formeln, vermittelt das Gesetz mit einer deutlichen Hinneigung zur abgezogenen Fassung, zur grundsätzlichen Behandlung.

Das ist sicher zu billigen. Denn sie ist die höhere Stufe gegenüber der Fälleregelung (Kasuistik). Diese erfaßt nur die Hauptfälle, welche dem Gesetzgeber vor Augen standen und läßt deshalb im Stich gegenüber den übersehenen oder neu auftauchenden Tatbeständen, die gleiche Behandlung verlangen. Vorzeitige Verallgemeinerung ist freilich nicht minder gefährlich, weil sie zur Unterwerfung eines vom Gesetzgeber nicht erwogenen Tatbestandes unter eine nicht passende Regel führen kann.

2. Auf der anderen Seite sind die Begriffe und Leitgedanken des BGB. durch ihre einseitig abgezogene Formelung oft der Lebensfülle völlig beraubt, geradezu blutleer geworden; der sachliche Leitgedanke der Regelung tritt ganz zurück, zwischen die natürliche Bedarfslage und den Betrachter werden zu-

weilen ganz ohne Not scholastische Begriffsbilder eingeschoben (93 „Wesentlichkeit"). Das Ausscheiden der für eine Reihe von Rechtsvorschriften gemeinsamen Grundlagen, deren Zusammenfassen in allgemeine Bestimmungen, dazu die zahlreichen Verweisungen erschweren das Verständnis; kurz, die Regelung bleibt ziemlich fern dem Höchstziel eines einfachen, klaren, volkstümlichen Rechts.

Das BGB. hat uns — was die Form anlangt — ein Juristenrecht, kein Volksrecht gebracht; seine Regeln sind gute Streitregeln, wonach die Gerichte einen Rechtsstreit mit annähernder Sicherheit entscheiden können, aber zu wenig Lebens- oder Verhaltensregeln, wonach der Bürger sein Verhalten richtig einrichten könnte.

Hinsichtlich der Form schneidet das Schweizerische Zivilgesetzbuch vom 19. Dezember 1907 wesentlich günstiger ab als das BGB. Es sei dem jungen Juristen empfohlen, den Text des Schweiz. Gesetzbuches recht häufig zum Vergleich mit den betr. Vorschriften des BGB. heranzuziehen, um in sich die Fähigkeit zu einfachem, klarem Gedankenausdruck und zu guter, gesetzlicher Formelung einer Vorschrift frühzeitig zu entwickeln.

IV. Arten der Rechtsvorschriften.

1. Im Hinblick auf den Geltungsbereich unterscheidet man:

a) Gemeines und partikuläres Recht. Gemeines Recht ist das für ein Gebiet als Ganzes geltende Recht (Gesamtgebietsrecht), partikuläres ist das für ein Teilgebiet geltende Recht (Teilgebietsrecht). In föderativen Staatengebilden bringt man das gemeine Recht, wenn es aus derselben Quelle geflossen ist, als formell gemeines Recht auch in Gegensatz zu dem nur materiell gemeinen, das ist dem auf besonderen Quellen für die einzelnen Gebiete beruhenden gemeinsamen Recht (auch wohl allgemeines Recht genannt).

Gemeines Recht waren so im alten Deutschen Reich das rezipierte römische Recht und die Reichsgesetze — Partikularrechte waren z. B. der Codex Maximilianeus Bavaricus civilis von 1756, später das Preußische Allgemeine Landrecht — materiell gemeines Recht war das Allgemeine Deutsche Handelsgesetzbuch von 1861.

Für das neue Deutsche Reich von 1871 und die deutsche Republik ist an Stelle des Gegensatzes zwischen Gemeinem und Partikularrecht getreten der Gegensatz zwischen Reichs- und Landesrecht. Reichsrecht ist alles auf Gesetzen des neuen Reiches und Reichsgewohnheiten beruhende Recht, Landesrecht das auf den Landesgesetzen und -gewohnheiten beruhende Recht. Dem Reichsrecht entspricht heute das Bundesrecht.

Das neue Reichsrecht ist zwar seinem Wesen nach gemeines, d. h. Gesamtgebietsrecht, wird aber im Gegensatz zu dem früheren gemeinen Recht, das heute nur mehr die Rolle von Landesrecht spielt, nicht so benannt. Denn es unterscheidet sich in einem Punkte wesentlich vom früheren gemeinen Recht. Während dieses nur subsidiäre Geltung hatte (Stadtrecht bricht Landrecht, Landrecht bricht gemeines Recht) geht das Reichsrecht bzw. Bundesrecht sowohl nach Art. 2 RV. von 1871 wie nach Art. 13 der RV. von 1919 als auch nach Art. 31 des Bonner Grundgesetzes dem Landesrecht unbedingt vor (Reichsrecht bricht Landrecht, Bundesrecht bricht Landesrecht).

b) Allgemeines, für jedermann geltendes Recht (ius commune) und Sonderrecht für gewisse Personen und Güterkreise (ius proprium).

Die Vorschriften des BGB. über den Kauf sind ius commune, die des HGB. über den Handelskauf ius proprium.

c) Gemeingültiges Recht (ius generale) und für einen besonderen Fall gültiges, einzelfallgültiges Recht (ius speciale), je nachdem die Rechtsvorschrift an einen typischen, gattungsmäßig festgelegten Tatbestand allgemeine Folgen knüpft oder für einen Einzelfall eine Rechtswirkung ausspricht, als Individualrechtssatz auftritt. Die lex specialis begründet unmittelbar ein subjektives Recht, ein Privileg, z. B. einer Eisenbahngesellschaft wird durch Gesetz das Enteignungsrecht für eine bestimmte Strecke verliehen.

Der Privilegienbegründung setzt der in Art. 3 GG. verankerte Gleichheitsgrundsatz Schranken. Das Recht auf Gleichbehandlung ist ein allgemeines Menschenrecht, das auch der Gesetzgeber zu beachten hat. Insofern ist Art. 3 GG. eine Weiterentwicklung und Klarstellung des Art. 109 Weim. RV., dessen Verbindlichkeit für den Gesetzgeber bestritten war (vgl. Anschütz, RV. Erl. III zu Art. 109).

2. Im Hinblick auf die Geltungskraft unterscheidet man zwischen zwingenden und nachgiebigen (dispositiven, ergänzenden, vermittelnden) Vorschriften.

Jene verlangen selbst gegen den erklärten Parteiwillen Anwendung (276 II), diese wollen nur gelten, wenn die Parteien nichts anderes bestimmt haben — sei es an Stelle fehlender Parteibestimmungen (so wird z. B. die Ehe vom gesetzlichen Güterrecht beherrscht, falls die Ehegatten ihre güterrechtlichen Verhältnisse nicht durch Vertrag geregelt haben, 1408), sei es in Ergänzung getroffener Parteivereinbarungen (Mängelhaftung des Verkäufers 459 ff.).

3. Im Hinblick auf den Inhalt werden unterschieden:

a) Selbständige und unselbständige Rechtssätze.

Die einzelne Rechtsvorschrift kommt fast niemals in einem einzi en Rechtssatz zum Ausdruck, sondern ist in einer Reihe von Rechtssätzen enthalten. Unselbständig sind die, welche nur in Verbindung mit einem für sich allein bedeutsamen (selbständigen) Rechtssatz Bedeutung gewinnen. Die Begriffsbestimmung des § 90, „Sachen sind nur körperliche Gegenstände“, erlangt in Verbindung mit § 903 und den übrigen Sätzen des Sachenrechts Bedeutung. Weitere Fälle unselbständiger Rechtssätze: 182 III, 515, 764.

b) Gebots-, Verbots- und Erlaubnissätze.

α) Das Gebot zielt auf ein aktives, das Verbot auf ein passives äußeres Verhalten. Das Gebot richtet sich immer nur an bestimmte einzelne, es ist notwendig relativ. Das Verbot dagegen kann verschiedenen Charakter haben, sich an einen bestimmten einzelnen wenden (z. B. das vertragliche Konkurrenzverbot) oder an die unbestimmte Vielheit der Rechtsgenossen (so bei den absoluten Rechten, vgl. 903).

β) Das Verbot kann auch insofern einen verschiedenen Inhalt haben, als entweder ein Verhalten an sich verboten wird (Schnellfahren, Rauchen im Walde) oder die Herbeiführung eines bestimmten Erfolges (Tötung, Körperverletzung, Rechtsverletzung). Dieser Unterschied ist sehr wichtig für die Begründung der deliktischen Ersatzpflicht: 823 I verlangt eine Rechtsverletzung, also Herbeiführung eines Erfolges; § 823 II BGB. begnügt sich mit einer Schutzgesetzverletzung, führt also zur Haftung, wenn ein nur an sich verbotenes Verhalten schuldhaft beobachtet wird, ohne daß das Verschulden sich auch auf den Erfolg erstrecken müßte.

γ) Neben den Gebots- und Verbotssätzen sind Erlaubnissätze zu unterscheiden, die ein bestimmtes Verhalten billigen, sanktionieren, z. B. 903: Der Eigentümer kann ... mit der Sache nach Belieben verfahren und andere (also jeden anderen) von jeder Einwirkung ausschließen.

Soweit solche Rechtssätze die Befugnis zur Begründung von Rechtswirkungen geben, sprechen wir von ermächtigenden Rechtssätzen (Eisele). Man denke an die Verfügungsbefugnis des Eigentümers, an die Befugnis jedes Rechtsgenossen, durch Verträge Rechte zu erwerben und Pflichten zu begründen (Vertragsfreiheit), an die Befugnis, die Schicksale des Vermögens von Todes wegen zu bestimmen (Testierfreiheit). Meist sind diese ermächtigenden Rechtssätze nicht ausdrücklich ausgesprochen, sondern aus dem Gesamtinhalt einer Regelung zu erschließen.

c) Abgrenzende und regelnde Rechtssätze.

Das Schrankenrecht zieht die Grenze zwischen dem vom Recht beherrschten und dem rechtsleeren Raum — hierher gehören z. B. die Formvorschriften, die die Rechtswirkung von der Wahrung einer Form abhängig machen, ohne sie zu befehlen (313, 2231 ff.), ferner die Vorschriften, welche einem Tatbestand die rechtliche Wirkung versagen (93, 134, 137, 138). Das Regelrecht ordnet das menschliche Verhalten innerhalb des Rechtsgebietes durch Gebote, Verbote oder Erlaubnissätze (903, 109 I, 113).

d) Regelrecht und regelwidriges Recht (Sonderrecht, ius singulare), je nachdem die Vorschrift sich als Ausfluß eines allgemeinen Rechtsgrundsatzes darstellt oder unter Durchbrechung eines solchen Grundsatzes für besonders geartete Tatbestände etwas Besonderes vorschreibt, wie z. B. die Gefährdungshaftung auf Grund des Reichshaftpflichtgesetzes.

Die ganze Begriffsbildung ist sehr gefährlich und kann zum Hemmschuh gesunder Rechtsanwendung werden. Angeblich soll der Sonderrechtssatz ausdehnender Auslegung und analoger Anwendung widerstreben, was man mit der Pandektenstelle D. 1, 3 de leg. 14 stützt: Quod contra rationem iuris receptum est, non est producendum ad consequentias. Ob eine Rechtsvorschrift ein Regelsatz und eine andere ein Ausnahmesatz ist, kann aber sehr verschieden beantwortet werden. Nur allzu leicht wird aus dem „Ausnahmecharakter" einer Vorschrift der bequeme Umkehrschluß abgeleitet, daß sie in anderen Fällen nicht gelten wolle. Ist z. B. die Gefährdungshaftung nach dem Reichshaftpflichtgesetz eine einzelne Ausnahme vom Grundsatz der Verschuldenshaftung oder kündigt sich darin ein neues selbständiges Haftungsprinzip an? Jemand, der bei Landung des Zeppelinluftschiffes am 5. August 1908 bei Echterdingen zu Schaden gekommen war, hatte den Grafen Z. auf Schadensersatz verklagt. Das Reichsgericht hat (RG. 78 171) die Klage abgewiesen, weil ein Verschulden des Beklagten nach §§ 823 ff. BGB. nicht nachweisbar war und die besonderen Bestimmungen des BGB. über Schadensersatz ohne Verschulden (vgl. § 833 Tierhalterhaftung) sowie die Grundsätze des HaftpflichtG. und des Gesetzes über den Verkehr mit Kraftfahrzeugen vom 3. Mai 1909 über die Gefährdungshaftung wegen ihres Ausnahmecharakters auf die eigenartigen Verhältnisse der Luftschiffahrt auch nicht entsprechend anwendbar seien. — Eine freiere Auffassung hätte in diesen Vorschriften die Anerkennung eines allgemeinen Grundsatzes, eben des der Gefährdungshaftung, finden können.

Später wurde durch das LuftverkehrsG. vom 1. August 1922 (§ 19ff.) die Haftpflicht des Halters eines Luftfahrzeuges — auch ohne Verschulden — eingeführt, freilich wie beim Kraftfahrzeughalter nach oben ziffernmäßig begrenzt.

Mit Entschiedenheit muß das Dogma von der angeblichen Unzulässigkeit der Analogie bei Sondersätzen bekämpft werden. Nur das eine wird man zugeben dürfen, daß durch Ausweitung des Sondersatzes der Regelsatz nicht völlig beseitigt, sondern bloß durchbrochen werden darf.

e) Strenges und billiges Recht (ius strictum und ius aequum). Der Richter hat die an einen typischen Tatbestand geknüpfte Regel anzuwenden, er darf den Besonderheiten des einzelnen Falles nur so weit Rechnung tragen, als das Gesetz dies gestattet. Die Vorschriften nun, die eine solche Berücksichtigung der Umstände des einzelnen Falles gestatten, indem sie auf ein Werturteil des Richters (Treu und Glauben, Angemessenheit, Verschulden usw.) abstellen, darf man als Billigkeitsrecht bezeichnen, während die Vorschriften, die an äußerlich sichtbare, begrifflich scharf umrissene oder formalisierte Tatbestände anknüpfen, wie im Wechsel- und Grundbuchrecht, zum strengen Recht gehören.

Doch darf man auch diesen Grundsatz nicht übertreiben, indem man für das strenge Recht ganz andere Auslegungsgrundsätze aufstellt, etwa den gefährlichen Satz: Formvorschriften sind streng zu interpretieren. Das führt dann z. B. bei letztwilligen Verfügungen zu einer Überschätzung der Form, die nicht Selbstzweck, sondern Mittel zum Zweck ist, den wahren Willen des Erblassers sicherzustellen (vgl. RG. 52 277).

4. Rechtsvorschriften mit eigenartigem Inhalt sind:

a) Die Auslegungsvorschriften. Sie weisen den Richter an, den Sinn, die Bedeutung einer Willenserklärung in einer bestimmten Weise festzustellen.

Sie unterscheiden sich also begrifflich scharf von den dispositiven, besser ergänzenden Rechtsvorschriften, die eingreifen wollen, wenn weder eine ausdrückliche noch eine stillschweigende Erklärung vorliegt (722 I enthält z. B. eine dispositive, 722 II eine Auslegungsvorschrift). Die Auslegungsregeln werden meist durch die Worte „im Zweifel" eingeführt, 154, 314, 672. Praktisch ist der Unterschied oft gering, da man eine Vereinbarung, die die Anwendung einer ergänzenden Vorschrift ausschließt, auch stillschweigend treffen kann. Vgl. Manigk, Irrtum und Auslegung 1918, 122f.

b) Die Unterstellungen (Fiktionen). Das sind Rechtssätze, die den Richter anweisen, einen bestimmten Tatbestand (b) so zu beurteilen, wie wenn ein anderer Tatbestand (a) vorläge.

Sie sind ein gesetzestechnisches Hilfsmittel, um die Wirkungen des Tatbestandes a in einfacher, abgekürzter Weise auf den Tatbestand b zu übertragen (911, 1). Wissenschaftlichen Wert hat die Unterstellung nicht, sie verdeckt die Wahrheit, erklärt nicht, warum diese Übertragung der Wirkungen stattfindet, und was hinter dem unterstellten Tatbestand wirklich steht; die Fiktion ist also aufzulösen. Vgl. Bernhöft, Zur Lehre von den Fiktionen, Festschr. f. E. J. Bekker, 1907; Esser, Wert und Bedeutung der Rechtsfiktionen, 1940.

V. Abschnitt

Der Herrschaftsbereich des deutschen bürgerlichen Rechts

I. Kapitel

Einwirkung des BGB. auf das vorhandene Reichs- und Landesrecht § 5

I. Verhältnis des BGB. zum sonstigen Reichsrecht.

Das BGB. ist eine Kodifikation, also eine Gesetzgebung, die grundsätzlich gelten will unter Ausschluß anderer Rechtsquellen. Aber nur dem Landesrecht gegenüber ist dieser Grundsatz in der Hauptsache durchgeführt. Im Verhältnis zum Reichsrecht bestimmt sich die Wirksamkeit des BGB. nach dem Grundsatz des zeitlichen Vorrangs (Priorität). Das jeweils jüngere Gesetz hebt das ältere auf, soweit das in dem jüngeren Gesetz besonders bestimmt oder eine Anordnung getroffen wird, die mit dem Inhalt des älteren Rechts unvereinbar ist: lex posterior derogat priori. Im Einklang hiermit erklärt 32 EG.: die Vorschriften der Reichsgesetze bleiben in Kraft, soweit sich nicht ausnahmsweise aus dem BGB. oder EG. ihre Aufhebung ergibt.

Wann sich eine derartige Aufhebung aus dem BGB. ergibt, ist eine nicht immer leicht zu beantwortende Frage. Was ist inhaltlich unvereinbar? Für eine Reihe von älteren Reichsgesetzen (Handelsgesetzbuch, Gewerbeordnung, Personenstandsgesetz usw.) ist das Maß der Einwirkung des BGB. genau festgelegt (vgl. EG. 33—54). Davon abgesehen wird man regelmäßig eine Beseitigung des bisherigen Reichsrechts dann annehmen dürfen, wenn das BGB. eine bestimmte Rechtsfrage oder einen Inbegriff von solchen neu geregelt hat. Diese Annahme ist aber dann unzulässig, wenn die frühere Vorschrift eine Sondervorschrift ist, die aus Sonderrücksichten etwas vom damaligen Regelrecht Abweichendes bestimmt hat, lex posterior generalis non derogat legi priori speciali.

Entsprechendes gilt für die Aufhebung der Vorschriften des BGB. durch jüngere Reichsgesetze oder ein sich bildendes Reichsgewohnheitsrecht.

II. Verhältnis des BGB. zum Landesrecht.

1. Nach Art. 2 RV. von 1871, Art. 13 RV. von 1919 und Art. 31 GG. gehen — anders als im Mittelalter — die Reichs- bzw. Bundesgesetze den Landesgesetzen unbedingt vor. Reichsrecht (bzw. Bundesrecht) bricht Landesrecht. Schon danach würde nicht bloß alles widersprechende ältere Landesrecht ohne weiteres aufgehoben, sondern auch die Bildung neuen widersprechenden Landesgesetzes- oder -gewohnheitsrechts ausgeschlossen sein. Das Landesrecht würde danach nur für die vom BGB. überhaupt nicht geregelten Fragen haben bestehenbleiben können.

Für den heutigen Rechtszustand ist davon auszugehen, daß das bürgerliche Recht zum Bereich der konkurrierenden Gesetzgebung des Bundes gehört (Art. 74 Ziffer 1 GG.); das BGB. ist nach Art. 125 Ziffer 1 GG. Bundesrecht geblieben, so daß den Ländern auf diesem Gebiet keine Gesetzgebungsbefugnis zusteht (Art. 72 I GG.).

2. Das Einführungsgesetz geht aber noch einen Schritt weiter und führt im Verhältnis zum Landesrecht den ausschließenden Kodifikationsgedanken durch. Grundsätzlich wird alles Landesprivatrecht ohne Rücksicht auf seine Vereinbarkeit mit dem BGB. aufgehoben und seine Neubildung ausgeschlossen, EG. 55.

a) Regel. Die privatrechtlichen Vorschriften des Landesrechts treten außer Kraft.

Die Regel trifft nur das Landesprivatrecht, nicht das öffentliche Recht, sie trifft aber das ganze Landesprivatrecht, das vorhandene wie das künftige, nicht bloß das zwingende, sondern auch das ergänzende Recht.

b) Ausnahmen. Im Rahmen der sog. Vorbehalte (namentlich EG. 56—152, 216) bleibt das geltende Landesprivatrecht in Kraft, es kann sogar neues geschaffen werden (EG. 3).

α) Kraft der Vorbehalte. In ihrem Rahmen ist sogar widersprechendes Landesprivatrecht anerkannt. Das Reichsrecht ist freilich nicht völlig ausgeschlossen, es gilt

αα) soweit das Landesprivatrecht auf Rechtssätze verweist, die durch BGB. oder EG. außer Kraft gesetzt sind (EG. 4),

ββ) hilfsweise, soweit das Landesprivatrecht schweigt oder eine Lücke läßt, also der Ergänzung aus den allgemeinen Grundsätzen des Privatrechts bedarf.

β) Inhalt der Vorbehalte. Vorbehalten sind Rechtsvorschriften wegen ihrer Herkunft (EG. 56) oder wegen des von ihnen betroffenen Personenkreises (EG. 57, 58, 216) oder wegen ihres Inhalts (z. B. 95 Gesinderecht, 67 Bergrecht, 65 Wasserrecht, 69 Jagd- und Fischereirecht usw.).

Die Vorbehalte zugunsten eines bestimmten Personenkreises sind, soweit sie nicht schon durch Art.109 III Weim.RV in Fortfall gekommen sind, durch Art.3 GG. beseitigt.

Wo ganze Sachgebiete (Materien) vorbehalten sind, gilt der Vorbehalt aber nur, soweit das Landesrecht Sondersätze enthält, die für diesen Sonderrechtsteil aus Sonderrücksichten hervorgegangen sind; also vorbehalten sind z. B. nur besondere, gerade wasserrechtliche Verjährungsvorschriften, nicht die auch für das Wasserrecht geltenden allgemeinen Verjährungsbestimmungen.

2. Kapitel

§ 6 Verhältnis des bürgerlichen Rechts zum neben ihm geltenden Privatrecht Internationales und Interlokales Privatrecht

Neuere Literatur: Frankenstein, Internat. PR. I 1926, II 1929; Gutzwiller i. Stammlers Enzyklopädie „InternationalPR. 1931“; Lewald, Deutsch-Intern. PR. 1930; Nußbaum, Deutsch. Intern. PR. 1932; Melchior, Die Grundlagen d. Deutsch. Intern. PR. 1932; Raape i. Staudingers Komm. Bd. VI, 2. Teil, 1931; ders., Deutsches Internationales Privatrecht I 1938, II 1939, (4) 1955; Düringer-Hachenburg-Geiler (3) I 17ff. Zur ausländ. Literatur vgl. Gutzwiller, RvglHdwb. IV 350f.; M. Wolff, IPR. Deutschlands (3) 1954; Ernst Rabel, Das Recht des Warenkaufs, 1936; ders., ZAJPR. 5 (1931) 241—288ff.; Kegel, Der Gegenstand des IPR. i. Festg. für Raape (1948) 1f.; Ernst Rabel, The conflict of laws I (1942), II (1947) III (1950), Kegel in Soergel zu Art. 7ff. EG.; Kegel, Internationales Privatrecht, 1960.

I. Aufgabe und Begriff. Die einzelnen Kulturstaaten haben verschiedene Rechtsordnungen, die nebeneinander gelten, jede für das Gebiet und die Angehörigen ihres Staates. Wenn nun Fälle zu entscheiden sind, die Beziehungen zu verschiedenen Staaten haben, taucht die Frage auf, welche der verschiedenen Rechtsordnungen der beteiligten Staaten für die Entscheidung maßgebend sein soll.

Hat z. B. ein Franzose in Deutschland ein nach französischem Recht gültig errichtetes, aber nach deutschem Recht ungültiges privatschriftliches Testament gemacht, so fragt sich: soll die persönliche Beziehung der Staatsangehörigkeit den Ausschlag geben oder die örtliche Beziehung der Errichtung auf deutschem Staatsgebiet oder soll stets die Rechtsordnung des Staates maßgebend sein, dessen Gerichte den Fall zu entscheiden haben?

Die Antwort auf diese Fragen gibt das internationale Privatrecht („Zwischenprivatrecht" Zitelmann). Es enthält die Grundsätze über die Anwendbarkeit der verschiedenen nebeneinander geltenden Privatrechtsordnungen auf einen Tatbestand mit Beziehungen zu verschiedenen Rechtsordnungen, es will den Geltungsbereich mehrerer nebeneinander geltender Rechtsordnungen gegeneinander abgrenzen. Die Vorschriften, die eine solche Abgrenzung des Geltungsbereichs der materiellen Privatrechtsnormen (Sachnormen) vornehmen, heißen Grenznormen oder Kollisionsnormen.

II. Das Höchstziel wäre offenbar erreicht, wenn ein bestimmtes Rechtsverhältnis stets nach demselben Recht beurteilt würde, einerlei, ob das Urteil von den Gerichten dieses oder jenes Staates zu fällen wäre.

In Wahrheit denken aber die einzelnen Staaten keineswegs gleich über die Gesichtspunkte, wonach man die einzelnen Rechtsverhältnisse dem Herrschaftsbereich der einen oder anderen Rechtsordnung zuweisen könnte. Von allen Kulturstaaten wird zwar anerkannt, daß die Zufälligkeit des angerufenen Gerichts (die lex fori) nicht entscheidend sein darf; das wäre der Tod des Verkehrs. Alle Kulturstaaten erkennen ferner an, daß sie um der internationalen Verkehrs- und Kulturgemeinschaft willen dem Geltungsbereich ihrer Privatrechtsordnungen Grenzen ziehen müssen und in gewissem Umfang vor ihren Gerichten auch fremdes Recht anwenden lassen müssen, daß grundsätzlich die Rechtsordnung des Staates maßgebend sein muß, zu dessen persönlichem oder räumlichem Herrschaftsbereich der zu beurteilende Tatbestand die stärksten Beziehungen hat.

Welche Beziehung aber nun den Ausschlag geben soll, diese Frage wird von den zwischenprivatrechtlichen Grenzbestimmungen der einzelnen Staaten sehr verschieden beantwortet. Bald legen sie das Schwergewicht auf die persönliche Beziehung der Staatsangehörigkeit, bald auf eine räumliche Beziehung, wie z. B. den Wohnsitz oder Aufenthalt, den Handlungsort, den Erfüllungsort, den Ort, wo sich der Gegenstand des Rechtsverhältnisses befindet, das Gebiet, für dessen Bereich ein Recht in Anspruch genommen wird usw.

III. Geschichtliche Entwicklung.

Die Geschichte des Internationalen Privatrechts ist die Geschichte der Bemühungen um die beste Anknüpfungsbeziehung. Bei den Völkern des Altertums war der Fremde grundsätzlich rechtlos, das Recht war streng national — ein Prinzip, das freilich durch Freundschafts- oder Bündnisverträge vielfach durchbrochen wurde. Die spätere Entwicklung des römischen Rechts zum Weltrecht war der Ausbildung eines internationalen Privatrechts, das das Nebeneinandergelten grundsätzlich gleichberechtigter Rechtsordnungen begrifflich voraussetzt, ungünstig.

Im altgermanischen Recht galt das Personalitätsprinzip, der Grundsatz der Stammesrechte, jeder lebte nach dem Rechte seines Stammes. Im späteren Verlauf der Entwicklung geht das Bewußtsein der Stammeszugehörigkeit verloren, das Stammesrecht lokalisiert sich, wird zum Ortsrecht (Territorialitätsprinzip).

Die Postglossatoren bilden in Oberitalien die Statutentheorie aus, die ausgeht vom Gedanken der freiwilligen Unterwerfung unter ein bestimmtes Ortsrecht, statutum, so genannt im Gegensatz zum dahinter geltenden gemeinen Recht. Durch Erwählung eines Domizils unterwirft sich jemand hinsichtlich der für die Person geltenden Rechtssätze dem am Ort des Wohnsitzes geltenden Recht (statuta personalia), hinsichtlich des Immobiliarrechts dem Recht des Gebiets, worin die Sache liegt (statuta realia), hinsichtlich der Handlungen dem Recht des Orts, wo sie vorgenommen werden (statuta mixta). Die beweglichen Sachen, die man als Zubehör der Person behandelte, unterstellte man den statuta personalia; mobilia ossibus inhaerent, mobilia personam sequuntur. Die Statutentheorie drang in Frankreich, den Niederlanden und Deutschland ein und wurde noch Ende des 18. und Anfang des 19. Jahrhunderts grundsätzlich von den damals entstandenen Gesetzgebungswerken (Preuß. Landrecht, code civil, Österr. Bürgerl. Gesetzbuch) angenommen.

Ihre Unhaltbarkeit (namentlich die der Idee von der freiwilligen Unterwerfung) wies Wächter nach (ArchZivPr. **24** 230ff.; **25** 1ff., 116ff., 361ff.). Er zog die Folgerung aus dem inzwischen zur Herrschaft gelangten Gedanken der vollen Staatssouveränität, der Zurückführung allen Rechts auf den Staat und der Ausbildung des staatlichen Richteramts. Nach Wächter hat der Richter zu fragen: welches Recht befiehlt mir mein Staat anzuwenden? Soweit dieser die Anwendung fremden Rechtes befiehlt, hat der Richter dem nachzukommen. Falls Sinn und Geist der staatlichen Rechtsvorschriften nicht zu einem klaren Ergebnis führen, hat der Richter im Zweifel das Recht seines Staates anzuwenden. Da diese Lehre praktisch zu einer Ignorierung des Völkerrechts und der sich aus ihm für das internationale Privatrecht ergebenden Anforderungen führte, fand sie in ihrem positiven Teil nur beschränkte Anerkennung.

Grundlegend für die weitere Entwicklung wurden Savignys Darlegungen (System des heut. röm. R. VIII 1—367). Auch Savigny verkennt nicht, daß der Richter an die Gesetze seines Staates gebunden ist, er geht aber bei Ermittlung der in der einzelstaatlichen Rechtsordnung enthaltenen Grenznormen nicht vom Boden der einzelstaatlichen Rechtsordnung aus, sondern von einer internationalen Verkehrs- und Rechtsgemeinschaft der Staaten. Diese Rechtsgemeinschaft führt die einzelnen Staaten in gegenseitiger Anerkennung ihrer Souveränität nicht zu einer

Überspannung dieser Territorialsouveränität, sondern zu einer auf der Natur der Sache ruhenden Anerkennung der fremden Gesetzgebung in bezug auf die Rechtsverhältnisse, die ihrer Natur nach einer fremden Rechtsordnung angehören. Maßgebend ist danach das Recht des Gebietes, wo das Rechtsverhältnis seinen Sitz hat. Er liegt im Domizil bei den personenrechtlichen Verhältnissen (Handlungsfähigkeit, Rechtsfähigkeit, persönliche Stellung, Familienrecht, Erbrecht). Er liegt im Ort der belegenen Sache bei sachenrechtlichen Verhältnissen, und im Erfüllunsort bei schuldrechtlichen Verhältnissen. Savignys Formel vom Sitz des Rechtsverhältnisses löst freilich genau gesehen die Frage nicht, sondern gibt nur ein Bild, das auch als solches dem Problem nicht einmal gerecht wird, weil alles auf die Maßgeblichkeit räumlicher Beziehungen abgestellt ist.

Von diesen verschiedenen Ausgangspunkten haben sich in Deutschland zwei gegensätzliche Richtungen in der Auffassung und Konstruktion des internationalen Privatrechts entwickelt. Die nationalistische oder positivistische Richtung, die eine Fortbildung der Gedanken Wächters ist, und die internationalistische Richtung, die sich in den Bahnen Savignys bewegt.

In positivistischen Gedankengängen bewegen sich u. a. Böhm, Niemeyer, Kahn, v. Gierke, Neubecker, während die internationalistische Richtung von Brinz, Bahr, Zitelmann u. a. vertreten wird. Die Gegensätze haben sich jedoch neuerdings bis zu einem gewissen Grade ausgeglichen.

Auch in den fremden Staaten lassen sich entsprechende Grundauffassungen unterscheiden. Die englisch-amerikanische Jurisprudenz und Rechtsprechung huldigt einer zuerst in Holland (Ende des 17. Jahrhunderts) entwickelten nationalistischen Anschauung, wonach in jedem Territorium dessen Recht maßgebend sei und die Anwendung fremden Rechts ausnahmsweise kraft fremdnachbarlichen Entgegenkommens (comitas gentium) zulässig sei. Das führt zur Vorherrschaft des Ortsrechts, als Recht des Orts der belegenen Sache (lex rei sitae), des Orts des Vertragsschlusses, des Wohnsitzes usw.

Auf der anderen Seite entwickelte man in Italien, Frankreich, Belgien, Spanien, Südamerika im Anschluß an eine Rede des Italieners Mancini (1851) die Lehre, daß jeder das Recht seiner Nation mit sich trage und diesem im Ausland grundsätzlich unterworfen bleibe, daß dessen Anwendung nur beschränkt werde durch das territoriale Recht der öffentlichen Ordnung, des ordre public. Das führt zur Vorherrschaft des Rechts der Staatsangehörigkeit, des Heimatrechts, die nur bei internationalistischer Grundeinstellung zu rechtfertigen ist.

Auch im Einführungsgesetz zum BGB. ist das Heimatrecht weitgehend zur Anerkennung gelangt. Neuestens läßt sich übrigens in Mittel- und Südamerika eine rückläufige Bewegung zugunsten des Wohnsitzrechts feststellen (Melchior 15).

In Deutschland hat Zitelmann (InternPR. I 1897, II 1912) den kühnsten und folgerichtigsten Versuch unternommen, das internationale Privatrecht auf überstaatlicher Grundlage zu errichten. Er will die zwischenprivatrechtlichen Grenznormen gewinnen, indem er die völkerrechtlichen Normen, die eine allgemeine völkerrechtliche Herrschaftsbegrenzung bedeuten, auf ihre Schlußfolgerungen für die Abgrenzung der privatrechtlichen Befehlsgewalt hin durchdenkt. Jede staatliche Macht stützt sich nach ihm völkerrechtlich entweder auf Personalhoheit oder Gebietshoheit; kraft jener beherrscht der Staat seine Angehörigen, kraft dieser sein Gebiet und die auf diesem befindlichen Sachen. Grundsätzlich geht bei Konflikten nach völkerrechtlicher Übung die Personalhoheit vor, es entscheidet das Recht der Staatsangehörigkeit, das Heimatrecht der beherrschten Person — von Zitelmann Personalstatut genannt, also nicht im Sinne der Statutentheorie verwandt. Der Gebietsstaat hat in der Regel kein Interesse, die Herrschaft des Heimatstaates auszuschließen, er tut dies nur, soweit Gründe der öffentlichen Ordnung und der Selbsterhaltung die Durchführung seiner Normen ausnahmslos fordern, namentlich für das Gebiet der absoluten Rechtsverbote, der absolut geschützten Interessen. Danach gilt das Personalstatut, also die Rechtsordnung, der die beherrschte Person angehört, für alle Rechte an fremder Person, an eigener Person sowie für Forderungsrechte mit Ausnahme der deliktischen Ersatzobligation. Das Gebietsstatut gilt als Handlungsstatut (Recht des Ortes, wo die Handlung vorgenommen wird) für die deliktische Ersatzobligation, als Sachstatut (Recht des Ortes, wo sich die Sache befindet) für alle Rechte an Sachen, als Gebietsstatut i. e. S. (Rechtsordnung des Gebietes, für welches das Recht in Anspruch genommen wird) für die Persönlichkeitsrechte und immateriellen Güterrechte. Gegen Zitelmann ist einzuwenden, daß seine Folgerungen aus der völkerrechtlichen Herrschaftsabgrenzung des positivrechtlichen Charakters entbehren, daß die tatsächliche Rechtsentwicklung in den einzelnen Staaten ihnen vielfach widerspricht (das RG. beurteilt z. B. die Schuldverhältnisse rechtsgeschäftlichen Charakters nach dem Recht des Erfüllungsortes und nicht nach dem Heimatrecht des Schuldners), endlich daß die Ergebnisse seiner Lehre für das Schuldrecht zweckwidrig sind.

Auch das Werk Ernst Frankensteins versucht auf Grundlagen aufzubauen, die als apriorisch geltende Sätze aufgestellt werden und deshalb der Überzeugungskraft entbehren.

Ein wirklicher Fortschritt wird sich nur mittels der induktiven, rechtsvergleichenden Methode erzielen lassen, wie sie dem Werk der Haager Privatrechtskonferenzen zugrunde liegt. Ihr huldigen die neueren Werke; vgl. namentlich Raape und Rabel.

IV. Das deutsche Zwischenprivatrecht knüpft grundsätzlich an die Staatsangehörigkeit an, so für die Beurteilung der Geschäftsfähigkeit (EG. 7), der Todeserklärung (EG. 9), der Voraussetzungen der Eheschließung (EG. 13 I), der Rechtsbeziehungen zwischen den Ehegatten (EG. 14 und 15, maßgebend ist die Staatsangehörigkeit des Ehemannes zur Zeit der Eheschließung; das einmal begründete Güterrecht wird durch einen späteren Wechsel der Staatsangehörigkeit nicht berührt), der Scheidung (EG. 17, maßgebend ist die Staatsangehörigkeit des Mannes zur Zeit der Klageerhebung), der Beziehungen zwischen Eltern und Kindern (EG. 19—21, maßgebend ist bei ehelichen Kindern die Staatsangehörigkeit des Vaters, bei unehelichen die der Mutter), der Beerbung (EG. 24 und 25, maßgebend ist die Staatsangehörigkeit des Erblassers). Das internationale Privatrecht des BGB. ist durch das GleichberechtigungsG. v. 18. 6. 1957 nicht geändert worden; vgl. Soergel-Kegel, Vorbem. vor EG. 13—23.

Die Form des Rechtsgeschäftes bestimmt sich nach den Gesetzen, die maßgebend sind für das den Gegenstand des Rechtsgeschäfts bildende Rechtsverhältnis, doch genügt im allgemeinen die Wahrung der am Errichtungsort vorgeschriebenen Formen (EG. 11).

Die Form einer im Inland geschlossenen Ehe bestimmt sich aber ausschließlich nach deutschen Gesetzen (EG. 13 III); vgl. aber jetzt § 15a EheG. Die Form eines Rechtsgeschäfts, wodurch ein Sachenrecht begründet oder darüber verfügt wird, wird ausschließlich durch das Gebietsstatut (lex rei sitae) bestimmt (EG. 11 II); das gilt auch für die Anwendung des § 313 (RG. **63** 20).

Eine Durchbrechung der regelmäßigen Grenznormen bedeutet EG. 30. Danach ist die Anwendung eines nach den allgemeinen Grenznormen an sich maßgebenden fremden Gesetzes dann ausgeschlossen, wenn sie im besonderen Fall gegen die guten Sitten oder den Zweck eines deutschen Gesetzes verstoßen würde (man denke an Polygamie, Sklaverei usw.).

Außerdem sieht 31 EG. vor, daß der Reichskanzler mit Zustimmung des Reichsrats gegen einen ausländischen Staat und seine Angehörigen ein Vergeltungsrecht zur Anwendung bringen kann, eine Bestimmung, die heute ohne Bedeutung ist.

Eine eigenartige Bestimmung ist die Vorschrift des Art. 27 über die Rückverweisung (renvoi). Wenn ein nach der deutschen Grenznorm maßgebendes Auslandsrecht seinerseits eine Grenznorm hat, wonach es für diesen Fall nicht anwendbar ist, sondern auf das deutsche Recht als maßgebend verweist, so soll diese Rückverweisung bei den in 27 aufgezählten Rechtsfragen (Geschäftsfähigkeit, Ehevoraussetzungen, eheliches Güterrecht, Ehescheidung, Erbfolge) beachtet werden. Streitig ist, ob eine solche Rückverweisung auch bei anderen Rechtsfragen zu beachten ist und wie es mit der Weiterverweisung auf ein drittes Recht steht.

Das RG. (78 236, **91** 141) deutet die Verweisung auf ein fremdes Recht als Gesamtverweisung, d. h. Verweisung auf Sach- und Grenznormen als einheitliches Ganzes; dagegen behandelt es die Rückverweisung des ausländischen Rechts auf die deutschen Gesetze als Sachnormrückverweisung, nicht als Gesamtverweisung, so daß es in solchen Fällen bei der Maßgeblichkeit des deutschen Rechts sein Bewenden hat (RG. **136** 366).

Beispiel für die Rückverweisung: Zwei nordamerikanische Staatsbürger haben in Chikago geheiratet und wollen an ihrem Wohnort Hamburg geschieden werden. Da das nordamerikanische Scheidungsrecht vom Domizilprinzip beherrscht wird, also auf das deutsche Wohnsitzrecht zurückverweist, ist dieses anzuwenden, vgl. RG. **136** 363. — Beispiel für Weiterverweisung: Ein belgischer Erblasser hat seinen letzten Wohnsitz in Petersburg. Nach Art. 25 I EG. ist das belgische Recht maßgebend, das aber seinerseits für das unbewegliche Vermögen das Recht der belegenen Sache anerkennt, also auf dieses weiter verweist; folglich ist von deutschen Gerichten russisches Recht anzuwenden (RG. **91** 142).

V. Der internationalprivatrechtliche Gesetzgeber muß sich, um bestimmte Sachverhalte auf Grund bestimmter Anknüpfbeziehungen dem Herrschaftsbereich einer bestimmten Rechtsordnung zuzuweisen, rechtlicher Begriffe bedienen, er muß die Kennzeichnung nach Recht bereichen vornehmen. Da aber die Staaten unter den gleichen Rechtsbegriffen sehr oft etwas verschiedenes verstehen, entsteht die Frage, welchem Rechtssystem die Kollisionsnorm ihre Begriffe entnommen wissen will, der eigenen Rechtsordnung, der die Kollisionsnorm angehört, oder der fremden Rechtsordnung, auf die sie verweist, der lex fori oder lex causae.

Diese Frage, die man als das „Qualifikationsproblem“ bezeichnet, ist eine der schwierigsten und bestrittensten des internationalen Privatrechts.

Beisp. Ist die verminderte Geschäftsfähigkeit der Ehefrau, die viele romanische Rechte kennen, als eine Folge der Eheschließung anzusehen, gehört sie also zu den persönlichen Rechtsbeziehungen der Ehegatten (Art. 14 EG.) oder ist sie eine Folge des ehelichen Güterrechts (Art. 15) oder handelt es sich um eine Frage der Geschäftsfähigkeit (Art. 7)? Ist die Kostenvorschußpflicht des Ehemanns zur Durchführung eines Scheidungsprozesses als güterrechtliche (Art. 15 EG.) oder eherechtliche Verpflichtung (Art. 14) zu behandeln?

Die deutsche Lehre und Praxis nimmt die Qualifikation grundsätzlich nach der lex fori vor (vgl. Raape, RG.), eine Gegenmeinung will nach der lex causae, nach dem Wirkungsstatut, qualifizieren (vgl. M. Wolff). Rabel will eine eigene Begriffswelt der Kollisionsnormen auf rechtsvergleichender Grundlage entwickeln.

Keine dieser Theorien kann mechanisch durchgeführt werden. Da es sich um ein Auslegungsproblem der Kollisionsnormen handelt, ist grundsätzlich von der lex fori auszugehen, weil der Gesetzgeber seine Begriffe im Zweifel in Anlehnung an seine Rechtsordnung gebildet hat. „Handelt es sich aber um eine dem deutschen Recht fremde Vorschrift des ausländischen Rechts, so müssen ihr Sinn und ihre Bedeutung unter Würdigung ihres Zwecks und ihrer Wirkung vom Standpunkt des ausländischen Rechts aus untersucht und daraufhin ihre Einordnung in die Begriffe und Abgrenzungen des deutschen zwischenstaatlichen Privatrechts vorgenommen werden", so RG. **163**, 375/76; vgl. auch KG. DR. 40, 1375.

Bei dieser Prüfung wird vielfach die von Rabel empfohlene induktive rechtsvergleichende Methode zu befolgen sein. Die letzte Entscheidung muß stets im Hinblick auf den Zweck der anzuwendenden Kollisionsnorm und die ihr zugrunde liegende Interessenabwägung erfolgen; vgl. dazu Kegel, Begriffs- und Interessenjurisprudenz im intern. Privatr. in Festschr. für Lewald, 1953 S. 259—288.

VI. Bei der verschiedenen Stellung der Kulturstaaten ist das Ziel einer gleichmäßigen Abgrenzung in absehbarer Zeit nur durch völkerrechtliche Vereinbarung zu erreichen. Ein bedeutsamer Anfang ist hier gemacht worden durch die Haager Abkommen über das internationale Privatrecht vom 12. Juni 1902 (betr. Eheschließung, Ehescheidung und Vormundschaft) und vom 17. Juli 1905 (über die Wirkungen der Ehe und Entmündigung), die freilich nur mit einem Teile der Kulturstaaten geschlossen worden sind (z. B. nicht mit England und Amerika).

Am 17. Juli 1905 ist auch ein Abkommen betr. den Zivilprozeß getroffen worden über Mitteilung gerichtlicher und außergerichtlicher Urkunden, Ersuchungsschreiben, Sicherheitsleistung für die Prozeßkosten, Armenrecht und persönliche Haft.

Durch den ersten Weltkrieg sind die zwischen den kriegführenden Staaten geschlossenen Verträge aufgehoben worden, also auch die Haager Verträge. Der Friedensvertrag von Versailles hat leider nur einen Teil dieser Abkommen wieder in Kraft gesetzt, nämlich das Abkommen zur Regelung der Vormundschaft über Minderjährige und das über den Zivilprozeß (Friedensvertrag, Art. 282, Ziff. 26 und Art. 287).

Selbst diese Abkommen sind nicht allen Siegerstaaten gegenüber wieder in Kraft getreten; so z. B. nicht das Zivilprozeßabkommen Frankreich, Portugal und Rumänien gegenüber. Frankreich hatte übrigens das Vormundschaftsabkommen schon 1913 gekündigt. Später sind dann einzelne Abkommen durch Sonderverträge wieder in Kraft gesetzt oder neue Sonderabkommen geschlossen worden. Vgl. Makarov, Die Quellen des InternPR. 1929 und RvglHdwb. IV 325.

Aber auch der Gedanke, das internationale Privatrecht durch allgemeine Vereinbarungen weiter anzugleichen, wurde wieder aufgenommen. Ende 1925 hat eine 5. Haager Konferenz getagt und zur Aufstellung von Entwürfen über vollstreckungs- und konkursrechtliche Fragen sowie das Erbrecht geführt; 1928 ist eine 6. Konferenz gefolgt, die Beschlüsse über die Abänderung der familienrechtlichen Abkommen, über die Nachlaßregulierung und das internationale Kaufrecht gefaßt hat; vgl. JW. 1928, 857f. u. 1987f.

Nach einer längeren Unterbrechung infolge des 2. Weltkriegs kam es erst 1951 zur 7. Haager Konferenz. Auf ihr wurde eine Neufassung des Zivilprozeßabkommens beschlossen. Der Bundestag hat dem neuen Abkommen (mit Datum vom 1. 3. 1954) zugestimmt durch Gesetz vom 18. 12. 1958.

1956 hat die 8. Haager Konferenz ein Abkommen über das auf den Eigentumserwerb bei internationalen Käufen beweglicher Sachen anwendbare Recht beschlossen, das aber noch nicht in Kraft getreten ist; ferner Abkommen über die Zuständigkeit des vertraglich vereinbarten Gerichts bei internationalen Käufen beweglicher Sachen, außerdem ein Abkommen über das auf Unterhaltspflichten gegenüber Kindern anwendbare Recht und endlich ein Abkommen über die Anerkennung und Vollstreckung von Entscheidungen auf dem Gebiete der Unterhaltspflicht gegenüber Kindern.

Außerdem ist am 20. 6. 1956 in New York ein Übereinkommen über die Geltendmachung von Unterhaltsansprüchen im Ausland beschlossen worden, dem der Bundestag durch Gesetz vom 26. 2. 1959 zugestimmt hat.

Zu beachten ist, daß das Recht der Abkommen im Verhältnis der vertragschließenden Staaten an die Stelle der Grenznormen des EG. BGB. getreten ist.

VII. Für das Gebiet der Lücken — wo eine gesetzliche Anweisung fehlt und auch eine analoge Anwendung der Vorschriften des Einführungsgesetzes nicht zum Ziel führt — wird die Grundauffassung des Zwischenprivatrechts bedeutsam.

Hier ringen zwei Richtungen um die Anerkennung und Durchsetzung, die positivistische (nationalistische) und die internationalistische.

Die nationalistische vertritt eine positivistische Anschauung, sie faßt das Zwischenprivatrecht auf als innerstaatliches Recht. Soweit dieses den Richter anweise, fremdes Recht anzuwenden, müsse er dem nachkommen. Im Zweifel aber habe er immer das Recht seines Staates anzuwenden.

Die internationalistische (Zitelmann) hält das Zwischenprivatrecht für Völkerrecht. Nach diesem hat jeder Staat über ein bestimmtes Gebiet und über seine Angehörigen Befehlsgewalt, insoweit ist auch seine Rechtsordnung maßgebend. Will er durch sein Recht Verhältnisse ordnen, die der Befehlsgewalt eines anderen Staates unterstehen, so handelt er völkerrechtswidrig. Im Zweifel also hat hier der Richter danach zu fragen, welcher Staat nach den Regeln der völkerrechtlichen Herrschaftsabgrenzung für das Rechtsverhältnis zuständig ist, und dessen Recht anzuwenden.

Beide Richtungen sehen die Aufgabe nur von einer Seite an. Das Zwischenprivatrecht ist innerstaatliches Recht, soweit es als Teil der einzelstaatlichen Rechtsordnung sich an den Richter wendet. Dieser hat sich nur an die Gesetzgebung seines Landes zu halten. Auf der andern Seite läßt sich nicht verkennen, daß sich richtige Grundsätze für die Abgrenzung des Geltungsbereichs der einzelnen Privatordnungen nur aus überstaatlichen Gesichtspunkten gewinnen lassen, daß darüber hinaus einige dieser Grundsätze heute bereits völkerrechtlich anerkannt sind (Haager Verträge, gewohnheitsrechtlich die lex rei sitae für das Immobiliarsachenrecht). Daraus ergibt sich, daß das Schweigen des zwischenprivatrechtlichen Gesetzgebers im Rahmen der Lücken nicht in dem Sinne ausgelegt werden darf, daß der Staat seine Rechtsordnung schrankenlos ausdehnen wolle, sondern dahin gedeutet werden muß: der einzelne Staat wolle es bei den Anforderungen belassen, die ein geordneter Verkehr erheischt unter Staaten, die ihre Hoheitsrechte gegenseitig anerkennen, er wolle also die Anwendung der Rechtsnormen vorschreiben, deren Maßgeblichkeit sich aus den Grundsätzen des Völkerrechts und den Bedürfnissen der zwischenvölkischen Verkehrssicherheit ergibt.

Man darf und muß also die Forderungen der internationalen Verkehrssicherheit auf dem Gebiete der Lücken in das innerstaatliche Recht hineinlesen, zu dessen Bestandteil machen. Der deutsche Richter hat hier das Recht des Staates anzuwenden, zu dessen persönlichem oder räumlichem Herrschaftsbereich der Fall nach den Grundsätzen des Völkerrechts gehört; wo die völkerrechtliche Herrschaftsabgrenzung im Stich läßt, hat der Richter die stärkste Tatbestandsbeziehung nach den Bedürfnissen der zwischenvölkischen Verkehrssicherheit zu bestimmen.

Die Richtigkeit dieser Auffassung wird durch Art. 4 der Weim.RV. ausdrücklich bestätigt: Die allgemein anerkannten Regeln des Völkerrechts gelten als bindende Bestandteile des deutschen Reichsrechtes. Noch weiter geht das Grundgesetz, das auf das Erfordernis der Anerkennung verzichtet und in Art. 25 schon die allgemeinen Regeln des Völkerrechts zum Bestandteil des Bundesrechts erklärt; nach dem ausdrücklichen Wortlaut des Art. 25 gehen diese Regeln den Gesetzen vor und erzeugen Rechte und Pflichten unmittelbar für die Bewohner des Bundesgebiets.

Die deutsche Rechtsprechung unterwirft entsprechend dem internationalen Gewohnheitsrecht die Rechtsverhältnisse der unbeweglichen Sachen der lex rei sitae; ebenso beurteilt sie die Rechte an beweglichen Sachen nach dem Gebietsstatut, das ist das Recht des Ortes, wo sich die Sache befindet (RG. **103** 31).

Für Schuldverhältnisse rechtsgeschäftlicher Natur ist nach der Rechtsprechung des Reichsgerichts das Recht des Erfüllungsortes maßgebend, falls es an einer ausdrücklichen oder stillschweigenden Vereinbarung der Parteien über das anzuwendende Recht fehlt. RG. **95** 42, 165; **96** 272; **103** 261; **108** 243, 267; **118** 282; **120** 72; JW. 38, 1175.

Bei gegenseitigen Verträgen ist grundsätzlich der Schuldort für jede Verpflichtung (Lieferpflicht des Verkäufers, Zahlungspflicht des Käufers usw.) gesondert zu bestimmen. Für die Entstehung des gegenseitigen Vertragsverhältnisses führt das zu der Folgerung, daß der wirksame Abschluß des Vertrags nach dem Recht des Erfüllungsortes einer jeden Partei bejaht werden muß; denn jedes Recht verpflichtet die ihm unterworfene Partei nur für den Fall, daß auch die Verpflichtung der Gegenseite wirksam zustande kommt. Ist das Schuldverhältnis einmal entstanden, sind die Verpflichtungen jeder Partei grundsätzlich nach dem Recht ihres Erfüllungsortes zu beurteilen. Um die daraus sich ergebenden Schwierigkeiten zu vermeiden, ist zunächst zu versuchen, ob sich das Vertragsverhältnis nicht lokalisieren läßt, vgl. Lewald, JPR. 247.

Schadensersatzansprüche wegen unerlaubter Handlung werden nach dem Recht des Ortes der begangenen Handlung beurteilt mit der Einschränkung des Art. 12 EG.BGB. (RG. **96** 98).

VIII. Derselbe Gegensatz wie zwischen den verschiedenen Rechtsordnungen mehrerer Staaten kann sich auch ergeben, wenn in ein und demselben Lande mehrere Privatrechtssätze für verschiedene Gebiete nebeneinander gelten. Nach welchem Rechte soll hier der Richter urteilen? Die Antwort gibt das zwischenörtliche (interlokale) Privatrecht. Hier greifen ähnliche Fragestellungen und Gesichtspunkte Platz wie beim internationalen Privatrecht, nur versagt die Beziehung der Staatsangehörigkeit, es ist an örtliche Beziehungen anzuknüpfen. Vgl. Dölle in Festschrift für Raape S. 149f., Raape S. 106, Schlichting MDR. 51, 138.

Dieser Fragenkomplex hat für uns durch die Zerreißung Deutschlands nach 1945 besondere Bedeutung gewonnen, zumal in der Ostzone inzwischen bedeutende Änderungen des Privatrechts erfolgt sind und noch bevorstehen.

Vgl. A. Blomeyer, Die Entwicklung des Zivilrechts in der sowjetischen Besatzungszone, 1950; SBZ. von A–Z, Ein Taschen- und Nachschlagebuch über die Sowjetische Besatzungszone Deutschlands. Herausgegeben vom Bundesministerium für gesamtdeutsche Fragen (2) 1954. Samson, Die Entwicklung eines neuen Zivilrechts in Mitteldeutschland, JRdsch. 1960. 325f.

Die wichtigsten Änderungen sind folgende:

1. auf dem Gebiete des Vermögensrechts:

Im Zuge der verstärkten Beschränkungen allen Privateigentums wurde zunächst jeglicher Grundbesitz über 100 ha entschädigungslos enteignet (gleichlautende Ländergesetze v. 10. 9. 45 und Bestätigung durch Art. 24 Abs. 5 der Verfassung der DDR.); diesem Schritt folgte 1946 die Enteignung von Kriegsverbrechern und Faschisten, worunter auch viele nur Formalbelastete fielen, so daß etwa 40% aller Betriebe erfaßt wurden. Diese Betriebe wurden in Volkseigentum überführt. Die Organisation volkseigener Betriebe wurde ausdrücklich bestätigt. Nach Art. 28 der Verf. kann Volkseigentum nur mit Zustimmung (Zweidrittelmehrheit) der betreffenden Volksvertretung veräußert oder belastet werden.

In vielen Industriezweigen ist praktisch eine privatwirtschaftliche Betätigung nicht mehr möglich, so z. B. im Bank- und Versicherungswesen. Bodenschätze sowie Betriebe des Bergbaus, der Eisen- und Stahlindustrie sind in Volkseigentum zu überführen (Art. 25 der Verf., der damit die schon 1947 erlassenen entsprechenden Landesgesetze bestätigt).

Der verbleibende Rest des Privateigentums wird zwar durch Art. 22 der Verf. gewährleistet, jedoch mit zwei entscheidenden Einschränkungen. Einmal ist unter gewissen Voraussetzungen, nämlich bei „Mißbrauch" des Eigentums sowie bei Anordnung durch ein Gesetz eine entschädigungslose Enteignung möglich; zum anderen greift das System der Planwirtschaft weitgehend von der öffentlichrechtlichen Seite her in des Privatrecht ein (z. B. Produktionsauflagen, Auslieferungspläne u. ä.).

Daneben sind zu erwähnen gewisse Abweichungen auf dem Gebiete des Patentrechts, des Arbeits- und Tarifrechts sowie die Bestimmungen des Währungs- und Preisrechts; im einzelnen vgl. Blomeyer a. a. O. S. 9ff.

2. Auf dem Gebiete des Personenrechts:

a) Volljährigkeit und Ehemündigkeit des Mannes sind von 21 Jahren auf 18 Jahre herabgesetzt (Ges. v. 17. 5. 50.).

b) Die VO. v. 22. 2. 49 hat bestimmt, daß der Todeszeitpunkt bei der Todeserklärung von Teilnehmern des letzten Krieges im Zweifel auf den 31. 7. 49 festzulegen ist.

c) Die in der Verfassung verankerte Gleichstellung von Mann und Frau ist nicht nur Programmsatz, sondern unmittelbar geltendes Recht; damit ist das diesem Grundsatz entgegenstehende Recht sofort aufgehoben worden (Art. 7 Abs. 2 und Art. 30 Abs. 2). Das hat zur Folge, daß gesetzlicher Güterstand heute die Gütertrennung ist, und des weiteren, daß das Entscheidungsrecht des Mannes (§ 1354), die Arbeitspflicht der Frau im Hause oder Geschäft des Mannes (§ 1356) und das Kündigungsrecht des Mannes bei persönlichen Leistungspflichten der Frau (§ 1358) in der DDR. schon länger nicht mehr bestehen. Auch die vertragsmäßigen Güterstände sind außer Kraft gesetzt.

d) Die Kinder werden durch beide Eltern gemeinschaftlich gesetzlich vertreten: im Streitfall entscheidet das Vormundschaftsgericht. Die Nutznießung am Kindesvermögen steht den Eltern nicht mehr zu. Die einschränkenden Bestimmungen des § 1666 sind beseitigt.

e) Der Schutz des unehelichen Kindes ist dahin erweitert, daß nach Art. 33 der Verf. die außereheliche Geburt weder dem Kinde noch seinen Eltern zum Nachteil gereichen darf. Auch hier ist entgegenstehendes Recht bereits aufgehoben; demnach ist das Kind entgegen §§ 1589, 1708 gegenüber seinem Vater wie ein eheliches Kind unterhaltungsberechtigt und hat in Widerspruch zu § 1712 ein Erbrecht.

f) Bei Adoption durch eine verheiratete Frau kann das Kind den Namen des Mannes zur Zeit der Adoption erhalten (vgl. die andersartige Regelung des BGB. in § 1758 Abs. 1 S. 2).

Obgleich die Bestimmungen der Verfassung über die Gleichberechtigung und den Schutz der unehelichen Kinder bereits unmittelbare Wirkung haben, ist ein Familienrechtsgesetz, das diese Grundsätze genauer ausgestalten soll, vorbereitet, aber noch nicht verkündet. Alle wesentlichen Bestimmungen des Entwurfs sind aber durch die „Rechtsgrundsätze für die Behandlung von Familienrechtsstreitigkeiten" vom 22. 11. 1951 bereits in Kraft gesetzt. Die Rechtsgrundsätze sind die amtliche Darstellung des Justizministeriums, „was als geltendes Recht anzusehen ist"; vgl. zu den Einzelheiten Blomeyer a. a. O. S. 15ff.

3. Kapitel

Verhältnis des bürgerlichen Rechts zum früheren Privatrecht § 7

Übergangsrecht (Intertemporales Privatrecht)

I. Aufgabe und Begriff. Im Deutschen Reich hat das bürgerliche Recht mannigfache Veränderungen erlitten, die einschneidendste am 1. Januar 1900 durch Inkrafttreten des BGB. Seitdem ist z. B. § 833 (Haftung des Tierhalters) geändert worden. So taucht die Frage auf: welche von mehreren nacheinander in Geltung getretenen Rechtsvorschriften soll für die Entscheidung eines Falles maßgebend sein, dessen rechtliche Bedeutung während der Geltungsdauer der verschiedenen Vorschriften fraglich wird?

Ist z. B. ein 1898 in Berlin errichtetes Testament, wenn der Erblasser 1942 verstorben ist, nach ALR. oder BGB. auszulegen und in seinen Wirkungen zu bestimmen?

Die Antwort darauf gibt das Übergangsrecht. Es enthält die Grundsätze über die Anwendbarkeit mehrerer nacheinander geltender Rechtsvorschriften auf einen Fall, dessen Bedeutung fraglich wird während der Geltungsdauer verschiedener dieser Vorschriften; es will abgrenzen den Geltungsbereich mehrerer nacheinander geltender Rechtsvorschriften.

II. Grundsätzlich wollen die Gesetze in die Zukunft wirken und deshalb auch nur die neu unter ihrer Herrschaft begründeten Rechtsverhältnisse erfassen, die vorher begründeten sind auf das Recht ihrer Zeit zugeschnitten, Das drückt man dahin aus: Gesetze haben im Zweifel keine rückwirkende Kraft.

III. Dieser Grundsatz läßt sich aber nicht überall festhalten. Bei Dauerverhältnissen geht es z. B. schlecht an, ihre Wirkungen ausnahmslos und andauernd nach dem Recht ihrer Entstehungszeit zu beurteilen. Man denke an den Inhalt des Eigentums, dem der Außenstehende nicht ansehen kann, wann es erworben ist. Deshalb sind Einschränkungen des Grundsatzes namentlich dahin geboten, daß der Inhalt eines unter altem Recht entstandenen Rechtsverhältnisses vom Inkrafttreten des neuen Rechtssatzes an nach neuem Recht beurteilt wird. Das schreibt z. B. EG. 181 fürs Eigentum vor.

IV. Allgemein läßt sich sagen:

1. In erster Linie ist die Frage der Rückwirkung durch Auslegung des Gesetzes zu ermitteln, das sich selbstverständlich auch hinsichtlich der Rechtsbegründung rückwirkende Kraft beilegen kann.

2. Im Zweifel wird man davon ausgehen dürfen, daß das Gesetz die ausgesprochene Rückwirkung nicht weiter durchführen will als notwendig ist, also die Begründung des Rechtsverhältnisses nach dem zu ihrer Zeit geltenden alten Recht beurteilt wissen will und ebenso seine Wirkungen bis zum Augenblick des Inkrafttretens der neuen Bestimmung, daß also der Inhalt erst von diesem Augenblick an vom neuen Recht beherrscht werden soll.

V. Das Einführungsgesetz hat die Frage der Rückwirkung für die meisten Verhältnisse im IV. Abschnitt Art. 153ff. ausdrücklich entschieden. Zudem wird die tatsächliche Bedeutung der Frage von Jahr zu Jahr geringer. Hervorgehoben sei, daß gemäß Art. 214 EG.BGB. die Gültigkeit eines vor dem 1. Januar 1900 errichteten Testaments nach den bisherigen Gesetzen zu beurteilen ist und daß nach Art. 200 EG.BGB. für den Güterstand einer zur Zeit des Inkrafttretens des BGB. bestehenden Ehe gleichfalls die bisherigen Gesetze maßgebend bleiben; da aber gemäß Art. 218 EG.BGB. die Landesgesetze, die nach den Vorschriften des IV. Abschnitts des EG. für ältere Rechtsverhältnisse weiter gelten sollen, durch die Landesgesetzgebung geändert werden können, haben die meisten Länder in ihren AusführungsG. zum BGB. das eheliche Güterrecht dieser Ehen dem nächstverwandten Güterrechtssystem des BGB. angeglichen (sog. Überleitung der Güterstände).

Hauptwerke: Habicht, Die Einwirkung des BGB. auf zuvor entstandene Rechtsverhältnisse (3) 1901; Affolter, System des deutschen bürgerlichen Übergangsrechts 1903.

VI. Abschnitt

§ 8 Ermittlung und Anwendung des bürgerlichen Rechts — Die Bedeutung des Bonner Grundgesetzes für die Rechtsfindung

G. Rümelin, Werturteile und Willensentscheidungen 1891. Ehrlich, Freie Rechtsfindung und freie Rechtswissenschaft 1903. Zitelmann, Lücken im Recht 1903. Gnaeus Flavius (Kantorowicz), Der Kampf um die Rechtswissenschaft

1906. Rumpf, Gesetz und Richter 1906. Brütt, Die Kunst der Rechtsanwendung 1907. E. Fuchs, Schreibjustiz und Richterkönigtum 1907. Jung, Positives Recht 1907. Stampe, Unsere Rechts- u. Begriffsbildung 1907. Stier-Somlo, Das freie Ermessen in Rechtsprechung und Verwaltung 1908, Festgabe für Laband 445ff. Gmür, Die Anwendung des Rechts nach Art. 1 Schweiz. ZivilGB. 1908. Oertmann, Gesetzeszwang und Richterfreiheit 1909. Stammler, Theorie der Rechtswissenschaft 1911. Lehmann, Heinrich, Der Prozeßvergleich 1911. Kantorowicz, Rechtswissenschaft und Soziologie 1911. Stampe, Die Freirechtsbewegung 1911. Heck, Das Problem der Rechtsgewinnung 1912. W. Jellinek, Gesetz, Gesetzesanwendung und Zweckmäßigkeitserwägung 1913. Wüstendörfer, Die deutsche Rechtsprechung am Wendepunkt 1913 (auch ArchZivPr. **110** 219ff). Heck, Gesetzesauslegung und Interessenjurisprudenz 1914 (auch ArchZivPr. **112** 1ff.). Reichel, Gesetz u. Richterspruch 1915. Wüstendörfer, Zur Hermeneutik der soziologischen Rechtsfindungstheorie (ArchRuWirtsch. Philosophie IX, 1ff. . Baumgarten, Die Wissenschaft vom Recht und ihre Methode I 1920, II 1922. Triepel, Staatsrecht u. Politik 1926. H. Isay, Rechtsnorm und Entscheidung 1929. Müller-Erzbach, Reichsgericht und Interessenjurisprudenz i. Reichsgerichts-Festgabe II 161ff., 1929. Derselbe, Wohin führt die Interessenjurisprudenz 1932. Ders. Die Interessen- u. Machtlage beim Kauf, Lehmann-Festschrift (1937) S141; ders. „Wie lassen sich das Recht u. das Rechtsleben tiefer u. sicherer erfassen, 1934 S. 23f.; ders. Die Rechtswissenschaft im Umbau 1950; Max Rümelin, Erlebte Wandlungen in Wissenschaft und Lehre 1930. Oertmann, Interesse und Begriff in der Rechtswissenschaft 1931. Stoll, Begriff und Konstruktion in der Lehre der Interessenjurisprudenz in der Festgabe für Heck, Rümelin, Schmidt, 1931, 60f. Heck, Begriffsbildung und Interessenjurisprudenz 1932. Dazu Heinrich Lehmann, AcPr. 138, 95f. Isay, AcPr. **137** 33f. Heck, ebenda 37f. Betti, Interpretazione della legge e degli atti giuridici, 1949. Wieacker, Zur rechtstheoretischen Präzisierung des § 242, 1956, ders. Gesetz u. Richterkunst, 1958; H. Lehmann. NJW. 1958, 1f.

I. Aufgaben der Rechtsanwendung.

1. Einen Rechtssatz anwenden heißt: ihn der Beurteilung eines Rechtsfalles zugrunde legen. Im Rechtsstreit wird dem Richter stets ein meist auch noch tatsächlich streitiger Lebenstatbestand (konkreter Fall) unterbreitet mit dem Antrag, auf seiner Grundlage für diese oder jene Partei eine günstige Rechtswirkung festzustellen. Eine solche Rechtswirkung besteht in der Begründung, der Änderung oder dem Erlöschen eines Rechts.

2. Die Rechtsvorschriften knüpfen ihre Folgen an bestimmte Voraussetzungen, den Tatbestand. Der gesetzliche Tatbestand aber ist nicht nach lebenswirklichen (konkreten), sondern nach gattungsmäßigen (typischen, abstrakten) Merkmalen bestimmt.

3. Der Richter kann also die Wirkung nur feststellen, wenn sich der von einer rechtsuchenden Partei behauptete Lebenstatbestand einordnen läßt unter den gattungsmäßigen Tatbestand eines Rechtssatzes, der die gewünschte Rechtsfolge ausspricht.

4. Danach vollzieht sich die Rechtsanwendung in Form eines denkgerechten Schlusses. Den Obersatz bildet die Rechtsregel, den Untersatz

der besondere Tatbestand — der Schlußsatz ergibt das für den einzelnen Fall maßgebende Recht.

Obersatz: § 607: wer Geld oder andere vertretbare Sachen als Darlehn empfangen hat, ist verpflichtet, dem Darleiher das Empfangene in Sachen von gleicher Art, Güte und Menge zurückzuerstatten.

Untersatz: A hat dem B auf sein Bitten am 1. Mai 1951 einen Zwanzigmarkschein gegeben und gesagt, er müsse sein Geld spätestens am 15. Mai wieder zurückbekommen — durch diesen Lebensvorgang sind alle Begriffsmerkmale des gesetzlichen Tatbestandes des § 607 verwirklicht.

Schlußsatz: Folglich muß B dem A einen Geldbetrag von 20 Mark zurückerstatten.

5. Die Rechtsanwendung wäre nun sehr einfach, wenn die begrifflichen Formeln, womit das Gesetz wortmäßig seine Tatbestände und Rechtsfolgen festlegt, immer eindeutig wären — und wenn es für jeden Lebenstatbestand einen passenden Gesetzestatbestand mit bestimmten und angemessenen Rechtsfolgen bereitgestellt hätte.

An beiden fehlt es. Die durch Worte erzeugten Vorstellungsbilder sind mehrdeutig und im Umfang schwankend, und das Gesetz hat zahlreiche Lücken, d. h. seine Vorschriften erfassen nicht alle regelungsbedürftigen Tatbestände oder enthalten doch nicht immer eine passende, angemessene Regelung für sie. Die Fülle des Lebens läßt sich eben nicht im voraus in Formeln bannen.

6. So bestehen die Hauptaufgaben der Rechtsanwendung:

a) in der Feststellung des Lebenstatbestandes (das ist für den normalen Prozeß die wichtigste Aufgabe, die Grundsätze der Tatbestandsfeststellung sind im Prozeßrecht enthalten),

b) in der zutreffenden Deutung des Sinnes der Rechtsvorschriften, sowohl nach der Seite des Tatbestandes wie der Rechtsfolgen hin,

c) in der richtigen Findung des Rechts für die Fälle, wo das Gesetz keine oder eine nicht passende Formel bereitgestellt hat.

Denn eine Antwort muß der Richter auf jede auftauchende Rechtsfrage geben und darf sich dieser Antwort nicht entziehen, weil ihm eine Rechtsvorschrift für die Entscheidung fehle.

Das ist ein in Art. 4 code civil ausdrücklich ausgesprochener, heute allgemein anerkannter Grundsatz des neuzeitlichen Rechtsstaates.

7. Die einzige Bestimmung des deutschen Rechtes über die Rechtsanwendung ist in § 1 GVG. enthalten: Die richterliche Gewalt wird durch unabhängige, nur dem Gesetze unterworfene Gerichte ausgeübt. Ebenso Art. 102 WeimRV. und Art. 97 GG.

Damit ist aber nur die Unabhängigkeit des Richters von der Verwaltung ausgesprochen, die Kabinettsjustiz verworfen. Die Frage, wie das Gesetz anzuwenden sei, ist noch nicht beantwortet. Die Antwort ist zu entnehmen aus dem Wesen und den Aufgaben der Gesetzgebung und der Rechtsprechung sowie aus den allgemeinen Staats- und Gesellschaftsanschauungen.

Der Rechtsstaat des 19. Jahrhunderts war beherrscht von der Lehre Montesquieus über die Trennung der drei Gewalten (Gesetzgebung, Verwaltung, Rechtsprechung). Um die Rechtssicherheit zu gewährleisten, wies man dem Richter nur die Aufgabe der Rechtsanwendung zu, behielt dagegen die Rechtschöpfung selbst ausschließlich dem Gesetzgeber vor. Da der Richter im Rechtsstaat jeden seiner Entscheidung unterbreiteten Rechtsfall auch wirklich entscheiden muß, war diese Beschränkung nur durchführbar, wenn man von der Lückenlosigkeit des Rechts ausging. Man nahm an, hinter dem unvollkommenen Wortlaut des Gesetzes stehe ein vollkommener Wille des Staates, der vom Richter mittels verstandesmäßiger Erwägungen erschlossen werden könne und auch müsse. Damit war der Richter zu einem rein ausführenden Organ (Automaten) hinabgedrückt.

Eine derartige Grundauffassung verleitet dazu, die Rechtssätze aus allgemeinen Begriffen abzuleiten und die Lücken durch Konstruktion von Ordnungsbegriffen zu ergänzen, kurz zu der als Begriffsjurisprudenz (Inversionsverfahren) zu tadelnden Methode.

Allmählich begannen wir das Fehlerhafte und Übertriebene dieser Ansichten zu erkennen. Das Leben ist zu vielgestaltig, als daß das Gesetz für jeden Fall einen Rechtssatz bereitstellen könnte; auch die beste Rechtsordnung muß zahlreiche Lücken haben. Die Rechtssicherheit darf nicht auf Kosten der Gerechtigkeit betont werden, das Recht muß sich dem fortschreitenden Leben anpassen. Gesetzgeber und Richter müssen zusammenwirken zu größtmöglicher Gerechtigkeit. Auch der Richter ist zu schöpferischer Mitwirkung in den Grenzen des Gesetzes berufen; er ist frei im Gesetz.

Damit wird von uns abgelehnt einmal die Beschränkung des Richters auf die reine Subsumtionstätigkeit, dann aber auch die Forderung der extremen Anhänger der sog. Freirechtsbewegung, dem Richter die Befugnis zur ungebundenen Rechtsfindung, zur Gebotsänderung nach subjektivem Ermessen zu geben. Dagegen wird die vermittelnde Ansicht vertreten, wonach der Richter zwar an das Gesetz und die in ihm enthaltenen Werturteile gebunden ist, diese Bindung aber nicht als eine sklavische verstanden werden darf. Der Jurist ist Diener am Zweck, nicht bloß am Wort der Gesetze. Deshalb ist der Richter unter gewissen Voraussetzungen zur zweckgetreuen Gebotsergänzung, -erweiterung und -einschränkung befugt. Die Unzulässigkeit der Rechtsprechung contra tabulas erhält bei dieser Erkenntnis einen besonderen Sinn. Was fordern die Tafeln, das objektive Recht, ihrer inhaltlichen Bedeutung nach? Wie weit kann man überhaupt von einer Mißachtung der Gesetze sprechen? Das ist die Kardinalfrage; mit dem bloßen Bekenntnis zur Gesetzestreue ist noch wenig gesagt. Nicht die wortgetreue, sondern die zweckgetreue Entscheidung ist gesetzestreu.

Aus einer bestimmten gesetzlichen Regelung eines typischen Interessenkonflikts ist also das der Regelung zugrunde liegende kausale gesetzliche Werturteil zu entnehmen. Dieses Werturteil ist dann für die Behandlung des vom Gesetz nicht entschiedenen Interessenkonflikts vorsichtig zu verwenden. Also Rechtsfolgengewinnung nicht aus rein beschreibenden, im Darstellungsinteresse gebildeten Ordnungsbegriffen, sondern aus gesetzlichen Werturteilen.

II. Auslegung.

1. Eine Rechtsvorschrift auslegen, heißt ihren Sinn klarstellen. Da die Rechtsvorschriften Willensäußerungen sind, läßt sich ihr Sinn nur dadurch erschließen, daß man den Willensvorgang, das Wollen, ins Auge faßt.

Wollen ist — wenn man von dem bei der Gesetzgebung nicht in Betracht kommenden Triebwollen absieht — Zwecksetzung. Die Willensentscheidung ist stets das Ergebnis der Wahl zwischen mehreren Beweggründen. Das Zünglein an der Waage für diese Wahl ist nicht bloß die Vorstellung der Folgen, sondern auch das Bewußtsein des Wertes dieser Folgen für den Wählenden. Das Werten beruht auf Gegenwirkungen des Gefühls gegenüber einem bestimmten Vorstellungsinhalt. So fußt — wie jeder zweckbewußte Willensentschluß — auch der Befehl des Gesetzgebers auf Werturteilen. Die vorteilhaften sozialen Folgen eines bestimmten Verhaltens sind es, die den Gesetzgeber veranlassen, es vorzuschreiben, die nachteiligen Folgen eines Verhaltens sind es, die ihn zu dessen Verbot oder Nichtanerkennung bestimmen.

Da jede Rechtsvorschrift einen vorgestellten typischen Interessengegensatz auf Grund einer solchen sozialen Bewertung der widerstreitenden Bedürfnisse zu schlichten versucht, kann man den Sinn der Vorschrift offenbar nur ermitteln, indem man den Bewertungsvorgang nachdenkt, der den Gesetzgeber zu dieser Lösung geführt hat. Das geschieht durch Klarlegen der in Betracht kommenden gattungsmäßigen Interessengegensätze und durch Ermitteln der Werturteile, die gerade die in diesem echtssatz getroffene Lösung zweckbegrifflich rechtfertigen, kurz durch Zutagefördern des Gesetzeszweckes.

In den letzten Jahrzehnten ist die Erkenntnis gewachsen, daß eine solche Interessen- und Zweckforschung der Anwendung des Rechts vorausgehen muß. Die Methode im einzelnen ist freilich noch streitig. Je nachdem der eine oder andere Gesichtspunkt als besonders wichtig in den Vordergrund gestellt wird, spricht man von Interessenjurisprudenz oder teleologischer Jurisprudenz oder Rechtstatsachenforschung usw. Zum großen Teil handelt es sich aber bloß um verschiedene Benennungen desselben geistigen Prozesses.

Die Anhänger der sog. Interessenjurisprudenz legen den Schwerpunkt auf die Untersuchung der typischen Interessengegensätze (Interesse = Begehrungsdisposition, Bedürfnis, darf keinesfalls auf wirtschaftliche Belange beschränkt werden). Die Vertreter der teleologischen Jurisprudenz stellen ab auf das Ziel, das bei einer Bewertung der typischen Interessenlage verfolgt wird, nämlich den Gesetzeszweck zutage fördern. Die Rechtstatsachenforschung ist nur ein anderer Ausdruck für die Interessenjurisprudenz, insofern sie die für die rechtliche Regelung bedeutsamen Tatsachen des sozialen Lebens untersucht. Dagegen verfolgt sie besondere Zwecke, wenn sie die tatsächlichen Regeln des außergerichtlichen Verhaltens feststellt und sodann prüft, wie sich diese zum Gesetzesrecht verhalten, ob sie es etwa verdrängen, wie weit das lebendige Recht im Einklang ist mit dem Paragraphen- oder Papierrecht (Ehrlich, Nußbaum).

Neuerdings wächst die Zahl derer, die diese ganze vorbereitende Tatsachen- und Zweckforschung als soziologische bezeichnen. Soziologie wird dabei verstanden als die Wissenschaft von der Gesellschaft, von den gesellschaftlichen Beziehungen und Zusammenhängen (Beziehungslehre). Rechtssoziologie insbesondere ist die gesellschaftliche Betrachtung, die das soziale Leben auf seine Beziehungen zu den Rechtsnormen untersucht, also sich beschäftigt einmal mit den gesellschaftlichen Bedingtheiten der Rechtsnormen (Interessen, Zwecken), sodann mit den gesellschaftlichen Wirkungen der Rechtsvorschriften (Folgen einer bestimmten Vorschrift oder ihrer Handhabung für Wirtschaft, Sittlichkeit, Sitte, Technik, Kunst, Religion usw.).

Man sieht sofort, wie nahe verwandt alle diese Methoden sind, daß sie übereinkommen in der Notwendigkeit, der Rechtsanwendung eine Lebensforschung vorausgehen zu lassen, weil das Recht nichts anderes ist als die Form des sozialen Lebens und deshalb losgelöst von seiner Materie (eben dem Leben) nicht richtig verstanden werden kann.

Alle diese Verfahren treten in Gegensatz zu der sog. Begriffsjurisprudenz, die versucht, die Lückenausfüllung durch Begriffskonstruktion vorzunehmen, also durch Ableitung der Rechtsfolgen aus den zum Zwecke der Darstellung gebildeten, rein beschreibenden Begriffen, den sog. Ordnungsbegriffen. Statt dessen suchen sie im Wege der Induktion die dem Gesetz zugrunde liegenden Werturteile zu ermitteln und aus ihnen die Deutung und Fortbildung des Rechts vorzunehmen.

2. Der Gesetzgeber ist aber heute keine Einzelpersönlichkeit mehr, sondern eine Gesamtpersönlichkeit oder eine Personenmehrheit. Gesetze kommen durch Mehrheitsbeschlüsse der an der Gesetzgebung beteiligten Personen zustande, die von verschiedenen Vorstellungen beherrscht werden und sich (oft nur unter einem Zwang und recht äußerlich) auf den Gesetzeswortlaut einigen. Unter dem Willen des Gesetzgebers hat man deshalb den in diesem Zusammenwirken zum Ausdruck gelangten Willen der Gesamtheit und die durch ihn anerkannten Interessen und Zwecke zu verstehen.

Zweifelhaft ist nun, ob man den Inhalt dieses Willens ermitteln soll durch Zurückgehen auf die Zeit der Entstehung des Gesetzes — so die subjektive Theorie — oder aus den Vorstellungen und Werturteilen der Gegenwart heraus — so die objektive Theorie.

Die subjektive Theorie fragt: was hat ein Gesetz, das die damals von ihm angeschauten Interessenlagen so geregelt hat, damit vernünftigerweise bezweckt, welche Werturteile der damaligen Kulturgemeinschaft sind damit zum Ausdruck gebracht?

Die objektive Theorie löst den Gesetzeswortlaut von den Vorstellungen der am Gesetzeserlaß beteiligten Personen völlig los und fragt: was kann ein Gesetz, das angesichts der gegenwärtigen Interessenlagen eine solche Regelung trifft, damit vernünftigerweise bezwecken, welche Werturteile der gegenwärtigen Kulturgemeinschaft finden darin Ausdruck?

Hauptvertreter der objektiven Theorie sind Wach und Binding.

Auch die subjektive Theorie unterdrückt durch ihre Fragestellung nicht eine Weiterbildung des Rechts, wie sie die Befriedigung der Gegenwartsbedürfnisse fordert. Denn das Gesetz verlangt sinngemäße Befolgung, keinen blinden Gehorsam, bindet also an die damaligen Werturteile nur, soweit sie im Hinblick auf die damals angeschauten Interessenlagen gefällt worden sind, und gestattet die angemessene Berücksichtigung neu auftauchender Interessenlagen in zweckgetreuer Gebotsfortbildung oder -berichtigung.

Bei zugespitzter Durchführung verdient keine der beiden Lehren Beifall. Jede muß Zugeständnisse an den Grundgedanken der anderen machen: die subjektive muß eine weitherzige Gebotsfortbildung zulassen, die objektive an den geschichtlichen sozialen Gesetzeszweck anknüpfen. Bei dieser Sachlage ist die Theorie vorzuziehen, die von ihrem grundsätzlichen Ausgangspunkt aus die berechtigten Forderungen der andern am ungezwungensten in sich aufzunehmen vermag, und das ist die subjektive Theorie; sie vereinigt am annäherndsten die beiden Höchstziele der Rechtsordnung und -anwendung: größtmögliche Sicherheit und bestmögliche Schmiegsamkeit. Die objektive Theorie erschwert dem Richter die Möglichkeit, Ausdrucksverfehlungen zu verbessern und gewisse neu auftauchende Interessengegensätze als von einer nichtpassenden Regel gerade deshalb nicht getroffen nachzuweisen, weil man bei Erlaß des Gesetzes noch nicht an sie gedacht habe; sie führt ferner den Richter in die Versuchung, seine eigenen, oft willkürlichen Werturteile an Stelle der vom Gemeinschaftswillen gedeckten Werturteile durchzusetzen. Dementsprechend entscheiden sich Rg. (166, 218) und BGH. (1, 373; 3, 168) für die historische Auslegung des Begriffs der bürgerlichen Rechtsstreitigkeiten im Sinne des § 13 GVG. Vgl. auch BGH. NJW. 1958, 1196. Auch BVerfG. 1, 299 (312), das der objektiven Theorie zuneigt, muß die Bedeutung der Entstehungsgeschichte einer Vorschrift anerkennen, um Zweifel zu beheben, die sonst nicht ausgeräumt werden könnten.

3. Danach hat die Auslegung folgenden Gang zu nehmen:

a) Auszugehen ist vom Wortlaut, um ihm ein allgemeines, vorläufiges Bild der gattungsmäßigen Lebensvorgänge und Tatbestände zu entnehmen, die der Regel zugrunde liegen. Bei dem Versuch, dieses Bild durch Bewertung dieser Vorgänge und Tatbestände schärfer zu bestimmen, wird sich meist herausstellen, daß die Vorstellungen und Werturteile des Gesetzgebers keinen ganz eindeutigen Ausdruck gefunden haben.

b) Endgültig festgestellt wird dann der wahre Sinn der Vorschrift aus ihrem Zweck heraus. Dazu ist die Interessenlage klarzustellen, d. h. es sind die gattungsmäßigen Bedürfnisse genauer zu ermitteln, zu deren Befriedigung die Vorschrift dienen soll. Das geschieht durch Vergleichung des geregelten Tatbestandes mit den an ihn geknüpften Rechtsfolgen unter dem Gesichtspunkt, inwieweit dadurch eine befriedigende, zweckmäßige, den deutschen Lebensbedingungen gerecht werdende Ordnung gewährleistet wird. Die Interessenabwägung des Richters ist dabei aber keine ungebundene, sondern nur das Mittel zur Erkenntnis und Offenbarung der im Gesetz schlummernden Werturteile. Deshalb ist zu beachten:

α) der denkgerechte Zusammenhang der Vorschrift mit den übrigen Vorschriften des Gesetzes und der Rechtsordnung — sog. logisch-systematische Prüfung. Entscheidend ist das Ergebnis der Zweckforschung nur, soweit es diesen Zusammenhang bestehen läßt.

β) Weiter ist zu beachten die geschichtliche Entwicklung, namentlich die Entstehungsgeschichte der Vorschrift (die Begründung der Vorlage durch die Regierung, die Äußerungen der Volksvertreter) und die Werturteile der damals führenden Kulturschicht — sog. geschichtliche Prüfung.

Die Gesetzesmaterialien haben zwar gegenüber dem Wortlaut keine selbständige maßgebende Bedeutung, sind aber doch zuweilen ein wertvolles Mittel zur Erkenntnis der Zwecke des Gesetzes. Doch sei vor ihrer Überschätzung gewarnt; das Leben bringt meist andere Widerstreite, als sich ein Gesetzgeber vorgestellt hat.

Leitstern der Auslegung muß sein: jeden Tatbestandsbegriff so auszulegen, daß er einen möglichst hohen tatsächlichen Lebenswert hat, daß also alle Lebenstatbestände, die man wegen der daran geknüpften Rechtsfolgen dem Begriff zu unterstellen als ein Bedürfnis empfindet, auch möglichst durch ihn gedeckt werden. Entsprechendes gilt für die zweckmäßige Ausgestaltung eines Rechtsfolgenbegriffs. Insbesondere sind bei Auslegung der unter der Herrschaft des Nazismus erlassenen Gesetze die Auslegungsvorschriften des Ges. Nr. 1 der Militärregierung zu beachten.

4. Eine derartige Auslegung nach dem Zweck wird vielleicht zwischen den mehreren möglichen Wortbedeutungen die Wahl einer gestatten und bevorzugen lassen, die auch im sachlichen Ergebnis befriedigt. Sie kann aber auch zu der Erkenntnis führen, daß sich kein befriedigendes Ergebnis herausholen läßt, daß Sinn und Zweck des Gesetzes einen unvollkommenen Ausdruck gefunden haben, weil der Wortlaut zu eng oder zu weit gefaßt ist. Hier ist eine

erweiternde oder einengende Wortdeutung zulässig, die ihre Grenze an der völligen Preisgabe des Wortlauts hat.

Beispiele für eine erweiternde Auslegung: Die in 126 geforderte eigenhändige Namensunterschrift durch den Aussteller schließt nach der Rechtsprechung des Reichsgerichts nicht aus, daß der Vertreter mit dem Namen des Vertretenen unterzeichnet. — Obwohl nach 2231 Nr. 2 die Unterschrift unter der Erklärung stehen müßte, hat das Reichsgericht anerkannt, daß das Datum auch räumlich unter der Unterschrift stehen kann, wenn nach der Beschaffenheit des Falles an der Zugehörigkeit des Datums zur Unterschrift kein Zweifel ist. Beispiele für eine einengende Wortdeutung: „Aussteller" ist in 126 nicht der Unterzeichner, sondern nur der Urheber der Willenserklärung. Viele verstehen unter „Namen" in 126 nur den Familiennamen, nicht einen Decknamen (Pseudonym), andere wollen nur die leserliche Unterschrift als Unterschrift anerkennen.

III. Rechtsfindung.

1. Die Auslegung im Rahmen des Wortlauts führt nicht immer zu dem Ziel, die Interessenlage angemessen und den Werturteilen sowie Lebensnotwendigkeiten der heutigen deutschen Volksgemeinschaft entsprechend auszugleichen. Oft zeigen sich Lücken, d. h. Tatbestände, die zwar schutzbedürftig, aber durch die Gesetzesvorschrift überhaupt nicht gedeckt oder nicht angemessen behandelt sind.

Das hat seinen Grund:

a) entweder darin, daß das Gesetz selber auf die vollständige bestimmte Regelung verzichtet, absichtlich eine Lücke gelassen hat, zu deren Ausfüllung es den Richter anweist (z. B. durch eine Verweisung auf Treu und Glauben oder die Verkehrssitte 157, 242, 162, 320, 815, kurz durch die sog. Würdigungs- und Ausfüllungsbegriffe), oder deren Ausfüllung es dem Richter doch überläßt (dem Richter wird z. B. überlassen, das maßgebende Recht bei einem zwischenprivatrechtlichen Fall im Gebiete des Forderungsrechts zu bestimmen);

b) oder darin, daß das Gesetz den Tatbestand übersehen oder noch gar nicht gekannt oder auch zwei Rechtssätze aufgestellt hat, die sich widersprechen — unabsichtliche Lücken.

2. Eine Antwort muß der Richter auch hier finden. Da das Gesetz ihn im Stich läßt, muß er sie selber suchen. Das Verfahren ist die gleiche Zweckforschung wie bei der Auslegung, nämlich Klarlegung der Interessenlage und Bewertung der gegensätzlichen Bedürfnisse unter dem Gesichtspunkt, sie im Wege eines gerechten Ausgleichs zu ordnen, entsprechend ihrer Bedeutung für die einzelnen und die Gemeinschaft.

Der Richter ist aber dabei an das Gesetz, an den in ihm ausgedrückten Gemeinwillen und die darin enthaltenen Werturteile gebunden. Seine Interessenabwägung ist also zunächst nur das Mittel zur Erkenntnis und Offenbarung der im Gesetz schlummernden Werturteile. Er hat die Lösung aus dem Geist des Gesetzes zu finden, auf der Linie der Rechtgemäßheit zu suchen, und darf Interessen, die das Gesetz erkennbar hinter anderen zurückgesetzt hat, nicht im Widerspruch damit berücksichtigen.

Zur Eigenwertung darf er erst übergehen, wenn ihn das Gesetz im Stich läßt, eine Bewertung der fraglichen Interessenlage überhaupt nicht enthält, weil der Gesetzgeber sie bei Erlaß der Vorschrift nicht angeschaut hat. Auch dann darf der Richter selbstverständlich nicht nach Willkür entscheiden, sondern muß sich die grundsätzliche Tragweite seiner Werturteile klarmachen, indem er sich in die Rolle des Gesetzgebers hineindenkt und nach der Regel entscheidet, die er als deutscher Gesetzgeber aufstellen würde (vgl. die Anweisung des Art. 1 II Schweiz. Zivilgesetzbuchs vom 10. Dezember 1907).

Wenn der Richter weiter bedenkt, daß das Gesetz Ausdruck des allgemeinen Willens ist, wird er auch auf dem Gebiete der Eigenwertung den Werturteilen, die sich aus dem herrschenden sittlichen Volksbewußtsein ergeben, Rechnung tragen.

3. Bei einer derartigen Prüfung kann sich ergeben, daß die sachgemäße, befriedigende Behandlung eines Tatbestandes dadurch möglich wird, daß man auf ihn eine bereits gegebene Regel (mit einem andersartigen Tatbestand) erstreckt. Ein solches Erstrecken einer Regel auf Fälle, die von ihr nach dem Wortsinn ihres Tatbestandes nicht mitumfaßt werden, nennt man Analogie (Anlehnung). Sie bedeutet, daß ein hinter einem Rechtssatz stehender gesetzgeberischer Grundgedanke, den das Gesetz nur in seiner Anwendung auf eine bestimmte Fallgestaltung ausgesprochen hat, darüber hinaus in seinem vollen Umfang zur Geltung gebracht wird. Sie ist nichts anderes als ein Weiterdenken des Gesetzeswillens auf Fälle, die vom Gesetzeswortlaut nicht mitumfaßt werden, ist darum nicht nur zulässig, sondern auch notwendig.

Von der Auslegung unterscheidet sie sich begrifflich dadurch, daß diese ein Richtig- und Ausdenken des durch den Gesetzeswortlaut unvollkommen geäußerten, aber immerhin geäußerten Gesetzeswillens ist. Tatsächlich ist die Grenzlinie oft kaum zu ziehen.

Vorausgesetzt wird also für die Analogie die Feststellung, daß die gattungsmäßige Interessenlage des zu entscheidenden Falles, der von der zu erstreckenden Regel nicht erfaßt wird, mit dem Tatbestand dieser Regel die Stücke gemeinsam hat, die für die Anknüpfung der Wirkungen wesentlich sind.

Die herrschende Lehre unterscheidet weiter Gesetzesanalogie und Rechtsanalogie, je nachdem der hinter einem einzelnen Rechtssatze oder einer Mehrheit von Rechtssätzen (aus dem Gesetzes-Zusammenhang) hervorgezogene Leitgedanke zur Übertragung der in dem einzelnen Satz oder in der Mehrheit ausgesprochenen Rechtsfolgen führt.

Beispiele: 1. (Gesetzesanalogie): Nach 56 HGB. hat der in einem Laden oder offenen Warenlager Angestellte eine Vollmacht von gesetzlich vermutetem Umfang. Wegen Gleichheit der Interessenlage hat man diese Norm auf den Angestellten eines offenen Bankkontors erstreckt. — Die Offene Handelsgesellschaft haftet entsprechend § 31 BGB. für unerlaubte Handlungen eines Gesellschafters, die im inneren Zusammenhang mit dem Geschäftsbetrieb stehen (RG. **76** 48).

2. Nach 280 und 286 macht die schuldhafte Nichterfüllung des Forderungsrechts bei Unmöglichkeit und Verzug ersatzpflichtig. Die schuldhafte Schlechterfüllung hat das Gesetz nicht erwähnt. Im Wege der Rechtsanalogie gewinnt man den Satz: jede schuldhafte Nichterfüllung oder Schlechterfüllung des Forderungsrechts macht ersatzpflichtig, soweit nicht etwas anderes bestimmt ist.

4. Eine derartige Prüfung nach Interessenlage und Gesetzeszweck kann freilich auch zu der Erkenntnis führen, daß das Gesetz die enge Fassung absichtlich gewählt hat, um die von ihr nicht getroffenen Fälle von einer entsprechenden Behandlung auszuschließen. Dann ist ein sog. Umkehrschluß (argum. e contrario) berechtigt. Ablehnen darf man aber die Analogie niemals auf Grund einer bloßen Wortdeutung oder rein logischer Schlußfolgerung, sondern immer nur auf Grund der Bewertung der Interessenlage. Erst wenn diese ergibt, daß das Gesetz gewisse Fallgestaltungen in Kenntnis und Würdigung der Interessenlage aus dem Tatbestand der Norm hinausgewiesen hat, also gerade die Nichtbeachtung gewisser Interessen vorgeschrieben hat, erst dann und nur dann ist der Umkehrschluß innerlich gerechtfertigt.

Aus 823 I läßt sich der Umkehrschluß ziehen, daß eine nicht schuldhafte Körperverletzung keine Ersatzpflicht begründen soll. Auf Grund dieses Umkehrschlusses hat das RG. **78** 172 die Ersatzklage eines Landmanns abgewiesen, der durch das bei Echterdingen niedergegangene Zeppelin-Luftschiff beschädigt worden war. Andere haben eine analoge Anwendung des 7 KraftfahrG. vorgeschlagen, der den Schädiger auch ohne Verschulden haften läßt. (Vgl. § 4 IV 3d dieses Buches.)

5. Die Prüfung der Interessenlage kann endlich auch die Erkenntnis bringen, daß der Lebenstatbestand vom gesetzlichen Tatbestand einer Vorschrift umfaßt wird, die eine als unangemessen empfundene rechtliche Behandlung zur Folge hat. Hier taucht dann die Frage auf, ob der Richter den Gebotsinhalt auch enger denken darf, so daß der zu entscheidende Tatbestand von dieser Vorschrift freigelassen wird. Eine solche Gebotseinschränkung oder Gebotsberichtigung („Restriction" Enneccerus-Nipperdey § 59 II) ist dann zulässig und geboten, wenn es sich um eine eigenartige, vom Gesetzgeber bei Erlaß der Vorschrift noch nicht angeschaute Interessenlage handelt und die Annahme berechtigt ist, der Gesetzgeber hätte sie, wenn er zur Bewertung gekommen wäre, vernünftigerweise nicht so, sondern anders geordnet. Die zweckgetreue Gebotseinschränkung ist ebenso zulässig und geboten wie die Analogie; denn sie tut nichts anderes, als daß sie den gesetzgeberischen Willensausdruck sinngemäß berichtigt nach der besonderen Fallgestaltung, die bei Erlaß der Vorschrift für den Regelfall nicht erwogen worden ist.

Voraussetzung der Gebotseinschränkung ist also, daß sie durch eine vernünftige Fortentwicklung des Gesetzes mit Rücksicht auf neue oder damals nicht miterwogene Lebensbedürfnisse gefordert wird. Nie berechtigt zur Gebotseinengung bloß persönliches, abweichendes Sonder-Bewerten eines Falles. Die abweichende Bewertung muß den Werturteilen des sittlichen Volksbewußtseins entsprechen und sich als Fortentwicklung der dem Gesetz zugrunde liegenden Werturteile auffassen lassen. Die zweckgetreue Gebotseinengung ist also mit größter Vorsicht zu handhaben.

Beispiele: Beschränkung des Rücktrittsrechts aus 326 auf Verzug mit der Hauptleistung (RG. **53** 161; **57** 106); Befreiung des Vormundes von der in 278 angeordneten Haftung für das Verschulden von Hilfspersonen, auf deren Hilfe er zur Vornahme wirtschaftlicher Verrichtungen für das Mündel angewiesen ist (RG. **76** 186); Beschränkung des Einflusses von Willensmängeln auf Gründungs- und Beitrittserklärungen zu juristischen Personen (RG. **54** 126ff.; **72** 291ff.; **95** 372; vgl. auch § 34 I 4 dieses Buches); Behandlung des Betriebsrisikos, namentlich bei Teilstreik, nicht nach den Regeln der §§ 323, 615 BGB., sondern nach § 242 (RG. **106** 272).

6. Erst wenn eine Fortbildung der im Gesetz enthaltenen Werturteile ausgeschlossen ist, darf der Richter zu selbständiger Eigenwertung übergehen, um eine vom Gesetz unterlassene Regelung zu finden. Aber auch hier ist er nicht völlig frei. Seine Rechtsfindung darf nicht zur willkürlichen Erfindung neuer Rechtsfolgen führen, sondern muß sich innerhalb der Schranken der Rechtsordnung vollziehen, darf sich also nicht in Widerspruch setzen zu den sonst irgendwo in ihr enthaltenen Werturteilen, zu dem sog. Geist des Gesetzes. Der einheitliche Bau der Rechtsordnung darf nicht durch unstimmige Glieder um seine Ausgeglichenheit gebracht werden.

Auch hier muß der Richter sich aber stets in die Rolle eines deutschen Gesetzgebers versetzen und dem deutschen sittlichen Volksbewußtsein Rechnung tragen; ebenso den Auslegungsregeln des Ges. Nr. 1 der Militärregierung (siehe oben S. 10).

Beispiele: Die maßgebende, zwischenprivatrechtliche Tatbestandsbeziehung auf dem Gebiete der Schuldverhältnisse ist zu ermitteln. — Die Folgen der Rechtskraft der Zivilurteile sind näher auszugestalten. Erzeugt das formell rechtskräftige, d. h durch ordentliche Rechtsmittel nicht mehr anfechtbare Urteil nur prozeßrechtliche Wirkungen (Bindung der Gerichte an den Inhalt der Entscheidung und Aussichtslosigkeit des Bestreitens?) oder beeinflußt es auch die materielle Rechtslage, indem es diese bei unrichtiger Entscheidung entsprechend umgestaltet? Kann dem unrichtigen Urteil der Einwand der arglistigen Erschleichung durch den Gegner entgegengehalten werden? — Bedeutsame Neuschöpfungen der Rechtsprechung sind die vom RG. im Anschluß an 826 entwickelten Grundsätze über die Zulässigkeit des Verrufs (Boykotts) und die Ausgestaltung der Unterlassungsklage.

Den bisherigen Gipfelpunkt in der Befreiung vom Wortlaut der Tafeln bildet die Rechtsprechung des Reichsgerichts zur sog. clausula rebus sic stantibus und zur Aufwertung. Das Reichsgericht hat angesichts der wirtschaftlichen Umwälzungen infolge von Krieg und Revolution mehrfach anerkannt, daß ein Schuldner vom Vertrag zurücktreten könne, wenn seine Festhaltung am Vertrag infolge einer seit Vertragsschluß eingetretenen unvorhersehbaren Verschiebung der Vertragsgrundlagen wider Treu und Glauben verstoßen würde; doch dürfe der Vertrag keinen ausgesprochen spekulativen Charakter haben, wie z. B. die Lieferungsverträge des

Großhandels, bei denen die Gefahr der Preissteigerung zu Lasten des Verkäufers gehe. (Vgl. etwa RG. **88** 172; **90** 102; **92** 87 u. 322; **95** 41; **98** 18; **99** 115 u. 259; **101** 74, 79; **102** 98, 238, 272; **103** 3.)

Darüber hinaus hat das Urteil des III. Zivilsenats vom 21. September 1920 (RG. **100** 129) dem Richter sogar die Befugnis gegeben, unter gewissen Voraussetzungen vom Wortlaut der Parteivereinbarungen abzugehen und den Inhalt eines Vertrags der veränderten Sachlage anzupassen, namentlich die dem einen Teil aus dem gegenseitigen Vertrag obliegende Leistung zu erhöhen; das soll freilich nur angehen, wenn beide Teile das Vertragsverhältnis mit ihrem Willen fortsetzen.

Diese Entscheidung ist ebenso lebhaft begrüßt wie stark angefeindet worden (JW. 1920, 961[3]; 1921, 5ff., 8ff., 10ff., 24ff.). Sie hat die Aufwertungsrechtsprechung eingeleitet; denn hier taucht zum erstenmal der Gedanke auf, daß der Gläubiger mit Rücksicht auf die Entwertung der geschuldeten Marksumme nach § 242 BGB. eine Erhöhung dieser Summe fordern könne. Ganz allgemein und losgelöst vom gegenseitigen Vertrag hat das Reichsgericht den Anspruch auf Aufwertung einer Forderung dann anerkannt in der berühmten Entscheidung des V. Zivils. vom 28. November 1923 (RG. **107** 78); dort hat es dem Gläubiger einer Hypothekenforderung aus § 242 BGB. das Recht auf Aufwertung zugebilligt und damit den Anstoß zur Aufwertungsgesetzgebung gegeben. Vgl. Enneccerus-Lehmann § 41.

IV. Gesetzeskonkurrenz.

Lent, Gesetzesk. 2 Bde., 1915, 1917. Rud. Schmidt, Gesetzesk. 1912. Dietz, Anspruchskonkurrenz bei Vertragsverletzung und Delikt, 1934.

Die Behandlung der Gesetzeskonkurrenzen ist eine besonders wichtige und schwierige Aufgabe der Rechtsanwendung, die keineswegs bloß durch Auslegung gelöst werden kann, sondern nicht selten im Wege der Rechtsfindung erfüllt werden muß.

Gesetzeskonkurrenz liegt vor, wenn ein Lebenstatbestand unter mehrere gesetzliche Bestimmungen gebracht werden kann, anders gesagt: wenn mehrere Bestimmungen auf ihn passen.

Dann kommen folgende Lösungen in Betracht:

1. Die verschiedenen in diesen Bestimmungen ausgesprochenen Rechtsfolgen treten nebeneinander (kumulativ) ein.

Diese Lösung ist da angemessen, wo die Vorschriften verschiedene Zwecke verfolgen, verschiedene Bedürfnisse durch verschiedene Folgen befriedigen wollen. Der Erbschaftsbesitzer ist z. B. zur Herausgabe des aus der Erbschaft Erlangten und zur Auskunft über den Bestand der Erbschaft verpflichtet (2018, 2027).

2. Von den verschiedenen Folgen tritt nur die eine oder die andere nach Wahl des Berechtigten (alternativ) ein.

Bei sich deckenden gesetzlichen Tatbeständen wählt das Gesetz diese Lösung, wenn die Rechtssätze das gleiche Bedürfnis auf verschiedenem Wege zu befriedigen suchen und sich ihrem Zweck nach im wesentlichen decken. Der Verpfänder kann z. B. bei Gefährdung seiner Rechte nach 1217 I Hinterlegung oder Ablieferung des Pfandes oder nach 1217 II statt dessen Rückgabe gegen Befriedigung des Gläubigers verlangen.

Bei gesetzlichen Tatbeständen, die sich nicht völlig decken, ist diese Lösung gewählt, wenn die Rechtssätze sich dem Zweck nach im wesentlichen decken, aber durch die verschiedene Ausgestaltung der Rechtsfolgen einer verschiedenen Bedürfnislage gerecht werden wollen, ohne daß die angemessene Behandlung der einen oder anderen Bedürfnislage die Ausschaltung einer der konkurrierenden Vorschriften fordert. — Der Käufer kann z. B., wenn der verkauften Sache zur Zeit des Gefahrüberganges und auch schon zur Zeit des Kaufabschlusses eine zugesicherte Eigenschaft fehlt, entweder nach 459, 465 Wandelung oder Minderung oder nach 463 Schadensersatz wegen Nichterfüllung verlangen. — Der Käufer einer Gattungssache kann nach 480 statt der Wandelung oder Minderung (459, 462) die Lieferung einer mangelfreien Sache verlangen.

Der Mieter, dessen Angestellter die gemietete Sache zerstört hat, kann auf Schadenersatz sowohl aus unerlaubter Handlung (823, 831) wie aus Forderungsverletzung (276, 278, 280) in Anspruch genommen werden; doch braucht er selbstverständlich nur einmal Ersatz leisten.

3. Nur einer der Rechtssätze kommt zur Anwendung, weil er die andere Vorschrift ausschließen oder verdrängen will.

Das ist oft da anzunehmen, wo der eine Rechtssatz das eigenartige Bedürfnis einer besonderen Fallgestaltung befriedigen will, die Rechtsfolgen der konkurrierenden Vorschrift aber, weil sie auf einen allgemein gefaßten Tatbestand zugeschnitten sind, für diesen Sonderfall gar nicht oder weniger gut passen, wenn also beide Regeln im Verhältnis von lex specialis zu lex generalis stehen. So sind z. B. die Haftungsbeschränkungen bei der Amtspflichtverletzung (839) als lex specialis gegenüber der allgemeinen Deliktshaftung nach 823 anzusehen. — Keineswegs ist das aber bei jeder lex specialis anzunehmen. Diese kann auch kumulativ oder alternativ gemeint sein; wie sie zu verstehen ist, kann nur eine eingehende Zweckforschung und Bewertung der verschiedenen Lösungen nach ihrer Angemessenheit ergeben.

Die ausschließliche Geltung eines Rechtssatzes kann ferner dann gewollt sein, wenn dieser im Vergleich zu einer konkurrierenden Vorschrift eine Beschränkung der Rechtsfolgen anordnet, die praktisch im wesentlichen bedeutungslos werden müßte, wenn man auch diese Vorschrift anwenden würde. Der unentgeltliche Verwahrer haftet z. B. nach 690 nur für die Sorgfalt in eigenen Angelegenheiten, weil er in seinen Gewohnheiten durch die Verwahrung, die bloß den Interessen des Hinterlegers dient, nicht gestört werden soll. Wenn er nach 823 I vom Hinterleger, der Eigentümer ist, auch wegen leichter Fahrlässigkeit haftbar gemacht werden könnte, würde die Haftungserleichterung des 690 praktisch ziemlich bedeutungslos werden. Deshalb erblicken manche in 690 eine lex specialis. Vgl. unten § 39 V 3.

Gerade bei den Fällen der Gruppe 3 führt die bloße Auslegung der einzelnen Vorschriften nach dem Gesetzeszweck oft nicht zum Ziel, es muß vielmehr die Lösung durch mehr oder minder selbständige Eigenwertung des Richters gefunden werden. Das beweist z. B. die Konkurrenz der Irrtumsanfechtung (119) und der Gewährleistungsansprüche (459ff.). Nach der Auffassung des RG. (**61** 171; **97** 351) kann ein Irrtum über Gewährsmängel (z. B. hinsichtlich der Schwammfreiheit eines Hauses) die Anfechtung nicht begründen, weil sonst der Zweck der Vorschriften über die Wandelungsklage nicht erreicht werden könnte, nämlich im Interesse des Verkehrssicherheit die glatte Abwicklung des Geschäfts in verhältnismäßig kurzer Frist herbeizuführen (man denke an die kurzen Verjährungsfristen 477, den Ausschluß der Mängelhaftung bei Unkenntnis des Fehlers infolge grober Fahrlässigkeit des Käufers 460 oder beim Pfandverkauf in öffentlicher Versteigerung 461).

Da die gleichen Gründe auch für die Verdrängung der Irrtumsanfechtung durch die Regelung der Gewährleistungsansprüche beim Werkvertrag (638) geltend gemacht werden können usw., wird die Irrtumsanfechtung für die Hauptverkehrsgeschäfte weitgehend bedeutungslos.

Dieses Ergebnis kann man m. E. nicht mehr als Frucht der Auslegung, d. h. Klarstellung der Zwecke der einzelnen Vorschriften bezeichnen —, sondern es handelt sich um Rechtsfindung, d. h. selbständige Abwägung des Wertes der betreffenden Vorschriften im Verhältnis zueinander und bevorzugte Durchführung der Vorschrift, von der man sich vorteilhaftere Wirkungen für das Wirtschaftsleben verspricht.

V. Die Bedeutung des Bonner Grundgesetzes für die Rechtsfindung.

1. Erhebliche Bedeutung für die Weiterentwicklung des Bürgerlichen Rechts hat das Bonner Grundgesetz gewonnen. Denn es erkennt eine freiheitliche, demokratische und soziale Grundordnung als verfassungsmäßig gewährleistete Grundlage der in der deutschen Bundesrepublik maßgebenden Rechtsordnung an. Ihre wesentlichen Elemente werden in Art. 79 III GG. für den Verfassungsgesetzgeber unantastbar erklärt.

Als Grundlage der gesamten Rechtsordnung, auch der privatrechtlichen, wird die Unantastbarkeit der Menschenwürde (Art. 1) und der Rechtsgleichheit (Art. 3) gewährleistet. Aus dem sittlichen Eigenwert des Menschen als Glied der Gemeinschaft werden gewisse Grundrechte abgeleitet und anerkannt, so ein allgemeines Persönlichkeitsrecht auf freie Entfaltung der Persönlichkeit (Art. 2), so die Glaubens-, Gewissens- und Bekenntnisfreiheit (Art. 4), das Recht der freien Meinungsäußerung (Art. 5). In gleicher Weise werden Ehe-, Familie und das Elternrecht unter den Schutz der Verfassung gestellt (Art. 6), Vereins- und Koalitionsfreiheit (Art. 9), Brief- und Postgeheimnis (Art. 10), Berufs- und Gewerbefreiheit (Art. 12) gewährleistet. Aus Art. 2 GG. ergeben sich weiter die Wettbewerbsfreiheit und die Vertragsfreiheit. Art. 14 gewährleistet Privateigentum und Erbrecht.

2. Die privatrechtliche Bedeutung der im GG. anerkannten Grundrechte und überhaupt des GG. ist erheblich; vgl. Enneccerus-Nipperdey, 15. Aufl. § 15 II 1, S. 75ff. und das dort angeführte zahlreiche Schrifttum.

a) Die angeführten Grundrechte wollen — von einzelnen Ausnahmen wie Art. 6 V abgesehen — nicht nur bloße Programmsätze aufstellen, nach denen künftige, nach dem Inkrafttreten des Grundgesetzes erlassene Gesetze sich zu richten haben, sondern sie wollen grundsätzlich Gesetzgebung, Verwaltung und Rechtsprechung als unmittelbar geltendes Recht binden, vgl. Art. 1 III.

Soweit die Verfassungsbestimmungen eine privatrechtliche Einrichtung, wie Ehe und Familie (6, I), Gewerbefreiheit (12), Eigentum und Erbrecht

(14 I) gewährleisten, bedeuten sie eine Garantie der Einrichtung (sogen. Institutsgarantie) nicht nur gegenüber dem Staat, sondern auch für den Privatrechtsverkehr.

Die angeführten Verfassungsbestimmungen binden den Privatrechtsverkehr unmittelbar, wie das in Art. 9 III S. 3 ausdrücklich zur Sicherung der Vereinsfreiheit zur Wahrung und Förderung der Arbeits- und Wirtschaftsbedingungen gesagt wird. Abreden, die dieses Recht einschränken oder zu behindern suchen, sind nichtig; BAG. AP. Nr. 4, 6, 7, 16, 17, 18.

Nach Bundesverfassungsgericht (7, 198) will das GG. eine objektive Wertordnung sein, die ihren Mittelpunkt innerhalb der sozialen Gemeinschaft sich frei entfaltender menschlicher Persönlichkeiten und ihrer Würde findet. Als verfassungsrechtliche Grundentscheidung will sie für alle Bereiche des Rechts gelten und selbstverständlich auch das Bürgerliche Recht beeinflussen. Keine bürgerlich-rechtliche Vorschrift darf in Widerspruch zu diesem Wertsystem stehen, jede muß in seinem Geiste ausgelegt werden.

Dementsprechend ist auch aus Art. 1 und 2 das allgemeine Persönlichkeitsrecht abgeleitet worden (s. unt. § 12 I 2), ferner besondere Persönlichkeitsrechte, wie das an der Ehre und der Geheimsphäre (s. unt. § 58 II 2).

b) Da Art. 2 I jedem das Recht auf freie Entfaltung der Persönlichkeit zuerkennt, soweit nicht die Rechte anderer verletzt und nicht gegen die verfassungsmäßige Ordnung oder das Sittengesetz verstoßen wird, ergibt sich als Hauptfrage, nach welchen Gesichtspunkten die Freiheitsrechte gegeneinander abzugrenzen sind, damit sie sich nicht selbst aufheben oder beeinträchtigen können. Mittels der unbeschränkt anerkannten Vertragsfreiheit könnte man z. B. die gewerbliche Betätigungsfreiheit ausschalten. Ferner ist zu fragen, wieweit überwiegende Forderungen des Gemeinwohls die Beschränkung der Grundrechte fordern oder erlauben.

Die Grenzen sind aus der verfassungsmäßigen Festlegung der Bundesrepublik als eines sozialen Rechtsstaates (Art. 20, 28) zu entwickeln. Das Sozialstaatsprinzip gibt den Maßstab für die Einordnung des Einzelnen in die Gemeinschaft. Indem es Freiheit und Zwang in ein ausgeglichenes Wertverhältnis zueinander bringt, nur den angemessenen Gebrauch dieser Freiheit gewährleistet, ergibt sich auf der einen Seite Recht und Verpflichtung des Staates, den sozial und wirtschaftlich Schwächeren zu schützen, aber auf der anderen Seite auch eine Beschränkung der staatlichen Eingriffe.

Nach Art. 19 II darf der Wesensgehalt der verfassungsmäßig gewährleisteten Grundrechte in keinem Falle angetastet werden. Selbst wo einem Grundrecht in der Verfassung ein sog. Gesetzesvorbehalt hinzugefügt ist (wie z. B. in Art. 14 III der Eigentumsgarantie), ist eine Einschränkung im Hinblick auf Art. 2 I GG. nur gerechtfertigt, soweit vernünftige Erwägungen des Gemeinwohls das zweckmäßig erscheinen lassen, vgl. BVerfG. 7, 37 (Apothekenurteil zu Art. 12 betr. Freiheit der Berufswahl).

Und auch wo kein Gesetzesvorbehalt gemacht ist, wo aber überwiegende Forderungen des Gemeinwohls die gesetzliche Beschränkung der Freiheitsrechte zwingend verlangen — man spricht von „Gemeinwohlklausel", die das Grundgesetz zwar nicht ausdrücklich übernommen hat, die aber durch die Bezugnahme auf die verfassungsmäßige Ordnung in Art. 2 I GG. mit umschrieben wird — ist eine doppelte Begrenzung anzuerkennen. Es muß sich um überragende Forderungen des Gemeinwohls handeln und die gesetzliche Bevorzugung muß unabdingbar notwendig sein, um überragenden Forderungen des Gemeinwohls zu genügen; vgl. Huber, Wirtschaftsverwaltungsrecht Bd. 1, 663 und BVerfG. 7, 377. Es gelten also auch hier die Grundsätze der Proportionalität und Subsidiarität, vgl. BVerfG. 7, 198—205.

Eine Beeinträchtigung der Grundrechte, die diesen Forderungen widerspricht, muß als verfassungswidrig bezeichnet werden.

c) Von größter Bedeutung ist neben den Grundrechten der allgemeine Gleichheitssatz des Art. 3, namentlich die in Abs. II anerkannte Gleichberechtigung von Mann und Frau. Nach Art. 117 I GG. sollte das der Gleichberechtigung von Männern und Frauen entgegenstehende Recht bis längstens zum 31. 3. 1953 in Kraft bleiben. Mit diesem Augenblick wurde das der Gleichberechtigung widersprechende Recht beseitigt, vgl. BGH. 10, 206; 11 Anh. 35f. und BVerfG. 3, 255. Da die Praxis die Aufgabe, das sich daraus ergebende neue Recht zu finden, allein nicht lösen konnte, wurde das Gleichberechtigungsgesetz vom 18. 6. 1957, in Kraft seit dem 1. 7. 1958, erlassen. Die Anpassung an das Gleichberechtigungsprinzip ist aber selbst damit noch nicht vollendet. Das Bundesverfassungsgericht (NJW. 59, 1483) hat bereits entschieden, daß die Bestimmungen der §§ 1628 I und II und 1629 n. F., die den Gleichberechtigungsgrundsatz durchführen sollten und bei Meinungsverschiedenheiten der Eltern über die Ausübung der elterlichen Gewalt dem Vater das Letztentscheidungsrecht und das Vertretungsrecht geben wollten, verfassungswidrig und nichtig seien.

d) Erhebliche Bedeutung hat der Gleichberechtigungsgrundsatz auch für das Arbeits- und Wirtschaftsleben gewonnen. Er verlangt Gleichheit für Mann und Frau bei gleicher und gleichwertiger Arbeit, BAG. AP. 4, 6, 7, 16, 17, 18; vgl. Götz-Hueck, Der Grundsatz der gleichmäßigen Behandlung im Privatrecht, 1958.

VII. Abschnitt

Rechtswissenschaft und Schrifttum

§ 9

I. Die Aufgaben der Rechtswissenschaft sind:

1. den Inhalt des bürgerlichen Rechts klarzustellen, die leitenden Grundgedanken herauszuarbeiten und den Rechtsstoff zu einem einheitlichen Bau (System) zu ordnen, um so seine geistige Beherrschung zu ermöglichen — grundsatzmäßige (dogmatische) und ordnende (systematische) Betrachtung;

2. das BGB. als Durchgangspunkt von der Vergangenheit zur Zukunft zu würdigen, also einmal als das Ergebnis einer geschichtlichen Entwicklung zu begreifen — geschichtliche Betrachtung —, sodann daraufhin zu prüfen, wieweit es unserer Weltanschauung und den Bedürfnissen des Gegenwartslebens gerecht wird, wieweit es der Fortentwicklung unserer Gesittung und Wirtschaft zu dienen vermag — abwägende (kritische) Betrachtung.

Zur Vertiefung dieser Erkenntnis führt die rechtsvergleichende Betrachtung, die dem bürgerlichen Recht die Rechtsordnungen anderer Völker (gleichsam im Querschnitt) abwägend gegenüberstellt — und endlich die philosophische Betrachtung, die versucht, das Recht als Kulturerscheinung aus seinen letzten Gründen und nach seinen höchsten Zielen zu begreifen und zu verwandten Erscheinungen in Beziehung zu setzen.

II. Das Schrifttum des bürgerlichen Rechts.

1. Zum Gemeinen Recht sind zu vergleichen:

Dernburg, Pandekten (8); Windscheid-Kipp (9), Lehrbuch der Pandekten; Crome, Grundzüge des römischen Privatrechts (2) 1922; Siber, Römisches Privatrecht 1928.

2. Zum deutschen Privatrecht:

Gerber-Cosack, System des deutschen Privatrechts (17); v. Gierke, Deutsches Privatrecht, 3 Bde., Allgemeiner Teil, Sachenrecht, Schuldrecht; Hübner, Grundzüge des deutschen Privatrechts (5); v. Schwerin, Grundzüge des deutschen Privatrechts (2) 1928 (XIII. Bd. dieser Grundrisse); Planitz, Grundzüge des deutschen Privatrechts nebst Quellenbuch, in der von Kohlrausch u. Kaskel herausgegebenen Enzyklopädie (3) 1949; Schreuer, Deutsches Privatrecht 1951; H. Mitteis, Deutsches Privatrecht 1950.

3. Die Materialien zum BGB. sind zusammen veröffentlicht in Mugdan, Die gesamten Materialien zum BGB. 5 Bde.

4. Größere Lehrbücher:

Cosack-Mitteis, Lehrbuch des Bürgerl. R., 2 Bde. (8) 1924—1927; Crome, System des deutschen bürgerl. Rechts, 5 Bde. 1900—1912; Dernburg, Das Bürgerl. R. des Deutschen Reiches und Preußens, 6 Bde., 4. Aufl., seit 1908 besorgt von Engelmann u. Raape; Endemann (8/9), 3 Bde., 1903—1920; Enneccerus, Kipp, Wolff, Lehrbuch des deutschen Bürgerl. Rechtes in 5 Bden., Allg. Teil v. Enneccerus, 15. Bearb. v. Nipperdey, Bd. I 1959, Bd. II 1960; Recht der

Schuldverhältnisse v. Enneccerus, 15. Bearb. v. Heinrich Lehmann, 1959; Sachenrecht v. Wolff, 10. Bearbeitung v. Raiser 1957; Familienrecht v. Kipp u. Wolff, 7. Bearb. 1931; Erbrecht v. Kipp, 11. Bearb v. Coing, 1960; Kreß, Schuldrecht, 2 Bde., 1929, 1934; Esser, Lehrb. d. Schuldr. (2) 1960; Westermann, Lehrb. des Sachenrechts (4) 1960; Strohal, Das dt. Erbrecht (3) 1904; Kohler, Lehrbuch des Bürgerl. Rechtes, Bd. I, II, III 1, 1906—1919, unvollendet; Larenz, Lehrb. d. Schuldrechts I (3) 1958, II (4) 1960).

5. Kleinere Lehrbücher und sonstige Darstellungen:

Von den Grundrissen der Rechtswissenschaft, zu denen dieses Buch gehört, liegen vor alle Teile des BGB.: Schuldrecht (3) 1949 und Sachenrecht (3) 1960 von Hedemann, Familienrecht (3) 1960 von Heinrich Lehmann, Erbrecht von Endemann. Außerdem sind zu nennen: Eck, Vorträge, 3 Bde., herausgegeben von Leonhard 1903/04; Engelmann, Das Bürgerl. R. Deutschl. (5); Hachenburg, Das BGB., Vorträge (2) 1900; Krückmann, Institutionen (5); Goldmann-Lilienthal, Das Bürgerl. Gesetzb., systematisch dargestellt (2) 1903 bis 1921; Landsberg, Das R. d. BGB., ein dogmat. Lehrb., 2 Bde., 1904; Matthiaß, Lehrb. (6/7) 1914; Müller-Meikel, Das Bürgerl. R. Deutschl., systematisch dargestellt und durch Beisp. erläutert (2) 1904; Simeon-David, Recht und Rechtsgang im Deutschen Reich, 14. u. 15. Aufl., 1928/29; Stampe, Einführung in d. b. R., ein kurzes Lehrbuch nach neuem System und neuer Methode, I, 1929; Rudolf Schmidt (2) 1952—57; Franz Leonhard, Ein Lehrb. in kurzen Sätzen (in mehreren Aufl.); Eltzbacher, Einführung in das Bürgerl. Recht, Berlin 1920; Burchard und de Boor, Bürgerl. R. 1930; Erich Jung, Bürgerl. R. in Stammler, Das gesamte deutsche R., 1931.

Zu nennen sind ferner die Kurzlehrbücher des Verlages C. H. Beck: Allgemeiner Teil v. H. Lange (4) 1958; Schuldrecht v. Molitor I (5) 1957, II (4) 1958; Sachenrecht v. Lent (7) 1958; Familienrecht (9) 1960 v. Beitzke; Erbrecht (4) 1960 v. Bartholomeyczik.

Neue Rechtsbücher des Verlages v. Franz Vahlen: Allgem. Schuldrecht (2) 1957 v. Arwed Blomeyer.

6. Darstellungen des allgemeinen Teils allein:

Biermann 1908; R. Leonhard 1900; Oertmann (bei Göschen); von Tuhr (Das dreibändige Hauptwerk I [1910], II 1 [1914], II 2 [1918]); derselbe (grundrißartig) in der von Kohlrausch u. a. herausgegebenen Enzyklopädie (4) 1932; Zitelmann (grundrißartig) 1900; Henle 1926; H. Lange (4) 1958.

7. Kommentare:

a) Größere:

Biermann, v. Blume, F. Leonhard, Niedner, Oertmann, Opet (Allgemeiner Teil von Oertmann, 3. Aufl., 1927; Recht der Schuldverhältnisse von Oertmann [5] 1928); Hölder, Schollmeyer, A. B. Schmidt, Fuchs 1900ff. (Allgemeiner Teil von Hölder 1900); Plancks Kommentar zum BGB., bisher herausgegeben von Strohal†, bearbeitet von Brodmann, Busch, Ebbecke, Flad, Greiff, Knoke, Kreß, Siber, Strecker, v. Unzner (4) 1913ff. (Allgemeiner Teil bearbeitet von Knoke, Strecker, Flad 1913), Schuldverhältnisse, Allgemeiner Teil, §§ 241—432 bearbeitet von Siber 1914; besonderer Teil von Knoke usw. 1928; Rehbein, Das BGB. mit Erläut., Bd. 1 (Allgemeiner Teil), Bd. 2 (Allgemeiner Teil der Schuldverhältnisse) 1899 und 1903, unvollendet; v. Staudinger, Kommentar zum Bürgerl. Gesetzbuch (11) im Erscheinen, Warneyer, Kommentar zum BGB., 2 Bde. (12) 1951, Loewenwarter, Lehrkommentar zum BGB., Bd. 1—6, 1924—1940; Das Bürgerliche Gesetzbuch, Kommentar von Reichsgerichtsräten u. Bundesrichtern mit besonderer Berücksichtigung der Rechtsprechung des Reichsgerichts, 10. u. 11. Aufl.

im Erscheinen; Schlegelberger-Vogels, Erläuterungswerk zum BGB., Bd. I, 1939; Soergel-Siebert (9) BGB. mit EinführungsG. u. Nebengesetzen I. Bd. 1959 §§ 1—432.

b) Handkommentare:

Achilles-Greiff (21) 1958; Fischer-Henle-Titze (14) 1932; Keidel, Handausgabe des BGB., auf Grund von Staudingers Kommentar (3) 1931; Kuhlenbeck, Das BGB. nebst EG. (2) 1903, 1904; Neumann, Handausgabe des BGB., 3 Bde. (6) 1912; Rosenthal (12) 1939; Warneyer, Das BGB. erläutert durch die Rechtsprechung (12) 1951; Soergel, BGB. (8) 1955; Palandt (19) 1960; Erman, (2) 1958; Böhle-Stamschräder-Groepper-Westermann, I. Buch, Allgemeiner Teil, 1948.

8. Zivilrechtsfälle für praktische Übungen: Crome, Dickel, Hellwig, Heinsheimer, von Jhering, Joseph, Kisch, Kipp und Wolff, Lenel, Matthiaß, Schück, Schröder, Stammler, Zitelmann, H. Berg, Übungen im Bürgerl. R. (5) 1960. Fr. Leonhard, Anleitung für die jurist. Übungs- und Prüfungsarbeiten (1948). Hoche, Bürgerliches Recht und Verfahrensrecht, Fälle mit Besprechungen 1949.

9. Die Landesrechte sind in Ergänzungsbänden zu Dernburgs Lehrbüchern dargestellt; Bayerisches Landesprivatrecht von Oertmann, Elsaß-Lothringisches von Kisch, Sächsisches von Kloß, Badisches von Dorner und Seng, Mecklenburgisches von Buchka, Hamburgisches von Nöldeke, Hessisches von Wolf u. a., Thüringisches von Böckel u. a.

10. Späteres Schrifttum und Rechtsprechung in Neumanns Jahrbuch des deutschen Rechts sowie Soergels Rechtsprechung. — Die Rechtsprechung des Reichsgerichts wurde veröffentlicht in einer fortlaufenden Sammlung, „Entscheidungen des RG. in Zivilsachen“ (hier RG. angeführt). Dazu ist bei Arbeiten heranzuziehen: Warneyer, Rechtsprechung d. RG., Ergänzungshefte seit 1907 (nicht zu verwechseln mit Warneyer, Jahrbuch der Entscheidungen zum BGB.). — Außerdem kommen noch in Betracht: Rechtsprechung der Oberlandesgerichte auf dem Gebiete des Zivilrechts von Mugdan und Falkmann, seit 1900 (OLG.); Seufferts Archiv f. Entsch. d. obersten Gerichte (SeuffA.), seit 1847; OGH. BrZ. = Entscheidungen des Obergerichtshofs für die Brit. Zone. Die Rechtsprechung des Bundesgerichtshofs wird veröffentlicht in den „Entscheidungen des Bundesgerichtshofs in Zivilsachen“ (BGH.). — Daneben sind an neueren Entscheidungssammlungen zu erwähnen: Deutsche Rechtsprechung, Entscheidungsauszüge und Aufsatzhinweise für die juristische Praxis, herausgegeben von Feuerhake; Das Nachschlagewerk des BGH. in Zivilsachen, Leitfäden und Entscheidungen mit erläuternden Anmerkungen, herausgegeben von Lindenmaier und Möhring.

11. Wertvolle Zeitschriften mit größeren Aufsätzen sind:

AcP. = Archiv für zivilistische Praxis.

Eingegangen sind:

JherJ. oder DogmJ. = Jahrbuch für Dogmatik, begründet von Jhering

SeuffBl. = Seufferts Blätter für Rechtsanwendung.

Grünhut = Zeitschr. für Privat- u. öffentl. R. von Grünhut.

BürgA. oder ArchBürgR. = Archiv für Bürgerl. Recht, 1888—1919.

Gruchot = Gruchot, Beiträge zur Erläuterung des Deutschen Rechts.

SächsArch. = Sächsisches Archiv für Rechtspflege, herausg. von Degen und Warneyer.

Zeitschr. f. Rechtspflege i. Bayern (früher Seufferts Blätter f. Rechtsanwendung).

12. Eingegangene Zeitschriften mit kürzeren Aufsätzen und neuen Entscheidungen sind:

Deutsche Juristenzeitung, herausgegeben von Liebmann (trug den Charakter einer vornehmen Fachzeitung).

Juristische Wochenschrift, Das Organ der Anwaltschaft, brachte am raschesten die neuen Entscheidungen mit Anmerkungen hervorragender Fachmänner.

Leipziger Zeitschrift für deutsches Recht mit ausgezeichneten kürzeren Aufsätzen, herausgegeben von Th. v. d. Pfordten.

Das Recht, herausgegeben von Lindemann und Sörgel, legte auf vollständige Mitteilung der oberstrichterlichen Entscheidungen Wert, ohne freilich die Gründe der Entscheidungen hinreichend ersichtlich zu machen.

Juristische Rundschau und Höchstrichterliche Rechtsprechung, herausgegeben von O. Lindemann usw., seit 1. Januar 1928, W. de Gruyter & Co., Berlin.

Mit Vorsicht sind zu benutzen die inzwischen eingegangenen:

Deutsche Justiz (DJ.) mit Monatsbeilage „Recht" (Organ des Reichsjustizministeriums).

Deutsches Recht (DR.), Zentralorgan des NSRB.

Zeitschr. der Akademie für deutsches Recht (ZAkdR.).

An neuen Zeitschriften sind zu nennen:

Juristenzeitung, herausgegeben von Bader u. a. (Fortführung der Süddeutschen Juristenzeitung und der Deutschen Rechtszeitschrift). Verlag J. C. B. Mohr (Paul Siebeck) Tübingen.

Juristische Rundschau, herausgegeben von Verlag W. de Gruyter & Co., Berlin.

Monatsschrift für deutsches Recht, herausgeg. v. Mittelstein, Verlag Otto Meißner, Schloß Bleckede.

Neue Justiz, herausgeg. von der deutschen Justizverwaltung der Sowjetischen Besatzungszone, Deutscher Zentralverlag, Berlin.

Neue Juristische Wochenschrift, herausgeg. C. H. Beck'sche Verlagsbuchhandlung München und Berlin.

13. Endlich sei auf zwei bedeutende Handwörterbücher hingewiesen:

HdwbRw. = Handwörterbuch der Rechtswissenschaft, herausgegeben von Stier-Somlo† u. A. Elster, Bd. I—VII, 1926—1931.

RvglHdwb. = Rechtsvergleichendes Handwörterbuch für das Zivil- u. Handelsrecht des In- und Auslandes, herausgegeben von Schlegelberger u. a. — im Erscheinen, Bd. I und II, 1929, usw.

14. Die Sonderliteratur zu den übrigen Teilen des BGB. ist aus den oben angegebenen Lehrbüchern und Kommentaren zu ersehen.

Von neueren Darstellungen sind zu nennen:

Zum Allgemeinen Teil: Nottarp 1948, Rudolf Schmidt 1952, Heinrich Lange (4) 1958, Coing bei Staudinger,

zum Schuldrecht: Heck, Hedemann, Kreß, Franz Leonhard (2 Bde. 1929, 1931), Siber und Titze; Larenz, Vertrag und Unrecht 1936; ders. Lehrb. d. Schuldr. Allgemeiner Teil, (3) 1958, Besonderer Teil, (4) 1960; Stoll-Felgentraeger, Vertrag und Unrecht (3) 1943; Molitor, Allg. Teil (5) 1957; Besonderer Teil (4) 1958; Nikisch, Allgemeine Lehren 1947; R. Schmidt (2) 1953; Arwed Blomeyer, Allgemeines Schuldrecht (2) 1957,

zum Sachenrecht: Biermann, v. Gierke, Heck, Hedemann, (3) 1960, Lange, Boden, Ware, Geld (3) 1944; Lent (7) 1958; Westermann (4) 1960; R. Schmidt (2) 1954; Wolff-Raiser (10) 1957.

zum Familienrecht: Kipp-Wolff, H. Lehmann (3) 1960, Schnorr v. Carolsfeld 1948. Mitteis, Dietz, Isele, H. A. Fischer, R. Schmidt (2) 1957; Beitzke (9) 1960.

zum Erbrecht: Binder, Kipp, Kipp-Coing, Kretschmar, Paul Meyer, Siber und Strohal; R. Schmidt (2) 1955; Bartholomeyczik (4) 1960.

I. Buch des Bürgerlichen Gesetzbuches

Allgemeine Lehren

I. Teil
Die Lehre vom subjektiven Recht und seiner Ausübung

I. Abschnitt
Begriff und Inhalt des subjektiven Rechts

1. Kapitel
Rechtsverhältnis und subjektives Recht §10

Bückling, Die systematischen und geschichtl. Grundlagen des subjektiven Rechtes, 1933.

I. Das objektive Recht und sein Verhältnis zum subjektiven Recht.

Das Recht im objektiven Sinne ist die Summe der Regeln, die dem einen Rechtsgenossen zugunsten eines anderen ein bestimmtes Verhalten vorschreiben oder dem Begünstigten eine Erlaubnis oder Ermächtigung erteilen. Überall da, wo die begrifflich festgelegten Voraussetzungen für das Inkrafttreten der Normen des objektiven Rechtes im einzelnen Fall sich verwirklichen, entsteht in diesem Augenblick eine bestimmte Beziehung zwischen dem oder den durch die Norm Verpflichteten und dem durch sie Begünstigten — das objektive Recht, die abstrakte Regel, setzt sich um in eine lebendige Beziehung zwischen einem Verpflichteten und Begünstigten. Auch die Eigenart dieser Beziehungen verlangt eine begriffliche Festlegung; diese bietet der Begriff des Rechtsverhältnisses und des subjektiven Rechts.

II. Das Rechtsverhältnis.

v. Tuhr I 123f.; Zitelmann, InternPR. I 42f., II 1f.

1. Rechtsverhältnis nennen wir ein rechtlich bedeutsames und rechtlich geregeltes Lebensverhältnis.

Die rechtliche Regelung besteht zunächst in dem Erlaß von Vorschriften, wodurch der eine zugunsten eines anderen verpflichtet wird. Die dadurch hergestellte Beziehung zwischen dem Verpflichteten und dem Begünstigten ist ein Rechtsverhältnis, so die Verpflichtung aus dem Darlehn (607).

Die Verpflichtungen beziehen sich vielfach auf irgendwelche Lebensgüter; so wird z. B. jedermann verpflichtet, störende Einwirkungen auf eine einem andern gehörige Sache zu unterlassen, und weiter enthält die Rechtsordnung nicht bloß Befehle, sondern auch Erlaubnissätze, die dem Berechtigten Herrschaft über irgendein Lebensgut einräumen (der Eigentümer darf z. B. nach 903 mit seiner Sache nach Belieben verfahren). Dadurch wird also auch eine rechtliche Beziehung zu den Lebensgütern geschaffen; sie ist gleichfalls ein Rechtsverhältnis. Daraus ergibt sich die genauere Begriffsbestimmung:

Rechtsverhältnisse sind die durch Rechtsvorschriften geordneten Beziehungen von Personen zu anderen Personen oder Lebensgütern (Gegenständen).

2. Einfaches und zusammengesetztes Rechtsverhältnis. Regelmäßig besteht ein Rechtsverhältnis nicht bloß aus einer einzigen Machtbeziehung (wie z. B. in 607), sondern enthält eine Reihe solcher Beziehungen (wie z. B. das Kaufverhältnis 433 oder das Eigentum 903). Hier spricht man von einem zusammengesetzten Rechtsverhältnis und versteht darunter die Summe der auf ein einheitliches Lebensverhältnis sich beziehenden einzelnen Rechtsverhältnisse.

3. Rechtsinstitut (Rechtseinrichtung) nennt man den Inbegriff der auf Rechtsverhältnisse einer bestimmten Art bezüglichen Rechtsvorschriften.

Je nach dem Umfang der einbezogenen Rechtssätze kann man den Begriff in mehrfacher Abstufung verwenden, z. B. den Kauf, aber auch das Forderungsrecht als ein Rechtsinstitut bezeichnen.

III. Das subjektive Recht (Privatrecht).

v. Tuhr I 53f.; Zitelmann, InternPR. I 42f.; Oertmann, Zur Struktur der subjektiven Privatrechte, ArchZivPr. **123** 129ff.; Schantz, Das subjektive Recht, 1931; Esser, Grundbegriffe (1949) 150f.; K. Blomeyer, Zur Lehre von den Rechten des Einzelnen: Festschr. für H. Lehmann (1937) S. 101f.

Die im Rechtsverhältnis gegebene Beziehung zwischen dem durch eine Rechtsvorschrift Verpflichteten und dem durch sie Begünstigten kann man betrachten nicht bloß vom Standpunkt des dritten Beobachters, sondern auch vom Standpunkt der Beteiligten aus. Dann sprechen wir von der Stellung des Gebundenen als seiner Pflicht und von der Lage des Begünstigten als seinem Recht.

Ein subjektives Privatrecht im eigentlichen Sinne ist die durch eine Rechtsvorschrift hergestellte günstige Lage einer bestimmten Person aber nur dann, wenn der Schutz dieser Lage von ihrem Willen abhängig ist.

Zum Schutz eines bestimmten Interesses durch die Verpflichtung irgendwelcher Personen muß also noch hinzukommen, daß der Geschützte selbst zur Ausübung und zum Schutz dieses Interesses berufen ist, daß er die zu seinen Gunsten erlassenen Rechtsbefehle nach seinem Belieben — grundsätzlich im Wege der Klage — geltend machen kann. Anderenfalls ist nur ein geschütztes Interesse, ein Rechtsgut, aber kein subjektives Recht gegeben. Wenn man von den Kannrechten oder Gestaltungsrechten absieht (vgl. dazu § 12 I 1b dieses Buches), ist der Anspruch als das Kriterium des subjektiven Privatrechts zu bezeichnen.

Die Frage ist, ob man jede durch eine Rechtsvorschrift hergestellte günstige Lage einer bestimmten Person als ihr Recht bezeichnen darf. Das wollen allerdings manche. So meint u. a. Eltzbacher (Die Handlungsfähigkeit 61, 106ff.): das subjektive Recht sei nichts anderes als „die begünstigende Seite der Rechtsnorm". Danach würde z. B. eine Straßenpolizeiverordnung, die das Reinigen der Straßen vorschreibt, oder das Gesetz über den Impfzwang — die zweifellos in und mit den Interessen der Gesamtheit auch die Belange der einzelnen Staatsbürger schützen wollen — diesen auch ein Recht auf Straßenreinigung oder Vornahme der Impfung verleihen.

Mit dem geltenden bürgerlichen Recht ist diese Auffassung nicht vereinbar, wie ein Blick auf 823 I und II beweist. Dort wird zwischen „Recht" (Abs. I) und „Schutzgesetz" (Abs. II) unterschieden. Würde durch jedes Schutzgesetz ein subjektives Recht begründet, so wäre einer der beiden Absätze überflüssig, das Gesetz hätte sich eine ganz sinnlose Wiederholung zuschulden kommen lassen.

Der Unterschied zwischen dem bloß durch ein Schutzgesetz geschützten Interesse und einer als subjektives Recht anerkannten Lage kann nur in der Art und Weise gefunden werden, wie der Rechtsschutz gewährt wird: unabhängig vom Willen des Begünstigten durch die Organe des Staates — dann ist nur ein geschütztes Rechtsgut, kein Recht vorhanden — oder abhängig von seinem Willen, wenn er diesen Schutz anruft — dann ist es sein Recht im eigentlichen Sinne, das er geltend macht.

Ganz dementsprechend redet das BGB. — wenn man von den sog. Kannrechten (Rücktritts-, Kündigungs-, Anfechtungsrecht usw.) absieht — nur dann von einem Recht, wenn jemand die Befugnis hat, das durch die Rechtsvorschrift anbefohlene Verhalten (die Leistung) zu verlangen oder zu fordern. (Vgl. 328: Vertrag zugunsten Dritter, der immer den Vorteil des Dritten bezweckt, dem Dritten aber nur eine Rechtsstellung gibt, wenn er nach dem Inhalt der Abmachungen das „Recht" erwerben sollte, „die Leistung zu fordern". — Eben nach dieser Wirkung unterscheiden sich auch Vermächtnis [2174] und Auflage [2194].)

Für diese Auffassung sprechen auch praktische Überlegungen. Wohin sollte es führen, wenn jede im allgemeinen Interesse erlassene Vorschrift, die gleichzeitig auch dem einzelnen zugute kommt, von diesem im Klageweg geltend gemacht werden könnte? Man denke an die zahllosen Übertretungen des Strafgesetzbuches (StGB. §§ 360ff.). Hier mag der einzelne, der sich in seinen Interessen verletzt fühlt, die Tätigkeit der Staatsorgane (Polizei usw.) anregen, die die Befolgung dieser Vorschriften zu überwachen und zu erzwingen haben.

Anders verhält es sich mit der Geltendmachung eines Schadenersatzanspruchs, der dem Rechtsgutsinhaber aus der Verletzung unter Umständen erwachsen ist (823 II). Hier handelt es sich um ein Recht auf Schadenersatz — aber indem er dieses geltend macht, erzwingt er nicht die Befolgung der ursprünglichen (primären), sein Interesse anerkennenden Rechtsvorschrift, sondern die Erfüllung der dahinterstehenden (sekundären) Vorschrift, die den Schädiger zum Ausgleich der Nachteile verpflichtet, welche entstanden sind durch die nicht mehr zu beseitigende Zuwiderhandlung gegen die ursprüngliche Vorschrift.

Im Gebiet des öffentlichen Rechts unterscheidet man ganz genau wie in dem des Privatrechts subjektive öffentliche Rechte im eigentlichen Sinne und bloße „Reflexwirkungen" des objektiven Rechts. Zur Annahme eines subjektiven öffentlichen Rechts des einzelnen Bürgers gegenüber dem

Staat genügt es nicht, daß der Gesetzgeber seine Behörden zu einem Verhalten verpflichtet, dessen materieller Erfolg dem Untertan zugute kommt als sog. Reflexwirkung der Gesetzesvollziehung; der allgemeine Anspruch des Bürgers auf Vollziehung der Gesetze, die zu seinen Gunsten erlassen sind, der sog. Gesetzesvollziehungsanspruch (Interessenbefriedigungsanspruch), bildet keine hinreichende Grundlage für die Annahme eines subjektiven Rechts gerade auf das anbefohlene Verhalten. Dazu ist mehr erforderlich. Das Gesetz muß ein bestimmtes Interesse durch Verpflichtung der Behörden gerade zu dem Zwecke schützen, damit der Interessenträger die fragliche Verpflichtung nach seinem Belieben geltend machen, von der Behörde ihre Beobachtung im Sinne seines Rechts verlangen kann. Auch hier ist also die Zubilligung eines Anspruchs auf das anbefohlene Verhalten das Kennzeichen des subjektiven Rechts. Zu beachten ist aber, daß die Klagemöglichkeit kein hinreichender Unterscheidungsgrund für die Annahme eines subjektiv öffentlichen Rechts oder einer bloßen Reflexwirkung ist. Diese Auffassung wurde in den Vorauflagen damit begründet, daß — wie es dem damaligen Rechtszustand entsprach — noch nicht einmal für jede Verletzung eines subjektiv öffentlichen Rechts ein Rechtsweg offenstehe. — Durch das Grundgesetz ist hier aber eine entscheidende Änderung eingetreten. Es öffnet in Art. 19 IV für jegliche Verletzung von Rechten durch die öffentliche Gewalt den Rechtsweg. Unter den Begriff „Rechte“ fallen hier aber nicht nur, wie zum Teil vertreten wird, subjektiv öffentliche Rechte; es sind hierunter vielmehr nach überwiegender Meinung auch die bloßen Reflexwirkungen zu verstehen (vgl. im einzelnen die Zusammenstellung im Bonner Kommentar zu Art. 19 II 4b). Da die Klagemöglichkeit damit über die subjektiv öffentlichen Rechte hinaus generell auf die bloßen Reflexwirkungen ausgedehnt worden ist, kann sie als Unterscheidungsmerkmal nicht herangezogen werden.

IV. Das subjektive Recht als Macht oder Herrschaft.

Indem die Rechtsordnung den einen zugunsten eines anderen verpflichtet und diesem einen Spielraum für seine Willensbetätigung einräumt, schafft sie ihm eine Machtstellung. Im Hinblick darauf hat Windscheid (Windscheid-Kipp I § 37) das Recht als „Willensmacht oder Willensherrschaft“ gekennzeichnet. Damit hat er aber nur die formale Seite des Rechts getroffen und dem Zweck der Machtstellung keine Rechnung getragen. Auf ihn hat Jhering (Geist d. röm. R. III §§ 60, 61 u. DogmJ. 10, 392ff.) den Nachdruck gelegt und das Recht als „geschütztes Interesse“ bestimmt. Dagegen wird zutreffend eingewandt, daß man ein Ding nicht durch seinen Zweck bestimmen dürfe. Die richtige Begriffsbestimmung vereint beides, indem sie das Recht als Willensherrschaft zur Befriedigung menschlicher Interessen auffaßt — und im Sinne des BGB. weiter verlangt, daß gerade der Begünstigte diese Herrschaft nach seinem Belieben ausüben und grundsätzlich auch im Wege der Klage geltend machen kann.

V. Die Pflichtenseite beim subjektiven Recht. — Das subjektive Recht als Pflichtrecht.

Mit dem Vordringen der Sozialisierungsideen begann man alle rechtlichen Befugnisse aus den Interessen der Gemeinschaft zu rechtfertigen und zu begrenzen. Dabei lenkte sich der Blick stärker auf die mit jedem Recht verbundenen Pflichten. Die Entwicklung, die sich bei den Familienrechten schon im BGB. vollzogen hatte, ergriff alle subjektiven Rechte; sie avancierten zu Pflichtrechten. Nicht bloß der Vater darf, was er im Interesse des Kindes soll, auch der Eigentümer hat sein Recht, um damit eine Aufgabe zu erfüllen; der Gebrauch seines Rechts soll zugleich dem Wohle der Allgemeinheit dienen, so Art. 14 II GG.

In einseitiger Übersteigerung dieser Gedanken wollten einzelne (Eckhardt, Deutsche RWissensch. Bd. 1 S. 7ff.) den Begriff des subjektiven Rechts ganz ausmerzen und eine reine Pflichtenordnung aufstellen. Das wäre verfehlt. Der Begriff des subjektiven Rechts ist unentbehrlich, um die Berechtigungen der einzelnen gegeneinander abzugrenzen und die Voraussetzungen festzulegen, unter denen sie die einem anderen zu ihren Gunsten auferlegten Pflichten geltend machen können. Vgl. Heinr. Lehmann, Das Primat der Rechtspflicht, Festschr. für Richard Deinhardt.

2. Kapitel

Rechtssubjekt und Rechtsfähigkeit § 11

I. Was versteht man unter Rechtssubjekt und Rechtsfähigkeit? Rechtssubjekt nennen wir den Träger der im subjektiven Recht enthaltenen Machtbefugnisse, Pflichtsubjekt den Träger der durch die Rechtsbefehle erzeugten Gebundenheit.

Die Frage ist nun: wer ist fähig, als Träger auf der aktiven oder passiven Seite des Rechtsverhältnisses zu stehen; wer ist fähig, Subjekt von Rechten und Pflichten zu sein? Nur ein anderer Ausdruck für diese Frage ist: wer hat Persönlichkeit im Rechtssinne? Rechtssubjekt, Person im Rechtssinn, ist also, wer Rechte und Pflichten haben kann, wer rechtsfähig ist.

Die Frage, ob und inwieweit die Rechtsfähigkeit anzuerkennen ist, kann nur aus dem jeweils geltenden Recht entnommen werden, ist eine positivrechtliche. Die Rechtsordnung hat bei der Zuerkennung der Rechtsfähigkeit den jeweiligen sittlichen Anschauungen und wirtschaftlichen Bedürfnissen der Gemeinschaft zu entsprechen. Rom versagte z. B. den Sklaven die Persönlichkeit.

Nicht notwendig ist, daß das Rechtssubjekt die Rechtsmacht selber ausübt, die Ausübung kann einem anderen übertragen sein, bald in der Form, daß er sie in Vertretung des eigentlichen Rechtssubjekts ausübt (Vormund, Vater), bald in der Form, daß er sie im eigenen Namen ausübt (der Mann bezüglich gewisser Rechte seiner Frau nach dem inzwischen aufgehobenen Güterstand der ehemännlichen Nutzverwaltung, § 1363ff. BGB.). Nicht nötig ist ferner, daß der, dem das Recht zusteht, zugleich der Genießer (Destinatär) von dessen Vorteilen ist. Die Rechtsmacht kann ihm auch nur in dem Sinn übertragen werden, daß er sie zugunsten des Genießers auszuüben hat (der fiduziarische Eigentümer, dem das Eigentum nur zu Verwaltungszwecken übertragen ist). Damit erledigen sich auch die Angriffe von Schwarz, Bürg. A. 82 34ff. gegen den im vorigen Paragraphen vertretenen Begriff des subjektiven Rechts.

II. Wer ist rechtsfähig (Rechtssubjekt)? Nach deutschem bürgerlichem Recht steht die Rechtsfähigkeit zu:

1. Dem Menschen, und zwar jedem Menschen. Das ist ein nicht ausgesprochener, aber nach den heutigen Anschauungen aller Kulturvölker selbstverständlicher Grundsatz, der sich mittelbar aus § 1 ergibt.

Dagegen ist Tieren die Rechtsfähigkeit versagt. Irgendwelche technische Schwierigkeiten stünden dem nicht entgegen, da ja die Ausübung der einem Tier etwa zuerkannten Rechtsträgerschaft (Rechtspersönlichkeit) einem Menschen übertragen werden könnte.

2. Die Rechtsfähigkeit steht ferner zu gewissen Organisationen zur Erreichung allgemeiner menschlicher Zwecke, den sog. juristischen Personen. Zwei Gruppen kommen hier in Betracht: mit Rechtsfähigkeit ausgestattete Personenverbände (Staat, Vereine) und Zweckvermögen (Stiftungen).

Die Anerkennung der „juristischen Personen" als Rechtsträger verursacht nicht die geringste Schwierigkeit, wenn man ein Doppeltes bedenkt:

a) daß Rechtspersönlichkeit haben, nicht so viel bedeutet wie natürliche Person sein;

b) daß der Träger der durch das subjektive Recht verliehenen Macht sie nicht selber auszuüben braucht. — Die Rechte der juristischen Personen müssen selbstverständlich durch natürliche Personen ausgeübt werden.

III. Was ist Handlungsfähigkeit?

Von der Fähigkeit, Rechte und Pflichten zu haben, ist scharf zu scheiden die Handlungsfähigkeit, d. h. die Fähigkeit, durch eigenes Tun Rechte und Pflichten zu erwerben. Sie setzt voraus die natürliche Fähigkeit zu normaler Willensbildung und kann dem Rechtsfähigen fehlen (z. B. dem unmündigen Kinde), während umgekehrt Handlungsfähigkeit ohne Rechtsfähigkeit nicht mehr vorkommen kann, da jeder Mensch rechtsfähig ist (anders im römischen Recht, wo der Sklave handlungs-, aber nicht rechtsfähig war). Die Handlungsfähigkeit ist also der engere Begriff.

Von der Handlungsfähigkeit ist wiederum scharf zu scheiden die Verfügungsbefugnis. Sie ist gar keine Fähigkeit, sondern eine Beziehung zu dem Recht, das unmittelbar durch das Rechtsgeschäft beeinflußt werden soll (vgl. § 28 B dieses Buches).

IV. Gibt es subjektlose Rechte? Das bejahen u. a. Windscheid (I § 49 Nr. 1), Bekker (I § 18 Beil. III), Seckel. Es ist aber zu verneinen. Ist subjektives Recht Macht, so muß diese jemand zustehen. Bei den angeblichen Fällen subjektloser Rechte ist in Wahrheit ein Subjekt vorhanden oder es ist noch gar kein Recht in der Welt, es liegt nur eine Gebundenheit für die Zwecke des künftig Berechtigten vor.

Ein Subjekt ist z. B. vorhanden bei der juristischen Person. Nur eine Gebundenheit ist anzunehmen zugunsten der Leibesfrucht, des nasciturus (1923 II), und bei der noch nicht genehmigten Stiftung (83); erfolgt die Geburt oder Genehmigung später, so wird lediglich fingiert, daß ein Subjekt schon früher vorhanden gewesen sei. Ähnlich lassen sich erklären andere Fälle, wie die des bedingten Rechts usw. Vgl. § 12 II 4 dieses Buches über Anwartschaftsrechte.

V. Beschränkte Rechts- und Handlungsfähigkeit.

1. Ebenso wie die Rechtsordnung die Rechtsfähigkeit verleihen kann, vermag sie diese auch zu versagen oder zu beschränken.

Vermögensunfähigkeit der Hauskinder im römischen Recht; bürgerlicher Tod infolge Ablegung des Klostergelübdes nach preuß. ALR.; teilweise Rechts- und Handlungsfähigkeit des nicht rechtsfähigen Vereins; siehe unten § 60 VII.

Das BGB. kennt keine allgemeine Entziehung der Rechtsfähigkeit mehr, sondern nur noch eine Unfähigkeit, bestimmte Rechte und Pflichten zu haben.

So sind z. B. bestimmte Personen unfähig, Vormund, Gegenvormund, Pfleger zu sein (1780, 1792 IV). Die juristischen Personen, die sich im Zustand der Liquidation befinden, sind nur noch im Rahmen des Abwicklungszweckes rechtsfähig.

2. Ein freiwilliger Verzicht auf die Rechtsfähigkeit oder die rechtsgeschäftliche Beschränkung der Rechtsfähigkeit ist nichtig. Die hier maßgebenden Rechtsgrundsätze sind zwingende. Das darf aber auf die juristische Person nicht ohne weiteres übertragen werden, da sie sich ihre Zwecke durch die Satzung begrenzt.

So kann ein Arbeitgeberverband seine Tariffähigkeit und damit auch die Fähigkeit, Partei im Schlichtungsverfahren zu sein, durch die Satzung ausschließen. (RG. **107** 144; **111** 354; **115** 177; RAG. Bensh. **12** 137.)

3. Auch auf die Handlungsfähigkeit kann grundsätzlich nicht verzichtet werden (vgl. § 137 BGB.). Doch ist eine rechtsgeschäftliche Beschränkung ausnahmsweise zulässig.

So kann z. B. nach § 399 BGB. durch Vereinbarung mit dem Schuldner die Abtretung einer Forderung mit Wirkung gegenüber Dritten ausgeschlossen werden. Auch sonst ist es möglich, Vertragsverhältnisse so zu gestalten, daß die Beziehungen der Vertragsparteien durch Mehrheitsbeschlüsse der Kontrahenten oder dritter Personen bestimmt werden sollen (v. Tuhr I 504). Doch findet diese Freiheit ihre Schranken an § 138 BGB.

3. Kapitel

Die Arten des subjektiven Rechts § 12

I. Die Haupteinteilung wird getroffen nach dem verschiedenen Inhalt der Rechtsmacht, die die subjektiven Rechte verleihen; die Untergliederung kann dann nach dem Gegenstand erfolgen, auf den sich die Rechtsmacht bezieht oder nach ihrer verschiedenen wirtschaftlichen Bedeutung.

Zur Veranschaulichung kann dienen folgende

Tafel der subjektiven Rechte

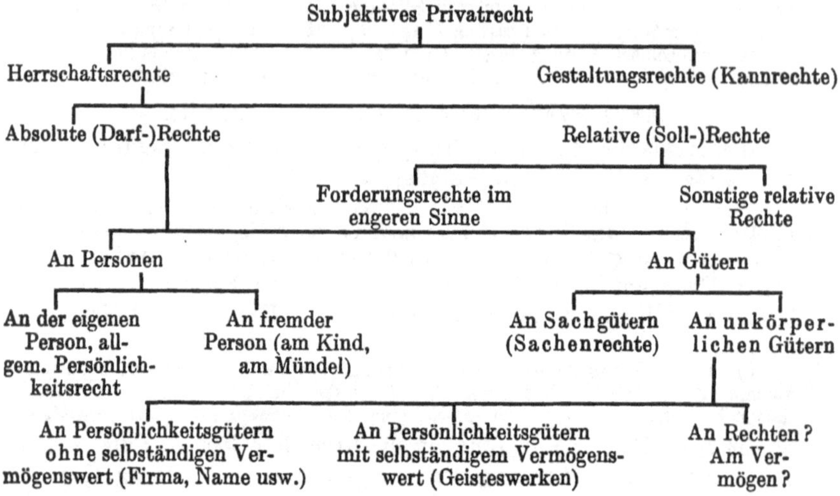

1. Nach dem verschiedenen *Inhalt* der Rechtsmacht, der durch den verschiedenen Kreis der *verpflichteten* Personen wesentlich mitbestimmt wird, unterscheiden wir:

a) *Herrschaftsrechte*. Sie gewähren Herrschaft über irgendwelche *Güter* oder *Personen*. Diese Herrschaft kann doppelter Art sein:

α) Sie kann eine *ausschließliche Herrschaft* sein, die von *jedermann* zu achten ist — *absolute* oder *Ausschlußrechte*.

Urbild und vollkommenstes dieser Rechte ist das *Eigentum*. Die Herrschaft des Eigentümers wird begründet einmal durch einen *Erlaubnissatz*, der ihm gestattet, mit der Sache nach Belieben zu verfahren, sodann durch *Verbote* an *alle andern*, auf die Sache einzuwirken (903). Dadurch wird die Sache der Herrschaft des Eigentümers *unmittelbar* unterworfen, er hat ein Recht an der Sache, das er jedermann gegenüber geltend machen kann (985, 1004). — Nach diesem Vorbild sind auch die andern absoluten Rechte ausgestaltet; da bei ihnen der Nachdruck auf dem Verhalten des Rechtsinhabers, auf seinem *Dürfen* liegt, hat man sie auch *Darfrechte* genannt (Zitelmann).

Jedoch gibt es auch absolute Rechte, bei denen dem Rechtsinhaber eine Befugnis, selbst auf den Rechtsgegenstand einzuwirken, nicht gegeben ist, seine Herrschaft sich vielmehr darin erschöpft, daß er jedem andern eine bestimmte Einwirkung untersagen kann, man denke an die servitus altius non tollendi. Hier liegt ein *negatives* Herrschaftsrecht vor.

β) Die Herrschaft des Berechtigten kann aber auch darauf beschränkt sein, daß eine *bestimmte* einzelne Person (oder mehrere) *ihm gegenüber* zu einem *gewissen Verhalten verpflichtet* ist — *relative Rechte*.

Hier liegt der Nachdruck nicht auf dem Dürfen des Berechtigten, sondern darauf, daß der Verpflichtete etwas soll. Darum werden sie auch Sollrechte genannt (Zitelmann).

αα) Die wichtigsten relativen Rechte sind die Forderungsrechte (Obligationen). Das Forderungsrecht ist das Recht, von einem andern eine Leistung (Tun oder Unterlassen) zu fordern (241). Der Berechtigte heißt hier Gläubiger, der Verpflichtete Schuldner. Alle im II. Buch des BGB. geregelten Rechtsbeziehungen gehören zu den Forderungsrechten oder Schuldverhältnissen.

Wenn der Schuldner zu einem bestimmten Verhalten bezüglich eines Lebensguts verpflichtet ist, so wird dadurch keine unmittelbare Herrschaft des Berechtigten über dies Gut geschaffen (wie z. B. beim Eigentum), sondern nur eine mittelbare Herrschaft, vermittelt durch die Willensbindung des Schuldners. Der Käufer hat kein Recht an der gekauften Sache, sondern nur ein Recht auf sie, genauer ein Recht gegen seinen Schuldner auf Verschaffung der Sache (433).

Beispiel: Hat A am 1. Mai ein Buch gekauft und den Buchhändler gebeten, es ihm zuzuschicken, so kann er es von B nicht herausverlangen, wenn es vom Buchhändler diesem später noch einmal verkauft und zu Eigentum übergeben wird (929). A kann sich nur an seinen Schuldner, den Buchhändler halten (433), er hat durch den Kauf nur ein Recht auf das Buch, nicht aber an dem Buch erworben. Anders, wenn er sich das Buch gleich zu Eigentum hätte übertragen lassen, z. B. seinen Namen eingezeichnet und aus Bequemlichkeit den Buchhändler gebeten hätte, ihm das Buch zuzuschicken. Dann hätte er Eigentum, ein Recht am Buche jedermann gegenüber, erworben gehabt und könnte es von jedermann, also auch von einem zweiten Käufer herausverlangen (985, vgl. aber 932).

Da nur der Schuldner verpflichtet ist, kann das Forderungsrecht auch nur von ihm, nicht von einem Dritten verletzt werden. — Dagegen wendet sich neuerdings vornehmlich Leonhard (Allgem. Schuldrecht 60f.). Er erkennt zwar an, daß der Schutz des Gläubigers in bezug auf das Leistungsinteresse ein relativer sei, will dem Gläubiger aber außerdem noch ein absolutes Herrschaftsrecht, Eigentumsrecht an der Forderung geben. Diese Lehre ist abzulehnen. Denkbar ist zunächst, daß ein Dritter durch Einwirkung auf den Schuldgegenstand oder die Person des Schuldner die Erfüllung der Forderung unmöglich machen kann. Aber darin liegt keine Verletzung des Forderungsrechts, weil er dessen Gläubiger gegenüber zu nichts verpflichtet ist, sondern höchstens eine Verletzung der absoluten Verbote, die die Rechtsgüterwelt des Schuldners schützen. Wer den zum Gastspiel verpflichteten Sänger durch Körperverletzung außerstande setzt, seiner Spielverpflichtung nachzukommen, ist nur ihm wegen der Körperverletzung, nicht aber dem Theater wegen Forderungsverletzung ersatzpflichtig. Das Leistungsinteresse des Theaters ist nur relativ geschützt. — Denkbar ist ferner, daß ein Dritter auf die Forderung selbst einzuwirken, insbesondere sie aufzuheben vermag; so wenn der Schuldner in Unkenntnis der Zession an den Zedenten zahlt (§ 407) und sich dadurch auch gegenüber dem Zessionar befreit. Das Interesse des Gläubigers, gegen derartige Eingriffe Dritter, die die Zuständigkeit des Forderungsrechts aufheben, geschützt zu werden (Zuständigkeitsinteresse), läßt sich aber auch ohne Annahme des Eigentums an der Forderung soweit befriedigen, als ein Bedürfnis besteht, also im Rahmen des § 826 und der Bereicherungsvorschriften (§ 816 II), in manchen Fällen auch durch Annahme einer besonderen Pflichtverletzung des Dritten, so z. B. des Zedenten, der nach der Zession von dem in Unkenntnis handelnden Schuldner noch wirksame Zahlung annimmt und dadurch eine positive Forderungsverletzung begeht; vgl. RG. 111 302. § 823 I BGB. auf jede fahrlässige Verletzung des Forderungsrechts durch Dritte anzuwenden, erscheint rechtspolitisch verfehlt. Vgl. Enneccerus-Lehmann (14) § 234 I 1d S. 914 und Heck, AcPr. 134, 357f.

ββ) Der Kreis der relativen Rechte fällt aber keineswegs mit den im besonderen Teil des Schuldrechts (433ff.) geregelten relativen Beziehungen zusammen. Auch die Rechte gegen bestimmte einzelne Personen im Gebiete des Sachen-, Familien- und Erbrechts sind relative, z. B. der Herausgabeanspruch des Eigentümers gegen den Besitzer nach 985 oder die Ansprüche der Gatten gegeneinander nach 1353.

Ob man sie als Forderungsrechte bezeichnen darf, ist streitig (vgl. § 13 II dieses Buches).

γγ) Relative Rechte sind auch die Mitgliedschaftsrechte, die sich aus der Zugehörigkeit zu einer gesellschaftlichen oder körperschaftlichen Vereinigung ergeben.

b) Kannrechte oder Gestaltungsrechte.

Zitelmann, Internat. Privatr. I 32; Seckel in d. Festgabe für Koch 1903 S. 205ff.

α) Die Kannrechte (wie das Kündigungs-, Anfechtungs-, Rücktrittsrecht) gewähren keine gegenwärtige Herrschaft über den Willen eines Verpflichteten oder über ein Lebensgut, es entspricht ihnen keine vorhandene Verpflichtung einer Person, sie befriedigen kein gegenwärtiges Interesse an einer Leistung. Das Kannrecht gibt die Möglichkeit, durch eine Willenserklärung oder Handlung auf eine bestehende Rechtslage einzuwirken, ein Rechtsverhältnis mit gegenwärtigen Pflichten zu begründen (Aneignungsrecht 958 II), zu ändern (Kündigungsrecht 247), aufzuheben (Aufrechnungsrecht 387 bis 389), (Kündigungsrecht 542), (Anfechtungsrecht 142) oder sonst zu beeinflussen (Einrederecht 222) — darum „Rechte des rechtlichen Könnens“ genannt (Zitelmann).

β) In einigen Fällen wirkt die Willenserklärung erst in Verbindung mit einem sog. Gestaltungsurteil (Urteil auf Ehescheidung und Urteil auf Aufhebung eines Mietsverhältnisses).

γ) Die Befugnisse, die das Gestaltungsrecht verleiht, können oft als Bestandteil eines andern Herrschaftsrechts aufgefaßt werden — so die Veräußerungsbefugnis beim Eigentum.

Deshalb wollen viele den Rechtscharakter der Kannrechte nicht anerkennen und nur eine Befugnis annehmen (Thon, Rechtsnorm u. Subjektives Recht, 325ff.). Zuzugeben ist, daß es sich um eine abhängige (sekundäre) Rechtsbildung handelt.

2. Nach den verschiedenen Gegenständen, auf die sich die Rechtsmacht bezieht, unterscheiden wir weiter:

a) bei den absoluten Rechten (Ausschlußrechten):

α) Rechte an der Person, und zwar:

αα) an fremder Person.

Recht des Vaters an der Person des Kindes (1632); Recht des Vormunds an der Person des Mündels; die Rechte der Ehegatten gegeneinander (1353) sind dagegen keine absoluten, sondern relative Rechte.

ββ) an der eigenen Person.

Die Unversehrtheit der eigenen Person wird jedem durch die absoluten Verbote geschützt, die eine Verletzung von fremdem Körper, Leben, Gesundheit oder Freiheit untersagen (823 I). Doch ist bestritten, ob durch 823 I ein allgemeines Persönlichkeitsrecht anerkannt ist, und welcher Umfang ihm etwa zukommt.

Das Schweiz. ZivilG. hat durch Art. 28 ausdrücklich eine solche Anerkennung vorgenommen.

Wer in seinen persönlichen Verhältnissen unbefugterweise verletzt wird, kann auf Beseitigung der Störung klagen.

Eine Klage auf Schadenersatz oder auf Leistung einer Geldsumme als Genugtuung ist nur in den vom Gesetz vorgesehenen Fällen zulässig.

Für das BGB. kann man die mittelbare Anerkennung des allgemeinen Persönlichkeitsrechts darin finden, daß das Gesetz das Interesse an der Unversehrtheit der eigenen Person nach verschiedenen Angriffsflächen hin in 823 I mit dem Eigentum und den sonstigen absoluten Rechten zusammen aufzählt und auf eine Stufe stellt, also aus dem Kreise der bloß geschützten Rechtsgüter des 823 II heraushebt. Nachdem jetzt Art. 2 GG. jedem das Recht auf freie Entfaltung seiner Persönlichkeit gewährleistet hat, soweit er nicht die Rechte anderer verletzt und nicht gegen die verfassungsmäßige Ordnung oder das Sittengesetz verstößt, muß das allgemeine Persönlichkeitsrecht als verfassungsmäßig anerkanntes Grundrecht angesehen werden; ebenso Enneccerus-Nipperdey § 78 I 2 und Staudinger-Coing vor § 1 Erl. 20.

Wenn man das allgemeine Persönlichkeitsrecht als sonstiges Recht i. S. des § 823 anerkennt, so kann sich diese Gleichstellung nur auf den absoluten, gegen jedermann wirksamen Rechtsschutz beziehen, nicht aber auf den generellen grundsätzlich gegen jeden Eingriff gerichteten Schutz, den die in § 823 I ausdrücklich genannten Rechtsgüter erfahren.

Auch der Bundesgerichtshof hat diese Scheidung vorgenommen; vgl. BGH. 13, 334; 24, 72; 27, 284. In BGH. 24, 79 wird gesagt, daß das allgemeine Persönlichkeitsrecht nicht unbegrenzt besteht. Die generalklauselartige Weise und Unbestimmtheit, die der Anerkennung des Persönlichkeitsrechts durch Art. 1 und 2 GG. anhafte, verlange eine vorsichtige Abgrenzung, für die die Güter- und Interessenabwägung maßgebend sein müsse. Schranken seien vor allem dadurch gezogen, daß nicht gegen die verfassungsmäßige Ordnung oder das Sittengesetz verstoßen werden darf und nicht die Rechte anderer verletzt werden.

Mit dieser Formel ist der BGH. den von Larenz (Schuldrecht II [3] 354), Palandt-Gramm (16. Aufl. § 823 Anm. A 6 i) und von mir in der Vorauflage S. 77) geäußerten Bedenken gegen eine zu befürchtende uferlose Ausweitung des Persönlichkeitsrechts gerecht geworden. Das Allgemeine Persönlichkeitsrecht ist also nur in den noch zu findenden Grenzen ein sonstiges Recht i. S. des § 823 I. Es kann nach BGH. 24, 79 keine Rede davon sein, daß Schadensersatz- und Unterlassungsansprüche überall dort beständen, wo sich jemand in seinen Belangen und seinem Streben durch einen anderen behindert sieht.

Aus dem Allgemeinen Persönlichkeitsrecht sind bereits eine Reihe besonderer Persönlichkeitsrechte abgeleitet worden. Abgesehen von dem gesetzlich bereits anerkannten Namensrecht: das Recht am eigenen Bild, das Recht an der persönlichen Ehre, das Recht auf Achtung der persönlichkeitsrechtlichen Eigensphäre (BGH. 27, 284). Vgl. Hubmann, Das Persönlichkeitsrecht, 1953, und unten § 58.

β) Rechte an Gütern (Gegenständen), und zwar:

αα) Rechte an körperlichen Gütern (Sachen) — die sog. Sachen- oder dinglichen Rechte.

Man kennzeichnet die Sachenrechte oder dinglichen Rechte meist als Rechte, die sich unmittelbar auf eine Sache beziehen, an der Sache bestehen. Dagegen ist nichts einzuwenden, wenn man sich klar macht, daß die Sache nicht selbst der unmittelbare Gegenstand der Gebundenheit sein kann, die wir Rechtspflicht nennen. In diesem Sinne kommt als Objekt der Macht, die im subjektiven Recht steckt, nur der beherrschte Wille anderer Rechtsgenossen in Betracht. Wo aber die unbestimmte Vielheit (jedermann) zugunsten des einen gebunden ist, damit dieser einen Gegenstand allein beherrschen kann, liegt es nahe, dieses mittelbare Objekt der rechtlichen Herrschaft vor die Verpflichteten zu rücken und sich das Recht jedermann gegenüber in bezug auf die Sache plastisch zu denken: als Recht an der Sache jedermann gegenüber. Gleiches gilt für die sonstigen absoluten Rechte, z. B. an unkörperlichen Gütern, wie am Namen, an der Erfindung.

Als Sachenrechte sind vom BGB. anerkannt: Eigentum, Erbbaurecht, Dienstbarkeiten, Pfandrechte, Reallasten und der Besitz. (Besitz ist zweierlei: ein tatsächlicher Zustand und ein Recht; denn das tatsächliche Haben genießt absoluten vorläufigen Rechtsschutz, 861, 862.) Dazu sind nach dem WohnungseigentumsG. v. 15. 3. 1951 getreten das Wohnungseigentum und das Teileigentum an nicht zu Wohnzwecken dienenden Räumen; es handelt sich bei ihnen um ein von der Regel des § 93 abweichendes selbständiges Sondereigentum. — Die dinglichen Erwerbsberechtigungen, wie das Aneignungsrecht usw. sind keine Herrschafts-, sondern Gestaltungsrechte.

ββ) Rechte an unkörperlichen Gütern, und zwar:

1. an solchen ohne selbständigen Vermögenswert, die mit dem Persönlichkeitsbereich in näherem Zusammenhang stehen, wie Name und Firma.

Hier spricht man von Persönlichkeitsrechten, Individualrechten. Das einzige im BGB. behandelte und als Ausschlußrecht ausgestaltete Persönlichkeitsrecht ist das Recht am Namen (12). Streitig ist die Annahme eines Rechts an der Ehre.

2. Rechte an solchen mit dem Persönlichkeitsbereich in näherem Zusammenhang stehenden unkörperlichen Gütern, die gleichzeitig selbständigen Vermögenswert haben, wie das Schriftwerk, Tonwerk, die Erfindung. Hier spricht man von immateriellen Güterrechten.

Die Rechtsordnung überläßt dem Urheber sein Geisteswerk zur ausschließlichen Verwertung und gibt ihm dadurch ausschließlich Herrschaft darüber. Geregelt sind diese Rechte nicht im BGB., sondern in besonderen Reichsgesetzen. — Scharf zu scheiden ist bei ihnen das unkörperliche Gut und die Sache, durch deren Vermittlung es genossen wird, also z. B. Dichtung und Buch.

Zu allen Ausschlußrechten ist zu merken: Gegenstand solcher ausschließlichen Herrschaft können nur die Güter sein, über welche die Rechtsordnung eine solche Herrschaft anerkannt hat.

Streitig ist, ob die Rechte als Gegenstand eines anderen Rechts aufgefaßt werden dürfen, ob Nießbraucher und Pfandgläubiger einer Forderung (1068ff., 1273ff.) wirklich ein dingliches (besser absolutes) Recht an der Forderung haben oder nur ein Forderungsrecht, das demjenigen des Gläubigers zur Seite tritt.

Das Gesetz neigt zur ersten Auffassung und bedient sich des Ausdrucks eines „Rechts am Rechte“ wie es auch im 96 bestimmt, daß Rechte, die mit dem Eigentum am Grundstück verbunden sind, als Bestandteile des Grundstücks gelten. Das Erbbaurecht (1017), die Bergwerksgerechtigkeiten, das Erbpachtrecht (EG 63). werden den unbeweglichen Sachen gleichgestellt.

Noch zweifelhafter ist, ob man das Vermögen (den Inbegriff der einer Person ihrer wirtschaftlichen Zwecke halber zustehenden geldwerten Rechte) als Gegenstand eines Ausschlußrechtes auffassen darf. Es dürfte zu verneinen sein.

Das Erbrecht ist kein dem Erben neben den Nachlaßrechten zustehendes absolutes Recht an der Erbschaft als einem Inbegriff, sondern ein Rechtsverhältnis zum Vermögen des Erblassers, aus dem einzelne Rechte und Pflichten erwachsen (v. Tuhr I 128); der Erbschaftsanspruch ist eine Zusammenfassung einer Reihe von Einzelansprüchen, nicht der Ausfluß eines absoluten Rechts an der Erbschaft.

Auch die Nutznießungsrechte des Vaters am Kindesvermögen und des Mannes am Frauenvermögen sind nichts anderes als die Summe der einzelnen Nutzungsrechte.

Das einheitliche Schicksal des Erbschafts-, des Frauen- und Kindervermögens erklärt sich aus ihrer Vereinigung in der Person der Rechtsträger, nicht aus ihrer Vereinigung zu einer neuen unpersönlichen rechtlichen Einheit.

Die Annahme eines absoluten Rechtes ist von besonderer Bedeutung geworden:

1. Für den Rechtsschutz der elektrischen Energie. Die herrschende Lehre lehnt ein eigentumsähnliches Recht an der Energie ab, weil diese keine Sache sei (vgl. 49 II dieses Buches).

2. Für den Rechtsschutz des gewerblichen Unternehmens gegen Beeinträchtigungen. Das Reichsgericht erkannte ursprünglich ein absolutes Recht an der gewerblichen Betätigung an, freilich nicht schlechthin, sondern nur insofern die Tätigkeit in einem eingerichteten und ausgeübten Gewerbebetriebe ihre gegenständ-

liche Verkörperung gefunden hatte, also i. S. eines immateriellen Güterrechts am Unternehmen (RG. 58, 24; 64, 52; 94, 248; 109, 52). Wo es dagegen an einem eingerichteten und ausgeübten Gewerbebetrieb fehlte, wie bei der bloßen Ausübung der ärztlichen Praxis, hat das Reichsgericht die Annahme eines Rechts am Gewerbebetrieb abgelehnt (RG. 155, 239); anders wenn damit eine Privatklinik verbunden war (RG. 64, 155; 94, 109).

Nach späteren Urteilen (RG. JW. 1939, 484 und RG. 163, 32) genügt in Wettbewerbs- und Warenzeichensachen sogar jede Beeinträchtigung der gewerblichen Tätigkeit eines anderen, wenn sie einen unmittelbaren Eingriff in den Bereich des Gewerbebetriebs darstellt. Nach den Entscheidungen des BGH. — BGH. 3, 270 (Konstanze-Urteil) und 8, 142 (schwarze Listen langsamer Zahler) — wird das Recht am ungestörten Gewerbe auch gegen unmittelbare Eingriffe außerhalb des Wettbewerbskampfes in gleicher Weise geschützt, wenn dem Eingreifenden kein besonderer Rechtfertigungsgrund zur Seite steht. Nachdem wir das Persönlichkeitsrecht als ein sonstiges im Sinne des § 823 anerkannt haben, kann die bisherige Einschränkung nicht mehr festgehalten werden, daß im § 823 nur die Rechte mit leicht erkennbarem und abgrenzbarem Schutzgegenstand getroffen seien und infolgedessen bei fehlendem eingerichtetem Gewerbebetrieb kein genereller Schutz anzuerkennen sei. Entscheidend für die Anerkennung eines absoluten Rechts ist die Wirkung gegen jedermann; vgl. Enneccerus-Nipperdey (15) § 72 I 3 b.

3. Für den Rechtsschutz freier Verwertung der Arbeitskraft. Hier lehnen die herrschende Meinung und das Reichsgericht die Annahme eines besonderen subjektiven Rechts an der Arbeitskraft ab und wollen in ihrer Verwertung und Ausnützung nur eine erlaubte, weil nicht verbotene, Tätigkeit sehen (RG. **51** 369 [373]; 65, 213). Man wird aber auch hier folgerichtig ein solches absolutes Recht in gewissen durch die soziale Ordnung gezogenen Grenzen anerkennen müssen, Art. 2 GG.; vgl. Hubmann, Das Persönlichkeitsrecht S. 145f.; Enneccerus-Nipperdey § 101 I 1 und § 131 II 3.

4. Für den Rechtsschutz einer Reihe von Persönlichkeitsgütern (Recht am eigenen Bild, an der Ehre, auf Geheimhaltung von Briefen usw.). Vgl. dazu § 58 II dieses Buches.

b) Bei den relativen Rechten ist eine Untereinteilung nach den Gegenständen — anders als bei den absoluten Rechten — nicht üblich. Hier teilt man weiter ein nach dem näheren Inhalt der Leistungspflicht, nach ihrer verschiedenen wirtschaftlichen Bedeutung, etwa in Forderungsrechte auf Überlassung zu dauerndem Haben, auf Gebrauchsüberlassung, Arbeitsleistung usw.

Der Grund dafür liegt darin, daß Gegenstand der mittelbaren Herrschaft, wie sie durch Willensbindung des Schuldners erzeugt wird, jedes verkehrsfähige Lebensgut sein kann. Das Schuldrecht wird von dem Grundsatz der Vertragsfreiheit (inhaltlichen Gestaltungsfreiheit) beherrscht, während der Kreis der absoluten Rechte ein geschlossener ist. Während der absolute Rechtsschutz besonders nachgewiesen, gegebenenfalls durch Analogie gerechtfertigt werden muß, sind schuldrechtliche Verträge über neu auftauchende Lebensgüter ohne weiteres wirksam.

So hat man z. B. niemals bezweifelt, daß Verträge über Lieferung elektrischer Kraft schuldrechtliche Verpflichtungen erzeugen, während der sachenrechtliche Schutz mangels Körperlichkeit von der herrschenden Lehre versagt wird (90).

II. Andere Einteilungsgesichtspunkte für die subjektiven Rechte.

1. Übertragbare und höchstpersönliche Rechte.

Regelmäßig sind die Rechte übertragbar und vererblich. Lassen sie sich von der Person eines bestimmten Berechtigten ausnahmsweise nicht loslösen, so sprechen wir von höchstpersönlichen Rechten, z. B. die Vereinsmitgliedschaft (38), das Nießbrauchsrecht (1059, 1061). Doch sind die höchstpersönlichen Rechte vielfach wenigstens der Ausübung nach übertragbar, wie z. B. der Nießbrauch 1059, 2.

2. Selbständige und unselbständige Rechte.

Dies je nachdem sie von einem andern Recht abhängig sind oder nicht; die abhängigen Rechte können ohne das Hauptrecht nicht entstehen, vielfach ist auch ihr späteres rechtliches Schicksal vom Hauptrecht abhängig, z. B. Pfandrecht, Bürgschaft, Recht auf Vertragsstrafe. Vgl. die „selbständigen Rechte" des § 58 I Ziff. 1 des ReichsbewertungsG. vom 22. Mai 1931.

3. Vermögensrechte und im Gegensatz dazu Personen- und Familienrechte.

a) Die Vermögensrechte gehören dem Gebiet des wirtschaftlichen Lebens an und sind auf die Befriedigung der äußerlichen Bedürfnisse gerichtet. Ihr regelmäßiges äußeres Kennzeichen ist der Geldwert, sie sind grundsätzlich übertragbar und vererblich.

b) Die Personenrechte beziehen sich nicht auf die wirtschaftlichen Güter der Außenwelt, sondern auf die Person, sie sind Recht an der Person und dem, was zum Persönlichkeitskreis gehört — zugleich personen- und vermögensrechtlichen Charakter haben die immateriellen Güterrechte (Urheberrecht usw.).

c) Die Familienrechte dienen nicht in erster Linie der Befriedigung äußerlicher Bedürfnisse, sie sind keine eigennützigen Rechte, sondern Pflichtrechte, die dem Berechtigten verliehen sind zur Erfüllung der sittlichen, durch die Familienbeziehungen bedingten Aufgaben.

4. Fertige und werdende Rechte (Anwartschaften).

Nicht immer sind alle Entstehungsvoraussetzungen des Rechts gleichzeitig verwirklicht. Die Rechtsordnung knüpft aber häufig schon an einen werdenden Rechtstatbestand gewisse Vor- und Zwischenwirkungen, wenn eine gewisse Entwicklungsstufe (Entwicklungsreife) erreicht ist, wenn der Tatbestand in der Hauptsache vorliegt und nur noch die eine oder andere Tatsache aussteht. Hier spricht man von Gebundenheit, Rechtslage, Schwebeverhältnis, Anwartschaft. Beispiele: Rechte aus bedingten Rechtsgeschäften (158—163), Warterecht des Nacherben (2137), Verstrickung infolge Kriegsbeschlagnahme (134), Anwartschaft des Ersitzungsbeisitzers und Finders auf das Eigentum (937, 973), Anwartschaft in der Invalidenversicherung (RVO. 1251, 1280, 1282, 1283).

4. Kapitel

§ 13 Subjektives Recht und Anspruch

v. Tuhr I 240f.; Langheineken, Anspruch und Einrede 1903; Kleinfeller AcP. 137, 129f.

I. Begriff und Bedeutung des Anspruchs.

1. Der Anspruch ist das Recht, von einem andern ein Tun oder Unterlassen zu verlangen (194 I).

Neben dem subjektiven Recht bedient sich das Gesetz der Figur des Anspruchs. Von ihm wird in 194 gesagt, daß er der Verjährung unterliegt. Das volle Verständnis für die Tragweite dieses Satzes gewinnt man erst, wenn man die als Anspruch bezeichnete Rechtsstellung in Gegensatz bringt zum Begriff des subjektiven Rechts schlechthin, z.B. den Anspruch auf Herausgabe nach 985 zum Eigentumsrecht (903). Nur der Anspruch auf Herausgabe (d.h. das Recht des Eigentümers von einem bestimmten andern, dem Besitzer, Herausgabe zu verlangen) verjährt, d.h. er kann nicht mehr gegen den Willen des Verpflichteten mit Erfolg eingeklagt werden usw. Das Eigentumsrecht selbst bleibt bestehen, was sich sofort zeigt, wenn die Sache in die Hand eines andern Besitzers kommt, der sich auf die Verjährung nicht berufen kann; gegen diesen Besitzer erwächst aus dem Eigentum mit der Besitzerlangung ein neuer Anspruch nach 985, der seinerseits wieder verjähren kann. Das Gesetz bedient sich also des Anspruchs als einer abgeleiteten Begriffsfigur, um die Schwächung des Rechts durch die Verjährung nur gegenüber dem Rechtsgenossen eintreten zu lassen, gegenüber dem der Berechtigte die rechtzeitige Geltendmachung seines Rechts versäumt hat. (vgl. im übrigen § 45 dieses Buches).

Die Bedeutung des Anspruchs erschöpft sich aber keineswegs darin, daß er eine Begrenzung der Verjährungswirkungen bedeutet. Er ermöglicht ganz allgemein dem Gesetzgeber, die im subjektiven Recht beschlossenen, aus ihm entspringenden Machtinhalte näher zu gliedern, zu bestimmen und verschieden zu behandeln. So läßt z.B. das Gesetz aus dem Eigentum folgende Hauptansprüche entspringen: 1. den Herausgabeanspruch nach 985ff.; 2. den Anspruch auf Beseitigung einer Störung, die nicht in einer Entziehung oder Vorenthaltung des Besitzes besteht, 1004 I 1 und 3. den Anspruch auf Unterlassung weiterer drohender Beeinträchtigungen, 1004 I 2. Für diese Ansprüche gelten verschiedene Grundsätze. Eine wichtige allgemeine Aufgabe hat der Anspruch weiter insofern, als das Gesetz durch Zuerkennung eines Anspruchs die im Wege der Leistungsklage schutzfähigen Rechtslagen von anderen Rechtsbeziehungen abhebt, denen ein solcher Rechtsschutz fehlt. Das Scheidungsrecht wird z. B. durch Gestaltungsklage ausgeübt; die Unechtheit einer Urkunde ist durch Feststellungsklage geltend zu machen.

Endlich faßt der Anspruch alle im subjektiven Recht gelegenen Möglichkeiten, es nach dem Willen des Berechtigten geltend zu machen, unter einem Generalnenner zusammen. Eine günstige Rechtslage ist nur dann ein subjektives Recht, wenn der Begünstigte die Leistungsbefehle des objektiven Rechts, die seine günstige Lage begründen, nach seinem Belieben geltend machen kann. Seine Rechtsmacht besteht also darin, vom Verpflichteten verlangen zu können, daß dieser die Leistungsbefehle der Rechtsordnung befolge. Ein solches

Verlangen braucht nicht notwendig im Klagewege zu erfolgen, es kann auch geschehen durch Mahnung, Zusendung einer Rechnung, im Wege der Verteidigung, gegebenenfalls durch Aufrechnung (387), unter Umständen auch im Wege der Selbsthilfe (229). Alle diese Befugnisse, ein Recht selbständig gegen einen bestimmten Verpflichteten geltend zu machen, will man zusammenfassen: diesem Bedürfnis wird der „Anspruch" gerecht.

2. Die Klagbarkeit ist eine notwendige Eigenschaft des Anspruchs; es gibt keine klaglosen Ansprüche (bestritten).

Bei den Römern stand die klageweise Geltendmachung des Rechts durchaus im Vordergrund, praktisch entscheidend war für den Wert einer Rechtslage, ob der Prätor eine actio gab oder nicht. Deshalb haben die Römer kein System der Rechte, sondern der actiones entwickelt. Windscheid, der den Anspruchsbegriff ausgebildet hat, versuchte in seinem Werk: Die actio des römischen Zivilrechts vom Standpunkte des heutigen Rechts, 1856, den Begriff des subjektiven Privatrechts von jeder prozessualen Zutat zu lösen. Der Anspruch Windscheids ist die von dem Zusatz der Gerichtsbarkeit, der Klagebefugnis, befreite actio des römischen Rechts und der gemeinrechtlichen Lehre. Mit dem Begriff des Anspruchs soll die Richtung des Rechts auf die Unterwerfung des fremden Willens bezeichnet werden.

Der natürlichen Auffassung entspricht das nicht, für sie ist mit dem Anspruch notwendig verbunden auch das Ansprechenkönnen, die Möglichkeit tätiger Rechtsverfolgung vor Gericht. Eine genauere Betrachtung des geltenden Rechts zeigt aber auch, daß das Gesetz diese Auffassung teilt, daß es durch Zuerkennung eines Anspruchs die im Wege der Verurteilungs- (Leistungs-) Klage schutzfähigen Tatbestände von andern Rechtslagen abheben will. Der Anspruchsbegriff ist von ihm gerade im Hinblick auf die gerichtliche Verfolgbarkeit geprägt. Klaglose Ansprüche gibt es in Wahrheit nicht (bestritten). Es kann sein, daß einem Anspruch zeitweise die Klagbarkeit versagt ist (1394); aber sie darf überhaupt nicht im Sinne eines stets gegenwärtigen Klagerechts, sondern nur als mögliche (virtuelle) Eigenschaft verstanden werden. In andern Fällen (1003) kommt man mit der Vorstellung eines unvollkommenen Forderungsrechts (einer Naturalobligation) aus. Der Versuch Reichels („Unklagbare Ansprüche", DogmJ. **59** 409ff.; **60** 38ff.), die Naturobligation durch den Begriff des „klaglosen Anspruchs" zu ersetzen, bringt meines Erachtens keine Lösung des Problems der Naturobligation, sondern nur eine Verschiebung der Frage und eine unnötige Belastung des Anspruchsbegriffes mit ihr. Die Einführung des klaglosen Anspruchs raubt dem Anspruchsbegriff seine Plastik und Klarheit (vgl. Heinr. Lehmann, Handwörterb. d. Rechtswissenschaft, IV, 193ff.).

3. Die Fälligkeit ist keine begriffsnotwendige Eigenschaft des Anspruchs (bestritten).

Wer ein in zwei Wochen zurückzahlbares Darlehn gegeben hat, hat sowohl nach dem Sprachgebrauch des Lebens wie der Auffassung des Gesetzes (271 I, 273 I, 813 II) schon jetzt ein Recht, die Leistung in zwei Wochen zu verlangen — es gibt also Ansprüche auf künftige, noch nicht fällige Leistungen; es ist nicht notwendig zur Annahme eines Anspruchs, daß die Leistung als eine sofort zu bewirkende (fällige) geschuldet wird (bestritten). — Anders natürlich, wenn die Parteien das Entstehen des Rechts selbst vom Eintritt einer Bedingung oder eines Termins abhängig gemacht haben (158 I, 163); hier ist damit auch die Entstehung der Leistungspflicht und des Anspruchs bis dahin hinausgeschoben.

Ein bestehender Anspruch auf künftige Leistung kann in seiner Fälligkeit von dem jederzeit zulässigen Verlangen, z. B. einer Kündigung, des Berechtigten abhängig gemacht sein. Dann spricht man von verhaltenem Anspruch (Langheineken, Anspruch und Einrede, 1903 und Festg. für v. Brünneck 1912).

v. Tuhr (I 257) will hier die Fälle unterscheiden, wo der Verpflichtete auf die Aufforderung warten darf, also vorher nur nicht zu leisten braucht (§§ 629/30, 669, 416 III) und wo er auch nicht eher leisten darf, z. B. wegen der mit der Leistung für den Gläubiger verbundenen Kosten (§§ 403, 259—261).

4. Inhaltlich kann der Anspruch auf ein positives oder negatives Verhalten, auf ein Tun oder Unterlassen gerichtet sein. Unterlassungsansprüche sind das vornehmliche Schutzmittel aller absoluten Rechte (12, 1004), spielen aber auch auf dem Gebiet der Forderungsrechte eine große Rolle (Wettbewerbsverbot, Kartellabmachungen usw.).

II. Der Anspruch und sein Verhältnis zum subjektiven Recht.

1. Anspruch und absolutes Recht.

Der Anspruch entspringt aus dem absolutem Recht, ist seine Folgeerscheinung — Ausflußrecht — er ist aber nicht dem absoluten Recht gleichzusetzen. Das zeigt sich am klarsten bei der Betrachtung des Eigentums. Es ist kein Anspruch, wohl aber können Ansprüche aus ihm erwachsen, wenn sich eine Person mit der Herrschaft des Eigentümers in Widerspruch setzt, so der Anspruch auf Herausgabe bei Besitzentziehung (985), ebenso können Unterlassungsansprüche aus dem Eigentumsrecht entspringen (1004).

Streitig ist, ob man beim Eigentum und den sonstigen absoluten Rechten schon vor geschehener Rechtsverletzung einen Anspruch auf Unterlassung annehmen darf (dafür Windscheid, vgl. Windscheid-Kipp I § 43, 1, S. 156). Ein Anspruch gegen jedermann auf der ganzen Welt, der sofort mit dem Eigentum gegeben wäre, müßte freilich als ein Unding erscheinen. Alles Schreckhafte verliert dagegen diese Annahme, wenn man den Anspruch gegen jedermann als ein Anspruchsbündel gegen die unbestimmte Vielheit der Personen auffaßt, die mit dem für den Berechtigten abgegrenzten Machtkreis tatsächlich in Berührung stehen. Der Eigentümer, der einen zur erstmaligen Störung Entschlossenen anspricht und zur Unterlassung auffordert, macht damit sein Recht gegenüber einer bestimmten Person geltend, er hat ein Recht, die Unterlassung zu verlangen, also einen Anspruch. Warum dieses Recht erst aus der geschehenen Verletzung erwachsen soll, ist nicht einzusehen.

2. Anspruch und Forderungsrecht.

Nach 241 entsteht sogleich mit dem Schuldverhältnis für den Gläubiger das Recht, vom Schuldner die Leistung zu fordern. Ist deshalb das Schuldverhältnis, das Forderungsrecht mit dem Anspruch wesensgleich? Zur richtigen Beantwortung muß man das Schuldverhältnis im weiteren Sinne und das im engeren Sinne unterscheiden.

a) Unter Schuldverhältnis im weiteren Sinne verstehen wir eine Mehrheit von Forderungsrechten, die aus einem rechtlich geregelten einheitlichen Lebenstatbestand entspringen können — Kauf-, Mietverhältnis. Dabei ist allerdings streitig, ob man die Summe dieser Rechtsverhältnisse oder — was vorzuziehen ist — den einheitlichen rechtserzeugenden Tatbestand als Schuldverhältnis im weiteren Sinne bezeichnen soll. Wie man auch vorgeht, soviel ist sicher: Das Schuldverhältnis im weiteren Sinne darf keinesfalls mit dem Auspruch gleichgesetzt werden. Zwischen ihm (im Sinne eines rechtserzeugenden Tatbestandes) und dem Anspruch besteht ein ähnliches Verhältnis wie zwischen Eigentum und einzelnem Anspruch; aus ihm kann eine Reihe einzelner Ansprüche erwachsen (433, 459).

b) Richtig ist dagegen, daß das Gesetz die aus dem Schuldverhältnis im weiteren Sinne erwachsenden einzelnen Ansprüche „Forderungsrechte" nennt. Das einzelne Forderungsrecht ist ein Anspruch. Diese Erkenntnis ist von großer praktischer Tragweite. Sie darf nicht dazu führen, die Ansprüche aus andern als schuldrechtlichen Verhältnissen schlechthin als Forderungsrechte zu bezeichnen und zu behandeln, also die Vorschriften des II. Buchs des BGB. ohne weiteres auf alle Ansprüche zu übertragen.

Viele Vorschriften des Schuldrechts sind auf die Ansprüche aus absoluten Rechten, z. B. die Unterlassungsansprüche, ganz unanwendbar, so die über die Aufrechnung, Abtretung, Schuldumwandlung. Das Gesetz hat im Schuldrecht nur die Ansprüche aus Schuldverhältnissen im weiteren Sinne geregelt und seine Vorschriften für diese erlassen. Aber die Erkenntnis, daß das einzelne Forderungsrecht und der Anspruch die gleichen Wesenszüge haben, berechtigt uns, die Vorschriften des Schuldrechts auf die Ansprüche aus andern Rechtsverhältnissen (dinglichen, familienrechtlichen, erbrechtlichen usw.) insoweit zu übertragen, als nach einer entsprechenden Regelung ein Bedürfnis besteht. Daß das Gesetz selber diese Auffassung teilt, beweist die Regelung des Herausgabeanspruchs des Eigentümers (985ff., 990 II).

Es herrscht heute Einigkeit darüber, daß die allgemeinen Vorschriften des Schuldrechts auch auf Ansprüche nichtschuldrechtlichen Ursprungs entsprechend anwendbar sind (vgl. Heinr. Lehmann, Unterlassungspflicht 114, Planck-Siber, Komm. II 1 [4] S. 16ff.). Namentlich gilt das für 242, wonach der Schuldner die Leistung so zu bewirken hat, wie Treu und Glauben mit Rücksicht auf die Verkehrssitte es erfordern, der Gläubiger mithin auch nur so fordern kann. Damit ist ein Grundsatz ausgesprochen, der auf alle Ansprüche, auch die sachen-, familien- und erbrechtlichen anwendbar ist. Mit Recht hat deshalb das Schweiz. ZivilG. den Grundsatz in Art. 2 an die Spitze gestellt:

„Jedermann hat in der Ausübung seiner Rechte und in der Erfüllung seiner Pflichten nach Treu und Glauben zu handeln."

Ganz wie hier ergibt sich auch sonst die Notwendigkeit, gewisse, vom Gesetz nur für schuldrechtliche Ansprüche ausgesprochenen Regeln zu einem allgemeinen Anspruchsrecht zu erweitern.

So ist namentlich streitig geworden, inwieweit ein schuldrechtlicher Ausbau des Vindikationsanspruchs (985ff. BGB.) zulässig ist. Besonders erörtert wurde die Anwendbarkeit des § 281 BGB., wonach der Besitzer einer fremden Sache, falls er sich die Herausgabe durch Veräußerung an einen Dritten unmöglich gemacht hat, dazu verpflichtet ist, dem Eigentümer die durch das Veräußerungsgeschäft erlangten Gegenwerte, das sog. commodum ex negotiatione herauszugeben. Der VI. Zivilsenat hatte in seiner Entscheidung vom 26. Juni 1922 (RG. **105** 84) die Anwendbarkeit des § 281 auf den dinglichen Herausgabeanspruch des Eigentümers bejaht; der IV. Zivilsenat hat sie dagegen in einem neueren Urteil v. 28. Oktober 1926 (RG. **115** 31) verneint; er meint, die besondere Natur des dinglichen Anspruchs lasse das nicht zu, weil der Veräußerer den Besitz der Sache verliere und damit eine tatsächliche Voraussetzung des § 985 zum Wegfall bringe; seitdem ständ. Rspr. Vgl. RG. **157 44.** Ebenso Wolff-Raiser § 84 VI 1 u. Westermann § 31 IV, weil die Anwendung des § 281 die vom Gesetz gewollte Opfergrenze verschiebe. Dagegen neuestens Reimer Schmidt bei Sörgel (§ 281, 3), weil man dem Eigentümer keinen unnötigen Vorausverzicht auf sein Eigentum zu einer Zeit zumuten könne, in der noch keineswegs sicher sei, ob er den ihm nach § 816 I zustehenden Ersatzanspruch realisieren könne.

c) Demnach müssen wir die Ansprüche je nach ihrem Ursprung, d. h. nach dem Rechtsverhältnis, aus dem sie hervorgehen, scharf scheiden in schuldrechtliche, sachenrechtliche (dingliche), familien- und erbrechtliche Ansprüche.

Dabei muß man sich aber davor hüten, den Schadensersatzanspruch aus der Verletzung eines absoluten Rechts, z. B. des Eigentums (823ff.) schon deshalb für einen dinglichen zu halten, weil die Verletzung des Eigentums ein wesentliches Stück seines Entstehungstatbestandes ist. Der Ersatzanspruch aus unerlaubter Handlung ist vielmehr ein rein schuldrechtlicher Anspruch. Dinglich sind nur die Ansprüche, deren Aufgabe es ist, dem dinglichen Recht unmittelbar Geltung zu verschaffen, die seinen Bestand als solches unmittelbar sichern sollen, wie der Herausgabeanspruch nach 985 und der Beseitigungs- sowie Unterlassungsanspruch nach 1004. Entsprechendes gilt für die anderen nichtschuldrechtlichen Ansprüche.

Und weiterhin ist zu beachten, daß der nichtschuldrechtliche Ursprung keineswegs besagt, daß der Anspruch nicht wenigstens insoweit schuldrechtliche Natur hat, als er mit gleichem Inhalt auch aus einem Schuldverhältnis entspringen könnte — sondern nur darauf hinweist, daß die besonderen Aufgaben des Quellrechts zu einer mehr oder minder weitgehenden Sonderregelung geführt haben, die insoweit die Anwendung der schuldrechtlichen Normen verdrängt. So hat der Unterhaltsanspruch der ehelichen Verwandten (1601ff.) eine Ausgestaltung erfahren, die vorwiegend von familienrechtlichen Erwägungen beherrscht wird, während der Alimentationsanspruch des unehelichen Kindes (1708ff.) mehr nach schuldrechtlichen Gesichtspunkten ausgebaut ist (vgl. Heinr. Lehmann, Familienr. Grundriß IV, S. 216ff.).

Endlich ist zu beachten, daß die Ansprüche von dem Quellrecht, dessen unmittelbaren Bestand sie sichern sollen, abhängig sind, also nicht von ihm durch

Abtretung getrennt werden können. Das schließt nicht aus, daß der Eigentümer einen anderen ermächtigt, den Eigentumsanspruch geltend zu machen. Entsprechendes gilt für die Abtretung des Berichtigungsanspruchs nach 894. So u. a. von Tuhr I 265ff., Wolff, Sachenrecht § 84 Anm. 25 u. Westermann, Sachenrecht § 30 I 3, während die dort angeführten Vertreter der herrschenden Lehre die Lösbarkeit des Eigentumsanspruchs vom Eigentum durch Abtretung bejahen.

3. Anspruch und Gestaltungsrecht.

Nur die Herrschaftsrechte erzeugen Ansprüche, sind Anspruchsrechte — die Gestaltungsrechte dagegen nicht.

III. Der Anspruch im Sinne der Zivilprozeßordnung.

Nach 253 II 2 ZPO. muß die Klageschrift u. a. enthalten: die bestimmte Angabe des Gegenstandes und des Grundes des erhobenen Anspruchs. Der Anspruch der Zivilprozeßordnung ist nicht wesensgleich mit dem des BGB. Die Zivilprozeßordnung versteht darunter ganz allgemein das vom Kläger erhobene Klagebegehren.

Zunächst braucht dieses Verlangen nicht begründet zu sein, das geltend gemachte Recht braucht nicht zu bestehen. Sodann können auch andere Rechte als Anspruchsrechte des BGB. geltend gemacht werden.

Durch die Klage kann ein dreifacher Rechtsschutz verlangt werden:

1. Verurteilung — hier wird allerdings immer ein angebliches Anspruchsrecht im materiell-rechtlichen Sinne verfolgt — Leistungsklage;

2. Feststellung — hier wird vom Richter die Feststellung des Bestehens oder Nichtbestehens eines Rechtsverhältnisses oder der Echtheit oder Unechtheit einer Urkunde verlangt — Feststellungsklage;

3. Rechtsgestaltung — hier wird vom Richter die Vornahme einer Rechtsänderung verlangt, z. B. die Scheidung der Ehe — Gestaltungsklage. Von einem Anspruch im Sinne des BGB. ist also nicht die Rede, vielmehr wird ein Gestaltungsrecht verfolgt.

IV. Das Klagerecht.

Wach, Der Feststellungsanspruch 1889 u. ZZPr. 32, 1 ff.; Hellwig, Klagerecht u. Klagemöglichkeit 1905; Bülow, „Klage u. Urteil", ZZPr. 31, 191; Schüler, Der Urteilsspruch 1921; Rosenberg, Lehrb. d. Deutsch. Zivilprozeßr. (7) § 90; Nikisch, Lehrb. ZivProz. (2) 1952.

1. Im privatrechtlichen Sinne versteht man darunter die im subjektiven Recht enthaltene Möglichkeit zur zwangsweisen gerichtlichen Durchsetzung, soviel wie klagbaren Anspruch oder klagbares Recht auf Rechtsgestaltung.

Da es klaglose Ansprüche nicht mehr gibt, vermeidet man am besten den Ausdruck wegen der Verwechslungsgefahr mit dem öffentlich-rechtlichen Klagerecht.

2. Im öffentlich-rechtlichen Sinne bezeichnet man mit Klagerecht die Beziehung des Rechtsuchenden zu dem den Rechtsschutz gewährenden Staat. Dieser gewährt den Rechtsschutz in Erfüllung einer staatlichen Aufgabe, einer selbstauferlegten Pflicht.

Deshalb liegt es nahe — wie vom Anspruch gegen die verpflichtete Privatperson — auch von einem Rechtsschutzanspruch gegen den Staat, einem Klagerecht zu sprechen.

Keinen Wert hat es freilich, die jedermann freistehende Möglichkeit, Klage vor Gericht zu erheben, als Klagerecht zu bezeichnen.

Insofern handelt es sich nicht um eine besonders günstige Rechtslage — Recht —, sondern eine jedermann gleichmäßig zustehende Befugnis.

Dagegen hat es Sinn, der Privatperson — wenn die sämtlichen (materiellrechtlichen und prozeßrechtlichen) Voraussetzungen einer ihr günstigen Rechtsschutzhandlung in ihrer Person vorhanden sind — einen Anspruch auf die Vornahme dieser Rechtsschutzhandlung zuzusprechen, ein Klagerecht im Sinne eines Rechts auf Erhörung, auf günstiges Urteil (und weiter eines Rechts auf Vollstreckung bzw. Sicherung). Dafür namentlich Wach und Hellwig.

Nur muß man sich hüten, den Anspruch auf günstiges Urteil mit dem Anspruch des 194 auf eine Stufe zu stellen (so Hellwig). Das Klagerecht im öffentlichrechtlichen Sinne ist nur eine durch das Vorliegen der Rechtsschutzvoraussetzungen (namentlich auch eines Rechtsschutzbedürfnisses) begründete Anwartschaft auf ein günstiges Urteil. Die Pflicht des Richters zum Erlaß eines solchen entsteht erst und nur so weit, als es dem Kläger gelingt, ihn im Prozeß vom Vorliegen der Rechtsschutzvoraussetzungen zu überzeugen. Das Klagerecht ist also eine Rechtslage, die bei durchschnittlichem Verlauf des Prozesses und Beweisbarkeit der Urteilsvoraussetzungen eine wohlbegründete Aussicht auf ein günstiges Urteil eröffnet (ähnlich wie der Besitz guter Rechtskenntnisse dem Examenskandidaten die Aussicht auf ein gutes Examen, aber kein Recht darauf gewährt). — Die ganze Streitfrage hat freilich nicht die geringste praktische Bedeutung. Auch ohne Annahme eines Rechtsschutzanspruchs ist es möglich, die Voraussetzungen eines Sachurteils überhaupt (Prozeßvoraussetzungen) von den Voraussetzungen eines günstigen Sachurteils (sog. Rechtsschutzvoraussetzungen) zu scheiden. Wert hat der Begriff des Rechtsschutzanspruchs nur insofern, als er in einer kurzen Formel das Postulat des Rechtsstaates zum Ausdruck bringt. Die Lehre vom Rechtsschutzanspruch wird heute überwiegend aufgegeben.

5. Kapitel

§ 14 Subjektives Recht und Einrede

Suppes, Der Einredebegriff des BGB. 1902; Langheineken, Anspruch und Einrede 1903; v. Tuhr I 288f.; Eißer, RvglHdWb. I 809.

I. Begriff und Bedeutung der Einrede.

Einrede (Einrederecht) ist das jemandem zustehende Recht, die Durchführung eines andern Rechts gegen sich zu hindern.

Gegen die Rechtsnatur der Einrede Henle, Lehrb. I 351.

Die Einrede ermöglicht dem durch die Ausübung eines Rechts Betroffenen, dessen Ausübung zu hemmen, sie ist also eine Verteidigungswaffe gegenüber dem Angriff des Berechtigten, ein Gegenrecht, ein negatives Recht. Regelmäßig erfolgt der Angriff durch Geltendmachung eines Anspruchs, deshalb wird die Einrede auch meist definiert als Recht des Verpflichteten, die Erfüllung eines Anspruchs zu verweigern (vgl. 222, 202, 273, 322, 2187, 2318). Das ist aber zu eng, wie Wolff (Sachenrecht § 139 III) nachgewiesen hat. 1157 spricht z.B. von Einreden des Eigentümers (der nicht mit dem Schuldner identisch zu sein braucht) gegen die Hypothek, also gegen die Pfandhaftung, gegen das dingliche Verwertungsrecht. Der Begriff der Einrede muß deshalb so weit gefaßt werden, daß er auch die Gegenrechte gegen andere Rechte als Ansprüche deckt.

Immerhin kann man sich die Funktion der Einrede am besten klarmachen, wenn man sich zunächst auf den Angriff durch Geltendmachung eines Anspruchs beschränkt. Auch so hat die Figur der Einrede für den Anfänger Eigenartiges genug. Indem die Rechtsordnung dem Berechtigten einen Anspruch gibt, sagt sie zum Verpflichteten: Du sollst. Indem sie diesem ein Einrederecht gibt, sagt sie gleichzeitig: Wenn du nicht willst, brauchst du aber nicht. Warum hebt die Rechtsordnung dann nicht lieber die Verpflichtung auf, wird man vielleicht fragen. Man braucht bloß an die vorübergehenden, aufschiebenden Einreden etwa die der Stundung zu denken, um die Zweckmäßigkeit der gesetzlichen Regelung einzusehen. Die Stundung bedeutet nur ein „Du brauchst nicht" für vorübergehende Zeit, dann tritt das „Du sollst" wieder schlechthin in Kraft. Eine Befreiung des Schuldners durch Untergang der Schuld würde die Rechtsprechung in die Notwendigkeit versetzen, die Schuld wieder aufleben zu lassen. Pfandrecht und Bürgschaft als abhängige Rechtsfiguren wären aber mit der Schuld untergegangen, ihrer Neubelebung stünden die Vorgänge der Zwischenzeit vielleicht entgegen. — Aber auch bei der dauernden Einrede z.B. der Verjährung hat es guten Sinn, den Schuldner nicht schlechthin zu befreien. Es ist nicht jedermanns Sache, sich der Zahlung einer Schuld durch Hinweis auf den Zeitablauf zu entziehen. Das Richtige ist, die Entscheidung dem Schuldner anheimzugeben; das führt dann zur Konstruktion des Gesetzes.

1. Die Einrede setzt ein bestehendes Recht (gegebenenfalls einen bestehenden Anspruch) voraus, wogegen sie geltend gemacht wird.

Die Geltendmachung einer Tatsache, die das Entstehen des Anspruchs verhindert oder sein Erlöschen bewirkt hat, ist kein Vorschützen eines Leistungsverweigerungsrechts, also keine Einrede im privatrechtlichen Sinne. Keine Einrede ist die Einwendung des verklagten Käufers, der Kauf sei nichtig, oder der Kaufpreis bezahlt; Einrede dagegen der Einwand, die Kaufpreisforderung sei verjährt (222) oder er habe die Ware noch nicht erhalten (322).

Streitig ist, ob es sich bei der Einwendung des Rechts zum Besitz (z.B. auf Grund eines Mietvertrages) gegenüber der Eigentumsklage (vgl. 986) um eine Einrede (so die herrschende Meinung) handelt oder um eine Einwendung eines Rechtes zum Besitz, das den Eigentumsanspruch ipso iure ausschließt (so Wolff, Sachenrecht § 84 Anm. 14).

2. Selbständige und unselbständige Einreden.

Das Einrederecht kann auf einem dinglichen oder obligatorischen Recht oder einem Gestaltungsrecht beruhen. Der vom Eigentümer nach 985 auf Herausgabe verklagte Besitzer macht z. B. einen Ersatzanspruch wegen Verwendungen durch Einrede des Zurückbehaltungsrechts geltend (273). Dann liegt ein Recht vor, dem gleichzeitig die Kraft verliehen ist, die Durchführung eines fremden Rechts zu hemmen (ein einredbarer Anspruch) — unselbständige Einrede.

Er gibt aber auch Einrederechte, die in keiner Hinsicht auf einem andern Recht beruhen, deren Bedeutung sich in einem Hemmungsrecht erschöpft, die also bloße Hemmungsrechte sind, z. B. die Einrede der Verjährung 222 — selbständige Einreden.

Die selbständigen Einreden können durch Verzicht aufgehoben werden, die unselbständigen können nur mit dem Recht, dessen Funktion sie sind, aufgehoben werden; vgl. Enneccerus-Nipperdey § 226 I 3.

3. Das Einrederecht ist ein Gestaltungsrecht, ein Kannrecht (der Verpflichtete kann verweigern). Notwendig ist also, daß die Einrede geltend gemacht, vorgeschützt wird.

Regelmäßig erfolgt die Erhebung der Einrede (Einrede i. subjektiven Sinn) im Prozeß. Der Richter darf das Einrederecht nur beachten, wenn der Verklagte es vorschützt. Der Richter muß also z. B. den Verklagten verurteilen, obwohl sich aus dem eigenen Vortrag des Klägers ergibt, daß sein Anspruch verjährt ist — wenn nicht der Verklagte sich auf die Verjährung beruft.

Hier zeigt sich der Unterschied zu den rechtshindernden und rechtsaufhebenden Tatsachen, die zwar nach der Verhandlungsmaxime vom Richter nur beachtet werden dürfen, wenn sie von den Parteien in den Prozeß eingeführt werden, aber von ihm auch dann beachtet werden müssen, wenn sie der Kläger, dem sie nachteilig sind, vorbringt. Dem Erlaß des Versäumnisurteils gegen den ausgebliebenen Verklagten steht also nicht entgegen die aus dem Klagevortrag sich ergebende Verjährung, wohl die Erfüllung oder der Erlaß der Klageforderung.

Daraus, daß die Einrede regelmäßig im Prozeß vorgeschützt wird, darf man aber nicht mit der herrschenden Lehre folgern, daß sie nur beachtet wird, wenn sie im Prozeß vorgebracht wird, daß die außergerichtliche Berufung auf sie die Hemmungswirkung nicht hat. Nachdem das Gesetz den Anspruch als eine Hilfsfigur von allgemeiner Bedeutung ausgestaltet hat, liegt kein hinreichender Grund vor, die Einrede als ein rein gerichtliches Schutzmittel aufzufassen. Die Einrede des BGB. darf nicht mit der exceptio des römischen Zivilprozesses (Ausnahme vom Kondemnationsbefehl des Prätors) oder der Einrede der ZPO. gleichgesetzt werden.

Die Einrede ist als die Befugnis zu denken, die Leistung so zu verweigern, wie sie verlangt wird, also bei außergerichtlichem Verlangen durch entsprechende außergerichtliche Erklärung (so r. von Tuhr I 297). Diese Erklärung behält (falls die Einrede nicht zurückgenommen wird oder sonst wegfällt) für den etwa sich anschließenden Prozeß ihre Bedeutung, braucht also nicht wiederholt zu werden; es genügt, wenn die Tatsache der erfolgten Einrede behauptet und gegebenenfalls bewiesen wird.

4. Die im Einrederecht gelegene Rechtsmacht besteht darin, durch Vorschützen der Einrede die Durchführung des Rechts zu hindern, insbesondere beim Anspruch diesen für immer oder zeitweise lahmzulegen. Im Prozeß führt die Geltendmachung der Einrede entweder zur Abweisung der Klage (so z. B. bei der Verjährungseinrede) oder doch zu einem günstigeren Urteil (so z. B. zur Verurteilung zur Leistung gegen Empfang der geschuldeten Gegenleistung in den Fällen der 274, 322 — Zug um Zug).

Die Geltendmachung der Einrede bewirkt dagegen nicht den Untergang des Rechts. So wenig das bloße Entgegenstehen der Einrede den Bestand des Rechts in Frage stellt (das Recht ist einredebehaftet), so wenig vernichtet das Vorbringen der Einrede das Recht; es wird nur einredeentkräftet: entweder auf Zeit (so bei den vorübergehenden Einreden) oder für immer (so bei den dauernden Einreden).

Die Zweckmäßigkeit dieser Lösung leuchtet für die vorübergehenden Einreden ohne weiteres ein (vgl. die Ausführungen zu Beginn dieses Paragraphen). Aber auch für die dauernde Einrede, z. B. die der Verjährung, läßt sich die Fortsetzung des Anspruchs als eines gelähmten rechtfertigen. Warum der verjährten Forderung ihre eigentümlichen Wirkungen nach 222, 813 rauben, wenn sie wegen Verjährung rechtskräftig abgewiesen ist?

5. Auch schon die Tatsache der Einredbarkeit, das bloße Bestehen des Einrederechts hat gewisse materiell-rechtliche Wirkungen.

So wird die Verjährung durch das Entgegenstehen gewisser Einreden gehemmt (202); eine Forderung, der eine Einrede entgegensteht, kann nicht aufgerechnet werden (390 I); bei dauernden Einreden, d. h. solchen, die zu dauernder Leistungsverweigerung berechtigen, kann zurückgefordert werden, was zur Erfüllung der einredebehafteten Forderung geleistet worden ist (813); in einigen Fällen kann der Einredeberechtigte vom andern Teil sogar Aufgabe seines Rechts verlangen (886, 1169, 1254, 1266 S. 2). – Wichtige Ausnahmen für die Einrede der Verjährung 222 II, 813 I 2, 390, 2.

II. Arten der Einreden:

1. Aufschiebende, vorübergehende (dilatorische Einreden) und ausschließende, dauernde, zerstörliche (peremptorische) Einreden.

Die aufschiebenden stehen der Geltendmachung des Anspruchs nur zeitweise im Wege (Einrede der Stundung, des Zurückbehaltungsrechts, des nicht erfüllten Vertrags) und fallen entweder durch Zeitablauf oder Befriedigung des Einredeberechtigten weg.

Die ausschließenden stehen der Geltendmachung des Anspruchs dauernd entgegen und können höchstens durch Verzicht des Einredeberechtigten (nach einzelnen auch durch Verjährung) wegfallen, so der Einwand der Verjährung. Eine dauernde Einrede nimmt dem Anspruch allen praktischen Wert.

2. Persönliche und unpersönliche Einreden (exceptiones in personam und in rem).

Die persönlichen stehen nur einer bestimmten Person oder gegen eine bestimmte Person zu. Die unpersönlichen sind mit dem Gegenstand, auf den sie sich beziehen, so verknüpft, daß sie mit diesem auf den Rechtsnachfolger des ursprünglich Einredeberechtigten übergehen oder sich gegen den Rechtsnachfolger des ursprünglichen Gegners richten.

Bei den unselbständigen Einreden ergibt sich ihre Kraft aus der Natur des Rechts, dem sie entspringen; so kann die Einrede aus einem dinglichen Recht von jedem Berechtigten und gegen jedermann geltend gemacht werden, während die Einrede aus einer obligatorischen Beziehung persönlichen Charakter hat. Die Kraft der selbständigen Einreden ist für den Einzelfall zu untersuchen. Die Verwendungseinrede wirkt z. B. auch gegenüber dem Neuerwerber der Sache (§§ 999—1000).

III. Die Einrede im Sinne der Zivilprozeßordnung.

1. Begriff und Bedeutung.

Genau wie den Begriff des Anspruchs braucht die Zivilprozeßordnung auch den Begriff der „Einrede" in einem andern und weitern Sinne als das BGB. Nach 278 ZPO. können Angriffs- und Verteidigungsmittel (Einreden, Widerklage, Repliken usw.) bis zum Schluß derjenigen mündlichen Verhandlung geltend gemacht werden, auf die das Urteil ergeht.

Die Zivilprozeßordnung geht bei Bildung ihres Einredebegriffs nicht vom Anspruch des BGB., also einem vorhandenen Recht auf Leistung, sondern von den prozessualen Behauptungen aus; für sie ist bedeutsam, welche Tatsachen von der einen oder der andern Partei zu behaupten und zu beweisen sind. Deshalb stellt sie der Gruppe der vom Kläger zu behauptenden und gegebenenfalls zu beweisenden Tatsachen, den sog. „Klagetatsachen", gegenüber die Gruppe der vom Beklagten zu behauptenden und zu beweisenden Tatsachen, die der Wirkung der Klagetatsachen entgegenstehen; diese zweite Gruppe macht den Begriff der Einrede im prozessualen Sinne aus. Das BGB. braucht zur Bezeichnung der Tatsachen, auf die sich eine prozessuale Einrede gründen läßt, den bessern Ausdruck „Einwendung".

Die Einwendung (Einrede der Zivilprozeßordnung) umfaßt also alles tatsächliche Vorbringen des Beklagten, das sich nicht als Leugnung der Klagetatsachen, sog. Klagleugnung, darstellt.

2. Die Beweislast und ihre Verteilung.

Die Beweislastregeln gehören dem Prozeßrecht an; denn sie bestimmen, welche Folgen die Beweislosigkeit einer streitigen erheblichen Tatsache für den Gewinn oder Verlust des Rechtsstreites hat, wer den Prozeß verliert, wenn ein solcher erheblicher Umstand ungewiß bleibt.

Nach den Regeln der Logik müßte, wer die richterliche Feststellung einer ihm günstigen Rechtswirkung erbittet, sämtliche feststellungsbedürftigen, streitigen Tatsachen beweisen, von denen die Existenz der fraglichen Rechtswirkung im Augenblick der Urteilsfällung abhängt. Der Kläger müßte danach nicht nur alle Entstehungsvoraussetzungen des geltend gemachten Rechts beweisen, sondern auch das Nichtvorliegen eines vom Gegner behaupteten Erlöschensgrundes.

Eine solche Regelung der Beweislast würde aber praktisch den Sieg des wirklich begründeten Rechts ganz ungeheuer erschweren; sie würde keine Rücksicht nehmen auf die Erfahrungssätze des Lebens, die aus dem Regelverlauf der Dinge gewonnen sind. Denn das Gegebensein der Entstehungsvoraussetzungen eines Rechts rechtfertigt den Schluß auf das Nochfortbestehen der Wirkung; gewisse Tatsachen, die die Entstehung hindern, tragen anomalen Charakter, wie z. B. die sinnlose Betrunkenheit beim Geschäftsabschluß, die Geschäftsunfähigkeit des tatsächlich zum rechtsgeschäftlichen Verkehr Zugelassenen u. dgl. Außerdem hat das Gesetz gewissen Tatsachen die Wirkung versagt, das entstandene Recht unmittelbar zu beeinflussen; es hat sie vielmehr zur Grundlage eines vom Verpflichteten besonders geltend zu machenden Gegenrechts, des Einrederechts, gemacht.

Im Hinblick darauf haben das Gesetz bzw. die gewohnheitsrechtliche Übung die Beweislast zweckmäßig verteilt. Wer eine richterliche Entscheidung erbittet, muß die prozessualen Voraussetzungen derselben nachweisen. Was die materiellen Voraussetzungen des geltend gemachten Rechts angeht, so gilt folgendes. Wer ein Recht geltend macht, braucht nur dessen normalen Entstehungstatbestand zu beweisen; die anomalen Hinderungsgründe des Entstehens und die Erlöschensgründe muß der Gegner beweisen.

Diese Regel trifft für alle Fälle gleichmäßig zu einerlei, ob es sich um die Geltendmachung des eingeklagten Rechtes oder die Vorschützung eines Einrederechts oder eines Gegeneinrederechtes (Duplik) handelt.

Sie trifft auch zu für die sog. negative Feststellungsklage. Der Kläger, der die Feststellung des Nichtbestehens eines vom Beklagten geltend gemachten Rechtes betreibt, muß zwar die prozessualen Voraussetzungen der Feststellungsklage (256 ZPO. „rechtliches Interesse an alsbaldiger Feststellung") beweisen, der Beklagte aber muß das geltend gemachte Recht, genauer dessen normalen Entstehungstatbestand, dartun.

Rosenberg (Lehrb. d. Zivilprozeßr. [6] § 116 III) formuliert das Prinzip der Bewl. kurz dahin, daß jede Partei die Behauptungs- und Beweislast für das Vorliegen aller Voraussetzungen der ihr günstigen Normen trage. Auch daraus ergibt sich, daß der Kläger nur die Entstehung, der Beklagte aber die Hinderung der Entstehung oder den Untergang oder die Hemmung des eingeklagten Rechts behaupten und beweisen muß. Die Frage, ob es sich um eine derartige hindernde, vernichtende oder hemmende Norm handelt, ist durch Auslegung der Norm zu beantworten.

3. Übersicht über die möglichen Einwendungen an Hand eines praktischen Falles, einer Darlehnsklage.

a) Klagleugnung — Leugnung der Klagetatsachen.

Um durchzudringen, muß der Kläger die Tatsachen behaupten und beweisen, aus denen im Regelverlauf die Entstehung seines Anspruchs zu folgern ist. Der Kläger muß den Regeltatbestand behaupten und beweisen, also daß er dem Verklagten einen bestimmten Geldbetrag übereignet hat unter der Abrede, später solle ihm ein entsprechender Betrag zurückgegeben werden (607).

Bestreitet der Verklagte eine dieser Tatsachen, so muß der Kläger sie beweisen.

Klagleugnung ist alles tatsächliche Vorbringen des Beklagten, das mit dem normalen Entstehungstatbestand (Klagetatbestand) unvereinbar ist. Es kommt dabei nicht darauf an, daß das Vorbringen des Beklagten in der Form des Bestreitens, des Negierens, auftritt; es kann auch im Gewande einer positiven Darstellung auftreten, die mit dem Klagetatbestand unvereinbar ist, z. B. in Verbindung mit einem teilweisen Zugeständnis des klägerischen Vorbringens (sog. qualifiziertes Geständnis). Wenn z. B. der Beklagte sich folgendermaßen einläßt: Es ist richtig, was der Kläger vorgetragen hat, daß er mir auf meine Bitten um ein Darlehen tausend Mark gegeben hat — aber er hat auf meine Bemerkung, die Rückzahlung werde mir nicht leicht fallen, bei der Hingabe des Geldes hinzugefügt, daß er auf Rückgabe verzichte, so wäre das Klagleugnung! Denn wenn das Vorbringen des Beklagten richtig ist, liegt gar kein Darlehen, sondern eine Schenkung vor — der Kläger muß also beweisen, daß dieser Zusatz nicht gefallen ist.

b) Einwendungen = Einreden im Sinne der Zivilprozeßordnung.

Der Verklagte kann die Klagetatsachen als wahr zugeben, aber Einwendungen = Einreden im Sinne der Zivilprozeßordnung erheben, und zwar:

α) Rechtsverneinende Einwendungen, d. h. Tatsachen behufs Entkräftung der Klagetatsachen, woraus das Nichtbestehen des klägerischen Rechts hervorgeht. — Der Richter muß die rechtsverneinenden Tatsachen von Amts wegen berücksichtigen. Der Verklagte muß sie gegebenenfalls beweisen.

Hier scheidet man wieder:

αα) Rechtshindernde Einwendungen, die einen regelwidrigen Hinderungsgrund für das Entstehen des klägerischen Rechts bedeuten, z. B. der Verklagte sei bei Empfang des Darlehns sinnlos betrunken oder minderjährig gewesen, der Kläger habe nur zum Schein ein Darlehn gegeben, in Wahrheit aber geschenkt.

ββ) Rechtsvernichtende Einwendungen, aus denen sich das Erlöschen des klägerischen Rechts ergibt, z. B. durch Rückzahlung des Darlehns, Erlaß oder Aufrechnung (die Aufrechnung bewirkt das Erlöschen des klägerischen Rechts).

β) Rechtshemmende Einwendungen = Einreden im Sinne des BGB., das sind Gegenrechte behufs Abwehr (Lähmung) des Klagerechts, z. B. die Einrede der Verjährung. — Der Richter darf sie nicht von Amts wegen, sondern nur dann berücksichtigen, wenn sie vom Beklagten vorgeschützt werden (BGH. 1, 239). Der Beklagte hat zur Begründung seines Gegenrechts — ganz wie der Kläger zur Begründung der Klage — die Tatsachen zu behaupten und zu beweisen, aus denen sich im Regelverlauf die Entstehung seines Einrederechts ergibt.

c) Gegeneinwendung und Gegeneinrede (Replik).

Der Einrede des Beklagten kann unter Umständen wieder eine Gegeneinrede des Klägers entgegengesetzt werden (sog. Replik). Gerade wie bei der Einrede muß man auch hier Replik im materiell-rechtlichen Sinne eines Gegenrechts und im weiteren prozeß-rechtlichen Sinne einer Gegeneinwendung unterscheiden. Der Replik kann wieder eine Gegeneinrede (Duplik) entgegenstehen usw.

Macht z. B. in unserem Falle der Beklagte die Einrede der Verjährung der eingeklagten Darlehnsforderung geltend, so braucht er nur den Ablauf der Verjährungsfrist seit der Entstehung des Anspruchs zu beweisen; damit hat er den normalen Entstehungstatbestand seines Einrederechts dargetan.

Der Kläger kann sich demgegenüber auf die rechtshindernde, von ihm zu beweisende Einwendung eines Hemmungs- oder Unterbrechungsgrundes der Verjährung berufen (JW. 1908, 192), oder er kann die von ihm zu beweisende rechtsvernichtende Einwendung eines Verzichts auf die Verjährung, der aber nur nach Ablauf der Verjährungszeit wirksam erfolgen kann (225), geltend machen.

Er kann endlich die Gegeneinrede im technischen Sinne machen, daß der Beklagte sich nach Ablauf der Verjährungsfrist verpflichtet habe, die Einrede unter gewissen Voraussetzungen nicht geltend zu machen; in diesem Falle braucht der Kläger wiederum nur den normalen Entstehungstatbestand eines solchen Vertrages zu beweisen, während der Beklagte anomale Hinderungsgründe (sinnlose Betrunkenheit beim Abschluß des Vertrages) und Erlöschensgründe (spätere Wiederaufhebung des Vertrages) dartun müßte usw.

4. Das BGB. und die Beweislast.

Obwohl die Regeln der Beweislast dem Prozeßrecht angehören, hat das BGB. versucht, Anhaltspunkte für die Verteilung der Beweislast zu geben:

a) In einigen Fällen sagt es ausdrücklich, wer eine bestimmte Tatsache zu beweisen hat (282, 363, 345, 358 usw.).

b) In andern Fällen stellt es eine Vermutung für das Vorhandensein einer Tatsache besonders auf (484) und erspart dadurch dem den Beweis, der sich auf die Vermutung beruft.

c) In andern Fällen sucht es durch seine Wortfassung gewisse Tatsachen als entkräftende, vom Anspruchsgegner zu beweisende aus dem Regeltatbestand auszusondern, als Ausnahme zu kennzeichnen.

α) Zuweilen wird die Ausnahme der Regel in einem besonderen Satz gegenübergestellt (831, 832, 935 II), oder in einem Nebensatz mit den Worten „es sei denn, daß" (145).

β) Vielfach wird die Ausnahme in einem verneinenden Bedingungssatz zugefügt. Dabei haben die Verfasser den gekünstelten Versuch unternommen, durch verschiedene Fassung der Bedingungssätze die Verteilung der Beweislast zu erleichtern. Nach Planck soll es hier darauf ankommen, wo das „nicht" steht. Stehe es gleich hinter dem „wenn", „sofern", so brauche, wer sich auf die Regel berufe, die im Bedingungssatz enthaltene Ausnahme nicht zu beweisen — das lateinische nisi — Beispiel: 477 I (der Verkäufer braucht nur den Zeitablauf zu beweisen, der Käufer muß die Arglist beweisen). Anders, wenn das „nicht" weiter nach hinten stehe — das lateinische si non — dann müsse, wer sich auf die Regel berufe, auch die im Bedingungssatz enthaltene negative Voraussetzung beweisen (229, 251).

Die neuere Auslegungskunst lehnt auch hier ein übermäßiges Haften am Wortlaut ab und entscheidet aus inneren Gründen die Frage, ob das Gesetz durch eine derartige Wortfassung eine bindende Verteilung der Beweislast habe vornehmen wollen; es ist eben auch das eine Frage der Auslegung, ob wirklich eine Beweislastregel vom Gesetz ausgesprochen ist.

II. Abschnitt

Ausübung und Schutz der Rechte

1. Kapitel

§ 15 Inhaltliche Ausübung

I. Ausübung durch Genuß.

1. Art der Ausübung.

Die Rechtsausübung vollzieht sich zunächst durch Betätigung der im subjektiven Recht gelegenen Rechtsmacht, also verschieden je nach dem Inhalt der Rechte.

a) Bei den absoluten Rechten, z. B. beim Eigentum, durch Inbesitznahme, Gebrauch, Nutzung, gegebenenfalls durch Zerstörung der Sache, aber auch durch Geltendmachung gegenüber dem Verpflichteten, z. B. durch das Verlangen auf Herausgabe der Sache (985) oder auf Unterlassung von Störungen (1004) usw.; beim Recht am Namen durch die Führung des Namens, durch das Verlangen nach Beseitigung irgendeiner Beeinträchtigung durch andere oder auch nach Unterlassung weiterer Beeinträchtigungen usw.

b) Bei den Forderungsrechten durch das Fordern der Leistung, durch Mahnung (Zusendung der Rechnung), durch Selbstbefriedigung im Wege der Aufrechnung usw.

c) Bei den Gestaltungsrechten durch Abgabe der erforderlichen Erklärung (Kündigung, Anfechtung), wenn nötig durch Abgabe in Form der Klage (Scheidungsklage, §§ 41ff. EheG.).

2. Schranken der Ausübung.

Hager, Schikane und Rechtsmißbrauch 1913; Schneider, Recht 1906, 603; Stammler, Lehre vom richtigen R. 327ff.; Siber, Schranken der privaten

Rechte; Oppenheiner, Der Gesetzesmißbrauch (Köln, Diss.) 1930; Bovensiepen, HdwbRw. V 334f.; Siebert, Verwirkung u. Unzulässigkeit der Rechtsausübung, 1934; Wieacker, Zur rechtstheoretischen Präzisierung des § 242 BGB, 1956.

Indem die Rechtsordnung ein subjektives Recht verleiht, schlichtet sie einen Interessengegensatz zugunsten des Interesses des Berechtigten. Daraus folgt: An sich ist die Schädigung fremder Interessen kein Hindernis für die Rechtsausübung, man darf sein Recht grundsätzlich ohne Rücksicht darauf ausüben, ob man einen andern schädigt, qui suo iure utitur, neminem laedit.

Der Eigentümer kann also z. B. auf seinem Grundstück graben, auch wenn er dadurch eine auf dem Nachbargrundstück befindliche Quelle abbohrt.

Doch sind der Rechtsausübung gewisse Schranken auch innerhalb der Rechtsgrenzen gezogen:

a) Verboten ist die Schikane, d.h. eine Rechtsausübung, die nur den Zweck haben kann, einem andern Schaden zuzufügen (226).

α) Es genügt nicht, daß der Zweck der Schädigung tatsächlich verfolgt wird; nötig ist, daß das Verhalten, objektiv betrachtet, gar keinen andern Zweck haben kann.

Der Beweis ist kaum zu führen, eine eidliche Vernehmung würde nur die Absicht beweisen, und die genügt nicht. Beispiele: RG. **72** 254, der Vater hatte seinem mit ihm verfeindeten Sohne unbedingt und ausnahmslos das Betreten des Schloßgartens untersagt, in dem die Mutter beerdigt war; darin fand das RG. Schikane. RG. **96** 184, der Beklagte hatte zur Sicherung eines ihm gegebenen Darlehns Aktien mit bestimmten Nummern verpfändet und verlangte später, als er auf Rückzahlung des Darlehns in Anspruch genommen wurde, Rückgabe der Aktien mit denselben Nummern, obwohl die Aktien inzwischen völlig wertlos geworden waren — Schikane!

Glücklicher formuliert SchwZGB. Art. II 2: „Der offenbare Mißbrauch eines Rechts findet keinen Rechtsschutz".

β) Ein schikanöses Verhalten gilt nicht als Rechtsausübung, ist also widerrechtlich und verpflichtet unter den sonstigen Voraussetzungen der Schadensersatzpflicht (823ff.) zum Schadenersatz.

Da 226 ein Schutzgesetz im Sinne von 823 II ist und zudem das schikanöse Handeln als ein unsittliches nach 826 anzusehen ist, kommt es nur auf den Nachweis des Verschuldens an, der keine Schwierigkeiten machen dürfte.

Ob sich aus § 226 unmittelbar ein Unterlassungsanspruch herleiten läßt, ist streitig. Dafür RG. **72** 254 u. Enneccerus-Nipperdey (15) § 239 IV 3d, die § 226 als Schutzgesetz ansehen. Ablehnend Siebert bei Soergel (§ 226 A. 9 u. 10), weil ein Unterlassungsanspruch einen Eingriff in eine absolut geschützte Rechtsposition voraussetzt; ebenso Erman-Hefermehl § 226, 7.

b) Vorsätzliche sittenwidrige Schädigung in Ausübung eines Rechts (826) ist ebenfalls unzulässig und macht ersatzpflichtig.

226 steht in einem gewissen Widerspruch zu 826, scheint diesem gegenüber völlig überflüssig, da die Schikane auf jeden Fall ein Verstoß gegen die guten Sitten ist und vorsätzlich erfolgen muß. Deshalb nehmen einzelne Schriftsteller an: eine Handlung, die in Ausübung eines Rechts vorgenommen werde, verstoße nur

unter den Voraussetzungen des 226 gegen die guten Sitten. Formallogisch ist damit die Vereinigung von 226 und 826 hergestellt, aber das Ergebnis ist unbefriedigend. Der Grund der Unstimmigkeit ergibt sich aus der Entstehungsgeschichte, 826 enthielt ursprünglich den Zusatz: die er nicht in Ausübung eines ihm zustehenden Rechts vornimmt. Das wurde durch die Reichstagskommission gestrichen. 226 wurde erst nachträglich ins Gesetz eingefügt. Den Einklang kann man mit Oertmann herstellen, wenn man nur die Schikane als widerrechtlich ansieht und zu 826 betont, daß das dort getroffene Verhalten nur mittelbar von der Rechtsordnung gemißbilligt wird, weil es gegen die guten Sitten verstößt.

c) Eine Schranke zieht 242 BGB. Danach hat der Schuldner die Leistung so zu bewirken, wie Treu und Glauben mit Rücksicht auf die Verkehrssitte es erfordern.

Daraus folgt: Der Gläubiger kann auch nur so verlangen, wie es Treu und Glauben mit Rücksicht auf die Verkehrssitte entspricht. Damit ist ein Grundsatz ausgesprochen, der auf alle Ansprüche — auch die sachen-, familien- und erbrechtlichen — Anwendung verlangt, ein Grundsatz, der darüber hinaus auch für alle übrigen Rechte, z. B. die Einrederechte, gilt.

Der Schuldner hat z. B. den Gläubiger von der rechtzeitigen Klageerhebung abgehalten und würde sich durch Erhebung der Verjährungseinrede mit seinem eigenen früheren Verhalten in einen mit Treu und Glauben unvereinbaren Selbstwiderspruch setzen; RG. **64** 220, **87** 283, **115** 135; JW. 1933, 508. Zu beachten ist, daß das Abhalten von der Klageerhebung an sich nicht arglistig zu sein braucht; der Verstoß gegen Treu und Glauben liegt in dem Selbstwiderspruch mit dem eigenen früheren Verhalten.

In dieser Gestalt hat die exceptio doli generalis des römischen Rechts noch heute Geltung im bürgerlichen Recht (RG. **58** 356 und 428; **71** 435; **76** 354; **87** 283; **108** 110; **109** 309; **115** 137; **123** 240; **147** 398; RGGZS. **161** 58).

Die Formel der exc. doli lautete: si in ea re nihil dolo malo Ai. Ai. factum sit neque fiat. Jene Worte (factum sit) wenden sich als exc. d. specialis gegen arglistige Erlangung des Anspruchs (insbesondere den Betrug). Diese Worte (neque fiat) wenden sich als exc. d. generalis gegen den Verstoß wider das Rechtsgefühl, die Billigkeit, der in der Geltendmachung des äußerlich zu Recht bestehenden Anspruchs liegt. Entsprechendes gilt für die replicatio doli (RG. **115** 137).

Aus dem Schrifttum vgl: Brenner, Die exceptio doli generalis 1926; Hamburger, Treu und Glauben 1930. Wieacker, Zur rechtstheoretischen Präzisierung des § 242 BGB, 1956.

Die Rechtsbegrenzung aus §§ 226, 826, 242 ergibt sich aus der jedem Recht innewohnenden Pflicht, das Recht nicht zweck-, sitten- oder treuwidrig auszuüben. Eine derartige Rechtsausübung „findet keinen Rechtsschutz" (Art. 2 Schweiz. ZGB.), ist Rechtsmißbrauch. Die französische Rechtslehre hat zur Bekämpfung des Rechtsmißbrauchs die Theorie vom „abus de droit" entwickelt und erblickt in ihm ein Handeln ohne Recht, eine Rechtsüberschreitung. Daran anknüpfend betont Siebert, daß die §§ 226, 826, 242 inhaltliche Schranken des Rechtsinhalts darstellen, daß man also die Fälle mißbräuchlicher Rechtsausübung nicht mit einer Einrede, einem Gegenrecht, zu bekämpfen habe. Daher sei es unerheblich, ob sich der Ausübungsgegner im Rechtsstreit auf § 242 usw. berufe. Dem ist zuzustimmen. Indessen ist zu beachten, daß sich die Frage, ob ein Mißbrauch vorliegt, nur unter Bewertung aller Umstände des Einzelfalles beantworten läßt. Vielfach wird sich die Unzulässigkeit der Rechtsausübung erst aus den vom Beklagten vorgebrachten Tatsachen ergeben, für die ihn die Beweislast trifft. Ihr Vorbringen kennzeichnet sich dann als rechtsverneinende Einwendung. Insoweit darf man von einem Einwand des Rechtsmißbrauchs oder unzulässiger Rechtsausübung sprechen; so RG. **152** 147; **160** 349; BGH. **3** 103; **12** 157.

Als wichtige Einzelforderungen aus Treu und Glauben sind durch Wissenschaft und Rechtsprechung abgeleitet worden:

1. Die Unzulässigkeit des gegensätzlichen Verhaltens (venire contra factum proprium). Niemand darf eine Befugnis in Widerspruch mit seinem früheren Verhalten geltend machen, wenn dieses Verhalten nur bei gleichzeitigem Verzicht auf die Befugnis mit Treu und Glauben in Einklang zu bringen ist, oder wenn doch die nachträgliche Geltendmachung der Befugnis gegen Treu und Glauben verstößt. Der Käufer darf z. B. nicht später zum Nachteil des Verkäufers auf einen Vertrag zurückgreifen, nachdem der Preis der Ware gestiegen ist, wenn er den Verkäufer vorher in den berechtigten Glauben versetzt hatte, er wolle ihn am Vertrag nicht festhalten. Vgl. Riezler, venire contra factum proprium, 1912; Heinr. Lehmann, Zeitschr. f. Handelsr., Bd. **79** 96ff.; Krause, Schweigen im Rechtsverkehr, 1933; Siebert, Verwirkung und Unzulässigkeit der Rechtsausübung, 1934; RG. **87** 283; **108** 110. — Die neuere Rechtsprechung hat diesen Grundgedanken in einer Reihe von Entscheidungen unter dem Gesichtspunkt der Verwirkung anerkannt. Darunter ist zu verstehen die Unzulässigkeit, ein an sich bestehendes Recht wegen des vorhergegangenen eigenen Verhaltens noch geltend zu machen. — Namentlich hat die Rechtsprechung aus diesem Gesichtspunkt der verspäteten Geltendmachung des Aufwertungsanspruchs widersprochen, vgl. RG. **118** 375; **131** 225. In späteren Urteilen wird die Verwirkung als Ausfluß des allgemeinen Rechtsgedankens des § 242 für das Privatrecht ganz allgemein anerkannt; siehe unten § 47.

2. Die Unzulässigkeit der Rechtsverfolgung gegen den Schuldner kann sich auch aus dem Wegfall der Geschäftsgrundlage oder ihrem Nichtvorhandensein ergeben, wenn der Erfüllungszwang deswegen mit Treu und Glauben unvereinbar wäre. In solchen Fällen führt die objektive Begrenzung des gesetzlichen Leistungsbefehls durch Treu und Glauben zwar nicht ohne weiteres zu einer Befreiung des Schuldners oder zur Zubilligung eines Rücktrittsrechts, aber doch zu einer Milderung oder Beschränkung der Verpflichtung, die vielfach ohne richterliche Vertragshilfe nicht möglich sein wird. Vor Aufhebung des Vertrags ist zu versuchen, ihn mit entsprechender Änderung aufrechtzuerhalten. Vgl. unten § 35 A VII dieses Buches und RG. **99** 259; **107** 153; **160** 267; **168** 126; **172** 20; OGH. **1** 68; BGH. **5** 302; **10** 51.

d) Außerdem setzen Schranken einige Sondervorschriften (1020 S. 2) 1090 II, 1353 II, 1354 II, 1357 II, 1358 II.

3. Die Rechtsausübung durch einen andern ist grundsätzlich zulässig, selbst ein höchstpersönliches Recht wie der Nießbrauch kann — wenn auch nicht übertragen — so doch der Ausübung nach einem andern überlassen werden (1059). Ausnahmen kommen namentlich im Familien- und Erbrecht vor (1307 I, 1353, 1358 III).

II. Ausübung durch Verfügung über das Recht.

Vgl. v. Tuhr II 1 § 54 S. 238ff.; Henle, Allg. T. S. 192ff.

1. Begriff. Die Verfügung ist das Rechtsgeschäft, das auf den Bestand eines Rechtes unmittelbar einwirkt, sei es, daß ein bestehendes Recht unmittelbar übertragen, inhaltlich geändert, belastet oder aufgehoben wird.

Kennzeichnend für die Verfügung ist ihre unmittelbare Wirkung (BGH. 1 304. Doch darf die Unmittelbarkeit nicht rein zeitlich, im Sinne von „sofort", verstanden werden, wie v. Thur II, 1, S. 246, irrig annimmt. Die Unmittelbarkeit des Verfügungsgeschäftes steht im Gegensatz zur Wirkung des obligatorischen Geschäftes, wodurch sich jemand zu einer Verfügung, z. B. zur Eigentumsübertragung oder Forderungsabtretung verpflichtet; ein solches Geschäft zielt mittelbar auf die durch die Verfügung zu bewirkende Rechtsänderung, führt diese Rechtsänderung aber noch nicht selbst herbei. (Vgl. Raape, Arch. ZivPr. 121, 258.)

Man darf die Verfügung auch nicht als dingliches Geschäft bezeichnen. Die sachenrechtlichen Verfügungsgeschäfte, namentlich die Einigung (929, 873), sind zwar die wichtigsten Fälle der Verfügung, aber keineswegs die einzigen. Auch die Forderungsabtretung (398) ist eine Verfügung; denn sie ist im Gegensatz zum Verkauf der Forderung (433) auf den unmittelbaren Übergang des Forderungsrechts gerichtet und hat diesen auch zur Folge. Nicht minder ist die Annahme der geschuldeten Leistung als Erfüllung eine Verfügung über das Forderungsrecht; denn sie hat nach 362 dessen Erlöschen unmittelbar zur Folge. Endlich ist auch die befreiende Schuldübernahme durch die ein neuer Schuldner an Stelle des alten in das Schuldverhältnis tritt, vom Standpunkt des Gläubigers aus gesehen, eine Verfügung über das Forderungsrecht (414/415).

Den Gegensatz zum Verfügungsgeschäft bildet das Verpflichtungsgeschäft.

Auch der Rechtserwerb ist keine Verfügung; bei der Übertragung verfügt nur der Übertragende, nicht der, an den die Übertragung erfolgt.

Die Einwilligung zu einer Rechtsverletzung ist, selbst wenn sie kein Rechtsgeschäft sein sollte, doch jedenfalls eine rechtsgeschäftsähnliche Handlung und als Verfügung über das Recht zu behandeln (so richtig v. Tuhr II 1, S. 249 Anm. 83).

2. Die Verfügung ist Ausübung der im subjektiven Recht gelegenen Rechtsmacht durch Rechtsgeschäft.

a) Sie unterliegt deshalb den allgemeinen Vorschriften über die Rechtsgeschäfte.

Sie erfolgt durch Willenserklärung (z. B. 929, 873, 925, 398) oder Willensbetätigung (z. B. 959, 958).

Grundsätzlich ist volle Geschäftsfähigkeit des Verfügenden erforderlich, da die Verfügung regelmäßig die Rechtslage des Verfügenden nachteilig beeinflußt, vgl. 107.

Die Verfügung darf nicht gegen ein gesetzliches Verbot (134) oder gegen die guten Sitten (826) verstoßen.

Vgl. unten § 29 III 5, § 27 II 3, § 29 IV.

Auch kann der Rechtsinhalt des Rechtes so gestaltet sein, daß das Recht von einem anderen nicht ohne Wesensänderung ausgeübt werden kann, wie z. B. das Namensrecht oder das Recht des Ehegatten auf die eheliche

Lebensgemeinschaft; dann ist eine Verfügung über das Recht völlig oder teilweise ausgeschlossen.

Sohm (Gegenstand 1905, S. 21) leitet den Begriff der Verfügung von der Übertragbarkeit der Rechte ab und erkennt deshalb nur übertragbare Rechte als Gegenstände des verfügungsgeschäftlichen Verkehrs an. Dabei übersieht er aber, daß es Rechte gibt, die wegen ihres höchstpersönlichen Inhalts zwar nicht übertragen werden können, wie z. B. der Nießbrauch (1059) und die unübertragbare Forderung (399), aber doch durch ein Verfügungsgeschäft aufgehoben oder inhaltlich geändert werden können. Vgl. von Tuhr II 1, S. 240 Anm. 18.

Die Verfügung trägt, soweit sie eine Zuwendung des Verfügenden an eine andere Person enthält, ihren Zweck nicht in sich selbst, steht vielmehr als Mittel im Dienst irgendwelcher weiterer Zwecke. Kennzeichnend ist, daß die Rechtsordnung im Interesse der Sicherheit der unmittelbaren Güterverschiebung die Wirksamkeit der Verfügung von den mit ihr verfolgten Zwecken, von der causa der Verfügung, unabhängig gemacht hat. Zuwendungen, die durch eine Verfügung erfolgen, sind grundsätzlich abstrakt.

Vgl. zur abstrakten Natur der Verfügungsgeschäfte § 25 III und § 27 III dieses Lehrbuches.

b) Die Verfügung setzt als inhaltliche Ausübung des Rechts eine entsprechende Rechtsmacht, die sog. Verfügungsmacht oder Verfügungsbefugnis voraus. Die Verfügungsbefugnis darf nicht mit der Geschäftsfähigkeit verwechselt werden; sie ist keine Eigenschaft des Verfügenden, sondern eine Beziehung zu dem Recht, über das verfügt wird, kraft deren der Verfügende zur wirksamen Vornahme der Verfügung imstande ist.

Vgl. § 28 B dieses Lehrbuches.

α) Regelmäßig hat der Inhaber des betr. Rechts auch die Verfügungsmacht.

Doch kann sie ihm ausnahmsweise entzogen oder ihre wirksame Ausübung an die Zustimmung einer anderen Person geknüpft sein.

Es gibt zahlreiche Verfügungsbeschränkungen.

Die wichtigsten sind die allgemeine Verfügungsbeschränkung des Gemeinschuldners infolge Konkurseröffnung (6. KO.), und die Verfügungsbeschränkung des Vorerben (2112ff.).

Außerdem gibt es zahlreiche einzelne Verfügungsbeschränkungen, so z. B. die des von einer Vormerkung Betroffenen (883 II).

Verfügungsbeschränkungen ergeben sich ferner aus den gesetzlichen oder behördlichen Veräußerungsverboten (134/36); soweit diese Veräußerungsverbote nicht absolut wirken, sondern nur den Schutz bestimmter Personen bezwecken, ist eine Verfügung mit Zustimmung des Verbotsgeschützten wirksam.

Wichtig für die richtige Anwendung aller Vorschriften, die eine Verfügungsbeschränkung enthalten, ist die Erkenntnis, daß die bloße Verfügungsbeschränkung keine Minderung der Geschäftsfähigkeit, der Verpflichtungs- und Erwerbsfähigkeit zur Folge hat.

β) Das geltende Recht kennt ferner viele Fälle, in denen jemand die Befugnis hat, über ein fremdes Recht zu verfügen.

Diese Befugnis kann sich ergeben aus dem Inhalt eines anderen Rechtes, wie z. B. des Pfandrechtes (1242 I 1).

Sie kann aber auch auf der rechtsgeschäftlichen Einwilligung eines anderen beruhen, sei es, daß der Rechtsinhaber dem Verfügenden Vertretungsmacht zur Verfügung im fremden Namen erteilt hat (164, 167), sei es, daß der Rechtsinhaber dem Verfügenden die Einwilligung zur Verfügung im eigenen Namen gegeben hat; denn nach 185 I ist eine Verfügung, die ein Nichtberechtigter über einen Gegenstand trifft, wirksam, wenn sie mit Einwilligung des Berechtigten erfolgt.

Die Einwilligung zur Verfügung ist stets selber als Verfügung zu betrachten, nicht bloß, wenn sie als Verfügungseinwilligung, sondern auch, wenn sie als Verfügungsvollmacht erteilt worden ist (so richtig RG. **90** 395).

Gegen den Verfügungscharakter der Verfügungsvollmacht hat sich Raape gewandt im ZivA. Bd. 121, S. 257ff. und Bd. 123, S. 194ff. Bei der sog. Verfügungsvollmacht muß selbstverständlich der Vollmachtgeber Verfügungsmacht haben, da die Verfügung für und gegen ihn wirken soll. Aber durch die Erteilung der Vertretungsmacht zur Verfügung begründet der Vollmachtgeber für den Bevollmächtigten eine mit seiner eigenen Rechtsmacht konkurrierende Verfügungsmöglichkeit.

c) Das Fehlen der Verfügungsmacht hat grundsätzlich die Unwirksamkeit der Verfügung zur Folge.

α) Doch kann sie ausnahmsweise von vornherein wirksam sein, soweit die Vorschriften über den Schutz des gutgläubigen Erwerbs eingreifen. Zu scheiden sind hier die Fälle der Verfügung eines Nichtberechtigten und der Verfügung eines Berechtigten ohne entsprechende Verfügungsmacht. Bei Verfügungen eines Nichtberechtigten wird der redliche Erwerber in weiterem Umfange geschützt als bei den Verfügungen eines Berechtigten ohne entsprechende Verfügungsmacht.

αα) Falls ein Nichtberechtigter über einen Gegenstand verfügt, ist von der größten Bedeutung, in welcher Eigenschaft er aufgetreten ist. Hat er sich als Eigentümer der Sache ausgegeben, über die er verfügt, so wird der gute Glaube des Erwerbers an das fehlende Eigentum nach den Vorschriften der §§ 892, 893 (bei Grundstücksrechten) und 932/35 (bei beweglichen Sachen) geschützt. Vgl. auch 1032 (Nießbrauchbestellung) und 1208/9 (Pfandrechtbestellung). Hat er dagegen als unmittelbarer Stellvertreter über das Recht eines andern auf Grund angeblicher Vollmacht verfügt oder hat er über ein fremdes Recht im eigenen Namen auf Grund angeblich erteilter Einwilligung des Berechtigten verfügt, wird nach bürgerlichem Recht der gute Glaube des Erwerbers an die fehlende Vertretungsmacht oder Verfügungsbefugnis nicht geschützt. Nur wenn ein Kaufmann im Betrieb seines Handelsgewerbes eine ihm nicht gehörige bewegliche Sache veräußert oder verpfändet, genießt auch der gute Glaube des Erwerbers an dessen Verfügungsbefugnis Schutz, 366 HGB.

ββ) Falls ein Berechtigter ohne Verfügungsmacht über einen Gegenstand verfügt, wird der gute Glaube des Erwerbers an das Vorhandensein der Verfügungsmacht grundsätzlich nicht geschützt.

Soweit die Verfügungsbeschränkung auf einem absoluten Veräußerungsverbot i. S. des § 134 BGB. beruht, nutzt dem Erwerber seine schuldlose Unkenntnis des Veräußerungsverbotes nichts.

Nur soweit die Verfügungsbeschränkung auf einem relativen Veräußerungsverbot i. S. des § 135 und 136 beruht, wird der Gutglaubenschutz gewährt. Nach § 135 II finden die Vorschriften zugunsten derjenigen, welche Rechte von einem Nichtberechtigten herleiten, entsprechende Anwendung. Gleiches gilt nach 161 III für die Verfügungsbeschränkung dessen, der über einen Gegenstand unter einer aufschiebenden Bedingung verfügt hat, obwohl hier keine relative Verfügungsbeschränkung im technischen Sinne, sondern eine zeitlich und sachlich begrenzte absolute Unwirksamkeit vorliegt. Hinsichtlich der Verfügungsbeschränkungen über Grundbuchrechte bestimmt 892 I 2, daß die Beschränkung dem Erwerber gegenüber nur wirksam ist, wenn sie aus dem Grundbuch ersichtlich oder ihm bekannt ist.

Eigenartig ist durch § 7 KO. die Regelung des Gutglaubenschutzes hinsichtlich der durch die Konkurseröffnung erzeugten allgemeinen Verfügungsbeschränkung des Gemeinschuldners erfolgt. Der öffentliche Glaube des Grundbuchs (892, 893) greift durch, d. h. die Beschränkung wirkt einem Dritten gegenüber nur dann, wenn sie auf dem maßgebenden Grundbuchblatt eingetragen oder dem Dritten bekannt ist. Dagegen ist für den Fahrnisverkehr in Durchbrechung des Grundsatzes des § 135 II BGB. der Gutgläubigkeit des Erwerbers keine Bedeutung beigelegt. Bei der Veräußerung eines Hotelgrundstückes samt Inventar an einen Käufer, der von der Konkurseröffnung keine Kenntnis hat, wird dieser den Konkursgläubigern gegenüber also nicht Eigentümer der übergebenen Inventarstücke, wohl aber Eigentümer des an ihn aufgelassenen Hotelgrundstücks, falls die Konkurseröffnung zur Zeit seiner Eintragung als Eigentümer bzw. zur Zeit der Stellung des Eintragungsantrags im Grundbuch noch nicht vermerkt war.

β) Eine Verfügung ohne Verfügungsmacht kann endlich auch nachträglich wirksam werden.

Die Verfügung eines Nichtberechtigten wird nach 185 II wirksam, namentlich wenn der Berechtigte sie hinterher genehmigt; aber auch dann, wenn der Verfügende den Gegenstand erwirbt oder wenn er von dem Berechtigten beerbt wird und dieser für die Nachlaßverbindlichkeiten unbeschränkt haftet.

Die Verfügung eines Berechtigten ohne Verfügungsmacht kann in den Fällen relativer Verfügungsbeschränkung ebenfalls durch Genehmigung wirksam werden.

2. Kapitel

Schutz der Rechte

§ 16 A. Allgemeines über den Rechtsschutz

I. Anlaß. Regelmäßig werden die Privatrechte freiwillig verwirklicht, sei es aus der rechtlichen Gesinnung des Verpflichteten heraus, sei es aus gesunder Selbstsucht, um die nachteiligen wirtschaftlichen, gesellschaftlichen oder rechtlichen Folgen der Pflichtverletzung zu vermeiden. Es gibt aber auch Fälle, wo die Rechtsverwirklichung Widerstände findet, sei es, daß eine Rechtsverletzung schon eingetreten ist oder eine Verletzungsgefahr droht. Hier sind besondere Schutzmittel nötig, also Rechtsvorschriften abhängiger (sekundärer) Art, die die Befolgung der ursprünglichen (primären) Rechtspflichten sichern, die Verletzung oder Verletzungsgefahr beseitigen sollen.

II. Arten des Rechtsschutzes. In dreifacher Art kann der Berechtigte gegenüber der Verletzung oder Verletzungsgefahr geschützt werden.

1. Es entsteht ohne weiteres — selbsttätig — eine neue Rechtslage zur Beseitigung der Verletzung oder Verletzungsgefahr.

Der Verzug des Schuldners erzeugt z. B. einen Ersatzanspruch des Gläubigers (286); der Vater verwirkt die elterliche Gewalt (1680); es erwächst ein Anspruch auf Sicherheitsleistung (232ff.) usw.

2. Dem Berechtigten wird die Befugnis gegeben, sich selbst zu helfen.

Notwehr (227), Notstand (228, 904), Selbsthilfe (229).

3. Dem Berechtigten wird ein Recht auf Staatshilfe gegeben.

III. Formen des Rechtsschutzes. Es lassen sich zwei Formen des Rechtsschutzes unterscheiden.

1. Der ausgleichende Rechtsschutz will eine geschehene Rechtsverletzung beseitigen oder doch ihre nachteiligen Folgen ausgleichen; Beispiele: Erfüllungsklage, Schadenersatzanspruch.

2. Der vorbeugende Rechtsschutz will eine drohende Rechtsverletzung verhüten; Beispiele: Selbsthilfe (229), Unterlassungsklage (1004).

§ 17 B. Selbsttätiger Rechtsschutz

I. Zur Ausgleichung einer Rechtsverletzung oder zur Verhütung einer solchen tritt eine neue Rechtslage ein.

Beispiele für Ausgleichschutz: Wer durch schuldhafte Leistungsvereitelung oder Verzögerung geschädigt ist, erhält von selbst einen Schadensersatzanspruch (280, 286); dem beeinträchtigten Eigentümer erwächst ein Anspruch auf Beseitigung der

Beeinträchtigung (1004); der Verletzer erleidet einen Verlust (636). Beispiele für Vorbeugungsschutz: Der Gefährdete erwirbt ein Recht (113), der Gefährder verliert ein Recht (553).

II. Besondere Bedeutung als Ausgleichsmittel haben:

1. Der Anspruch auf Beseitigung der Beeinträchtigungen, die durch einen störenden Eingriff in ein absolut geschütztes Recht entstanden sind. Einen noch fortbestehenden beeinträchtigenden Zustand muß der Störer auf Verlangen beseitigen ganz ohne Rücksicht auf ein Verschulden.

Muster: 1004 (actio negatoria); ein entsprechender Anspruch ist grundsätzlich zugunsten aller absoluten Rechte anerkannt (12, 862, 1017, 1027, 1029, 1065, 1227). Vgl. Rudolf Schmidt, Der negatorische Beseitigungsanspruch, 1924.

2. Der Anspruch auf Schadenersatz, wenn die Rechtsverletzung Nachteile für den Berechtigten zur Folge gehabt hat; er setzt aber grundsätzlich ein Verschulden des Schädigers voraus und steht dem Inhaber eines Forderungsrechts ebenso zu wie dem absolut Berechtigten.

280, 286 (Forderungsverletzung), 823 I (Verletzung eines absoluten Rechts).

Während der Ersatzanspruch bei dem absoluten Recht als neues selbständiges Recht neben dieses tritt, wird er bei den Forderungsrechten als Erweiterung des verletzten Rechts angesehen.

III. Besondere Bedeutung als Vorbeugungsmittel hat die Sicherheitsleistung.

Sie soll entweder die Verwirklichung eines gegenwärtigen oder künftigen Rechts sichern oder auch den Schuldner gegen etwaige Nachteile aus der Ausübung eines ungewissen Rechtes durch den Gläubiger. Sie erfolgt durch Rechtsgeschäft.

1. Die Pflicht zur Sicherheitsleistung kann für die Fälle einer Forderungsgefährdung (durch Unsicherheit der Vermögensverhältnisse usw.) bald durch Gesetz, bald durch richterliche Verfügung, bald durch rechtsgeschäftliche Abrede begründet sein (z. B. 1931, 1668, 1844). Zuweilen ist die Sicherheitsleistung freilich nur die Voraussetzung für die Geltendmachung eines Rechts (258) oder den Ausschluß eines Gegenrechts (273 II).

2. Mittel der Sicherheitsleistung, 232.

a) In erster Linie ist Sachsicherheit, d. h. Sicherung durch Pfandbestellung zu leisten (232 I); kann diese nicht geleistet werden, ist Personalsicherheit, d. h. Bürgenstellung, zulässig (232 II, 239).

b) Sachsicherheit kann der Verpflichtete grundsätzlich nach seiner Wahl leisten: durch Hinterlegung von Geld oder Wertpapieren bei der nach Landesrecht zuständigen Hinterlegungsstelle oder durch Verpfändung von Schuldbuchforderungen oder Verpfändung beweglicher Sachen oder Bestellung von Hypotheken an inländischen Grundstücken oder Verpfändung von Hypotheken, Grund- oder Rentenschulden an inländischen Grundstücken. — Einzelheiten in 234—238.

3. Die Höhe der Sicherheit ist mangels Vereinbarung aus ihrem Zweck zu entnehmen; wird sie nachträglich unzureichend, ist sie zu ergänzen (240).

4. Die Wirkung ergibt sich aus der Art der Mittel. Besondere Bestimmungen gibt 233 für die Hinterlegung von Geld oder Wertpapieren. Der Berechtigte erwirbt an den hinterlegten Gegenständen ein Pfandrecht; wenn diese aber in das Eigentum der Hinterlegungsstelle übergehen, erwirbt er ein Pfandrecht an der Rückerstattungsforderung des Hinterlegers.

§ 18

C. Befugnis zum Selbstschutz

I. Allgemeines.

v. Tuhr, Notstand i. ZivR. 1888 und Allg. T. III 580f.; Titze, Notstandsrechte 1897; Oetker, Notwehr und Notstand 1903 und i. d. vgl. Darstellung d. StrafR. Allg. Teil II 255; Baumgarten, Notstand und Notwehr 1911; H. A. Fischer, Rwidrigkeit 1911; Dölle, Reichel, Goldschmidt, Kadecka, 34 DJT. I 124ff., 142f., II 426f.

1. Grundgedanke. Der Schutz der Rechte gegen Verletzung und Verletzungsgefahr ist im allgemeinen Aufgabe des Staates. Der Berechtigte muß die Gerichte anrufen. Der Selbstschutz — wenigstens soweit dabei in fremde Rechtsgüterwelt eingegriffen wird — ist mit einem geordneten Staatswesen grundsätzlich nicht verträglich. Daraus ergibt sich folgender Leitsatz:

Selbstschutz innerhalb der Schranken der eigenen Rechtsausübung und der allgemeinen Handlungsfreiheit ist schlechthin zulässig. Selbstschutz durch Eingriff in fremden Rechtskreis ist nur zulässig, soweit er besonders gestattet ist.

Hauptstellen der Regelung sind: 227—231 und 904; sonstige Einzelbestimmungen finden sich im ganzen Gesetz zerstreut, insbesondere in 859, 561, 581 II, 704, 910, 962, 867, 1005 und EG. 89.

2. Verschiedene Behandlung im Hinblick auf den Zweck. Man muß scheiden:

a) Selbsthilfe zum Zweck der Rechtsverteidigung, also Abwehr von Angriffen und Gefahren — abwehrende Selbsthilfe;

b) Selbsthilfe zum Zweck der Rechtsverfolgung, also eigenmächtige Verwirklichung oder Sicherung des dem Recht entsprechenden Zustandes — angreifende Selbsthilfe.

Die Selbstverteidigung, die einen bestehenden Zustand gegen Veränderungen schützen will (Notwehr, Notstandshandlung im Sinne der Sachwehr 228), ist in weiterem Umfang gestattet, als die Selbstverwirklichung oder -sicherung eines Rechts, die einen bestehenden Zustand umgestalten will (Selbsthilfe im engeren Sinne nach 229 und Notstandsangriff nach 904).

3. Die rechtliche Natur der Selbsthilfe ist streitig:

a) eine Meinung sieht im Tatbestand der erlaubten Selbsthilfehandlung nur einen Ausschlußgrund der Widerrechtlichkeit;

b) andere nehmen ein selbständiges Notrecht an (Titze);

c) eine dritte Meinung (Zitelmann) sieht in der erlaubten Selbsthilfehandlung eine Ausübung des zu schützenden Rechts und nimmt an, daß zu dessen Gunsten hier ausnahmsweise die Schutznormen des fremden Rechtskreises eingeengt sind.

Der Streit ist ein rein lehrhafter ohne praktische Bedeutung.

4. Verhältnis der bürgerlich-rechtlichen Tatbestände erlaubter Selbsthilfe zu den im Strafgesetzbuch anerkannten Tatbeständen:

Das Strafgesetzbuch läßt keine Straffolgen eintreten bei erlaubter Notwehr- und Notstandshandlung, deren Tatbestände es selbständig festgelegt hat. Damit ist noch nicht ohne weiteres im Sinne des BGB. die Rechtswidrigkeit der nicht strafbaren Selbstschutzhandlung ausgeschlossen, sie kann also bei Vorhandensein der übrigen Voraussetzungen der Schadensersatzpflicht (823ff.) ersatzpflichtig machen, sofern nicht das BGB. selbst die Rechtswidrigkeit ausschließt. Umgekehrt wird durch den Tatbestand einer vom BGB. als zulässig anerkannten Selbstschutzhandlung die Rechtswidrigkeit und damit ohne weiteres auch die Strafbarkeit ausgeschlossen. Eine straflose Handlung kann sehr wohl rechtswidrig sein, eine nicht rechtswidrige, d. h. erlaubte Handlung aber niemals strafbar.

Die Strafbarkeit ist der engere Begriff. Soweit das BGB. also die Selbsthilfe in weiterem Umfang erlaubt als das Strafgesetzbuch, hat es die strafrechtlichen Tatbestände erweitert.

II. Die Notwehr.

1. Begriff. Notwehr ist diejenige Verteidigung, welche erforderlich ist, um einen gegenwärtigen rechtswidrigen Angriff von sich oder einem anderen abzuwenden (227 II BGB. in wörtlicher Übereinstimmung mit 53 II StGB.).

2. Voraussetzungen der erlaubten Notwehrhandlung.

a) Die Notwehrlage.

α) Nötig ist ein Angriff, also ein eigentliches (positives) Handeln, das einen bestehenden Zustand durch Verletzung eines Rechtsgutes irgendeiner Person ändern will.

Zahlt der Schuldner nicht, zieht der Mieter nicht aus, so ist das kein Angriff, sondern reine Untätigkeit. — Eine persönliche unmittelbare Angriffshandlung ist nicht nötig, jemand hetzt z. B. seinen Hund auf einen andern. — Verschuldete Herbeiführung des Angriffs schließt die Notwehrlage nicht aus, jemand reizt z. B. einen anderen so lange, bis dieser zum Angriff übergeht. Verläßt der Bergführer den Touristen an lebensgefährlicher Stelle, so ist das meines Erachtens keine reine Passivität, sondern die Herbeiführung einer Lebensgefahr durch positive Handlung, a. A. Henle (Allg. T. 324).

Kein Angriff ist die Einwirkung auf ein Gut, das sich im unmittelbaren Besitz des Einwirkenden, z. B. des Mieters, befindet; Siebert-Soergel § 227, 1a.

β) Erfordert wird ein gegenwärtiger Angriff, d. h. einer, der begonnen hat, aber noch nicht abgeschlossen ist. Gegensätze sind der bloß drohende und der beendete Angriff.

Über die Abgrenzung entscheidet die besondere Lage des Einzelfalles. Der bloß drohende Angriff wird ein beginnender, wenn die Gefahr unmittelbar bevorsteht — jemand versucht den Käfig eines wilden Tieres zu öffnen. Der Angriff ist beendet, wenn der Schade eingetreten oder endgültig vereitelt ist; der Dieb ist z. B. auf das Anschlagen des Hundes hin schon geflohen. Die Verfolgung des Diebes kann freilich noch als Ausübung des Selbsthilferechts erlaubt sein (229, 859). In RG. **111** 371 nimmt das RG. an, der gegenwärtige Angriff eines Diebes dauere so lange fort, als er bestrebt sei, sich die Diebesbeute zu sichern; das Schießen auf einen fliehenden Dieb, der die gestohlenen Sachen mit sich führe, könne deshalb noch nach 227 berechtigt sein! Doch ist an der Notwendigkeit eines unmittelbaren Zusammenhangs mit der Entwendung festzuhalten.

γ) Es muß ein rechtswidriger Angriff sein, d. h. ein Verstoß gegen die Rechtsordnung. Die Rechtswidrigkeit ist objektiv zu nehmen, ein schuldhaftes Verhalten des Angreifenden (subjektive Rechtswidrigkeit) wird nicht gefordert.

Der Angriff kann also auch von einem Unzurechnungsfähigen (Geisteskranken, sinnlos Betrunkenen) ausgehen, es genügt aber nicht der Angriff eines Tieres; die Rechtsordnung wendet sich nur an den Menschen, die Verteidigung gegen Tierangriff ist in 228 unter dem Gesichtspunkt des Notstands besonders geregelt.

Eine unsittliche Schadenszufügung ist in ihren Rechtsfolgen einer widerrechtlichen Handlung gleichzustellen.

Die Widerrechtlichkeit fehlt, wo dem Angreifenden ein Recht zum Eingriff (Züchtigungsrecht der Eltern oder des Lehrers, Amtsausübung der Polizei, Ausübung des gesetzlichen Vermieterpfandrechts, 561) zur Seite steht oder ein besonderer Ausschlußgrund der Widerrechtlichkeit vorliegt. Gegen berechtigte Notwehr oder Selbsthilfe gibt es keine Gegennotwehr. — Natürlich fehlt die Widerrechtlichkeit, wenn der angegriffene Zustand nicht rechtlich geschützt ist: der Besitzdiener hat kein Notwehrrecht gegenüber dem Besitzer, der ihm die Sache wegnehmen will. Zu Unrecht will Henle (Lehrb. 324) nur unerlaubte Handlungen als widerrechtlich anerkennen. Auch die Verletzung eines Forderungsrechtes kann zur Notwehr berechtigen, so wenn der Verkäufer den verkauften Gegenstand vor den Augen des Käufers zerstören will, um ihn diesem zu entziehen.

δ) Es genügt ein Angriff gegen irgendein Rechtsgut des Notwehr Übenden selbst oder eines andern.

Jemand schießt einen Hund nieder, der auf sein oder seines Nachbars Geflügel gehetzt wird.

b) Die Notwehrhandlung. Erlaubt ist die Verletzung irgendeines Rechtsguts des Angreifenden, selbst die Vernichtung seines Lebens, aber nur unter folgenden Voraussetzungen:

α) Die Notwehrhandlung muß Verteidigungshandlung sein.

Gegensatz ist der Gegenangriff. Verfolgt der Eigentümer nach Vollendung des Angriffs den Dieb, so ist das ein Gegenangriff; ein solcher kann freilich nach 229 und 859 II zulässig sein, nicht aber nach 227. Stellt der Eigentümer eine Flasche mit Abführmitteln hin, um dem Weindieb das Wiederkommen zu verleiden, so ist das keine Abwehr des gegenwärtigen Angriffs mehr. An der Verteidigungshandlung fehlt es in dem bekannten Lenelschen Beispiel, wo ein Sekundant, um die eigene Partei zu retten, den Gegner, einen geübten Schützen, niederschießt. Beim Zweikampf greifen beide an; die beste Parade ist der Hieb.

β) Die Verteidigung muß erforderlich sein (RG. 84 307).

Hier entscheidet die jeweilige Sachlage darüber, wie weit der Angegriffene in der Abwehr gehen darf, ob er z. B. sofort auf den Einbrecher schießen darf oder es zuerst mit einem Anruf versuchen muß. Allgemein läßt sich nur sagen, daß der Angegriffene keine stärkeren Abwehrmittel wählen darf, als sie durch die Art des Angriffs geboten sind. Niemals aber kann ihm zugemutet werden, dem Angriff auszuweichen.

γ) Verhältnismäßigkeit des dem Angreifer zugefügten Übels zu dem drohenden Nachteil für den Angegriffenen ist nicht vorgeschrieben. Der Angegriffene dürfte also einen Menschen niederschießen, obwohl das gefährdete Sachgut verhältnismäßig geringwertig ist, wenn nur die Tötung das einzig mögliche Abwehrmittel wäre.

Das wird von manchen (so Enneccerus-Nipperdey, § 240 II 4) bezweifelt; sie weisen hin auf die beim Notstand vorgeschriebene Interessenabwägung. Aus 228 ergibt sich aber kein Analogieschluß, sondern ein Umkehrschluß; die dem Angegriffenen auferlegte Interessenabwägung würde vielfach zur Schutzlosigkeit der Sachgüter führen, da sie immer geringwertiger sind als das Leben des Angreifenden. Liegt guter Glaube dem Angriff zugrunde, so ist zuzugeben, daß unsere Auffassung eine gewisse Unbilligkeit für den Angreifer in sich schließt. Aber warum soll der Angegriffene darunter leiden, der die Gutgläubigkeit in der Regel nicht erkennen kann? Eine Ausnahme wird man aus dem Gemeinschaftsgedanken heraus nur dann machen dürfen, wenn die Verteidigungsmaßnahme außer allem Verhältnis zu dem Wert des angegriffenen Gutes steht. Jemand schießt Kinder herab, die einen Obstbaum plündern.

δ) Verteidigung ist nur gegen den Angreifer möglich. Ein Eingriff in Rechtsgüter eines andern wird durch 227 nicht gedeckt, kann aber unter Umständen eine zulässige Notstandshandlung sein.

Der Angegriffene benutzt z. B. eine einem Dritten gehörige Sache als Waffe oder stößt eine unbeteiligte Person dem Angreifer entgegen. Soweit der Angegriffene die fremde Sache benutzt, kann das nach 904 zulässig sein; soweit er sich durch die unbeteiligte Person deckt, kommt Ausschluß der Widerrechtlichkeit nach 904 nicht in Frage, sondern nur Ausschluß der Strafbarkeit nach 54 StGB. Entsprechendes gilt, wenn der zur Verteidigung abgegebene Schuß den Angreifer verfehlt und einen unbeteiligten Dritten verletzt (D 9, 2 l. 45 § 4).

3. Rechtsfolgen.

a) Die erlaubte Notwehrhandlung ist nicht widerrechtlich (227 I), also auch nicht strafbar (53 StGB.). Sie schließt die Ersatzpflicht des Angegriffenen aus. Gegen berechtigte Notwehr gibt es keine Notwehr.

b) Werden die Grenzen der erlaubten Notwehr überschritten, so wird insoweit die Handlung des Angegriffenen widerrechtlich, freilich nicht immer strafbar. Nach 53 III StGB. ist die Überschreitung nicht strafbar, wenn der Täter in Bestürzung, Furcht oder Schrecken über die Grenzen der Verteidigung hinausgegangen ist (sog. Notwehrexzeß). Die Überschreitung aber verpflichtet als widerrechtliche Handlung den Täter zum Ersatz (823ff.), wenn nicht das Verschulden fehlt (RG. 88 120). Auf alle Fälle ist Gegennotwehr gegen sie statthaft.

4. Besondere Fälle.

a) 859 I, der dem Besitzer erlaubt, sich verbotener Eigenmacht mit Gewalt zu erwehren, ist nichts anders als Anwendung der Notwehrregel des 227 auf einen besonderen Fall.

b) Auch gegen den Angriff auf Forderungsrechte ist Notwehr statthaft, es muß freilich ein Angriff, also eine eigentliche Zuwiderhandlung (positive Forderungsverletzung) drohen; reine Untätigkeit gegenüber dem Anspruch auf ein Tun genügt nicht.

c) Auch gegen obrigkeitliche Handlungen ist unter den angegebenen Voraussetzungen Notwehr zulässig, obwohl das durch die strafgerichtliche Rechtsprechung zuweilen verneint worden ist. — Der Staat selber, der sich gegen rechtswidrige innere Angriffe wehrt, handelt nicht in Notwehr, sondern macht ganz einfach von der Staatsgewalt Gebrauch. Hat er aber durch Sondervorschriften, so durch die des PreßG., sich selbst und seinen Organen rechtliche Schranken gezogen, so kann die in deren Überschreitung liegende Rechtswidrigkeit durch die Notwehrlage ausgeschlossen werden; RG. **117** 142.

III. Notstand.

1. Begriff. Notstand ist eine Zwangslage, worin man befugt ist, auf eine fremde Sache so weit einzuwirken, als zur Verhütung eines drohenden Schadens nötig ist.

Vgl. Enneccerus-Nipperdey § 241.

Während bei der Zulassung der Notwehr der Gedanke entscheidend ist, daß das Recht dem Unrecht (widerrechtlichen Angriff) nicht zu weichen brauche, wird die Anerkennung der Notstandshandlung durch die Erwägung gerechtfertigt, daß bei einer Interessenkollision (Rechtskollision) die minderwertigen Interessen den höherwertigen weichen müssen. Dieser Gedanke der Güterabwägung beherrscht die ganze Ausgestaltung des Notstandsrechts.

Das BGB. kennt zwei Notstandsbestimmungen, die allgemeine Vorschrift des 904 (Fall der sog. Nothilfe oder „Noteinwirkung", wie Henle, Allg. T. § 44 II S. 331 formuliert) und die besondere des 228 (Fall der sog. Sachwehr, weil sich die Einwirkung gerade gegen die Sache richtet, welche die Zwangslage verursacht hat). Das BGB. erlaubt einen derartigen Eingriff in fremde Sachgüterwelt unter gewissen Voraussetzungen, schließt also die Widerrechtlichkeit und damit auch die Strafbarkeit aus.

Auch das StGB. enthält in § 54 eine Notstandsregel: Eine strafbare Handlung ist nicht vorhanden, wenn die Handlung in einem unverschuldeten, auf eine andere Weise nicht zu beseitigenden Notstande zur Rettung aus einer gegenwärtigen Gefahr für Leib oder Leben des Täters oder eines Angehörigen begangen worden ist.

Der Begriff des strafrechtlichen Notstandes ist wesentlich enger als der des BGB. Bei seiner Formelung war das Notstandsproblem als ein Problem der Interessen- und Pflichtenkollision noch nicht voll erkannt, die strafrechtliche Vorschrift trägt nur dem Selbsterhaltungstrieb Rechnung, sie greift deshalb aber auch weiter als 228 und 904 BGB., indem sie jeden Eingriff in die fremde Rechtsgüterwelt (z. B. Tötung) rechtfertigt, nicht bloß den Eingriff in die fremde Sachgüterwelt. 54 StGB. schließt nur die Schuld aus und läßt den Täter deshalb straffrei, die Handlung kann also widerrechtlich bleiben, falls nicht durch eine der Vorschriften des BGB. die Widerrechtlichkeit ausgeschlossen wird.

2. Voraussetzungen der erlaubten Notstandshandlung.

a) Die Notstandslage.

Es droht für irgendein Rechtsgut des Handelnden selbst oder eines andern eine gegenwärtige Gefahr (enger StGB. 54: nur Gefahr für Leib oder Leben des Täters selbst oder eines Angehörigen); diese Gefahr droht im Falle des 228 gerade durch die fremde Sache, auf die eingewirkt werden soll, während es nach 904 gleichgültig ist, wie die Zwangslage entstanden ist (RG. 88 213).

Beispiele zu 228. Ein Nachbargebäude droht einzustürzen. Nachbarkinder spielen mit geladenem Revolver; zu 904: eine arme Frau nimmt zur Stillung des Hungers ein Brot weg, der Landbewohner dem Nachbarn ein Pferd aus dem Stall, um den fern wohnenden Arzt rasch zu einem krank gewordenen Kind herbeizuholen. Vgl. auch OLG. **29** 334 (Abwerfen von Ballast aus Luftfahrzeugen). — In 228 ist eine gegenwärtige Gefahr allerdings nicht gefordert, indessen wird mangels einer solchen die Beschädigung oder Zerstörung der drohenden Sache kaum jemals nötig sein. Man darf z. B. den Hund nicht töten, der einen Angehörigen regelmäßig anfällt, wenn dieser unbelästigt zu Hause sitzt. Gegen das Erfordernis der Gegenwärtigkeit; Henle § 44 I 1b; aber sein Beispiel trifft nicht. Bei drohendem Einsturz ist eine gegenwärtige Gefahr gegeben.

b) Als Notstandshandlung wird die Beschädigung oder Zerstörung einer fremden Sache — in 228 gerade der drohenden — zugelassen.

Nach StGB. 54 wird jede erforderliche Handlung für straffrei erklärt also auch Nothilfe gegen Personen; erschlagen Schiffbrüchige einen von ihnen und verzehren ihn, um dem Hungertod zu entgehen, so ist das straffrei, bleibt aber widerrechtlich und verpflichtet zum Ersatz (823 I, 844).

Zulässig ist eine solche Notstandshandlung nur unter der Voraussetzung, daß:

α) die Einwirkung auf die Sache zur Verhütung des Schadens erforderlich ist;

β) eine gewisse Verhältnismäßigkeit besteht zwischen dem aus der Einwirkung entstehenden Schaden und dem drohenden Schaden; nach 904 muß der drohende Schaden unverhältnismäßig groß sein, nach 228 darf die abgewandte Gefahr nicht unverhältnismäßig geringer sein.

Zu 228: Man darf also einen wildernden kostbaren Jagdhund nicht niederschießen, wenn er, ohne die Jagd im allgemeinen zu stören, nur einem einzelnen Hasen nachläuft. Zu 904 sind strengere Erfordernisse aufgestellt, weil hier eine an der Entstehung der Gefahr unbeteiligte Sache beschädigt wird: verirrte Hochgebirgswanderer brechen in eine Sennhütte ein. Steht Sachgut gegen Sachgut, so wird der drohende Schaden nicht oft unverhältnismäßig größer sein; das Leben ist dagegen immer höherwertig. Der Grundgedanke des § 904 ist, daß niemand zugemutet werden kann, fremde Rechtsgüter zu achten, wenn unverhältnismäßig höherwertige Güter gefährdet sind.

c) Auf öffentlich-rechtliche Verhältnisse ist § 904 unanwendbar. RG. **89** 225. — Preuß. PolizeiVerwG. § 21 regelt jetzt das sog. polizeiliche Notstandsrecht. Danach kann die Polizei zur Beseitigung einer dringenden Gefahr u. U. auch dritte unbeteiligte Personen in Anspruch nehmen: § 70 gibt diesen einen Ersatzanspruch; § 72 dem Ersatzpflichtigen einen Erstattungsanspruch nach §§ 677f. gegen den Polizeipflichtigen.

d) Wohl aber verlangt 904 analoge Erstreckung auf die Verletzung anderer dinglicher Rechte, des Besitzes, ja selbst des Gläubigerrechts durch den Schuldner; vgl. v. Tuhr II 2, 605f.

3. Rechtsfolgen.

a) Die Einwirkung ist unter diesen Voraussetzungen nicht widerrechtlich, sondern erlaubt, also auch nicht strafbar. Gegen eine berechtigte Notstandshandlung gibt es keine Notwehr. Das gilt auch für die verschuldete Notstandshandlung (StGB. 54 verlangt unverschuldeten Notstand). Der Einwirkende ist aber im Falle der Nothilfe (904) stets ersatzpflichtig; im Falle der Sachwehr (228) ist er nur ersatzpflichtig, wenn er die Notlage verschuldet hat.

Der Einwirkende ist auch dann ersatzpflichtig, wenn er in fremdem Interesse eingreift, weil er dieses wie ein eigenes wahrnimmt, RG. **113** 303. Er kann dann u. U. aus §§ 677f., 812 vom Bedrohten Erstattung verlangen. — Hat er auf dessen Weisung gehandelt, die er auf Grund eines Abhängigkeitsverhältnisses zu befolgen hatte, so soll den Anweisenden die Ersatzpflicht unmittelbar treffen — RG. 113, 303. Vgl. aber auch RG. JW. 1925 S. 2446 und 2491, die bei einem Eingriff durch staatliche Organe den für haftbar erklären, zu dessen Gunsten der Eingriff erfolgt ist.

b) Fehlen die Voraussetzungen erlaubter Nothilfe oder Sachwehr, so sind die Eingriffshandlungen widerrechtlich (nicht immer aber strafbar) und verpflichten u. U. zum Ersatz.

In den Fällen der Sachwehr (§ 228) haftet der Eingreifende nur, wenn sein Irrtum auf Fahrlässigkeit beruhte (§ 823), bei Nothilfe (§ 904) muß er ganz ohne Rücksicht auf Verschulden erst recht Ersatz leisten, argum. a fortiori; vgl. Hueck, DogmJ. **68** 229.

4. Für das Strafrecht ist die Lehre vom sog. übergesetzlichen Notstand entwickelt worden, der auch bei einer den äußeren Tatbestand einer Straftat erfüllenden Handlung die Rechtswidrigkeit ausschließen soll, wenn ein nach dem Gesetz unzulässiger Eingriff in ein Rechtsgut als notwendiges Mittel erscheint, um ein bei verständiger Güterabwägung wertvolleres Rechtsgut auf Kosten des geringwertigeren zu wahren. Vgl. RG. Str. 61, 242; 62, 137 (Fall der Schwangerschaftsunterbrechung, die später durch § 14 I des Gesetzes zur Verhütung erbkranken Nachwuchses geregelt wurde, s. RG. Str. 72, 59); vgl. weiter RG. JW. 35, 2637; KG. JW. 35, 2987 (Erlegung eines Seeadlers, um einen wertvollen Jagdhund zu retten), KG. JW. 38, 745 (unverschuldete Notlage als wesentliche Voraussetzung); BGHSt. **3** 7; OGHZ. **3** 55 (63). Nähere Schrifttumsangaben bei Schönke-Schröder, Komm. z. StGB. (9) Vorbem. III 9 § 51.

Nach durchgedrungener herrschender Ansicht schließt der übergesetzliche Notstand auch für das bürgerliche Recht die Rechtswidrigkeit aus; vgl. OGH. NJW. 1950, 182; OLG. Freiburg JZ. 1951, 223. Eine Schadensersatzpflicht läßt sich in Analogie zu § 904 begründen. Vgl. Enneccerus-Nipperdey § 241 Anm. 23.

IV. Selbsthilfe.

Heyer, BürgA. 19, 38; Kuhlenbeck, Selbsthilfe (2) 1907; Kühn, Fälle berechtigter Selbsthilfe 1909.

1. Begriff: Selbsthilfe ist eigenmächtige angriffsweise Sicherung oder Befriedigung eines Anspruchs (229, 859, 867, 1005, 962).

Die Selbsthilfe an sich ist nicht strafbar. Die im späteren römischen Recht vorgesehenen Privatstrafen sind schon dem Gemeinen Recht fremd geworden (Verlust des Forderungsrechts nach dem decretum divi Marci gegenüber dem eigenmächtigen Gläubiger — Verlust des Eigentums und Rückgabe der Sache an den vom Eigentümer mit Gewalt verdrängten Besitzer nach l. 7 C. unde vi 8, 4).

Doch können die angewandten Mittel der Selbsthilfe (Freiheitsberaubung, Sachbeschädigung, Nötigung) den Tatbestand einer nach StGB. strafbaren Handlung erfüllen. Soweit durch die Vorschriften des BGB. die Widerrechtlichkeit ausgeschlossen ist, wird damit aber selbstverständlich auch die Strafbarkeit ausgeschlossen.

2. Voraussetzungen der erlaubten Selbsthilfe.

a) Die Notlage.

α) Dem Eigenmächtigen muß zustehen ein prozessual durchsetzbarer privatrechtlicher Anspruch gegen den von der Eigenmacht Betroffenen.

Der Anspruch darf also nicht verjährt sein, da man durch Selbsthilfe nicht mehr soll erreichen können, als durch staatlichen Rechtsschutz.

Ein öffentlich-rechtlicher Anspruch gegen den Staat darf nicht durch Selbsthilfe durchgesetzt werden, RGStr. 22 300; 25 151.

β) Obrigkeitliche Hilfe darf nicht rechtzeitig zu erlangen sein.

γ) Es muß ohne sofortiges Eingreifen die Gefahr der Vereitelung oder wesentlichen Erschwerung des Anspruchs bestehen.

Ein Zechpreller will durchgehen, der Schuldner den Zug besteigen, um zu verschwinden. Daß der Handelnde ohne sein Verschulden in die Gefahrlage geraten ist, wird nicht erfordert. Aber es geht kaum an, daß der Gläubiger die Verjährungszeit bis zum letzten Augenblick verstreichen läßt, um nun beim Schuldner einzudringen und zuzufassen (vgl. Henle, S. 328). Man wird also wohl fordern müssen, daß die Gefährdung in einer drohenden Veränderung der Lage der Dinge besteht.

b) Als Selbsthilfehandlung sind nur zugelassen:

α) Wegnahme, Zerstörung oder Beschädigung einer Sache — der Wirt nimmt dem Zechpreller die Uhr weg; Sachen dritter Personen dürfen nicht weggenommen werden.

β) Festnahme des Verpflichteten, z. B. des Hotelgastes, des Kraftfahrers, der ohne Zahlung verschwinden will;

γ) Brechen des Widerstandes gegen eine zu duldende Handlung — man zwingt den Verpflichteten, das Betreten seines Grundstücks zu dulden.

Die Zulässigkeit einer dieser Handlungen hängt weiter davon ab, ob sie zur Abwendung der Gefahr erforderlich ist (230 I).

Also, wenn die Wegnahme von Sachen genügt, darf die Person nicht festgehalten werden; es dürfen nicht mehr Sachen als nötig weggenommen werden; es darf eine Sache nicht unnötig zerstört werden.

c) Die Durchführung der Selbsthilfe muß Rechnung tragen ihrer Eigenschaft als Ersatz der nicht sofort erlangbaren Staatshilfe (230).

α) Die Selbsthilfehandlungen sind nur vorläufige Maßnahmen, nachher sind alsbald die entsprechenden gerichtlichen Maßnahmen zu beantragen; auch diese tragen durchweg Sicherungscharakter: bei Wegnahme von Sachen ist Zwangsvollstreckung oder dinglicher Arrest zu beantragen 917 ZPO., bei Festnahme eines Verpflichteten persönlicher Sicherheitsarrest 918 ZPO.

β) Bei Verzögerung oder Ablehnung des Arrestantrags muß unverzüglich die Sache zurückgegeben oder die Person freigelassen werden; andernfalls wird die Festhaltung widerrechtlich.

3. Rechtsfolgen.

a) Unter diesen Voraussetzungen ist die Selbsthilfehandlung nicht widerrechtlich, also erlaubt, und sonach auch nicht strafbar. Notwehr gegen sie ist unstatthaft.

Fehlen diese Voraussetzungen, so ist die Handlung widerrechtlich, erzeugt für den Gegner die Notwehrlage und hat Ersatzpflicht zur Folge, und zwar auch, wenn der Selbsthelfer schuldlos die Selbsthilfe für zulässig hält (231). Der Selbsthelfer handelt auf eigene Gefahr.

4. Sonderfälle des Selbsthilferechts:

a) Besitzer (859 II—IV). Gleichgültig ist, ob obrigkeitliche Hilfe rechtzeitig erlangbar ist, notwendig ist sofortiges Vorgehen. Ersatzpflicht nur bei Verschulden.

b) Vermieter, Verpächter, Gastwirt (561 I, 581 II, 704 III).

c) Grundeigentümer (910).

d) Landesrechtliches Privatpfändungsrecht besteht für Sachen zum Schutz der Grundstücke und ihrer Erzeugnisse im Rahmen des Vorbehalts des Art. 89 EG.

§ 19

D. Recht auf Staatshilfe

I. Die Arten des staatlichen Rechtsschutzes.

Zum Schutz der gestörten privatrechtlichen Beziehungen stellt der Staat ein geregeltes Verfahren zur Verfügung, in dem er als Träger der öffentlichen Gewalt durch seine Organe Rechtsschutz erteilt — den Zivilprozeß. Dieser Schutz besteht:

1. In der Untersuchung und Feststellung dessen, was Recht ist — Entscheidungsverfahren —,

2. nötigenfalls in der zwangsweisen Herbeiführung des rechtsgemäßen Zustands — Verwirklichungsverfahren oder Zwangsvollstreckung —,

3. nötigenfalls auch in der einstweiligen Sicherung der demnächstigen Verwirklichung — Sicherungsverfahren, Arrest und einstweilige Verfügung.

II. Die Formen des staatlichen Rechtsschutzes.

Auch beim staatlichen Rechtsschutz lassen sich unterscheiden ausgleichender und vorbeugender Rechtsschutz. Jener richtet sich darauf, daß der Staat den Verletzer zum Ausgleich, zur Erfüllung oder zum Ersatz zwingt, dieser darauf, daß der Staat entweder durch Umgestaltung der Rechtslage die Verletzung unmöglich macht (z. B. Urteil auf Aufhebung der Verwaltungs- und Gütergemeinschaft 1418, 1468) oder durch Zwang auf ihr Unterbleiben hinwirkt (Unterlassungsurteil, das die Rechtsverletzung bei Strafe verbietet).

III. Die Unterlassungsklage als Mittel vorbeugenden Rechtsschutzes insbesondere.

Eine große Bedeutung hat im heutigen wirtschaftlichen Leben die Unterlassungsklage erlangt, die vorwiegend dem vorbeugenden Rechtsschutz dient. Sie erstrebt ein Urteil, das durch Verbot der Rechtsverletzung auf ihr Unterbleiben hinwirken will: Schadensverhütung ist besser als Schadensvergütung.

Das Gesetz hat die Unterlassungsklage zunächst in einer Reihe von Fällen dem Inhaber eines absoluten Rechts gewährt, wenn eine Rechtsverletzung schon geschehen ist und Wiederholungen zu befürchten sind (12, 1004, 1017, 1027, 1029, 1053, 1065, 1068 II, 1090 II, 1134 I, 1227).

Es hat sie weiter in einigen wenigen Fällen auch dem Gläubiger eines Forderungsrechts gewährt (550, 577 S. 2, 581).

Auf Grund dieser Bestimmungen haben Wissenschaft und Rechtsprechung den Ausbau der materiellrechtlichen Grundlage der Unterlassungsklage und ihrer prozeßrechtlichen Stellung versucht. Diese gehört nicht in die Darstellung des bürgerlichen Rechts. Das BGB. enthält insoweit prozeßrechtliche Vorschriften, als es die Rechtsschutzvoraussetzungen für die Klage (Rechtsverletzung und Verletzungsgefahr) näher bestimmt.

Hier kann nur auf die materiellrechtliche Grundlage der Klage eingegangen werden, die in einem Recht, einem Anspruch auf die Unterlassung zu finden ist.

1. Zugunsten absolut geschützter Rechtsgüter.

Zweifellos besteht ein Bedürfnis, die Unterlassungsklage über die im BGB. ausdrücklich anerkannten Fälle hinaus zu geben zugunsten einer Reihe absolut geschützter Rechtsgüter, wie des Interesses am ungestörten Gewerbebetrieb, an der ungeminderten Ehrenstellung usw. Da das Gesetz die Unterlassungsklage nur zugunsten absoluter Rechte ausdrücklich gewährt hat, und sie hier nichts anderes als die Anerkennung der in diesen Rechten beschlossenen Unterlassungsansprüche ist, so ergibt sich daraus: α) die Klage ist ohne weiteres zugunsten aller zweifelsfrei als Ausschlußrechte anerkannten Rechtslagen zu gewähren — (sog. negatorischer Unterlassungsanspruch) und β) sie kann darüber hinaus im Wege vorsichtiger analoger Erweiterung des Kreises der Ausschlußrechte auch zugunsten sonstiger absolut geschützter Rechtslagen gegeben werden — sog. quasinegatorischer Unterlassungsanspruch. Durch die Gewährung der Unterlassungsklage wird ein bis dahin unabhängig vom Willen des Interessenten geschütztes Rechtsgut praktisch eben ein subjektives Recht — vgl. RG. **60** **6**.

Das Reichsgericht hat ganz allgemein den Satz aufgestellt, daß jeder auch nur objektiv rechtswidrige Eingriff in ein vom Gesetz geschütztes Rechtsgut zu einer Klage auf Unterlassung berechtige, wenn weitere Eingriffe zu besorgen seien (RG. **60** 6 im Anschluß an RG. **48** 119).

Neben dieser sogen. deliktischen Unterlassungsklage, die einen bereits erfolgten rechtswidrigen Eingriff und Wiederholungsgefahr voraussetzt (RG. **109** 276; **141** 336; BGH. **14** 286), hat die Rechtspr. später zur Abwehr eines künftigen, ernsthaft zu befürchtenden rechtswidrigen Eingriffs in durch Schutzgesetze geschützte Lebensgüter und Interessen ebenfalls eine sogen. vorbeugende Unterlassungsklage zugelassen (RG. **166** 156; BGH. **8** 270). Unter Umständen kann schon die erstmalige Bedrohung als ausreichende Verletzung gelten, RG. **151** 249; vgl. BGH. NJW 1954, 843.

Die Unterlassungsklage ist aber nach der Rspr. ausgeschlossen, wenn sie dem Wesen des verletzten Rechts widerspricht; so kann der Ehemann nicht auf Unterlassung des ehebrecherischen Verkehrs gegen den Ehebrecher klagen, RG. **71** 85; **151** 159.

Durch diese Rspr. ist die vom BGB. gemachte Unterscheidung zwischen subjektivem Recht und bloßem Rechtsgut (§ 823 I u. II) scheinbar völlig beseitigt worden; denn durch die Gewährung der Unterlassungsklage wird ein bis dahin unabhängig vom Willen des Gutsträgers geschütztes Rechtsgut praktisch einem subjektiven Recht gleichgestellt. Unterscheidet sich das subjektive Privatrecht doch gerade dadurch von der durch eine Rechtsvorschrift hergestellten bloß günstigen Lage einer bestimmten Person (einem Rechtsgut), daß der Schutz dieser günstigen Lage vom Willen des Begünstigten abhängig ist, daß dieser die zu seinen Gunsten erlassenen Rechtsbefehle nach seinem Belieben — und zwar vornehmlich durch Klage — geltend machen kann. So lehrt denn auch Enneccerus-Nipperdey (15) § 72 I 3, daß auch durch Schutzgesetze subjektive Rechte auf Unterlassung geschaffen werden.

2. Zugunsten der Forderungsrechte wird ferner die Unterlassungsklage ganz allgemein anerkannt, soweit das Forderungsrecht auf eine Unterlassung gerichtet ist; denn mit dem negativen Forderungsrecht ist nach 241 für den Gläubiger ohne weiteres das Recht gegeben, von dem Schuldner die Unterlassung zu fordern.

Doch wird die bedeutsame Einschränkung gemacht, daß die Unterlassung als etwas Selbständiges geschuldet werden müsse; unselbständige Unterlassungspflichten haben keinen Eigenzweck, sie dienen den Zwecken der positiven Verbindlichkeit, woraus sie sich nach dem Satz vom Widerspruch (mit der Verpflichtung zum So handeln ist logischerweise auch die Pflicht auferlegt, ein Andershandeln zu unterlassen) oder nach Treu und Glauben ergeben. Der gesetzliche Erfüllungsanspruch aus dem Dienstvertrag (611) enthält z. B. keinen negativen selbständig einklagbaren Anspruch auf Unterlassung jedes Verhaltens, das den Pflichten aus 611 zuwiderläuft, RG. **72** 393.

Die herrschende Meinung erkennt ferner an, daß im allgemeinen die Unterlassungsklage zum Schutz eines negativen Forderungsrechts schon auf Grund bloßer Verletzungsgefahr angestrengt werden kann, daß also eine schon geschehene Rechtsverletzung und vorherige Abmahnung nur in den besonderen Fällen nötig sind, wo das Gesetz sie ausdrücklich verlangt. Das rechtfertigt sich aus § 259 ZPO.

Vgl. Eltzbacher, Unterlassungsklage 1906; Heinrich Lehmann, Unterlassungspflicht 1906; Stephan, Unterlassungsklage 1908; Rosenthal, Unterlassungsklage 1916; Geipel, Die vorbeugende Unterlassungsklage 1932.

II. Teil

Die Lehre von der Entstehung, dem Untergang und der Veränderung der Rechte Lehre vom Tatbestand

I. Abschnitt

Allgemeines

1. Kapitel

Der juristische Tatbestand und seine Bestandteile im allgemeinen § 20

Manigk, Rwirkung HdwbR. IV 753f.; Tatsachen ebenda V 847f.; ders. DogmJ. 83 1f.; Ders. das rechtswirksame Verhalten, 1939; v. Tuhr II 1, 3f.; Kipp, Über Doppelwirkungen i. R., Festschr. f. v. Martitz. 1911, 211f.; Peter AcP. 132, 1f.; Hubernagel, AcP. 137, 205f.

I. Der Tatbestand ist die Gesamtheit der zum Eintritt einer Rechtswirkung (Entstehung, Aufhebung oder Änderung eines Rechtsverhältnisses) erforderlichen Tatsachen.

Zwischen Tatbestand und Wirkung besteht das Verhältnis von Grund und Folge. Das führt zu einer Teilung des Tatbestandes derart, daß man im Gesamttatbestand den engeren Tatbestand als eigentlichen Grund der Rechtswirkung unterscheidet von den bloßen Wirksamkeitsvoraussetzungen. So namentlich beim rechtsgeschäftlichen Tatbestand; s. unter § 24 III.

II. Die einzelnen rechtlich bedeutsamen Tatsachen (juristische Tatsachen) können von sehr verschiedener Natur sein. Sie können entweder positiv sein (ein Schuß 823, Vollendung der Geburt 1), oder negativ (Unterlassen des Streuens 823, Verzug 285, 286). Sie können in menschlichem Verhalten, in Handlungen bestehen (Willenserklärung, Verzeihung, Anzeige) oder sich als eine sonstige Tatsache darstellen (Zeitablauf, Tod, aber auch ein Recht z. B. 929 Eigentum des Veräußerers). Sie können bald Ereignisse sein (Geburt, Tod), bald Zustände (Dauer des Besitzes).

III. Die meisten rechtlich bedeutsamen Tatsachen sind zu würdigen bei den Rechtseinrichtungen, wo sie in Betracht kommen, so die Geburt bei der Rechtsfähigkeit, der Tod im Erbrecht. Allgemeine Bedeutung haben nur: die menschlichen Handlungen und der Zeitablauf.

IV. Die Handlung ist gewolltes äußeres Verhalten.

Die Handlung im Rechtssinn darf nicht mit Körperbewegung gleichgesetzt werden. Im eigentlichen Sinne versteht man allerdings unter Handlung nur die gewollte Körperbewegung, das Tun. Die Rechtswissenschaft hat sich aber schon lange genötigt gesehen, den Handlungsbegriff zu erweitern, so daß er auch die vorsätzliche und fahrlässige Unterlassung mitumfaßt. Dazu zwingt schon eine befriedigende Handhabung der Gesetze (vgl. etwa 1 StGB., Überschrift des 25. Titels des VII. Abschn. des II. Buches des BGB. [„Unerlaubte Handlungen"] und 842 BGB., Art. 12 EG.BGB. und 32 ZPO.).

Wir müssen den Wirt für den Tod eines Gastes verantwortlich machen können, ebenso, wenn dieser in eine vom Wirt schuldhaft offengelassene Kellerluke hinabgestürzt ist, wie wenn er von ihm mit einem Bierglas im Streite erschlagen worden ist.

Wenn man die Unterlassung in den Handlungsbegriff einbezieht, bleiben als wesentlich folgende Merkmale: Die Handlung ist ein gewolltes äußeres Verhalten, genauer ein äußeres Verhalten, das auf einen bewußten Willen, bewußten Seelenzustand, zurückführbar ist. Das Verhalten kann tätig (positiv) sein — Handlung im engern Sinne — oder untätig (negativ) — Unterlassung.

Die ursächliche Verknüpfung des äußeren Verhaltens mit einem bewußten Willen darf bei der Unterlassung nicht in dem Sinne verstanden werden, als ob ein bewußter Willensakt sich immer gerade auf die fragliche Unterlassung richten müsse. So liegt die Sache zwar bei der vorsätzlichen Unterlassung, nicht aber immer bei der fahrlässigen Unterlassung. Wenn der Wirt sich bewußt ist, daß die Kellerluke offensteht, und er sie offen läßt, weil er glaubt, es werde nichts passieren, hat er zwar die Unterlassung gewollt. Wenn er aber an die offenstehende Luke gar nicht denkt und Gäste bedient, hat er das Unterlassen des Verschlusses zweifellos nicht zum Gegenstand eines besonderen Willensentschlusses gemacht. Gleichwohl äußert sich gerade darin, daß er zur gegebenen Zeit nicht an die Luke denkt, sondern seinen Willen auf das Bedienen der Gäste richtet, seine seelische Eigenart. Die Unterlassung ist eine Folge seiner auf andere Dinge gerichteten Willensbetätigung, die es gleichzeitig hinsichtlich des Verschließens der Luke an der nötigen Aufmerksamkeit fehlen läßt. Vgl. auch unt. § 41 I.

Auch bei dieser Erweiterung des Handlungsbegriffes gehören nicht zu den Handlungen:

1. Die rein inneren Vorgänge, z. B. der Entschluß nachzudenken,

2. Das äußere Verhalten, das ohne Bewußtsein geschieht — der betäubte Kranke schlägt dem Arzt das Messer aus der Hand —,

3. Das nicht durch einen Willensentschluß, sondern äußeren Zwang (vis absoluta) verursachte menschliche Verhalten, zufälliges Verhalten — jemand wird von einem andern in eine Ladenscheibe hineingestoßen.

V. Die Handlungen sind entweder rechtlich bedeutungslos (Spaziergang, gesellschaftliche Einladung) oder rechtlich bedeutsam, rechtswirksam (sog. juristische Handlungen).

Selbstverständlich ist dabei nicht an die Wirksamkeit einer menschlichen Handlung im konkreten Fall gedacht, sondern an ihre typische Wirksamkeit als Tatbestandsstück einer Rechtsnorm.

Die rechtswirksamen Handlungen unterschied man früher in Rechtsgeschäfte und unerlaubte Handlungen. Aber diese Einteilung umfaßte keineswegs jedes rechtswirksame Verhalten, erwies sich als zu eng. Heute unterscheidet man (Manigk, DogmJ. 83, 6):

1. rechtmäßiges, also erlaubtes Verhalten:

a) rechtsgeschäftlicher Art: Darunter sind zu verstehen die auf einen rechtlichen Erfolg gerichteten privaten Willensäußerungen, bei denen die Wirkung entsprechend dem auf sie gerichteten und geäußerten Parteiwillen eintritt (die Wirkung tritt ein, weil sie gewollt, genauer als gewollt erklärt ist);

b) nicht rechtsgeschäftlicher Art: erlaubte rechtswirksame Handlungen, deren Wirkung ohne Rücksicht auf den Parteiwillen und seine Äußerung eintritt, unmittelbar durch das Gesetz bestimmt wird — sog. unmaßgebliches Verhalten (Eltzbacher), Rechtshandlungen im engeren Sinne.

Hierher gehören Willensäußerungen (wie die Mahnung, Fristsetzung), Vorstellungsäußerungen (Mitteilungen über irgendwelche Vorgänge oder Zustände, wie z. B. Anzeige eines Mangels), Handlungen die auf einen äußeren tatsächlichen Erfolg gerichtet sind, sog. Realakte, wie z. B. Verarbeitung, Finden, Notwehr-, Notstands-, Selbsthilfehandlungen usw.

2. Rechtswidriges, d. i. von der Rechtsordnung gemißbilligtes Verhalten, an das sich eine für den Handelnden nachteilige Folge, meist Schadensersatzpflicht, knüpft. Dieses ist:

a) entweder unerlaubte Handlung — Delikt, d. i. Verstoß gegen eine allgemeine Verhaltenspflicht,

b) oder Forderungsverletzung, d. i. Verstoß gegen eine Rechtspflicht, die sich aus einer Sonderverbindung des Täters mit einer bestimmten anderen Person ergibt.

Das Bedenken Henles (Allg. T. S. 32), daß ein Rechtsgeschäft auch rechtswidrig sein könne, schlägt gegen diese Einteilung nicht durch. Es kommt nicht auf das konkrete Rechtsgeschäft an, sondern auf das Rechtsgeschäft in seiner vom Gesetz anerkannten Bedeutung. In dieser ist es das vom Gesetzgeber zugelassene, der Privatperson zur Verfügung gestellte Mittel zu freier, beliebiger Gestaltung ihrer Rechtsverhältnisse. Daß dies Mittel mißbraucht werden kann, ist sicher; aber dann kann das Rechtsgeschäft die gewollten Wirkungen eben nicht erzeugen, es ist unwirksam (vgl. § 27 dieses Buches), hat aber unter Umständen die Wirkungen des rechtswidrigen Verhaltens.

VI. Damit die Handlung ihre Wirkungen ausüben kann, verlangt die Rechtsordnung die Fähigkeit zu durchschnittlicher (normaler) Willensbildung (Bestimmbarkeit des Handelnden durch vernünftige Beweggründe), die sog. Handlungsfähigkeit. Die Anforderungen sind für die einzelnen Gruppen der Handlungen verschieden. Das Gesetz hat keinen allgemeinen Begriff der Handlungsfähigkeit, es regelt nur die Fähigkeit zu Willenserklärungen (Rechtsgeschäften) in 104ff., zu unerlaubten Handlungen in 828 und zu Forderungsverletzungen in 276 I 3.

2. Kapitel

§ 21 Der Rechtserwerb insbesondere

I. Der Rechtserwerb kann sich unmittelbar kraft gesetzlicher Vorschrift vollziehen (ex lege) oder kraft Willens der Parteien (sog. selbstverantwortlicher, individualistischer Erwerbsgrundsatz im Gegensatz zum gemeinwirtschaftlichen [sozialistischen oder kommunistischen], wo jedem sein Anteil an Rechten und Pflichten von oben her zugewiesen wird).

Unmittelbar von Rechts wegen erwirbt man regelmäßig die familienrechtlichen Ansprüche. Ob das Band der Ehe geknüpft werden oder die Annahme an Kindes Statt erfolgen soll, hängt zwar vom Willen der Beteiligten ab; ist aber der Vertrag geschlossen, so vollzieht sich der Erwerb der besonderen Rechte und Pflichten daraus ohne Rücksicht auf ihren Willen. Ebenso wird die Erbschaft — soweit die Erbenstellung auf der Verwandtschaft oder Ehe beruht — ohne weiteres mit dem Eintritt des Erbfalls erworben, es sei denn, daß der Erblasser durch letztwillige Verfügung etwas anderes bestimmt hat.

Für das Gebiet der vermögensrechtlichen Geschäfte gilt dagegen der selbstverantwortliche Erwerbsgrundsatz, ist aber weitgehend — vgl. § 1 I und 2 IV dieses Buches — durch den gemeinwirtschaftlichen ersetzt worden.

II. Der Rechtserwerb vollzieht sich bald in Abhängigkeit von der Rechtsstellung eines Vormanns (Erbfolge, Eigentumserwerb durch Übergabe 929) — derivativer, abgeleiteter Erwerb — bald unabhängig davon, sei es, daß er sich nicht auf ein schon vorhandenes Recht stützt (Ersitzung 937, gutgläubiger Erwerb von Nichtberechtigten 932, 935), sei es, daß das erworbene Recht ganz neu entsteht (Aneignung einer herrenlosen Sache) — originärer, ursprünglicher Erwerb.

Der abgeleitete Erwerb kann grundsätzlich nicht mehr Rechte geben, als dem Vormann zustanden: nemo plus iuris in alium transferre potest, quam ipse habet. Wer z. B. eine Forderung durch Abtretung erwirbt (398), erwirbt sie behaftet mit den Einreden, die der Schuldner dem alten Gläubiger entgegensetzen konnte (404). Dagegen läßt der ursprüngliche Erwerb durch Ersitzung die Rechte anderer an der Sache grundsätzlich untergehen (945).

Doch gilt der Satz: nemo plus iuris nur grundsätzlich. Das dem Eigentum gegenüber beschränktere Recht des Pfandgläubigers besteht gerade darin, die Pfandsache zu verwerten und dem Erwerber durch Veräußerung das Vollrecht (Eigentum) zu verschaffen. Kraft Verwaltungsrechts kann jemand in eigenem Namen die verwalteten fremden Rechte übertragen.

Manche, so z. B. v. Gierke (Deutsch. Privatr. I S. 279 Anm. 2) halten allerdings den gutgläubigen Erwerb vom Nichtberechtigten und den kraft Ersitzung für abgeleiteten Erwerb, weil er wenigstens durch eine Form von Rechtsnachfolge zustande komme. Das kann man halten, wie man will, man muß nur den einmal angenommenen Einteilungsgesichtspunkt folgerichtig durchführen.

III. Der abgeleitete Erwerb begründet eine Rechtsnachfolge — Sukzession. Erfaßt diese das Recht des Vormanns in seinem ganzen sachlichen Bestand, erwirbt also der Nachmann dasselbe Recht, das der Vormann hatte, so spricht man von translativem Erwerb (Übertragung, Übereignung, Abtretung der Forderung); läßt die Rechtsnachfolge das Recht des Vormanns bestehen und ist sie nur als Neubegründung eines aus diesem Recht abgeleiteten beschränkteren Rechts anzusehen, so spricht man von konstitutivem Erwerb (Nießbrauch- oder Pfandbestellung).

Der Grundsatz nemo plus iuris ... gilt auch hier; so wenig wie der Nichteigentümer das Eigentumsrecht übertragen kann, so wenig kann er wirksam aus dem fremden Eigentumsrecht eine beschränktere Befugnis aussondern.

IV. Die Rechtsnachfolge, der abgeleitete Erwerb kann sich entweder auf ein einzelnes Recht beziehen — Sondernachfolge, Singularsukzession — oder ein Vermögensganzes durch einen Rechtsvorgang auf einen neuen Träger übergehen lassen — Gesamtnachfolge, Universalsukzession.

Eine solche Gesamtnachfolge ist nur ausnahmsweise in den gesetzlich bestimmten Fällen möglich, nämlich beim Erbgang (1922) und bei der Begründung der allgemeinen Gütergemeinschaft (1438 ff.), ferner beim Anfall des Vereinsvermögens an den Fiskus (46) sowie bei der Verschmelzung (Fusion) zweier Aktiengesellschaften nach §§ 240 III, 247 V 3 AktG. usw. Sollen in anderen Fällen mehrere Rechte auf einmal übertragen werden (z. B. Eigentum an einer Bücherei) so sind so viele einzelne Übertragungshandlungen nötig, als Rechte in Frage stehen (der Erwerber der Bücherei erwirbt nur an den einzelnen Büchern Eigentum, die ihm nach § 929 ff. übereignet werden).

3. Kapitel

Rechtsverlust § 22

I. Der Rechtsverlust vollzieht sich viel häufiger als der Rechtserwerb ohne den Willen des Berechtigten.

Z. B. wenn der Gegenstand des Rechts untergeht oder der Träger des Rechts stirbt — der Tod hat allerdings regelmäßig nicht den Untergang des Rechts, sondern seinen Übergang auf eine andere Person, den Erben, zur Folge (grundsätzlich sind die Rechte vererblich) — oder wenn das Recht durch Zeitablauf erlischt (Mietvertrag) oder durch Zweckerreichung (Erfüllung einer Verbindlichkeit, soweit sie ohne Mitwirkung des Gläubigers möglich ist, wie bei Unterlassungspflichten)

II. Wo der Rechtsverlust auf dem Willen des Berechtigten, also einer Verfügung über sein Recht beruht, ist ein Doppeltes möglich:

1. Das Recht wird schlechthin aufgehoben, ohne auf einen andern übertragen zu werden, z. B. durch Eigentumsaufgabe, Verzicht, Erlaß.

Grundsätzlich genügt zur Aufhebung eine einseitige Handlung des Berechtigten, die auf dem Gebiet des Sachenrechts freilich der Allgemeinheit gegenüber kundgegeben werden muß (959, 875, 1168). Werden berechtigte Interessen bestimmter anderer Personen berührt, so ist deren Mitwirkung vorgeschrieben (876). Verzicht und Erlaß bei Forderungsrechten erfordern stets einen Vertrag (397).

2. Das Recht soll nicht schlechthin aufgehoben, sondern auf einen andern übertragen werden (Eigentumsübertragung, Forderungsabtretung). Das setzt stets eine Mitwirkung des Erwerbers voraus. Bleibt diese aus (wegen eines Mißverständnisses oder Geschäftsunfähigkeit des Erwerbers), so geht das Recht nicht über, aber auch grundsätzlich dem Veräußerer nicht verloren; denn der Veräußerungswille ist inhaltlich beschränkter als der Verzichtswille; es soll eben das Recht nicht unbedingt aufgegeben werden, sondern nur für den Fall des Erwerbs des andern.

Hebt z. B. ein anderer die einem Bettler hingeworfene Münze auf, ehe dieser sie ergreifen kann, so ist das keine zulässige Aneignung einer durch die Besitzaufgabe herrenlos gewordenen Sache, sondern eine strafbare Aneignung.

4. Kapitel

Der Schutz des redlichen Verkehrs

§ 23 Wellspacher, Vertrauen auf äußere Tatbestände im BR. 1906; Naendrup, Rechtsscheinforschungen 1910; Herbert Meyer, Publizitätsprinzip 1909 und dazu J. v. Gierke ZHR. **70** 398ff.; Herbert Meyer, Rechtsschein des Todes 1912; Oertmann, Grundsätzliches zur Lehre v. Rechtsschein, Zeitschr.HR. **95** 443f; Hübner, Der Rechtsverlust im Mobiliarsachenrecht, 1955; Westermann, Sachenr. (4) 1960, § 45, 85; von Lübtow, Hand wahre Hand, 1955.

I. Allgemeines. Die Rechtsordnung ist kein bloßes Ergebnis der Logik. Ihre Begriffe und Regeln sind Mittel zu gesunder Regelung der Lebensverhältnisse und des Verkehrs. Im Verkehr ist der einzelne nur selten in der Lage, in das Wesen der Dinge einzudringen, er muß sich regelmäßig an deren äußere Erscheinung halten und ihr Vertrauen schenken. Die Verkehrssicherheit würde schwer leiden, wenn dies Vertrauen keinen Schutz fände. Dem muß die Rechtsordnung Rechnung tragen und unter Umständen den Schein für das Sein gelten lassen. Die Frage ist nur, in welchem Maße das Vertrauen auf die äußeren Tatbestände zu schützen ist.

Das römische Recht hat sich im großen und ganzen auf die Seite des wirklichen Rechts gestellt und namentlich daran festgehalten, daß nur der wirklich Berechtigte über einen Gegenstand wirksam verfügen könne: nemo plus iuris in alium transferre potest, quam ipse habet und: ubi rem meam invenio, ibi vindico.

Immerhin haben auch die Römer durch Einführung der Ersitzung dem guten Glauben eine die Mängel des Erwerbsakts heilende Kraft verliehen.

In erheblichem Maße hat dagegen das deutsche Recht dem Rechtsschein Bedeutung zuerkannt.

Die freiwillig aus der Hand gegebene Fahrnis konnte im Gegensatz zur unfreiwillig verlorenen nur von dem herausgefordert werden, dem man sie anvertraut hatte. In einzelnen Gebieten erwarb der Bucheintrag für den Liegenschaftsverkehr öffentlichen Glauben, indem die Verfügung des Nichtberechtigten, der sich auf die Eintragung in ein öffentliches Buch (Grundbuch) stützen konnte, als wirksam anerkannt wurde. Ähnliche Bedeutung wurde dem Besitz einer Urkunde über das Forderungsrecht zuerkannt.

Auf dieser Bahn ist das BGB. weiter geschritten und schützt den redlichen Verkehr in weitem Umfang, wenn auch die Verfasser des Gesetzbuchs nicht dazu gekommen sind, die ganze Frage unter einheitlichen Gesichtspunkten aufzuwerfen und zu regeln.

Es kann keine Rede davon sein, daß das BGB. überall die äußere Erscheinung der Rechte (den Rechtsschein) schütze und die Geltendmachung der wahren Sachlage nur ausnahmsweise unter Ausspruch einer Ersatzpflicht dem Erreger des Rechtsscheins gestatte. Ohne Übertreibung läßt sich aber sagen, daß das in vielen Fällen so ist.

Zu beachten ist ferner, daß das Vertrauen auf den Rechtsschein nicht als ein blindes Fürwahrhalten geschützt wird, sondern eine sachliche Grundlage haben muß. Beim Rechtserwerb vom Nichtberechtigten ist der Erwerber nur schutzwürdig, wenn er von jemandem erwirbt, der zum Gegenstand in einer äußerlich erkennbaren, sinnlich wahrnehmbaren Beziehung steht, die ihn als berechtigt erscheinen läßt. Regelmäßig erscheint ferner die Hintansetzung der Interessen des wirklich Berechtigten nur dann gerechtfertigt, wenn der verfügende Nichtberechtigte auf legalem Wege die äußere Stellung des Berechtigten erlangt hat.

Beim Fahrniserwerb wird z. B. der gute Glaube ans Eigentum des Veräußerers grundsätzlich nur dann geschützt, wenn er sich auf dessen Besitz stützt und wenn es sich um eine nicht abhanden gekommene Sache handelt, 932f. Beim Erwerb eines Grundstückrechts muß sich der gute Glaube auf den Bucheintrag stützen (892ff.). Da bei den Forderungsrechten eine solche Beziehung zum Rechtsgegenstand fehlt, da sie unsichtbare Beziehungen von Person zu Person sind, findet grundsätzlich kein Gutglaubensschutz statt, weder hinsichtlich der Inhaberschaft noch hinsichtlich des Bestandes der Forderung. Anders nur, wenn das Recht in einer Urkunde seine Verkörperung gefunden hat, und der verfügende Gläubiger die Forderung unter Vorlegung der Urkunde abtritt; hier wird der gute Glaube des Erwerbers daran geschützt, daß die Eingehung oder Anerkennung des Schuldverhältnisses nicht zum Scheine erfolgt und daß die Abtretung nicht ausgeschlossen sei (405).

Noch weitgehender ist der Gutglaubenschutz anerkannt bei den in einem Inhaberpapier oder Orderpapier verbrieften Rechten. Bei Inhaberpapieren gilt der Besitzer des Papiers als berechtigt (793ff., 935 II); bei den Orderpapieren, wie z. B. dem Wechsel, gilt der durch eine fortlaufende Kette von Indossamenten legitimierte Papierbesitzer ebenfalls als berechtigt (WG. Art. 16) — während bei den Namenspapieren die Abtretung nach forderungsrechtlichen Grundsätzen erfolgt und das Recht am Papier dem Recht aus dem Papier folgt (952).

II. Die Hauptfälle des Verkehrsschutzes im BGB.

1. Eine Gruppierung ist zunächst möglich nach den einzelnen Tatbestandsvoraussetzungen des Rechtsgeschäfts (namentlich des Erwerbsgeschäfts), hinsichtlich deren Gutglaubensschutz gewährt wird:

a) Beim rechtsgeschäftlichen Erwerb des Eigentums wird z. B. geschützt der gute Glaube an das Eigentum des besitzenden Veräußerers (so bei beweglichen Sachen, 932ff.) oder des eingetragenen Berechtigten (so bei unbeweglichen Sachen, 892). Dagegen wird grundsätzlich nicht geschützt der gute Glaube an die Verfügungsbefugnis des nichtberechtigten Veräußerers, ausgenommen den Fall der Veräußerung einer fremden beweglichen Sache durch einen Kaufmann im Betrieb seines Handelsgewerbes (366 HGB.).

Ähnliches gilt für den rechtsgeschäftlichen Erwerb sonstiger Sachenrechte, für die Bestellung von Nießbrauch und Pfandrechten an beweglichen Sachen (1032, 1207/08) sowie für die Bestellung von Grundstücksrechten (892).

Bei Verfügungen durch einen Berechtigten ohne entsprechende Verfügungsmacht wird der gute Glaube an das Nichtvorhandensein gewisser Verfügungsbeschränkungen im Rahmen von 135 II, 161 III und 892 I 2 geschützt — mit Ausnahme der Verfügungen des Gemeinschuldners über Fahrnis (7 KO.).

b) Beim rechtsgeschäftlichen Erwerb einer Forderung wird nicht geschützt der gute Glaube an die Inhaberschaft des Veräußerers, auch nicht an den Bestand der Forderung.

Geschützt wird dagegen das auf eine echte, vom Schuldner über die Schuld ausgestellte Urkunde gestützte Vertrauen, daß die Eingehung oder Anerkennung des Schuldverhältnisses nicht zum Scheine erfolgt und daß die Abtretung nicht ausgeschlossen sei (405).

Ist das Forderungsrecht aber in einem Inhaberpapier verkörpert, gilt der Inhaber des Papiers zugunsten des redlichen Erwerbes als Berechtigter, selbst wenn das Papier gestohlen war (793ff., 935 II). Entsprechendes gilt bei der Übertragung des Wechsels und anderer technischer Orderpapiere durch Indossament (WG. Art. 16, HGB. 363).

c) Im rechtsgeschäftlichen Verkehr ganz allgemein, also auch bei den Erwerbsgeschäften zu a) und b)

wird vom Gesetzgeber nicht geschützt der gute Glaube an die Vertretungsmacht des Gegners, ausgenommen die Fälle der 169, 170/73;

doch muß nach der Rechtsprechung der Verursacher des Rechtsscheins erteilter Vollmacht für diesen Rechtsschein weitgehend einstehen; s. unt. § 36 V 2 b γ;

wird nicht geschützt der gute Glaube an die Geschäftsfähigkeit des Vertragsgegners;

geschützt wird dagegen der gute Glaube an die Ernstlichkeit (118) und Unanfechtbarkeit der Erklärung (119, 120), insofern der redliche Teil vom Gegner, der die Nichtigkeit geltend macht oder die Erklärung anficht, Ersatz des Vertrauensschadens verlangen kann (122).

d) Der weitgehendste Gutglaubensschutz findet statt beim Erwerb eines Wechsels oder eines sonstigen technischen Orderpapiers (363 HGB.). Nach 16 WG. kann der durch eine fortlaufende Kette von Indossamenten legitimierte Besitzer eines Wechsels, der einem früheren Inhaber irgendwie abhanden gekommen ist, nur dann zur Herausgabe eines solchen angehalten werden, wenn er den Wechsel im bösen Glauben erworben hat oder ihm bei der Erwerbung eine grobe Fahrlässigkeit zur Last fällt.

Aus dieser allgemeinen Fassung hat die herrschende Lehre den Schluß gezogen, daß der Gutglaubensschutz alle Mängel des materiellen Erwerbsvertrages heilt und sich auch auf abhanden gekommene Wechsel erstreckt, also nicht bloß den Mangel des Eigentums bzw. der Berechtigung des Veräußerers (932ff. BGB.) und den Mangel der Verfügungsbefugnis des veräußernden Kaufmanns (366 HG.), sondern auch den Mangel der Veräußerungsbefugnis eines Nichtkaufmanns sowie den Mangel der Geschäftsfähigkeit des Veräußerers; vgl. Staub-Stranz, Komm. z. WG. [13] Art. 16 Anm. 27; Rehfeldt 57; Baumbach-Hefermehl Art. 16c; Ulmer 237, a. A. bezügl. der Geschäftsfähigkeit: Hueck (6) 51; Schumann 39 u. andere.

Bei Zahlung einer Schuld oder Befriedigung einer Forderung an den Gläubiger, der die Forderung bereits abgetreten hatte, wird ferner geschützt der gute Glaube des Schuldners an die fortdauernde Gläubigerschaft des alten Gläubigers (407, 408).

2. Eine Gruppierung ist ferner möglich nach den verschiedenen Anforderungen, die das Gesetz an den guten Glauben stellt.

a) Nach dem Wortlaut von 793 wird mit Rücksicht auf die glatte Verkehrsabwicklung der Schuldner aus einer Schuldverschreibung auf den Inhaber sogar dann befreit, wenn er wissentlich an einen zur Verfügung nichtberechtigten Inhaber der Urkunde leistet.

Die früher herrschende Lehre nahm deshalb an, daß eine wissentliche Leistung an den Nichtberechtigten nur dann ersatzpflichtig mache, wenn sie sich als eine unerlaubte Handlung im Sinne der §§ 823 und 826 darstelle, wenn der Schuldner sich durch wissentliche Leistung an den Nichtberechtigten der Begünstigung einer gegen den Eigentümer verübten strafbaren Handlung, z. B. durch Einlösung eines gestohlenen Inhaberpapieres, schuldig mache oder sonst in einer gegen die guten Sitten verstoßenden Weise dem Eigentümer vorsätzlich Schaden zufüge. Neuerdings wird betont, daß offenbare Unredlichkeit keinen Schutz verdiene, daß die Legitimation des Inhabers, um des Verkehrs willen eingeführt, auch nur dem redlichen Verkehr dienen dürfe. Dem ist zuzustimmen. Der Schuldner kann seine Befreiung nicht geltend machen, soweit er durch die Einlösung wider Treu und Glauben verstoßen hat, 242; vgl. Enneccerus-Lehmann (15) § 210 III 2.

b) Mindestvoraussetzung des Gutglaubensschutzes ist (von 793 abgesehen), daß der auf den Schein Vertrauende die Abweichung nicht kennt.

Öffentlicher Glaube des Grundbuchs und des Erbscheins (892, 893, 2366, 2367).

c) In vielen Fällen wird jemand nur dann geschützt, wenn er die Abweichung weder gekannt hat noch bei nur einiger Sorgfalt, d. h. ohne grobe Fahrlässigkeit, hätte kennen müssen.

Vertrauen auf das Eigentum des Besitzers einer beweglichen Sache 932.

d) In andern Fällen wird jemand nur dann geschützt, wenn er die Abweichung auch bei Beobachtung der verkehrsmäßigen Sorgfalt nicht hat erkennen können; hier schadet also jede, auch leichte Fahrlässigkeit (122 II, 142 II, 169, 173, 405 a. E., 674, 729 a. E., 1424 I, 1472 I, 1546 I, 1682, 1893 I, 2140).

e) Eigenartig ist das Vertrauen auf das Güterrechtsregister (1435) und das Vereinsregister (68) geschützt: den vorliegenden (positiven) Eintragungen darf man nicht vertrauen; dagegen gelten eintragungsbedürftige aber nicht eingetragene Tatsachen als nicht vorhanden, es sei denn, daß sie dem Handelnden bekannt waren (sog. negative Publizität, gerade wie beim Handelsregister).

II. Abschnitt
Rechtmäßiges Verhalten rechtsgeschäftlicher Art

1. Kapitel

§ 24

Rechtsgeschäft und Willenserklärung, das Wesen der Willenserklärung und die Privatautonomie

v. Tuhr II 1 S. 399ff.; Enneccerus-Nipperdey (14) §145; Manigk, Willenserklärung und Willensgeschäft 1907; Henle, Vorstellungs- und Willenstheorie i. d. Lehre v. d. jurist. WE. 1910; Manigk, Irrtum und Auslegung 1918; ders. DogmJ. 75, 127; ders. Die Privatautonomie im Aufbau der Rechtsquellen 1935; ders. Neubau des Privatrechts 1938, ders. Das rechtswirksame Verhalten 1939; Schmidt-Rimpler, AcP. 147, 130f. — F. V. Hippel, Das Problem der Privatautonomie 1936; Rhode, Die Willenserklärung und der Pflichtgedanke 1938; Jacobi, Theorie der Willenserklärungen 1910; Binder, ArchfR. u. Wphilos. 5 266ff., 414ff., 556ff.; Brodmann, Ehrenbergs Handb. IV 2, 1ff.; Oertmann, Komm. 315ff., 331ff. Larenz, Methode der Auslegung der Rechtsgeschäfte 1930 (dazu Manigk JW. 1930, 2103); Brose, AcP. 130, 188; Himmelschein, Beiträge zur Lehre vom Rechtsgeschäft 1930; Titze, HdwbRW. IV 654; Manigk, DogmJ. 83, 1f; Flume, Rechtsgeschäft u. Privatautonomie, 1960.

I. Die Beziehungen der einzelnen Rechtsgenossen zueinander werden vom Grundsatz der Privatautonomie, d. i. der freien, beliebigen Gestaltung ihrer privaten Lebensverhältnisse, beherrscht. Als Mittel dazu stellt ihnen die Rechtsordnung das Rechtsgeschäft und namentlich den Vertrag zur Verfügung. Die Vertragsfreiheit, und zwar sowohl die Abschlußfreiheit wie die Gestaltungsfreiheit, werden vom BGB. stillschweigend vorausgesetzt.

Durch Abschluß der Verkehrsgeschäfte (Kauf, Miete, Leihe, Darlehn usw.) knüpft der einzelne nach seinem Belieben rechtliche Sonderverbindungen mit anderen an, durch den Eheschluß verbindet er sich nach seinem Willen mit jemand zur dauernden Lebensgemeinschaft, im Testament bestimmt der Erblasser nach seinem Belieben über die späteren Schicksale seines Vermögens usw.

Bedeutung und Wirkung des Rechtsgeschäfts beruhen auf dem Parteiwillen. Die Rechtswirkung tritt ein, weil sie gewollt ist. Da die Rechtsordnung auf den inneren, nicht geäußerten Willen keine Rücksicht nehmen kann, wird freilich der Wille nur so weit beachtet, als er geäußert ist. Genauer ist deshalb zu sagen: Die Wirkung tritt ein infolge der auf sie gerichteten Willensäußerung. Der Kern des rechtsgeschäftlichen Tatbestandes ist also die Willenserklärung, d. i. die auf einen Rechtserfolg gerichtete private Willensäußerung, deren Wirkungen von der Rechtsordnung entsprechend diesem Erfolgswillen bestimmt werden.

Manche bezweifeln, daß der Wille sich auf eine Rechtswirkung richte und richten müsse (dafür die Rechtsfolgentheorie), und begnügen sich mit einem auf einen wirtschaftlichen Erfolg gerichteten Willen (Grundfolgentheorie). Richtig daran ist, daß der Wille des Erklärenden sich zunächst auf einen wirtschaftlichen Erfolg richtet und meist eine klare Vorstellung der Rechtsfolgen fehlt. Diese ist aber auch unnötig; es genügt, daß der Erklärende den wirtschaftlichen Erfolg auf rechtlichem Wege als einem rechtlich gesicherten erreichen will. Und eine solche Vorstellung ist in der Regel im rechtsgeschäftlichen Verkehr auch vorhanden; wo aber eine rechtliche Wirkung ganz außerhalb des Bewußtseins liegt, darf auch keine Willenserklärung angenommen werden. So wenn der Erblasser in seinem letzten Willen bemerkt, daß das Schriftstück nicht als „Testament" gelten solle; damit schwächt er es zu einem unverbindlichen Wunsch ab.

Die nähere Ausgestaltung der Rechtswirkungen ist Sache der Rechtsordnung und, soweit sie versagt, des Richters. Für die rechtliche Beurteilung ist die von den Parteien etwa gewählte, zuweilen irrtümliche Bezeichnung des Geschäfts nicht maßgebend, sondern die Rechtswirkung, die sich bei einer zweckentsprechenden rechtlichen Ausgestaltung des erstrebten wirtschaftlichen Erfolgs als gewollt ergibt.

Bei Erklärungen, durch die jemand eine Leistung auf sich nimmt, ist darauf abzustellen, ob der Verpflichtungswille erkennbar hervortritt. Zweifellos kommen Erklärungen vor, die rein dem Kreis des gesellschaftlichen Lebens, dem außerrechtlichen Gebiet, angehören sollen. Das ist denkbar bei der gesellschaftlichen Einladung, der Gestattung zur Benutzung eines Raumes oder des Mitfahrens, der Übernahme der Besorgung eines Auftrages usw. Man spricht von reinen Gefälligkeitsverträgen, die keine Verpflichtung zu der übernommenen Leistung erzeugen, sondern nur das Handeln des Empfängers rechtmäßig machen und der Leistung einen Rechtsgrund geben sollen, der den Bereicherungsanspruch ausschließt. Die Rechtsprechung neigt dazu, solche Erklärungen im Sinne freier Widerruflichkeit der zugesagten Leistung zu deuten (157, 242), aber den Erklärenden keineswegs von jeder Haftung freizustellen, sondern die Haftung nur entsprechend zu mildern (vgl. RG. im Recht 1907, 828; 1923 Nr. 508; JW. 1908 S. 108 Nr. 6; RG. **65** 17 u. 313). Wer also jede Haftung vermeiden will, muß praktisch den Verpflichtungswillen erkennbar ausschließen z. B. dem Mitreisenden, der darum bittet, an einer bestimmten Station geweckt zu werden, sagen: Ich will es tun, wenn ich daran denke; Sie dürfen aber nicht darauf rechnen.

Die Verneinung einer Verpflichtung zur übernommenen Leistung schließt aber m. E. nicht aus, dem Erklärenden auf Grund seiner Gestattung, Einladung oder Zusage eine gesetzliche, vertragsähnliche Fürsorgepflicht, namentlich eine Erhaltungspflicht, zugunsten dessen aufzuerlegen, der im Vertrauen auf die Einladung usw. seine Rechtsgüterwelt dem Erklärenden anvertraut hat (§§ 157, 242). Soll der Gastgeber nur deliktisch haften (§ 831), wenn durch Verschulden seines Personals der eingeladene Gast zu Schaden kommt oder ihm der Pelz aus der Garderobe gestohlen wird? Am angemessensten erscheint, ihm eine gewisse Erhaltungspflicht aufzuerlegen, die Haftung aber auf Vorsatz und grobe Fahrlässigkeit zu beschränken und in diesem Rahmen § 278 zur Anwendung zu bringen. Es handelt sich um einen Fall der Erklärungshaftung. Wer durch seine Erklärung in einem andern das berechtigte Vertrauen auf die Erfüllung gewisser Fürsorgepflichten erweckt, darf dieses Vertrauen nicht enttäuschen. Vorbild für eine derartige Ausgestaltung der Haftung bietet die Ableitung eines gesetzlichen Schuldverhältnisses aus dem Eintritt in Vertragsverhandlungen, aber auch die Ersatzpflicht des Anfechtenden gegenüber dem, der im Vertrauen auf seine Erklärung einen Schaden erlitten hat (§ 122). Die Minderung der Haftung läßt sich im Hinblick auf die Unentgeltlichkeit der Leistung in Analogie zu §§ 521 und 599 rechtfertigen, ohne daß man mit einem Haftungsausschluß für Fahrlässigkeitsschäden zu operieren braucht. Gutes Beispiel in RG. **128** 42: Darin, daß der Jagdgastgeber die Leitung der Jagd übernimmt, ist keine Erteilung eines Auftrages der Jagdgäste zu finden. Eine Treibjagd ist in aller Regel eine gesellschaftliche Veranstaltung, bei der es sich beiderseits um Gefälligkeiten ohne rechtlichen Charakter handelt. Aber die Veranstaltung und Teilnahme an einer Jagd begründet Verkehrspflichten, weil damit eine gewisse Gefährdung verbunden ist. Für das unentgeltliche Mitnehmen im Kraftwagen (sog. Gefälligkeitsfahrt) vgl. RG. **145** 390. Vgl. von Blume, Recht 1908, 654; Krückmann, DogmJ. 54, 108; SeuffBl. 74, 113f. und 153f.; JW. 1932, 3688; Böckel, HdwbRW. II 607ff.; Esser, Schuldr. § 220, 4; Larenz, Schuldr. I § 19 III; A. Blomeyer, Schuldr. § 22.

II. Die rechtsschöpferische Macht des Parteiwillens ist aber nicht schrankenlos, sondern nur grundsätzlich anerkannt. Der Rechtsgrund für die Anerkennung des fehlerfreien Vertrags liegt in der Gewähr, daß eine auf Grund fehlerfreier Wertung und Willensbildung der Beteiligten erfolgte Ordnung ihrer Beziehungen auch eine sinnvolle Maßnahme darstellt oder, wie Schmidt-Rimpler sagt, eine „richtige“ ist, also eine, vom Standpunkt der Gemeinschaft aus gesehen, zweckmäßige Maßnahme. Der Parteiwille ist nur kraft Anerkennung der Rechtsordnung und nur innerhalb der von ihr gezogenen Schranken maßgebend.

1. Der Parteiwille kann nur solche Wirkungen herbeiführen, die die Rechtsordnung anerkennt — und auch diese nur, wenn er die Voraussetzungen erfüllt, die sie für einen gültigen Geschäftsabschluß aufstellt.

a) Für viele Gebiete hat das Gesetz den Parteien zur Verwirklichung ihrer wirtschaftlichen oder sozialen Zwecke feste Muster (Typen) von Rechtsgeschäften zur Verfügung gestellt, die völlig oder doch teilweise mit unabänderlich festgelegten Rechtsfolgen ausgestattet sind.

So sind beispielsweise die Wirkungen der Annahme an Kindes Statt mit zwei Ausnahmen unverrückbar festgelegt (1767). Die Parteien haben also nur die Wahl, ob sie das Rechtsgeschäft mit den gesetzlichen Wirkungen abschließen oder ganz von ihm abstehen wollen.

Vornehmlich im Sachenrecht hat das Gesetz nur eine beschränkte Anzahl von Rechtsformen zur Verfügung gestellt mit einem in der Hauptsache unabänderlich feststehenden Inhalt: Eigentum, Erbbaurecht, Hypothek, Grund-, Rentenschuld, Pfandrecht, Dienstbarkeiten, Reallasten und Wohnungseigentum. Der Kreis der Sachenrechte ist ein geschlossener. Auch die familien- und erbrechtlichen Rechtsformen gestatten nur ausnahmsweise eine Abweichung.

Auf dem Gebiete des Schuldrechts ist den Parteien eine größere Bewegungsfreiheit eingeräumt. Auch hier hat das Gesetz bestimmte Vertragsmuster ausgebildet, sie wollen aber nicht unabänderlich gelten. Wird der wesentliche Inhalt eines Musters (einer Rechtsform) abgeändert, so wird das Geschäft nicht ungültig, es ist vielmehr einem anderen Muster unterzuordnen. Es gilt der Grundsatz der Vertragsfreiheit (im Sinne der inhaltlichen Gestaltungsfreiheit). Die Verkehrssitte hat demgemäß eine Reihe von Mustern ausgebildet, die im Gesetz nicht enthalten sind, z. B. den Elektrizitätslieferungsvertrag, den Inseratenvertrag; und es kommen Mischformen, sog. gemischte Verträge, vor, wo Musterbestandteile mehrerer Vertragsarten verschmolzen sind, es werden z. B. Kost und Wohnung für eine einheitliche Gegenleistung versprochen, also Kauf- und Mietleistungen verbunden.

Aber auch im Schuldrecht sind dem Parteiwillen durch einzelne zwingende Vorschriften Schranken gezogen, die Vertragsfreiheit ist eben nur ein Grundsatz. Man kann z. B. ein Dienstverhältnis nicht auf Lebenszeit eingehen (624), eine Sache nicht über 30 Jahre hinaus vermieten (567) usw.

b) Die Vorschriften, die die Voraussetzungen eines gültigen Geschäftsabschlusses festsetzen (z. B. Geschäftsfähigkeit verlangen oder eine Form vorschreiben), können — soweit sie um der öffentlichen Bedeutung der Verkehrssicherheit willen erlassen sind — nicht durch eine Parteivereinbarung außer Kraft gesetzt werden.

2. Der Parteiwille kann keine Wirkung herbeiführen, die die Rechtsordnung mißbilligt. Diese begnügt sich nicht immer mit dem bloßen Versagen der Anerkennung, sondern hat eine Reihe von Verboten aufgestellt, die an sich gültige Rechtsgeschäfte aus einem besonderen Grunde miß-

billigen. Falls hier nicht ausnahmsweise aus dem Zweck des Verbots zu entnehmen ist, daß es sich nur gegen die tatsächliche Vornahme des Rechtsgeschäfts wenden will, bedeutet das Verbot, daß aus irgendwelchen besondern Gründen die allgemeine Anerkennung des Geschäfts versagt wird (134ff.); vgl. unten § 29.

Man denke an die zahlreichen kriegsrechtlichen Verbote im allgemeinen gültiger Lieferungsgeschäfte, um die gefährdete Versorgung des Heeres und Volkes mit den Gegenständen des Kriegs- und Lebensbedarfs sicherzustellen.

Eine weitere Schranke der Wirksamkeit des Parteiwillens ergibt sich aus dem sittlichen Volksbewußtsein. Die Rechtsordnung mißbilligt ganz allgemein ein an sich gültiges Rechtsgeschäft, wenn es im besondern Fall gegen die guten Sitten verstößt, und entzieht ihm die Anerkennung, 138 (vgl. unten § 29).

3. Die grundsätzliche Anerkennung der Vertrags- und Gestaltungsfreiheit ist in den letzten Jahrzehnten aber noch über diese gesetzlichen Schranken des BGB. hinaus abgebaut und beschnitten worden. Man denke an die Einschränkungen der Vertragsfreiheit im Arbeitsrecht, wo der Grundsatz der individuellen Einzelregelung der Vertragsbedingungen durch den einer genossenschaftlichen Regelung mittels Tarifvertrag und Betriebsvereinbarung ersetzt worden ist; ferner an das Zwangsmietrecht, an die im Krieg eingeführte Zwangsbewirtschaftung der Lebensmittel und wichtiger Massengüter u. dgl. mehr.

Außer diesem Abbau der Vertragsfreiheit durch den Staat hat sich weiter in den letzten Jahrzehnten eine fühlbare Einschränkung derselben durch die Allgemeinen Geschäftsbedingungen vollzogen, die die Inhaber großer Monopolbetriebe, mächtige Wirtschaftsgruppen und Unternehmerverbände für den geschäftlichen Verkehr mit ihnen aufstellen. Da der auf sie angewiesene schwächere Vertragsteil sich diesen Bedingungen unterwerfen muß, wenn der Vertragsabschluß nicht scheitern soll, vollzieht sich in der Form des freien Vertragsschlusses praktisch auch hier ein Diktat der Bedingungen durch den wirtschaftlich stärkeren Teil. Vgl. oben S. 25.

Durch all das ist der Wirkungsbereich des Rechtsgeschäfts stark eingeengt worden.

4. Endlich ist zu beachten, daß die Bestimmungen über die Rechtsgeschäfte vorwiegend unter Anschauung der Tatbestände des individualrechtlichen Verkehrs zwischen Einzelpersonen erlassen sind, daß sich aber inzwischen unsere Wertung der Vorgänge sozialrechtlichen Charakters wesentlich geändert hat. Uns erscheint heute z. B. die Einspannung des Verlöbnisses in die Figur des schuldrechtlichen Vertrags, wie sie das Reichsgericht vorgenommen hat (RG. 61, 270 u. 80, 89), als ein Fehlgriff. Nicht minder die Unterstellung der Gründer- und Beitrittserklärungen

des Gesellschaftsrechts unter das für die Willenserklärung maßgebende Nichtigkeits- und Anfechtungsrecht, die hier auch das Reichsgericht in zutreffender Wertung abgelehnt hat (vgl. unter § 34 I 4). Die Vorschriften über die Willenserklärung sind deshalb im Sozialrecht nur sinngemäß anwendbar, soweit die Anwendung zu einem passenden, gerechten Ergebnis führt.

III. Rechtsgeschäft und Willenserklärung sind nicht dasselbe.

Damit eine Willenserklärung wirken kann, müssen regelmäßig außer den Erfordernissen der Erklärung selbst — wie Geschäftsfähigkeit, Form usw. — auch noch eine Reihe sonstiger Wirksamkeitsvoraussetzungen — auch Rechtsbedingungen, conditiones iuris (im Gegensatz zu den Parteibedingungen) genannt — erfüllt sein.

So müssen hinzutreten zur letztwilligen Verfügung der Tod des Erblassers (1922), zur Äußerung des Eigentumsaufgabewillens die Besitzaufgabe (959), zur Fristsetzung der Ablauf eines Zeitraums (250). Oft müssen auch mehrere Willenserklärungen vorliegen, zur Haupterklärung eine Nebenerklärung hinzutreten, es bedarf z. B. die Willenserklärung des Geschäftsbeschränkten grundsätzlich der Einwilligung des gesetzlichen Vertreters (107), das Stiftungsgeschäft der staatlichen Genehmigung (80); beim Vertrag müssen zwei zusammenstimmende Haupterklärungen erfolgen.

Die Gesamtheit dieser sonstigen Wirksamkeitsvoraussetzungen und dazu die Erklärung bezeichnen wir als Rechtsgeschäft.

Rechtsgeschäft ist also ein Tatbestand, dessen wesentlicher Bestandteil eine oder mehrere Willenserklärungen sind und dessen Wirkungen sich nach dem Inhalt dieser Erklärungen bestimmen.

IV. Die Willenserklärung insbesondere.

Zwei Gruppen sind zu unterscheiden.

1. Die Willenserklärungen im eigentlichen Sinne, bei denen der Wille durch ein Verhalten geäußert wird, das nach der Verkehrssitte oder Vereinbarung dem Zweck dient, den auf die Herbeiführung einer Rechtswirkung gerichteten Willen kundzugeben — also Willensäußerungen mit Kundmachungszweck.

Vertragsangebot und Annahme, Kündigung, Anfechtung, Testamentserrichtung, Eheschluß usw.

2. Die Willensäußerungen, die, ohne dem Kundgebungszweck zu dienen, unmittelbar auf die Verwirklichung des Willens gerichtet sind, bei denen das Verhalten, worin sich der Wille betätigt, nicht Erklärungsmittel, sondern nur Anzeichen des Willens ist — Willensäußerungen ohne Kundmachungszweck, besser Willensbetätigungen, Willensgeschäfte (Manigk).

Aneignung (958), Eigentumsaufgabe (959) Widerruf des Testaments durch Vernichtung der Urkunde (2255), regelmäßig die Annahme der Erbschaft (1943) usw.

Das Gesetz bezeichnet freilich jede Willensäußerung, auch die Willensbestätigung, als Willenserklärung. Daraus ergibt sich, daß seine Vorschriften über die Willenserklärungen auch auf die Willensbetätigungen angewendet werden müssen, soweit sich nicht aus der tatsächlichen Beschaffenheit des Willensvorgangs eine Abweichung ergibt. Im einzelnen zeigen sich nach der tatsächlichen Seite folgende Unterschiede.

1. Die Willenserklärung im engeren Sinne.

Sie hat zwei Bestandteile, einen äußeren Tatbestand, eben die Erklärung, und einen innern, eben den Willen. Auszugehen ist bei der Betrachtung der Willenserklärung stets vom äußeren Tatbestand, dem geäußerten Willen; erst wenn dieser in Ordnung befunden ist, hat es Zweck, auf den inneren Willen zurückzugreifen.

a) Der äußere Tatbestand.

Die Erklärung ist die Beobachtung eines äußeren Verhaltens, das nach der Verkehrssitte oder Vereinbarung den Schluß auf einen bestimmten Geschäftswillen (des sich in gewisser Weise Verhaltenden) zuläßt und dazu bestimmt erscheint, einen derartigen Geschäftswillen andern kundzugeben.

Das äußere Verhalten muß Sinnbild für eine innere Tatsache sein, eben den auf die Herbeiführung einer Rechtswirkung gerichteten Willen, die Geschäftsabsicht. Ob ein Verhalten diese sinnbildliche Eigenschaft hat, beurteilt sich mangels besonderer Parteivereinbarung nach der Verkehrssitte. Diese erkennt als Erklärungsmittel an: vornehmlich das gesprochene oder geschriebene Wort, aber auch sonstige Zeichen, wie Kopfnicken, Handheben, Signale, Schweigen unter gewissen Umständen usw. Die Parteien können beliebige Zeichen vereinbaren (Telegraphenschlüssel).

Das beobachtete Verhalten muß einen unzweideutigen Schluß auf einen inhaltlich hinreichend bestimmten oder doch bestimmbaren Geschäftswillen zulassen, andernfalls fehlt es schon an einer Erklärung, auf die Willensfrage ist gar nicht einzugehen.

b) Der innere Tatbestand.

Hier kommen drei seelische Tatsachen in Betracht:

α) Der Handlungswille, d. i. der bewußte Willensakt, der sich auf die Beobachtung des äußeren Verhaltens richtet, aus dem der Geschäftswille (die Erfolgsabsicht) erschlossen werden kann.

Der Handlungswille richtet sich auf das Sprechen der Worte, das Handaufheben, das Nicken mit dem Kopf, das Geben des Geldes, das Sitzenbleiben oder Schweigen. Wer auf eine mißverstandene Frage mit Ja antwortet, hat den Handlungswillen, aber nicht den Geschäftswillen; wer im Ausland dem Bettler eine Münze zuwirft, weil er ihr einen geringeren Wert beimißt, als sie trägt, hat den Handlungswillen, aber nicht den Geschäftswillen.

β) Vom Handlungswillen ist zu unterscheiden der Erklärungswille, besser das Erklärungsbewußtsein, d. i. das Bewußtsein des Handelnden: durch sein Verhalten eine rechtsgeschäftliche Mitteilung irgendwelchen Inhalts zu machen. Dieses Bewußtsein ist schon dann vorhanden, wenn der Handelnde sich bewußt ist, daß ein anderer sein Verhalten als Äußerung eines bestimmten Geschäftswillens deuten könnte.

Jemand unterzeichnet einen Vertragsantrag in dem Glauben, es sei eine Einladung zum Mittagessen oder eine Todesanzeige. Er hat den Handlungswillen, aber nicht das Erklärungsbewußtsein, d. h. das Bewußtsein, daß man sein Verhalten als Äußerung eines Geschäftswillens auffassen könne; erst recht fehlen ihm der Erklärungs- und Geschäftswille.

Jemand winkt bei einer Weinversteigerung einem Freund mit der erhobenen Hand, ohne zu wissen, daß darin nach der Verkehrssitte ein Höhergebot von 100 Mark auf das gerade ausgebotene Faß Wein liegt; er hat den Handlungswillen, es fehlt ihm aber das Erklärungsbewußtsein; selbstverständlich fehlen ihm der Erklärungs- und erst recht der Geschäftswille.

Vgl. über die verschiedenen Formulierungen: Enneccerus-Nipperdey § 145 II A.

γ) Endlich kommt in Betracht der Geschäftswille, d. i. die auf einen bestimmten wirtschaftlichen, rechtlich gesicherten Erfolg gerichtete Absicht.

Der Geschäftswille richtet sich in dem Versteigerungslokal darauf, für das ausgebotene Faß 100 Mark mehr als Käufer zu bieten. Wenn der Winkende auf Grund seiner früheren Besuche der Trierer Versteigerungen und einer alten, inzwischen geänderten Sitte annahm, Handaufheben bedeute ein Höhergebot von 50 Mark, und nur ein Gebot in solcher Höhe abgeben wollte, würde das Erklärungsbewußtsein in Ordnung sein, aber der Geschäftswille fehlen.

c) Rechtliche Bedeutung der einzelnen Tatbestandsglieder.

Unerläßlich ist für das Vorhandensein einer Willenserklärung im Rechtssinne zweierlei: der äußere Tatbestand und ein bewußter Handlungswille als Ursache des äußeren Verhaltens.

Nicht nötig für die Annahme einer Willenserklärung ist, daß der Handlungswille von keiner irrigen Vorstellung begleitet war. Ein Irrtum in der Erklärungshandlung, d. h. eine irrige Vorstellung des Erklärungsverhaltens begründet nur Anfechtbarkeit, nicht Nichtigkeit der Erklärung (119 I „der Erklärende wollte eine Erklärung dieses Inhalts überhaupt nicht abgeben"). Man denke an Versprechen, Verschreiben, Vergreifen.

Sehr bestritten ist dagegen, welche Bedeutung Erklärungsbewußtsein (Erklärungswille) und Geschäftswille haben, ob und inwieweit ihr Fehlen oder ihre Fehlerhaftigkeit die Gültigkeit der Erklärung ausschließen sollen oder ob der Erklärende am äußeren (objektiven) Sinn seiner Erklärung festgehalten werden soll.

Zu diesen Fragen, die als die Grundfragen der ganzen Lehre von der Willenserklärung bezeichnet werden können, hatten sich schon für das Gemeine Recht verschiedene Theorien gebildet:

a) Die Willenstheorie (Savigny, Windscheid, Zitelmann) geht davon aus, daß das nachgewiesene Fehlen des Geschäftswillens die Wirksamkeit der Erklärung grundsätzlich ausschließen muß.

Das scheint folgerichtig, wenn man bedenkt, daß die Rechtsordnung die Wirkungen des Rechtsgeschäfts eintreten läßt, weil sie die schöpferische Macht des Parteiwillens anerkennt. Die Willenstheorie berücksichtigt bei dieser Lösung aber einseitig das Bedürfnis des Erklärenden, nicht beim Wort genommen zu werden und trägt keine Rechnung dem Bedürfnis der gegenüberstehenden Geschäftspartei, die sich wohl oder übel an den äußeren Tatbestand halten muß.

b) Die Erklärungstheorie (Becker, Kohler, Leonhard) will den Erklärenden um der Verkehrssicherheit willen am äußeren Sinn der Erklärung festhalten, ihm also nicht die Berufung auf das Fehlen des Geschäfts- und Erklärungswillens gestatten.

Sie nimmt einseitig in Schutz die Bedürfnisse der dem Erklärenden gegenüberstehenden Personen.

c) Die Vermittlungstheorien wollen den Erklärenden wenigstens dann am äußeren Sinn seiner Erklärung festgehalten wissen, wenn das ein schutzwürdiges Bedürfnis des Gegners verlange (Dernburg, Regelsberger, Hartmann).

Die Entscheidung kann nicht allgemeingültig mit psychologischer und logischer Notwendigkeit zugunsten der einen oder andern Lehre getroffen werden, sondern ist aus dem jeweils geltenden Bürgerlichen Recht zu entnehmen. Eine gerechte Ordnung wird weder einseitig das Bedürfnis des Erklärenden noch das des Erklärungsgegners berücksichtigen, sondern einen billigen Ausgleich anstreben. „Irren ist menschlich, und darum ist es billig, dem, der unverschuldet dieser Schwäche unterliegt, die aus seinem Geschäfte nach dem Rechte sich ergebenden Nachteile abzunehmen, soweit das ohne Schädigung höherer oder gleichberechtigter Interessen anderer sich ermöglichen läßt."

So Schloßmann, Irrtum über wesentliche Eigenschaften (1903), S. 47.

Eine Prüfung der Vorschriften des BGB. zeigt, daß es keine der beiden entgegenstehenden Theorien rein durchgeführt, sondern ebenfalls einen vermittelnden Standpunkt eingenommen hat.

Näheres darüber in der Lehre von den Willensmängeln unter § 34. Nach der dort vertretenen Auffassung verhindert das Fehlen des Erklärungsbewußtseins die Annahme einer Willenserklärung; das Fehlen der Geschäftsabsicht überhaupt macht die Erklärung grundsätzlich nichtig (116 S. 2, 117, 118), während ein Irrtum in der Geschäftsabsicht die Erklärung nur anfechtbar macht (119).

2. Die Willensbetätigung, Willensäußerung ohne Kundgebungszweck.

a) Der äußere Tatbestand. Auch hier muß ein Verhalten beobachtet werden, das auf einen Geschäftswillen schließen läßt — das Verhalten erscheint aber nicht dazu bestimmt, diesen Willen anderen zu offenbaren, sondern ihn unmittelbar zu verwirklichen.

Es genügt also, daß sich aus dem Verhalten tatsächlich ein bestimmter, auf einen Rechtserfolg gerichteter Wille erschließen läßt, wie bei der Aneignung einer herrenlosen Sache oder Annahme der Erbschaft durch Verwendung von Nachlaßsachen zum eigenen Vorteil, Annahme des Kaufangebots durch Verbrauch der zugesandten Ware.

b) Der innere Tatbestand.

Auch hier kommen in Betracht:

α) der Handlungswille;

β) der Geschäftswille.

Dagegen fehlt der Erklärungswille bzw. das Erklärungsbewußtsein.

c) Die rechtliche Bedeutung. Für den äußeren Tatbestand sowie den Handlungswillen gilt gleiches wie für die Willenserklärung.

Dagegen fallen hier die rechtspolitischen Bedenken weg, die bei der Willenserklärung gegen die Berücksichtigung des fehlenden Geschäftswillens sprechen. Da die Willensbetätigung sich nicht an andere Personen wendet, so ist auch nicht einzusehen, warum man den Handelnden auf den Eindruck festnageln soll, den sich andere Personen zufällig von seinem Verhalten gebildet haben. Vielmehr darf der Handelnde grundsätzlich den Nachweis führen, daß er tatsächlich einen anderen Willen mit seinem Verhalten verfolgt hat, und er kann so den Schein einer Willensbetätigung zerstören. Erst recht muß er in Analogie zu § 130 I 2 die Willensäußerung rückgängig machen können, ehe der andere von ihr Kenntnis erlangt hat; dies natürlich nur, wenn sich ihre Folgen noch beseitigen lassen. So wenn jemand ein zur Ansicht erhaltenes Buch versehentlich in seine Bücherei eingestellt hat oder der Hotelier das telegraphisch bestellte und schon reservierte Zimmer einem anderen Gast vor Eintreffen des Bestellers zuweist. Regelmäßig wird das aber nicht mehr möglich sein.

Jemand verbraucht eine Erbschaftssache, die er irrig für eine eigene hält. Jemand hat zweimal dasselbe Buch zugesandt erhalten, einmal vom Autor als Dedikation und sodann vom Buchhändler zur Ansicht; er beschließt, dieses zurückzugeben, schneidet aber, da die Bücher ohne sein Wissen vom ordnenden Dienstmädchen vertauscht worden sind, ein paar Seiten in dem Ansichtsexemplar auf. Hier ist das Verhalten des Handelnden immer nur Äußerung des Willens, den er tatsächlich hat; so richt. Manigk, DogmJ. 83, 58f. u. v. Tuhr II 1 S. 407. Das schließt nicht aus, daß der Handelnde die verbrauchten Erbschaftssachen zu ersetzen hat — nur der Schluß auf die Erbschaftsannahme wird entkräftet — oder dem Buchhändler auf Delikt oder culpa in contrahendo Schadenersatz leisten muß — nur der Schluß aus die Annahme des Verkaufsangebotes wird hinfällig.

Danach sind, wenn man vom objektiven Tatbestand ausgeht, folgende Thesen aufzustellen:

1. Wer ein Verhalten beobachtet, das von einem anderen bei objektiver Deutung als Willenserklärung aufgefaßt werden darf, muß sich dieses Verhalten als WE. zurechnen lassen, wenn er das Äußerungsbewußtsein gehabt hat. Falls ihm aber die Vorstellung, daß eine Deutung als Willenserklärung irgendwelchen Inhalts möglich sei, völlig gefehlt hat, braucht er es sich auch nicht als anfechtungsbedürftige Willenserklärung zurechnen zu lassen.

Fraglich kann lediglich sein, ob er dem, der auf das Vorliegen einer Willenserklärung berechtigt vertraut hat, den Vertrauensschaden ersetzen muß, weil er mit bewußtem Handlungswillen (ohne Äußerungsbewußtsein) eine Vertrauensgrundlage verursacht hat. Das läßt sich nur vertreten, wenn der Handelnde bei gebotener Sorgfalt erkennen mußte, daß seinem Verhalten für einen anderen die Bedeutung einer rechtsgeschäftlichen Mitteilung zukommen konnte. Vgl. dazu neuestens Manigk, DogmJ. 83, 58f., der freilich dem Handelnden sein Verhalten auch dann als Willenserklärung zurechnen will, wenn ihm das Fehlen des Äußerungsbewußtseins zum Vorwurf zu machen ist. Meines Erachtens genügt hier, ihn auf das Vertrauensinteresse haftbar zu machen, ohne ihn mit der Notwendigkeit der Anfechtung zu belasten; siehe unten § 34 III 1b.

2. Wer ein Verhalten beobachtet, das bei objektiver Deutung nicht als Willenserklärung erscheint, braucht es sich keinesfalls als Willenserklärung zurechnen zu lassen. Da das Verhalten nicht zur Mitteilung eines Geschäftswillens bestimmt erscheint, kann es auch nicht als Vertrauensgrundlage dienen; auf das Äußerungsbewußtsein, das eine rein innere Tatsache ist, kommt insofern nichts an. Die Ersatzpflicht wegen eines durch die Betätigung verursachten Schadens aus Delikt oder culpa in contrahendo bleibt unberührt.

Vgl. die abweichende Auffassung von Enneccerus-Nipperdey § 145 II A 3. In Übereinstimmung mit Larenz (Methode der Auslegung des Rechtsgeschäfts 1930 S. 37ff., 58ff.) will Nipperdey den Grund für den Eintritt der Rechtsfolgen bei der Willenserklärung nicht in dem geäußerten Willen erblicken, sondern in dem in der Äußerung zugleich gelegenen Willensvollzug. Larenz spricht geradezu von Geltungsanordnung. Die Notwendigkeit der Herausarbeitung eines solchen Begriffs ist nicht einzusehen. Ebenso jetzt Flume, Rechtsgeschäft u. Privatautonomie S. 157. Von einer besonderen Geltungsäußerung kann bei einer Willensbetätigung, bei der der Geschäftswille ohne Kundgebungszweck sofort verwirklicht wird, nicht ohne Willkür gesprochen werden. Und bei einer Willensäußerung mit Kundgebungszweck ist die Annahme einer besonderen Geltungsanordnung unnötig, um die Rechtsfolgen aus der Erklärung abzuleiten, wenn nach den Umständen an der Endgültigkeit des Entschlusses nicht zu zweifeln ist. Falls der innere Wille von dem erklärten Willen oder dem beobachteten Verhalten abweicht, genügt der geschaffene Vertrauenstatbestand durchaus zur Anknüpfung der Rechtsfolgen. Vgl. ferner die Ablehnung der ganzen Scheidung zwischen Willenserklärung und Willensgeschäft durch R. Schmidt (M. D. R. 1951, 321 ff.), weil sie bei den letztwilligen Verfügungen versage. Aber die bewußte Testamentsvernichtung ist ebenso wie die Veränderung der Testamentsurkunde eine Willenserklärung, auf die § 2078 unmittelbar anwendbar ist; denn sie will äußerlich erkennbar den Rechtszustand herstellen, der sich aus dem Nichtvorhandensein der im Testament enthaltenen Willenserklärung ergibt.

Neuerdings bekämpft Nipperdey (Enneccerus-Nipperdey § 164 II 3) die Aufspaltung der Willenserklärung in einen Willensakt als psychologische Grundtatsache und einen davon getrennten Erklärungsakt, indem er von der Willenserklärung als Sozialakt, als Wesenseinheit ausgeht. Entscheidend für den Eintritt der Rechtsfolge sei der im Erklärungsakt vollzogene Wille. An diese Erklärung knüpfe die Rechtsordnung an, nur der im Erklärungsakt verwirklichte Wille sei dem Erklärenden zuzurechnen. Das BGB. führe in Wahrheit gar keinen Kompromiß zwischen Willens- und Erklärungstheorie durch, sondern gebe dem Erklärenden die Möglichkeit, in besonderen Fällen den Willensvollzug ungeschehen zu machen, d. h. seine Geltungsanordnung zu widerrufen. Auch diese Theorie nötigt aber zu einem Kompromiß zwischen der Bedeutung der Erklärung und der des dahinter stehenden inneren Willensvorgangs.

V. Willenserklärungen sind nur die dem Privatrecht angehörigen, die Privatwillensäußerungen, also weder die von einer öffentlichen Behörde als solcher ausgehenden Willenserklärungen (Urteil, Volljährigkeitserklärung) noch die von einer Privatperson in öffentlichen Angelegenheiten abgegebenen Willenserklärungen (Wahl, Übernahme eines öffentlichen Amtes).

2. Kapitel

Die Arten der Rechtsgeschäfte § 25

v. Tuhr II 1 § 53; Enneccerus-Nipperdey § 146f.

Man kann die Rechtsgeschäfte entweder nach ihrem Tatbestand oder nach ihren Rechtsfolgen (Zweck und Inhalt) in verschiedene Gruppen teilen.

I. Nach dem Tatbestand zerfallen sie in einseitige und mehrseitige Rechtsgeschäfte.

1. Das einseitige Rechtsgeschäft enthält die Willenserklärung nur einer Partei.

Z. B. Testament, Auslobung, Kündigung, Anfechtung.

Dabei sind wieder zwei Arten der Willenserklärung zu scheiden, je nachdem sie sofort mit ihrer Abgabe vollendet und wirksam wird oder an eine andere Person gerichtet sein und dieser zugehen muß, um wirksam zu werden:

a) Empfangsbedürftige Willenserklärungen (Zitelmann) sind gegenüber einem andern abzugeben und werden erst mit dem Zugang bei ihm wirksam (130) — sie sind also genau gesprochen: richtungs- und empfangsbedürftig.

Diese Erfordernisse ergeben sich aus dem Zweck dieser Erklärungen, die rechtliche Lage einer bestimmten anderen Person zu beeinflussen; deshalb muß dieser die Möglichkeit der Kenntnisnahme verschafft werden. Beispiel: Kündigung, Vertragsangebot, Vollmachterteilung, Widerruf usw.

Die Empfangsbedürftigkeit einer Erklärung ist meist ausdrücklich vorgeschrieben, kann aber auch aus ihrem Zweck entnommen werden.

b) Nicht empfangsbedürftige Erklärungen, deren Wirksamkeit sofort mit der Abgabe eintritt, sind solche, wo kein bestimmter Empfänger vorgeschrieben ist, weil sie eine unbestimmte Personenzahl betreffen. Sie sind weitaus seltener und meist formbedürftig, um die Ernstlichkeit, Reife und Deutlichkeit der Willensäußerung sicherzustellen.

Beispiel: Testamentserrichtung, Stiftungsgeschäft (formell). Bestätigung des anfechtbaren Rechtsgeschäfts (formlos).

c) Amtsempfangsbedürftige Willenserklärungen. Die Abgabe gegenüber einer Behörde schreibt das Gesetz in einer Reihe von Fällen für Erklärungen vor, die eine unbestimmte Personenzahl betreffen; dann sollen die Vorschriften über die Vollendung der empfangsbedürftigen Willenserklärung entsprechend angewandt werden (130 III).

Beispiel: Ausschlagung der Erbschaft gegenüber dem Nachlaßgericht (1945), Aufgabe des Grundstückseigentums gegenüber dem Grundbuchamt (928).

Zuweilen ist dem Erklärenden auch die Wahl gelassen zwischen der Abgabe gegenüber der Behörde oder einer bestimmten Privatperson (875 I 2; 876, 3).

Der ganze Gegensatz hat nur Bedeutung für die Erklärungen im engeren Sinne, nicht für die Willensbetätigungen, bei denen überhaupt keine Kundgebung des Willens erforderlich ist.

2. Das mehrseitige Rechtsgeschäft enthält die Willenserklärungen zweier oder mehrerer Parteien, die meist empfangsbedürftig sind.

a) Verträge. Zwei oder mehrere Parteien geben inhaltlich verschiedene, aber einander entsprechende Willenserklärungen ab, die sich auf einen einheitlichen Rechtserfolg zusammenfinden.

Zum Vertrag gehören also:

α) Die Erklärungen zweier sich gegenüberstehender Parteien, deren jede für sich allein in Ordnung sein muß. Die zeitlich vorangehende heißt das Angebot (Offerte), die zeitlich nachfolgende die Annahme.

β) Die Erklärungen müssen regelmäßig jede gegenüber der anderen Partei abgegeben werden (Ausnahmen 151 u. 152).

γ) Die Erklärungen müssen, wenn sie auch in ihrem Inhalt verschieden sind (z. B. Erklärung des Käufers und Verkäufers), doch einander entsprechen und sich auf einen einheitlichen Rechtserfolg vereinigen.

Fehlt diese Übereinstimmung, verliest sich z. B. der Käufer und nimmt das auf 800 Mark lautende Angebot des Verkäufers zu 300 Mark schriftlich an, so liegt Dissens (mangelnde Übereinstimmung der Erklärungen) vor, der Vertrag ist nicht geschlossen (155).

b) Gesamtakte. Mehrere Personen, die sich nicht als Parteien gegenüberstehen, sondern zusammen eine Partei bilden, wirken zur Herbeiführung eines Rechtserfolges zusammen, geben gleichläufige (parallele) Erklärungen ab.

Z. B. Kündigung einer Studentenwohnung durch die beiden Mieter, Belastung eines Grundstücks mit einer Grunddienstbarkeit durch die mehreren Miteigentümer, Ausübung des mehreren zustehenden Vorkaufsrechts (Kuntze, Leipz. Festschr. für Müller, 1892, S. 27ff.).

Das Zusammenhandeln hat als solches keine selbständigen Rechtsfolgen, der Erfolg ist kein anderer, als wenn ein einzelner die fragliche Willenserklärung abgegeben hätte. Das Zusammenhandeln ist nur deshalb eine notwendige Voraussetzung der Wirkung, weil mehrere beteiligt sind.

c) Beschlüsse.

v. Tuhr II 1, S. 232f.; Ruth, ZHR. 88, 477f.; Heck, Festschr. f. Gierke 1911, 319. Bartholomeyczik, die Anfechtung der Stimmabgabe zum Körperschaftsbeschluß, ZivA. 144 (1938) 287f.

Sie kommen vor bei Vereinen, Gesellschaften, Gemeinschaften. Die Beteiligten geben auch hier gleichläufige Erklärungen ab, die aber hinauslaufen auf die Bildung eines einheitlichen, für die Gemeinschaft maßgebenden Willensinhalts. Anders als beim Gesamtakt genügt hier meist, daß die Mehrheit (nicht alle) übereinstimmende Erklärungen abgibt. Die besondere Rechtswirkung des Beschlusses (im Gegensatz zum Gesamtakt) besteht darin, daß er die Schicksale der Vereinigung maßgebend bestimmt. Der Beschluß ist eine der Formen, in denen die Gesamtpersönlichkeit ihren Gesamtwillen betätigt.

Der Beschluß gestaltet aber nur die inneren Rechtsverhältnisse der betr. Personengemeinschaft. Ein Vertrag mit einem Dritten kann durch ihn nicht zustande kommen; der Beschluß schafft lediglich die Grundlage für eine entsprechende Erklärung des Vertreters der Personengemeinschaft Dritten gegenüber. Z. B. die Mitglieder eines Vereins beschließen, daß der Vereinsbeitrag erhöht, die Satzung geändert, ein Vereinshaus gekauft oder gemietet werden solle usw.

Die Herausarbeitung einer besonderen Kategorie des Beschlusses ist erfolgt, um ihm eine seiner Eigenart entsprechende besondere Behandlung zuteil werden zu lassen: Ermöglichung der Mehrheitsbildung, Unanfechtbarkeit des Beschlusses als solchen wegen Willensmangels (§ 119f.), Anfechtbarkeit nur der einzelnen Stimmabgabe, kurz entsprechende Anwendung der Vorschriften über Rechtsgeschäfte. Vgl. KG OLG. **15** 324 (Mitwirkung Minderjähriger). BGH **14** 267.

d) Vereinbarung. Endlich wird neuerdings der Versuch gemacht, als eine besondere Art eines mehrseitigen Geschäfts neben den Beschluß noch die Vereinbarung zu stellen, um dadurch z. B. die Gründung des Vereins, genau die Festsetzung der Vereinsstatuten, zu erklären (vgl. v. Tuhr II 1 S. 237). Von der Vereinbarung als Rechtsquelle ist bereits oben (§ 3 II 4 dieses Buches) die Rede gewesen. Der Unterschied der Vereinbarung zum Vertrag wird darin gefunden, daß die Parteien der Vereinbarung sich nicht als Träger entgegengesetzter Interessen gegenüberstehen und auch nicht inhaltlich verschiedene, sondern inhaltlich gleiche Erklärungen abgeben. Vom Beschluß unterscheidet sich die Vereinbarung dadurch, daß sie überhaupt erst die Rechtsgrundlage für die Bildung eines gemeinschaftlichen Willens schafft.

Die Anerkennung der Vereinbarung als einer besonderen privatrechtlichen Kategorie hat nur dann Wert, wenn man in ihr einen besonderen Entstehungsvorgang für autonomes Satzungsrecht erblickt. Das kann zwar nicht dazu führen, in ihr eine eigene Rechtsquelle zu erblicken, aber doch dazu berechtigen, eine besondere Kategorie der normsetzenden erklärten Willensübereinstimmung mehrerer Personen oder Verbände herauszuarbeiten. Wenn es z. B. richtig ist, daß die Tarifgemeinschaften mit autonomer Satzungsbefugnis ausgestattet sind, dann empfiehlt es sich allerdings, die normensetzende Willensübereinstimmung der Tarifvertragsparteien in Gegensatz zum Vertrag zu stellen, der das Unterworfensein der Verbandsmitglieder unter die Tarifnormen lediglich aus dem Gesichtspunkt der lex contractus erklären würde. Entsprechendes gilt für die Vereinsautonomie und die Vereinsgründung. Erkennt man dagegen eine derartige Autonomie nicht an, hat es keinen Zweck, den Begriff des Vertrags durch das Erfordernis zu verengen, daß sich seine Parteien als Träger entgegengesetzter Interessen gegenüberstehen und inhaltlich verschiedene WE. abgeben müssen: dann wäre die Vereinbarung nur als eine besondere Art des Vertrages zu bezeichnen — oder es würde sich der Abschluß eines Tarifvertrages bzw. die Vereinsgründung als ein schöpferischer Konstitutivakt unter den Begriff des Gesamtaktes bringen lassen.

e) Der faktische Vertrag ist eine von Günther Haupt in die Rechtslehre eingeführte gefährliche Begriffsbildung.

Haupt (Über faktische Vertragsverhältnisse, 1941) versteht darunter Sonderverbindungen, die von der Rechtsprechung so behandelt werden oder behandelt werden müßten, wie wenn sie durch einen fehlerfreien Vertrag begründet worden wären. Er zählt drei Gruppen auf: a) solche aus sozialem Kontakt, die heute meist aus dem Gesichtspunkt des Verschuldens beim Vertragsschluß gelöst würden; b) solche, deren konstituierendes Element die Einordnung in ein Gemeinschaftsverhältnis bilde (faktische Gesellschaft und faktisches Arbeitsverhältnis) und c) solche kraft sozialer Leistungsverpflichtung (wie z. B. Straßenbahnfahrt, Inanspruchnahme eines Versorgungsbetriebs u. dgl.).

Der Begriff vereinigt eine Reihe vertragsähnlicher Sonderverbindungen, die den durch fehlerfreien Vertrag geknüpften Parteibeziehungen im Wege vorsichtiger Analogie gleichgestellt werden dürfen. Schon die Römer haben derartige Fälle unter dem Gesichtspunkt des Quasikontrakts z. T. mit Kontraktswirkungen ausgestattet, wie z. B. die Geschäftsführung ohne Auftrag. Der Begriff des faktischen Vertrags ist aber eine gefährliche Bildung, weil die unter ihm zusammengefaßten Fälle nur durch eine Verneinung tatbestandlich zusammengehalten werden — es fehlt als Grundlage ein fehlerfreier Vertrag —, weil aber ihre analoge Ausstattung mit Vertragswirkungen aus ganz verschiedenen Rechtfertigungsgründen geboten ist. Von der Klarstellung dieses Rechtfertigungsgrundes hängen Art und Maß der Gleichbehandlung entscheidend ab. Die Ausstattung der Tatbestände mit Vertragswirkungen darf also niemals die Wirkungen des gültigen Vertrags einfach kopieren.

Vgl. Heinr. Lehmann, DogmJ. 90 (1943) 121f. u. NJW. 1958, 1; Siebert, Die faktische Gesellschaft in Hedemann-Festschr. 1938, 266 u. Faktische Vertragsverhältnisse, 1958. Wieacker, ZAkDR. 1943, 33; Wolff, Faktische Vertragsverhältnisse, NJW. 1953, 1250; Larenz, Schuldrecht I § 4 II. A. Blomeyer, Schuldr. 109; Spies, ZAkDR. 1943, 170. Betti, Über sog. faktische Vertragsverhältnisse, Festschr. f. H. Lehmann z. 80. Geburtstag, 253f. Simitis, Die faktischen Vertragsverhältnisse 1957; Esser AcP 157, 86. Ballerstedt AcP 157, 117.

Namentlich entbehrt die Ableitung aus „sozialem Kontakt" der erforderlichen Konkretisierung. Die Larenzsche Formel „Schuldverhältnisse aus sozialtypischem Verhalten" (S. 59) ist zwar besser, aber immer noch nicht konkret genug. Der Kontakt muß zur Begründung einer schuldrechtsähnlichen Sonderverbindung führen, indem jemand in die Rechtssphäre eines anderen als dessen Geschäftsführer eingreift oder indem eine Person oder Rechtsgüter der von einem anderen beherrschten Rechtssphäre anvertraut werden; vgl. Siebert bei Soergel (8) zu § 242, S. 575.

Abgesehen vom Eintritt in die Vertragsverhandlungen (unten S. 215f.) sind solche Sonderverbindungen z. B. anzuerkennen bei gewissen öffentlichrechtlichen Verhältnissen und bei ohne Leistungszusage abgegebenen Gefälligkeitsversprechen. Auch aus einem Vertrag können sich u. U. solche schuldrechtlichen Fürsorge- und Erhaltungspflichten zugunsten Dritter ergeben, die ihre Rechtsgüterwelt auf Grund des Vertrages der Obhut und Fürsorge eines Vertragspartners anvertrauen.

Die Problematik der zweiten Gruppe Haupts ergibt sich aus dem sozialen Charakter und der Bedeutung gewisser Gemeinschaftsverhältnisse, wie Gesellschaft und Arbeitsverhältnis, deren Begründung nach der Anordnung des Gesetzes zwar einen Vertrag voraussetzt, dessen Verwirklichung aber so stark in die Sozialsphäre eingreift, daß die Rechtsfolgen und Rechtspflichten, die sich aus der Verwirklichung normalerweise ergeben, nicht mehr allein durch Anknüpfung an den Vertragswillen der Beteiligten bestimmt werden können, sondern nur auf Grund objektiver Würdigung dieser Betätigung in der Sozialsphäre. Das hat zu der Erkenntnis geführt, daß wir aus Gründen der Rechts- und Verkehrssicherheit eine Gesellschaft, wenn sie einmal tatsächlich in Vollzug gesetzt ist, nicht mehr wegen jeglichen Errichtungsmangels, der nach allgemeinem Vertragsrecht Nichtigkeit oder Anfechtbarkeit zur Folge hat, als niemals vorhanden gewesen behandeln dürfen. Ihre soziale Bedeutung in Verbindung mit ihrer tatsächlichen Verwirklichung nötigt zu einer Beschränkung der Nichtigkeits- und Anfechtungsfolgen; Folgerungen aus ihren Errichtungsmängeln können grundsätzlich nur für die Zukunft gezogen werden; vgl. BGH. 11, 190. Entsprechendes gilt für den Arbeitsvertrag. Soweit die Arbeit tatsächlich geleistet worden ist, dürfen die Unwirksamkeitsfolgen nur für die Zukunft gezogen werden; vgl. Enneccerus-Lehmann, Schuldrecht § 145 III 3.

Was endlich die dritte Gruppe Haupts angeht, so handelt es sich um das sogenannte Gebiet der Daseinsvorsorge, die zu den typischen öffentlichen Aufgaben gehört, aber mit Mitteln des Privatrechts erfüllt wird. Die notwendig kollektive Form der Daseinsvorsorge gestattet keine Rücksichtnahme auf die Wünsche des einzelnen. Der einzelne ist auf die Inanspruchnahme dieser Einrichtungen vielfach angewiesen — Benutzung der Beförderungsbetriebe, eines Parkplatzes, Versorgung mit Wasser, Elektrizität u. dgl.; er muß sich den Tarifen dieser Betriebe unterwerfen. Hier soll nach Haupt und Larenz bereits die tatsächliche Benutzung des Betriebes eine vertragliche Beziehung herstellen, die durch bloßes sozialtypisches Verhalten begründet werde. Der BGH 21, 319 hat sich dieser Ansicht für die Benutzung eines Parkplatzes leider angeschlossen. Diese Lehre mißachtet ohne hinreichende Begründung den in der Inanspruchnahme einer solchen Versorgungseinrichtung gelegenen Erklärungswert des tatsächlichen Verhaltens, das normalerweise auch auf die Rechtswirkung der Unterwerfung unter den Tarif gerichtet ist. Larenz sieht sich denn auch (NJW 1956, 1898) genötigt, auch auf die subjektive Seite einzugehen und gewisse Mindesterfordernisse für die Fähigkeit zur wirksamen Vornahme des sozialtypischen Verhaltens aufzustellen, die er Kindern und Geisteskranken abspricht, aber Minderjährigen zuspricht, was zu der widerspruchsvollen Lösung führt, daß Minderjährigen, deren Reife zum freien Aushandeln lästiger Vertragsbedingungen vom Gesetz verneint wird, die Reife zugesprochen werden muß, sich lästigen Vertragsbedingungen zu unterwerfen, die sie nicht kennen und auf deren Gestaltung sie keinerlei Einfluß haben. Auch wo die Lehre zu einem richtigen Ergebnis führt, ist sie gänzlich unnötig, um dieses zu begründen. Sie übersieht, daß eine ausdrückliche Ablehnung der tarifmäßigen Bedingungen als unzulässige Verwahrung auch nach der herrschenden Vertragslehre bedeutungslos ist, und übersieht außerdem, daß die Verpflichtung zur Zahlung des tarifmäßigen Entgelts sich ohne Vertragsschluß schon aus dem Gesichtspunkt der ungerechtfertigten Bereicherung begründen läßt; vgl. Nipperdey (MDR 57, 129f. und A. Blomeyer (MDR 57, 153) sowie Heinrich Lehmann, NJW 1958, 1f.

Sie berücksichtigt endlich nicht, daß bei einer Inanspruchnahme einer Versorgungseinrichtung der kollektiven Daseinsvorsorge zwischen Abschluß- und Gestaltungsfreiheit unterschieden werden muß. Die kollektive Regelung läßt die Abschlußfreiheit bestehen und schließt nur die individuelle Gestaltungsfreiheit aus, gibt also keinen Anlaß, die Kategorie des Vertrags über Bord zu werfen, sondern nötigt nur zu einer Einschränkung der Anwendbarkeit der Vorschriften über die Willensmängel. Ihre Anwendbarkeit ist ausgeschlossen, soweit die individuelle Aushandlung der Vertragsbedingungen durch die Kollektivregelung ersetzt wird und soweit die Versorgungsleistung durchgeführt worden ist. Nicht die Inanspruchnahme der Versorgung, sondern die erfolgte Befriedigung der Versorgungsbedürfnisse muß die Berufung auf Willensmängel ausschließen.

II. Nach Zweck und Inhalt zerfallen die Rechtsgeschäfte in:

a) Rechtsgeschäfte unter Lebenden und von Todes wegen. Jene wollen den Rechtskreis einer noch vorhandenen lebenden Persönlichkeit beeinflussen, dem Verkehr zwischen verschiedenen Rechtskreisen dienen, Güterverschiebungen vorbereiten und durchführen — diese wollen erst nach dem Tode des Erklärenden wirken, das spätere Schicksal seines Vermögens bestimmen, es zur Aufteilung bringen.

Bei diesen fallen deshalb die Rücksichten auf die Verkehrssicherheit weg; der wahre Wille des Erklärenden kann in vollem Umfang berücksichtigt werden — andererseits sind sie formbedürftig.

b) Schuldrechtliche, dingliche, familienrechtliche, erbrechtliche Rechtsgeschäfte — je nach der Art des durch sie begründeten Rechtsverhältnisses.

Scharf zu scheiden ist namentlich die sachenrechtliche „Einigung" über den unmittelbaren Eintritt einer dinglichen Rechtsänderung (z. B. 929, 873, 925) von dem schuldrechtlichen Vertrag, wodurch die Verpflichtung zum demnächstigen Abschluß einer solchen Einigung begründet wird (433, 313).

c) Vermögensrechtliche und personenrechtliche Geschäfte, je nachdem sie sich auf das Vermögen beziehen oder nicht. Verlöbnis, Eheschließung, Annahme an Kindes Statt sind z. B. personenrechtliche Geschäfte; Kauf, Miete, Darlehen vermögensrechtlicher Natur. Die vermögensrechtlichen Geschäfte teilt man weiter ein in:

α) Entgeltliche oder unentgeltliche, je nachdem der Vorteil, den sie dem Erwerber bringen, auch ein Gegenopfer von ihm fordert (Kauf, Miete) oder ihm ein reiner Vorteil auf Kosten des andern verschafft wird (Schenkung).

Oertmann, Entgeltl. Geschäfte 1912; Haymann, DogmJ. **56** 86ff.; Liebisch, Das Wesen der unentgeltlichen Zuwendungen unter Lebenden im bürgerl. R. u. Reichssteuerrecht 1927.

Der Unentgeltlichkeit des Erwerbs tut es keinen Eintrag, wenn dem Erwerber eine Leistung auferlegt ist, die nicht als Gegenwert des erworbenen Vorteils erscheint, sondern nur als eine Verminderung des Werts der Zuwendung. Hier spricht man von Auflage (525, 1940, 2192). Ein Gelehrter setzt seinen Neffen, der Gutsbesitzer ist, zum Erben ein mit der Auflage, seine Bücher der Universitätsbibliothek zu schenken.

Auf der anderen Seite ist zur Annahme eines entgeltlichen Geschäfts nicht notwendig, daß der Gegenwert dem erlangten Vorteil gleichkommt, es genügt, daß er nach dem Willen der Parteien als Gegenleistung gedacht ist. Davon kann man selbstverständlich bei einer in der Form des Kaufs vorgenommenen Schenkung nicht mehr reden.

Eine Unterart der entgeltlichen Geschäfte sind die partiarischen, d. s. Verträge, durch die sich jemand zu einer Leistung (z. B. Diensten Darlehnshingabe) verpflichtet gegen einen Anteil an dem Gewinn, den der Vertragsgegner macht (Tantieme u. dgl.). Vgl. Crome, Die partiarischen Geschäfte, 1897.

β) Zuwendungen oder sonstige Geschäfte, je nachdem durch das Geschäft das Vermögen eines andern bereichert wird (Darlehen, Kauf, Miete, Übereignung usw.) oder nicht (Eigentumsaufgabe, Vollmachterteilung). Die Zuwendungen wiederum werden in zwei Gruppen geschieden: die abstrakten und die kausalen Geschäfte, je nach dem Einfluß der Geschäftszwecke auf die Gültigkeit und den Bestand des Geschäfts.

III. Abstrakte und kausale Geschäfte insbesondere.

Bähr, Die Anerkennung als Verpflichtungsgrund (3) 1894; Lenel, ArchZivPr. **74** 230ff.; **79** 62ff.; Jung, Bereicherungsansprüche, 1902; Klingmüller, Der Begriff des Rechtsgrundes, 1903, u. Ztschr. f. HR. **52** 152; Rümelin, ArchZivPr. **97** 211; **98** 152; v. Tuhr, Zur Lehre von d. abstrakten Schuldverträgen, 1903; Neubecker, ArchBürgR. **22** 34ff.; Stampe, Das Kausalproblem, 1904; Brütt, Die abstrakte Forderung, 1908; Stampe, Wertbewegungslehre, T. I, 1912; Henle, Allg. T., S. 145ff.; v. Tuhr, Allg. T. II 2, S. 49ff.; Locher, RvglHdwb. II 614; Cohn, ZivA. N.F. **15** 67f.; Breyhan, Abstrakte Übereignung und Parteiwille i. d. Rsprchg. 1929; Heck, Das abstrakte dingl. Rgeschäft, 1937; H. Lange AcP. 146, 28; 148, 188 u. Allgem. Teil, § 41 V; Wolff-Raiser § 38 II; Westermann § 4 III; Nolte, Zur Reform der Eigentumsübertragung, 1941.

1. Die Tatsachen.

a) Der ganze Gegensatz ist nur bedeutsam für das Gebiet der Zuwendungen, also der Rechtsgeschäfte und Handlungen, durch die jemand auf seine Kosten einem andern einen Vermögensvorteil verschafft (namentlich Verfügungen und Übernahme von Verpflichtungen, aber auch z. B. Arbeitsleistungen für andere).

b) Zuwendungen erfolgen im Leben nicht um ihrer selbst willen, d. h. nur um ihren unmittelbaren Erfolg herbeizuführen: die Bereicherung des Empfängers. Kein vernünftiger Mensch macht einen andern auf seine Kosten reicher, ohne einen Zweck (d. h. die Erreichung eines weiteren Erfolgs) damit zu erstreben. Die Vorstellung dieses hinter der Zuwendung stehenden Zwecks ist der Beweggrund zur Vornahme der Zuwendung. Dieser erste Zweck kann selber wieder als Mittel zur Erreichung eines weiteren Zweckes gewollt sein und so fort, immer in der Art, daß die Vorstellung des entfernteren Zweckes der Beweggrund für das Setzen des näheren Zweckes ist, der als Mittel zur Erreichung des entfernteren dienen soll.

A gibt B 100 Mark, um sie ihm zu übereignen (Zuwendung) — um B unentgeltlich reicher zu machen (erster hinter der Vermögensverschaffung stehender, für den rechtlichen Charakter der Zuwendung maßgebender Erfolg, nämlich Schenkungserfolg) —, um dem B seine Dankbarkeit für die Ablieferung einer verlorenen Uhr zu betätigen (zweiter Erfolg) —, um das durch die Vorstellung unbetätigter Dankbarkeit hervorgerufene Unlustgefühl in ein Lustgefühl zu verwandeln (als letzten Zweck jeder menschlichen Handlung kann man ansehen die Aufhebung des Unlustgefühls, das durch die Vorstellung des Unterbleibens der Handlung hervorgerufen wird).

c) Die mit einer Zuwendung verfolgten Zwecke sind nun freilich nicht gleichwertig. Manche sind rein persönliche (subjektive) Zwecke, wie z. B. die Betätigung der Dankbarkeit durch eine Schenkung — diese kann auch aus Mitleid, aus Spekulations- oder Reklamerücksichten usw. erfolgen.

Gewisse nächste allgemeine Zwecke lassen sich aber bei jeder Zuwendung unterscheiden, sie sind typische Verkehrszwecke (Lenel), deren einen oder anderen jede Zuwendung verfolgen muß. Es sind die mit der Zuwendung erstrebten Rechtserfolge, die den rechtlichen Charakter der Zuwendung und die für sie maßgebenden Rechtssätze bestimmen. Mit einer aus dem römischen Recht stammenden Bezeichnung nennt man sie causa. Entweder wird die Zuwendung gemacht, um einen Gegenwert (Gegenleistung, Forderung auf Rückgabe, Regreßforderung) zu erlangen — causa credendi, besser acquirendi — oder sie wird gemacht, um Befreiung von einer Verbindlichkeit zu erlangen — causa solvendi — oder um einen andern unentgeltlich reicher zu machen — causa donandi. Wenn diese Einteilung auch nicht erschöpfend ist, so sind damit doch die wichtigsten causae aufgezählt.

Causa ist also der übliche (typische), mit einer Zuwendung verfolgte Verkehrszweck, der mittelbare mit ihr erstrebte Rechtserfolg.

d) Die Rechtsordnung führt den mit der Zuwendung erstrebten mittelbaren Rechtserfolg regelmäßig nur herbei, wenn er zwischen dem Zuwendenden und Empfänger vereinbart wurde; es ist also eine Vereinbarung der causa notwendig (sog. Kausalgeschäft). Auch der Schenkzweck muß vereinbart werden, die Schenkung ist Vertrag, 518. Doch ist bei Zuwendungen durch einseitiges Geschäft in gewissen Fällen auch die einseitige

Zwecksetzung als wirksam anerkannt; so bei der Auslobung, der Stiftung und der Erfüllung, falls die Annahme der Leistung unnötig ist, wie bei der Unterlassungspflicht (vgl. v. Tuhr II 2 S. 81).

e) Nicht immer läßt sich der mit einer Zuwendung verfolgte Zweck erreichen, sei es, daß sich die Beteiligten nicht über ihn geeinigt haben (A gibt B 100 Mark darlehnsweise, B nimmt sie als Geschenk an), sei es, daß der Erreichung andere Hindernisse entgegenstehen (B nimmt z. B. das Geld darlehnsweise, ist aber minderjährig).

Das Bedürfnis des Zuwendenden geht hier auf möglichste Berücksichtigung seiner nicht verwirklichten Zwecke. Es leuchtet aber ein, daß die ganze Rechtssicherheit gefährdet wäre, wenn jede Nichtverwirklichung eines rein persönlichen Zwecks oder — was dasselbe wäre — jeder Irrtum im Beweggrund — dem Zuwendenden die Möglichkeit gäbe, seine Zuwendungen als nichtig darzulegen oder anzufechten. Das Bedürfnis des Zuwendungsempfängers und seiner etwaigen Sondernachfolger verlangt möglichste Aufrechterhaltung der Zuwendung. Die Aufgabe der Rechtsordnung ist es, eine gerechte Lösung für diesen Bedürfnisgegensatz zu finden.

2. Die rechtliche Bedeutung der mit der Zuwendung verfolgten Zwecke.

a) Die rein persönlichen (subjektiven) Zwecke zweiter und dritter Ordnung werden grundsätzlich überhaupt nicht berücksichtigt.

Ausnahmen sind anerkannt:

α) soweit das Gesetz ausnahmsweise den Irrtum im Beweggrund berücksichtigt, 119 II (Irrtum über verkehrswesentliche Eigenschaften), 123 (Anfechtbarkeit wegen arglistiger Täuschung und widerrechtlicher Drohung), 779 (Irrtum über die feste Vergleichsgrundlage), 2078 II (Motivirrtum des Testators);

β) wenn die Wahrheit oder Verwirklichung einer bestimmten Vorstellung als Bedingung vereinbart worden ist für die Rechtswirksamkeit der Zuwendung, siehe § 35 dieses Buches;

γ) wenn die Vorstellung vom Vorhandensein, Bestehenbleiben oder Eintritt gewisser Umstände für eine Partei von ausschlaggebender Bedeutung war und das dem anderen Teil erkennbar geworden ist, wenn außerdem die grundlegende Bedeutung dieser Vorstellung im äußeren Tatbestand des abgeschlossenen Geschäfts erkennbar hervortritt, ist bei Nichtvorhandensein, Wegfall, Verschiebung oder Nichteintritt dieser Umstände ein Rücktrittsrecht für den dadurch beschwerten Vertragsteil unter gewissen Voraussetzungen begründet — zum Vertragsinhalt erhobene Voraussetzung, neuerdings von Oertmann Geschäftsgrundlage genannt, vgl. § 35 dieses Buches.

b) Berücksichtigt wird dagegen der verkehrsübliche (objektive, typische) Geschäftszweck der Zuwendung (der erste hinter ihr stehende Zweck), der mittelbare mit ihr erstrebte Rechtserfolg:

α) Bald macht das Gesetz das Wirksamwerden der Zuwendung von der Verwirklichung der causa und — soweit es sich nicht um eine Zuwendung durch einseitiges Rechtsgeschäft, wie z. B. die Auslobung, handelt — auch von einer gültigen Vereinbarung über die causa abhängig. Man spricht von kausalen Geschäften (so meist bei den Verpflichtungsgeschäften). Hier wird der Geschäftszweck durch das Gesetz zu einem Teil des die Zuwendung enthaltenden Rechtsgeschäftes erhoben.

Der Verkäufer verpflichtet sich zur Übereignung der Ware, um die Gegenverpflichtung des Käufers zur Zahlung des Kaufpreises einzutauschen. Kommt darüber keine gültige Einigung zustande, ist die Verpflichtung des Käufers (wegen Minderjährigkeit, Geistesstörung usw.) unwirksam, so wird auch der Verkäufer nicht verpflichtet. Der Darlehnsnehmer verpflichtet sich zur Rückzahlung des Darlehns in Erwartung der Auszahlung; erfolgt diese nicht, so wird auch seine Verpflichtung nicht wirksam.

β) Bald verselbständigt die Rechtsordnung die Zuwendung, macht ihr Wirksamwerden von der causa unabhängig, streicht diese aus dem Tatbestand des Zuwendungsgeschäfts, abstrahiert von ihr. Man spricht von abstrakten Geschäften (so bei den Verfügungsgeschäften).

A übereignet dem B ein Buch kaufweise, B nimmt es schenkweise an — B wird trotz der fehlenden Einigung über die causa Eigentümer. A tritt eine Forderung auf Grund ungültigen Kaufvertrages ab — die Abtretung ist gültig!

Durch die Verselbständigung der Verfügungen wird die unmittelbare Güterverschiebung in weitgehendem Maße gegen Angriffe auf ihren Bestand geschützt, die Rechtslage gegenüber der Allgemeinheit gesichert und die Stellung des Erwerbers gestärkt, da er sich zum Nachweis des Rechtserwerbs auf die Zuwendung beschränken kann.

Freilich muß für den Fall, daß eine gültige Vereinbarung über die causa nicht zustande gekommen ist oder die causa sich nicht verwirklicht oder wieder wegfällt (z. B. durch Anfechtung des Kaufvertrags, auf Grund dessen das Eigentum übertragen ist), dem Zuwendenden ein Ausgleich geboten werden.

Denn von der Warte einer ausgleichenden Gerechtigkeit aus gesehen, hat der Empfänger auf seine Kosten einen zwar gültigen, aber nicht gerechtfertigten Vermögenszuwachs erfahren. Deshalb wird dem Zuwendenden (dem Entreicherten) ein schuldrechtlicher Anspruch auf Herausgabe dieser ungerechtfertigten Bereicherung (812) gegen den Empfänger der Zuwendung (den Bereicherten) gegeben. Der Bereicherungs-(Kondiktions-)Anspruch will die Wunde heilen, die das Gesetz durch die Verselbständigung der Verfügung (die Abstraktion) geschlagen hat.

Der große Vorteil dieser schon von den Römern gefundenen Lösung besteht also in einer Sicherung der Rechtslage gegenüber der Allgemeinheit unter gleichzeitigem Ausgleich der Nachteile, die damit für den Zuwendenden verbunden sind. Indem diesem nur ein schuldrechtlicher Bereicherungsanspruch gegen den unmittelbaren Empfänger der Zuwendung gegeben wird, wird das Geschäft rückgängig gemacht nur zwischen den Parteien, bei denen die causa Not leidet, im übrigen behält die Zuwendung Bestand.

A hat seine Bücherei verkauft (433) und nach 929 übereignet. Nunmehr ficht er den Kaufvertrag an und beseitigt damit die causa der Übereignung (142 I). Jetzt kann er von B Herausgabe der Bereicherung verlangen. Hat B die Bücher noch, so muß er sie zurückübereignen, hat er sie schon an C kaufweise zu Eigentum weiter übertragen, so hat er nach 818 den Wert zu ersetzen. Dagegen kann A sich grundsätzlich nicht an C halten, der überhaupt nicht auf seine (des A) Kosten ungerechtfertigt (grundlos) bereichert ist, sondern die Bücher auf Grund eines wirksamen Kaufs von B erhalten hat.

γ) Würdigung. Die Zerlegung der natürlichen Einheit des zweckstrebenden Zuwendungswillens in eine rechtstechnische Zweiheit — Grund- oder Kausalgeschäft auf der einen, Vollzugsgeschäft auf der andern Seite — birgt freilich auch gewisse Gefahren in sich. Die starre Durchführung des Grundsatzes, daß das Vollzugsgeschäft von der Unwirksamkeit des Grundgeschäfts unberührt bleibt, führt namentlich dann zu lebensfremden, dem natürlichen Rechtsgefühl widersprechenden Entscheidungen, wenn das Grundgeschäft wegen eines Verstoßes gegen die guten Sitten nichtig ist. Das Reichsgericht hat gleichwohl wiederholt ausgesprochen, „daß die Unsittlichkeit des schuldrechtlichen Grundgeschäfts regelmäßig nicht die Nichtigkeit des dinglichen Erfüllungsgeschäfts nach sich zieht" (RG. **109** 202), weil ein dinglicher Vertrag lediglich eine unmittelbare Rechtsänderung zum Gegenstand habe und deshalb seinem Inhalt nach keinesfalls unsittlich sei; er könne allenfalls auf einem unsittlichen Beweggrund beruhen, der ihm aber für sich allein den Stempel der Unsittlichkeit nicht aufzudrücken vermöge. Daß die Unsittlichkeit der causa den Eigentumsübergang nicht hindere, ergebe sich aus 817, der davon ausgehe, daß das Geleistete trotz eines unsittlichen Zwecks ins Vermögen des Empfängers übergegangen sei (RG. **63** 184; **68** 100; **75** 74; **109** 202).

Verkauft z. B. A dem B ein Grundstück, worin ein Bordell betrieben worden ist und weiter betrieben werden soll, zu einem über den Wert des Grundstücks (50000 M) hinausgehenden Kaufpreis von 80000 Mark, so ist der Kaufvertrag nach 138 unsittlich und nichtig. B wird gleichwohl auf Grund der Auflassung und Eintragung ins Grundbuch Eigentümer. Bestellt er dem A für die nicht bar gezahlte Restkaufpreisordnung von 30000 Mark eine Hypothek, so kann A weder den Restkaufpreis aus dem Kauf einklagen noch die Hypothek geltend machen, da diese — mangels einer unterliegenden wirksamen Forderung — dem B als Eigentümergrundschuld zusteht (1163). A kann aber auch nicht im Wege der Bereicherungsklage gegen B vorgehen, weil nicht bloß B durch die Annahme der Leistung (Übereignung) gegen die guten Sitten verstoßen hat, sondern auch A durch ihre Bewirkung (817, 2). Folglich behält B das Grundstück für 50000 Mark (RG. **75** 74; **78** 45 und 285).

Anders, wenn A sich eine Grundschuld vom Käufer bestellen läßt. Da diese keine Forderung voraussetzt (1191), erwirbt er sie gültig (RG. **73** 143) und kann im Hinblick auf 817, 2 BGB. auch nicht zum Verzicht auf sie gezwungen werden.

Daß durch eine derartige Rechtsprechung das Vollzugsgeschäft wegen seiner „abstrakten" Natur jenseits von Gut und Böse gestellt wird, will der gesunden, unbefangenen Anschauung nicht einleuchten. Die abstrakte Natur scheint hier über ihren berechtigten Zweck hinaus festgehalten. Das machen folgende Überlegungen klar:

Es wird z. B. anerkannt, daß ein Willensmangel, wie z. B. der Irrtum, der dem Kausalgeschäft anhaftet, unter Umständen auch das Vollzugsgeschäft tatsächlich ergreifen kann. Ein Irrtum des Verkäufers, der die Anfechtbarkeit des Kaufvertrages begründet (z. B. über eine verkehrswesentliche Eigenschaft des Kaufgegenstandes), braucht zwar nicht notwendig auch das Erfüllungsgeschäft zu ergreifen (der irrende Verkäufer erfährt z. B. vor der Übereignung den Anfechtungsgrund). Regelmäßig wird der Irrtum aber — wegen des engen natürlichen Zusammenhangs des Zwecksetzungs- und Vollzugsgeschäfts — auch noch für den Abschluß des Übereignungsgeschäfts kausal sein und dann auch dessen Anfechtung erlauben (vgl. § 27 III dieses Buches).

Demgegenüber muß es stark befremden, daß der unsittliche, also von der Rechtsordnung scharf gemißbilligte Zweck des Kausalgeschäfts unter keinen Umständen das Vollzugsgeschäft berühren soll, um so mehr, als nach der Rechtsprechung des RG. (**57** 95; **75** 76; **93** 75; **109** 202) die Nichtigkeit eines nach § 138 II (wegen seines wucherischen Gepräges) nichtigen Geschäfts auch das zur Erfüllung des Vertrages eingegangene dingliche Rechtsgeschäft ergreift. Bei dem engen Zusammenhang von Kausal- und Vollzugsgeschäft entspricht der natürlichen Auffassung mehr die Annahme, daß ein dem Grundgeschäft anhaftendes widersittliches Wollen regelmäßig auch das Vollzugsgeschäft zu einem unsittlichen Vertrag stempelt — anstatt daß sich seine abstrakte Natur auch den Verboten der Moral gegenüber behauptet. Es will nicht einleuchten, daß ein rechtstechnisches Kunstmittel (Abstraktion) auf Kosten des sittlichen Empfindens ausgestaltet werden darf. Später hat das RG. **145** 152 die Nichtigkeit des Verfügungsgeschäfts dann angenommen, wenn die Gesetz- und Sittenwidrigkeit gerade im Vollzug zum Ausdruck kommt. Dadurch wird insoweit allerdings § 817 S. 2 ausgeschaltet. Das ist aber zu begrüßen, denn die Vorschrift ist überhaupt gesetzespolitisch verfehlt. Das erkennt auch RGRKomm. (§ 817, 6) an. Da in den meisten Fällen des Sittenverstoßes oder der Zuwiderhandlung gegen ein Verbotsgesetz schon der kausale Vertrag nichtig ist, ergibt sich ein Bereicherungsanspruch bereits aus § 812 und besteht kein Bedürfnis für eine besondere Kondiktio wegen verwerflichen Empfanges. Vor allem widerspricht die Versagung der Kondiktio wegen eines gleichzeitigen Verstoßes des Gebers dem heutigen Rechtsgefühl. Ihm will nicht einleuchten, daß der Vorleistende bei beiderseitigem Verstoß auf eigene Gefahr handelt und sich gefallen lassen muß, daß der Gegner unter Berufung auf § 817, 2 die Leistung behält und die Gegenleistung verweigert. Das heutige Gerechtigkeitsempfinden verlangt eine gleiche Behandlung beider Parteien und will sich mit dem römisch-rechtlichen Satz „in pari turpitudine melior est causa possidentis" nicht mehr beruhigen.

Infolgedessen ist die Beseitigung des § 817 anzustreben. § 814, der die Kondiktio bei Kenntnis des Nichtbestehens einer Verpflichtung versagt, müßte freilich entsprechend geändert werden. Einstweilen ist aber die Vorschrift des § 817 zu respektieren. Die Folgen der Unabhängigkeit des abstrakten Geschäfts vom Kausalgeschäft lassen sich aber mildern, wenn man betont, daß die Parteien das abstrakte Vollzugsgeschäft grundsätzlich auch von der Wirksamkeit des Kausalgeschäfts abhängig machen können, indem sie dessen Wirksamkeit zur Bedingung machen — und daß die Annahme einer solchen stillschweigenden Bedingung namentlich da angezeigt ist, wo beide Geschäfte als Teile eines einheitlichen Rechtsgeschäfts vorgenommen werden, § 139. Wo die Vollzugsleistungen nichtig sind, ist aber für ihre Kondiktion nach § 817 kein Raum. Zu beachten bleibt freilich, daß die Auflassung keine Bedingung verträgt. Vgl. unten § 27 III. Weiterhin wird der Versuch gemacht, das Anwendungsgebiet des § 817 S. 2 einzuengen; das ist dadurch möglich, daß man diese Bestimmung als Ausdruck der allgemeinen Arglisteinrede und nicht als eine die allgemeine Geltung der §§ 242 und 157 durchbrechende Sondernorm ansieht; so RGRKomm. zu § 817 Anm. 3 u. OLG. Hamburg NJW. 1948, 625; vgl. im einzelnen Enn.-Lehmann (15) § 226. Dann kann man nämlich die Berufung auf S. 2 überall da mit der Arglisteinrede bekämpfen, wo die Versagung der Rückforderung zu einer ungerechtfertigten Bereicherung des durch eine Leistung Bereicherten führen müßte. Gegenüber Ansprüchen aus unerlaubter Handlung ist keine Berufung auf § 817 S. 2 BGB. zulässig; OLG. Düsseldorf, MDR. 1953, 231.

Bufe (AcP 157, 215f.) macht den Versuch, die Bedeutung des § 817, 2 dahin einzuschränken, daß sie nur ein Reurecht bei beiderseits erfülltem Vertrag ausschließen wolle, daß es aber, wenn einseitig vorgeleistet sei, bei der allgemeinen Regel verbleibe.

3. Übersicht über die abstrakten und kausalen Geschäfte.

a) Die Verpflichtungsgeschäfte sind grundsätzlich kausal. Das ist aber nachgiebiges Recht.

Es kann eine Verpflichtung durch besondere Vereinbarung auch als abstrakte begründet werden, dann ist freilich meist eine Form vorgeschrieben (780, 781, 784 II, 793). Zwingend abstrakt ist die Übernahme einer wechselmäßigen Verbindlichkeit.

b) Die Verfügungen sind grundsätzlich abstrakt. Auch das ist nachgiebiges Recht.

Man kann das Wirksamwerden einer Verfügung von der Verwirklichung des Zwecks dadurch abhängig machen, daß dieser in die Form einer Bedingung gekleidet wird. Notwendig abstrakt ist aber die Auflassung (925).

4. Im letzten Jahrzehnt sind die Angriffe gegen die abstrakte Gestaltung des Verfügungsgeschäfts ständig gewachsen und haben zur Forderung geführt, sie überhaupt zu beseitigen und durch die kausale (rechtsgrundabhängige) Verfügung zu ersetzen. Man hat darauf hingewiesen, daß der Veräußerer im Verhältnis zum Erwerber und dessen Gläubigern durch das Abstraktionsprinzip unbillig benachteiligt werde; denn im Konkurs des Erwerbers könne er den veräußerten Gegenstand nicht aussondern, sondern sei auf die Geltendmachung seines Bereicherungsanspruchs als Konkursforderung beschränkt. Ebensowenig könne er mangels eines die Veräußerung hindernden Rechts der Einzelpfändung durch einen Gläubiger des Erwerbers mit der Drittwiderspruchsklage nach § 771 ZPO. entgegentreten.

Auch im Verhältnis zu Dritten (dem Zweiterwerber usw.), deren Erwerb es erleichtere, sei es heute nicht mehr durch den Verkehrsschutz gerechtfertigt, weil das deutsche Recht — anders als das römische — den gutgläubigen Erwerb vom Nichtberechtigten anerkenne; vgl. §§ 932, 935, 892. Es sei also eine doppelte und deshalb unnötige Sicherung.

Dem wurde entgegengehalten, daß das Abstraktionsprinzip beim Kauf beide Teile, den Verkäufer und Käufer, gleich behandele. Beide sind bei nichtigem Kausalgeschäft auf Bereicherungsansprüche beschränkt, während bei kausaler Übereignung der Käufer benachteiligt würde, da er das Eigentum am Kaufpreis fast ausnahmslos verliere, weil dieser durch Vermischung (§ 948) ins Eigentum des Verkäufers übergehe. Weiter, daß der Veräußerer freiwillig den Gegenstand auf den Erwerber übertragen und damit eine Vertrauensgrundlage für die Gläubiger des Erwerbers geschaffen habe. Das schlägt freilich nicht durch, weil die Vollstreckungsgläubiger einen Anspruch nur auf Befriedigung aus dem Vermögen des Schuldners haben und weil im Verhältnis des Ersterwerbers zum Veräußerer diesem der Gegenstand gebührt, wie sein Bereicherungsanspruch beweist. Es würde sich empfehlen, diesen gegenüber den Gläubigern des Erwerbers mit Aussonderungskraft auszustatten.

Zum zweiten Bedenken wurde geltend gemacht, daß die kausale Gestaltung den Zweit- und Dritterwerber mit einer zu starken Prüfungspflicht belasten würde, so lange beim Fahrniserwerb grobfahrlässige Unkenntnis des mangelnden Rechtsgrundes den Erwerb ausschließe; vgl. § 932 II. Vor allem aber würde die Sicherheit und Klarheit des Grundbuchverkehrs erheblich leiden, da das Grundbuch weitaus häufiger unrichtig würde und dadurch zahlreiche Rechtsstreitigkeiten darüber ermöglicht würden, ob die während des Schwebezustandes bis zur Berichtigung des Grundbuchs begründeten Rechte kraft guten Glaubens wirksam entstanden seien oder nicht. Vormerkung oder Widerspruch böten nur einen unvollkommenen Schutz. Auch der Mieter eines Hauses werde fühlbar getroffen, wenn sich der mit dem Bucheigentümer geschlossene Mietvertrag als mit einem Nichtberechtigten geschlossen herausstellte.

Die gegen den Abstraktionsgrundsatz erhobenen Bedenken führten weiter zu der Grundfrage, ob man überhaupt an der rechtstechnischen Zerlegung des Veräußerungsvorgangs in zwei getrennte Rechtsgeschäfte, ein Verpflichtungs-(Rechtsgrund-)geschäft und ein davon getrenntes Erfüllungsgeschäft (Einigung) festhalten solle oder ob man sich nicht mit einer Verfügung durch Übergabe oder Buchung ohne Einigung begnügen könne. Gegen den Verzicht auf die Einigung spricht aber, daß deren Erfordernis auch den Veräußerer schützt; man denke an die Erfüllung durch einen Geschäftsunfähigen oder Geschäftsbeschränkten, an das Bedürfnis, die Verfügung bedingt zu treffen (Eigentumsvorbehalt) oder eine vorzeitige oder erzwungene Verfügung bei gültigem Grundgeschäft anzufechten und dergleichen mehr.

Soweit es sich um die Veräußerung beweglicher Sachen handelt, taucht das Bedenken auf, daß der Besitz, namentlich infolge der Zunahme der Sicherungsübereignungen und Eigentumsvorbehalte seine Bedeutung als Legitimationsmittel immer mehr verloren hat. Vgl. aus dem Schrifttum: Heck, Das abstrakte dingliche Rechtsgeschäft, 1937; Lange, ZivA. 146, 28f.; v. Caemmerer, Ztschr. ausl. PR. 38/39, 675f.; Brandt, Eigentumserwerb und Austauschgeschäft, 1940; Krusch, ZOsteuropR. VIII 24f.; Locher, Die Neugestaltung des Liegenschaftsr., 1942; Lange, ZivA. 148, 188f.; Bley, Ztschr. f. Zivilpr. 63, 145f.; Nolte, Zur Reform der Eigentumsübertragung, 1941; Süss, Das Traditionsprinzip — ein Atavismus des Sachenrechts, Festschr. für M. Wolff, 1952 S. 141f.

3. Kapitel

§ 26 Bestandteile des Rechtsgeschäfts

Manigk, HdwbRw. V 847f., 855; Michel, Die allgemeinen Geschäftsbedingungen als Vertragsbestandteil in der Rechtsprechung, 1932.

I. Bestandteile des Rechtsgeschäfts sind zunächst seine einzelnen Tatbestandsstücke: die Willenserklärung und die sonstigen Wirksamkeitsvoraussetzungen.

Enneccerus (Rgeschäft 489f., vgl. Enneccerus-Nipperdey, [13] §136 II B) hat namentlich darauf hingewiesen, daß zahlreiche Geschäfte zu ihrem Bestand neben der Willenserklärung noch einen realen Vorgang (v. Tuhr) bzw. die Herbeiführung einer Rechtswirkung (Vorwirkung) erfordern, die dann im Zusammenhang mit der Willenserklärung die gewollte Endwirkung hervorruft. Das Darlehn erfordert neben den Willenserklärungen der Vertragschließenden den Eigentumsübergang der vertretbaren Sachen. Man spricht von Realgeschäften. — Andere Geschäfte erfordern die Mitwirkung einer Behörde, wie z. B. die Eheschließung die des Standesbeamten (1317 jetzt EheG.).

II. Man kann aber auch die Willenserklärung selbst noch in weitere Bestandteile zerlegen, sofern sie überhaupt logisch unterscheidbare Bestimmungen enthält. Diese Zerlegung geht von der Beobachtung aus, daß sich das Rechtsleben in gewissen regelmäßigen Geschäftsarten abzuspielen pflegt (Kauf, Miete, Darlehn), die dementsprechend auch vom Gesetz als Muster (Typen) genauer geordnet sind. Daneben läßt das Gesetz den Parteien im Schuldrecht grundsätzlich Raum für eine ihrem Belieben entsprechende Gestaltung ihrer Rechtsbeziehungen. Danach unterscheidet man, vom Standpunkt des Gesetzgebers aus gesehen:

1. Wesentliche Bestandteile — essentialia negotii — d. h. die Parteibestimmungen, welche das Geschäft überhaupt erst zu einem Geschäft bestimmter Art machen, das Mindestmaß von Rechtsfolgen festsetzen, das nötig ist, um das Geschäft unter ein gesetzliches Muster einreihen zu können.

Z. B. Einigung über Ware und Preis beim Kauf (433).

2. Unwesentliche Bestandteile sind alle anderen, nämlich:

a) Die sog. natürlichen Bestimmungen — naturalia negotii — d. h. ergänzende Bestimmungen über die Rechtsfolgen, die regelmäßig bei einem Geschäft von der mustermäßigen Eigenart des geregelten als angemessen erscheinen. Sie sind meist durch einen nachgiebigen Rechtssatz festgelegt. Also genau genommen überhaupt keine Bestandteile der Willenserklärung, sondern Rechtsfolgen.

Z. B. die Vorschriften über die Mängelhaftung beim Kauf (459ff.).

b) Willkürliche Bestimmungen — accidentalia negotii — d. h. willkürliche Abweichungen der Parteien von den regelmäßigen Folgen des durch die essentialia seiner Art nach festgelegten Rechtsgeschäfts.

Besondere Bestimmungen über den Leistungsort, über die Mängelhaftung beim Kauf.

III. Nicht zu verwechseln mit dieser Einteilung vom sachlichen Standpunkt der gesetzlichen Regelung aus ist die Gliederung der Geschäftsbestandteile in wesentliche und unwesentliche vom persönlichen Standpunkt der Parteien aus. Von hier aus sind wesentlich alle Bestimmungen, ohne welche die Partei dieses Geschäft nicht abgeschlossen haben würde. Danach kann auch ein accidentale ein wesentlicher Punkt sein. Die Parteien sprechen hier vielfach von Vertragsbedingungen, d. h. von wesentlichen Punkten der Vereinbarung (vgl. 154, 155). An eine Bedingung im Rechtssinn (158ff.) darf dabei nicht gedacht werden.

Über die sog. Allgemeinen Geschäftsbedingungen vgl. oben § 24 II 3 und § 3 VII.

IV. Die Einteilung in essentialia, naturalia und accidentalia unter II hat Bedeutung für die Beweislast. Nach der herrschenden Lehre hat die essentialia zu beweisen, wer aus dem Geschäft Rechte ableitet; die Anwendbarkeit der naturalia ergibt sich dann von selbst. Will sich der andere Teil auf eine abweichende willkürliche Bestimmung — ein accidentale — berufen, so muß er deren Vereinbarung beweisen — sog. Einwandstheorie. Dagegen hält die von Stölzel vertretene Leugnungstheorie das Vorbringen eines accidentale für eine Klageleugnung, und bürdet dem Kläger die Beweislast für die Nichtvereinbarung des accidentale auf, da die gesetzlichen ergänzenden Regeln (die naturalia) nur mangels besonderer Vereinbarung gelten wollen.

Richtig ist die Einwandstheorie, die Verteilung der Beweislast ist kein logisches, sondern ein praktisches Problem. Deshalb braucht der Kläger nur den normalen Klagetatbestand zu beweisen. Die naturalia sind ein Niederschlag der typischen Parteiabsichten, die accidentalia also „Abweichungen von der gesetzlichen Normalregel" (Staub).

Die Rechtsprechung schwankt. Bestes Beispiel: Der verklagte Käufer wendet ein, daß ihm beim Kaufabschluß ein Zahlungsziel eingeräumt worden sei. Nach der hier vertretenen Auffassung muß er das beweisen, als Abweichung von 271 I (so RG. **57** 49), nach der Leugnungstheorie muß der Kläger beweisen, daß keine Befristung vereinbart ist (so RG. **68** 306). Zutreffend legt wieder RG. **88** 376 dem Beklagten die Beweislast auf, wenn er sich auf eine Vereinbarung beruft, die von dem im Gesetz angenommenen regelmäßigen Vertragsinhalt abweicht.

4. Kapitel

§ 27

Unwirksamkeit der Rechtsgeschäfte

von Tuhr, Allg. T. II 1 S. 273ff.; Alexander, Begriff der Unwirksamkeit, 1903; Knoke, Festgabe für Güterbock, 1910, S. 403ff. Voß, LeipZ., 1909, S. 755ff.; DogmJ. **60** 293ff.; Strohal, Relative Unwirksamkeit, 1911; von Hippel, Ernst, Untersuchungen zum Problem des fehlerhaften Staatsaktes, 1924; Oertmann, Das Problem der relativen Rechtszuständigkeit, Dogm. **66** 130ff.; Raape, Das ges. Veräußerungsverbot des BGB., 1908; Heinr. Lehmann, „Nichtigkeit" HdwbRw. IV 206; Manigk, ebenda VI 292; Ebbecke, Gruchot 63, 177.

I. Grundsätzliches.

Nicht jedes Rechtsgeschäft vermag die dem Inhalt der Willenserklärung entsprechenden Wirkungen zu erzeugen. Das Ausbleiben der Wirkung kann verschiedene Gründe haben:

1. Der Parteiwille kann im Rechtsgeschäft nicht jede Wirkung herbeiführen. Die Wirkung kann von der Rechtsordnung versagt sein. Man kann z. B. jemand an Kindes Statt annehmen, nicht aber als Bruder. Der rechtsschöpferischen Macht des Parteiwillens sind gewisse Schranken gezogen.

2. Es ist denkbar, daß das Rechtsgeschäft selbst an einem Mangel krankt. Es fehlt z. B. ein begriffliches Erfordernis der Erklärung (Geschäftsfähigkeit usw.) oder eine sonstige Wirksamkeitsvoraussetzung der Erklärung (wie etwa die Einwilligung des gesetzlichen Vertreters zur Willenserklärung eines Geschäftsbeschränkten, 107).

3. Es ist denkbar, daß das Geschäft nach dem Willen der Beteiligten selbst nur eine beschränkte Wirkung entfalten soll (Bedingung 158, Befristung 163).

4. Endlich ist möglich, daß dem Geschäft die Wirkung hinterher wieder entzogen werden kann (durch Rücktritt, Widerruf).

Es erscheint zunächst als geradezu logische Forderung, dem mit einem wesentlichen Fehler behafteten Rechtsgeschäft eben deshalb die Wirksamkeit völlig abzusprechen, derart, daß jedermann sich jederzeit auf die Unwirksamkeit berufen kann. Das war grundsätzlich der Standpunkt des römischen Rechts, selbst bei richterlichen Entscheidungen.

Bei kritischer Prüfung stellt sich aber bald das Mißliche einer solchen radikalen und schematischen Behandlung heraus. Der Verschiedenheit der Unwirksamkeitsgründe und der verschiedenen Bedeutung der fraglichen Rechtshandlungen entspricht besser eine mehr individualisierende Behandlungsweise.

Nicht immer scheint es zweckmäßig, der Rechtshandlung schlechthin die Wirksamkeit zu versagen, so nicht, wenn das Erfordernis nur die Interessen bestimmter Personen schützen will, wie z. B. ein relatives Veräußerungsverbot im Sinne des 135. Hier wird es genügen, die Wirksamkeit der Handlung ihnen gegenüber zu versagen, im übrigen aber anzuerkennen (Figur der relativen Unwirksamkeit). Wo der Unwirksamkeitsgrund behoben werden kann, etwa durch Zustimmung des Berechtigten (108 II, 177 II, 185, 1829 II), empfiehlt es sich, die Entscheidung über die Unwirksamkeit aufzuschieben, bis die Klärung über die Erteilung oder Versagung der Zustimmung erfolgt ist (Fall der sog. schwebenden Unwirksamkeit). Ebensowenig empfiehlt es sich, ohne weiteres jedermann gegenüber Unwirksamkeit eintreten zu lassen, wo ein größerer Kreis von Personen von der Unwirksamkeit betroffen wird (wie z. B. bei der Ehe oder einem Generalversammlungsbeschluß). Die Rücksichtnahme auf die Verkehrsinteressen hat im Laufe der rechtsgeschichtlichen Entwicklung dazu geführt, die von selbst eintretende Nichtigkeit zurückzudrängen und die Geltendmachung der Unwirksamkeit nur gewissen an ihr besonders Interessierten freizugeben, in vielen Fällen sogar ihre Prüfung im besonderen Verfahren auf Grund einer Klage vorzuschreiben, kurz aus der absoluten Nichtigkeit eine Vernichtbarkeit zu machen. Das führt dann dazu, den fehlerhaften Akt zunächst mehr oder minder als wirksam zu behandeln. Die Vernichtbarkeit ist zum Teil technisch als „Anfechtbarkeit“ ausgestaltet worden, also als eine auf den Willen bestimmter Interessenten gestellte, durch besondere Erklärung herbeizuführende Nichtigkeit — verbunden mit der Annahme vorläufiger Geltung. Zum Teil hat man die Einkleidung in ein besonderes Anfechtungsrecht unterlassen, aber die Geltendmachung der Nichtigkeit durch förmlichen Rechtsakt (Nichtigkeitsklage) vorgeschrieben; so bei der Ehenichtigkeit. Die neuere Entwicklung hat bei sozialen Gemeinschaften, wie bei der Ehe und den Gesellschaften z. T. sogar dazu geführt, die Unwirksamkeitsfolgen nur mehr für die Zukunft zu ziehen. So geben nach dem Ehegesetz die früheren Anfechtungsgründe nur mehr ein Recht auf Aufhebung der Ehe, §§ 28ff. EheG. Und eine ins Leben getretene Gesellschaft wird jetzt, soweit der fehlerhafte Gesellschaftsvertrag durchgeführt ist, im Außen- und Innenverhältnis grundsätzlich wie eine rechtsgültig errichtete Gesellschaft behandelt und wie eine solche abgewickelt (sog. faktische Gesellschaft). Bei der einmal eingetragenen Kapitalgesellschaft oder Genossenschaft ist die Berufung auf die Nichtigkeit oder Anfechtbarkeit einer Beitritts- oder Zeichnungserklärung ausgeschlossen. Und eine in Vollzug gesetzte Personalgesellschaft kann trotz Nichtigkeit oder Anfechtbarkeit des Gesellschaftsvertrages nur durch Auflösungsklage nach § 133 HGB. zur Beendigung gebracht werden; vgl. H. Lehmann, Gesellschaftsrecht (2) S. 37.

Auch für das Arbeitsverhältnis wird heute anerkannt, daß Nichtigkeits- und Anfechtungsgründe nach Antritt der Arbeit regelmäßig nur die fristlose Auflösung des Arbeitsverhältnisses für die Zukunft rechtfertigen; vgl. Enneccerus-Nipperdey, § 202 II 3.

So bietet sich das Bild einer störenden Fülle von Unwirksamkeitsarten, für deren verschiedene Ausgestaltung sich nicht immer innere sachliche Gründe anführen lassen. Neben der Verschiedenheit der Interessenlagen haben historische Zufälligkeiten einen besondere Anteil an der Ausbildung der verschiedenen Nichtigkeitsfolgen. Die Zukunft wird nach einer Vereinfachung trachten müssen.

Eine gewisse Folgerichtigkeit zeigt die Rechtsentwicklung nur insofern als die absolute Nichtigkeit im öffentlichen Recht grundsätzlich zugunsten der Vernichtbarkeit im weiteren (auch die Anfechtbarkeit umfassenden) Sinne zurückgedrängt worden ist. Es gilt der Grundsatz der formalen Rechtsbeständigkeit des Staatsaktes. Nur ganz ausnahmsweise und bei groben Verstößen (wesentlicher Formmangel, Erlaß durch eine unzuständige Stelle, unmöglicher, verbotener oder sittenwidriger Inhalt) wird Nichtigkeit angenommen.

Nach geltendem Recht sind folgende Hauptarten der Unwirksamkeit zu unterscheiden: 1. die Nichtigkeit, 2. die Anfechtbarkeit, 3. die schwebende Unwirksamkeit, 4. die relative Unwirksamkeit und 5. die Vernichtbarkeit.

II. Die verschiedenen Arten der Unwirksamkeit.

1. Die Nichtigkeit.

a) Begriff. Nichtig ist ein Geschäft, das nicht die seinem Inhalt entsprechenden Wirkungen hervorzubringen vermag. Das nichtige Rechtsgeschäft ist kein reines Nichts, es liegt immerhin der äußere Tatbestand eines Geschäfts vor, der auch gewisse Wirkungen zur Folge haben kann, nur gerade die beabsichtigten Wirkungen nicht zu entfalten vermag.

Die nichtige Scherzerklärung (118) macht z. B. ersatzpflichtig (122), das Wuchergeschäft (138) begründet einen Ersatzanspruch aus unerlaubter Handlung (826), das nichtige Rechtsgeschäft kann unter Umständen als ein Geschäft anderer Art von ähnlichem Zweck und Erfolg aufrechterhalten werden, sog. Konversion 140 (z. B. ein Kaufvertrag als Schenkungsversprechen).

Wenn nicht einmal der äußere Tatbestand eines Rechtsgeschäfts, nicht einmal der Schein eines solchen vorliegt, dann ist die Vorstellung eines nichtigen Rechtsgeschäfts (also doch immerhin eines Rechtsgeschäfts) unzulässig; wir sprechen von einem nicht vorhandenen, einem Nichtrechtsgeschäft.

Z. B. ein Kauf ohne äußerliche Einigung über Ware und Preis.

Liegen die den Inhalt des Rechtsgeschäfts bestimmenden Erklärungen der Hauptpartei — wenn auch nicht in der vorgeschriebenen Form (125) — vor, so widerspricht es der natürlichen Auffassung, von einem nicht vorhandenen Rechtsgeschäft zu sprechen. Für die Ehe liegen die Verhältnisse besonders, weil hier der Angriff grundsätzlich nur durch Nichtigkeitsklage erfolgen kann, § 23 EheG. Deshalb besteht ein praktisches Interesse daran, ob man die Nichtigkeit nicht ausnahmsweise auch formlos ohne Klage geltend machen kann. Das ist nur für die nicht vor einem Standesbeamten geschlossene Ehe zulässig; § 11 EheG. — Die Scheidung Oertmanns (KommVorb. 6 vor § 104 u. 1 vor § 139) zwischen nichtigem Rechtsgeschäft (Fehlen einer Wirksamkeitsvoraussetzung) und Nichtrechtsgeschäft (Fehlen eines positiven Tatbestandsstückes) ist mit der Behandlung der Form als Nichtigkeitsgrund (125) nicht vereinbar.

b) Die Gründe für die Nichtigkeit sind mannigfaltig: mangelnde Geschäftsfähigkeit 105ff., mangelnde Form 125, unstatthafter Inhalt 134, 138, gewisse Willensmängel 116 S. 2, 117, 118.

c) Rechtliche Bedeutung.

α) Das nichtige Geschäft vermag niemandem gegenüber die erstrebten Wirkungen zu entfalten. Jeder kann die Nichtigkeit geltend machen. Der Richter muß sie von Amts wegen berücksichtigen, selbst wenn der Beklagte sich nicht auf sie beruft.

Bei der Ehe, die vor einem Standesbeamten geschlossen ist, bedarf es einer Nichtigkeitsklage, weil hier starke öffentliche Werte im Spiele sind.

β) Eine Heilung der Nichtigkeit ist grundsätzlich ausgeschlossen. Der spätere Wegfall des Nichtigkeitsgrundes ist bedeutungslos. Quod ab initio vitiosum est, non potest tractu temporis convalescere (Regula Catoniana).

In einigen Fällen erkennt das Gesetz die Heilung eines Formmangels durch nachträgliche Erfüllung ausnahmsweise an (313, 518, 766, 2301 II).

γ) Eine „Bestätigung“ ist nur in den Formen der Neuvornahme möglich (141 I), d. h. eine Bestätigung im eigentlichen Sinne ist nicht anerkannt, die sog. Bestätigung ist nichts anderes als ein erneuter Abschluß, bei dem alle sachlichen und förmlichen Errichtungserfordernisse neu erfüllt werden müssen (RG. **61** 266); auch müssen die Beteiligten in Kenntnis der Nichtigkeit handeln (RG. **93** 228; **104** 54).

Die Bestätigung eines mündlichen Verkaufs eines Grundstücks muß also gerichtlich oder notariell beurkundet werden, schriftliche Bestätigung wäre bedeutungslos — Ausnahme für die Bestätigung der Ehe.

Die Wirkungen der Bestätigung, also des neu vorgenommenen Geschäfts, treten folgerichtig erst mit der Neuvornahme (ex nunc) ein (RG. **75** 115).

Da aber im Zweifel in der Bestätigung des nichtigen Geschäfts die Erklärung liegt, es solle von Anfang an als gültig angesehen werden, so wirkt die formgerechte Bestätigung wenigstens schuldrechtlich zurück (ex tunc), 141 II.

d) Arten der Nichtigkeit.

α) Es gibt eine endgültige, entschiedene Nichtigkeit und eine vorläufige oder schwebende Nichtigkeit. Bei dieser ist sachlich noch ungewiß, ob das Geschäft gültig ist oder nicht, die Gewißheit wird erst durch ein späteres Ereignis erbracht. Deshalb empfiehlt es sich, die schwebende Nichtigkeit als eine besondere Kategorie der Unwirksamkeit zu behandeln.

Beispiel: Die Erklärung des Geschäftsbeschränkten ist in ihrer Gültigkeit abhängig von der Genehmigung des gesetzlichen Vertreters (108 I). Die Gültigkeit des formlosen Kaufvertrags ist abhängig von der Erfüllung (313). — Eine besonders ausgestaltete Art der schwebenden Nichtigkeit ist auch die Anfechtbarkeit: sie kann als vom Willen einer bestimmten Person abhängig gemachte Nichtigkeit aufgefaßt werden.

β) Unumschränkte (absolute) und beschränkte (relative) Nichtigkeit. Das unumschränkt nichtige Geschäft ist jedermann gegenüber unwirksam; es gibt aber Fälle, wo ein Geschäft nur gewissen Personen gegenüber nichtig, allen anderen gegenüber aber gültig ist.

Nach 7 KO. sind z. B. die Rechtshandlungen des Gemeinschuldners nach der Konkurseröffnung den Konkursgläubigern gegenüber unwirksam. Ebenso sind Verfügungen entgegen einem Verbot, das nur den Schutz bestimmter Personen bezweckt, auch nur diesen gegenüber unwirksam (135).

Es empfiehlt sich, auch die relative Nichtigkeit als eine besondere Kategorie der Unwirksamkeit zu behandeln und der Nichtigkeit (im engeren Sinne der absoluten Unwirksamkeit) gegenüberzustellen.

γ) Vollkommene oder teilweise Nichtigkeit.

αα) Von teilweiser Nichtigkeit kann man zunächst sprechen, wenn ein Bestandteil eines einheitlichen Geschäfts nichtig ist. Dann hat nach 139 die Teilnichtigkeit die Gesamtnichtigkeit des Rechtsgeschäfts zur Folge; das gilt aber nur i. Zw., wenn nicht anzunehmen ist, daß das Geschäft auch ohne den nichtigen Teil vorgenommen sein würde.

Vgl. André, Einfache, zusammengesetzte, verbundene Geschäfte i. Festg. f. Enneccerus, 1913; Goldmann, Gruchot **56** 121; Lang, Teilweise Nichtigkeit der Rechtsgeschäfte, 1926; Herzog, Quantitative Teilnichtigkeit, 1926.

1. Voraussetzung für die Annahme der Teilnichtigkeit ist, daß das Rechtsgeschäft derart teilbar ist, daß nach Abtrennung des unwirksamen Teils ein Rest zurückbleibt, der als selbständiges Rechtsgeschäft bestehen kann

(RG. **93** 338). Wo der Nichtigkeitsgrund einen wesentlichen Bestandteil eines an sich unteilbaren Rechtsgeschäfts betrifft, ergibt sich die Totalnichtigkeit schon aus der Natur des Geschäfts.

2. Voraussetzung ist ferner, daß das fragliche Rechtsgeschäft sich nach dem Willen der Parteien als einheitliches darstellt. Das ist nur dann der Fall, wenn das eine Geschäft nicht ohne das andere abgeschlossen worden wäre (RG. **103** 298 u. 382). Bloße Verkoppelung in einer Urkunde, Einheit des Errichtungsaktes genügt nicht. Die Bestimmungen müssen nach Gegenstand und Zweck in einem inneren Zusammenhang stehen, eine einheitliche wirtschaftliche Bedeutung haben. § 139 betrifft also unmittelbar nur zusammengesetzte Geschäfte, die jedes für sich allein als besonderes selbständiges Geschäft in Betracht kommen könnten, hier aber durch den Parteiwillen zu einem einheitlichen Ganzen verbunden sind, z. B. Grundstücksveräußerungsverträge, verbunden mit Vermögensübertragung (RG. **61** 284) oder mit Mietvertrag (RG. **97** 219) oder mit Auflassungsvollmacht (RG. **50** 169; **81** 51). Dagegen liegt kein einheitliches Geschäft vor, wenn von zwei in derselben Urkunde als geschlossen beurkundeten Rechtsgeschäften nur das eine wirklich gewollt war, während das andere nur zum Schein (zur Verdeckung eines anderen wirklich gewollten, aber nicht beurkundeten Geschäfts) abgeschlossen worden ist; die Auflassungsvollmacht, die in einem wegen unrichtiger Angabe des Kaufpreises nichtigen Grundstücksveräußerungsvertrag beurkundet ist, wird also von der Nichtigkeit des Kaufvertrages nicht ergriffen (RG. **114** 353).

Über die Anwendbarkeit des § 139 auf das zu einer Einheit verbundene Kausal- und abstrakte Erfüllungsgeschäft siehe unt. III 2.

3. Die Aufrechterhaltung des Restes ist nur dann anzunehmen, wenn er für die Partei — und zwar bei einem Vertrag für beide Parteien — so viel praktischen Wert hatte, daß sie ihn auch als selbständiges Rechtsgeschäft abgeschlossen haben würden, wenn sie die teilweise Nichtigkeit gekannt hätten (RG. **118** 222). § 139 gibt dem Gericht aber nicht die Befugnis, die Leistungen der Parteien zu ermäßigen und ihnen ein aliud unterzuschieben, RG. **76** 80. Entscheidend ist in erster Linie der Parteiwille und nicht die objektive Richtervernunft.

4. § 139 ist unanwendbar, wenn die Parteien wissen, daß ein Teil des Rechtsgeschäfts nichtig ist; insoweit liegt überhaupt keine Willenserklärung vor (RG. **122** 138; **125** 211).

5. Analoge Anwendung ist abzulehnen bei nachträglicher Unmöglichkeit, die in §§ 275 und 323f. ihre Sonderregelung gefunden hat, aber auch bei anfänglicher teilweiser Unmöglichkeit; vgl. Enneccerus-Lehmann, § 29 II 3, während RG. **51** 94 die Analogie bejaht. — Dagegen ist analoge Anwendung u. U. denkbar auf mehrere durch verschiedene Urkunden äußerlich getrennte Verträge, falls sie nach dem Parteiwillen nur als ein Ganzes gelten sollten (RG. **79** 436; **81** 51).

ββ) Eine besondere Art teilweiser Nichtigkeit liegt vor, wenn ein Rechtsgeschäft in der von den Parteien beabsichtigten Art überhaupt nicht wirksam werden kann, aber den minderen Erfordernissen eines andern Geschäfts entspricht, das einen annähernd gleichwertigen Erfolg ermöglicht. Dann soll dieses Geschäft gelten, wenn anzunehmen ist, daß seine Geltung bei Kenntnis der Nichtigkeit des ersten vernünftigerweise gewollt sein würde — sog. Konversion. Die Konversion ist die richterliche Umdeutung (nicht Auslegung) des Parteiwillens aus der Interessenlage heraus; BGH. 19, 269.

O. Fischer, Konversion unwirksamer Geschäfte, Festschrift f. Wach, 1913; Römer, ZivA. **86** 66f.; Siller, Konversion, ZivA. 138, 144f.

Beispiele: Ein Kaufvertrag nummo uno wird als Schenkungsversprechen aufrechterhalten. Ein wegen Formmangels ungültiger Wechsel kann u. U. als Schuldanerkenntnis oder kaufmännischer Verpflichtungsschein aufrechterhalten werden; jedoch ist dies regelmäßig nur bei eigenen Wechseln, nicht bei gezogenen Wechseln möglich (RG. **136** 210); u. U. kann ein gezogener Wechsel als Anweisung aufrechterhalten werden (RG. JW. 1930, 1377 lehnt das zu Unrecht ab, weil die kaufmännische Anweisung nicht „verkehrsüblich" sei); eine fristlose unberechtigte Kündigung wird auf den nächstfolgenden zulässigen Termin aufrechterhalten (RG. **122** 39); eine nichtige Pfandrechtsbestellung als vertragsrechtliche Begründung eines obligatorischen Rückbehaltungsrechts (RG. **124** 28); die Veräußerung einer mit Eigentumsvorbehalt eines Dritten belasteten Sache kann in die Übertragung der Anwartschaft auf den Eigentumserwerb umgedeutet werden (JW. 1931, 550). Zur Umdeutung eines formlosen Schenkungsversprechens in ein eigenhändiges Testament vgl. OLG. Koblenz HEZ. 1, 283.

§ 140 gestattet nicht, an die Stelle eines nichtigen Geschäfts ein solches anderen Inhalts mit der Begründung zu setzen, daß die Beteiligten bei Kenntnis der Nichtigkeit ein Geschäft ganz anderen Inhalts abgeschlossen hätten, SeuffA. 80 Nr. 110; RAG. Bensh. X 485.

Obwohl § 140 nur von nichtigen Geschäften spricht, verlangt der Grundgedanke Anwendung auf alle endgültig unwirksamen Geschäfte; dagegen nicht auf schwebend unwirksame vor der Entscheidung über das Schwebeverhältnis (RG. **124** 28), ebensowenig auf anfechtbare (RG. **79** 306f.). Vgl. BGH 19, 269.

2. Die Anfechtbarkeit.

Fontheim, Anfechtungsr. 1906; Jacobi, ZivA. **86** 51; Riezler, SeuffBl. **74** 189; Kipp, Doppelwirkungen i. R. Festg. f. v. Martitz 1911, 211f.; Peter, ZivA. **132** 1; Riezler, LZ. 1928, 155; Henle, Zitelmannfestschr. 1913, 29f.; H. A. Fischer, ZivA. **117** 183; v. Tuhr II 1 S. 5 u. 299; Lange, DogmJ. 89 (1941) 277f.

a) Begriff. Anfechtbarkeit ist auf den Willen eines bestimmten Beteiligten gestellte Nichtigkeit, verbunden mit der Annahme vorläufiger Geltung.

Statt die Entkräftbarkeit in den Vordergrund zu stellen, kann man den Ton auch auf die vorläufige Gültigkeit legen. Anfechtbar ist danach ein Rechtsgeschäft, wenn es zwar zunächst die Wirkungen eines fehlerfreien Rechtsgeschäfts herbeiführt, von einem bestimmten Beteiligten durch eine darauf gerichtete Willenserklärung aber wieder entkräftet werden kann (142). Anfechtbar ist das vorläufige gültige, aber durch die Erklärung eines bestimmten Beteiligten entkräftbare Rechtsgeschäft.

Das Recht zur Entkräftung ist als Kannrecht ausgestaltet (143 I).

Da das Anfechtungsrecht Macht über eine Rechtswirkung gibt, kann es auch zuerkannt werden gegenüber Rechtswirkungen, die nicht rechtsgeschäftlicher Natur sind, z. B. der Ehelichkeit eines Kindes (1594), einer Fristversäumung (1956).

Anfechtbar sind auch dingliche Geschäfte, RG. **69** 13.

b) Als Gründe kommen namentlich in Betracht: Irrtum, arglistige Täuschung, widerrechtliche Drohung (119, 123), unrichtige Übermittlung einer Willenserklärung 120.

c) Die Geltendmachung des Anfechtungsrechts:

α) Wie wird angefochten? Durch einseitige, formlose, empfangsbedürftige Willenserklärung (143 I).

Das Wort „Anfechtung" braucht nicht zu fallen, es muß nur der Wille genügend deutlich zum Ausdruck kommen, daß man das Geschäft wegen eines Mangels nicht gelten lassen will, RG. **65** 88; **105** 207. Die Anfechtungserklärung setzt die Kenntnis der Möglichkeit eines Anfechtungsgrundes voraus, RG. **68** 8. Der abstrakte Anfechtungsgrund, wie Betrug oder Irrtum, braucht aber nicht angegeben zu werden. RG. **65** 86. Es genügt, wenn der Grund sich aus den angegebenen Tatsachen ergibt oder dem Gegner erkennbar ist. Die Erklärung muß bedingungslos erfolgen, RG. **66** 153.

Sonderregeln für die Anfechtung der ehelichen Geburt (1596, 1597). — Vgl. ferner 1955, 1945 (Erbschaftsannahme und Ausschlagung), 2081, 2282 III (Testament und Erbvertrag), 2340, 2342 (Erbschaftserwerb wegen Unwürdigkeit).

Die Anfechtungserklärung kann auch im Prozeß erfolgen. Bestritten ist, ob sie dadurch ihre Eigenschaft als privatrechtliches Geschäft verliert. Die herrschende Meinung verneint das. Ihre rechtsentkräftende Wirkung tritt jedenfalls auch hier ohne weiteres als Folge der Anfechtungserklärung ein, nicht auf Grund des Urteils; dieses hat bloß die durch die Anfechtungserklärung eingetretene Vernichtung festzustellen.

β) Wer kann anfechten? Regelmäßig der Urheber der anfechtbaren Erklärung (Ausnahme 318 II). Dem Vertretenen steht die Anfechtung zu, wenn die Erklärung wegen eines Willensmangels in der Person des Vertreters anfechtbar ist.

Von mehreren Berechtigten kann jeder einzelne das Anfechtungsrecht ausüben, aber immer nur der, in dessen Person der Anfechtungsgrund gegeben ist (RG. **65** 404). Die Anfechtungsrechte aus §§ 119, 120, 123 sind vererblich, können aber von Miterben nur gemeinschaftlich ausgeübt werden; 2038, 2040 I.

γ) Wer ist der Anfechtungsgegner?

αα) Bei einem Vertrag der andere Teil (nicht sein Sondernachfolger, z. B. Zessionar RG. **86** 305); im Falle der von einem Dritten verübten arglistigen Täuschung ist Gegner der, der aus dem Vertrag unmittelbar ein Recht erworben hat, 143 II.

Man denke an einen Renten- oder Lebenversicherungsvertrag zugunsten der Ehefrau.

Auch mehreren Vertragsgenossen gegenüber gilt der Grundsatz der Teilbarkeit des Anfechtungsrechts (RG. **56** 423; **65** 399; **71** 202); selbstverständlich ist die Anfechtung auch hier nur gegenüber dem Vertragsgegner zulässig, in dessen Person ein Anfechtungsgrund gegeben ist (RG. 65 405). Ob durch Anfechtung dem einen gegenüber der ganze Vertrag nichtig wird, ist nach 139 zu beurteilen (RG. 65 405; 71 201).

ββ) Bei einer einseitigen empfangsbedürftigen Erklärung ist es der Erklärungsempfänger — selbst wenn die Erklärung nicht ihm, sondern der Behörde gegenüber abgegeben wurde, 143 III.

Beim Verzicht auf ein Recht an einem Grundstück ist also der Eigentümer der Anfechtungsgegner.

γγ) Bei einer einseitigen, nicht empfangsbedürftigen Erklärung ist es jeder, der aus der Erklärung unmittelbar einen rechtlichen Vorteil erlangt hat, 143 IV.

Anfechtung des Anerkenntnisses der Vaterschaft ist sowohl der Mutter wie dem Kind gegenüber zulässig (§ 1718, RG. 58 353). Bei der Eigentumsaufgabe ist der Aneigner der preisgegebenen Sache Anfechtungsgegner, da allein schon die Preisgabe die Aneignung ermöglicht (RGKomm. § 143 Anm. 4).

d) Wirkung. Die ordnungsgemäße Anfechtung vernichtet das Geschäft völlig mit rückwirkender Kraft (dinglich ex tunc); es ist von Anfang an als nichtig zu behandeln (142). Nach der Anfechtung ist das Geschäft also jedermann gegenüber nichtig, jeder kann sich auf die Nichtigkeit berufen, der Richter hat sie von Amts wegen zu beachten.

Wenn ein dingliches Übertragungsgeschäft, z. B. die sachenrechtliche Einigung (929) angefochten wird, so stellt sich heraus, daß das übertragene Recht beim Veräußerer verblieben ist. Wenn nur das Kausalgeschäft, z. B. der Kauf angefochten wird, wird dem abstrakten Übertragungsgeschäft mit rückwirkender Kraft der Rechtsgrund entzogen (812). Die Anfechtung der Einigung gibt also dem Veräußerer die rei vindicatio (985), die des Kausalgeschäfts nur einen obligatorischen Anspruch auf Rückübereignung (812).

Die rückwirkende Kraft der Anfechtung des dinglichen Geschäfts schließt natürlich den gutgläubigen Erwerb Dritter — nicht des Anfechtungsgegners — in der Schwebezeit nicht aus. Doch muß, wer die Anfechtbarkeit kannte oder kennen mußte, sich so behandeln lassen, wie wenn er die Nichtigkeit des Geschäfts gekannt hätte oder hätte kennen müssen (142 II). Es wird also Kenntnis oder Kennenmüssen der Anfechtbarkeit der Kenntnis oder dem Kennenmüssen eines im Augenblick des Erwerbs schon vorhandenen völligen Rechtsmangels gleichgestellt. Sinngemäß ist diese Gleichstellung auch hinsichtlich der Voraussetzungen der Schlecht- und Gutgläubigkeit vorzunehmen, so daß der gute Glaube beim Fahrniserwerb nur durch grobfahrlässige Unkenntnis der Anfechtbarkeit beim Erwerber ausgeschlossen wird.

Im Anschluß daran ist die Möglichkeit viel erörtert worden, ob der gutgläubige Erwerb vom Anfechtungsgegner nicht bloß durch Anfechtung der Verfügung rückgängig gemacht werden kann, sondern ob auch eine Anfechtung der Besitzaufgabe möglich ist. A verkauft und übereignet z. B. an B infolge eines Irrtums ein Auto, B veräußert dieses weiter an C. Nun ficht A gegenüber B die Übereignung an. Dann steht fest, daß C von einem Nichtberechtigten erworben hatte. War C schlechtgläubig hinsichtlich der Anfechtbarkeit, so hat er keinesfalls Eigentum erworben (932). War er gutgläubig, so würde sein Erwerb durch die bloße Anfechtung der Einigung nicht in Frage gestellt werden, wohl aber wenn man auch die

Besitzaufgabe mit der Wirkung anfechten könnte, daß die Sache dadurch zu einer abhanden gekommenen gemacht würde. Eine solche Anfechtung würde nur auf Grund analoger Anwendung des § 119 zulässig sein, da die Besitzaufgabe ein Realakt ist. Die Verkehrssicherheits- und Zweckmäßigkeitserwägungen drängen zur Verneinung einer solchen Erstreckung. Die Annahme ist widerspruchsvoll, daß der Nichteigentümer über eine ihm anvertraute Sache zugunsten des gutgläubigen Erwerbers verfügen kann (932), während der wirkliche Eigentümer, weil er anfechtbar erworben hat, nicht einmal zur Zeit seines unangefochtenen Eigentums an den gutgläubigen Erwerber sein Eigentum wirksam übertragen könnte. Bei Gutgläubigkeit ist C Eigentümer nach 932 geworden, weil A die Sache freiwillig aus der Hand gegeben hat.

Bei mehrfacher Übertragung einer Forderung finden die sachenrechtlichen Grundsätze über den gutgläubigen Erwerb überhaupt keine Anwendung; die Anfechtung der ersten Übertragung entzieht allen Nachfolgern das Gläubigerrecht. Das wird gemildert durch 409 und 410.

e) Wegfall des Anfechtungsrechts.

α) Das Anfechtungsrecht ist als Kannrecht an eine Ausschlußfrist (nicht Verjährungsfrist) geknüpft, mit deren Ablauf es erlischt. Bald muß die Anfechtung in beweglicher Frist — unverzüglich nach Kenntnis des Grundes (121 I) —, bald innerhalb fester Frist — binnen Jahresfrist (124 I) — erfolgen; manchmal ist mit einer kürzeren beweglichen Frist eine längere feste Frist verbunden, mit deren Ablauf das Anfechtungsrecht auf alle Fälle erlischt (121 II).

Nur die Ansprüche verjähren, d. h. sie werden nach Ablauf der Verjährungsfrist einredebehaftet. Die Kannrechte erlöschen nach Ablauf der für ihre Ausübung zugelassenen Frist, sog. Ausschluß- oder Präklusivfrist. U. U. kann aber einer Forderung aus einem Leistungsversprechen nach Ablauf der Anfechtungsfrist die Einrede der Arglist entgegengesetzt werden; LAG. Frankfurt, BB. **52** 462.

β) Das anfechtbare Geschäft kann bestätigt werden (144 I). Die Bestätigung bedeutet Verzicht auf das Anfechtungsrecht (keine Neuvornahme wie beim nichtigen Geschäft).

In ihrer Eigenschaft als Verzicht setzt die Bestätigung Kenntnis der Anfechtungsmöglichkeit voraus, wenigstens die sichere Kenntnis des Anfechtungsgrundes, d. h. der die Anfechtung begründenden Tatsache, verbunden mit der Vorstellung, es könne daraufhin das Anfechtungsrecht bestehen (RG. **68** 398; **69** 412).

Die Bestätigung bedarf nicht der für das anfechtbare Geschäft vorgeschriebenen Form (144 II); sie kann auch stillschweigend erfolgen, z. B. durch Vertragserfüllung, Verbrauch oder Veräußerung empfangener Ware usw., ist also nicht empfangsbedürftig. RG. **68** 399; **104** 3.

Die Bestätigung eines bereits wirksam angefochtenen Geschäfts ist Bestätigung eines nichtigen Geschäfts und folglich als Neuvornahme zu behandeln (RG. **74** 1).

Weitere Folgen als die Beseitigung des Anfechtungsrechts hat die Bestätigung als solche nicht, namentlich schließt sie den etwaigen Schadenersatzanspruch wegen Betrugs nicht aus (RG. JW. 1911, S. 398, 4).

f) Viel erörtert worden ist die Frage, ob ein nichtiges Rechtsgeschäft außerdem auch noch angefochten werden könne. Das ist mit Kipp (a. a. O. 211 f.) — unter Aufgabe der verneinenden früheren Auffassung — zu bejahen.

Vgl. namentlich Peter, AcP. 132 1ff., 53; Hubernagel, ebenda 137 205f. Dafür auch jetzt Enneccerus-Nipperdey § 203 III 7; ebenso BGH LM. n 2 zu § 142 u. OLG. München, NJW. 1953, 424.

Nach Kipp ist der aus logischen Gründen folgende Satz, daß die Anfechtung eines nichtigen Rechtsgeschäfts ebenso unmöglich sei wie das Töten eines Toten, der Ausfluß einer zu überwindenden naturwissenschaftlichen Betrachtungsweise. Dem ist beizustimmen. Der Einwand von Tuhrs, daß die Anfechtung begrifflich die Wirksamkeit des anzufechtenden Geschäfts voraussetze (II 1, 299f.), verkennt, daß die Anfechtbarkeit nur ein Kannrecht bedeutet, einem Tatbestand die rechtlichen Folgen abzuerkennen. Gerade so gut wie jemand zwei gesetzliche Nichtigkeitsgründe geltend machen kann, muß es auch zulässig sein, neben einem gesetzlichen Nichtigkeitsgrund noch einen zweiten, dessen Beachtung von seiner Willenserklärung abhängt, geltend zu machen. Ein und derselbe Lebenstatbestand kann zwei verschiedene gesetzliche Tatbestände, die gleiche Rechtsfolgen anordnen (hier Nichtigkeit), verwirklichen. Folgendes Beispiel Kipps (226) zeigt die praktische Bedeutung: Jemand bestimmt durch Betrug einen Minderjährigen zum Verkauf und zur Übereignung einer Sache. Der gesetzliche Vertreter verweigert die Genehmigung. Der Erwerber veräußert die Sache an einen Dritten, der zwar den Betrug, aber nicht die Minderjährigkeit des ersten Veräußerers kennt. Leugnet man die Anfechtbarkeit, bleibt der Dritte Eigentümer, da § 142 II nicht anwendbar ist.

g) Anfechtung von Rechtshandlungen eines zahlungsunfähigen Schuldners in- und außerhalb des Konkurses.

Nach 29ff. KO. und 3ff. des AnfechtungsG. vom 20. Mai 1898 können Rechtshandlungen des Schuldners, wodurch seine Gläubiger benachteiligt werden, unter gewissen Voraussetzungen angefochten werden.

Beispiel: A hat gewagte Geschäfte gemacht und überträgt seinen Grundbesitz an seine Frau, die mit ihm in Gütertrennung lebt, um seinen Gläubigern den Zugriff auf sein Vermögen zu erschweren. Anfechtbar.

Viele wollen das den Gläubigern hier zustehende Anfechtungsrecht als Kannrecht im Sinne des BGB. auffassen und ihnen die Befugnis geben, das anfechtbare Geschäft mit dinglicher Wirksamkeit zu vernichten. Darin liegt eine Verkennung dieses bereits vor Erlaß des BGB. anerkannten Anfechtungsrechts. Die Anfechtung auf Grund der Konkursordnung und des Anfechtungsgesetzes macht — anders als die Anfechtung des BGB. — keinen Mangel des Errichtungsaktes geltend, sondern will bloß eine an sich mangelfreie Handlung wieder rückgängig gemacht wissen, weil sie unzulässig den Kreis der Befriedigungsgegenstände verringert hat, die dem Zugriff des Gläubigers unterlagen. Die darin enthaltene Schmälerung der Vollstreckungsaussichten erzeugt einen schuldrechtlichen Anspruch jedes geschädigten Gläubigers. Dieser Anspruch richtet sich gegen den Empfänger der durch die angefochtene Handlung erlangten Leistung und geht grundsätzlich auf Rückgewähr ins Vermögen des Schuldners. Die Anfechtung mit dinglicher Wirkung würde außerhalb des Konkurses nicht selten zu einer über ihren Zweck hinausgehenden Vernichtung des angefochtenen Geschäfts führen; dieses ist nur so weit rückgängig zu machen, als zur Befriedigung des geschädigten Gläubigers nötig ist.

Warum die Übereignung eines 500000 Mark werten Grundbesitzes zugunsten einer beeinträchtigten Forderung von 30000 Mark vernichten? Es genügt, wenn sich Frau A die Zwangsvollstreckung in ihr Eigentum wegen dieser Forderung so gefallen läßt, wie wenn ihr Mann noch Eigentümer wäre.

Die Anfechtung eines nichtigen Geschäfts nach AnfechtungsG. ist im allgemeinen unnötig, aber nicht unzulässig; und zweckmäßig, wenn das nichtige Geschäft den Anfechtenden irgendwie benachteiligt; die §§ 7 und 11 AnfechtungsG. verleihen dem Anfechtenden eine günstigere Rechtsstellung als §§ 812, 822, 894, vgl. Rosenberg (6) § 181 II 2.

3. Die schwebende Unwirksamkeit.

a) Die schwebende Unwirksamkeit ist eine durch den Eintritt oder Ausfall eines künftigen Umstandes, meist einer Genehmigung, gesetzlich bedingte Wirksamkeit eines Geschäfts, dem bis zur Entscheidung die volle Wirksamkeit fehlt, um mit dem Eintritt dieses Umstandes einzutreten oder mit seinem Ausfall endgültig auszubleiben. Von der Anfechtbarkeit unterscheidet sie sich dadurch, daß das anfechtbare Geschäft bis zur Anfechtung voll wirksam ist, um durch diese seine Wirksamkeit rückwirkend zu verlieren.

b) Als Fälle kommen namentlich in Betracht: die rechtlich nachteiligen Verträge von beschränkt Geschäftsfähigen (§ 108 I), die Verträge und nicht zurückgewiesenen einseitigen Rechtsgeschäfte eines vollmachtlosen Vertreters (§ 177 u. 180), die Verfügung eines Nichtberechtigten ohne Einwilligung des Berechtigten (§ 185 II) und die des gesetzlichen Vertreters bei notwendiger Genehmigung des Vormundschaftsgerichts (§§ 1821 u. 1822). Die schwebende Unwirksamkeit soll hier den Handelnden oder den vom Geschäft Betroffenen schützen.

Ferner rechnen hierher viele Fälle, in denen ein Rechtsgeschäft ohne Zustimmung eines anderen nicht vorgenommen werden kann (§§ 35 u. 181, sowie Verstöße gegen das Gesetz Nr. 52 betr. Sperre und Beaufsichtigung von Vermögen); endlich die Fälle der Heilung eines Formmangels durch nachträgliche Erfüllung, vgl. §§ 313, 518 II, 766 II.

c) Zur Abkürzung des Schwebezustandes wird in manchen Fällen dem Gegner das Recht gegeben, die Entscheidung über die Genehmigung von dem Genehmigungsberechtigten in kurzer Frist herbeizuführen; vgl. z. B. § 108 II, § 177 II.

d) Falls das Schutzbedürfnis des durch die schwebende Unwirksamkeit Geschützten nachträglich fortfällt, z. B. dadurch, daß der Minderjährige die volle Geschäftsfähigkeit erlangt, tritt seine Genehmigung an Stelle der Genehmigung des Genehmigungsberechtigten, vgl. § 108 III, § 1829 III.

e) Während der Schwebezeit entbehrt das mangels Zustimmung unwirksame Geschäft nicht jeder rechtlichen Wirkung, sondern erzeugt für den voll geschäftsfähigen oder mit Zustimmung des gesetzlichen Vertreters handelnden Teil eine Treuepflicht, die zur Herbeiführung der vollen Wirksamkeit verpflichtet.

Ob bei Eintritt des künftigen Umstandes, von dem die Wirksamkeit des Rechtsgeschäfts abhängt, die volle Rechtswirkung des Geschäfts rückwirkend eintritt, läßt sich nicht allgemeingültig beantworten. Für die Genehmigung ordnet § 184 die volle (dingliche und obligatorische) Rückwirkung grundsätzlich an. Im Fall des § 313 wird der formlose Vertrag erst mit der Auflassung und Eintragung gültig, also ohne Rückwirkung (RG. **159** 53). Auch wo man die volle Rückwirkung verneint, wird man die analoge Anwendbarkeit der §§ 160 und 161 prüfen müssen; vgl. hierzu Lange S. 305.

4. Die relative Unwirksamkeit.

Raape, Das ges. Veräußerungsverbot des BGB. 1908; Strohal, Relative Unwirksamkeit, 1911; Voß, LZ. **09** 755f.; DogmJ. **60** 293; Oertmann, DogmJ. **66** 130f.

a) Begriff. Relative Unwirksamkeit ist Gültigkeit jedermann gegenüber, verbunden mit gleichzeitiger Unwirksamkeit einer oder mehreren bestimmten Personen gegenüber. Sie trägt also einen Januskopf.

Eine solche nach Personenkreisen geteilte Wirksamkeit hat zunächst etwas Befremdendes. Aber schließlich ist der Gesetzgeber auf dem Gebiet der rein geistigen Wirkungen allmächtig (vgl. Henle, Allg. T. S. 261). Auch die Anfechtbarkeit ist ja eine solche Kombination von Wirksamkeit und Unwirksamkeit.

Von der Nichtigkeit unterscheidet sich die relative Unwirksamkeit durch die Beschränkung der Unwirksamkeit auf bestimmte Personen; von der Anfechtbarkeit dadurch, daß die Unwirksamkeit, soweit sie reicht, von Rechts wegen (ipso jure) vorliegt und nicht erst durch einen Willensakt der geschützten Person herbeigeführt zu werden braucht (von Tuhr, Allg. T. II 1 S. 327).

Hauptbeispiel ist der Fall der Verfügung gegen ein relatives behördliches Veräußerungsverbot im Sinne der 135/136. Auf Betreiben des Käufers eines Autos, der hört, daß der Verkäufer den ihm verkauften Wagen an einen anderen Liebhaber, der mehr geboten hat, noch einmal verkauft hat, erläßt das Gericht eine einstweilige Verfügung nach 935/938 II ZPO., wodurch dem Verkäufer verboten wird, zum Nachteil des ersten Käufers über das Auto zu verfügen. Diesen Beschluß hat der Gläubiger, der ihn erwirkt hat, dem Schuldner zustellen zu lassen (922, 936 ZPO.). Dadurch wird der Verkäufer nicht gehindert, das Auto an den zweiten Käufer zu übereignen. Dieser wird auch Eigentümer jedermann gegenüber, nur im Verhältnis zum ersten Käufer ist der verbotsbelastete Verkäufer noch als Eigentümer anzusehen. Er kann also jetzt vom ersten Käufer auf Übereignung durch Abtretung des Herausgabeanspruchs (931) verklagt werden. Wenn das Urteil, das ihn zur Abgabe der Übereignungserklärung verurteilt hat, rechtskräftig geworden ist, gilt die Erklärung nach 894 ZPO. als abgegeben. Damit ist der erste Käufer Eigentümer geworden. Selbstverständlich muß die Behandlung des verbotsbelasteten Verkäufers als Eigentümer zugunsten des Verbotsgeschützten auch der Erwerber gegen sich gelten lassen, soweit nicht die Verfügungsbeschränkung durch gutgläubigen Erwerb lastenfreien Eigentums kraftlos geworden ist. Auf den Erwerb des zweiten Käufers, der sich im Widerspruch mit dem Veräußerungsverbot vollzogen hat, finden nach 135 III die Vorschriften zugunsten derjenigen Anwendung, die Rechte von einem Nichtberechtigten herleiten, also die Vorschriften der §§ 932ff. Wenn also der zweite Käufer beim Erwerb des Eigentums das Veräußerungsverbot weder gekannt noch infolge grober Fahrlässigkeit nicht gekannt hat, nützt dem ersten Käufer die Erwirkung des Verbots nichts. Er muß es also, um sicher zu gehen, auch dem zweiten Käufer vor der Übereignung zustellen lassen. Wo er den zweiten Käufer nicht benachrichtigen kann, empfiehlt es sich mehr für ihn, beim Gericht eine einstweilige Verfügung zu beantragen, worin die Verwahrung oder Hinterlegung der Sache angeordnet wird.

Der Käufer eines Grundstücks schützt sich entsprechend, indem er eine einstweilige Verfügung auf Eintragung einer Vormerkung ins Grundbuch nach 883/885 erwirkt. Durch die rechtzeitige Eintragung der Vormerkung wird der gute Glaube des Erwerbers wirksam ausgeschlossen. Eine Verfügung, die nach der Eintragung der Vormerkung über das Grundstück oder das Recht getroffen wird, ist insoweit unwirksam, als sie den Anspruch vereiteln oder beeinträchtigen würde. Läßt der Verkäufer das verkaufte Haus trotz der Vormerkung an einen zweiten Käufer auf, so wird dieser durch seine Eintragung zwar Eigentümer jedermann gegenüber; zugunsten des Vormerkungsberechtigten gilt das Eigentum des Veräußerers aber als fortbestehend. Er ist auf Vornahme der Auflassung zu verklagen. Der Erwerber ist nur verpflichtet, der Eintragung des Vormerkungsberechtigten, die zur Verwirklichung des vorgemerkten Anspruchs nötig ist, zuzustimmen; seine Verpflichtung zur Zustimmung aus 888 BGB. ist ähnlich der Verpflichtung zur Erteilung einer Berichtigungsbewilligung, da er durch die Eintragung des Vormerkungsberechtigten als Eigentümer formell, aber nur formell, betroffen wird.

Die Verwirklichung des Rechts des Verbotsgeschützten ist danach recht umständlich. Er muß unter Umständen der Klage gegen den Verbotsbelasteten eine zweite Klage gegen den Dritterwerber auf Herausgabe (985) oder auf Berichtigungsbewilligung (888) folgen lassen. Die Frage drängt sich auf, ob er nicht eine unmittelbare Klage aus dem Veräußerungsverbot gegen den Dritterwerber auf Übereignung usw. anstellen kann. Wenn dieser durch seinen Erwerb gegen 826 verstoßen hat, also den Gegenstand erworben hat, um das Recht des Verbotsgeschützten zu vereiteln, läßt sich eine solche Klage wohl aus dem Gesichtspunkt des Schadensersatzes rechtfertigen, RG. **108** 58. Darüber hinaus lehnt die herrschende Lehre eine unmittelbare Klage ab. Wer sie geben will, muß sich schon zu dem Satz bekennen, daß der zweckstrebenden Natur der Rechtsordnung ein solch zweckloser Umweg unmöglich entsprechen kann. Die Erwägung des RGR Komm. (§ 134 Anm. 2), daß, wem das Gesetz einen Anspruch gebe, es auch die Mittel zur Durchführung verleihen müsse, reicht nicht aus. Denn die Mittel zur Durchführung stellt ja auch die herrschende Meinung zur Verfügung.

b) Gründe der relativen Unwirksamkeit.

Alle Fälle relativer Verfügungsbeschränkung nach 135/136, namentlich ein gerichtliches Veräußerungsverbot im Wege der einstweiligen Verfügung nach 935 ZPO. und die Vormerkung im Sinne des § 883 BGB., ferner die allgemeine Verfügungsbeschränkung des Gemeinschuldners nach 7 KO.

Keine relative Verfügungsbeschränkung war die der Ehefrau zugunsten ihres Mannes beim gesetzlichen Güterstand, nach 1404 waren die Verfügungen der Ehefrau ohne Zustimmung des Mannes schlechthin unwirksam. Keine relative Verfügungsbeschränkung ist die des durch eine vorherige bedingte Verfügung gebundenen Berechtigten (161 I, II); hier handelt es sich um absolute, aber zeitlich und sachlich begrenzte Nichtigkeit und Unwirksamkeit. Gleiches gilt für die Verfügungsbeschränkung des Vorerben nach 2113 I (vgl. von Tuhr II 1 S. 329).

Bei der fiduziarischen Übereignung wird zwar ein relativ unwirksames Eigentum insoweit geschaffen, als der Fiduziar Eigentümer jedermann gegenüber wird mit Ausnahme des Fiduzianten, im Verhältnis zum Fiduziar ist der Fiduziant Eigentümer geblieben. Doch liegt der Fall insofern anders wie beim relativen Veräußerungsverbot, als die Veräußerung des Treugutes durch den Fiduziar Dritten gegenüber ganz ohne Rücksicht auf ihre Kenntnis des treuhänderischen Verhältnisses wirksam ist; die Stellung des Fiduzianten als Eigentümer kann nur den Gläubigern des Fiduziars gegenüber durchgesetzt werden. Im Konkurs des Fiduziars hat der Fiduziant ein Aussonderungsrecht (RG. **45** 85; **79** 122; **91** 14; **94** 305).

c) Rechtliche Bedeutung.

α) Das relativ-unwirksame Geschäft ist der unbestimmten Vielheit gegenüber wirksam, mit Ausnahme des durch die Verfügungsbeschränkung Geschützten; ihm gegenüber ist das Geschäft unwirksam.

Diese Wirksamkeit jedermann gegenüber zeigt sich namentlich auch im Verhältnis des in der Verfügung Beschränkten zu seinen Gläubigern; sie können den Gegenstand nach der verbotswidrigen Veräußerung nicht mehr pfänden oder vom Erwerber herausverlangen. Ebensowenig kann sich ein von den Gläubigern des Verbotsbelasteten erwirktes Pfändungsrecht dem Recht des Verbotsgeschützten gegenüber behaupten. Nach 135 I 2 steht der rechtsgeschäftlichen Verfügung eine Verfügung gleich, die im Wege der Zwangsvollstreckung oder der Arrestvollziehung erfolgt.

Der Richter muß die relative Unwirksamkeit von Amts wegen berücksichtigen; sie braucht nicht durch eine besondere Willenserklärung, wie das Anfechtungsrecht, geltend gemacht zu werden.

Bei der herrschenden Verhandlungsmaxime, nach der der Richter nur die von den Parteien in den Prozeß eingeführten Tatsachen berücksichtigen darf, ist der Unterschied zur Anfechtung praktisch freilich nicht groß. Der Verbotsgeschützte muß praktisch den Unwirksamkeitsgrund geltend machen, wenn er ihn beachtet wissen will.

β) Im Gegensatz zur Nichtigkeit ist eine Heilung der relativen Unwirksamkeit möglich:

αα) Einmal dadurch, daß der Unwirksamkeitsgrund später wegfällt.

Der Gemeinschuldner erhält z. B. infolge Zwangsvergleichs (192 KO.) oder Einstellung des Konkursverfahrens (205/206 KO.) das Recht zurück, über die Konkursmasse zu verfügen. Dann erstarkt die Verfügung, freilich nicht mit rückwirkender Kraft, zur Wirksamkeit für die Zukunft (Jaeger, Komm.KO. § 7 Anm. 12).

ββ) Sodann infolge Verzicht des Verbotsgeschützten auf die Geltendmachung der Unwirksamkeit.

Ob auf einen solchen Verzicht die Grundsätze der Zustimmung (182ff.), insbesondere die Rückwirkung nach 184 Anwendung finden, ist streitig. Dafür Jaeger, Komm.KO. § 7 Anm. 11.

γ) Eine Bestätigung des verbotswidrigen Geschäftes würde auch in Form der Neuvornahme nichts nützen, solange die Verfügungsbeschränkung besteht.

d) Konstruktion der relativen Unwirksamkeit.

Der gedankliche Aufbau der beschränkten Unwirksamkeit ist sehr bestritten. Oertmann (DogmJ. **66** 130) lehnt den Begriff der relativen Unwirksamkeit überhaupt ab. Nach der herrschenden Meinung treten die Wirkungen eines relativ unwirksamen Geschäfts zwar im allgemeinen ein, jedoch mit der Beschränkung, daß gewisse rechtliche Interessen eines Beteiligten, die das Gesetz schützen will, ebenso gewahrt bleiben, als wenn das Geschäft überhaupt unwirksam wäre (so Enneccerus-Nipperdey [15] § 202 III). Bei einer verbotswidrigen Eigentumsveräußerung soll nach Wolff-Raiser (Sachenrecht § 88 IV) Volleigentum zweier Personen entstehen derart daß der Verbotsbetroffene Eigentümer gegenüber dem Verbotsgeschützten bleibt, der Erwerber aber Alleineigentümer gegenüber allen anderen wird. Diese unbefriedigende „Duplizität des Rechtssubjekts" vermeidet die Lehre Strohals (a. a. O. 51). Unter relativer Unwirksamkeit versteht er: absolute Wirksamkeit unter der auflösenden Bedingung der Geltendmachung des Rechts des Verbotsgeschützten. Das verbotswidrig veräußerte Eigentum fällt bei Eintritt dieser Bedingung an den Veräußerer zurück zum Zweck der Befriedigung der Rechte des Verbotsgeschützten.

Auch die Konstruktion Strohals ist zweifellos sehr gekünstelt. Deshalb wird man am besten im Anschluß an das Gesetz so formulieren: das Geschäft ist wirksam, wird aber zugunsten gewisser Personen als unwirksam behandelt, der Erwerber wird Eigentümer, aber zugunsten des Verbotsgeschützten ist der Veräußerer noch als Eigentümer zu behandeln. Das ist Verzicht auf weitere Konstruktion, auf eine besondere rechtstechnische Rechtfertigung der Fiktion, mit der das Gesetz arbeitet — entspricht aber der Fassung des Gesetzes am besten. Vgl. BGH **19**, 359.

5. Die Vernichtbarkeit.

a) Begriff. Die Vernichtbarkeit ist vorläufige Gültigkeit verbunden mit der Möglichkeit der Vernichtung, nicht bloß durch eine besondere darauf gerichtete Willenserklärung bestimmter Interessenten, sondern auch durch sonstige Umstände, die unabhängig von deren Willen zerstörend wirken.

b) Als Hauptfälle sind zu nennen: die Vernichtbarkeit der Ehe (§§ 23f. EheG.) und die Vernichtbarkeit gewisser handelsrechtlicher, als juristische Person anerkannter Gesellschaften wie der Aktiengesellschaft und der GmbH. (§ 216 AktG., § 75 GmbHG.).

c) Rechtliche Bedeutung. Die Vernichtbarkeit steht der Anfechtbarkeit insoweit praktisch nahe, als das Rechtsgeschäft zunächst als gültig zu behandeln ist, bis es auf die erhobene Nichtigkeitsklage eines Interessenten hin für nichtig erklärt worden ist. Man könnte insoweit meinen, daß die Nichtigkeitsklage nichts anderes sei als eine durch Klage geltend zu machende Anfechtung des Rechtsgeschäftes. Dabei würde aber übersehen, daß die Nichtigkeitserklärung in vielen Fällen nicht mehr zurückwirkt, sondern die Rechtsfolgen nur für die Zukunft beseitigt. Die Nichtigkeitserklärung der Ehe aus den Nichtigkeitsgründen der §§ 16—22 EheG. wirkt zwar ex tunc. Dagegen können die Mängel des Eheschließungswillens eines der Verlobten, die früher ein Anfechtungsrecht gaben, nur mehr durch

Aufhebungsklage geltend gemacht werden, §§ 28ff. EheG. Die Aufhebung der Ehe vernichtet die Ehe nur für die Zukunft und löst die Rechtsfolgen der Scheidung aus. § 37 EheG. — Ebenso führt die Nichtigkeitserklärung der AG. und GmbH. nur zur Auflösung der Gesellschaft; diese wird wie eine gültige Gesellschaft abgewickelt.

Ein Unterschied zur Anfechtung liegt weiter darin, daß der vorläufig eingetretene Rechtserfolg auch ganz unabhängig von einer auf die Vernichtung gerichteten Willenserklärung bestimmter Interessenten aus sonstigen Gründen zerstört werden kann.

So kann die vernichtbare Ehe auch durch Tod oder Scheidung aufgelöst werden. — Ist eine AG. oder GmbH. einmal ins Handelsregister eingetragen, so ist sie als bestehend zu behandeln, bis ihre Nichtigkeit entweder durch Gerichtsurteil auf Grund einer Nichtigkeitsklage ausgesprochen oder die Löschung von Amts wegen durch den Registerrichter gemäß § 144 FrGG. erfolgt ist.

Praktisch unterscheidet sich die Vernichtbarkeit von der Anfechtbarkeit ferner durch den größeren Kreis der Klageberechtigten.

So kann die Ehenichtigkeitsklage auch durch den Staatsanwalt und in dem Falle des § 20 EheG. (Doppelehe) auch durch den Gatten der früheren Ehe erhoben werden (§ 24 EheG.); die Aufhebungsklage kann bei irrtümlicher Todeserklärung und Wiederverheiratung nur durch den früheren Ehegatten des Zurückgekehrten erhoben werden (§ 39 EheG.). Die Klagebefugnis jedes interessierten Dritten, wenn nämlich von der Nichtigkeit der Ehe ein Recht oder von der Gültigkeit eine Verpflichtung abhing (§ 632 ZPO.), ist beseitigt (§ 24 EheG.).

Insoweit steht freilich die Vernichtbarkeit der Anfechtbarkeit näher als der Nichtigkeit, als in vielen Fällen eine Heilung der Nichtigkeit vorgesehen ist; so bei der Ehe in 17, 18, 19, 21, 22 EheG., so bei der AG. in 217 AktG. Damit ist der grundsätzliche Ausschluß der Heilung der Nichtigkeit (141 I) preisgegeben, und insoweit die Vernichtbarkeit der Anfechtbarkeit stark angeglichen.

III. Einfluß der Unwirksamkeit des Grundgeschäfts (Kausalgeschäfts) auf das Vollzugsgeschäft (Erfüllungsgeschäft).

1. Bei den sog. kausalen Geschäften ist die Kausalvereinbarung zu einem Teil des Zuwendungsgeschäfts gemacht, gehört zum Geschäftsinhalt. Das Zuwendungsgeschäft ist folglich von der gültigen Vereinbarung der causa in jeder Beziehung abhängig. Ein Irrtum z. B., der die Kausalvereinbarung betrifft, berührt das ganze Geschäft.

Bei den abstrakten Geschäften gehört dagegen die Kausalvereinbarung nicht zum Geschäftsinhalt. Das Zuwendungs- oder Vollzugsgeschäft bleibt grundsätzlich von der Unwirksamkeit des Kausalgeschäfts unberührt, es entsteht bloß bei unwirksamem Kausalgeschäft ein Bereicherungsanspruch für den Zuwendenden gegen den Empfänger der Zuwendung.

Wenn z. B. eine Sache auf Grund eines nichtigen Kaufvertrages übereignet worden ist, kann der Veräußerer nicht nach 985 (mit der rei vindicatio) vorgehen, er muß nach 812 den obligatorischen Bereicherungsanspruch geltend machen und auf Herausgabe der Sache zum Zwecke der Rückübereignung klagen (RG. **63** 179; **68** 100).

Wenn eine Sache auf Grund eines anfechtbaren Kaufvertrages übereignet worden ist, erlangt der Verkäufer durch die Anfechtung des Kaufvertrags nur einen Bereicherungsanspruch (denn dadurch beseitigt er hinterher die causa der Übereignung); will er das Eigentum wieder erlangen, muß er auch das dingliche Geschäft, die abstrakte Einigung (929), anfechten. Das kann er aber nur, wenn auch dem dinglichen Geschäft ein Anfechtungsgrund anhaftet.

Deshalb ist es von der größten praktischen Bedeutung, zu wissen, in welchen Fällen die Unwirksamkeit des Grundgeschäfts ausnahmsweise auch das Vollzugsgeschäft beeinflußt.

2. Unter Umständen wird das Vollzugsgeschäft von der Unwirksamkeit des Grundgeschäfts mitergriffen:

a) So wenn die Parteien die Gültigkeit des Grundgeschäfts zur Bedingung des Vollzugsgeschäfts gemacht haben.

Eine solche Abhängigkeit des Vollzugsgeschäfts von der Rechtsbeständigkeit des Grundgeschäfts entspricht dem Parteiwillen regelmäßig, wenn Grund- und Vollzugsgeschäft als Teile eines einheitlichen Rechtsgeschäfts vorgenommen werden. Das ist namentlich da anzunehmen, wo Kauf und Übergabe zusammenfallen (RG. **57** 96ff.; **104** 103). „Die Fälle, wo die Parteien ein dingliches Leistungsgeschäft unabhängig von einem Kausalgeschäft haben vornehmen wollen, werden im Verkehr sehr selten sein" (Komment. v. RGR. § 125, 1c). Wo die Parteien das (obligatorische) Grundgeschäft und das (dingliche) Vollzugsgeschäft derart zu einem einheitlichen Ganzen verbunden haben, hat die Nichtigkeit des Grundgeschäfts nach § 139 die Nichtigkeit des ganzen Geschäfts zur Folge.

Ebenso Wolff § 38 II 4; Enneccerus-Nipperdey § 202 Anm. 38; Westermann, Sachenrecht § 4 IV 3; Palandt-Dankelmann, § 139 Anm. 4. Die Gegenansicht (z. B. v. Tuhr II 1 S. 286) lehnt ab, weil eine derartige Verbindung, wenn man sie überhaupt annehmen wolle, immer vorliege — was nach dem Vorgesagten sicher nicht zutrifft. Vgl BGH. JZ 1951, 782.

Zu beachten ist aber, daß die Auflassung — anders als die Übereignung von Fahrnis — keine Bedingung verträgt (925, 929).

b) Das Vollzugsgeschäft wird ferner von der Unwirksamkeit des Grundgeschäfts mitergriffen, wenn derselbe Unwirksamkeitsgrund, der diesem innewohnt, auch jenem anhaftet. Das ist z. B. anzunehmen, wenn beide Geschäfte in einem einheitlichen Willensakt zusammenfallen (RG. **66** 385).

Z. B. ein Geschäftsunfähiger übereignet schenkungshalber eine Sache; ferner dann, wenn eine Veräußerung gegen ein unbedingtes Verbotsgesetz i. S. des 134 verstößt.

Vor allem, wenn der gleiche Willensmangel dem Verpflichtungs- und dem Erfüllungsgeschäft anhaftet und beide Geschäfte angefochten werden (RG. **69** 13). Man darf im Zweifel annehmen, daß bei einer Vertragspartei, die zum Abschluß des Vertrags durch einen Irrtum oder durch arglistige Täuschung bestimmt worden ist, dieser Irrtum oder Betrug auch noch beim Abschluß des Erfüllungsgeschäfts bestimmend fortwirkt. In solchen Fällen ist im Zweifel die Anfechtungserklärung auch auf das Vollzugsgeschäft mitzubeziehen (RG. **66** 390; **69** 16; **70** 57), eine ausdrückliche besondere Anfechtungserklärung hinsichtlich des Vollzugsgeschäfts also unnötig.

Denkbar ist natürlich, daß der Nichtigkeits- oder Anfechtungsgrund zur Zeit der Vornahme des Vollzugsgeschäfts schon weggefallen ist, daß z. B. der Irrende oder Getäuschte bei der Erfüllung des Vertrages aufgeklärt war; dann ist das Vollzugsgeschäft in Ordnung und wird grundsätzlich sogar als Verzicht auf das Anfechtungsrecht gedeutet werden müssen. Erfüllt der Minderjährige den mangels Zustimmung des gesetzlichen Vertreters unwirksamen Verkauf nach erlangter Volljährigkeit, so ist die Verfügung wirksam und kann zugleich als Genehmigung des Kaufs gemäß 108 III gedeutet werden.

c) Keine Beeinflussung des Vollzugsgeschäfts soll dagegen nach der Rechtsprechung des Reichsgerichts stattfinden, wenn das Grundgeschäft wegen Verstoßes gegen die guten Sitten nichtig ist (RG. **75** 68; **78** 285; vgl. auch RG. **93** 221). Das Bedenkliche dieser Auffassung ist bereits § 25 III am Ende dargelegt.

Doch hat RG. **145**, 152 später die Beeinflussung anerkannt, wenn die Gesetz- und Sittenwidrigkeit gerade im Vollzug zum Ausdruck kommt.

Dagegen ergreift die Nichtigkeit des wucherischen Grundgeschäfts in der Regel auch das dingliche Erfüllungsgeschäft (RG. **57** 95ff.; **75** 76; **93** 75; **109** 202). Das folgert man aus dem Wortlaut des § 138 „oder gewähren läßt".

5. Kapitel

Die Erfordernisse des Rechtsgeschäfts

§ 28 1. Geschäftsfähigkeit und Verfügungsbefugnis

von Tuhr II 1 334ff.; Breit, Geschäftsfähigkeit, 1903; Eltzbacher, Handlungsfähigkeit, 1903; M. Rümelin, Die Geisteskranken im Rechtsverkehr, 1912; Endemann, HdwbRw. II 792.

Wenn ein Rechtsgeschäft wirksam vorgenommen werden soll, ist erforderlich: zunächst die Geschäftsfähigkeit des Erklärenden, außerdem, wenn das Rechtsgeschäft eine Verfügung darstellt, noch seine Verfügungsbefugnis.

A. Die Geschäftsfähigkeit.

I. Grundsätzliches.

Da die Wirkungen des Rechtsgeschäfts entsprechend dem auf sie gerichteten Parteiwillen eintreten, setzt die Vornahme voraus: ein Mindestmaß von Fähigkeit durchschnittlicher Willensbildung, also die normale Bestimmbarkeit durch vernünftige Beweggründe.

Es geht nicht an, die Gültigkeit des Geschäfts von der Feststellung dieser Eigenschaft im einzelnen Fall abhängig zu machen. Das würde die Verkehrssicherheit zu sehr beeinträchtigen. Die Rechtsordnung arbeitet daher mit Durchschnittsmaßstäben. Sie erklärt bestimmte Gruppen von Menschen, denen erfahrungsgemäß die nötige Willensreife fehlt, für unfähig zur wirksamen Vornahme oder erkennt ihnen nur eine beschränkte Fähigkeit zu — mögen sie auch im einzelnen Fall tatsächlich die nötige Willensreife besitzen.

Dagegen sagt das Gesetz nicht, wer geschäftsfähig ist und bringt damit zum Ausdruck, daß es die Geschäftsfähigkeit der Personen, welche sich tatsächlich am Rechtsverkehr beteiligen, als das Regelmäßige betrachtet.

Daraus ergibt sich: wer einem Rechtsgeschäft die Wirkung absprechen will und behauptet, es fehle die eigene oder fremde Geschäftsfähigkeit, muß das als eine besondere rechtshindernde Tatsache beweisen.

Henle (Allg. T. 156) macht mit Recht darauf aufmerksam, daß man bei der Geschäftsfähigkeit nicht bloß an die Fähigkeit denken darf, Willenserklärungen wirksam vorzunehmen, sondern auch an die Fähigkeit, solche zu empfangen (vgl. 131). Seine Formel: „Fähigkeit am Erklärungsvorgang beteiligt zu sein", ist aber auch nicht unmißverständlich; denn der Geschäftsunfähige ist bei der Erklärung, die durch ihn seinem gesetzlichen Vertreter zugeht, sicher beteiligt (131, I).

II. Die Geschäftsfähigkeit.

1. Geschäftsunfähig sind nach 104:

a) Kinder unter 7 Jahren (104, 1),

b) Geisteskranke, deren freie Willensbestimmung nicht bloß vorübergehend ausgeschlossen ist (104, 2),

c) die wegen Geisteskrankheit Entmündigten (104, 3).

Die Bildung der dritten Gruppe ist gegenüber der zweiten von großem praktischem Wert.

Solange die Entmündigung nicht erfolgt ist, muß eine geistige Störung in jedem einzelnen Fall bewiesen werden, und der Gegner kann sich berufen auf eine Unterbrechung der Krankheit durch sog. lichte Zwischenräume — lucida intervalla. Die Entmündigung dagegen schneidet das Eingehen auf den wirklichen Geisteszustand völlig ab, schließt als solche schlechthin die Geschäftsfähigkeit aus. Selbst der wieder gesund Gewordene bleibt bis zur Aufhebung der Entmündigung geschäftsunfähig.

Bei einer gegenständlich beschränkten Störung (Querulantenwahn, Sammelwut, geschlechtlicher Entartung) reicht richtiger Ansicht nach die Geschäftsunfähigkeit nur soweit wie der Bereich der Krankhaftigkeit, erfaßt also nicht die von ihr unberührten Betätigungsgebiete. Deshalb ist meist nur 105 II anwendbar; vgl. OLG. **40** 259 (Breslau); RG. JW. 1912, 872[33]; 1922, 1007[5]; 1938, 1590; OGH. 4, 66; BGH. 19, 186. Die Geistesschwäche steht der Geisteskrankheit gleich, wenn sie die in 104, 2 näher gekennzeichneten Folgen krankhafter Störung der Geistestätigkeit hat (RG. **50** 203).

2. Die Wirkung besteht in völliger Nichtigkeit der vom Geschäftsunfähigen abgegebenen Erklärung (105 I). Genehmigung durch den gesetzlichen Vertreter ist ausgeschlossen, es ist nur Neuvornahme des Geschäfts durch ihn möglich.

Da die Willenserklärungen eines Geschäftsunfähigen nichtig sind, muß der gesetzliche Vertreter völlig für ihn handeln. Nicht einmal an einem geschenkten Gegenstand kann der Geschäftsunfähige selbst Eigentum erwerben; und auch der Vater kann eine an sein geschäftsunfähiges Kind beabsichtigte Schenkung durch Selbstkontrahieren nicht wirksam vollziehen, indem er gleichzeitig als Vertreter auf der Empfangseite mitwirken würde. Nach 181 müßte ihm dies besonders vom Gesetz „gestattet" sein oder in Erfüllung einer Verbindlichkeit (Unterhaltspflicht) geschehen; man hat bewußt bei Schaffung des BGB. davon Abstand genommen, die Regel des 181 zugunsten von Schenkungen zu durchbrechen (Motive I 130). Deshalb verneint die herrschende Meinung die Zulässigkeit eines derartigen Vorgangs (RGRKomm. § 105 Anm. 4; RG. JW. 1910, 359[19]; KGJ. **45** 237).

Schultze-v. Lasaulx (Soergel § 181 Anm. 25) will auch eine Gestattung durch Verkehrsübung anerkennen; ebenso Palandt-Danckelmann § 181 Anm. 4 u. Ermann-Böhle-Stamschräder § 181 Anm. 12. Vgl. auch BGH. **15** 170.

Da jedoch ein Verstoß gegen 181 die spätere Genehmigung nicht ausschließt, ist es denkbar, eine durch Selbstkontrahieren vollzogene Schenkung dadurch zu heilen, daß das Kind sie nach der Vollendung des siebenten Lebensjahres genehmigt oder ein später ernannter Pfleger die Genehmigung ausspricht. Vgl. den Lehrkommentar von Loewenwarter zu § 106 u. RG. **103** 418.

Die Vorschrift des 105 bezieht sich übrigens nur auf die „Willenserklärungen" der Geschäftsunfähigen, nicht auf die Rechtshandlungen im engeren Sinne, wie Besitzergreifung (854), Fund (die Finderpflichten entstehen ex lege aus dem Tatbestand des Findens ohne Rücksicht darauf, ob Übernahme gewollt ist, 965), Verarbeitung (950) u. dgl.; hier entscheidet die natürliche Fähigkeit zur Vornahme der Handlung. Wenn man in der „Aneignung" kein Rechtsgeschäft sieht, ist der Geschäftsunfähige unter Umständen imstande, an dem vom Vater preisgegebenen Gegenstand durch Aneignung Eigentum zu erlangen; vgl. Wolff-Raiser § 78 III Anm. 16.

105 bezieht sich ferner nicht auf die vom Geschäftsunfähigen empfangenen Erklärungen. Für den Empfang bestimmt 131 I, daß die ihm gegenüber abgegebene Erklärung wirksam werden kann, wenn sie dem gesetzlichen Vertreter zugeht.

3. Ob die Geschäftsunfähigkeit erkennbar war, ist gleichgültig. Der gute Glaube an sie wird nicht geschützt.

Ausnahme nach Art. 16 WG. Vgl. Warn. Rspr. 1915 Nr. 272; RG. **120** 174; abwegig Danz, JW. 1913, 1016; RG. 55, 49 (betr. Wechselrecht).

Dagegen richtete sich eine Bewegung des Bankgewerbes, das einen Schutz gegen Geschäftsabschlüsse mit nicht erkennbar Geisteskranken verlangte. Diese Forderung ist rechtspolitisch zu billigen, nach geltendem Recht unerfüllbar. Die Bank kann sich durch eine Vereinbarung mit dem Kunden schützen, wonach sich dieser für den Fall späterer Geisteskrankheit zur Schadloshaltung verpflichtet. Vgl. Oertmann § 105, 3.

4. Keine Geschäftsunfähigkeit bewirken die vorübergehende Störung der Geistestätigkeit und die Bewußtlosigkeit (Rausch, Fieberwahn, Bannschlaf). Aber soweit sie tatsächlich reichen, stehen sie der Geisteskrankheit in der Wirkung gleich: also Nichtigkeit der in einem solchen Zustand abgegebenen Willenserklärung, 105 II. Für die Empfangnahme sind dagegen die Vorgenannten den Geschäftsunfähigen nicht gleichgestellt, so daß ihnen unter Umständen eine Willenserklärung wirksam zugehen kann (131 II).

III. Die beschränkte Geschäftsfähigkeit.

1. Geschäftsbeschränkt sind:

a) die Minderjährigen, also Personen, die das 7. Lebensjahr vollendet haben, aber noch nicht volljährig oder für volljährig erklärt sind (2, 3 I, 106),

b) die wegen Geistesschwäche, Verschwendung oder Trunksucht Entmündigten (114).

Der Unterschied zwischen Geistesschwäche und Krankheit ist nur ein Grad-, kein Artunterschied. Wegen Geistesschwäche ist zu entmündigen, wer doch wenigstens noch so viel Einsicht in die Bedeutung seiner und fremder Handlungen hat, wie ein Kind von 7 Jahren; wer nicht einmal diese Einsicht hat, ist wegen Geisteskrankheit zu entmündigen. Vgl. unten § 57 III 2.

c) die nach 1906 unter vorläufige Vormundschaft Gestellten (114).

2. Die Wirkung ist vom Gesetz geregelt für den Fall der Minderjährigkeit in 106. Die andern Gruppen werden dann in 114 den Minderjährigen gleichgestellt.

a) Der Minderjährige kann selbständig wirksam Geschäfte vornehmen, die ihm lediglich einen rechtlichen Vorteil bringen. Nur auf den rechtlichen Vorteil kommt es an, die wirtschaftlichen Folgen des konkreten Geschäfts können nicht in Betracht gezogen werden.

Schenkungsannahme, Aneignung — nicht Annahme einer geschuldeten Leistung als Erfüllung, da er dadurch das Forderungsrecht verliert (362). Dagegen erwirbt er das Eigentum am gezahlten Gelde auf Grund der abstrakten Übereignung, muß freilich den Erwerb mangels Genehmigung der Annahme als ungerechtfertigte Bereicherung dem Leistenden wieder herausgeben. Daß er im selben Augenblick, wo er das Eigentum erwirbt, mit der Kondiktionshaftung beschwert wird, hindert die herrschende Meinung nicht, den Eigentumserwerb als rein vorteilhaft zu betrachten, weil das Eigentum auf Grund des abstrakten, von der causa losgelösten Übereignungsgeschäftes erworben wird, während die Bereicherungshaftung sich aus einem gesetzlichen, davon verschiedenen Tatbestand ergibt, der einen rechtsgeschäftlichen Vorgang nicht voraussetzt („durch die Leistung oder in sonstiger Weise", 812 I). Zudem haftet der Bereicherungsschuldner nur auf die jeweils noch vorhandene Bereicherung, kann sich also durch Hinweis auf den Wegfall der Bereicherung von seiner Haftung befreien, 818 III. § 819, der den Empfänger, von der Kenntnis des Mangels des Rechtsgrundes an, einer gesteigerten Haftung unterwirft, ist auf den Minderjährigen nicht anwendbar, wenn er beim Empfang nicht vertreten war (a. A. von Tuhr II 1 S. 365). Das folgt aus dem Schutzgedanken, auf dem die gesetzliche Vertretung beruht. Andernfalls könnte man z. B. die mangels Zustimmung des gesetzlichen Vertreters aus dem Darlehnsvertrag nicht ableitbare Haftung auf dem Umweg über 819 in vielen Fällen begründen und damit den Zweck des Gesetzes, das den Minderjährigen vor sich selber schützen will, vereiteln (vgl. RG. JW. 1917, S. 465[8]; RG. **98** 230 und RGRKomm. § 819 Anm. 2). Selbstverständlich erhält der Minderjährige dadurch keinen Freibrief für dolus; er kann sich aus 823ff., 826 in Verbindung mit 828ff. schadensersatzpflichtig machen. Allenfalls kommt eine analoge Anwendung der §§ 828, 829 auf seine Bereicherungshaftung in Frage. Vgl. v. Lübtow, Schenkungen der Eltern an ihre minderjährigen Kinder u. der Vorbehalt dinglicher Rechte, 1949. Eine Schenkung unter Auflage ist selbstverständlich nicht rein vorteilhaft, § 525. Die Belastung des geschenkten Gegenstandes mit einem dinglichen Vorkaufsrecht oder einem Nießbrauchsrecht wird man aber als rein vorteilhaft ansehen dürfen, wenn man als Gegenstand der Schenkung das in bestimmter Beziehung eingeschränkte Recht ansieht: so RG. **148** 321. Vgl. auch BGH. **15** 171.

b) Zu allen nicht bloß vorteilhaften Erklärungen bedarf der Minderjährige grundsätzlich der Einwilligung, d. h. der vorher erteilten Zustimmung des gesetzlichen Vertreters. Ohne diese sind seine Erklärungen nichtig.

Auch bei erteilter Einwilligung ist scharf zuzusehen, ob das tatsächlich abgeschlossene Geschäft dem vom Vertreter gebilligten entspricht. Ein Student fragt bei seinem Vater brieflich an, ob er sich den Kommentar von Staudinger kaufen dürfe, und er erhält darauf durch Postanweisung den erforderlichen Geldbetrag zugesandt mit der Bemerkung „einverstanden". Darin liegt nur die Einwilligung zu einem Barkauf (Handkauf), der etwas anderes ist als ein Kreditkauf. Behält der Student das Geld und kauft den Kommentar auf Borg, so ist der Kauf unwirksam, kann freilich hinterher noch auf den im folgenden angegebenen Wegen (Genehmigung oder Erfüllung) gültig werden.

Diese Regel wird durchbrochen beim Vertrag. Danach ergibt sich folgender Rechtszustand.

α) Bei Verträgen gilt:

Schließt der Minderjährige einen Vertrag ohne Einwilligung des gesetzlichen Vertreters, so ist dessen nachträgliche Zustimmung (Genehmigung) möglich. Es entsteht also zunächst ein Schwebezustand — eine schwebende Unwirksamkeit. Erfolgt die Genehmigung, so ist das Geschäft von Anfang an wirksam (gewahrt werden aber Rechte anderer am Vertragsgegenstand, die in der Zwischenzeit durch gültige Verfügungen des Vertreters oder im Wege der Zwangsvollstreckung erworben worden sind [184]). Wird die Genehmigung verweigert, ist das Geschäft nichtig.

Zur Lösung des Schwebezustands kommen drei Wege in Betracht:

Der Geschäftsgegner kann den Vertreter zur Erklärung über die Genehmigung auffordern. Dann kann sich der Vertreter nur noch ihm gegenüber erklären, die vorherige Genehmigung oder ihre Verweigerung gegenüber dem Minderjährigen wird unwirksam. Der gesetzliche Vertreter erlangt also durch die Aufforderung wieder freie Hand. Will der Geschäftsgegner den Minderjährigen am Vertrag festhalten und glaubt er, die bereits diesem gegenüber erteilte Genehmigung beweisen zu können, ist das Aufforderungsverfahren sinnlos. Ebenso ist es zwecklos, wenn der gesetzliche Vertreter von vornherein seine Einwilligung zu dem Geschäft gegeben hatte.

Zu beachten ist, daß die Genehmigung des gesetzlichen Vertreters keinen Verpflichtungsgrund für ihn, sondern nur für den Minderjährigen erzeugt. Der Zustimmungszwang soll den Minderjährigen davor schützen, daß er mangels hinreichender Reife nachteilige geschäftliche Maßnahmen für seinen eigenen Rechtskreis trifft.

Deshalb hat das Aufforderungsverfahren nach 108 auch dann keinen Sinn, wenn der Minderjährige mittellos ist; der Geschäftsgegner müßte versuchen, wegen Zahlungsverzugs nach § 326 wieder von dem Vertrag loszukommen.

Der Geschäftsgegner ist aber auch bis zur Genehmigung zum Widerruf berechtigt (der auch dem Minderjährigen gegenüber erklärt werden kann), aber nur, wenn er die Minderjährigkeit nicht gekannt hat. Hat er diese gekannt — was der Minderjährige beweisen muß — so kann er nur widerrufen, wenn der Minderjährige die Einwilligung des Vertreters wahrheitswidrig behauptet hat. Dagegen steht dem Minderjährigen der Nachweis offen, daß der Gegner das Fehlen der Einwilligung gekannt hat (109).

Nach Gemeinem Recht trat eine einseitige Bindung des Vertragsgegners ein (sog. negotium claudicans). Heute steht der Vertragsgegner besser, da er widerrufen kann, während der Minderjährige kein Widerrufsrecht hat.

Endlich kann der Vertrag durch Erfüllung von Anfang an wirksam werden, indem der Minderjährige die vertragsmäßige Leistung mit Mitteln bewirkt, die ihm zu diesem Zwecke oder zu freier Verfügung von dem Vertreter oder mit dessen Zustimmung von einem andern überlassen worden sind (110).

Hauptfall der Hingabe zur freien Verfügung innerhalb gewisser Verwendungsgrenzen ist die Zahlung des „Taschengeldes" oder des „Studentenwechsels". In letzterem liegt richtiger Ansicht nach allerdings schon die im voraus erteilte Einwilligung (108) zur Vornahme der Geschäfte, die ein Student mit einem derartigen Wechsel verkehrsüblich abzuschließen pflegt, zu Kreditgeschäften freilich nur, soweit diese als ordnungsgemäß anzusehen sind. Ist eine allgemeine Einwilligung zu allen Rechtsgeschäften auch nicht als wirksam anzuerkennen, so dürfte doch eine durch den Studienzweck begrenzte Einwilligung unbedenklich sein (bestritten). Jedenfalls werden derartige Geschäfte durch Erfüllung gültig; und auch vom hier vertretenen Standpunkt aus hat 110 die Bedeutung, etwaige nicht durch den Studienzweck erforderte Luxusgeschäfte gültig zu machen und den Streit über das Vorliegen einer Einwilligung abzuschneiden.

In einem vom RG. (**74** 235) entschiedenen Falle hatte sich ein siebzehnjähriger Schüler von seinem wöchentlichen Taschengeld von 3 Mark ein Lotterielos gekauft, damit 4000 Mark gewonnen und davon ein Auto für 3200 Mark ohne Zustimmung des Vaters gekauft und bar bezahlt. Das RG. hat mit Recht angenommen, die in der Überlassung des Taschengeldes zur freien Verfügung liegende Ermächtigung habe den Ankauf des Autos aus einem Lotteriegewinn nicht mitumfaßt, der Autoverkäufer habe die beschränkte Tragweite der väterlichen Zustimmung erkannt oder erkennen müssen. Der Verkäufer wurde deshalb zur Zurückzahlung des Kaufpreises verurteilt.

In Analogie zu § 110 können auch Dienstverträge durch freiwillige Erfüllung gültig werden; so z. B. Enneccerus-Nipperdey § 152 II 3b.

β) Einseitige Rechtsgeschäfte. Solche — wie die Kündigung — sind mangels Einwilligung schlechthin unwirksam, nicht einmal genehmigungsfähig (111, 1). Es wäre unbillig, den Gegner, der hier nichttätig (passiv) beteiligt ist, einer Erklärung auszusetzen, die in ihren Wirkungen derartig unsicher ist. Aus demselben Grunde kann der Gegner das Rechtsgeschäft unverzüglich zurückweisen, wenn der Minderjährige keine schriftliche Einwilligung des Vertreters vorlegt; anders nur, wenn dieser selbst den Gegner von der Einwilligung in Kenntnis gesetzt hatte (111 S. 2 und 3).

Soweit freilich die Wirkungen einer einseitigen Erklärung (z. B. Kündigung, Aufrechnung, Zustimmung) auch durch Vertrag herbeigeführt werden können, läßt sich in dem Einverständnis des Gegners mit der Vornahme ein nach § 108 genehmigungsfähiger Vertragsschluß erblicken, RG **76** 91.

Die Einwilligung zu einer Operation bedarf r. A. nach der Zustimmung des gesetzlichen Vertreters, RG. **68** 431. Neuerdings will BGH. **29** 33 im Anschluß an die strafrechtliche Rspr. (BGHSt. **4** 88) die Einwilligung des Minderjährigen allein genügen lassen, wenn dieser nach seiner geistigen und sittlichen Reife die Bedeutung und Tragweite des Eingriffs zu ermessen vermag. Ebenso Staudinger-Coing § 107 Anm. 11. Dagegen mit Recht Enneccerus-Nipperdey (§ 151 Anm. 11), weil die körperliche Unversehrtheit Gegenstand des Persönlichkeitsrechtes sei und die Einwilligung mindestens eine geschäftsähnliche Handlung sei.

c) Willenserklärungen, die gegenüber einem Geschäftsbeschränkten abgegeben werden, werden nicht wirksam, bevor sie dem gesetzlichen Vertreter zugegangen sind; doch genügt der Zugang beim Geschäftsbeschränkten, wenn die Erklärung ihm lediglich einen rechtlichen Vorteil bringt oder der gesetzliche Vertreter seine Einwilligung erteilt hat, 131 II.

Rein vorteilhaft ist z. B. das dem Minderjährigen gemachte Vertragsangebot — ganz ohne Rücksicht auf seinen Inhalt — insofern, als es dem Minderjährigen die Möglichkeit der Annahme gibt. Henles Bedenken (Allg. T. 165) dagegen aus dem möglichen nachteiligen Inhalt des Angebots schlagen nicht durch. Pflichten können erst durch die Annahme entstehen und auf den wirtschaftlich nachteiligen Inhalt des konkreten Vertrages kann hier ebensowenig wie bei der Vornahme eines Rechtsgeschäfts (107) abgestellt werden. Vgl. aber auch die Bedenken bei Lange, 235.

IV. Teilweise (Erweiterte) Geschäftsfähigkeit.

1. Der neuzeitliche Verkehr hat eine Reihe von Fällen hervorgebracht, wo ein Bedürfnis besteht, den Minderjährigen freier zu stellen und seine Geschäftsfähigkeit zu erweitern.

a) Er kann vom Vertreter mit Genehmigung des Vormundschaftsgerichts zum selbständigen Betrieb eines Erwerbsgeschäfts ermächtigt werden — und ist dann unbeschränkt geschäftsfähig für solche Rechtsgeschäfte, die dieser Betrieb mit sich bringt. — Ausgenommen sind die Geschäfte, zu denen der Vertreter selbst der Genehmigung des Vormundschaftsgerichts bedarf (112).

Ein 20jähriges Mädel wird z. B. ermächtigt, das von der Mutter betriebene Papiergeschäft weiter zu betreiben; dann kann es Ware kaufen und verkaufen, einen Ladenraum mieten, eine Gehilfin anstellen usw. — ist auch im Rahmen der erweiterten Geschäftsfähigkeit prozeßfähig (52 ZPO.); KGJ. 37 39.

b) Er kann durch den Vertreter ermächtigt werden, in Arbeit oder Dienst zu treten — und ist dann unbeschränkt geschäftsfähig für Eingehung oder Aufhebung von Dienstverhältnissen der gestatteten Art und die Erfüllung der Pflichten daraus einschließlich der prozessualen Geltendmachung, 52 ZPO. Ausgenommen sind auch hier Verträge, zu denen der Vertreter selbst der Genehmigung des Vormundschaftsgerichts bedarf. Die für den Einzelfall erteilte Ermächtigung gilt im Zweifel als allgemeine für Verhältnisse derselben Art (113 IV).

Gestattet der Vater seiner 16jährigen Tochter als Dienstmädchen zu Frau X in Stellung zu gehen, so kann die Tochter dort kündigen, eine neue gleichartige Stelle suchen usw. — nicht aber in eine Fabrik gehen.

Nach RAG. 3, 221 fällt auch der Lehrvertrag unter den Begriff des Dienst- und Arbeitsvertrags im Sinne des § 113; dagegen mit Recht Siebert, weil der Erziehungscharakter überwiegt, BB. 1951, 195.

Die Ermächtigung selbst ist von der Genehmigung des Vormundschaftsgerichts hier nicht abhängig; wird sie von einem Vormund verweigert, so kann sie auf Antrag durch das Vormundschaftsgericht ersetzt werden, wenn sie im Interesse des Mündels liegt (113 III). Der Vertreter kann die erteilte Ermächtigung zurücknehmen oder einschränken (112 II). — Dritten gegenüber ist nur Kündigung nach 626 zulässig, KGOLG. 21 44.

2. Der mindestens 16jährige Minderjährige kann selbständig ein öffentliches Testament errichten, § 2229 I.

B. Die Verfügungsbefugnis.

Soweit es sich bei dem Rechtsgeschäft um eine Verfügung handelt, ist Wirksamkeitserfordernis neben der Geschäftsfähigkeit die Verfügungsbefugnis (vgl. § 15 II 2b dieses Buches).

Sie darf nicht mit der Geschäftsfähigkeit verwechselt werden; sie ist keine Eigenschaft des Erklärenden, sondern eine Beziehung zu dem Recht, das unmittelbar durch das Rechtsgeschäft beeinflußt werden soll.

Regelmäßig hat die Verfügungsbefugnis nur der Inhaber des betreffenden Rechts. Sie fehlt grundsätzlich über Gegenstände, die der rechtlichen Herrschaft eines Dritten unterworfen sind. — Die Verfügung ist hier nur wirksam mit Zustimmung des Berechtigten, in dessen Rechtskreis eingegriffen wird. Darüber siehe unten § 37.

§ 29

2. Zulässiger Inhalt des Geschäfts

von Tuhr II 2 S. 1ff.; Endemann, Zivilrechtliche Wirkung der Verbotsgesetze, 1887; Raape, Das gesetzliche Veräußerungsverbot des BGB., 1908. Lange, Die behördliche Genehmigung und ihre zivilrechtlichen Auswirkungen AcP. 152, 241.

Die Rechtsgeschäfte müssen, um wirken zu können, einen rechtlich zulässigen Inhalt haben. Dazu gehört:

I. Der Inhalt muß die nötige Bestimmtheit oder Bestimmbarkeit besitzen. Wie weit diese gehen muß, ist bei den einzelnen Rechtsverhältnissen verschieden und dort zu erörtern.

Vgl. insbes. 315ff. fürs Schuldrecht, 2156 fürs Vermächtnisrecht.

II. Die erstrebten Folgen müssen möglich sein. Der natürlichen Unmöglichkeit steht die rechtliche gleich, unmöglich ist z. B. die Übertragung eines Nießbrauchs (§ 1059). Auch darüber ist bei den einzelnen Rechtsverhältnissen zu handeln.

Vgl. insbes. 306 fürs Schuldrecht.

III. Das Rechtsgeschäft darf nicht gegen ein gesetzliches Verbot verstoßen, sonst ist es nichtig (134).

1. Fälle und Ausdrucksformen. Wo ein solches Verbot steht, ob im BGB., StGB., in der GewO. usw. ist gleichgültig.

Der erste Weltkrieg hat eine Fülle von Verboten gebracht, die von den Militärbefehlshabern auf Grund des 9b PrBelZG. im Interesse der öffentlichen Sicherheit erlassen worden sind und zweifellos hierher gehören.

Die Rechtsverbote kommen in den verschiedensten Formen zum Ausdruck. Das Wort „verbieten“ findet sich in den formellen Gesetzen kaum, häufiger in den Rechtsverordnungen, besonders denen des Krieges, wo z. B. der Verkauf von Pferden, der Handel mit Malz, die Lieferung und jede Veräußerung von Großviehhäuten usw. ausdrücklich „verboten“ wurden. Die Gesetze bringen ein Verbot vielfach dadurch zum Ausdruck, daß sie ein bestimmtes Geschäft für nichtig erklären (248, 310, 312, 443) oder bestimmen, daß es überhaupt nicht oder nur unter gewissen Voraussetzungen vorgenommen werden kann (225, 276 II) oder daß seine Vornahme unzulässig ist (1014).

Aber nicht alle nichtigen oder unwirksamen Geschäfte sind verboten. Wenn man aus der Nichtigkeit oder Unwirksamkeit auf ein Verbot schließen will, muß man vorsichtig vorgehen. Kein Verbot liegt vor, wo ein Geschäft wegen mangelnder inhaltlicher oder förmlicher Voraussetzungen unwirksam ist. Auf ein Verbot ist nur zu schließen, wo ein Geschäft, obgleich die allgemeinen Voraussetzungen seiner gültigen Vornahme gegeben sind, doch deshalb für unwirksam erklärt wird, weil es wegen seiner besonderen Eigenart einen von der Rechtsordnung gemißbilligten Erfolg fördern würde. Am schärfsten kommt diese Mißbilligung in einer Strafe zum Ausdruck, die für den Fall der Vornahme angedroht wird (z. B. Schenkung zum Zwecke der Bestechung, 333 StGB.).

2. Das Verbot und seine inhaltliche Tragweite sind durch Auslegung des Gesetzes nach Sinn und Zweck zu ermitteln. Das Verbot kann sich richten nur gegen die Vornahme der rechtsgeschäftlichen Handlung eines Vertragsteils, es kann ein Geschäft nicht wegen seines Inhalts, sondern nur wegen der besonderen Umstände seiner Vornahme verbieten, es kann es wegen seines Inhalts und des mit ihm bezweckten Erfolgs untersagen. Je nachdem sind die Rechtsfolgen verschieden.

Soweit Grundgeschäft und Vollzugsgeschäft in Betracht kommen, ist zu prüfen, ob das Verbot sich nur gegen dieses oder jenes oder gegen den ganzen Veräußerungsvorgang wendet. Richtet sich ein Veräußerungsverbot sowohl gegen den Verkäufer wie gegen den Käufer, ist das letztere anzunehmen (RG. **60** 276; **78** 353; **100** 238; **105** 298).

Bei verbotenen Devisengeschäften sind sowohl Verpflichtungs- wie Erfüllungsgeschäft nichtig, RG. 98, 254.

3. Die Wirkung ist Nichtigkeit des Geschäfts, sofern sich nicht aus dem Gesetz ein anderes ergibt (134). Unter Umständen läßt sich aus den Zwecken des Verbots folgern, daß nur die tatsächliche Vornahme des Rechtsgeschäfts verhindert werden soll, nicht aber die Änderung auf dem Privatrechtsgebiet, die durch das Rechtsgeschäft herbeigeführt werden soll (RG. **100** 239).

Das Verbot schließt übrigens den Abschluß eines Rechtsgeschäfts für den Fall seiner Aufhebung nicht aus, derartige Verträge sind gültig (309).

In der gemeinrechtlichen Literatur unterschied man im Hinblick auf die verschiedenen Folgen der Zuwiderhandlung folgende Fälle, im Anschluß an die sich die Beispiele gut gruppieren lassen:

a) leges perfectae, sie erklären die Übertretung für nichtig. — Im Zweifel hat heute nach 134 das Verbot eines Rechtsgeschäfts Nichtigkeit zur Folge.

b) leges minus quam perfectae, sie bedrohen die Zuwiderhandlung nur mit Strafe, ohne sie für nichtig zu erklären.

Namentlich die Verbote durch Strafgesetz richten sich vielfach nur gegen die Handlungsweise der einen oder anderen Partei, so die Verbote der §§ 253 (Erpressung), 263 (Betrug), oder wollen ein Geschäft nicht allgemein wegen seiner Natur, sondern nur wegen der besonderen Umstände seiner Vornahme verhindern.

Beispiele: Der Bettler erwirbt das Eigentum an der Gabe, obwohl der Bettel verboten ist. Ein gegen die Nahrungsmittelgesetzgebung verstoßender Kauf ist gültig, RG. 100, 40; ebenso ein Gastaufnahmevertrag nach der Polizeistunde, RG. 103, 263. Gültig ist ferner ein Kauf unter Verstoß gegen die Bestimmungen über die Sonntagsruhe, GewO. 41a, 146a. Verbot des Spielens in auswärtiger Lotterie hat keine Nichtigkeit zur Folge (RG. **48** 178; **58** 278). Ebensowenig ist die entgegen § 56 III Z. 12 GewO. abgeschlossene Abonnementsversicherung nichtig (JW. 1930, 3597 u. 3655). Das Verbot der Beschäftigung über die zulässige Arbeitszeit hinaus richtet sich nur gegen den Arbeitgeber (JW. 1932, 2644). Gegen die PreisstoppVO. verstoßende Kaufverträge werden zum zulässigen niedrigeren Preis aufrechterhalten (st. Rspr.; vgl. OGHBrZ. NJW. 1948, 688). Bei einem gegen 49a MietSchG. verstoßenden Vertrag ist die Vereinbarung des Mietzinses nur insoweit nichtig, als dieser den angemessenen Betrag übersteigt (RG. **122** 183; **120** 130). Grundstücksveräußerungsverträge, die von der Preisbehörde beanstandet sind, werden unter gewissen Voraussetzungen zum zulässigen Preis aufrechterhalten. VO. vom 7. 7. 1942. Vgl. dazu Pritsch, DJ. 42, 463 u. RG. 171, 24.

c) leges plus quam perfectae, sie sehen Nichtigkeit und Strafe vor. Ein Strafgesetz, das den Geschäftsabschluß als solchen verbietet, wird heute durch 134 im Zweifel zu einer lex plus quam perfecta gemacht.

d) leges imperfectae, sie drohen weder Nichtigkeit noch Strafe an, suchen aber die verbotene Handlung auf andere Weise zu hindern — die Ehe zwischen Adoptiveltern und Adoptivkindern ist nach § 7 EheG. verboten, die trotzdem geschlossene Ehe aber gültig; Folge des Mangels 1771.

4. Umgehungsgeschäfte.

Vetsch, Die Umgehung des Gesetzes (Zürich) 1917; Rabel, Ztschr. SavSt. Rom. Abt. **27** 290ff.; **28** 311ff.

Durch das Verbot werden auch die sog. Umgehungsgeschäfte oder Schleichgeschäfte getroffen, die den vom Verbotsgesetz gemißbilligten Erfolg auf einem andern von ihm nicht bezeichneten Wege zu erreichen versuchen. Dies aber nur dann, wenn sich aus den Zwecken des Verbots ergibt, daß es einen bestimmten Erfolg überhaupt verhindern und nicht bloß seine Erreichung durch eine bestimmte Geschäftsart oder Geschäftsform bekämpfen will. Die Frage der Umgehung ist also gleichbedeutend mit der Frage nach der richtigen Auslegung und Handhabung der Norm nach ihrem Zweck und ihrer inhaltlichen Tragweite.

Der Arbeitgeber sucht den durch das Aufrechnungsverbot des 394 gemißbilligten Erfolg durch Zurückhaltung des Lohnes zu erreichen. Unzulässig! (RG **85** 112; **123** 8). Keine Umgehung des 1205 ist dagegen nach RG. **59** 146 die Sicherungsübereignung zu pfandrechtlichen Zwecken; 1205 will nur der Verpfändung unter Besitzvorbehalt (durch constitutum possessorium) die Anerkennung versagen, nicht aber jede andere Form der Sachsicherung unter Besitzvorbehalt mißbilligen. Unbefriedigend! Nichtig: Kastellansvertrag zur Umgehung einer Konzession, RAG. 15, 11; RG. JW 27, 2209; RG. **84** 305, vgl. aber RG. **125** 209.

Keine Gesetzesumgehung liegt vor, wenn eine Forderung lediglich zu dem Zweck abgetreten wird, um den Zedenten im Prozeß als Zeuge auftreten zu lassen. RG. **81** 160ff.

Viel erörtert ist der Begriff der Umgehung des Gesetzes im Steuerrecht. Nach § 6 SteueranpassungsG. kann „durch Mißbrauch von Formen und Gestaltungsmöglichkeiten des bürgerlichen Rechts die Steuerpflicht nicht umgangen oder gemindert werden". Wenn das Steuerrecht an die Begriffe des Privatrechts gebunden wäre, die Bedeutung eines dem Privatrecht gewissermaßen aufgepfropften Sondergebietes hätte (so Hensel, „Zur Dogmatik des Begriffs Steuerumgehung" i. Bonner Festgabe für Zitelmann 1923 S. 237ff.), könnte es allerdings eine Steuerumgehung im echten Sinne des Wortes geben. Wenn aber die Steuerrechtsbegriffe selbständig sind und die unmittelbaren Wirtschaftsverhältnisse zur Grundlage haben, dann gibt es gar keine Steuerumgehung, die nicht durch richtige Auslegung des Steuergesetzes unwirksam würde (so zutreffend Ball, Steuerrecht u. Privatrecht 1924 S. 130ff.). Vgl. Becker, Reichsabgabenordnung zu § 5 und Strauß, Steuerumgehung 1930.

5. Veräußerungsverbote insbesondere. Ein Veräußerungsverbot ist nicht schon dann anzunehmen, wenn die Verfügung über ein Recht entzogen ist, wie beim Nießbrauch (1059), sondern nur dann, wenn eine nach allgemeinen Grundsätzen zulässige Verfügung aus einem besonderen Grunde mißbilligt wird. — Zu unterscheiden sind:

a) Absolute gesetzliche Veräußerungsverbote, d. s. alle, die nicht den Schutz bestimmter Personen bezwecken, sondern auf Gründen des allgemeinen Wohls beruhen. Jedes im öffentlichen Interesse erlassene derartige Verbot fällt unter 134 und macht das verbotswidrige Geschäft nichtig (soweit sich nicht aus dem Verbotszweck ein anderes ergibt). Gleiche Wirkung haben die im allgemeinen oder öffentlichen Interesse erlassenen behördlichen Verbote.

Die auf Gesetz oder Rechtsverordnung beruhende Kriegsbeschlagnahme begründet grundsätzlich ein derartiges absolutes Verbot, selbst wenn die Beschlagnahme zugunsten bestimmter behördlicher Stellen oder einer (gemeinnützigen) Kriegsgesellschaft erfolgt; denn sie will das Lebensbedürfnis der staatlichen Gemeinschaft schützen. Vgl. Heinr. Lehmann, Die Kriegsbeschlagnahme, 1916.

b) Relative gesetzliche Veräußerungsverbote, die nur den Schutz bestimmter Personen bezwecken, machen das Geschäft nur den geschützten Personen gegenüber unwirksam — Fall der sog. relativen (beschränkten) Unwirksamkeit (135).

Z. B. die Verfügungsbeschränkung des Gemeinschuldners. Veräußert der Gemeinschuldner nach der Konkurseröffnung noch Waren vom Lager, so ist das unter den Beteiligten gültig, den Konkursgläubigern gegenüber unwirksam.

Gleiche Wirkung haben die von einem Gericht oder einer andern Behörde zum Schutz bestimmter Personen erlassenen Veräußerungsverbote (136). 136 stellt trotz seines weitergehenden Wortlautes diese Veräußerungsverbote den gesetzlichen des 135 nur so weit gleich, als sie lediglich den Schutz bestimmter Personen bezwecken (RG. **105** 76).

Veräußerungsverbote durch einstweilige Verfügung (ZPO. 938 II). — Das im Pfändungsbeschluß (bei der Forderungspfändung) enthaltene Verbot an den Schuldner, über die Forderung zu verfügen und das Verbot, an den Drittschuldner zu zahlen (ZPO. 829).

Durch ein derartiges Veräußerungsverbot werden nach 135 und 136 auch die Maßnahmen der Zwangsvollstreckung und der Arrestvollziehung getroffen (die das Gesetz ebenfalls in einem weiteren Sinn als Verfügungen kennzeichnet); sie sind also gleichfalls relativ unwirksam (135 I 2).

Zugunsten einer verbotsbetroffenen rechtsgeschäftlichen Verfügung finden aber die Vorschriften über den gutgläubigen Erwerb vom Nichtberechtigten Anwendung — während der gute Glaube gegenüber einem absoluten Verbot nichts nützt.

Vgl. das Beispiel zur „relativen Unwirksamkeit" (§ 27 II 4a dieses Buches). — Bei der Forderungspfändung (829 ZPO.) wird dem Schuldner dem Wortlaut nach zwar jede Verfügung über das Forderungsrecht verboten; Schrifttum und Rechtsprechung beschränken aber die Wirkung des Verbotes auf eine das Recht des Gläubigers beeinträchtigende Verfügung. Zieht der Schuldner nun trotz des Verbotes die Forderung vom Drittschuldner ein und zahlt dieser trotz des an ihn erlassenen Zahlungsverbots, so wird er im Verhältnis zum Schuldner von seiner Verbindlichkeit befreit, dem Pfändungsgläubiger gegenüber ist die Einziehung aber unwirksam, zu seinen Gunsten wird das eingezogene Forderungsrecht als noch bestehend behandelt.

c) Rechtsgeschäftlich begründete Veräußerungsverbote haben weder unumschränkte noch beschränkte Nichtigkeit zur Folge, sondern begründen nur eine schuldrechtliche Verpflichtung des Versprechenden, die Veräußerung zu unterlassen, widrigenfalls er sich schadenersatzpflichtig macht (137). In 137 kommt der allgemeine Grundsatz zum unvollkommenen Ausdruck, daß das Schuldverhältnis dem Schuldner nur zuruft: „Du sollst", nicht aber „Du kannst nicht anders!"

Ausnahme 399, wonach eine Forderung, deren Abtretung nach Vereinbarung mit dem Schuldner ausgeschlossen ist, nicht abgetreten werden kann, die gleichwohl erfolgte Abtretung also nichtig ist. Ferner 1136, wonach eine Vereinbarung nichtig ist, durch die sich der Eigentümer eines Grundstücks einem Hypothekengläubiger gegenüber verpflichtet, das Grundstück nicht zu veräußern oder weiter zu belasten; sie erzeugt also nicht einmal eine schuldrechtliche Verpflichtung. Beachtlicher Anwendungsfall: Auflage der Verpflichtung an Grundstückserwerber, nicht an eine Person polnischer Nationalität weiter zu veräußern (RG. **55** 78; **73** 17). — Auch die Preisbindungen zweiter Hand fallen unter § 137, 2, namentlich bei Markenartikeln; vgl. Enneccerus-Nipperdey § 144 Anm. 22.

Als Ersatzmittel für die versagte Beschränkung der Verfügungsfreiheit kommt eine Vereinbarung in Betracht, wonach die verbotene Weiterveräußerung als auflösende Bedingung hinsichtlich des zwischen dem Erstveräußerer und seinem Gegner abgeschlossenen Veräußerungsgeschäftes gelten soll. So kann mittelbar dem rechtsgeschäftlichen Veräußerungsverbot wenigstens eine gewisse dingliche Wirkung gesichert werden, wenn auch seine Befolgung nicht erzwungen werden kann. Ebensowenig kann verhindert werden, daß der gutgläubige Dritterwerber den Gegenstand zu vollem Eigentum erwirbt (161 III).

A veräußert seine Gemäldegalerie an B mit der Verpflichtung, sie nicht ins Ausland weiterzuveräußern — und mit der Maßgabe, daß das Eigentum an ihn zurückfallen soll, wenn B zuwiderhandelt. Selbstverständlich geht das keinesfalls an bei bedingungsfeindlichen Geschäften wie der Auflassung (925); doch vermag hier die Eintragung einer Vormerkung nach 883 eine ähnliche Sicherung herbeizuführen.

Für die Zulässigkeit einer derartigen auflösenden Bedingung hat sich die überwiegende Meinung ausgesprochen, dafür auch der RGRKomm.; die dagegen geäußerten Bedenken (vgl. statt aller Oertmann, Komm. § 137 Anm. 2a β) schlagen nicht durch.

6. Erwerbsverbote.

M. Wolff § 38 Anm. 25b; Ostermann, Das Erwerbsverbot, Bonner Diss. 1930; Münzel, DNotZ. **28** 282.

Außer den gesetzlichen Erwerbsbeschränkungen (vgl. z. B. Art. 86 EG., der aber für inländische juristische Personen durch Ges. v. 5. 3. 1953 aufgehoben worden ist), die eine Beschränkung der Rechtsfähigkeit bedeuten, sind auch rechtsgeschäftliche denkbar, die aber gerade wie das rechtsgeschäftliche Veräußerungsverbot nur eine schuldrechtliche Verpflichtung erzeugen, ohne die Wirksamkeit des trotzdem vorgenommenen Erwerbsgeschäftes zu berühren.

Die Rechtsprechung des RG. hat sich aber für die analoge Anwendung des § 136 (also die richterliche Auferlegung eines relativen Erwerbsverbots durch einstweilige Verfügung) auf gewisse Fälle der Erwerbsberechtigung ausgesprochen, falls nämlich jemand auf Grund eines subjektiven Rechts auf Erwerb (Rechtsanwartschaft) einem anderen das Recht mit unmittelbarer Wirkung entziehen kann, das aber gleichwohl aus einem besonderen Grunde nicht darf, RG. **117** 291; **120** 119.

Der Veräußerer eines Grundstücks hat dieses auf Grund nichtigen Schwarzkaufs (siehe unten § 34 II 2a) an den Käufer bindend aufgelassen und die Eintragung bewilligt; auf Grund dessen ist der Käufer in der Lage, durch Stellung des Eintragungsantrags sich das Eigentum zu verschaffen und das nichtige Kausalgeschäft nach § 313, 2 zu heilen. Er darf das aber nicht, weil der Verkäufer die durch die Auflassung und Eintragungsbewilligung erzeugte Rechtsanwartschaft als ungerechtfertigte Bereicherung nach 812 zurückfordern kann, es sei denn, daß er die Unverbindlichkeit des Kaufvertrages gekannt hat, 814. — Erwirbt der Käufer trotz des durch einstweilige Verfügung des Prozeßgerichts erlassenen Verbotes, die Eintragung zu unterlassen, das Grundstück, so ist sein Erwerb dem Verkäufer gegenüber unwirksam.

IV. Das Rechtsgeschäft darf nicht gegen die guten Sitten verstoßen, sonst ist es nichtig (138 I).

Lotmar, Der unmoralische Vertrag, 1896; Stammler, Lehre vom richtigen Recht, 1902; Hagen, Gruchot **52** 497; Jacobi, DogmJ. **41** 68; Herzog, Zum Begriff der guten Sitten, 1910; Eckstein, ArchBürgR. **38** 195ff., **41** 178ff.; H. A. Fischer, Rechtswidrigkeit, 1911; Lauterburg, Recht und Sittlichkeit, 1918; Rumpf, ZivA. **117** 315; von Tuhr, ebenda **120** 1ff.; Mitteis, Zur Auslegung v. 138 I BGB. in Leipz. Festschr. für Wach, 1917; Herb. Meyer, Sittenwidrige Verlagsverträge 1926; Lobe, Gruchot **72** 145; Geiler, Die Konkretisierung des Rechtsgebots der guten Sitten im modernen Wirtschaftsrecht, 1933; Pagenstecher, Sittenwidrige Lieferungsbedingungen, 1943; Coing, NJ. 48, 213f. Enneccerus-Lehmann, Schuldr. (14) 927f.

1. Begriff der guten Sitten.

Der Ausdruck „gute Sitten" ist eine Übersetzung des gemeinrechtlichen boni mores. Der Begriff verweist nicht auf die Sitte im Sinne eines tatsächlichen Lebensbrauches („gute" Sitten!), sondern auf die Moral, das Sittlichkeitsgesetz; auch auf dieses nicht als inneres Sittengesetz, das den Einklang des äußeren Verhaltens mit der inneren seelischen Einstellung fordert, sondern im Sinne der im Volk tatsächlich geübten Rechtsmoral und der sich aus ihr ergebenden Durchschnittsanforderungen. Der Richter hat nicht nach seinen persönlichen Moralanschauungen zu entscheiden, auch nicht nach den Auffassungen einer bestimmten Gruppe oder Partei (RG. **55** 373), sondern nach den tatsächlich in der Volksgesamtheit herrschenden Durchschnittsanschauungen. Als allgemein maßgebend kann nur gelten, was dem „herrschenden Volksbewußtsein", „dem Anstandsgefühl aller billig und gerecht Denkenden" entspricht (RG. **48** 124, **73** 113, **80** 221 und Motive zum BGB.-Entw. § 705). Diese Anschauungen sind einem fortwährenden Wechsel und im allgemeinen auch einer fortwährenden Verfeinerung unterworfen. Maßgebend sind deshalb die zur Zeit der Vornahme herrschenden Anschauungen (RG. Warneyer 1920 Nr. 72 und 143). Nach oben wird die Grenze der Anforderungen nicht durch besonders vornehme Gesinnung gebildet (RG. **55** 373), sie liegt vielmehr im Durchschnittsmaß der Anforderungen des redlichen Geschäftsverkehrs.

Keineswegs will das Gesetz eine Bindung des Richters an alle tatsächlichen Gewöhnungen und Übungen des Verkehrs; diese können mißbräuchlich sein. Der Richter hat danach zu fragen; was widerspricht vom Boden der sittlichen, in der Volksgemeinschaft herrschenden Grundanschauungen aus im einzelnen Fall einem geläuterten sittlichen Durchschnittsempfinden? RG. **72** 176. Eine besondere Standesmoral ist keinesfalls zu beachten, wenn sie mit der anerkannten Volksmoral in Widerspruch steht. Die Wertordnung darf heute keinesfalls mehr aus der nationalsozialistischen Weltanschauung entnommen werden — Art. III des Ges. Nr. 1 der Militärregierung.

So ließen sich nicht, wie man versucht hat, die übermäßigen Preisforderungen für Heeres- und Kriegsbedarf rechtfertigen mit den Anschauungen der ehrbaren Kaufmannschaft. Diese Anschauungen waren auf dem Boden der gewöhnlichen Friedensverhältnisse erwachsen und bedurften angesichts der Kriegsnotlage einer Berichtigung. Das Reichsgericht ist hier Erzieher zu einer geläuterten sittlichen Auffassung geworden; es hat aus den sittlichen Grundanschauungen des deutschen Volkes erst die gerechten Forderungen gezogen. Auch für die wirtschaftlichen Kämpfe (Streik, Aussperrung, Boykott) sind vom Reichsgericht erst aus diesen Grundanschauungen die maßgebenden Grundsätze abgeleitet worden.

Anstreben eigener Vorteile, auch wenn sie mit Nachteilen für andere verbunden sind, ist nicht sittenwidrig (RG. **128** 97), kann es aber werden, wenn besondere Umstände hinzutreten, angesichts deren das nach allgemeinen sittlichen Empfinden zulässige Maß der Betätigung des Erwerbssinns verletzt wird; vgl. auch RG. **160** 25.

2. Das Geschäft muß als solches sittenwidrig sein. Zu beanstanden sein muß sein Abschluß oder sein Gesamtgepräge, wie es sich erkennbar

aus dem äußern Inhalt, Beweggrund und Zweck ergibt (RG. **56** 231; **114** 338; **154** 108). Es genügt nicht, daß einer der Beteiligten, ja selbst beide nach den inneren Beweggründen (subjektiv) unsittlich verfahren. Das ist nicht einmal immer erforderlich.

B leiht sich von A Geld, um es in Kriegswuchergeschäften anzulegen. A gibt es ihm, um ihn dadurch geldlich in die Hand zu bekommen und später wirtschaftlich zu vernichten. Kommen diese Beweggründe im Geschäft selber nicht zum Ausdruck, haben sie keine unsittliche Gestaltung seines Inhalts zur Folge, so ist das Geschäft gültig.

Bloße Anfechtungsgründe ergeben noch keine Nichtigkeit. Sittenwidrige Willensbeeinflussung durch arglistige Täuschung oder rechtswidrige Drohung begründet nur eine Anfechtbarkeit des Geschäfts, RG. **69** 145; **114** 338. Nur wenn das Vorhandensein von Anfechtungsgründen den Gesamtcharakter des Geschäfts selbst sittenwidrig gestaltet, kommt Nichtigkeit wegen Unsittlichkeit nach 138 in Frage; RG. **114** 338.

Nicht erforderlich ist das Bewußtsein der Sittenwidrigkeit bei den Beteiligten; Kenntnis der Tatumstände genügt, RG. **120** 148; **150** 3.

Bei einem Vertrag ist im allgemeinen erforderlich, daß beiden Teilen ein Sittenverstoß zur Last fällt, RG. **78** 353 u. **114** 338 (erschlichener Kindesannahmevertrag). Aber nach ständiger Rechtsprechung ist davon eines Ausnahme zu machen, wenn sich das sittenwidrige Verhalten der einen Vertragspartei gerade gegen die andere richtet, RG. **120** 149.

Abstrakte Geschäfte, wie Übereignung, Abtretung, Schuldversprechen, sind trotz Unsittlichkeit der causa regelmäßig gültig, weil die Zweckvereinbarung bei ihnen nicht Teil des Geschäfts ist. Doch kann im einzelnen Fall das Geschäft im untrennbaren Zusammenhang mit der unsittlichen causa gewollt sein und muß dann als Ganzes behandelt werden; vgl. RG. **81** 176 u. Enneccerus-Nipperdey, § 191 II 3.

3. Im Anschluß an Lotmar (Der unmoralische Vertrag, 1896) lassen sich folgende Gruppen unsittlicher Geschäfte bilden:

a) Geschäfte, die auf ein an sich unsittliches Verhalten oder einen sittenwidrigen Erfolg gerichtet sind oder die Förderung eines unsittlichen Verhaltens oder Erfolgs bedeuten. Das Geschäft empfängt sein unsittliches Gepräge ohne weiteres durch seinen Inhalt.

Einwilligung in die eigene Tötung (RG. **66** 387); Verzicht auf die eheliche Treuepflicht oder auf Kindererziehungsrecht (RG. **68** 322); Eheversprechen von Verheirateten (RG. SeuffA. **78** 191); scheidungserleichternde Abkommen, die den Scheidungswillen durch Vermögenszuwendung beeinflussen (RG. **108** 213; **109** 137); Schenkungsversprechen als Belohnung für außerehelichen Geschlechtsverkehr (RG. **11** 152) vgl. BGH. **20**, 71. Vermietung zu Bordellzwecken (Hamburg OLG. **33** 291), wie überhaupt Rechtsgeschäfte zu Bordellzwecken (RG. **63** 350; **68** 99; **71** 194; **86** 192).

b) Geschäfte, die eine Verbindlichkeit zu einem Verhalten begründen wollen, das nach den Regeln des Anstands und der Sittlichkeit nur auf Grund eines freien Entschlusses erfolgen darf. Gleich stehen Fälle, wo eine übermäßige Bindung stattfindet oder ein unzulässiges Bindungsmittel verwandt wird. Das Geschäft empfängt sein unsittliches Gepräge durch die Bindung.

Zusage der Ehelosigkeit, des Religionswechsels, Beschränkungen der Gewissens-, Wahl-, Koalitions- oder Gewerbefreiheit (die Beschränkung der positiven Koalitionsfreiheit ist schon nach 134 nichtig, weil darin ein Verstoß gegen 159 WeimRV. — heute Art. 9 III GG. — liegt (RG. **111** 201), Wettbewerbsverbote, die einem Angestellten das Fortkommen unbillig erschweren, ihn also übermäßig (nach Ort, Zeit, Arbeitsmöglichkeit usw.) binden (für die Handlungsgehilfen und die höheren gewerblichen Angestellten [Betriebsbeamte und Techniker] ist die Zulässigkeit der Bindung gesetzlich genauer abgegrenzt, HGB. 74, 74a—74f., in der Fassung des Gesetzes vom 10. Juni 1914, GewO. 133f.), die Verpfändung des Ehrenworts zur Bestärkung von Verträgen, deren wesentlicher Inhalt die Förderung von Geldinteressen bildet (RG. **82** 222; **87** 8).

Eine wichtige hierher gehörige Gruppe bilden die sog. Knebelungsverträge, die eine übermäßige und unwürdige Beschränkung der wirtschaftlichen Freiheit, eine ganz einseitige Berücksichtigung der Interessen des einen Teils ohne den Versuch eines angemessenen Ausgleichs der beiderseitigen Interessen enthalten; vgl. Bauer-Mengelberg, Knebelungsverträge 1929, Hauptfall: Vertrag zwischen zwei Petroleumverkaufsgesellschaften, RG. **82** 308. (Vgl. außerdem RG. **97** 255; **128** 257; **152** 251; **165** 15 und JW. **1912** 457; **1915** 191; **1919** 443[1]; BGH. **19**, 18 u. 93.) Im Urteil JW. **1919** 443[1] ist besonders hervorgehoben, daß es auf die Absicht der Schädigung nicht ankommt, daß ein Verstoß gegen die guten Sitten sogar angenommen werden kann, wenn beim stärkeren Teil zunächst die Absicht bestanden hat, dem wirtschaftlich schwächeren zu Hilfe zu kommen.

Grundsätzlich muß hier betont werden, daß die Rechtsprechung bisher den Gegensatz zwischen natürlicher und juristischer Person nicht genügend beachtet hat. Bei dieser — wenigstens bei der Kapitalgesellschaft (AG., GmbH., KGaA.) — handelt es sich wirtschaftlich gesehen, um ein künstliches Gebilde, um Vermögensbestandteile, die für bestimmte Zwecke vereint und personifiziert sind. Deshalb ist hier eine stärkere Unterwerfung unter fremden Willen, eine weitergehende Beschränkung der Handlungsfreiheit durchaus erträglich. Das verkennt auch RG. **82** 308. Ohne Anerkennung dieser Wahrheit läßt sich die moderne Konzentrationsbewegung kaum durchführen; denn mehr als eine formelle rechtliche Selbständigkeit kann bei einer Unternehmenpachtung, einem Betriebsüberlassungsvertrag, bei einer Organverbindung und dergleichen der abhängigen Unternehmung praktisch nicht zugestanden werden. Es ist interessant, daß das Reichsgericht in einer späteren Entscheidung — im Falle Dynamit Nobel, RG. **105** 236ff. — vermieden hat, auf die Frage einzugehen, ob der vorliegende Interessengemeinschaftsvertrag wegen übermäßiger Bindung gegen die guten Sitten verstoße (vgl. z. B. Friedländer, Konzernrecht, 1927, S. 65ff.).

c) Geschäfte, wodurch ein Verhalten mit einem Gegenvorteil verknüpft wird, obwohl das sittliche Empfinden diese Verknüpfung als unzulässig ablehnt. Das Geschäft empfängt sein unsittliches Gepräge durch die Verknüpfung mit einem Entgelt.

Gegen Entgelt verpflichtet sich jemand, ein Verbrechen nicht anzuzeigen, RG. **58** 206; ein Angestellter läßt sich die Wahrung der Vertragstreue mit Gehaltserhöhung abkaufen, JW. **1916** 1185. In einem Arbeitsvertrag werden Abreden aufgenommen, wonach den Arbeitnehmer im Falle der Kündigung erhebliche finanzielle Nachteile treffen, RAG. Bensh. 8 163. Ein in das Ermessen einer Behörde gestellter Hoheitsakt wird von einer Geldleistung abhängig gemacht, RG. **135** 375. — Unbedenklich ist dagegen das Versprechen, einen Strafantrag zurückzunehmen oder nicht zu stellen, wenn der Geschädigte sich nur den durch die Straftat ihm zugefügten Schaden ersetzen läßt.

d) Verträge, wodurch eine Leistung mit unverhältnismäßigen Gegenvorteilen verknüpft wird. — Diese Verträge sind freilich nicht schlechthin unsittlich, sondern nur, wenn auf der Seite des Leistenden noch weitere subjektive Tatbestände hinzukommen, die sein Verhalten als mißbilligenswert beurteilen lassen. Das Geschäft empfängt sein unsittliches Gepräge durch das äußerlich erkennbare (objektive) Mißverhältnis zwischen Leistung und Gegenleistung sowie durch ein persönliches (subjektives) Vorwurfsmerkmal.

Das Gesetz hat als Hauptanwendungsfall dieser Gruppe das wucherische Geschäft in 138 II besonders geregelt:

Nichtig ist namentlich ein Rechtsgeschäft, wodurch jemand unter Ausbeutung der Notlage, des Leichtsinns oder der Unerfahrenheit eines andern sich oder einem Dritten für eine Leistung Vermögensvorteile versprechen oder gewähren läßt, welche den Wert der Leistung dergestalt übersteigen, daß den Umständen nach die Vermögensvorteile in auffälligem Mißverhältnisse zu der Leistung stehen, RG. **128** 258.

Die „Ausbeutung" der Notlage erfordert bewußte Ausnutzung der Notlage usw., Absicht ist unnötig, Vorsatz genügt (RG. **60** 9; **86** 300). — Der Begriff „Notlage" wird vom Reichsgericht eng verstanden, erfordert eine dringende Not, die die wirtschaftliche Existenz bedroht; Notlagen anderer Art kommen nicht in Betracht; selbst ein Zustand der Vermögenslosigkeit und Unpfändbarkeit ist noch nicht ohne weiteres gleichzusetzen dem Zustand eines dringenden Geldbedarfs zur Abwendung einer die Existenz bedrohenden Gefahr (JW. **1905** 75[8]; **1911** 576[9]; **1919** 140). — Für diese enge Auffassung und die Beschränkung auf eine wirtschaftliche Notlage liegt m. E. kein Grund vor. Wucher ist es, wenn der einzige Arzt, der für eine rechtzeitige Hilfe in Betracht kommt, diese nur gegen ein übermäßiges Honorar zur Verfügung stellt. Vgl. Enneccerus-Nipperdey (13) § 179 Anm. 3.

Immer mehr aber hat sich die richtige Anschauung durchgerungen, daß auch noch andere subjektive Merkmale ein derartiges sittliches Verwerfungsurteil zu begründen vermögen. So kehrt immer häufiger die Formel wieder: Moralisch verwerflich sei es, wenn der wirtschaftlich Stärkere die Lage des wirtschaftlich Schwächeren übermäßig ausnutze (RG. bei Gruchot **55** 883; RG. **90** 181, 400; **93** 28 und 107; **143**, 181; Warneyer 1913, Nr. 129; JW. **1912** 47 Nr. 3). Diese Formel verdient Zustimmung. Sie verträgt sogar noch eine Erweiterung dahin, daß man als unsittlich bezeichnet jeden Vertrag, der auf eine übermäßige Ausbeutung eines anderen gerichtet ist (vgl. RG. **103** 37; **150** 1).

Der große ZS. des RG. hat in der Entsch. vom 13. 3. 1936 (RG. **150** 1) ein Rechtsgeschäft auch dann als nach § 138 I BGB. nichtig erklärt, wenn außer dem Mißverhältnis eine solche Gesinnung des die übermäßigen Vorteile beanspruchenden Teils festzustellen ist, daß das Rechtsgeschäft nach Inhalt, Beweggrund und Zweck gegen das „gesunde Volksempfinden" verstößt. Auf diese Gesinnung könne u. U. aus dem Mißverhältnis geschlossen werden. Abgesehen von der aus dem nazistischen Phrasenschatz entnommenen Berufung auf das „gesunde Volksempfinden" verdient die Entscheidung Beifall, auch der BGH. hat ihr neuestens zugestimmt (NJW. 51, 397).

Von besonderer Bedeutung sind hier die sog. Freizeichnungsklauseln, wodurch jemand die gesetzliche Haftung wegbedingt. Wenn auch die Wirtschaftsordnung auf dem Grundsatz der Wettbewerbs- und Vertragsfreiheit beruht, so ist es doch unsittlich, wenn eine Unternehmergruppe ihre wirtschaftliche Monopolstellung ausnutzt, um ohne objektiven zwingenden Grund sich unter Umkehrung der vom Gesetz gewollten und vom Verkehr als billig empfundenen Rechtslage unverhältnismäßige Vorteile auszubedingen, RG. **102** 396; **103** 82, 386; **106** 387; **111** 310; **113** 427; **115** 218.

Obwohl es sich in diesen Fällen zum Teil um eine Weiterbildung des Wucherrechts handelt, ist das Reichsgericht dem Versuch entgegengetreten, solche Tatbestände unter 138 II zu ziehen. Es meint, Wucher im Sinne des Gesetzes liege nur dann vor, wenn die sämtlichen, einheitlich zu verstehenden Voraussetzungen des 138 II gegeben seien; fehle aber auch nur eins dieser Merkmale, so könne allein in Frage kommen, ob sich das Geschäft aus anderem Grunde, nach 138 I als unsittlich beurteilen lasse (RG. **64** 181).

e) Erschöpfend ist die vorgenommene Gruppierung nicht. Die Sittenwidrigkeit kann sich auch noch aus anderen Gesichtspunkten ergeben, namentlich aus bewußtem Zusammenwirken, um einen Dritten zu schädigen (RG. **83** 240; **88** 366); ferner aus der eigensüchtigen Sicherung von Sonderinteressen auf Kosten des gemeinen Nutzens: vgl. Coing NJ. 48, 213f.

Weitere Beispiele: Verpflichtung zum Vertragsbruch, RG. **79** 279. — Der sog. 1500-Mark-Vertrag ist insoweit sittenwidrig, als die der Ehefrau oder den Kindern zugewandten Beträge über das zur Bestreitung eines standesmäßigen bescheidenen Lebensunterhalts Erforderliche hinausgehen, RAG. JW. 1930, 3115; WarnRspr. 1930, Nr. 86.

Die Sittenwidrigkeit einer Sicherungsübereignung aller Aktiva eines Handelsgeschäfts kann sich ergeben aus der Geheimhaltung des Vertrags, um den Schein geschäftlicher Unabhängigkeit und Kreditwürdigkeit zu wahren, RG. **77** 210; **85** 345; **118** 362; **127** 340. Entsprechendes gilt für andere Kredittäuschungsverträge, vgl. zur Sittenwidrigkeit der Sicherungsübereignung unt. § 34 II 2b. — Verständigung unter den Bietern oder Unternehmern bei Ausschreibungen (sog. Submissionskartelle), wonach nur einzelne ernsthafte Angebote machen, während die übrigen Beteiligten nur Schutzofferten abgeben, RG. **58** 593; **60** 279; Gruchot **60** 484; **64** 213. — Schmiergeldervereinbarungen können das Hauptgeschäft sittenwidrig machen, RG. **136** 359.

4. Die Rechtsfolge eines unsittlichen Geschäfts ist nach dem Wortlaut des Gesetzes (138) völlige Nichtigkeit.

Mit Recht wird das als unzweckmäßig beanstandet für das wucherische Geschäft, aber auch für die Fälle, wo nur eine übermäßige Bindung der Handlungs- oder Gewerbefreiheit das sittliche Verwerfungsurteil begründet. Hier ist die Nichtigkeit von vornherein nur für das Übermaß innerlich begründet. Den auf das Maß des Zulässigen zurückgeführten Restbestandteil aufrechtzuerhalten, ist möglich und jedenfalls so weit zweckmäßig und zu befürworten, als beim Wuchergeschäft der Bewucherte sich für die Aufrechterhaltung des Vertrags ausspricht — oder in den Fällen übermäßiger Freiheitsbindung die Beteiligten den Vertrag auch ohne die übermäßige Bindung vernünftigerweise abgeschlossen hätten. Mögen nach geltendem Recht dagegen auch Bedenken bestehen, so sind solche jedenfalls nicht begründet für die Wettbewerbsverträge. Soweit diese durch die 74ff. HGB. und 133f. GewO. geregelt sind, ist der Grundsatz der Restgültigkeit ausdrücklich anerkannt; deshalb ist er zum mindesten kraft Ähnlichkeitsschluß anwendbar auf die nicht geregelten Wettbewerbsverträge (Wettbewerbsvereinbarungen zwischen selbständigen Gewerbetreibenden, beim Verkauf eines Unternehmens usw.).

Eckstein (BürgA. **38** 195ff.; **41** 221f.) hat den beachtenswerten Versuch unternommen, die Beschränkungen der Verpflichtungsmöglichkeit — statt aus 138 — abzuleiten aus dem unveräußerlichen Grundzug der Persönlichkeitsrechte und Güter, zumal der Freiheit. Dadurch wird es möglich, aus der Rechtsordnung selbst die Grenzen zu entwickeln, bis zu denen eine Bindung der Freiheit zulässig ist, weiter die auf übermäßige Bindung angelegten Verträge auf diese Grenzen zurückzuführen und dann hinsichtlich ihres zulässigen Restinhalts aufrechtzuerhalten, ohne mit 138 in Widerspruch zu geraten.

Das aus einem unsittlichen Geschäft Geleistete kann als ungerechtfertigte Bereicherung zurückgefordert werden (817, 1). Die Rückforderung ist aber ausgeschlossen, wenn dem Leistenden gleichfalls ein solcher Verstoß gegen die guten Sitten zur Last fällt, es sei denn, daß die Leistung in der Eingehung einer Verbindlichkeit bestand; das zur Erfüllung einer solchen Verbindlichkeit Geleistete kann nicht zurückgefordert werden (817, 2). Zu beachten ist, daß die Unsittlichkeit des Kausalgeschäfts grundsätzlich die Gültigkeit des abstrakten Leistungsgeschäfts nicht berührt.

Im Falle des Wuchers ist aber nach der Rechtsprechung des RG. (**57** 75; **75** 76; **109** 201) nicht bloß die Kausalvereinbarung, sondern auch das Erfüllungsgeschäft selbst nichtig; 138 II mißbilligt auch das „sich gewähren lassen". Infolgedessen scheidet insoweit § 817 aus. Da die vorgenommenen Übertragungen nichtig sind, ist jeder Teil Eigentümer geblieben und kann nach §§ 985ff. evtl. 812 vorgehen. Der Rückforderung des Darlehenkapitals durch den Wucherer steht § 817, 2 nicht entgegen. Die Wucherzinsen stellen nur die Gegenleistung für die zeitweilige Kapitalnutzung dar. Deshalb kann der Wucherer das Kapital nach Ablauf der vereinbarten Nutzungszeit zurückfordern; so RG. GrZS. 161, 57.

Außerdem hat der durch einen unsittlichen oder wucherischen Vertrag Geschädigte, dem selber kein Verstoß gegen die guten Sitten zur Last fällt, einen Anspruch auf Schadensersatz nach 826; falls durch den Gegner ein Strafgesetz verletzt ist, auch nach 823 II.

5. Zum Kriegswucherrecht vgl. Alsberg, Preistreibereistrafrecht in vielen Auflagen. Heinr. Lehmann, Wucher und Wucherbekämpfung im Krieg und Frieden 1917.

3. Gehörige Erklärung

§ 30

A. Die Erklärung überhaupt. — Auslegung und Vertragsergänzung sowie richterliche Vertragsumgestaltung

Zitelmann, Die Rechtsgeschäfte i. Entwurf des BGB., 1889; Isay, Die Willenserklärung im Tatbestand des Rechtsgeschäfts, 1899; Monich, Willenserklärung und Rechtsgeschäft, 1900; Manigk, Willenserklärung und Willensgeschäft 1907; Breit i. Gruch. Beitr. **55** 1ff.; u. SächsA. **13** 283, 314f.; **15** 165f.,

637f.; Manigk, Irrtum und Auslegung, 1918; Himmelschein, Beiträge zur Lehre vom Rechtsgeschäft, 1930. Vgl. ferner die oben zu § 24 angegebene Literatur. Schmidt-Rimpler, Grundfragen einer Erneuerung des Vertragsrechts AcP. 147, 133.

I. Allgemeines.

Die Erklärung ist Äußerung eines bestimmten Geschäftswillens mit Kundmachungszweck. Der Erklärende muß also sein Verhalten so einrichten, daß es verstanden werden kann von den Personen, auf die es ankommt.

Dazu steht ihm das ganze Gebiet der Erklärungsmittel offen, die von der Verkehrssitte anerkannt sind. Außerdem können aber auch die Parteien beliebige Zeichen als Erklärungsmittel vereinbaren.

Zu beachten ist, daß, mangels besonderer Vereinbarung, selbst die Worte regelmäßig keinen bestimmten eindeutigen Sinn ergeben, wenn man sie ins Auge faßt, losgelöst von den besonderen Umständen des Falles, unter denen sie gebraucht werden.

Das Wort „Geben" hat eine ganz verschiedene Bedeutung, wenn der Gast im Wirtshaus erklärt: Geben Sie mir einen Teller Suppe — oder wenn ein Bettler diese Worte an der Haustür spricht. Und auch der Gast spricht das Wort in verschiedenem Sinne, wenn er sagt: Geben Sie mir einen Teller Suppe, eine Zeitung, die Zündhölzer, die Rechnung.

Die Bedeutung eines bestimmten Verhaltens läßt sich also regelmäßig nur erschließen, wenn man die gebrauchten Erklärungsmittel in Verbindung bringt mit den gesamten Umständen des besonderen Falles, die sie umgeben. Die Schlüssigkeit des Verhaltens ergibt sich erst aus den gewählten Erklärungsmitteln und dazu den sämtlichen Umständen des einzelnen Falles.

II. Ausdrückliche und stillschweigende Erklärung.

Ehrlich, Stillschweigende Willenserklärung, 1893; Henle, Ausdrückliche und stillschweigende Willenserklärung, 1910; K. Schneider, Die Bedeutung der ausdrücklichen Willenserklärung und ihr Gegensatz zur Willensbetätigung, ArchBürgR. **42** 273ff.; Düringer-Hachenburg-Werner IV 16.

Das Gesetz unterscheidet im Hinblick auf die verschiedene Deutlichkeit der Erklärung gleichwohl zwischen „ausdrücklicher" Erklärung und sonstigen Erklärungen, die man unter der zu engen Bezeichnung „stillschweigende" zusammenfaßt.

In 164 I 2 wird gesagt, daß es keinen Unterschied mache, ob die Erklärung „ausdrücklich im Namen des Vertretenen" erfolge oder ob sich das „aus den Umständen" ergebe; und nach 244 I und 700 II ist eine ausdrückliche Vereinbarung notwendig.

Welcher Gegensatz soll damit getroffen werden? Die Frage ist in der Lehre außerordentlich streitig, im umgekehrten Verhältnis zu ihrer praktischen Bedeutung.

1. Nach der „objektiven", von Zitelmann (Rgeschäfte im Entw. I 93) ausgebauten Lehre, sind ausdrücklich alle Erklärungen durch „objektive Erklärungsmittel", nämlich durch Handlungen, deren Sinn als Erklärungsmittel schon vor dem einzelnen Fall feststeht, sei es nach der Verkehrssitte, dem Gesetz oder nach besonderer Parteiabrede. Stillschweigend sind die Erklärungen, die nicht durch derartige feststehende Erklärungsmittel erfolgen, sondern durch ein sonstiges Verhalten, das schlüssig wird zusammen mit den Umständen des einzelnen Falles.

2. Nach der „subjektiven" Lehre liegt der Unterschied im Zweck. Ausdrücklich soll die Erklärung sein, die dazu bestimmt erscheint, den Willen zu erklären, stillschweigend die, welche zunächst andere Zwecke verfolgt, aber doch nebenher einen genügend sicheren Schluß auf einen bestimmten Geschäftswillen zuläßt. Der Gegensatz würde danach besser mit Enneccerus-Nipperdey (§ 153 II) durch die Worte direkte (unmittelbare) und indirekte (mittelbare) Willenserklärung gekennzeichnet.

Auszugehen ist von der objektiven Theorie. Infolge der früheren Überschätzung des Wortes hat das Gesetz den Begriff der ausdrücklichen Erklärung gebildet, wie die Gegenüberstellung von „ausdrücklich" und „aus den Umständen zu entnehmen" in 164 I 2 deutlich beweist. Da aber neuere Forschungen gelehrt haben, wie selten das Wort ohne die Berücksichtigung der besonderen Umstände des Einzelfalles einen unzweifelbar eindeutigen Sinn hat, wird man dieser Erkenntnis Rechnung tragen müssen. In erster Linie kommt es deshalb auf die Unzweideutigkeit an; demgegenüber tritt das gewählte Erklärungsmittel (Worte usw.) zurück, so sehr daß im Hinblick auf die Zwecke einer bestimmten, eine ausdrückliche Erklärung verlangenden Vorschrift sogar auf den Ausdruck durch Worte oder objektive Erklärungsmittel verzichtet werden kann, falls nur eine „in besonderem Maße unzweideutige Offenbarung" des Parteiwillens vorliegt. Dementsprechend begnügt sich das RG. zu § 244 I mit einer solchen unzweideutigen Erklärung (RG. **107** 111; **109** 62; **111** 317). Wenn jemand bei der Bank 600 Franken zu dem dem Bankier bekannten Zweck einer Reise in die Schweiz bestellt, ist die Zahlung in ausländischer Währung „ausdrücklich" bedungen. — Zu § 700 II wird man dagegen an dem Erfordernis einer unzweideutigen Erklärung durch Worte festhalten müssen, weil sonst der Zweck der Vorschrift nicht sicher erreicht werden könnte, dem Verwahrer die Berufung auf stillschweigende Gestattung der Aneignung der hinterlegten Papiere abzuschneiden (Prot. z. BGB. II 396). Entsprechendes gilt für § 60 II HGB. und § 5 DepotG.

Ausdrücklich ist mithin die unzweideutige Erklärung, die eben deshalb grundsätzlich durch objektive Erklärungsmittel erfolgen muß, soweit sich nicht ausnahmsweise eine gesetzliche Vorschrift mit einfacher Unzweideutigkeit begnügt.

Der Begriff „ausdrücklich" ist nach alledem selber mehrdeutig, worauf schon Enneccerus-Nipperdey § 153 Anm. 4 aufmerksam macht. Er kann auch im Sinne einer formelhaften Erklärung gemeint sein; nach Art. 1 Ziffer 1 WG. gehört zu den wesentlichen Erfordernissen des Wechsels „die in den Wechsel selbst aufzunehmende Bezeichnung als Wechsel". Vgl. die entspr. Bestimmung des § 1 Ziff. 1 ScheckG.

III. Schweigen als Willenserklärung.

Krause, Schweigen im Rechtsverkehr, 1933.

Für die nicht ausdrückliche (sog. stillschweigende) Willenserklärung gelten dieselben Rechtssätze wie für die ausdrückliche Willenserklärung. Das gilt besonders auch für die Unterlassung, das Schweigen als Erklärungsmittel.

1. Um als Erklärung eines bestimmten Geschäftswillens aufgefaßt zu werden, muß das Schweigen schlüssig sein: es müssen also besondere Umstände vorliegen, die jemandem zur positiven Äußerung Veranlassung gaben — und diese Umstände müssen derart liegen, daß nach der Verkehrssitte oder Vereinbarung sowie nach Treu und Glauben anzunehmen ist, der Schweigende würde sich positiv geäußert haben, wenn er den fraglichen Geschäftswillen nicht gehabt hätte.

Grundsätzlich gilt Schweigen im bürgerlichen und im Handelsverkehr als Ablehnung, als „Nein". Es besteht auch kein Handelsbrauch, daß Schweigen allgemein als Genehmigung gelte.

Das BGB. behandelt das Schweigen nur ausnahmsweise als Zustimmung, so z. B. beim Kauf auf Probe (496), beim Schenkungsangebot (516 II), bei der Schuldübernahme (416) usw. Vgl. auch HGB. 85 und 362.

Im übrigen sind für die Bewertung des Schweigens die Verkehrssitten und Handelsbräuche von der größten Bedeutung, 157.

Unter Anwesenden ist die Verkehrsanschauung eher geneigt, im Hinblick auf die Umstände einen Anlaß zum Widerspruch zu bejahen, weil dieser hier leichter fällt und deshalb eher zuzumuten ist als unter Abwesenden (vgl. von Tuhr II 1 Seite 42).

Im Verkehr unter Abwesenden besteht grundsätzlich kein Anlaß zur Ablehnung eines Angebotes, um den Schluß auf dessen Annahme auszuschließen. Anders liegen die Dinge, wenn die Parteien schon im Geschäftsverkehr miteinander stehen, sei es, daß ein Vertragsverhältnis zwischen ihnen besteht oder doch wenigstens die Anbahnung eines Vertragsverhältnisses durch einen Antrag eingeleitet worden ist. So kann sich für den Antragenden nach Treu und Glauben die Pflicht zur Rückäußerung ergeben, wenn er eine verspätete Annahme des andern Teils nicht gelten lassen will (vgl. § 33 II 2 und 3 dieses Buches) sowie RG. **115** 268.

Unter Kaufleuten gilt die Nichtbeantwortung eines Bestätigungsschreibens oder der Schlußnote eines Handelsmaklers regelmäßig als Zustimmung zu dem im Schreiben oder der Note niedergelegten Vertragsinhalt, selbst wenn dieser von den vorhergegangenen mündlichen Vereinbarungen abweicht oder neue Bedingungen enthält — ausgenommen natürlich den Fall arglistiger Abweichung (vgl. RG. **95** 48; **103** 97 und 401; **104** 201; **105** 205 und 389; **106** 414; **129** 348; BGH. **7**, 187; **11** 1.) Die Unterlassung eines Widerspruchs kann auch nicht nach § 119 wegen Irrtums über die Bedeutung des Schweigens angefochten werden, BGH. **11** 4f.; vgl. von Godin, RGRKomm. z. HGB. § 346 Anm. 16h S. 48. Unter Umständen kann auch im Verkehr unter Nichtkaufleuten für einen Privatmann, der mit einem andern in Vertragsverhandlungen steht, die Notwendigkeit gegeben sein, einem Bestätigungsschreiben, das den Inhalt einer mündlichen Besprechung zusammenfaßt, zu widersprechen, falls nicht aus seinem Schweigen das Einverständnis mit dem Inhalt des Schreibens gefolgert werden soll (Leipz.Z. 1920, S. 756; WarnRspr. 1932 Nr. 32: für einen mit den Bräuchen des Geschäftsverkehrs vertrauten Rittergutsbesitzer). Keine Übertragung dieser Grundsätze auf eine sog. Auftragsbestätigung, BGH. 18, 212.

Dagegen gilt die vorbehaltlose Annahme der Faktura nicht als Genehmigung der in ihr enthaltenen, den vereinbarten Vertragsbedingungen widersprechenden Vermerke; namentlich nicht eines Vermerkes über den Erfüllungsort, wodurch der Lieferant den Erfüllungsort wegen der Gerichtszuständigkeit (29 ZPO.) und Gefahrtragung (447) zu verschieben versucht (RG. **65** 330; **52** 135).

2. Was den inneren Tatbestand der Erklärung angeht, so ist jedenfalls der Handlungswille notwendig, d. h. der Schweigende muß in der Lage gewesen sein zu reden, und sein Schweigen muß die Äußerung eines bewußten Seelenzustandes gewesen sein.

Ob daneben auch der Geschäftswille und das Erklärungsbewußtsein vorhanden sein müssen, ist streitig und nach den allgemeinen Regeln zu entscheiden. Bejaht kann das Dasein des Geschäftswillens jedenfalls nur werden, wenn der Schweigende die besonderen Umstände gekannt hat, die ihm zum Reden Veranlassung gaben, z. B. das zugegangene Vertragsangebot seines Geschäftsfreundes auch wirklich gelesen hat. Und ebenso darf das Erklärungsbewußtsein nur dann als vorhanden angesehen werden, wenn der Schweigende sich bewußt war, daß sein Verhalten von anderen als Ausdruck eines wie immer auch gearteten Geschäftswillens gedeutet werden könne. Doch ist anzuerkennen, daß die Verkehrssitte, ebenso wie das Gesetz, dem Schweigen unter bestimmten Voraussetzungen die Bedeutung einer Willenserklärung beilegen kann, obwohl der Schweigende von den Umständen, die ihm zur Äußerung Anlaß gaben, keine Kenntnis erlangt hat, obwohl ihm also das Erklärungsbewußtsein und der Geschäftswille gefehlt haben. RG. **103** 405. — Dann liegt eine von der Verkehrssitte normierte unechte Willenserklärung vor, die den vom Gesetz anerkannten Fällen gleichzustellen ist — siehe unter IV —.

Danach ist mit Vorsicht zu handhaben: qui tacet, consentire videtur. Selbst durch den Zusatz ubi loqui potuit ac debuit wird der Sachverhalt nicht völlig klargestellt.

Für das Geltungsgebiet des 346 HGB. (wonach unter Kaufleuten in Ansehung der Bedeutung und Wirkung von Handlungen und Unterlassungen auf die im Handelsverkehr geltenden Gewohnheiten und Gebräuche Rücksicht zu nehmen ist) hat sich das Reichsgericht dafür entschieden, daß das Schweigen selbst dann die Bedeutung einer zustimmenden Willenserklärung haben könne, wenn ein entsprechender Geschäftswille fehle (RG. **54** 176ff.; **95** 242; **103** 405 gestattet aber bei Nichtkenntnis Anfechtung?). — Diese Grundsätze wird man keinesfalls ohne weiteres auf den bürgerlichen Verkehr übertragen dürfen; vielmehr ist hier an dem Erfordernis des Äußerungsbewußtseins festzuhalten und bei Fehlen des Geschäftswillens infolge Unkenntnis der Verkehrssitte die Anfechtbarkeit wegen Inhaltsirrtums nach 119 zu bejahen.

IV. Unechte Willenserklärungen.

In einer Reihe von Fällen hat das Gesetz einem Verhalten der Partei einen bestimmten Erklärungsinhalt beigelegt, ganz ohne Rücksicht darauf, ob die Wirkung ihrem Willen entspricht oder nicht.

Es wird z. B. bestimmt, daß das Schweigen innerhalb einer Frist als Ablehnung oder Zustimmung gelten solle (108, 177, 415, 416) oder eine Vergütung gilt als stillschweigend vereinbart, wenn die versprochene Leistung den Umständen nach nur gegen Vergütung zu erwarten ist (612, 632, 653, 689). Oder es gilt die Fortsetzung des Gebrauchs der gemieteten Sache als Verlängerung der Miete, wenn nicht innerhalb zwei Wochen ein entgegenstehender Wille erklärt wird (568).

Hier handelt es sich um fingierte (als-ob), unechte Willenserklärungen, auf die immerhin gewisse für Willenserklärungen geltende Vorschriften entsprechend anwendbar sind.

Genau gesehen, werden hier zwei Gruppen zusammengefaßt:

1. Die Fälle, wo ein bestimmtes Verhalten als rein äußerer Vorgang mit den Wirkungen einer Willenserklärung bestimmten Inhalts ausgestattet wird. Hierher gehören die Vorschriften, die anordnen, daß eine Genehmigung als verweigert gelten solle, wenn eine Erklärung binnen bestimmter Frist nach der Aufforderung nicht abgegeben wird (108 II, 177 II, 415 II usw.). Hier ist als Fiktionsbasis überhaupt keine „Handlung" erfordert, infolgedessen Geschäftsfähigkeit unnötig, Anfechtung ausgeschlossen. Vgl. Enneccerus-Nipperdey (§ 153 IV B), der mehrere Abstufungen unterscheidet, je nachdem die Anwendung der Vorschriften über Rechtsgeschäfte auf privatautonomer Grundlage beruht oder nicht, was aus dem Zurechnungszweck zu entnehmen sei; je nachdem sollen die Bestimmungen über Rechtsgeschäfte grundsätzlich anwendbar sein oder nicht.

2. Die Fälle, wo das Verhalten mit den Wirkungen einer Willenserklärung bestimmten Inhalts ausgestattet wird, weil ein solches Verhalten im Regelfall die Äußerung eines entsprechenden Willens ist. So z. B. bei der Behandlung der Gebrauchsfortsetzung als Äußerung des Verlängerungwillens, § 568. Hier darf man annehmen, daß das fragliche Verhalten (die Fiktionsbasis) Geschäftsfähigkeit erfordert und wegen Willensmangels anfechtbar ist, 119ff.; RG. **140** 316.

Vgl. von Tuhr II 1 S. 425ff.; Enneccerus-Nipperdey § 153 IV A, der von vermuteten WE. spricht. Solche vermutete WE. sind lediglich anzunehmen, wenn ein Verhalten im Zweifel als WE. bestimmten Inhalts aufgefaßt werden soll; dann ist ohne Anfechtung der Gegenbeweis zulässig, daß in Wahrheit eine Erklärung dieses Inhalts nicht vorlag. Beispiel § 2255 (Vernichtung der Testamentsurkunde). Hier handelt es sich um echte WE., deren Zusammenfassung mit den beiden obigen Gruppen verwirren muß.

V. Verwahrung.

Die Möglichkeit, eine Erklärung in beliebiger Form abzugeben, bringt die Gefahr mit sich, daß unter Umständen ein Verhalten als Willenserklärung aufgefaßt werden kann, das keine sein soll. Dagegen schützt eine Verwahrung (Protestation), d. h. die Ablehnung einer möglichen Deutung.

Zum Beispiel man verwahrt sich bei einer Erhaltungsmaßnahme bezüglich eines Erbschaftsgegenstandes dagegen, daß sie als Erbschaftsannahme gedeutet werden dürfte. Die Verwahrung muß sich aber mit dem Verhalten sinngemäß vereinbaren lassen, sie darf ihm nicht widersprechen, keine protestatio facto contraria sein. Reservation nennt man vielfach die Erklärung, womit sich jemand verwahrt, daß seine Äußerung als Verzicht oder Anerkennung fremder Rechte aufgefaßt werde. Vgl. Isay, Willenserklärung, S. 66ff.

VI. Auslegung.

Danz, Auslegung der Rechtsgeschäfte (3) 1911; Manigk, Irrtum und Auslegung, 1918; Leonhard, Auslegung der Rechtsgeschäfte, ZivArch. 120, 14ff.;

Manigk, DogmJ. 57, 127ff.; Schreier, Interpretation der Gesetze und Rechtsgeschäfte, 1927; Himmelschein, Beiträge zu der Lehre vom Rechtsgeschäft, 1930; Larenz, Die Methode der Auslegung des Rechtsgeschäfts, 1930; dazu Manigk, JW. 1930, 2193 und Reichsgerichtsfestgabe VI 94f. Becker, Rechtsvergl. Notizen zur Auslegung. Festschrift f. H. Lehmann z. 80. Geburtstag, 70f.

I. Der nähere Inhalt der Willenserklärung wird durch Auslegung, d. h. Deutung ihres Sinnes, festgestellt.

2. Ziel der Auslegung ist, zu ermitteln den wahren Willen des Erklärenden, so wie er sich ergibt aus seinem bewußt gewählten äußeren Verhalten, zusammengefaßt mit den gesamten äußeren Umständen des Einzelfalls, namentlich den Vorverhandlungen. Ziel der Auslegung ist nicht, den wahren inneren Willen zu erforschen, der nicht zum Ausdruck gekommen ist. Gegenstand der Auslegung ist nur der äußere Tatbestand der Willenserklärung.

Auch 133, der die Erforschung des wirklichen Willens vorschreibt und das Haften am buchstäblichen Sinne des Ausdrucks verwirft, will keineswegs den inneren, gar nicht geäußerten Willen festgestellt wissen, sondern den „wirklich erklärten" Willen, er wendet sich gegen die Buchstabenauslegung und verlangt die Sinndeutung unter Berücksichtigung aller Umstände des besonderen Falles (RG. **68** 128; **67** 433; **119** 25; **126** 125; **169** 124; OGHZ. 1, 139; BGH. 15, 74).

Daß der innere, nicht geäußerte Wille nicht das Ziel der Auslegung sein kann, lehrt das Verhältnis, in dem Auslegung und Anfechtung zueinander stehen. Könnte man dem inneren Willen schon durch Auslegung Wirksamkeit verschaffen, so wäre kein Raum mehr für die Anfechtung; aber gerade deren Aufgabe ist es, die Erklärung deswegen zu Fall zu bringen, weil der entsprechende innere Wille fehlt (119); sie setzt also voraus, daß sonst der innere Wille nicht beachtet werden kann. Davon wird man allerdings eine Ausnahme machen dürfen für den Fall der falsa demonstratio bei Verträgen, wenn beide Parteien dasselbe wollen, ohne es zu erklären (vgl. § 30 VI 4a am Ende).

3. Verschieden ist der Kreis der Umstände, die bei der Auslegung zu berücksichtigen sind.

a) Bei der empfangsbedürftigen, an einen bestimmten Empfänger gerichteten Willenserklärung können zur Auslegung benutzt werden nur die dem Empfänger erkennbaren Umstände (RG. **91**, 426, BGH. 15, 74); denn die Erklärung wird erst wirksam, wenn sie dem Empfänger zugeht; sie kann also folgerichtig auch nur so wirksam werden, wie sie ihm zugeht. Daher kann eine Erklärung, die an mehrere Empfänger gerichtet ist, für jeden eine verschiedene Bedeutung haben.

Leonhard (ZivArch. 129, 69ff.) will nur die durch die Erklärung geäußerten Umstände beachtet wissen, oder wie er später besser formelt: Die beim Geschäftsabschluß und den dazugehörigen Vorverhandlungen hervorgetretenen Umstände. Niemand hat aber wohl bisher daran gedacht, Umstände, die keine Beziehung zum Geschäftsabschluß haben, aber bei sorgfältigem Verhalten hätten erkannt werden können, als Auslegungsstoff zu verwerten. „Erkennbar" sind nur Umstände, die bei gebotener Sorgfalt hätten erkannt werden müssen. Außerhalb der Verhandlungen kann man aber — wie auch Leonhard (a. a. O. 71) richtig bemerkt — nicht die gleiche Sorgfalt verlangen. Sollen Umstände, die bei anderen Geschäftsabschlüssen zwischen denselben Parteien von Bedeutung waren, nicht herangezogen werden dürfen. Zu eng ist die Formel Leonhards auch für den Fall, wo beide Parteien etwas übereinstimmend wollen, ohne das in ihrer Erklärung zum entsprechenden Ausdruck zu bringen, Fall der falsa demonstratio. Hier gilt das wirklich Gewollte (RG. **99** 147), während Leonhard den objektiven Sinn für maßgebend erklärt und nur Anfechtung zuläßt (a. a. O. 105).

b) Bei den an einen größeren Personenkreis (das Publikum) gerichteten Erklärungen, wie der Auslobung oder Kundgebung einer Vollmacht durch öffentliche Bekanntmachung (657, 171), dürfen nur die diesem Personenkreis erkennbaren Umstände herangezogen werden.

c) Bei den übrigen, nicht empfangsbedürftigen Erklärungen, zumal testamentarischen Verfügungen, dürfen alle möglichen Umstände, sonstige Äußerungen des Erklärenden, Gewohnheiten usw. berücksichtigt werden, wenn im Verhalten des Erklärenden zusammen mit diesen Umständen eine wenn auch unvollkommene Äußerung des fraglichen Willensinhalts gefunden werden kann — denn hier entfällt die Rücksicht auf die Verkehrssicherheit, die in den anderen Fällen zur Einschränkung führt.

Auch hier darf aber keine rein subjektive Auslegung getrieben werden, weil sonst eine Testamentsanfechtung wegen Inhaltsirrtums (§ 2078) ganz undenkbar wäre.

4. Auf Grund dieses Auslegungsstoffes geschieht die Sinndeutung folgendermaßen:

a) Bei den empfangsbedürftigen Erklärungen.

Soweit sich der Erklärende durch verkehrsübliche Zeichen (Worte, Gebärden usw.) erklärt hat, ist die Bedeutung maßgebend, die einem derartigen Verhalten unter solchen Umständen nach der Verkehrssitte innewohnt, also die Bedeutung, die ein verständiger Durchschnittsmensch solchem Verhalten beilegen muß (157).

Bei der Würdigung des Verhaltens darf der Deuter nicht am Wortlaut der Erklärung kleben. Er muß das Verhalten beurteilen nach Treu und Glauben, indem er dabei alle dem Empfänger erkennbaren Umstände des besonderen Falles berücksichtigt (133, 157).

RG. **86** 88: „Daß eine Partei ihre Erklärung in dem Sinne gegen sich gelten lassen muß, wie sie die Gegenpartei nach Treu und Glauben auffassen mußte, ist nicht zu bezweifeln." Vgl. auch RG. **126** 69.

Nach der herrschenden Meinung ist die Verkehrssitte nicht bloß Erkenntnismittel für den Willen, sondern bestimmt den Inhalt der Erklärung und ist daher dann maßgebend, wenn die Parteien sie nicht gekannt oder gewollt haben. Doch bleibt dem, der sich irrte, die Möglichkeit der Anfechtung nach § 119 offen.

Welcher Ort für die Anwendung der Verkehrssitte maßgebend sein soll, ist sehr bestritten. Nach den einen der Ort des Vertragsschlusses, nach anderen der Sprachgebrauch am Wohnort des Antragstellers oder des Empfängers usw. Leonhard (ZivArch. 120, 59ff.) tritt jetzt für die Maßgeblichkeit des Schuldortes ein

(§ 269 BGB.). Die große Tragweite macht am besten klar das bekannte Beispiel, nach dem ein Däne in Berlin ein dort befindliches Pferd einem Tschechoslowaken für 1000 Kronen verkauft, wobei jeder die Währung seines Landes meint.

Entscheidend muß sein der Standpunkt des Erklärungsempfängers, und zwar aus der oben zu 3a entwickelten Grundanschauung, die RG. **86** 88 anerkennt. (So richtig Henle, Allg. T. S. 66 Anm. 8, wenn auch in den Schlußfolgerungen zum Teil abweichend.) Aber der Erklärungsempfänger muß sich fragen: was kann der Erklärende vernünftigerweise mit solchen Worten meinen? Und das führt regelmäßig zurück zur Maßgeblichkeit der Verkehrssitte, unter deren Herrschaft der Erklärende steht. Das briefliche Kronenangebot des Dänen muß also der Prager Empfänger auf dänische Kronen beziehen.

Wenn sich dagegen jemand persönlich in das Gebiet einer anderen Verkehrssitte begibt und einem Einheimischen Erklärungen abgibt, der die fremde Sitte nicht kennt, ist die dortige Verkehrssitte maßgebend (so richtig Oertmann, Komm. S. 327). Das in London gemachte Schillingsangebot des Österreichers an einen Engländer ist im Zweifel im Sinne englischer Schillinge zu deuten.

Ein Sinn, der von dem herkömmlichen abweicht, ist nach der herrschenden Meinung nur dann zu beachten, wenn die Parteien eine besondere Bedeutung der Erklärungsmittel vereinbart haben oder der Empfänger nach den Umständen erkennen mußte, daß der Erklärende diesen besonderen Sinn mit der Erklärung verbunden hatte (133).

A bestellt drahtlich bei B 100 Stück „Zigarren", was als Deckwort für irgendwelche beschlagnahmten Lebensmittel dienen soll. — Ein Gasthofinhaber, der regelmäßig Meter für Mark sagt, beauftragt seinen Hausmeister, für eine abreisende Dame einen Strauß von einem „Meter" zu besorgen.

Einen lebenswirklichen Fall enthält RG. **66** 427. Kläger hatte für die Quadratrute eine bestimmte Provision in einem Antragschreiben gefordert, aber Quadratfuß gemeint, Beklagter hatte das erkannt und die Vorschläge des Klägers schriftlich „angenommen". Das RG. nimmt wirksame Einigung auf Quadratfuß an.

Leonhard (ZivArch. 120, 127f.) hat sich gegen die herrschende Meinung gewandt und verlangt außer der Kenntnis des Empfängers von dem besonderen Sinn der Erklärung noch, daß er durch sein Schweigen arglistig eine Aufklärungspflicht verletzt habe; dann könne der Erklärende Berücksichtigung seines eigentlichen Willens als Schadenersatzleistung fordern. Das wäre aber im vorstehenden Fall anzunehmen. Doch dürfte diese Meinung zu einem unnötigen Umweg führen.

Wenn auch als Ziel der „Auslegung" nur der wirkliche Wille, soweit er irgendwie erkennbar geäußert ist, in Betracht kommt, so dient doch die Erklärung wiederum als Mittel zur Offenbarung der wirklich verfolgten Geschäftsabsicht. Wird diese trotz falscher Bezeichnung dem Erklärungsempfänger richtig geoffenbart, ist das Ziel der Erklärung erreicht. Die Auslegung des ihm gegenüber geäußerten Willens ist unnötig, erst recht die Anfechtung. Die richtig verstandene Erklärung gilt in dem wirklich gemeinten Sinne.

Die hier vorgenommene Modlung (Modifikation) der Erklärungstheorie löst den Dualismus zwischen subjektiver Auslegung (Willensprinzip) und der notwendigen Verantwortlichkeit des Erklärenden für den objektiven

Erklärungssinn (Manigk und Larenz) befriedigend, ohne den klaren Grundsatz preiszugeben, daß die Auslegung nur Sinndeutung des erklärten Willens ist.

Damit erledigt sich auch das Problem der mehrdeutigen Erklärung (vgl. Henle, Allg. T. 75ff.). Falls der Empfänger die Erklärung in ihrer wirklichen Bedeutung richtig verstanden und sich darauf eingelassen hat, so muß er sie in ihrem wahren Sinne gelten lassen, RG. **93** 299. In ambiguo sermone non utrumque dicimus, sed id dumtaxat, quod volumus (34, 5 D. 1, 3). Doch gilt das nicht, wenn der Erklärungsgegner die Erklärung wegen ihrer Mehrdeutigkeit abgelehnt hat; bloßes Schweigen auf eine mehrdeutige Erklärung kann ferner niemals als zustimmende Einlassung auf einen bestimmten Sinn gedeutet werden. Das Gesetz hat übrigens für viele Fälle durch Auslegungsregeln von zwei Möglichkeiten die eine oder andere bevorzugt, um dem Streit über die Bedeutung eines Verhaltens vorzubeugen (z. B. 154, 314, 672).

Damit ist auch das Problem der falsa demonstratio, des Vergreifens in den Erklärungsmitteln, gelöst. Eine Anfechtung kommt nur in Betracht, wenn der Erklärungsempfänger den wahren Willen nicht erkannt hat. Bei einer einseitigen, von ihm durchschauten falschen Bezeichnung ist das wirklich Gewollte maßgebend.

Bietet z. B. jemand eine bestimmte Vermittlungsprovision für die Quadratrute an und meint Quadratfuß, dann kann ihn der Gegner, der das durchschaut, am Quadratfuß festhalten; freilich muß er notfalls beweisen, daß der Antragende Quadratfuß gemeint hat, RG. **66** 427.

Bei übereinstimmender falscher Bezeichnung in einem Vertrag ist das gemeinsam Gewollte maßgebend (RG. **99** 147). Verkauft war „Haakjöringsköd", das bedeutet in der norwegischen Sprache Haifischfleisch, gemeint war beiderseits Walfischfleisch; folglich war Walfischfleisch geschuldet und zu liefern.

Für diese Behandlung läßt sich außer den obigen Darlegungen über die Funktion der Erklärung auch noch auf 117 II BGB. hinweisen. Wenn dort das wirklich Gewollte zu beachten ist, obwohl die Parteien bewußt etwas von ihrem gemeinsamen, wahren Willen Abweichendes erklärt haben, dann muß das wirklich Gewollte um so mehr gelten, wenn sie unbewußt etwas Abweichendes erklärt haben. Vgl. Bang, DogmJ. **66** 309ff.

Regelmäßig wird es übrigens möglich sein, aus den Vorverhandlungen und den sonstigen, dem Erklärungsempfänger erkennbaren Umständen, den fehlerhaften Ausdruck im Wege der Auslegung zu verbessern. In erster Linie ist das Problem des falsa demonstratio eine Frage richtiger Auslegung, d. h. Sinndeutung des erklärten Willens; in zweiter Linie erst eine Frage der Berücksichtigung des wirklichen Willens, weil die Fehlerklärung immerhin im besonderen Fall trotzdem ihre Aufgabe erfüllt hat, dem Erklärungsgegner den wahren Willen des Erklärenden zu offenbaren.

Wenn das richtig ist, dann kommen aber auch für die förmlichen Geschäfte keine anderen Grundsätze in Betracht. Gewiß dürfen die außerhalb einer Urkunde liegenden Umstände nur dann zur „Auslegung" herangezogen werden, wenn sie einen — wenn auch noch so unvollkommenen — Ausdruck in der Urkunde gefunden haben (RG. **62** 175 u. 382; **67** 214; **71** 115; **76** 306; **80** 401; **109** 336). Aber die falsa demonstratio einzelner Vertragsbestandteile verhindert die Anerkennung des übereinstimmenden wahren Willens auch dann nicht, wenn die Auslegung versagt, wenn also der wahre Wille überhaupt keinen Ausdruck in der Urkunde gefunden hat. Zur Erfüllung der Formschrift genügt, daß die Parteien alle wesentlichen Vereinbarungen, die sie treffen wollten, beurkunden lassen. Wenn beim formfreien Geschäft die Willensübereinstimmung beachtet werden darf, auch wenn der wahre Wille dem andern Teil nicht erkennbar erklärt ist, so liegt kein innerer Grund vor, davon beim förmlichen Geschäft eine Ausnahme zu machen. Auf eine Erklärung des wahren Willens wird auch hier verzichtet, weil die formgerechte Fehlerklärung ihn tatsächlich offenbart.

Die Rechtsprechung des Reichsgerichts bestätigt die Richtigkeit des Gesagten. In kaum einem der hier in Betracht kommenden Fälle der falsa demonstratio hat der wahre Wille auch nur den bescheidensten Ausdruck in der Urkunde gefunden. Namentlich die Entscheidung in **109** 355 beweist, daß das Reichsgericht am Erfordernis des Ausdruckes des wahren Willens in der Urkunde tatsächlich nicht mehr festhält.

Selbstverständlich wird nicht geleugnet, daß bei der Grundstücksübereignung eine falsche Bezeichnung des aufgelassenen Grundstücks in der Auflassungsurkunde vorerst richtiggestellt werden muß, dies aber nur mit Rücksicht auf 28 GBO., der für die Eintragungsbewilligung die mit dem Grundbuch übereinstimmende Bezeichnung des Grundstücks vorschreibt. Falls sich der Verkäufer weigern sollte, eine solche richtige Bezeichnung des wirklich gemeinten Grundstücks vorzunehmen, müßte er auf Grund des richtig ausgelegten Kaufvertrags auf Abgabe einer ordnungsmäßigen Eintragungsbewilligung verklagt werden oder auf Feststellung des durch die richtig verstandene Auflassung unter den Parteien entstandenen Rechtsverhältnisses.

Ist auf Grund der irrigen Auflassung die Eintragung bezüglich des falschen Grundstücks schon erfolgt, so hat der Veräußerer gegen den Erwerber einen Anspruch auf Berichtigung des Grundbuchs. Außerdem muß natürlich die Eintragung des Erwerbers auf dem Grundbuchblatt des wirklich gemeinten Grundstücks erfolgen. — Wenn sich Auflassung und Eintragung auf das ganze Grundstück bezogen, während nach dem Willen beider Parteien nur ein Teil übereignet werden sollte, gilt die Auflassung nur bezüglich des vom Willen der Parteien umfaßten Teils und ist im übrigen unwirksam, so daß die Sache mit einer Berichtigung hinsichtlich des überschießenden Teils in Ordnung gebracht werden kann (RG **46** 227; **60** 340; **73** 157).

b) Bei den einseitigen nicht empfangsbedürftigen Erklärungen, die sich an die Allgemeinheit wenden, kommt nur in Betracht, welche Bedeutung die Allgemeinheit einem derartigen Verhalten beilegt.

c) Bei den sonstigen nicht empfangsbedürftigen Erklärungen, zumal testamentarischen, ist der Sprachgebrauch des Erklärenden, ein vom herkömmlichen abweichender Sinn, ohne weiteres zu berücksichtigen; RG. JW. 1912, 344[8].

Immer aber muß der wirkliche innere Wille in der Erklärung einen wenn auch noch so unvollkommenen Ausdruck gefunden haben. Andernfalls ist nur durch Anfechtung zu helfen. Das RG. (**70** 391f.) grenzt beim Testament das Gebiet der falsa demonstratio gegenüber der Irrtumsanfechtung nach 2078 dahin ab, daß die falsche Bezeichnung einer Person oder Sache nicht auf einem Irrtum des Erblassers beruhen, sondern lediglich eine eigenartige, vom Verkehrsüblichen abweichende sein dürfe. Die Erblasserin hatte nur die Nachkommen ihrer vollbürtigen, nicht aber die der halbbürtigen Geschwister als Erben einsetzen wollen. Infolge falscher Rechtsbelehrung hatte sie in dem Glauben, die Halbbürtigen seien durch die Vollbürtigen ausgeschlossen, die „gesetzlichen Erben" eingesetzt; nach RG. konnte der gewollte Sinn nicht mehr in der Erklärung gefunden werden, also war nur durch Anfechtung zu helfen. Vgl. allerdings dagegen Himmelschein 30ff.

d) Zusatz. In allen Zweifelsfällen läßt sich ein zutreffendes Bild des Willensinhalts nur gewinnen, wenn zunächst die Interessenlage auf Grund der zu berücksichtigenden Umstände klargestellt und nunmehr erst gefragt wird, was mit einem derartigen Verhalten angesichts dieser Umstände vernünftigerweise bezweckt sein kann. Denn die Verschiedenheit der Rechtsgeschäfte führt auf eine Verschiedenheit der wirtschaftlichen und sozialen Bedürfnisse zurück, und diese Bedürfnisse entspringen wieder gewissen, meist regelmäßig wiederkehrenden wirtschaftlichen Lagen. Diese wirtschaftliche Lage der Parteien und ihre Bedürfnisse sind festzustellen. Sie ergeben die Richtung, in der sich ihre Bedürfnisse am zweckmäßigsten befriedigen lassen. Es ist davon auszugehen, daß die Parteien das Rechtsgeschäft so abschließen wollen, daß es diesen Bedürfnissen am besten gerecht wird.

Also wenn ein Gutspächter 500 Zentner „prima Weizen" an eine Dampfmühle verkauft hat, ihn aber später nicht liefern kann, weil ein Brand seine ganze Ernte zufällig vernichtet hat, so ist zu fragen: Was bezweckte der Pächter? Den auf seinem Gut gewachsenen Weizen zu verkaufen oder einen Gattungskauf über Lieferung irgendwelcher 500 Zentner abzuschließen? Wenn er nicht gleichzeitig Handelsgeschäfte in Getreide macht, hatte er offenbar nur das Bedürfnis, seine Ernte lohnend abzustoßen. Die ganze Wirtschaftslage des Erzeugers spricht gegen die Absicht, sich zur Lieferung irgendwelcher 500 Zentner Weizen zu verpflichten. Damit mußte die Mühle rechnen, und sie ist auch vernünftigerweise davon beim Vertragsschluß ausgegangen. Folglich liegt kein unbegrenzter, sondern ein begrenzter Gattungskauf vor. Der Pächter ist durch Unmöglichkeit ersatzlos frei geworden (279, 275). — Den umgekehrten Fall, wo die Fabrik, in der der Käufer die Ware verarbeiten wollte, abbrannte, behandelt RG. **125** 236 und verneint die Abnahmepflicht.

5. Ergänzende Auslegung. Das Ergebnis einer solchen Sinndeutung kann führen zur Aufklärung eines zweideutigen Wortlauts der Erklärung oder zu seiner Richtigstellung im Sinne einer Erweiterung oder Einengung — ganz wie bei der Gesetzesauslegung. Durch die Auslegung im eigentlichen Sinne kann aber immer nur der wirklich geäußerte Parteiwille festgestellt werden. Damit sind die Aufgaben des Richters noch nicht erschöpft. Denn die Parteien denken wirtschaftlich und legen in der Regel nur den wirtschaftlichen Erfolg, den sie erstreben, näher fest; um seine nähere rechtliche Ausgestaltung kümmern sie sich oft nicht — und selbst wenn sie einzelne Punkte genauer regeln, so können sie doch nicht an alle Umstände denken, die für die

Gestaltung ihrer Beziehungen von Bedeutung werden mögen. Der Streit entsteht später meist über solche nicht besonders geregelten Fragen.

a) Der Richter hat hier zunächst zu prüfen, ob sich eine angemessene Regelung gewinnen läßt dadurch, daß er den Vertrag unter eine gesetzlich ausgeprägte Grundform und deren ergänzende Rechtssätze unterbringt. Wenn mehrere Grundformen in Betracht kommen, ist die Unterordnung nach Prüfung der Interessenlage so vorzunehmen, daß das Ergebnis dieser möglichst gerecht wird.

Der gewerbliche Arbeitsvertrag ist z. B. grundsätzlich als Dienstvertrag anzusehen, selbst wenn Akkordlohn gezahlt wird, weil die Anwendung der Dienstvertragsregeln zu einem befriedigenderen Ergebnis führt.

b) Aber auch die ergänzenden Rechtssätze geben nicht auf alle Fragen Antwort, häufig werden Dinge streitig, die weder von den Parteien bedacht noch vom Gesetz geordnet worden sind — der ergänzende Rechtssatz kann endlich auch eine unzweckmäßige Regelung des Geschäfts enthalten. Hier hat der Richter zur sinngemäßen Ergänzung des Parteiwillens bzw. des Vertrags fortzuschreiten. Zu dem Zwecke hat er die Interessenlage klarzustellen und dann zu fragen: wie würden die Parteien vom Standpunkt ihrer entgegengesetzten Interessen aus diesen Punkt vernünftiger- und billigerweise geregelt haben, wenn sie an ihn gedacht hätten? Die dementsprechende Ordnung ihrer Beziehungen, die gegebenenfalls an Stelle eines ergänzenden nachgiebigen Rechtssatzes zu treten hat, ist in Wahrheit keine Auslegung mehr, wird aber gemeinhin noch unter den Begriff der Auslegung gebracht. Die Zulässigkeit dieses Ergänzungsverfahrens wird nach der herrschenden Ansicht gleichfalls durch 157 anerkannt.

Zu beachten ist, daß die Ergänzung Lückenausfüllung ist, also nicht zu einer Erweiterung des Vertragsgegenstandes selbst führen darf (RG. 87, 211, vgl. auch OLG. Stuttgart, NJW. 49, 27), noch auch zur Abänderung des erklärten Vertragswillens (RG.Warn. 1916 Nr. 157). Sie ist nur innerhalb des Rahmens des Vertrages zulässig und muß nach den Richtlinien des im Vertrag sonst ausgedrückten Parteiwillens gefunden werden, entsprechend den Grundsätzen von Treu und Glauben (RG. **87** 211; **92** 320 und 421; **99** 84; **136** 185; BGH. 7, 145).

Obwohl das Gesetz seinem Wortlaut nach das Anwendungsgebiet des 157 auf Verträge beschränkt hat, ist seine Maßgeblichkeit auch über das Vertragsrecht hinaus anzuerkennen. Zwar hat das RG. (82 153) angenommen, bei einer einseitigen letztwilligen Verfügung komme 157 für die Auslegung „nicht unmittelbar in Betracht", aber es hat gleichzeitig betont, daß die fragliche Gesetzesvorschrift „über ihr eigentliches Anwendungsgebiet hinaus dem Richter objektive Anhaltspunkte allgemeiner Art für die Auslegung an die Hand gibt".

In der Tat wird man die Auslegung nach Treu und Glauben im Hinblick auf die Gepflogenheit des redlichen Verkehrs nicht zu einem Privileg des Vertragsrechts machen dürfen; 157 proklamiert genau so gut einen allgemeinen Grundsatz wie 133, gilt auch für die Deutung der Auslobung, für die eines Vertragsantrags, für die Behandlung des Schweigens gegenüber einem solchen Antrag, also für die Frage, ob ein Vertrag überhaupt zustande gekommen ist usw. (vgl. RGRKomm. § 157 Anm. 2 und RG. **93** 299).

Beispiele: Der Vermieter läßt den Mietvertrag auch von der Ehefrau unterschreiben. Regelmäßig verfolgt er damit nur den Zweck, das ihr gehörige Mobiliar dem Vermieterpfandrecht mit zu unterwerfen. Das führt zu der ergänzenden Auslegung, daß das Mietverhältnis der Frau von dem Bestand und der Dauer des Mietverhältnisses des Mannes abhängig sein soll. Wichtig für das Kündigungsrecht im Falle des 570 (OLG. **17** 6). — Ergänzung eines Mietvertrags oder Kaufvertrags über ein kaufmännisches Geschäft durch ein Wettbewerbsverbot des Vermieters oder Verkäufers (OLG. **2** 142; RG. **117** 176; **119** 353; **131** 274). Annahme eines Vertrags zugunsten Dritter (RG. **98** 213; **119** 239; **127** 222).

Gute Beispiele für solche ergänzende Auslegung bietet auch die Rechtsprechung zur Clausula rebus sic stantibus und zur Aufwertung. Siehe § 8 III 6 dieses Buches.

VII. Richterliche Vertragsgestaltung.

Wieacker, ArchöffR. 29 (1938) 1f.; Dikoff, Festschr. für Hedemann (1938) 179f.; Schlegelberger, Festschr. für Bumke (1939) 1ff.; Bötticher, DRWiss. 1942, 125.

Der Vertragsergänzung nach § 157 sind gewisse Grenzen gezogen, sie geht aus vom Zeitpunkt des Vertragsschlusses und kann nach der Rechtsprechung nie zur Erweiterung des Vertragsgegenstandes (RG. **87** 213) oder zur Abänderung oder Einschränkung des erklärten Vertragswillens führen (RG. **129** 88).

Die Notzeiten des Krieges und der Nachkriegszeit haben aber die Erkenntnis gebracht, daß damit allein nicht in allen Fällen ein gerechtes und billiges Ergebnis zu erzielen ist. Viele Verträge werden nicht alsbald nach ihrem Abschluß abgewickelt, sondern sind auf die Dauer angelegt, wie Sukzessivlieferungsverträge, Miet-, Arbeits-, Gesellschafts- und Unterhaltsverträge. Hier können sich während des Laufes der Vertragszeit solche Änderungen in sachlicher und persönlicher Beziehung ergeben, daß die Festhaltung des Schuldners am einmal gegebenen Wort mit der Gerechtigkeit und Billigkeit nicht mehr in Einklang zu bringen ist.

Schon der erste Weltkrieg (1914—1918) hatte vielfach so grundstürzende Änderungen der wirtschaftlichen Verhältnisse zur Folge, daß Wissenschaft und Rechtsprechung die Lehre vom Wegfall der Geschäftsgrundlage entwickelten, die dem davon betroffenen Schuldner ein Recht zum Rücktritt vom Vertrag gab, wo sein Festhalten am Vertrag wider Treu und Glauben verstieß, dies freilich nur, soweit nicht eine Anpassung an die veränderten Verhältnisse in Betracht kam oder vom Vertragsgegner verweigert wurde; vgl. unten § 35 A VII.

Seine letzte Rechtfertigung findet dieses Rücktrittsrecht in den Grundsätzen von Treu und Glauben (§ 242), die unzumutbare Anforderungen an den Schuldner verbieten. Für das Maß des Zumutbaren sind der Vertragsinhalt und die Vertragsgrundlagen von ausschlaggebender Bedeutung (§ 157).

Aber die Berufung auf § 242, der eine die Verpflichtung unmittelbar regelnde materiellrechtliche Sachnorm ist, ließ angesichts der wirtschaftlichen Weiterentwicklung in Deutschland, namentlich in den Zeiten des zweiten Weltkrieges und des Zusammenbruchs, das Bedürfnis erkennen, die aus dem Gesichtspunkt des Wegfalls der Vertragsgrundlage abgeleiteten Schuldnerschutzmaßnahmen noch näher auszugestalten und zu erweitern, um den Richter instand zu setzen, jeden Fall seiner Eigenart entsprechend unter möglichster Aufrechterhaltung des Vertrags zu behandeln. Das ließ sich nur durch eine Erweiterung der richterlichen Befugnisse erreichen, indem man den Richter ermächtigte, sich nicht bloß auf die Feststellung von Rechtsfolgen zu beschränken, sondern den Anforderungen von Treu und Glauben notfalls auch durch eine rechtsgestaltende Neuordnung der Parteibeziehungen gerecht zu werden, die eine billige und gerechte reibungslose Abwicklung der eingegangenen Verpflichtungen ermöglicht. Als solche Schutzmaßnahmen kommen in Betracht: Die Zubilligung von Stundungen oder Teilzahlungen, die Aufhebung unzumutbar gewordener Verpflichtungen unter Zubilligung von Schadensersatzansprüchen (statt der Vertragsfortsetzung unter Zubilligung eines Ausgleichsanspruchs), die Aufhebung von Rechtsnachteilen u. dgl.

Diesen Zwecken dienten die zahlreichen Vertragshilfeverordnungen, von denen die Vertragshilfeverordnung vom 30. 11. 1939 und die Vertragshilferegelung in §21 UmStG. und §28 DVO. anläßlich der Währungsumstellung hervorzuheben sind. An die Stelle aller dieser Gesetze ist das Bundesgesetz über die richterliche Vertragshilfe vom 26. 3. 1952 getreten.

Zu beachten ist, daß die eigentliche Vertragshilfe im Verfahren der freiwilligen Gerichtsbarkeit erfolgt und nicht durch den Prozeßrichter, wie das bei der Befreiung von der Leistungspflicht oder ihrer Milderung auf Grund der Berufung des verklagten Schuldners auf den Wegfall der Geschäftsgrundlage und § 242 BGB. der Fall ist.

Das Verhältnis der schuldrechtlichen, aus dem Gesichtspunkt der Geschäftsgrundlage entwickelten Grundsätze zu den materiellrechtlichen Normen des Vertragshilferechts ist außerordentlich streitig. Teils erblickt man im Vertragshilferecht und im Geschäftsgrundlagerecht zwei selbständige, nebeneinander stehende Rechtsbehelfe, die überhaupt nicht konkurrieren (Larenz, Geschäftsgrundlage und Vertragserfüllung 166), teils bejaht man die materiellrechtliche Identität und wechselseitige Ergänzung (Kegel, 7. Beih. z. DRZ., 1949). Beide Auffassungen leiden an einer gewissen Einseitigkeit. Gewiß ist das Vertragshilferecht eine nähere Ausgestaltung der Folgerungen, die sich aus den Anforderungen von Treu und Glauben für die im Vertragshilferecht geregelten Sondertatbestände ergeben; insofern hat Kegel recht. Aber die Form der Berücksichtigung dieser Anforderungen ist insoweit verschieden, als § 242 BGB. eine die Rechtsverhältnisse unmittelbar regelnde Sachnorm ist, während die Vertragshilfevorschriften sich als prozessuale Ermächtigungsbestimmungen zur Rechtsgestaltung darstellen; so richtig Larenz. Das hindert aber nicht, daß man mit Rücksicht auf die gemeinsamen Grundgedanken beider Einrichtungen die gleichzeitige Berufung auf beide Rechtsbehelfe aus Gründen der Prozeßökonomie ablehnt und der Sonderregelung der Vertragshilfe einen die gleichzeitige Berufung auf den Wegfall der Geschäftsgrundlage ausschließenden Charakter beilegt. Dafür hat sich die überwiegende Praxis ausgesprochen, namentlich soweit die Umstellungsvertragshilfe nach § 21 UmstG. in Betracht kommt; vgl. OLG. Celle im Volkswagenprozeß, BB. 1951, 96 = NJW. 1951, 145; OGH. 1, 393 u. BGH. 2, 150; 5, 302 u. 352; 7, 238; 8, 344. Danach kann der Schuldner neben der Vertragshilfe nach § 21 UmstG. Rechtsbehelfe aus § 242 nur dann geltend machen, wenn es sich um einen im Vertragshilferecht nicht geregelten Tatbestand handelt oder wenn er Hilfsmaßnahmen begehrt, die über die im Vertragshilferecht gegebenen Möglichkeiten hinausgehen. Für die Umstellungsvertragshilfe wurde also die Berufung auf § 242 ausgeschlossen, soweit die Voraussetzungen des Vertragshilferechts gegeben sind, der Schuldner also den Anspruch anerkennt und nur die Berücksichtigung seiner durch die Kriegseinwirkungen beeinträchtigten Leistungsfähigkeit fordert; anders, wenn er den Anspruch bestreitet oder wegen der Umgestaltung, die seine Verpflichtungen nach § 242 erfahren hätten, weitere Hilfsmaßnahmen begehrt, als sie das Vertragshilferecht vorsieht.

Auch nach dem neuen Bundesgesetz über die richterliche Vertragshilfe vom 26. 3. 1952 hat die Vertragshilferegelung ihren Charakter als lex specialis gegenüber § 242 behalten; denn auch das VGH. läßt deutlich erkennen, daß der Schuldner die unmittelbaren Folgen der Währungsreform nicht gleichzeitig als Wegfall der Geschäftsgrundlage geltend machen kann. Daran ändert auch nichts, daß das Vertragshilfeverfahren jetzt auch für bestrittene Ansprüche zulässig ist. Nach der Verfahrensregelung (§ 11 IV VHG.) kann aber, wenn über einen Anspruch, dem gegenüber der Schuldner berechtigt ist, die richterliche Vertragshilfe zu beantragen, ein Rechtsstreit anhängig ist, das Prozeßgericht mit Zustimmung des Gläubigers in Ansehung dieser Verbindlichkeit die Vertragshilfe gewähren; sie erfolgt dann durch Urteil und kann nur mit dem Urteil angefochten werden. Ebenso kann das Vertragshilfegericht im Vertragshilfeverfahren, wie bisher, das Verfahren bis zur rechtskräftigen Entscheidung durch das Prozeßgericht aussetzen, wenn der Streit über den Grund oder Betrag der Verbindlichkeit besteht (§ 11 III VHG.); vgl. Soergel-Siebert zu § 242 A. 326ff.

VIII. Mißverständnis. Ergibt die richtige Auslegung einen anderen Sinn der Erklärung, als ihr der Empfänger beigelegt hat, hat dieser sie also mißverstanden, so muß er die Folgen seines Mißverständnisses tragen. Gibt er freilich auf Grund dieses Mißverständnisses eine Gegenerklärung ab, nimmt er z. B. das falsch gedeutete Vertragsangebot an, so kann er sein Mißverständnis dadurch zur Geltung bringen, daß er seine eigene Erklärung wegen eines Irrtums über ihren Inhalt anficht (119 I). Einer Anfechtung bedarf es jedoch beim Vertrag nur, wenn er das Angebot des Gegners so, wie dieses zu verstehen ist, durch ein „Einverstanden" oder ähnliche Wendungen annimmt. Formelt er seine Annahmeerklärung selbständig, so daß er seine irrige Auffassung zum Bestandteil seiner Erklärung macht, kommt ein Vertrag gar nicht zustande, weil der äußere Tatbestand beider Erklärungen sich nicht deckt.

A bietet eine Wohnung zum 1. 3. an. B meint, sie sei zum 1. 5. angeboten. Schreibt er zurück: „Ich nehme Ihr Angebot an", so ist der Vertrag geschlossen, B kann aber seine Annahme nach 119 anfechten. Schreibt er zurück: „Ich miete zum 1. 5.", so ist überhaupt kein Vertrag zustande gekommen.

Von dem Mißverständnis des Inhalts der Erklärung muß unterschieden werden die falsche Aufnahme der Erklärungshandlung durch Verlesen oder Verhören. Der Zugang der verkörperten (schriftlichen) Erklärung wird dadurch nicht verhindert; es ist also im vorstehenden Beispiel gleichgültig, ob das Mißverständnis des B auf falscher Deutung des brieflichen Angebots oder auf einem Verlesen beruht. Die nicht verkörperte Erklärung empfängt man dagegen durch Vernehmung (siehe § 32 II 3 und III dieses Buches). Folglich schließt ein Verhören des Anerklärten den Zugang aus, der Erklärende muß sich gegebenenfalls durch eine Frage vergewissern, ob er verstanden worden ist.

Vgl. Titze, Lehre v. Mißverständnis, 1910; z.T. abw. S. 219; ders. HdwbRw. IV 86.

B. Form der Erklärung § 31

Loewe, Form der Rechtsgeschäfte, 1902; Franz, Die formbedürftigen Rechtsgeschäfte, 1907; Reichel, ArchZivPr. 104, 1ff.; Danz, Auslegung (3) 167ff.; Titze, Mißverständnis, 127ff.; Sternberg, RvgHdwb. III 454; Marwitz, HdwbRw. II 469; Heldrich, AcP. 147, 89f.; Gernhuber, Formnichtigkeit und Treu und Glauben, Festschr. für Schmidt-Rimpler 1957, 151; Lorenz, AcP. 156, 381.

I. Begriff. Der Wille wird nur beachtet, wenn er geäußert ist. Insofern bedarf jede Willenserklärung irgendeiner Form, d. h. eines Äußerungsmittels. Fraglich ist nur: Darf der Erklärende die Erklärungsmittel frei wählen? — dann sprechen wir von formlosen Geschäften — oder ist ihm ein bestimmtes Erklärungsmittel vorgeschrieben, ohne dessen Gebrauch der Wille nicht beachtet wird — dann sprechen wir von förmlichen (formellen) Geschäften.

II. Zwecke der Form: 1. Schutz vor Übereilungen, 2. Schaffen eines klaren und vollständigen Willensausdrucks, 3. Trennen der Vorverhandlungen vom Geschäftsabschluß, 4. Sichern des Beweises, 5. Ermöglichung der Überwachung (z. B. § 1 der früheren KartellVO.).

III. Grundsätzlicher Standpunkt des BGB. Während die älteren Rechtsordnungen, das römische wie das deutsche Recht, dem Formzwang huldigen, herrscht im BGB. der Grundsatz der Formfreiheit. Er ist als solcher zwar nicht ausdrücklich ausgesprochen, aber mittelbar anerkannt dadurch, daß Formen als Ausnahmen besonders vorgeschrieben sind, sei es wegen des gefährlichen oder wichtigen Inhalts des Geschäfts (766, 518, 2238, 2247 BGB.), sei es wegen des Geschäftsgegenstandes (313, 566). Auf der anderen Seite haben es aber auch die Parteien kraft der Vertragsfreiheit in der Hand, für ein beabsichtigtes Rechtsgeschäft eine Form zu vereinbaren, in gewissen Fällen solche auch durch ein einseitiges Rechtsgeschäft festzusetzen (gewillkürte Form).

Es kann z. B. der Antragsteller in seinem Angebot eine Form für dessen Annahme vorschreiben, nicht aber kann der Vermieter einseitig seinem Mieter schriftliche Kündigung auferlegen (vgl. auch 793 II).

IV. Abgrenzung der Geschäftsformen von anderen Tatbestandserfordernissen. Die Formen des BGB. betreffen nicht den gesamten Tatbestand des Rechtsgeschäfts, sondern nur die Erklärung. Die außer der Erklärung geforderten Tatbestandsstücke, wie Eintragung ins Grundbuch, gerichtliche Bestätigung, Darlehnshingabe, Übergabe des Besitzes sind keine Formen der rechtsgeschäftlichen Willenserklärung.

V. Übersicht über die gesetzlichen Formen. Das Gesetz kennt fünf Formen, die allgemein geregelt sind:

1. Die Schriftform.

Heinr. Lehmann, Die Unterschrift i. Tatbest. d. schriftl. Willenserklärung, 1904; Josef, ArchZivPr. **94** 465ff.; **100** 118ff.; Siegel, ebenda **111** 7ff.; Voß, SeuffBl. **76** 297.

a) Zur Erfüllung gehört eigenhändige Unterzeichnung der Urkunde durch den Aussteller, und zwar durch Namensunterschrift oder gerichtlich oder notariell beglaubigtes Handzeichen (126). Die Schriftform ist also eigentlich nur Unterschriftsform — Leer-(Blankett)-Unterschrift ist zulässig; Schreibhilfe ausgeschlossen.

Wird das Blankett abredewidrig ausgefüllt, ist die Erklärung wegen Irrtums oder Betrugs anfechtbar.

Das RG. verlangt nicht unbedingt die Unterzeichnung mit dem bürgerlichen Namen, sondern begnügt sich mit einer Namensunterschrift, die zur Individualisierung des Unterzeichners genügt (RG. III vom 23. Juni 1914, SeuffA. 70 Nr. 87 S. 152). Dementsprechend wird man auch die Unterzeichnung mit einem angenommenen Namen, Pseudonym, für ausreichend erklären müssen, wenn dadurch die nötige Klarheit über die Person des Unterzeichners geschaffen wird.

Vgl. über die Bedenken dagegen Heinr. Lehmann, Die Unterschrift S. 50ff.

Unterzeichnung durch einen Vertreter ist wirksam. Bei richtiger Auslegung (eigenhändig!) müßte er seinen Namen mit einem Hinweis auf das Vertretungsverhältnis unterzeichnen. Das RG. (**50** 51; **74** 69 [Plenarentscheidung]; **81** 2) gestattet aber in langjähriger ständiger Rechtsprechung auch Unterzeichnung mit dem Namen des Vertretenen, so daß man heute hier von einem Gewohnheitsrecht reden kann, das unter der Flagge der Gesetzesauslegung entstanden ist.

Da durch diese Rechtsprechung das Erfordernis der Unterzeichnung mit dem richtigen Namen des Ausstellers preisgegeben ist, wird man die Unterzeichnung mit dem einem anderen zustehenden Namen auch in den Fällen des Auftretens unter fremdem Namen als zur Wahrung der Schriftform ausreichend anerkennen müssen. Zur Formgültigkeit eines Wechsels genügt die Zeichnung mit einem möglichen Namen oder einer möglichen Firma. Der Fälscher einer Unterschrift oder der Falschvertreter, der nur den Namen des Vertretenen gezeichnet hat, haften selbst nicht wechselmäßig, sondern aus unerlaubter Handlung bzw. aus analoger Anwendung des § 179, der wirkliche Namensträger kann durch Genehmigung des Begebungsvertrages Rechte und Pflichten aus dem Wechsel für sich begründen, RG. **145** 91.

Bei einem Vertrag muß die Unterzeichnung durch die Parteien auf derselben Urkunde vor sich gehen. Nur bei mehreren Vertragsurkunden genügt es, wenn jeder Teil die für den anderen bestimmte Urkunde unterzeichnet (126 II). Brief- oder Drahtungswechsel genügen also nicht.

Die nach § 1 KartVO. für Kartellverträge vorgeschriebene Schriftform war auch gewahrt, wenn ein Mitglied seine von dritter Stelle erfolgte Anmeldung der Mitgliedschaft im Briefwechsel genehmigte. Die Rechtspr. hat die Schriftform des § 1 von der des § 126 BGB. losgelöst; Entsch. d. KartellG. 56 und 74; RG. **128** 7.

b) Die Schriftform wird durch gerichtliche oder notarische Beurkundung ersetzt (126 III).

c) Hauptfälle der Schriftform. Sie ist erforderlich:

α) für den ganzen Miet- oder Pachtvertrag über Grundstücke, wenn er auf länger als ein Jahr abgeschlossen wird (566, 581);

β) für folgende einseitige Erklärungen oder Vertragserklärungen des einen Teils: 81 (Stiftungsgeschäft unter Lebenden), 766 (Bürgschaftsübernahme), 780, 781 (abstraktes Schuldversprechen und Schuldanerkenntnis) usw.

γ) Eine verschärfte Schriftform gilt für das eigenhändige Testament (2247 I). Hier ist eigenhändige Niederschrift und Unterschrift erforderlich, damit der Testator von dem Inhalt seiner letztwilligen Verfügung Kenntnis erlangt.

2. Öffentliche Beglaubigung (129).

a) Nötig ist schriftliche Erklärung und Beglaubigung der Unterschrift. Zuständig sind die Notare, ferner die Amtsgerichte, wenn deren Zuständigkeit nicht durch die Landesgesetze ausgeschlossen ist, endlich andere Behörden oder Beamte (Gerichtsschreiber) nach den Bestimmungen der Landesgesetze (128, FrGG. 167 II, 191, 200). Bei Unterzeichnung durch Handzeichen ist dieses zu beglaubigen. Das nähere Verfahren wird durch FrGG. 183 oder Landesrecht bestimmt.

Sehr streitig ist, ob eine Blankettunterschrift beglaubigungsfähig ist. Dagegen Oertmann, Komm. z. Allg. T. (3) § 129 Anm. 1; doch spricht dafür, daß die Beglaubigung sich nicht auf den Inhalt der Erklärung, sondern nur auf die Unterschrift bezieht (H. Lehmann, Unterschrift 130ff.).

b) Die öffentliche Beglaubigung kann stets durch gerichtliche oder notarielle Beurkundung ersetzt werden (129 II).

c) Hauptfälle:

77, 1560 (Anmeldungen zum Vereins- und Güterrechtsregister) — namentlich Erklärungen, die gegenüber einer Behörde abzugeben sind, z. B. 55 EheG., 1706 (Wiederannahme und Erteilung des Namens), 1945 (Ausschlagung der Erbschaft). — In einer Reihe von Fällen kann der Gegner eine beglaubigte Urkunde verlangen (403, 412, 1154 I, 371 usw.).

3. Gerichtliche oder notarische Beurkundung.

Die Vorschriften darüber sind in der Hauptsache im FrGG., nicht im BGB. enthalten.

a) Nötig ist Abgabe der Erklärung vor Gericht oder Notar oder Anerkennung der vorher aufgesetzten, überreichten, schriftlichen Erklärung vor Gericht oder Notar und Aufnahme eines Protokolls (FrGG. 175ff.). Es genügt also die Beurkundung des Erklärungsinhalts.

Bei Beurkundung von Verträgen können die Parteien ihre Erklärungen vor der Urkundsperson einander gegenüber abgeben, dann wird nicht nur der Inhalt der Erklärungen, sondern auch ihre Abgabe beurkundet. Notwendig ist das aber nicht. Nach 128 genügt es, wenn zuerst der Antrag und später dessen Annahme beurkundet wird (d. h. also nur der Inhalt der Erklärungen). Hier kommt nach der weiteren Vorschrift des 152 der Vertrag mit der Beurkundung der Annahme zustande, ohne daß diese dem Antragsteller zugehen müßte. Dem Annehmenden muß selbstverständlich der Antrag zugegangen sein.

b) Hauptfälle: 518 (Schenkungsversprechen), 313 (Grundstücksveräußerung), 2371 (Erbschaftskauf).

4. Abschluß vor einer Behörde. Hier vollzieht sich die ganze Errichtung des Geschäfts in gleichzeitiger Gegenwart aller Beteiligten vor der Behörde, also auch die Abgabe der Erklärungen.

Diese Form ist vorgeschrieben: für die Eheschließung vor dem Standesamt (15 EheG.), für die Auflassung vor dem Grundbuchamt (925), ferner für den Ehevertrag (1434), den Adoptionsvertrag (1750 II), das öffentliche Testament (§ 2238), den Erbvertrag (§ 2276) vor Gericht oder Notar.

Zu prüfen ist, ob die Beurkundung hier Wirksamkeitserfordernis ist oder nur Amtspflicht; so z. B. bei der Auflassung (RG. 99, 67); anders beim öffentlichen Testament u. Erbvertrag RG. 161, 378.

5. Abgabe der Erklärung gegenüber dem Gericht. Wo die Abgabe gegenüber dem Gericht vorgeschrieben ist (z. B. 1945 für die Erbschaftsausschlagung), muß die Erklärung regelmäßig öffentlich beglaubigt sein.

VI. Gewillkürte Formen.

1. Wenn die Parteien die Wahrung einer bestimmten Form vorschreiben so haben sie es in der Hand, deren Erfordernisse selber zu bestimmen.

Im Mietvertrag kann z. B. Kündigung durch eingeschriebenen Brief vorgeschrieben sein. Da eine derartige Abrede aber lediglich Gewähr dafür bieten soll, daß dem Gegner die Kündigung zugehen werde, wird die Form dadurch ersetzt, daß der Gegner von dem Inhalt der die Kündigung enthaltenden Klageschrift Kenntnis erhält, RG. **77** 70. Vgl. auch RAG. Bensh. IX, 45.

2. Sie können auch Schriftlichkeit, öffentliche Beglaubigung, öffentliche Beurkundung vereinbaren. Im Zweifel wird hier Beobachtung der gesetzlichen Form gewollt sein.

3. Haben sie die schriftliche Form festgelegt, so soll nach 127 — falls nicht ein abweichender Wille anzunehmen ist — auch drahtliche Übermittlung und bei einem Vertrag Briefwechsel genügen.

Die Briefe (nicht die Telegramme) müssen unterzeichnet sein. Im Falle der Gesamtvertretung (Gesamtprokura) genügt unter Umständen die Unterschrift eines der mehreren Vertreter (so RG. **106** 268 in recht freier Würdigung des Formerfordernisses). Dagegen brauchen die Briefe nicht gleichlautend zu sein.

VII. Rechtsfolgen der Formvernachlässigung.

1. Mangel der gesetzlichen Form hat Nichtigkeit zur Folge, ebenso im Zweifel Mangel der gewillkürten (125).

Das gilt nicht, soweit das Gesetz etwas anderes bestimmt, wie bei der mit „soll" eingeführten Formvorschrift des § 14 EheG. (Eheschließung unter Zuziehung von 2 Zeugen). — Weniger einschneidend wirkt der Mangel nach 566 (Mietvertrag über ein Grundstück für längere Zeit als ein Jahr).

Das TestamentsG. v. 31. 7. 1938, das inzwischen in das BGB. wieder eingefügt worden ist, hat eine Reihe von Mußvorschriften zu Sollvorschriften abgemildert, um die Nichtigkeit auf die Verletzung unerläßlicher Formerfordernisse zu beschränken; vgl. §§ 2241 II, 2242 I 2, 2243 II 1, 2247 II, 2249 II, 2267 S. 2.

2. In einigen Fällen ist die Nichtigkeit eine einstweilige (schwebende); der Formmangel kann durch eine wirksame Erfüllungshandlung der formlos übernommenen Leistung geheilt werden (110, 313, 518, 766, 2301 II).

Zum Einfluß der Heilung des Formmangels eines Kaufvertrags auf die Bürgschaft vgl. RG. 134, 243.

Der Versuch, diese Vorschriften zu einem allgemeinen Prinzip auszuweiten, daß die freiwillige Erfüllung stets eine den Formmangel heilende Kraft habe, hat wenig Anhänger gefunden. Die herrschende Ansicht zieht aus den obengenannten Sondervorschriften einen Umkehrschluß; RG. **67** 208; **137** 175.

Eher läßt sich die Lehre Reichels (ArchZPr. **104** 33ff.) halten, daß die volle beiderseitige Erfüllung eines formnichtigen Verpflichtungsgeschäfts den Formmangel heile. Dafür auch Siber, DogmJ. **70** 242; Oertmann, Allg. T. § 125 Anm. 4a. Die obengenannten Fälle könnten dann im Sinne eines arg. a maiore ad minus verwandt werden, weil in ihnen schon eine Teilerfüllung heilende Kraft hat; wieviel mehr muß eine solche der Totalerfüllung zukommen. Vgl. aber auch die Bedenken bei Enneccerus-Nipperdey (15. Aufl. § 154 III 2 Anm. 16) für den Fall der Unkenntnis der Formnichtigkeit. Unbefriedigende Ergebnisse kann man bei Kenntnis der Formnichtigkeit mit 814 und 242 vermeiden. Die Annahme der Leistung in Kenntnis der Formnichtigkeit schließt die hinterherige Geltendmachung der Nichtigkeit aus (venire contra factum proprium).

3. Die gesetzlichen Formvorschriften erstrecken sich auf alle Vertragsbestimmungen, die die Parteien haben treffen wollen. Fehlt bei einer Bestimmung die Form, so ist nach 139 im Zweifel das ganze Geschäft nichtig.

Die der Form entbehrende Bestimmung ist selbstverständlich nichtig. Das zieht aber nur dann die Nichtigkeit des ganzen Geschäfts nach sich, wenn es sich um eine wesentliche Bestimmung handelt. Wenn nun auch im Zweifel alle Bestimmungen eines Vertrags nach der Parteiabsicht als ein zusammengehöriges einheitliches Ganzes zu betrachten sind (RG. **72** 218), so zeigt die Rechtsprechung doch die Neigung, einmal abgeschlossene Geschäfte nach Möglichkeit zu erhalten. Das ist zu billigen (RG. **88** 323; **87** 7; RG. Warneyer 1919, Nr. 155).

Wo die Parteien die gewillkürte Form als Gültigkeitserfordernis vereinbart haben, gilt dasselbe, falls nicht ausnahmsweise anzunehmen ist, daß sich die Form auf eine Nebenbestimmung nicht hat erstrecken sollen.

Zunächst ist zu beachten, daß die gewillkürte Form vielfach nur den Beweiszweck verfolgt — so im Zweifel, wenn die Parteien die Form erst nach Abschluß des Vertrages vereinbart haben (RG. **94** 333); sodann steht den Parteien, auf deren Willen der Formzwang beruht, natürlich auch frei, eine mündliche Nebenabrede vom Formzwang zu befreien — das kann namentlich als geschehen angenommen werden, wenn nachgewiesen wird, daß eine mündliche Abrede an Stelle des Beurkundeten treten sollte. Ebenso ist denkbar, daß die Parteien hinterher auf die Wahrung der vereinbarten Form für den Geschäftsabschluß überhaupt verzichten. Ein solcher Verzicht kann u. U. auch stillschweigend erfolgen, z. B. durch formlosen Abschluß in Kenntnis der Formberedung und Erfüllung der übernommenen Verpflichtungen. Stets muß aber der Wille, daß die formlose Abrede gelten soll, klar erhellen; vgl. BayObLZ. **4** 473; RG. **52** 26; **63** 15.

4. Viel erörtert ist die Frage, ob und inwieweit die Berufung auf einen Formmangel einen Verstoß gegen Treu und Glauben bedeute und deshalb unzulässig sei.

Grundsätzlich verstößt die Rüge des Formmangels jedenfalls nicht gegen Treu und Glauben, ebensowenig wie die Weigerung, einen formungültigen Vertrag nachträglich formgerecht zu beurkunden. Darin liegt ja nur eine Berufung auf die vom Gesetz selbst angeordnete Nichtigkeitsfolge. Das muß auch gelten, wenn beide Teile bewußt gegen die gesetzliche Formvorschrift verstoßen haben (RG. JW. 1926, 1810[2]).

Es müssen also besondere Umstände hinzutreten, um die Berufung auf den Formmangel mit der Einrede der Arglist zurückschlagen zu können.

a) Ein Verstoß gegen Treu und Glauben liegt zunächst dann vor, wenn ein Teil den anderen beim Vertragsabschluß bewußt hintergangen hat, sei es, daß er ihn vom Abschluß eines formgerechten Vertrags abgehalten hat oder sich auf den Abschluß eines formlosen Vertrages von vornherein in der Absicht eingelassen hat, um später die Nichtigkeit geltend zu machen, RG. JW. 1913, 986[16]; RG. Warn. 1908, Nr. 38; 1919, Nr. 23.

b) Aber auch dann, wenn ein Teil beim Vertragsabschluß den anderen schuldhaft durch sein Verhalten in den Irrtum versetzt oder in dem Irrtum erhalten hat, daß der Vertrag auch formlos gültig sei — Fall der culpa in contrahendo. Hier ergibt sich der Verstoß gegen Treu und Glauben aus dem in der Berufung auf die Formnichtigkeit liegenden unzulässigen Widerspruch mit dem eigenen zu vertretenden früheren Verhalten, venire contra factum proprium. Vgl. RG. **96** 315; **107** 180 u. 357; **115** 35; **117** 121; **118** 274. Fällt beiden Teilen ein Verschulden zur Last, steht die Einrede nicht zu, vielmehr kommt nur Schadensverteilung nach 254 in Frage; RG. JW. 1932, 2152.

c) Seit Ende 1936 gewährte das RG. in fester Rspr. den Einwand der Arglist (der unzulässigen Rechtsausübung) ohne Rücksicht auf Verschulden oder Veranlassung hinsichtlich Nichtwahrung der Form durch den Vertragsgegner, wenn nach den gesamten Umständen die Berufung auf die Formnichtigkeit gegen das allgemeine Rechtsempfinden verstoßen würde, vgl. RG. **153**, 59; 157, 207; 169, 73; 170, 203; RG. JW. 38, 1023 u. 1721. Das ist insbesondere dann anzunehmen, wenn der eine Teil die Vertragsvorteile lange genossen hat und sich nun der Gegenleistung entziehen will, RG. **153**, 59. Diese Rspr. ist durch OGHBrZ. 1, 217 fortgeführt und durch BGH. **12**, 304; **16**, 336; **20**, 173 u. **23**, 255 aus Treu u. Glauben (§ 242) gerechtfertigt worden. Vgl. zu den Bedenken gegen eine so weit gehende Berücksichtigung des Treu- u. Glauben-Gedankens Wieacker, Ehe u. Familie 57, 288f. Die Überwindung des Formmangels muß seltene Ausnahme bleiben und aus den Umständen des einzelnen Falles gerechtfertigt werden.

d) Neuerdings ist die Frage viel erörtert worden, ob Gemeinden und öffentliche Körperschaften sich auf Formmängel der von ihnen abgeschlossenen Verträge berufen können, ohne den Einwand des Rechtsmißbrauchs befürchten zu müssen. Vgl. BGH. 6, 333, Lindenmaier-Möhring § 36 DGO. Nr. 1 und Nipperdey, JZ. 1952, 577ff.; Beitzke MDR. 1953, 1f.; Scholz NJW. 1953, 961ff.; Palandt-Danckelmann § 125 Anm. 1b, Staudinger-Coing, § 125 Bem. 34a und Stich, Vertrauensschutz im Verwaltungsrecht, 1954.

Die Erwägung des BGH. 6, 333, daß die Zulassung eines Schadensersatzanspruchs die zum Schutz der öffentlich-rechtlichen Körperschaft erlassenen Vorschriften über die Vertretung der Körperschaft hinfällig machen würde und deshalb das öffentliche Interesse an dem Schutze des Staatsvermögens und der staatlichen Organisation dem Prinzip von Treu und Glauben vorgehen müsse, wirkt nicht überzeugend. Nach BGH. 21, 65 soll die Gemeinde trotz Formmangels gebunden sein, wenn wenigstens die Erklärung trotz Formmangels dem Willen der willensbildenden Stelle tatsächlich entspricht.

5. Schwierigkeiten bereitet die Begründung der Erfüllungspflicht. Man kann sie nur aus dem bisherigen Verhalten dessen begründen, der sich auf die Nichtigkeit beruft; vgl. Tasche in JherJ. 90, 116f. Entgegen der neueren Entscheidung des OLG. Koblenz (DRZ. 49, 40ff.) wird daran fest-

gehalten, daß wer den Formmangel verschuldet oder veranlaßt hat oder wer die Vorteile des formnichtigen Geschäfts lange in Anspruch genommen hat, sich so behandeln lassen muß, wie wenn das Geschäft gültig abgeschlossen wäre; wie hier auch OGHBrZ. MDR. 49, 31ff. und NJW. 50, 25. Er darf sich mit seinem eigenen früheren Verhalten nicht in einen unerträglichen Widerspruch setzen (venire contra factum proprium). Ebenso BGH. 12, 304; 16, 337; 23, 258; 26, 151.

VIII. Verhältnis des förmlichen Geschäfts zu mündlichen Vorverhandlungen und Nebenabreden.

Der schriftliche — und erst recht der öffentlich-beurkundete — Vertrag hat die tatsächliche Vermutung für sich, daß in ihm der endgültige und maßgebende Vertragswille niedergelegt ist (Vermutung der Vollständigkeit und Richtigkeit, RG. **52** 23; **65** 46; **68** 15; **77** 405). Wegen einer Abweichung vom mündlich Verabredeten kann also der schriftliche Vertrag nur unter dem Gesichtspunkt angefochten werden, daß die Partei bei seiner Unterzeichnung im Irrtum gehandelt habe. Unbeachtlich aber ist, wenn sich jemand darauf beruft, er habe unterzeichnet in bewußter Unkenntnis des Inhalts (ohne vorheriges Lesen); er ist dann eben mit jedem Inhalt einverstanden gewesen (RG. **62** 205; **77** 309); anders, wenn der Erklärende in der Meinung unterzeichnet hat, daß er den Inhalt kenne oder die Urkunde eine bestimmte Klausel enthalte oder nicht enthalte.

Die Vermutung der Vollständigkeit steht auch entgegen der Behauptung, die Urkunde enthalte den Vertragsinhalt nicht vollständig, weil daneben noch eine mündliche Nebenabrede getroffen sei. Wer sich auf diese beruft, muß ihre Vereinbarung beweisen und außerdem noch, daß die mündliche Nebenabrede neben dem beurkundeten Vertrag überhaupt hat Geltung haben und einen Bestandteil des Vertrages hat bilden sollen (RG. **102** 64). Gelingt dieser Nachweis, so greift bei gesetzlicher Formschrift 139 ein, bei Verträgen außerdem 154 u. 155; vgl. RG. 65, 393; gelingt der Nachweis nicht, so kann die etwaige Nebenabrede allenfalls für die Auslegung Bedeutung haben, RG. **59** 217ff.; **62** 49; **80** 403; **88** 372 (RG. **59** 217/19; L hatte eine Urkunde ausgestellt, in der er bekannte, am 4. 4. 1900 vom Kläger als Darlehn 6000 Mark erhalten zu haben, der Beklagte hatte eine darunterstehende Erklärung unterschrieben: er verbürge sich für diese „Darlehnsschuld" als gesamtverbindlicher Selbstschuldner. Aus den Umständen ging hervor, daß L gar kein Darlehn an diesem Tag vom Kläger erhalten hatte, daß der wahre Inhalt der Abmachung der gewesen war, daß der Kläger an L oder auf dessen Anweisungen an dessen Bauhandwerker diese Summe später zahlen sollte; das Bürgschaftsversprechen wurde für gültig erklärt).

Bei gewillkürter Form tritt dieselbe Behandlung ein, doch ist vorher zu prüfen, ob die Formvereinbarung sich auf die Nebenabrede hat erstrecken sollen oder nicht; dafür hat der Behauptende die Beweislast (RG. **52** 23; **65** 46; **68** 15).

Bei Formvorschriften für die Erklärung nur eines Teils, z. B. Bürgschaftserklärung sind mündliche Nebenabreden, die die Verpflichtung einschränken, gültig (RG. **71** 416).

§ 32 C. Vollendung und Empfang

Dilcher, Der Zugang von Willenserklärungen, AcP 154, 120ff.

I. Die nicht empfangsbedürftige Willenserklärung ist vollendet und wirksam, sobald der Wille erkennbar geäußert ist. Auf die Wahrnehmbarkeit für eine bestimmte Person kommt nichts an.

Bei der schriftlichen Willenserklärung (Errichtung des eigenhändigen Testaments) erscheint die Unterschrift als verkehrsübliche Vollendungshandlung; einer Begebung der Urkunde bedarf es nicht.

II. Die empfangsbedürftige Willenserklärung unter Abwesenden (130).

1. Im Gemeinen Recht war die Vollendung streitig. Vier Lehren standen sich gegenüber:

a) Die Äußerungstheorie — die Erklärung ist vollendet, sobald sie (zwecks Abgabe oder Absendung) geäußert ist.

b) Die Entäußerungs-, Absendungs- oder Übermittlungstheorie — die Erklärung ist vollendet, wenn sie so geäußert ist, daß sie unter gewöhnlichen Umständen zur Kenntnis des Empfängers gelangen kann (durch Absendung, Übergabe an Boten usw.).

c) Die Empfangstheorie — die Erklärung ist vollendet, wenn sie dem Empfänger zugegangen ist, d. h. wenn ihm unter gewöhnlichen Umständen die Möglichkeit der Kenntnisnahme verschafft ist (Eingehen des Briefes). Das war die herrschende Lehre.

d) Die Vernehmungstheorie — die Erklärung ist vollendet, wenn sie tatsächlich zu seiner Kenntnis gelangt ist (z. B. durch Lesen des Briefes).

2. Das BGB. hat mit gutem Grund die Empfangstheorie angenommen, die auch in Wissenschaft und Praxis des gemeinen Rechts vorherrschend war.

Das Ziel der empfangsbedürftigen Erklärung ist zweifellos das Kenntnisnehmen durch den Empfänger. Es kann aber verfehlt werden, und diese Gefahr ist zwischen Absender und Empfänger so zu verteilen, daß jeder die Gefahren tragen muß, die dem von ihm beherrschten Gefahrenkreis angehören. Keinesfalls darf deshalb die Wirksamkeit der Erklärung vor ihrer Entäußerung, vor der Abgabe eintreten; denn damit tritt sie erst aus dem Machtkreis des Absenders heraus, damit hat dieser ihr überhaupt erst die Richtung auf den Empfänger gegeben. Aber auch die Gefahr der Reise muß der Absender tragen, da der Empfänger keine Einwirkungsmöglichkeit auf die Erklärung hat, solange sie reist. Ist sie dagegen in seinen Machtbereich getreten, ihm zugegangen, so muß die Gefahr auf ihn übergehen. Zur Wirksamkeit noch die Vernehmung verlangen, hieße den Absender unbillig belasten, denn es würde das Wirksamwerden ins Belieben des Empfängers stellen oder von Umständen abhängig machen, auf die der Absender einflußlos ist.

Dementsprechend bestimmt 130 I, 1, daß die Erklärung „in dem Zeitpunkt wirksam wird, in dem sie dem Empfänger zugeht". Zugegangen ist die Erklärung, wenn dem Empfänger das Kenntnisnehmen unter gewöhnlichen Verhältnissen ermöglicht ist und von ihm nach der Regel des Lebens erwartet werden kann (RG. **99** 23). Treu und Glauben verbieten die Wahl eines Erklärungsmittels, von dem der Erklärende weiß, daß es der Wahrnehmungsfähigkeit des Adressaten nicht entspricht.

In der Regel genügt bei verkörperten Erklärungen der Besitzerwerb, ist aber keineswegs grundsätzlich erforderlich (dafür Titze, DogmJ. 47 387ff.). Eine briefliche Erklärung ist demnach zugegangen mit Aushändigung des Briefes an den Empfänger, aber auch mit Annahmeverweigerung, es sei denn, daß die Anschrift mehrdeutig ist (RG. 125, 75) oder daß der Brief mit Strafporto belastet ist (RG. **110** 36 will freilich nur eine arglistige Annahmeverweigerung dem Zugang gleichstellen), ferner mit Einwurf in seinen Briefkasten (jedoch nicht zur Nachtzeit, da mit dem Leeren des Kastens in der Nacht nicht gerechnet werden kann, RG. **99** 23), mit der Einlage ins Postfach des Empfängers (wobei zu beachten ist, daß die Abholung aus diesen Fächern nur während der Geschäftsstunden möglich ist bzw. erwartet werden kann, RG. **99** 22; RG **142** 407), mit der Aushändigung an andere Personen, die zum Empfang ermächtigt sind oder nach der Verkehrsauffassung als ermächtigt gelten (Familienangehörige, Dienstboten in oder vor der Wohnung, RG. **50** 191; **60** 334; **90** 63).

Eine briefliche Erklärung ist dagegen dem Adressaten noch nicht zugegangen, wenn sie ihm wegen Abwesenheit auf seine Anweisung nachgesandt wird, ihn aber noch nicht erreicht hat oder wenn ein Einschreibebrief zwar vorgezeigt, aber vom Briefboten wegen Abwesenheit wieder mitgenommen wird (RG. **56** 262 ff.).

Eine Depesche ist erst dann dem Empfänger zugegangen, wenn ihm durch das Telegraphenamt die Möglichkeit eröffnet ist, von ihr Kenntnis zu nehmen; aber noch nicht mit der Ankunft am Bestimmungsort, falls der Adressat die Übermittlung der für ihn bestimmten Telegramme durch Fernsprecher beantragt hatte. Wer also den Zuspruch der an ihn gerichteten Telegramme bei der Post beantragt hat, übernimmt dadurch nicht die Gefahr des nicht rechtzeitigen Zusprechens. Die tatsächliche Ermöglichung der Kenntnisnahme ist aber auch dann zu bejahen, wenn der Inhalt der Depesche einem am Fernsprecher des Empfängers befindlichen Familien- oder Haushaltsmitglied zugesprochen wird (RG. **105** 256). Ein Schreiben mit zweifelhafter Anschrift (Vater oder Sohn) ist erst zugegangen, wenn es in den Bereich des wirklichen Adressaten gelangt ist (RG. **125** 75).

3. Ein Zugang im Sinne des 130 ist nur bei einer verkörperten (beurkundeten) und daher dauernd wahrnehmbaren Erklärung möglich. Das gesprochene Wort verhallt. Die nicht verkörperte Erklärung kann also nur in dem Augenblick verstanden werden, wo sie abgegeben wird — so bei der Erklärung durch Fernsprecher. Deshalb erkennt die herrschende Lehre hier keinen Unterschied zwischen Zugang und Vernehmung an — man empfängt durch Vernehmung — und verlangt die wirkliche Kenntnis durch den Empfänger. Gewiß besteht die Möglichkeit, daß der Adressat die Vernehmung absichtlich vereitelt, den Hörer aus der Hand legt oder sich die Ohren zuhält. Für diese Vereitelung der Wahrnehmung gilt gleiches wie für die Verhinderung des Zugangs der verkörperten Erklärung (vgl. Oertmann [3] Komm. § 130 Anm. 4aδ).

Es ist allerdings zuzugeben, daß darin unter Umständen eine Unbilligkeit gegen den Erklärenden liegen kann, da er die Folgen einer Taubheit oder Schwerhörigkeit des Gegners tragen muß, die er nicht kennt. Die Unbilligkeit wäre aber noch größer, wenn man den Empfänger auf eine nicht vernommene Erklärung festnageln wollte. Dieser hat gar kein Mittel, sich gegen eine derartige Anerklärung zu schützen, während der Erklärende sich leicht durch eine Frage darüber vergewissern kann, ob er verstanden worden ist. Selbstverständlich muß der Empfänger den nicht gerade leicht zu erbringenden Beweis führen, daß er die Erklärung trotz ihrer allgemeinen Vernehmbarkeit nicht verstanden habe.

Bei der mündlichen Erklärung an eine zum Empfang bereite Mittelsperson (Familienangehörigen oder Dienstboten) wird die Erklärung erst wirksam, wenn sie an den Empfänger weitergegeben wird, es sei denn, daß die Mittelsperson zum Empfang bevollmächtigt war.

Im Widerspruch damit will das RG. (**60** 334; **61** 125) die Erklärung schon dann als wirksam ansehen, wenn die Mittelsperson zur Weitergabe geeignet war — eine m. E. ungerechtfertigte Gleichstellung der mündlichen Erklärung mit der schriftlichen. Wie das RG. auch Enneccerus-Nipperdey, (15) § 158 Anm. 24.

Vom Empfangsboten ist der Erklärungsbote zu unterscheiden. Erklärung durch ihn ist Erklärung unter Anwesenden, wenn sie an den Empfänger oder seinen bevollmächtigten Vertreter erfolgt.

4. Die Erklärung wird erst mit dem Zugang wirksam — folglich wirkt sie nicht, wenn dem Empfänger vorher oder gleichzeitig ein Widerruf zugeht (130 I, 2).

Darüber hinaus verbieten Treu und Glauben die Berufung auf einen späteren Zugang des Widerrufs, wenn der Empfänger von der Erklärung erst nach ihm oder gleichzeitig mit ihm tatsächlich Kenntnis genommen hat (A. A. RG. **91** 63).

5. Da die persönliche Tätigkeit des Erklärenden mit der Entäußerung (Abgabe) der Erklärung aufhört, wird ihre Wirksamkeit durch den späteren Tod oder Verlust der Geschäftsfähigkeit nicht beeinträchtigt (130 II). Der Zugang ist kein Begriffserfordernis, sondern nur eine Wirksamkeitsvoraussetzung.

Die Verfügungsbefugnis muß dagegen grundsätzlich im Augenblick des Wirksamwerdens noch vorhanden sein.

Die Abgabe der Erklärung muß nicht notwendig durch unmittelbare Absendung an den Empfänger erfolgen, für in letztwillige Verfügungen aufgenommene Willenserklärungen begnügt sich die Rsp. neuerdings damit, daß der Erklärende seinerseits alles getan hat, um die Erklärung wirksam werden zu lassen. Das soll z. B. der Fall sein, wenn die Erklärung in gehöriger Form vor einem Notar abgegeben und bis zum Tode nicht widerrufen ist; so RGZ. 170, 380 u. OLG. Köln, NJW. 50, 702 in bewußtem Gegensatz zu KG. vom 19. 1. 1928, HRR. 28 Nr. 590; abl. auch Titze, ZAkdR. 43, 134.

6. Der Empfänger ist nur passiv (nichttätig) beteiligt. Da aber das Kenntnisnehmen von der Erklärung nicht ohne die nötige Erkenntnisfähigkeit erfolgen kann, dehnt 131 das Erfordernis der Geschäftsfähigkeit auch auf den Empfänger aus.

Bei Willenserklärung gegenüber Geschäftsunfähigen tritt die Wirksamkeit erst mit dem Zugehen an den gesetzlichen Vertreter ein (131 I). Ebenso gegenüber Geschäftsbeschränkten, wenn nicht die Erklärung ihnen bloß vorteilhaft ist (Schenkungsangebot) oder der gesetzliche Vertreter seine Einwilligung erteilt hat (131 II). Dagegen hindert der Zustand der Bewußtlosigkeit oder vorübergehenden Geistesstörung (105 II) den Zugang einer verkörperten (schriftlichen) Erklärung nicht, da sie zur Verfügung des Adressaten verbleiben und dieser nach Wiedererlangung des Bewußtseins von ihr Kenntnis nehmen kann. Anders die wissentlich einem Bewußtlosen gegenüber mündlich abgegebene Erklärung. Sie gilt nicht als abgegeben, weil die Möglichkeit der Vernehmung ausgeschlossen ist.

7. Dem Zugehen der Willenserklärung steht die Zustellung durch Vermittlung des Gerichtsvollziehers gleich (132 I).

Ist der Aufenthalt des Empfängers unbekannt oder ist der Erklärende über die Person des Empfängers in entschuldbarer Unkenntnis, so ist die öffentliche Zustellung zulässig (132 II).

8. Das Erfordernis des Zugangs gilt nach § 130 S. 3 auch für das Wirksamwerden einer Willenserklärung, die einer Behörde gegenüber abzugeben ist. Dazu gehören auch die empfangsbedürftigen Erklärungen, die wahlweise auch einer Behörde gegenüber abgegeben werden können; vgl. §§ 875, 876, 1726, 1748.

9. Verhinderung des Zugangs. Angesichts der Möglichkeit öffentlicher Zustellung kann der Empfänger den Zugang auf die Dauer kaum verhindern; höchstens kann der rechtzeitige Zugang vereitelt werden, so daß z. B. eine Vertragsannahme oder eine Kündigung nach Ablauf der Frist erfolgen.

a) Der Empfänger kann sich auf die Verspätung des Zugangs keinesfalls dann berufen, wenn er das rechtzeitige Zugehen vorsätzlich verhindert hat oder auch nur schuldhaft unter Verletzung einer Verpflichtung (RG. **58** 407ff.; **95** 317). Eine allgemeine Pflicht, sich zum Empfang von Willenserklärungen bereit zu halten, besteht nicht, sie kann sich aber ergeben aus einem besonderen Verhältnis zwischen Erklärendem und Empfänger, z. B. aus einem Mietverhältnis zwischen ihnen, oder aus der durch ein Vertragsangebot geknüpften Rechtsbeziehung. Das RG. sagt in RG. **95** 317; „Ein Kaufmann trifft in solchen Fällen dafür Sorge, daß an seine Geschäftsadresse gerichtete Briefe ihn oder einen Vertreter erreichen.“ Vgl. auch RG. **110** 36.

Arglist oder derartige schuldhafte Pflichtverletzung hindern nach Treu und Glauben den Empfänger, die Verspätung des Zugangs zum Nachteil des Erklärenden geltend zu machen, sie begründen aber nicht ohne weiteres die Unterstellung (Fiktion) des rechtzeitigen Zugangs — die das RG. (**58** 408) wenigstens bei Arglist in entsprechender Anwendung von 162 annehmen will. Eine solche Fiktion bei bloß schuldhafter Verhinderung würde das Interesse des Empfängers an der Kenntnisnahme der Erklärung über das Maß hinaus mißachten, das durch das Interesse des Erklärenden am rechtzeitigen Zugang gefordert wird. Treu und Glauben verlangen von diesem, daß er die Erklärung nach Kenntnis der Verhinderung des Zugangs und Wegfall des Verhinderungsgrundes unverzüglich wiederholt — das selbstverständlich nur, wenn der Zugang der ersten Erklärung nicht noch verspätet erfolgt ist. Bei beiderseitigem Verschulden will RG. **97** 339 den § 254 (Schadensverteilung) anwenden. Dagegen zu Unrecht Enneccerus-Nipperdey § 158 Anm. 26.

b) Wird der rechtzeitige Zugang durch einen außergewöhnlichen unverschuldeten Umstand in der Person des Empfängers verhindert, mit dem der Erklärende nicht zu rechnen brauchte, so muß der Empfänger diesen Zufall gleichfalls tragen, denn er ist in seinem Machtbereich eingetreten, und die Berufung auf die dadurch bewirkte Verzögerung würde deshalb gegen Treu und Glauben verstoßen. Auch hier ist der Empfänger nur gebunden, die Rechtzeitigkeit des verspäteten Zugangs gelten zu lassen; die überhaupt nicht zugegangene Erklärung muß wiederholt werden.

Dem B ist ein Kündigungsschreiben wegen einer plötzlichen unaufschiebbaren Reise in die Schweiz und der Umständlichkeiten des Nachsendens verspätet zugegangen. Selbst wenn man ihm aus der unterlassenen Bestellung eines Empfangsbevollmächtigten keinen Vorwurf machen kann (so bei kürzerer Reise), darf er doch den verspäteten Zugang des Briefes nicht beanstanden, wenn dieser ihm ohne die Reise rechtzeitig zugegangen wäre (RG. **95** 317; OLG. **32** 343; **44** 120).

III. Die empfangsbedürftige Erklärung unter Anwesenden.

Das Gesetz schweigt. 130 I ist entsprechend anzuwenden. Falls die Erklärung mündlich erfolgt, ist Vernehmung nötig; falls sie schriftlich erfolgt, genügt ihr Zugang, also regelmäßig Übergabe des Schriftstücks.

Bloße Unterzeichnung in Gegenwart des Empfängers genügt nicht, grundsätzlich ist notwendig, daß dieser das ihm angebotene Schriftstück in seine Verfügungsgewalt gebracht hat (RG. **61** 414; **83** 106).

Nach alledem besteht gar kein Gegensatz zwischen der in Anwesenheit und Abwesenheit des Empfängers abgegebenen Willenserklärung, sondern nur zwischen der verkörperten und nicht verkörperten. Für jene ist Zugang nötig, für diese Vernehmung. (So gut: Oertmann, Komm. § 130 Anm. 4aδ.)

D. Der Vertrag § 33

Schloßmann, Der Vertrag, 1876; Zitelmann, Die Rgeschäfte i. Entw. I 120ff.; Staub, Komm. HGB. Anhang zu § 361; von Tuhr, Allg. T. II 1. S. 458ff.; Wedemeyer, Abschluß des Vertrags durch Erfüllungs- und Aneignungshandlungen, 1903; Titze, Mißverständnis 339; Manigk, DogmJ. 75, 127f.; Friedrichs, Vertragsrecht, 1927; Siber, HdwbRw. VI 552; Düringer-Hachenburg-Werner, IV 162f.; Schmidt-Rimpler, AcP. 147, 130f.

I. Begriff. Der Vertrag ist die erklärte Willensübereinstimmung zweier (oder mehrerer) sich gegenüberstehender Parteien über die Herbeiführung eines einheitlichen Rechtserfolgs. Er besteht aufs inhaltlich verschiedenen, aber einander entsprechenden Willenserklärungen, die auf einen einheitlichen Erfolg übereinkommen müssen.

Der Vertragsschluß vollzieht sich regelmäßig schrittweise, die zeitlich vorhergehende Erklärung heißt Antrag oder Angebot (Offerte), die zeitlich nachfolgende Annahme (Akzeptation).

Jedoch besteht, davon abgesehen, kein Unterschied zwischen den beiden Erklärungen, wie sich schon daraus ergibt, daß eine verspätete oder veränderte Annahme nach 150 als neuer Antrag aufzufassen ist.

Bloße inhaltliche Übereinstimmung genügt aber nicht, die Erklärungen müssen auch eine innere Beziehung zueinander haben, mit Bezug aufeinander abgegeben sein. Zwei sich kreuzende Angebote sind danach kein Vertrag (streitig); anders, wenn gleichzeitig das Einverständnis zu einem Vertragsentwurf erklärt wird, der diese Beziehung herstellt.

Verträge kommen auf allen Rechtsgebieten vor, auch auf dem des öffentlichen Rechts, z. B. über die Aufnahme von Kranken in eine städtische öffentliche Anstalt, über die Bebauung oder Anlage öffentlicher Straßen mit einer Stadtgemeinde usw. (Apelt, Der verwaltungsrechtliche Vertrag, 1920). Auf dem Privatrechtsgebiete muß man scharf scheiden den schuldrechtlichen Vertrag (z. B. 433) von dem dinglichen, der die „Einigung“ zur Hervorbringung eines die Sache oder das Recht unmittelbar betreffenden Rechtserfolgs bedeutet (vgl. 873, 925, 929, 1032, 1205, 1260). Jeder Vertrag enthält eine Einigung, die Frage ist nur worüber? Einigen sich die Parteien über die Begründung einer Verpflichtung, dann schließen sie einen schuldrechtlichen Vertrag; einigen sie sich über den unmittelbaren Eintritt einer sachenrechtlichen Wirkung, dann schließen sie einen dinglichen Vertrag, eine „Einigung" im engeren, technischen Sinne. Die Einigung hat ihrem Inhalt nach kein obligatorisches Element; die Bindung, von der 873 II spricht, ist nicht im Sinne einer Verpflichtungswirkung, sondern der Unwiderruflichkeit zu verstehen.

Wieder etwas anderes ist der erbrechtliche Vertrag, der „Erbvertrag", wie ihn das Gesetz (§ 1941) nennt. Der Erbvertrag ist auf eine erbrechtliche Wirkung gerichtet, d. h. die unwiderrufliche Schaffung eines Berufungsgrundes zur Erbfolge. Ein Verpflichtungselement ist in einem solchen Vertrag nicht enthalten. Der familienrechtliche Vertrag endlich ist auf die Begründung einer familienrechtlichen Wirkung gerichtet, z. B. der Vertrag über die Annahme an Kindes Statt auf die Begründung eines Kindesverhältnisses zum Annehmenden (1741, 1757). Danach ist die wichtigste Einteilung der Verträge die nach der verschiedenen Art der durch sie erstrebten Wirkung, also die Einteilung in schuld- sachen-, familien- und erbrechtliche Verträge. Über sonstige Einteilungen, z. B. in einseitige und gegenseitige Verträge vgl. Hedemann (Schuldrecht, § 4 I und IV).

II. Der Antrag.

1. Begriff und Erfordernisse.

a) Der Vertragsantrag ist die einseitige Willenserklärung, wodurch jemand einem anderen einen Vertragsschluß so anbietet, daß dessen Zustandekommen nur von der Zustimmung des anderen abhängt. Ein wirksames Angebot liegt also nur vor, wenn der Vertrag durch seine Annahme geschlossen werden kann, ohne daß weitere Verhandlungen nötig sind. Das Angebot muß den wesentlichen Inhalt des angebahnten Vertrags schon enthalten und auch schon der für den Vertrag etwa vorgesehenen Form entsprechen. Das Angebot muß inhaltlich so bestimmt sein, daß der Vertrag durch die Einverständniserklärung des Adressaten abgeschlossen werden kann.

Deshalb braucht das Angebot nicht völlig bestimmt zu sein. Unbestimmtheit einzelner Punkte schadet nichts, wenn die Ausfüllung dem Gegner überlassen wird. Ein Reisender bestellt ein Zimmer im „Fürstenhof", jemand bietet ein Haus zu dem vom Käufer zu bestimmenden Preis (315) zum Verkauf an. Selbst die Person des Vertragsgegners braucht zunächst nicht bestimmt zu sein, es genügt, daß sie durch die Art und Weise der Annahme bestimmt wird; in der Aufstellung eines Automaten liegt eine Mehrheit von Angeboten an alle Personen, die durch Einstecken des Geldes die Annahme erklären, doch ist die Zahl der Angebote beim Verkaufsautomaten durch die Zahl der in ihm enthaltenen Gegenstände begrenzt.

b) Der Antrag ist die eine Vertragserklärung selbst, keine bloße Vorbereitungshandlung; deshalb muß das Angebot scharf geschieden werden von der bloßen Mitteilung, daß man zu Vertragsschlüssen bereit sei, und von der Aufforderung zu Angeboten. Das Angebot muß auch in dem Sinne gemacht sein, daß der Vertrag durch die Einverständniserklärung des Adressaten abgeschlossen sein soll.

Darüber, ob das der Fall ist, gibt, mangels Anhaltspunkten im Antrag selbst, die Verkehrssitte Auskunft. Nach der Verkehrssitte liegt z. B. eine derartige Mitteilung oder Einladung in der Übersendung von Preislisten, Lagerverzeichnissen, Proben, Mustern, die erkennbar für mehrere Personen bestimmt sind, ferner in der Ausstellung von Waren im Schaufenster usw., auch in der Ankündigung einer Theatervorstellung, RG. 133, 391.

Man kann also, selbst wenn ein Schlips im Schaufenster mit Preisauszeichnung liegt, den Kaufmann nicht zwingen, die Schaufensterauslage zu zerstören. Falls die Auslage nur ein Lockvogel ist und im Ladeninnern für Waren gleicher Art höhere Preise verlangt werden, ist ein Vorgehen wegen unrichtiger Reklame im Sinne des § 3 UnlWG. möglich.

c) Bei einer Versteigerung ist nach der Auslegungsvorschrift des 156 erst das Gebot als Angebot anzusehen, der Vertrag kommt erst durch Zuschlag zustande, und dieser kann verweigert werden. Das Gebot, das einheitlich auszulegen ist (RG. **101** 369), erlischt, wenn es zurückgewiesen oder ein Übergebot abgegeben oder die Versteigerung ohne Erteilung des Zuschlags geschlossen wird. Dagegen hat die Entfernung des Bieters vor Erteilung des Zuschlags usw. kein Erlöschen seines Gebotes zur Folge. Der Zuschlag kann trotzdem an ihn erfolgen, ohne daß er ihm zugehen müßte. So die herrschende Lehre, während das RG. (**96** 103) zweifelt.

Streitig ist, ob das Übergebot, um das Vorgebot zum Erlöschen zu bringen, wirksam sein muß. Dagegen mit Recht Dernburg II § 82 II 3 und Oertmann, Komm. § 156, 2 b β. Das Interesse des Bieters verlangt eine klare Situation; also genügt die Tatsache eines Übergebots, es sei denn, daß es von vornherein erkennbar nicht ernstlich gemeint ist oder wegen Nichtigkeit sofort vom Versteigerer zurückgewiesen wird.

§ 156 ist keine zwingende Regel. Der Versteigerer kann die Bedingungen anders gestalten, namentlich die Wirkung des Übergebotes ausschließen und sich den Zuschlag nach freier Wahl unter den Bietern vorbehalten (RG. **96** 102).

Selten ist der Fall der Versteigerung von oben nach unten, bei der der Versteigerer den Preisansatz macht und so lange damit nach unten geht, bis sich ein Bieter zur Zahlung des Ansatzes bereit erklärt. Obwohl 156 keine Ausnahme macht, wird man hier im Zweifel in der Preisansage des Versteigerers bereits das Angebot zu erblicken haben.

Auf die Zwangsversteigerung von Grundstücken ist § 156 nicht anwendbar. Sie wird durch §§ 71ff., 81 ZVG. geregelt; das Eigentum geht durch den Zuschlag auf den Ersteher unmittelbar über, § 90 ZVG.

2. Wirkungen des Angebots. Bindende Kraft des Antrags.

a) Der Antrag ist eine empfangsbedürftige Willenserklärung; der Eintritt seiner Wirksamkeit erfolgt mit dem Zugang (unter Abwesenden) oder der Vernehmung (unter Anwesenden). Wenn er wirksam geworden ist, so ist er annahmefähig.

Die durch den Zugang des Antrags für den Empfänger erzeugte Möglichkeit, durch Annahme den Vertragsschluß zustande zu bringen, ist ein

Gestaltungsrecht, das unter Umständen abgetreten werden kann (RG. **111** 47; **132** 7), im Zweifel aber nur für die Person des Gegners bestimmt ist.

Nach römischem und gemeinem Recht war die Offerte als der eine Teil eines erst zu schließenden Vertrages für sich allein bedeutungslos, beruhte daher bis zur Annahme auf dem fortdauernden Willen des Offerenten. Sie erlosch demgemäß, wenn dieser starb oder willensunfähig wurde und konnte bis zum Zugang der Annahme widerrufen werden. Das entspricht nicht mehr den Bedürfnissen des heutigen Verkehrs, der Gebundenheit verlangt. Deshalb haben das ALR., das alte HGB. und das BGB. (145) das Angebot für bindend erklärt, es sei denn, daß der Anbietende die Gebundenheit ausgeschlossen hat („freibleibend", ohne „Obligo").

Die Gebundenheit kann im doppelten Sinne ausgeschlossen werden:

a) in dem Sinne, daß der Antragende die Abschlußfreiheit behalten soll, bis das Angebot vom Gegner angenommen ist; dann hat der Antragende bis zum Zugang der Annahme ein Widerrufsrecht (LZ. 18, 945);

b) in dem Sinne, daß der Antragende die volle Vertragsfreiheit behalten soll, daß also das Angebot nur als Aufforderung an den Gegner, seinerseits einen Antrag zu stellen, gelten soll; dann kann der „freibleibend" Antragende das in der Antwort liegende Angebot annehmen oder ablehnen. Die Ablehnung muß von ihm aber ohne Zögern erklärt werden, sonst muß er sich nach Treu und Glauben so behandeln lassen, als ob er angenommen hätte (RG. JW. 1921, 393, Nr. 2; vgl. ferner RG. **10** 312).

Im Zweifel ist nach der neueren Rechtsprechung die zweite Deutung anzunehmen (LZ. 19, 654[3]; RG. 102, 228; 105, 12).

Als „Vertragsbestandteil" soll die uneingeschränkte Klausel „freibleibend" dem durch sie Gesicherten das Recht erhalten, sich jederzeit vom Vertrag loszusagen, während der Gegner gebunden bleibt. Die Erhebung der Freiklausel zum Vertragsbestandteil muß aber mit der nötigen Deutlichkeit und Bestimmtheit erfolgen; ein freibleibendes Angebot bedeutet nicht ohne weiteres einen freibleibenden Abschluß. Das RG. führt in **102** 228 richtig aus: In jedem Fall erfordern es Treu und Glauben, daß der Verkäufer, der in seinem Angebot mit der Klausel „freibleibend" einen von ihrer oben erörterten regelmäßigen Bedeutung abweichenden, außergewöhnlichen Sinn verbindet, der hinsichtlich seiner Lieferfrist mehr oder weniger weitgehende Vorbehalte machen will, seine Absichten in klarer, nicht mißzuverstehender Weise zu erkennen gibt (vgl. noch JW. 1921, 173, 625, 1235; 1922, 23). Denkbar ist natürlich auch, die Freiklausel auf bestimmte Punkte des Geschäftes zu beschränken. Die Klausel „Preise freibleibend" ist im Zweifel dahin zu deuten, daß der Käufer an den Vertrag gebunden bleibt, auch wenn der Verkäufer von dem Vorbehalt angemessener Preiserhöhung Gebrauch macht (RG. **103** 415; vgl. auch RG. **104** 171 u. BGH. 1, 354).

b) Auch der nicht bindend gemachte Antrag — nicht minder die Aufforderung zum Eintritt in Vertragsverhandlungen und das Eingehen hierauf — erzeugen für die Parteien ein gesetzliches Schuldverhältnis (vertragsähnliches Vertrauensverhältnis), aus dem verschiedenartige Einzelpflichten unter den Beteiligten, namentlich Mitteilungs-, Aufklärungs- und Erhaltungspflichten entspringen können, deren schuldhafte Verletzung mangels besonderer gesetzlicher Regelung (122, 149, 179, 307, 309, 463, 2, 663 BGB., 362 HGB.) ersatzpflichtig macht. Fall der culpa in contrahendo!

Wer einem anderen kundgibt, daß er zu ihm in Vertragsverhandlungen treten will, schuldet ihm nach Treu und Glauben eine gewisse Sorgfalt, deren Maßstab sich grundsätzlich nach den für das angebahnte Verhältnis selbst aufgestellten Anforderungen bestimmt. Grundsätzlich erwächst für den Geschädigten nur ein Anspruch auf das Vertrauensinteresse (249) und nur ausnahmsweise auf das Erfüllungsinteresse; dies letztere dann, wenn der Vertragsschluß bei richtigem Verhalten ordnungsgemäß zustande gekommen wäre. — Daß dieser Grundgedanke der gesetzlichen Regelung zugrunde liegt, kommt in den vorangeführten Bestimmungen (122, 149f.) mit hinreichender Deutlichkeit zum Ausdruck; vgl. namentlich RG. **120** 249.

Da durch den Eintritt in Vertragsverhandlungen ein gesetzliches Schuldverhältnis entsteht, haftet, wer sich eines Gehilfen bedient, auch für dessen Verschulden nach § 278; RG. **103** 50; **107** 243; **114** 160. Zur Haftung des Vertreters selber vgl. RG. **120** 249 und **132** 80.

Vgl. Jhering, DogmJ. IV, 1ff.; Franz Leonhard, Verschulden beim Vertragsschlusse, 1910; von Tuhr, II, 1, S. 486; Stoll, LeipzZ. 1923, S. 539ff.; Heldrich, Verschulden beim Vertragsabschluß, Heft 7 der Leipz. Rwissensch. Studien, 1924; Raiser, ArchZivPr. 127, 1ff.; Geppert, Gruchot **69** 529; Hildebrandt, Erklärungshaftg. 1931; Titze, HdwbRw. VI, 516.

Die Rechtfertigung der Haftung für Verschulden beim oder vor dem Vertragsschluß aus dem Antrag bzw. der Aufforderung zum Eintritt in Vertragsverhandlungen verdient rechtspolitisch den Vorzug vor den früheren Versuchen des RGs., die Haftung für ein solches Verschulden aus dem späteren Vertragsschluß selbst zu rechtfertigen (vgl. RG. **95** 60); denn diese Begründung muß versagen, wo es nicht zum Vertragsschluß kommt, und sie stellt, davon abgesehen, ein unzulässiges ὕστερον πρότερον dar. Die Haftung ist ganz unabhängig davon, ob die Verhandlungen zum Vertragsschluß führen oder nicht (RG. **107** 362; **104** 267).

Die hier vertretene Rechtfertigung der Haftung dürfte auch den Vorzug verdienen vor dem Versuch Sibers (in Plancks Komm. II 1, S. 190ff.), die Haftung aus einem stillschweigend geschlossenen, besonderen, nur auf die Übernahme derartiger Pflichten gerichteten, unbenannten Vertrag abzuleiten. Denn der Nachweis eines solchen Vertragsschlusses läßt sich ohne Willkür nicht für alle Bedarfsfälle führen und vermag auch insoweit keine Hilfe zu bringen, als das Verschulden des Antragenden vor Abschluß des Erhaltungsvertrags usw. liegt.

Aus dem durch den Eintritt in Vertragsverhandlungen erzeugten gesetzlichen Schuldverhältnis können sich im einzelnen Fall nach Treu und Glauben folgende Einzelpflichten ergeben, die in den angeführten Reichsgerichtsentscheidungen freilich z. T. erst aus dem später abgeschlossenen Vertrag hergeleitet werden.

α) Die Pflicht, sich gegenüber der zu erwartenden Annahmeerklärung empfangsbereit zu halten bzw. ihren rechtzeitigen Zugang nicht zu hindern (vgl. RG. **58** 409; **95** 317; **97** 336; **110** 36 und § 32 II 8 a dieses Buches). Streitig ist hier, ob eine schuldhafte Verletzung dieser Verpflichtung ohne weiteres eine Fiktion des rechtlichen Zugangs begründet oder den Empfänger nach Treu und Glauben nur daran hindert, die Verspätung zum Nachteil des Erklärenden geltend zu machen.

β) Die Pflicht, sich u. U. auf eine verspätete oder modifizierte (nach 150 II in einen neuen Antrag umzudeutende) Annahmeerklärung zu äußern, widrigenfalls Schweigen als Annahme gedeutet werden kann (vgl. RG. **103** 11 und § 33 II 3c β, ββ dieses Buches). Für den Fall, daß eine erkennbar rechtzeitig abgesandte Annahmeerklärung verspätet zugegangen ist, schreibt das Gesetz in 149 die Fiktion rechtzeitigen Zugangs vor, falls der Antragende den verspäteten Zugang nicht unverzüglich anzeigt. Streitig ist, ob in anderen Fällen verspäteter Ankunft das Schweigen des Antragsstellers lediglich als Annahmeerklärung zu deuten ist, oder ob er durch sein Schweigen die Berufung auf die Verspätung schlechthin verwirkt (so RG. für einen bestimmten Fall in **103** 11ff.).

γ) Die Pflicht, den Gegner hinsichtlich Tatsachen aufzuklären, die für seine Entschließung von besonderer Bedeutung sind und deren Kenntnis er sich auch durch die in eigenem Interesse gebotene Sorgfalt nicht verschaffen kann. Dazu gehört vor allem die Wahrscheinlichkeit, daß der Erfüllung des Vertrages Hindernisse im Wege stehen werden (RG. **120** 252). — Das Verschweigen von Sachmängeln soll nach RG. **135** 346 den Verkäufer nur bei Arglist, nicht bei Fahrlässigkeit ersatzpflichtig machen. — Vgl. zur Anzeigepflicht RG. **97** 327; **103** 50; **107** 362; **108** 410; **114** 155; **116** 18; **118** 367. Für den Sonderfall der arglistigen Verschweigung eines Fehlers läßt 463, 2 den Verkäufer stets auf Schadenersatz wegen Nichterfüllung haften (vgl. dazu RG. **97** 327; **103** 50; **107** 362; **108** 410; **114** 155; **116** 18).

δ) Die Pflicht, die Rechtsgüter des Gegners zu erhalten, die namentlich aus einer Einladung des Ladenbesitzers oder Gastwirtes zum Besuch seiner Räumlichkeiten entspringt, vgl. RG. **78** 239 (Warenhaus); **74** 125 (Gasthaus).

ε) Sehr streitig ist, ob man den Antragenden auch für verpflichtet erklären soll, dem Antragsempfänger den Schaden, den dieser durch das berechtigte Vertrauen auf das Angebot erleidet, zu ersetzen für den Fall, daß das Angebot widerrufen wird, nachdem der Empfänger irgendwelche Aufwendung gemacht hatte, oder daß die Annahme wegen vorher eingetretener Geschäftsunfähigkeit oder vorher erfolgten Todes des Antragenden ausnahmsweise nicht zum Vertragsschluß führt (153).

Eine solche Verpflichtung läßt sich nicht aus einem Verschulden beim oder vor dem Vertragsschluß herleiten, sondern nur daraus, daß der Antragende durch sein Angebot das berechtigte Vertrauen auf das Zustandekommen des Vertragsschlusses erweckt (Fall des § 153) oder doch zu einer Tätigkeit des Antragsempfängers Anlaß gegeben hat (Fall des Widerrufs) und sich deshalb mit seinem eigenen früheren Verhalten nicht in Widerspruch setzen darf, ohne dem Gegner den Vertrauensschaden zu ersetzen. Die positivrechtliche Anerkennung einer derartigen Erklärungshaftung kann in 122 BGB. gefunden werden.

ζ) Derartige Schutzpflichten können sich auch noch nach der Beendigung eines Vertragsverhältnisses als Nachwirkung desselben ergeben. Der Vermieter muß z. B. das Wegzugsschild eines Arztes oder Rechtsanwalts noch angemessene Zeit nach Mietende dulden, RG. 161, 338. Der Verkäufer eines Unternehmens darf nicht nach Abwicklung des Verkaufs ein Konkurrenzgeschäft in der nächsten Umgebung aufmachen, RG. 117, 177.

3. Zeitschranke und Erlöschen des Antrags.

Wenn auch der Antragende an sein Angebot grundsätzlich gebunden ist, so ist dieses nach seinem Willen doch immer nur für gewisse Zeit gemacht, nach deren Ablauf es erlischt und die Annahme ausgeschlossen ist. Gebundenheit und Annahmefähigkeit können nicht für immer dauern.

Der Antrag erlischt:

a) durch Widerruf nur, wenn der Antragende die Gebundenheit ausgeschlossen hatte; der Widerruf ist aber nur möglich bis zur Annahme, wenn sich nicht der Antragende volle Vertragsfreiheit vorbehalten hat.

b) Der Antrag erlischt ferner durch seine Ablehnung (146). Als Ablehnung — gleichzeitig aber auch als neuer Antrag — gilt auch eine Annahme unter Erweiterungen, Einschränkungen oder sonstigen Änderungen (150 II).

A bestellt bei B Waren, B antwortet: ich werde sofort liefern, muß aber einen Preisaufschlag eintreten lassen.

c) Der Antrag erlischt endlich, wenn er nicht rechtzeitig angenommen wird (146).

α) Ist eine Frist besonders gesetzt, so kann die Annahme nur innerhalb der Frist erfolgen (148) und muß grundsätzlich auch innerhalb derselben zugehen (RG. **53** 59).

Gegebenenfalls mit der notwendigen Genehmigung (RG. **76** 364 und in erforderlicher Form, RG. JW. **27** 396).

β) Ist keine Frist gesetzt, so gilt:

αα) Unter Anwesenden (oder durch Fernsprecher Verbundenen) kann der Antrag nur sofort angenommen werden (147 I).

Bei der Unterhaltung durch Fernsprecher entscheidet die Einheit des Gesprächs. Doch wird diese nicht durch irgendeine Unterbrechung schon zerstört, wohl aber, wenn das Gespräch vom Sprechenden selbst in gegenseitigem Einverständnis unterbrochen wird (RG. **104** 236).

Von einem Antrag gegenüber einem Anwesenden kann keine Rede sein, wenn der Antrag durch einen Boten überbracht wird, es sei denn, daß dieser zur Entgegennahme der Annahmeerklärung bevollmächtigt ist; denn sonst geht die Annahmeerklärung dem Antragsteller nicht von Person zu Person zu, sondern erst mit ihrer Bestellung durch den Boten, RG. SeuffA. 59 Nr. 387 und Gruch. **67** 194.

ββ) Der einem Abwesenden gemachte Antrag kann nur bis zu dem Zeitpunkte angenommen werden, wo der Antragende den Eingang der Antwort unter regelmäßigen Umständen erwarten darf (147 II).

Dieser Zeitraum setzt sich zusammen aus der gewöhnlichen Beförderungszeit für das Angebot (wobei angenommen werden darf, daß das Angebot den Gegner in seinem Wohnort antrifft, RG. **59** 300), einer billigen Überlegungszeit und der üblichen Beförderungszeit für die Annahmeerklärung. Außergewöhnliche Verzögerungsgründe verlängern, wenn sie dem Antragenden bekannt sind, im Zweifel die

Geltungsdauer des Antrags (Kriegsverhältnisse); auf ein Verschulden (verzögerliche Behandlung) kommt es nicht an, RG. **142** 404. Der Gegner muß ein ebenso geeignetes Beförderungsmittel wählen wie der Antragende, also einen Drahtantrag mit einer Drahtannahme oder durch Fernsprecher beantworten; RG. **87** 143.

Der Antragende ist aber bei verspätetem Zugang der Annahme verpflichtet, dem Annehmenden unverzügliche Anzeige von der Verspätung zu machen, wenn die Annahme erkennbar rechtzeitig abgesandt worden ist (149). Bei Verzögerung der Absendung der Anzeige gilt die Annahme als nicht verspätet, der Vertrag ist also geschlossen (149, 2).

Die verspätete Annahme gilt wenigstens als neuer Antrag, 150 I.

Die Verspätungsanzeige des 149 ist nur richtungs-, nicht empfangsbedürftig; auf die unverzügliche Absendung kommt es an. Die Anzeige muß die Verspätung der Annahme erkennen lassen (RG. **105** 257).

Nach Treu und Glauben und nach der Verkehrssitte wird der Empfänger einer verspäteten Annahme, auch abgesehen vom Fall des § 149 (die Annahme war erkennbar rechtzeitig abgesandt), regelmäßig verpflichtet sein, dem Gegner Anzeige zu machen, wenn er die Annahme nicht mehr gutheißen will. Schweigt er über den Zeitpunkt hinaus, in dem der Gegner eine ablehnende Erklärung erwarten durfte, ist sein Schweigen als Annahme zu deuten, oder er kann sich auf die Verspätung nicht berufen (RG. **103** 11ff.).

γγ) Hat der Antragende auf eine Annahmeerklärung verzichtet oder ist eine solche nach der Verkehrssitte nicht zu erwarten, so bestimmt sich der Zeitpunkt des Erlöschens nach dem vermutlichen Willen des Antragenden (151, 2); ebenso wenn ein Vertrag ohne gleichzeitige Anwesenheit beider Teile gerichtlich oder notariell beurkundet wird (152, 2).

So erlischt z. B. der Antrag bei nicht sofortiger Bewirkung der Leistung, falls sofortige Lieferung verlangt ist (RG. **103** 313).

4. Keinen Erlöschungsgrund für den Antrag bilden im Zweifel Tod, Eintritt von Geschäftsunfähigkeit oder beschränkter Geschäftsfähigkeit in der Person des Antragenden vor der Annahme. Die Annahmerklärung muß freilich dem Erben (gegebenenfalls dem gesetzlichen Vertreter) zugehen, braucht aber nicht an sie gerichtet zu sein (153).

Darin liegt eine Erweiterung gegenüber 130 II, aus dem sich bloß die fortdauernde Zugangsfähigkeit des Antrags ergibt, während es sich hier darum handelt, ob der Antrag auch noch annahmefähig bleiben soll. — Die Bestimmung gilt aber nur im Zweifel, also z. B. nicht, wenn sich ein Offizier brieflich bei seinem Schneider einen neuen Mantel bestellt, nach Einwurf des Briefs in den Postkasten tödlich stürzt und von seiner alten Tante beerbt wird. Darin liegt eine vom Gesetz nicht beachtete Härte für den Annehmenden, die dadurch gemildert werden kann, daß man die Erben für verpflichtet erklärt, dem gutgläubigen Gegner das negative Interesse zu ersetzen (vgl. Breit, Geschäftsfähigkeit 308).

Treten diese Ereignisse in der Person des Antragsgegners ein, so schaden sie nach 130 II nichts, wenn er die Annahme schon erklärt hatte. Andernfalls ist es Auslegungsfrage, ob der Antrag an ihn persönlich gerichtet war oder gegebenenfalls auch an seine Erben; RG. JW. 1911, 752.

III. Die Annahme ist die Erklärung, wodurch der Antragsempfänger sein Einverständnis mit dem angebotenen Vertragsschluß kundgibt.

1. Der Antragende hat es in der Hand, die Erfordernisse der ihn bindenden Annahmeerklärung genauer festzulegen, etwa Annahme durch eingeschriebenen Brief oder durch Barzahlung des Kaufpreises vorzuschreiben.

So wenn der Loshändler ein unbestelltes Los zusendet und eine Postanweisung beiliegt mit der Bitte, für den Fall der Beteiligung an der Ausspielung den Betrag baldgefälligst einzusenden, andernfalls das Los im beigelegten Freikuvert unverzüglich zurückzuschicken (vgl. WarnRspr. 1914, S. 4, Nr. 3). — Zu beachten ist hier, daß die Annahme im Zweifel nur bis zur Ziehung erfolgen kann; denn im Zweifel soll das Angebot eines noch nicht gezogenen Lotterieloses durch die Ziehung vor erfolgter Annahme hinfällig werden (RG. **50** 193; **59** 298).

Mangels besonderer, vom Antragenden gestellter oder gesetzlicher Anforderungen an die Annahmeerklärung (man denke an die Schriftform für die erbetene Bürgenzusage, 766) braucht die Annahme nicht ausdrücklich zu geschehen, sie kann auch stillschweigend erfolgen.

Bei der Behandlung des Stillschweigens als Annahme ist zu beachten, daß schon psychologisch eine Annahme ohne Kenntnis des Angebots unmöglich ist. „Sie ist dem Sinne nach eine Antwort auf einen Vorschlag und kann daher weder gewollt noch geäußert werden, wenn der Erklärende nicht weiß, daß ihm ein Vorschlag gemacht ist" (v. Tuhr, II 1 S. 472).

Selbstverständlich ist die vorherige Kenntnis des Angebots kein formalrechtliches Erfordernis (so richtig Oertmann Komm. Vorbem. 2a vor 145). Wenn A einen Brief des B, der eine Offerte enthält, ungelesen zerreißt und sich in Schweigen hüllt, hat er den Handlungswillen und das Erklärungsbewußtsein. In Frage steht nur noch die Anfechtbarkeit wegen Inhaltsirrtums. Wenn er aber den Brief des B nicht erhalten hat, bietet sein Schweigen nur den Schein einer Erklärung, den er konsequenzlos zerstören kann, doch kann die Verkehrssitte dem Schweigen die Bedeutung einer Annahmeerklärung beilegen, ohne Rücksicht auf die Kenntnis des Angebots. RG **103**, 11 u. 405; vgl. oben § 30 III 2 u. IV.

2. Die Annahmeerklärung muß dem Angebote inhaltlich entsprechen. Eine Annahme unter Erweiterungen, Einschränkungen oder sonstigen Änderungen gilt als Ablehnung verbunden mit einem neuen Antrag (150 II).

Denkbar ist, daß die Annahmeerklärung inhaltlich über den Antrag hinaus geht, diesen aber zugleich deckt; vgl. Oertmann § 150 1 a β.

Eine telegraphische Annahme mit dem Vorbehalt „Brief folgt" ist unter Würdigung der Umstände des einzelnen Falles auszulegen. Sie kann also grundsätzliches Einverständnis mit einem angetragenen Kaufabschluß ohne Rücksicht auf den Inhalt des vorbehaltenen Briefes bedeuten, dem lediglich die Aufgabe der Bestätigung des Telegramms und der Ordnung von unwesentlichen Nebenpunkten zukommen soll. Im Zweifel läßt der Vorbehalt aber den endgültigen Vertragsschluß erst durch Zugang des Briefes eintreten, so RG. **105** 13. Enthält der Brief Abänderungen, ist 150 II anwendbar, soweit sich nicht der Drahtende durch sein telegraphisches Einverständnis bereits gebunden hatte.

3. Die Annahme ist grundsätzlich empfangsbedürftig, wie 146 und 151 beweisen. Davon macht das Gesetz folgende Ausnahmen:

a) Bei gerichtlicher oder notarischer Beurkundung von Verträgen ohne gleichzeitige Anwesenheit beider Teile kommt der Vertrag mangels anderweitiger Bestimmung mit der Beurkundung der Annahme zustande (152, 1);

b) wenn eine Annahmeerklärung nach der Verkehrssitte nicht zu erwarten ist oder der Antragende auf eine solche verzichtet hat (151).

Die Annahme braucht in diesen Fällen nicht gegenüber dem Antragenden erklärt zu werden, sie braucht richtiger Ansicht nach überhaupt nicht „erklärt", d. h. mit Kundgebungszweck geäußert zu werden — eine bloße Willensbetätigung genügt. Als solche braucht die Annahme bei Fehlen des Geschäftswillens nicht angefochten zu werden, der Handelnde kann den Schein der Annahme durch Nachweis der wahren Bedeutung seines Tuns widerlegen, muß aber u. U. dem Gegner den entstandenen Schaden ersetzen. Vgl. oben § 24 IV 2c. Je nach dem Vorhandensein oder Fehlen des sog. „Betätigungsbewußtseins" (Nipperdey bei Enneccerus § 162 Anm. 6) verschieden zu entscheiden, ist abwegig.

Hauptfälle: α) Annahme eines Verkaufsangebots durch Aneignung oder Verbrauch der mitgesandten Ware. In der Zusendung unbestellter Ware liegt im Zweifel ein Angebot zum Verkauf verbunden mit einer durch dessen Annahme bedingten Eigentumstraditionsofferte unter gleichzeitigem Verzicht auf eine empfangsbedürftige Annahmeerklärung. Außerdem liegt darin noch ein Antrag auf Besichtigung, Aufbewahrung und eventuelle Zurücksendung. Wenn der Empfänger keine Handlung vornimmt, die als Annahme gemäß 151 gedeutet werden könnte, so haftet er doch nach den Vorschriften für die Haftung des Besitzers gegenüber dem Eigentümer. Da er aber weder als bös- noch gutgläubig im Sinne dieser Vorschriften angesehen werden darf so ergibt sich eine Lücke im Gesetz, bei deren Ausfüllung das Rechtsverhältnis seiner Eigenart entsprechend in das System der Haftungsmaßstäbe des BGB. einzugliedern ist (so Siber in Plancks Komm. (4) Vorbem. zu § 275 Anm. 1, 4c, S. 194). Der Empfänger wird daher nur zu einem Minimum der Erhaltung, zur Unterlassung der Beschädigung verpflichtet und haftet wegen vorsätzlicher oder grobfahrlässiger Verletzung dieser Pflicht. Es ist natürlich denkbar, daß der Empfänger die Ware bewußt zur Besichtigung übernimmt und damit vertraglich strengere Verpflichtungen nach Art eines unentgeltlichen Verwahrers eingeht (690). Im Zweifel ist das nicht anzunehmen. — Anders liegt die Sache selbstverständlich bei der bestellten Ansichtssendung. Hier ist eine vertraglich übernommene Erhaltungspflicht gegeben, der Vertrag kommt durch die Übergabe der Sache zustande. — Wenn der Empfänger über die zugesandte Ware verfügt so muß er sich zunächst gefallen lassen, daß sein Verhalten nach der Verkehrssitte als Annahme des Angebots gedeutet wird. Aber es bleibt ihm vorbehalten, den Schein der Annahme zu zerstören und darzutun, daß seine Handlung durch einen Irrtum veranlaßt worden ist. Selbstverständlich kann ihn das nicht von einer etwaigen Haftung nach § 985 f. oder wegen culpa in contrahendo befreien.

β) Annahme eines Kaufangebotes durch sofortige Erfüllungshandlungen, z. B. durch Absendung der Ware an die Adresse des Käufers. Ein typischer Anwendungsfall des 151 liegt darin, daß jemand eine Ware „expreß", „so schnell als möglich" oder „drahtlich" bestellt (RG. **84** 323; **102** 372). Hier kommt der Vertrag auf Grund des im Zweifel darin liegenden Verzichts auf vorgängige Übersendung der Antwort mit der Absendung zustande; in diesem Augenblick geht also auch nach 447 die Transportgefahr über. Die Möglichkeit, die Ware noch von der Bahn zurückfordern zu können, steht dem nicht entgegen: besteht sie doch auch bei der Erfüllung eines durch zugegangene Annahmerklärung abgeschlossenen Kaufs. Selbstverständlich müßte der Verkäufer, der die Absendung rückgängig macht, von diesem Augenblick an die Gefahr wieder tragen.

γ) Bereitstellung eines Gasthauszimmers für den brieflich oder drahtlich zu einem bestimmten Termin angemeldeten Gast, der nur einen kürzeren Aufenthalt nehmen will — während bei beabsichtigtem längeren Aufenthalt z. B. in der Sommerfrische eine Beantwortung üblich und nötig ist. Vgl. oben § 24 IV 2c.

Vgl. zu den vorangeführten Fällen Himmelschein (Beiträge zur Lehre v. Rgeschäft 1930). Seine Lehre von der sukzessiven Vertragsentstehung durch Verfügung führt nicht weiter. Der Zeitpunkt des Vertragsschlusses wird dadurch nicht sicherer gestellt als durch die hier geforderte Betätigung eines verbindlichen Annahmewillens, dessen Vorliegen „H" zu Unrecht leugnet.

4. Eine Verpflichtung zur Annahme kann sich ergeben:

a) in den Fällen des Kontrahierungszwangs. Die Verkehrsanstalten, z. B. die Eisenbahnen (453 HGB.), die Posten und Telegraphenanstalten sind zum Abschluß gewisser gewerblicher Verträge verpflichtet. Die Fälle des Kontrahierungszwangs sind durch die neue Gesetzgebung stark vermehrt worden, z. B. auch durch das ReichsmietenG. vom 24. März 1922 (vgl. Nipperdey, Kontrahierungszwang und diktierter Vertrag, 1920; ders., Stromsperre, 1929; Wimpfheimer, Kontrahierungszwang für Monopole, 1930). — Nach RG. **133** 389 besteht für städtische Theater kein Vertragsabschlußzwang. Bei bewirtschafteten Waren wird in der Regel gegenüber den Inhabern von Bezugsberechtigungen Abschlußzwang bestehen, vgl. BGH. NJW. 51, 109 und OGHBrZ. NJW. 50, 24.

b) Nach 362 HGB. muß ein Kaufmann, dessen Gewerbebetrieb die Besorgung von Geschäften für andere mit sich bringt, auf solche Geschäfte gerichtete Anträge von Personen, mit denen er in Geschäftsverbindung steht, unverzüglich beantworten, sein Schweigen gilt als Annahme. Gleiches gilt, wenn ihm ein Antrag über eine Geschäftsbesorgung von jemand zugeht, dem gegenüber er sich zur Besorgung solcher Geschäfte erboten hatte. — Weniger weit geht 663 BGB. (nur Pflicht zum Ersatz des Vertrauensschadens, RG. 104, 267).

c) Eine Verpflichtung zum Vertragsschluß, also zur Annahme, kann sich ferner ergeben aus einem sog. Vorvertrag, d. i. eine Vereinbarung, die sich auf den künftigen Abschluß eines andern schuldrechtlichen Vertrags (den Hauptvertrag) richtet. Solche Vorverträge wollen eine Bindung herbeiführen, um die spätere Erreichung des eigentlichen Vertragszweckes, wofür die Dinge zur Zeit noch nicht reif sind, zu sichern. A gibt z. B. dem B ein Grundstück zur Parzellierung an die Hand und verpflichtet sich, die einzelnen Parzellen an die von B zu benennenden Käufer zu verkaufen und aufzulassen. A verpflichtet sich, dem B demnächst ein Darlehn zu geben (das ein Realvertrag ist) — oder sein Auto zu leihen, 607, 598; vgl. Levinsohn, Der Vorvertrag, 1931.

Ein gültiger Vorvertrag bedarf der allgemein erforderlichen Bestimmtheit oder doch Bestimmbarkeit (RG. **66** 121; **125** 83).

Wo das Gesetz für die Vornahme eines Vertrages eine bestimmte Form vorschreibt (z. B. 313), muß auch der Vorvertrag grundsätzlich dieser Form genügen, weil sonst auf diesem Wege die Formvorschriften umgangen werden könnten (RG. **106** 176). Eine Vereitelung der Zwecke einer Formvorschrift kommt natürlich nicht in Betracht, wenn diese nur die durch den Hauptvertrag erzeugten Rechtswirkungen treffen will. So will z. B. § 566 (Schriftform für einen auf länger als ein Jahr geschlossenen Mietvertrag) nur dem Grundstückserwerber die Möglichkeit verschaffen, sich im Hinblick auf §§ 571ff. über die auf ihn übergehenden Verpflichtungen aus dem Mietvertrag zu unterrichten, während er an den Vorvertrag nicht gebunden ist; folglich ist der Vorvertrag formfrei (RG. **86** 32).

Zusatz. Mit dem Vorvertrag darf nicht verwechselt werden die im heutigen Recht nicht selten vorkommende Verabredung, wodurch einem der Vertragschließenden die Befugnis eingeräumt wird, durch eine entsprechende Willenserklärung ein seinem Inhalt nach bereits näher festgelegtes Schuldverhältnis zu begründen oder zu verlängern, wie z. B. ein Kauf- oder Mietverhältnis (vgl. von Tuhr, Schw. Obl.R. S. 237 und RG. **103** 350). Man spricht hier von Optionsverträgen. In Interessengemeinschaftsverträgen räumt vielfach die eine Gesellschaft der andern das Recht ein, während eines gewissen Zeitraumes das Gesamtvermögen jener zu einem festgelegten Preise zu erwerben; dadurch soll die zur Zeit nicht genehme Fusion für später sichergestellt werden. Nach von Tuhr unterscheidet sich bei einem Optionsrecht die Rechtslage vom Vorvertrag dadurch, daß der gestaltungsberechtigte Kontrahent keinen Anspruch auf Abschluß eines Vertrages hat und keinen solchen braucht, da er das gewünschte Schuldverhältnis durch seine einseitige Erklärung begründen kann. Am einfachsten konstruiert man m. E. das Optionsrecht, wenn man es als das aus einem bindenden Vertragsangebot für den Berechtigten erwachsene Gestaltungsrecht ansieht, durch Annahme des Angebots den Vertrag zustande zu bringen (vgl. auch Oertmann, Komm. § 154 Anm. 4). Vgl. zur Formbedürftigkeit der Einräumung eines Optionsrechtes bezüglich eines Grundstücks RG. DR. 1942, 1185.

IV. Mangelnde Übereinstimmung (Dissens).

Der Vertrag ist nur geschlossen, wenn Angebot und Annahme inhaltlich übereinstimmen (Konsens). Zuweilen aber enthält der sogenannte Vertragsschluß nur eine unvollständige Einigung und die Erklärungen beider Parteien decken sich nicht völlig. Dann liegt Dissens (Erklärungszwiespalt) vor.

Mit dem Dissens darf nicht der Fall verwechselt werden, wo die Erklärungen zwar übereinstimmen, sich also die erkennbaren, durch Auslegung zu gewinnenden Sinnbedeutungen beider Erklärungen decken, wo aber der Wille einer Partei nicht übereinstimmt mit ihrer eigenen Erklärung. In diesem Fall ist der Vertrag geschlossen; hier bleibt der irrenden Partei nur die Möglichkeit, ihre Erklärung wegen Irrtums anzufechten (119). Dagegen bedarf es keiner Anfechtung, wenn sich schon die erkennbaren Sinnbedeutungen der beiden Erklärungen nicht decken; hier ist der Vertrag grundsätzlich nichtig. Für die Frage des Konsenses, der Einigung, gilt die Erklärungstheorie (Oertmann, Komm. § 155, Anm. 1a). Auch das RG. nimmt in ständiger Rechtsprechung an, daß ein bloßer Zwiespalt im Willen den Konsens nicht ausschließt (vgl. RG. **100** 135; **105** 211).

Das Gesetz unterscheidet:

1. Die Parteien sind sich der unvollständigen Übereinstimmung ihrer Erklärungen bewußt — sog. offener Dissens (bewußter Erklärungszwiespalt).

Hier ist der Vertrag im Zweifel nicht geschlossen, solange nicht die Parteien sich über alle Punkte geeinigt haben, worüber nach der Erklärung auch nur einer Partei eine Vereinbarung hat getroffen werden sollen (154 I, 1).

Es liegen nur unverbindliche Vorverhandlungen vor, und daran wird auch nichts geändert, wenn die Punkte schriftlich aufgezeichnet worden waren, über die man sich schon verständigt hatte (sog. Punktation, 154 I, 2).

Ein Hauptfall des offenen Dissenses liegt vor, wenn der Annehmende, ohne geradezu abzulehnen, einen Gegenvorschlag macht, 150 II.

Das Gesetz deutet das in 150 II als Ablehnung, verbunden mit einem neuen Antrag (um eine klare Lage für den Antragenden zu schaffen), will aber dadurch die Möglichkeit nicht ausschließen, daß der Annehmende sich das Zurückgreifen auf den Antrag innerhalb der Annahmefrist vorbehält und nur durch einen Zwischenvorschlag eine Änderung gewisser Punkte versucht, etwa in der Form: Unter Vorbehalt bedingungsloser Annahme fragen wir an, ob nicht ... (so richtig Henle, Allg. T., 104).

Ein weiterer Hauptfall einer solchen unvollständigen, vorläufigen Einigung ist gegeben, wenn die verabredete Beurkundung des Vertrags noch aussteht (154 II).

Nimmt z. B. die Postverwaltung das Angebot einer Fahrradfabrik auf Lieferung von 1000 Fahrrädern schriftlich mit dem Zusatz an: die Räder müßtem mit gelbem Anstrich geliefert werden — so ist der Vertrag so lange nicht geschlossen, als bis die Fabrik sich auch damit einverstanden erklärt hat. Die Bestimmung des 154 gilt aber nur im Zweifel. Die Parteien können sich als gebunden erklären — auch stillschweigend — und die Regelung gewisser Nebenpunkte, z. B. der Leistungszeit oder des Leistungsortes, für später in Aussicht nehmen; das ist namentlich dann anzunehmen, wenn sie zur Ausführung des Vertrags übergehen (vgl. RG. **90** 29; **105** 13; RG. SeuffA. **68** Nr. 51).

2. Die Parteien sind sich der unvollständigen Übereinstimmung ihrer Erklärungen nicht bewußt, halten den Vertrag für geschlossen — versteckter Dissens (unbewußter Erklärungszwiespalt, 155).

Versteckter Dissens ist stets ausgeschlossen, wenn die beiderseitigen Willenserklärungen sich decken und eindeutig, also unmißverständlich sind; RG. 58, 233; JW. 1913, 480[1].

Der Grund dafür liegt in einem Mißverständnis des einen oder anderen Teils oder beider Parteien. Auch hier ist der Vertrag grundsätzlich nichtig. Eine Ausnahme ist jedoch gemacht, wenn der Erklärungszwiespalt sich nur auf einen Nebenpunkt bezieht; nach 155 gilt das Vereinbarte, wenn anzunehmen ist, daß der Vertrag auch ohne eine Bestimmung über diesen Punkt geschlossen sein würde (vernünftige Deutung des mutmaßlichen, nicht des wirklichen Parteiwillens).

A liest die modifizierte Annahmeerklärung (150 II) des B nicht genau durch und meint, sie enthalte eine glatte Zustimmung (Mißverständnis des Antragenden). B geht ein Drahtantrag auf sofortige Lieferung eines Kunstgegenstandes in Bronzeausführung zu, er ordnet auf dem Lager die Absendung der Marmorwiedergabe an, weil er sich des Inhalts des Antrags nicht mehr zuverlässig erinnert (Mißverständnis des nach 151 durch eine Erfüllungshandlung Annehmenden).

A bestellt zum 15. 3. Quartier bei B in München. B verliest sich und schreibt zurück, er werde das Zimmer, wie gewünscht, zum 15. 5. reservieren. A liest auch nicht genau und meint, B sei einverstanden. Als er am 15. 3. in München ankommt, ist das Zimmer besetzt. — Der Däne offeriert eine Ware zu 1000 Kronen und meint dänische, der Tschechoslowake antwortet, er nehme den angebotenen Gegenstand zu 1000 Kronen und meint tschechische. — A macht B ein telegraphisches Angebot über 100 Kilo Weinsteinsäure, B erklärt sich drahtlich einverstanden, es stellt sich heraus, daß beide verkaufen wollten.

Doch ist zu beachten, daß bei einem Mißverständnis des Angebots durch den Annehmenden von Dissens nur die Rede sein kann, wenn das Mißverständnis zur Formulierung einer Annahmeerklärung geführt hat, deren objektiver Sinn sich mit dem objektiven Sinn des Antrags nicht deckt. Wenn dagegen der Annehmende eine einfache Zustimmungserklärung abgibt, kann er sein Mißverständnis nur durch Anfechtung seiner eigenen Erklärung wegen Irrtums geltend machen, muß freilich dem Erklärungsgegner dann auch das negative Interesse ersetzen (122).

So, wenn in den obigen Fällen der Münchener Vermieter zurückgeschrieben hätte: „Ich werde Ihnen das Zimmer zum gewünschten Zeitpunkt reservieren" — oder der Prager Kaufmann: „Ich nehme Ihr Angebot an"; damit hätten sie sich dem wie immer beschaffenen objektiven Erklärungswert des Antrags unterworfen (vgl. Titze, Mißverständnis, 366, 398, 405, 408).

Wenn bei einem versteckten Dissens das Mißverständnis von einem der Beteiligten schuldhaft herbeigeführt worden ist, etwa durch unklaren Ausdruck, ist ein Anspruch auf Ersatz des dadurch verursachten Schadens gegeben; bei beiderseitigem Verschulden ist Schadensverteilung nach 254 zulässig; vgl. RG. **104**, 267.

Da der Vertrag nicht zustande gekommen ist, läßt sich die Ersatzpflicht nur aus culpa in contrahendo ableiten und geht grundsätzlich lediglich auf das negative Interesse; auf vollen Erfüllungsschaden nur, wenn ohne das Verschulden ein Vertrag mit dem gewünschten Inhalt zustande gekommen wäre. Vgl. RG. **104** 265f.

Die Frage ist streitig. Gegen die Ersatzpflicht haben sich ausgesprochen: Oertmann (ZivA. 121, 122) u. Manigk (DogmJ. 75, 189ff.); dafür namentlich v. Tuhr (ZivA. 121, 359).

34 **E. Wille und Willensmängel**

Zitelmann, Irrtum und Rgeschäft, 1878; R. Leonhard, Irrtum bei nichtigen Verträgen, 1907; Isay, Die Willenserklärung im Tatbestand des Rgeschäfts, 1899; Flad, Geschäftsirrtum i. d. Festschr. für Bumke, 1939; Titze, Der sog. Motivirrtum i. Festschr. für Heymann Bd. II 1940, v. Schwind, DogmJ. 89 (1941), 119f.; Lange, daselbst 277f.; Brauer, Der Eigenschaftsirrtum, 1941, Lobedanz, Der Einfluß von Willensmängeln auf Gründungs- u. Beitrittsgeschäfte, 1938. Vgl. auch die zu § 24 dieses Buches angegebene Literatur.

I. Grundsätzliches

1. Wenn die Rechtsordnung an die Willenserklärung Wirkungen knüpft, so geht sie davon aus, daß die Erklärung dem Willen entspricht. Diese Annahme kann sich aus verschiedenen Gründen als unzutreffend erweisen.

a) Eine Willenserklärung liegt überhaupt nicht vor, wenn das Verhalten eines Menschen, das den Anschein einer Willenserklärung erweckt, gar nicht auf seinem Willen beruht, sondern durch äußere Gewalt herbeigeführt worden ist (durch vis absoluta im Gegensatz zur vis compulsiva — seelischem Zwang).

A führt dem B mit unwiderstehlicher Gewalt die Hand, damit er einen Wechsel unterschreibt. Das Gesetz schweigt. Aber wenn schon das Fehlen eines bewußten Willensaktes nach 105 II Nichtigkeit zur Folge hat, um wie viel mehr muß das gelten, wenn das äußere Verhalten eines Menschen überhaupt nicht durch einen eigenen Willensakt verursacht ist.

b) Die Willenserklärung wird ferner nicht beachtet, ist nichtig, wenn sie im Zustand der Bewußtlosigkeit oder vorübergehender Störung der Geistestätigkeit vorgenommen worden ist (105 II).

c) Die übrigen Fälle fehlenden oder fehlerhaften Willens faßt man unter dem Begriff der Willensmängel zusammen und unterscheidet weiter die Fälle einer bewußten Abweichung des Willens von der Erklärung und die eines unbewußten Zwiespalts zwischen Wille und Erklärung (Irrtum).

2. Für alle diese Fälle wirft sich die Frage auf: soll der Erklärende am erkennbaren Sinn seiner Erklärung festgehalten werden?

Während die Rechtsordnungen der früheren Kulturstufen die Frage bejahten (Erklärungstheorie), hat das römische Recht grundsätzlich dem wirklichen Willen Rechnung getragen (Willenstheorie). Seine Stellung tritt namentlich beim Dissens klar zutage. Nach römischem Recht hinderte der Dissens im Willen den gültigen Vertragsschluß, während er heute nur einen Anfechtungsgrund für die irrende Partei abgibt.

Für das heutige Bürgerliche Recht ist die Frage nicht weniger bestritten, als für das Gemeine Recht. Den Vertretern einer einseitigen Willenstheorie stehen solche einer auf die Spitze getriebenen Erklärungstheorie gegenüber. Aber bei richtiger Deutung des geltenden Rechts läßt sich nicht leugnen, daß das BGB. keine der Theorien rein durchgeführt, sondern einen vermittelnden Standpunkt eingenommen hat. Danach kann der Streit ernsthaft nur darüber geführt werden, ob das Gesetz grundsätzlich auf dem Standpunkt der Willens- oder Erklärungstheorie steht. Ob man die Frage in dem einen oder anderen Sinn beantwortet, ist m. E. praktisch bedeutungslos; denn keinesfalls darf man aus der Aufstellung eines solchen Grundsatzes ohne weiteres die Folgerung ziehen, daß die Fälle von Willensmängeln, die das Gesetz nicht ausdrücklich regelt, im Sinne der einen oder anderen Grundanschauung zu lösen seien. Das Gesetz hat durch die Art und Weise, wie es die Willensmängel berücksichtigt, klar zum Ausdruck gebracht, daß es jeden typischen Fall eines Mangels gerade so lösen will, wie es der Eigenart dieser Interessenlage am besten entspricht; nicht weil diese oder jene Lösung durch die Willens- oder Erklärungstheorie gefordert wird, ist sie angenommen worden, sondern weil sie den zu berücksichtigenden Bedürfnissen der jeweils zu regelnden Sachlage am besten gerecht wird. Nach diesen Gesichtspunkten ist deshalb auch die Entscheidung zu gewinnen bei den nicht geregelten Fällen von Willensmängeln. Mit diesem Vorbehalt ist zu sagen:

Das BGB. geht aus von einer im Interesse der Verkehrssicherheit stark abgeschwächten und umgeformten Willenstheorie. Grundsätzlich hat der

Willensmangel entweder Nichtigkeit zur Folge oder doch Anfechtbarkeit, dies bei unbewußtem Zwiespalt zwischen Wille und Erklärung (Irrtum).

Die Willenstheorie ist aber im Sinne der Erklärungstheorie umgeformt oder durchbrochen, namentlich bei der Regelung des Geheimvorbehalts (116), des Dissenses (154ff.), der Vertretung (164 II) und der Ausgestaltung des Anfechtungsrechts („verständige Würdigung des Falles", 119 I, und Pflicht zum Ersatz des Vertrauensschadens, 122).

3. Die Regelung der Willensmängel im Gesetz (116ff.) hat nur Bedeutung für die Willenserklärungen im engeren Sinne, nicht für die Willensgeschäfte, Willensbetätigungen (Verhalten ohne Kundgebungszweck). Fehlt hier der aus dem Verhalten zu entnehmende Wille, so liegt nur der Schein einer Willensbetätigung vor, der durch Aufdeckung der wahren Sachlage zerstört werden kann. Vgl. § 24 IV 2 dieses Buches.

4. Auf der anderen Seite ist ausnahmsweise die Geltendmachung von Willensmängeln — auch des Einwands der Scheinerklärung — ausgeschlossen bei gewissen Willenserklärungen, weil sie nicht bloß gegenüber einem bestimmten Empfänger wirken wollen, sondern für die Allgemeinheit Bedeutung haben, sog. „Kundgebungen in fremdem Interessenbereich" (Müller-Erzbach, DogmJ. 83, 257).

Das hat die Rechtsprechung namentlich angenommen für die Aktienzeichnung nach der Eintragung der AG. ins Handelsregister, weil die Zeichnung nicht nur eine Erklärung gegenüber den Gründern als Privatpersonen darstellt, sondern dazu bestimmt ist, ein Teil der Grundlagen der in das Verkehrsleben tretenden Aktiengesellschaft zu werden (RG. **54** 128, **62** 29ff., **72** 290, **79** 112, **85** 287, **127** 191). Gleiches gilt für die Übernahme einer Stammeinlage bei der GmbH. (RG. **82** 377; **83** 264; **88** 187ff.) und für die Beitrittserklärung zu einer eingetragenen Genossenschaft (RG. **57** 292, **69** 368, **147** 270). Nicht minder für die Gründung einer handelsrechtlichen Personalgesellschaft (RG. 156, 193) und einer Gesellschaft des bürgerlichen Rechts (DR. 1943, 801), weil auch hier die Erklärung die Grundlage für die in das Verkehrsleben getretene Gesellschaft sei.

Nach der Auffassung des RG. (**82** 377) ist der Anfechtung auch dann die Wirkung zu versagen, wenn sie vor der Eintragung ins Handelsregister erklärt ist, sofern nur die Eintragung erfolgt.

RG. **123** 102 schließt nach der Eintragung auch die Berufung auf § 138 (Herbeiführung der Beitrittserklärung durch sittenwidrigen Vertrag) aus.

Unzutreffend dürfte es sein, wenn manche die Unanfechtbarkeit mit dem „öffentlich-rechtlichen" Charakter der Aktienzeichnung zu begründen versuchen. Die Rechtsprechung (RG. **83** 429ff., ferner **124** 192) hat im Einklang mit dem neueren Schrifttum zutreffend angenommen, daß auch staats- und verwaltungsrechtliche Akte dem Einfluß von Willensmängeln (Irrtum, Täuschung) unterliegen können und daß daraufhin von den Gerichten die Rechtsbeständigkeit von Verwaltungsakten, z. B. einer Anstellung, nachgeprüft werden kann, wenn daraus vermögensrechtliche Ansprüche im Gerichtsweg geltend gemacht werden. Nicht der publizistische Charakter an sich verbietet die Geltendmachung der Willensmängel, sondern die Bedeutung der Aktienzeichnung für die Allgemeinheit (vgl. W. Jellinek, Der fehlerhafte Staatsakt, 1908).

Es ist also der Gedanke des Verkehrsschutzes, der hinter dieser Rechtsprechung steht. Aus gleichen Gründen erzeugt z. B. nach 171 die öffentliche Bekanntmachung, man habe jemanden bevollmächtigt, eine vollmachtähnliche, gesetzliche Vertretungsmacht, selbst wenn die Vollmachterteilung zum Schein erfolgt oder wegen Irrtums angefochten ist.

Auch im Innenverhältnis lehnt das RG. es ab, die echten rückwirkenden Nichtigkeitsfolgen zu ziehen, sondern nimmt an, daß die Gesellschaft auch für die Mitglieder so lange als fortbestehend gilt, bis sie zur Auflösung gebracht ist; RG. 148, 225 (für eine Genossenschaft), 166, 59 (für eine GmbH.), RG. 165, 199 (für Personalgesellschaften). Der Nichtigkeits- oder Anfechtungsgrund kann also auch bei der in Vollzug gesetzten Personalgesellschaft nur nach den Grundsätzen der Kündigung gemäß § 723 BGB. oder der Auflösungsklage gemäß §§ 133, 161 II HGB. geltend gemacht werden

Bei der Gleichstellung der einmal ins Leben getretenen fehlerhaften Gesellschaft mit einer fehlerfreien bricht ein neuer rechtfertigender Grundgedanke durch, nämlich die Erkenntnis, daß wir gewisse Gemeinschaftsverhältnisse, wenn und soweit sie tatsächlich bestanden haben, nur aus ganz dringenden staatlichen Rücksichten als niemals vorhanden gewesen behandeln dürfen. Die Tatsache, daß nach ihnen gelebt worden ist, wiegt stärker als alle juristische Konstruktion. Deshalb hat der deutsche Gesetzgeber auch beim Sozialbund der Ehe die Anfechtbarkeit durch die Aufhebbarkeit ersetzt. Insoweit ist es also nicht das Rechtsscheinprinzip und nicht in erster Linie die Verkehrssicherheit, die zur Anerkennung des faktischen Gebildes führen, sondern die soziale Bedeutung der Einrichtung in Verbindung mit ihrer tatsächlichen Verwirklichung. Vgl. Siebert, Die faktische Gesellschaft; Festschr. für Hedemann 1938; Heinr. Lehmann, DogmJ. 90, 131f. u. NJW. 1958, 1f.

II. Bewußtes Fehlen des Geschäftswillens

1. Geheimer Vorbehalt, das Erklärte nicht zu wollen — Mentalreservation.

Wolff, Karl, DogmJ. 81, 53ff.

a) Der vom Gegner nicht gekannte Vorbehalt wird nicht beachtet. **Das Geschäft ist also gültig (116, 1).**

Der Grund des geheimen Vorbehalts ist gleichgültig. Unter 116 fällt auch der sog. böse Scherz, bei dem der Erklärende erwartet, daß seine Erklärung ernst genommen werde oder doch annimmt, daß sie ernst genommen werden könnte.

Die Unbeachtlichkeit des geheimen Vorbehalts ist eine zwingende Anforderung der Verkehrssicherheit, die Rechtsordnung würde anderenfalls die bewußte Unwahrheit, die Lüge, begünstigen. Wenn ein Beauftragter erkennbar namens des Auftraggebers einen Rechtserwerb macht, ist sein stiller Vorbehalt, nicht für jenen, sondern für sich zu erwerben, bedeutungslos, sofern der Veräußerer den Vorbehalt nicht kennt, RG. 78 222; Warn. 1909, Nr. 124.

b) Der vom Gegner gekannte Vorbehalt macht die Erklärung nichtig (116, 2).

Hier entfällt das Schutzbedürfnis, der Gegner wird nicht getäuscht. Davon ist eine Ausnahme beim Eheschluß gemacht, der trotz gekannten Vorbehalts gültig ist (16 EheG.). Ebenso macht der offene Vorbehalt die Erklärung nichtig (RG. **78** 376/377).

2. Das Schein- oder simulierte Geschäft. Jemand gibt eine empfangsbedürftige Erklärung mit Einverständnis des Empfängers nur zum Schein ab. Folge: Nichtigkeit nicht bloß für die Parteien, sondern gegenüber jedermann (117). — Bei der Eheschließung ist die Simulation unbeachtlich (§ 16 u. 28 EheG.).

Baer, Scheingeschäfte, 1931; Schwister, JW. 1931, 1160 u. 2548f.; Kiehl, Gruchot **63** 558f.

Der Unterschied des Scheingeschäfts zum gekannten geheimen Vorbehalt liegt darin, daß dem Empfänger das Fehlen des Geschäftswillens nicht bloß bekannt ist, sondern daß er mit der Abgabe der Scheinerklärung einverstanden ist, mit dem Erklärenden gemeinsame Sache macht. Zum Begriff des Scheingeschäfts gehört aber nicht notwendig, daß es auf die Täuschung eines Dritten berechnet ist (RG. **90** 277).

Der notwendig mit einem ernsthaften Zweck gleichzeitig erreichte, von der Rechtsordnung nicht gebilligte Zweck allein vermag noch nicht einen Scheineinwand zu begründen; RG. **69** 59; **81** 41; RAG. **8** 230. Der Lohnschiebungsvertrag ist in der Regel kein Scheinvertrag, wird aber vielfach gegen die guten Sitten verstoßen; siehe oben § 29 IV 3e. Die Nov. z. ZPO. vom 24. 10. 1934 hat die Lohnschiebung durch die Fiktionen des § 850c und d wirkungslos gemacht.

Die Nichtigkeit des Scheingeschäfts zeigt sich zugunsten Dritter: Die Gläubiger des Veräußerers können z. B. die durch Scheingeschäft veräußerte Sache noch pfänden; aber auch zuungunsten Dritter: Hat ein Dritter vom Scheinerwerber eine Sache erworben, so muß er sie dem Eigentümer wieder herausgeben; hat er an den Scheinerwerber eine Forderung gezahlt, so muß er an den wahren Gläubiger nochmals zahlen; RG. 123, 105. Es greifen aber die Vorschriften zugunsten eines gutgläubigen Erwerbs vom Nichtberechtigten ein (932ff., 892ff.); für die Fälle der Forderungsabtretung bieten 405 und 409, für den Fall einer Scheinvollmacht 171/172 Schutz. Vgl. auch 576. — Außerdem kann dem durch ein Scheingeschäft geschädigten Dritten ein Ersatzanspruch aus unerlaubter Handlung (823, 826, 249) erwachsen; bei der Vereitelung von Erfüllungsansprüchen kann der Scheinerwerber unter Umständen aus 249 unmittelbar auf Erfüllung belangt werden (RG. **95** 162). Ob und inwieweit darüber hinaus dem Dritten (z. B. dem Erwerber einer Briefhypothek vom Scheinzessionar) durch die Einrede der Arglist (gegenüber dem Zedenten) geholfen werden kann, ist streitig. Das RG. hat sich mit Recht für die Zubilligung der exceptio doli erklärt (RG. **90** 274), die Theorie lehnt das überwiegend ab (vgl. statt aller Oertmann, Komm. § 117 Anm. 2c β).

Wer mit einem Vertreter kolludiert hat, kann sich auf die Scheinnatur des Geschäfts nicht berufen; der Erklärende täuscht seinem eigentlichen Geschäftsgegner hier das Vorhandensein eines Wirkungswillens ebenso vor, wie wenn er ihm die Erklärung ohne das Zwischenglied eines Vertreters abgeben würde. Die Kollusion gehört dem Gebiet des geheimen Vorbehalts an (116); vgl. RG. Gruchot **52** 933 und RG. **134** 37 sowie Oertmann, Komm. 117, 2 c β. § 166 steht nicht entgegen; denn er bildet einen Sonderschutz für den Geschäftsgegner, kommt also nicht zur Anwendung, wenn dieser selbst mitwirkt, um die Unkenntnis des Vertretenen auszunutzen oder ihm aus der Kenntnis des Vertreters einen Strick zu drehen; Oertmann, § 166, 4f.

Das Anwendungsgebiet des 117 beschränkt sich auf die empfangsbedürftige Willenserklärung und auf die zweiseitige Vortäuschung im Gegensatz zur einseitigen (116). Auf Erklärungen, die gegenüber einer Behörde abzugeben sind, wie z. B. die Ausschlagung der Erbschaft ist 117 unanwendbar. Anders wenn die Erklärung vor einer Behörde an eine Privatperson zu richten ist und die Mitwirkung der Behörde nur Formsache ist, wie bei der Beurkundung der Auflassung (von Tuhr II 1, S. 562ff.).

a) Vom Scheingeschäft ist zu unterscheiden das sog. verdeckte, dissimulierte Geschäft. Nicht selten dient das Scheingeschäft zur Verdeckung eines anderen ernsthaft gemeinten Geschäfts, z. B. ein Verkauf zur Verdeckung einer Schenkung oder eines Auftrags. Dann ist das Geschäft nach den für das verdeckte Geschäft geltenden Rechtssätzen zu beurteilen, bedarf also namentlich der für dieses vorgeschriebenen Form.

Der notarielle Scheinverkauf eines Grundstücks zu Schenkungszwecken ist demnach als Schenkung aufrechtzuerhalten (313, 518); der nicht sofort erfüllte Scheinverkauf beweglicher Sachen läßt sich nur in den seltenen Fällen aufrechterhalten, wo die Form des 518 gewahrt ist oder Heilung durch freiwillige Erfüllung erfolgt. Vgl. RG. **87** 301; **98** 127.

Verdeckte Geschäfte werden neuerdings namentlich zwecks Stempel- und Steuerersparnis abgeschlossen, indem ein geringerer Kaufpreis angegeben wird. Handelt es sich um einen Kauf beweglicher Sachen, so ist der mündlich verabredete wirklich gewollte Kauf gültig, da das Gesetz keine Form vorschreibt. Handelt es sich um den Kauf eines Grundstücks, so ist der beurkundete Vertrag nach 117 nichtig, aber auch der wirklich gewollte (dissimulierte) Kauf, weil dieser der gesetzlichen Form entbehrt (313, 125); erst durch Auflassung und Eintragung des Käufers als Eigentümer wird nach 313, 2 der Mangel der Form beim verdeckten Geschäft geheilt (RG. **78** 115; **94** 149; **104** 102; **129** 152).

In Anschluß daran ist die Frage aufgeworfen worden, ob der Verkäufer auch noch nach der Auflassung die Eintragung und damit die Heilung verhindern könne. Grundsätzlich ist das mit dem Reichsgericht (RG. **109** 354) zu bejahen. Ist der Kaufvertrag nichtig, so ist die Auflassung als Verfügungshandlung nach 812 I 1 kondizierbar, es sei denn, daß der Verkäufer die Unverbindlichkeit des Kaufvertrages gekannt hat (814). Zur Verhinderung der Eintragung kann aber der Verkäufer keine einstweilige Verfügung beim Prozeßgericht erwirken, wonach dem Grundbuchrichter untersagt wird, die Eigentumseintragung zu unterlassen, sondern muß durch einstweilige Verfügung dem Käufer verbieten lassen, das Eigentum zu erwerben — relatives Erwerbsverbot; vgl. oben § 29 IIIb u. RG. **117** 291; **120** 119.

Eine Heilung ist ausgeschlossen, wenn behördliche Genehmigung des Vertrags erforderlich ist und nur der beurkundete, nicht der verdeckte Vertrag genehmigt ist; denn die Erfüllung heilt nur den Mangel der Form.

Nach § 4 der VO. vom 7. 7. 1942 über die Preisüberwachung und die Rechtsfolgen von Preisverstößen im Grundstücksverkehr (zur Rechtsgültigkeit dieser VO. vgl. Palandt, Anh. zu 313 Vorbem.) gilt im Falle einer in Täuschungsabsicht vorgenommenen falschen Beurkundung des Entgelts der beurkundete (oder als zulässig bezeichnete) Preis als vereinbart. Zuvielzahlungen können zurückgefordert werden; § 817, 2 gilt nicht. Die VO gilt nur noch für unbebaute Grundstücke.

b) Vom Scheingeschäft ist weiter zu unterscheiden das fiduziarische Geschäft oder Treuhandgeschäft.

Alfred Schultze, DogmJ. 43, 1f,; derselbe, Die langobardische Treuhand, 1895; Hämmerle u. Friedmann, Gutacht. z. 36, DJT. (1931) I 632f. u. 805; Klausing, Rvgl. Hdwb. III 368f.; Schleß, Mittelbare Stellvertretung und Treuhand, 1931; Rhode, Juristische Person und Treuhand, 1932; H. Lehmann, Gläubigerschutz, 1926; Siebert, Das rechtsgeschäftl. Treuhandverhältnis, 1933; Beyerle, Franz, Die Treuhand i. Deutsch. Privatr., 1932; Tyrell, Fiduziar, Geschäftsführungsverhältnisse i. engl. R. 1933; Radke, Das Unmittelbarkeitsproblem bei d. fiduziar. Treuhand 1933 (Köln. Diss.), Michael, Öffentl. Treuhand, 1948; von Hausen, DRZ 49, 451.

Das fiduziarische Geschäft hat seinen Namen von der altrömischen fiducia, das ist der Übertragung des Eigentums zum Zwecke der Verpfändung, verbunden mit dem Versprechen der Rückübereignung nach Tilgung der Schuld. Jemand (der Fiduziant, Treugeber) überträgt einem anderen (dem Fiduziar, Treuhänder) ein Recht unter der Verpflichtung, es nur zu bestimmten Zwecken (Verwaltungs- oder Sicherungszwecken) auszuüben und gegebenenfalls nach der Ausübung zurückzuübertragen oder den Erlös gutzubringen usw. Man denke an die Abtretung einer Forderung, um sie einzuziehen oder an die Sicherungsübereignung von Warenlagern.

Das fiduziarische Geschäft ist Vollrechtsübertragung mit innerer schuldrechtlicher Zweckbindung. Der Treugeber verschafft dem Treuhänder eine den Treuzweck überschießende Rechtsmacht. Gleichwohl kommt grundsätzlich die Anwendbarkeit des 117 nicht in Betracht. Die Rechtsübertragung erfolgt nicht zum Schein, sondern ist wirklich gewollt. Der Treuhänder soll voller Inhaber des übertragenen Rechts werden, es aber nur im Sinne des Treuzweckes ausüben. § 223 II erkennt die Wirksamkeit der Rechtsübertragung zu Sicherungszwecken mittelbar ausdrücklich an.

Von der fiduziarischen Treuhand ist die offene (germanische) Treuhand zu unterscheiden. Ihr Wesen liegt darin, daß eine der Zwecksetzung entsprechende, als solche erkennbare Treumacht verliehen wird, also eine Rechtsmacht, die nach außen in vollem Umfang ausgeübt werden soll. Der Hauptfall der offenen Treumacht ist die Ermächtigung, durch die dem Treuhänder die Befugnis erteilt wird, ein Recht des Treugebers im eigenen Namen, **aber im Interesse des Treugebers geltend zu machen.** Die Treuhand soll also fremdnützig, wenn auch gegen Entgelt, ausgeübt werden, entweder als bloße Verwaltungs- oder auch Verwertungstreuhand. Auch die Gesetzgebung, namentlich die der Nachkriegszeit sieht solche offenen Treuhänder vor, so z. B. HypothekenbankG. vom 13. 6. 1899 §§ 29—36, ferner G. betr. d. gemeinsamen Rechte der Besitzer von Schuldverschreibungen vom 4. 12. 1899. — 24. 9. 1932; Bauford. SicherungsG. § 35f.; VersAufsG. § 70f. Der gesetzliche Treuhänder wird nicht Eigentümer des betreuten Vermögens, sondern hat eine dem Zwangsverwalter ähnliche Stellung, im Prozeß ist er Partei kraft Amtes; München, NJW. 1948, 479. Der auf Grund des brit. MRVO. 133 eingesetzte Bankentreuhänder hat nach OGHZ. 1, 298 dagegen die Stellung eines gesetzlichen Vertreters.

Die offene Treuhand entbehrt bisher der näheren gesetzlichen Regelung, die sie als germanische Einrichtung verdient. Auch in der Rechtsprechung des RG. ist sie wenig erörtert; häufig wird in solchen Fällen die Bezeichnung Treuhand gar nicht verwandt. Am schärfsten noch hat das RG. (RG. **89** 131) die offene Treuhand als einen der „Ermächtigung ähnlichen“ Fall behandelt und in Gegensatz zur fiduziarischen Treuhand gestellt. Die Anzweifelung der Wirksamkeit des offenen Treuhandgeschäfts im Hinblick auf § 117 kommt angesichts der Erkennbarkeit der ganzen Einrichtung überhaupt nicht in Frage.

Im folgenden wird nur die fiduziarische Treuhand behandelt, die man als eigennützige Sicherungstreuhand kennzeichnen kann.

α) Da die Rechtsübertragung gültig ist, wird der Fiduziar (Treuhänder) nach außen vollberechtigter Eigentümer der übertragenen Sache, der abgetretenen Forderung usw. Überträgt er diese Rechte abredewidrig weiter, so werden die Erwerber vollberechtigte Rechtsinhaber, der Fiduziant ist auf einen Ersatzanspruch gegen den Fiduziar beschränkt, soweit er nicht ausnahmsweise den Erwerber aus § 826 ersatzpflichtig machen kann (RG. **158** 371). — Eine weitergehende Sicherung kann er sich nur verschaffen durch Vereinbarung einer auflösenden Bedingung, indem er den Rückfall des übertragenen Rechts auf Grund der Zweckerledigung ausmacht, z. B. auf Grund der Tilgung der durch die Übertragung gesicherten Schuld. R. A. nach isteine solche Vereinbarung — trotz der Bedenken aus § 137 — als wirksam zu erachten, kommt freilich nicht überall in Betracht, so nicht bei bedingungsfeindlichen Geschäften wie der Auflassung (925) und auch nicht, wo die vereinbarte Ausübung des übertragenen Rechts zu seinem Untergang führt, wie bei der Einziehung der Forderung. Die Rechtsprechung nimmt aber an, daß im Zweifel die fiduziarische Übertragung nur einen schuldrechtlichen Anspruch erzeugt; so RG. WarnR. 7. Jahrg., Nr. 330, S. 468 und Gruchot **54** 1172; RG. **102** 368. Warum diese Deutung geboten ist, ist schwer einzusehen. Der Interessenlage des Treugebers entspricht die Annahme der Bedingung besser und die innerlich beschränkte Rechtsstellung des Treuhänders läßt im Zweifel sein Einverständnis damit als billig und angemessen erscheinen.

β) Im Konkurs des Fiduziars müßte dem Fiduzianten strenger Logik nach die Aussonderung des noch vorhandenen Treuguts aus der Konkursmasse verwehrt sein, da er nur einen bedingten obligatorischen Anspruch aus Rückübertragung hat. Gleichwohl gibt ihm eine ständige Rechtsprechung einen Aussonderungsanspruch, um zu verhindern, daß die Gläubiger des Fiduziars sich auf Kosten des Fiduzianten aus dem Treugut befriedigen; im Innenverhältnis des Fiduzianten zum Fiduziar und seinen Gläubigern soll die Zugehörigkeit zum Vermögen des Fiduzianten entscheiden. Vgl. RG. **45** 85; **91** 12; **94** 305 (Eigentumsübertragung), **62** 198 (Forderungsabtretung).

Folgerichtig kann der Fiduziant auch einer Pfändung des Treuguts durch einen Gläubiger des Fiduziars mit der Widerspruchsklage nach 771 ZPO. entgegentreten; RG. **79** 122; **84** 218; **91** 14.

γ) Dementsprechend gibt die Rechtsprechung dem Fiduziar — wenn der Gegenstand ihm zur Sicherung einer Forderung übereignet ist — nur ein Absonderungsrecht im Konkurs des Fiduzianten, RG. **118** 209. Unlogischerweise behandelt sie aber das nicht mit dem Besitz verbundene Sicherungseigentum des Fiduziars in der Zwangsvollstreckung als ein die Veräußerung hinderndes Recht, das mit der Widerspruchsklage nach 771 ZPO. geltend gemacht werden kann, während sie richtigerweise § 805 ZPO. auf den nicht besitzenden Sicherungseigentümer anwenden und ihn auf den Anspruch auf vorzugsweise Befriedigung beschränken müßte; vgl. RG. **124** 73 = JW. 1928, 1878 mit Anm. von H. Lehmann. Der Reichsfinanzhof (**19** 125) behandelt folgerichtiger die Sicherungsübereignung als eine verschleierte Pfandbestellung.

δ) Das RG. hat bisher für die fiduziarische Treuhand zwei Voraussetzungen aufgestellt und festgehalten.

Einmal das Unmittelbarkeitsprinzip, sodann das Surrogationsverbot. Nach dem Unmittelbarkeitsprinzip muß das zu treuen Händen übereignete Gut unmittelbar aus dem Vermögen des Treugebers in das des Treuhänders gelangt sein; vgl. RG. **79** 121; **84** 214; **91** 12; **127** 344, **133**, 87; RG.Warn.21, Nr.130; RG. JW.1926, 2571f. Doch wird man das Unmittelbarkeitsprinzip in demselben abgeschwächten Sinne handhaben müssen, in dem bei der ungerechtfertigten Bereicherung eine unmittelbare Vermögensverschiebung gefordert wird. Notwendig ist also nicht, daß die Leistung unmittelbar aus dem Vermögen des Treugebers zugewandt wird, die Vermögensverschiebung darf nur nicht auf dem Umweg über ein fremdes Vermögen durch ein Rechtsgeschäft mit einem Dritten erlangt werden; vgl. Enneccerus-Lehmann § 221 III. Durch das Surrogationsverbot wird verhindert, daß diejenigen Gegenstände ohne weiteres Treugut werden, die der Treuhänder mit Mitteln des Treuguts oder sonstwie als Ersatz für dasselbe erwirbt, soweit nicht § 46 KO. eine Ausnahme macht. Vgl. RG. **94** 305; **121** 249; **138** 91. vgl. auch RG. **147**, 326 u. **153**, 370.

ε) Als Hauptfälle der fiduziarischen Rechtsübertragung kommen in Betracht:

1. Die fiduziarische Zession, die den Zessionar an Stelle des Zedenten zum Gläubiger macht, und zwar zum allein verfügungsberechtigten Gläubiger. Von ihr ist zu unterscheiden die sogenannte Einziehungsermächtigung; das ist ein Fall offener Treuhand, die die Rechtsprechung jetzt ständig anerkennt; vgl. RG. **117** 72; **133** 241, sowie Enneccerus-Lehmann § 79 IV 2.

2. Die Sicherungsübereignung, d. h. eine Übereignung zu treuen Händen an den Gläubiger, um ihn wegen seiner Forderung sicherzustellen; vgl. Gottschalk, ZivA. 138 17f.

Da das BGB. nur ein Faust- (Besitz-) Pfand an beweglichen Sachen kennt, bleibt dem Kreditbedürftigen, der die als Kreditunterlage zu verwertenden Gegenstände nicht aus der Hand geben kann — man denke an die Maschinen, Rohstoffe, Warenvorräte des Gewerbetreibenden — kein anderer Weg übrig, als diese Gegenstände dem Kreditgeber zur Sicherung seiner Forderung durch Konstitut (930) zu übereignen und eine Vereinbarung zu treffen, wonach er sie weiter auf Grund eines schuldrechtlichen Vertrages (Leihe, Verwahrung, Miete, Kommissionsvertrag u. dgl.) besitzen und in gewissem Rahmen darüber verfügen darf. Im geschäftlichen Verkehr hat sich die Sicherungsübereignung ganzer Warenlager durch Konstitut eingebürgert, weil so der kreditsuchende Kaufmann im unmittelbaren Besitz des Lagers bleibt und seine Gewerbe weiter betreiben kann

Die Rechtsprechung hat nach anfänglichem Zögern die Sicherungsübereignung durch Besitzkonstitut als wirksam anerkannt und davon Abstand genommen, sie grundsätzlich als Scheingeschäft zu behandeln oder wegen Umgehung des § 1205 für unwirksam zu erklären. Eine Umgehung wäre nur dann anzunehmen, wenn sich aus den näheren Bedingungen des Geschäfts ergäbe, daß eine wirkliche Übereignung gar nicht gewollt war, weil etwa dem Sicherungsgeber alle mit dem Eigentum verbundenen Lasten (Steuer, Versicherungslasten, Gefahr) aufgebürdet bleiben sollten. Ebensowenig erblickt die Rechtspr. in derartigen Verträgen grundsätzlich einen Verstoß gegen die guten Sitten; RG. **57** 177; **59** 146; **62** 126.

Das Gefährliche der Sicherungsübereignung liegt darin begründet, daß der Unternehmer nach außen als der Herr eines großen Warenvorrates auftritt und infolgedessen neuen Warenkredit erlangen kann, obwohl ihm sein Warenlager nicht mehr gehört. Der Mißstand der ganzen Einrichtungen liegt also hauptsächlich in ihrer Heimlichkeit, sodann darin, daß der Sicherungseigentümer eine dem wirklichen Zweck der Einrichtung nicht entsprechende äußere Rechtsstellung hat. Er ist nach außen Eigentümer, nach innen soll er wie ein Pfandgläubiger stehen.

Die Rechtsprechung hat deshalb versucht, diese Mißstände zu mildern und in stärkerem Maße den Gesichtspunkt der guten Sitten verwendet, um an sich ernstlich gemeinte Sicherungsverträge zu beanstanden. Einmal, weil die Sicherung den Charakter eines unsittlichen Knebelvertrages trägt (RG. **118** 362; **130** 1f.; **133** 234), sodann, weil sie im konkreten Falle dazu dienen sollte, dem Kreditschwindel zu dienen. Bedeutsam sind insoweit vor allem die Geheimhaltung des Vertrages, um den Schein geschäftlicher Unabhängigkeit und Kreditwürdigkeit zu wahren, sowie der Umfang und Erfolg der Übertragung, namentlich, ob der Schuldner noch in der Lage bleibt, den Betrieb aufrechtzuerhalten und andere Gläubiger zu befriedigen (RG. **67** 166; **77** 210; **85** 345; **118** 362; **127** 340; **143** 51; BGH. 19, 12.).

Die Rechtsprechung ist ferner dazu übergegangen, die Stellung des Sicherungseigentümers der eines bloßen Pfandgläubigers anzunähern durch Beschränkung auf ein Absonderungsrecht im Konkurs des Schuldners. Was die Verwertung des Sicherungsguts angeht, so trägt man zwar Bedenken, die Befugnis des Sicherungseigentümers Dritten gegenüber zu beschränken, aber man leitet aus dem Innenverhältnis seine Verpflichtung ab, den übereigneten Gegenstand nach pfandrechtlichen Grundsätzen zu verwerten. Vgl. RG. 153, 369. Doch ist im einzelnen hier vieles streitig (vgl. Heinrich Lehmann, Gläubigerschutz, 1926, S. 67ff.). Bis heute hat sich freilich die Rechtsprechung nicht entschließen können, auch 805 ZPO. auf den nicht besitzenden Sicherungseigentümer anzuwenden und ihn gegenüber einem pfändenden Gläubiger auf den Anspruch auf vorzugsweise Befriedigung zu beschränken. RG. **136**, 247 stellt fünf Tatbestände auf, die das Vorgehen eines Kreditgebers und Sicherungsnehmers zu einem sittenwidrigen gegenüber anderen Gläubigern seines Schuldners stempeln, nämlich: 1. Konkursverschleppung, 2. Aussaugung, 3. stille Geschäftsinhaberschaft, 4. Kreditbetrug, 5. Gläubigergefährdung durch Umfang und Undurchsichtigkeit der Sicherung. Vgl. Karl Heinz Lehmann, Die Sicherungsübereignung als Haftungstatbestand, 1935. Vgl. auch RG. **143**, 48.

Das alles macht die Bestrebungen verständlich, die Sicherungsübereignung durch ein Vertragspfand (Treupfand) zu ersetzen, das durch Eintragung in ein Register erkennbar zu machen wäre; vgl. Heinrich Lehmann, Reform der Kreditsicherung an Fahrnis und Forderungen 1937; Schmelzeisen, Das Treupfand, 1936. Zu Fragen um die Sicherungsübereignung vgl. neuestens Lange, Lage und Zukunft der Sicherungsübertragung NJW. 50, 565.

c) Vom Scheingeschäft ist weiter zu scheiden das durch einen Strohmann, d. h. eine vorgeschobene Person, die ihre Treuhänderschaft verheimlicht, abgeschlossene Erwerbsgeschäft (RG. **69** 45). Ein derartiges Geschäft ist ernstlich gemeint, der Strohmann soll die Wirkungen des Geschäfts nach außen im eigenen Rechtskreis begründen, im Innenverhältnis zum Hintermann sollen sie aber diesem zugute kommen.

Kaufmann A, der gewagte Geschäfte macht, möchte sich eine kleine Reserve sichern und kauft deshalb für seine mit ihm in Gütertrennung lebende Frau Wertpapiere und Häuser, die ihr übereignet werden. Der Strohmann kann nicht bloß für ein einzelnes Geschäft als vorgeschobene Person fungieren, sondern als Geschäftsinhaber des von einem anderen tatsächlich betriebenen Gewerbes auftreten (RG. **84** 305).

Wenn bei einem Geschäft mit dem Strohmann der Gegner dessen Rolle nicht durchschaut und mit ihm das Geschäft als ein ernstlich gemeintes abschließt.

erwirbt der Strohmann die Rechte und Pflichten aus dem Geschäft und wird Eigentümer der an ihn übereigneten Sachen oder an ihn übertragenen Forderungen. Im Innenverhältnis zum Hintermann ist er verpflichtet, diesen als Berechtigten zu behandeln und ihm gegebenenfalls die Gegenstände herauszugeben. Anders als beim Treuhänderverhältnis (wo der Treugeber, aus seinem Vermögen dem anderen, dem Treuhänder, einen Gegenstand zu treuen Händen übereignet hat) steht dem Hintermann aber keine Widerspruchsklage nach 771 ZPO. zu, wenn ein Gläubiger des Strohmanns in einen für den Hintermann erworbenen Gegenstand vollstreckt; ebensowenig hat der Hintermann im Hinblick auf die beabsichtigte Geheimhaltung der Treuhänderschaft im Konkurs des Strohmanns einen Aussonderungsanspruch, sondern ist auf eine Konkursforderung beschränkt (RG. **84** 214). Die Vorschrift des 392 II HGB., die die Forderungen des Kommissionärs aus dem Ausführungsgeschäft bereits vor der Abtretung an den Kommittenten im Verhältnis des Kommittenten zum Kommissionär und seinem Gläubiger als Forderungen des Kommittenten behandelt wissen will, trägt Sondercharakter (vgl. Jaeger, Komm. z. KO. § 43 Anm. 53).

Aber auch, wenn dem Vertragsgegner die Strohmanneigenschaft des anderen Teils bekannt war, kann er grundsätzlich weder dessen Sachberechtigung mit Erfolg in Abrede stellen noch den Einwand des Scheins erheben. Das Innenverhältnis zwischen dem Geschäftsherrn und dem Vertreter berührt den Vertrag regelmäßig nicht. RG. VII 67/42 — 4. 12. 1942; RG. HRR 1933, 3; OLG. Celle, JW. 1938, 1591. Der Vertragsgegner erlangt also keinen unmittelbaren Anspruch gegen den Hintermann, sondern muß den Schuldbefreiungsanspruch des Strohmanns pfänden. Die Sittenwidrigkeit muß immer aus den besonderen Umständen des Einzelfalles begründet werden.

3. Die Scherzerklärung, genauer die nicht ernstlich gemeinte Erklärung, die in der Erwartung abgegeben wird, der Mangel der Ernstlichkeit werde nicht verkannt werden. Folge: Nichtigkeit (118), aber Verpflichtung des Erklärenden zum Ersatz des Vertrauensschadens (122).

Durch diese Erwartung unterscheidet sich die Scherzerklärung vom geheimen Vorbehalt. Wenn die Scherzerklärung in Täuschungsabsicht abgegeben wird (sog. böser Scherz), liegt Mentalreservation vor. In Betracht kommen Erklärungen im Scherz, aus Ironie (OLG. **40** 273) oder Prahlerei. Man denke an die bekannte Jahrmarktsanpreisung: 1000 Mark dem, der den Preisringer wirft. Die Unterzeichnung des Wechsels durch den Dozenten als Lehrbeispiel oder der Eheschluß auf der Bühne sind schon angesichts der Umstände ihrer Vornahme keine Willenserklärungen. Bestritten ist, ob die Erwartung im äußeren Verhalten des Erklärenden zum Ausdruck gekommen sein muß. Das ist zu verneinen, weil sonst die praktische Bedeutung der Vorschrift gleich Null wäre. Ebensowenig ist notwendig, daß die Erwartung gerechtfertigt war. RG. 168, 204 versagt eine Berufung auf § 118, wo Treu und Glauben ein Festhalten an der Erklärung fordern (Fall einseitiger Nichternstlichkeit bei bewußter Falschbeurkundung in der Annahme, der Vertragsgegner sei mit der Nichternstlichkeit einverstanden.

III. Unbewußte Nichtübereinstimmung von Wille und Erklärung — Irrtum

Titze, HdwbRW. III 368f. (dort weitere Nachweise). Hervorgehoben seien zum geltenden Recht: Titze, Lehre vom Mißverständnis, 191; Henle, Vorstellungs- und Willenstheorie, 1910; ders., Irrtum über die Rechtsfolgen, 1911; Manigk, Irrtum und Auslegung 1918; Titze, Der sog. Motivirrtum, 1914, Flume, Eigenschaftsirrtum und Kauf, 1948 und die zu Anfang dieses § 34 genannten; Schmidt-Rimpler, Eigenschaftsirrtum u. Erklärungsirrtum i. Festschr. f. H. Lehmann z. 80. Geburtstag 213f.

Der Irrtum ist Zwiespalt zwischen Vorstellungsbild und Wirklichkeit. Er tritt auf als falsche Vorstellung oder Fehlen der richtigen Vorstellung. Seine Beachtlichkeit beruht aber stets auf dem Mangel der richtigen Vorstellung. Er kommt vor beim Handlungs-, Erklärungs- und Geschäftswillen; gleichgestellt wird vom Gesetz die unrichtige Übermittlung. Ausnahmsweise wird auch der Irrtum im Beweggrund beachtet.

1. Die Irrtumsfälle.

a) Irrtum über die Erklärungshandlung — fehlgeschlagene Erklärung, Irrung — d. i. eine irrige Vorstellung des tatsächlichen Erklärungsverhaltens, also Mangel des Handlungswillens (119 I „der Erklärende wollte eine Erklärung dieses Inhalts überhaupt nicht abgeben"). Folge: Anfechtbarkeit unter Verpflichtung zum Ersatz des Vertrauensschadens (119 I, 122).

Hierher gehören die Fälle des Versprechens, Verschreibens, Vergreifens, z. B. Übergabe einer Aktie mit einem nicht dazu gehörenden Zinsbogen infolge einer Verwechslung; jemand unterschreibt infolge einer Unachtsamkeit von zwei Vertragsentwürfen den, welchen er nicht unterschreiben wollte, oder unterschreibt, ohne genau nachzulesen, ein Diktat, worin einige Worte ausgelassen sind — worin sich ein sinnstörender Fehler eingeschlichen hat; jemand unterschreibt, ohne sie gelesen zu haben, eine Urkunde, von deren Inhalt er eine falsche Vorstellung hatte — anders, wenn er sie in bewußter Unkenntnis ihres Inhalts unterschreibt und sich mit ihrem, wie immer auch gearteten Inhalt einverstanden erklärt (RG. **62** 205; **77** 309; **88** 281). Auch die abredewidrige Ausfüllung der Blanketterklärung gehört hierher; vgl. RG. **105** 185.

b) Fehlen des Erklärungsbewußtseins und damit auch des Erklärungswillens.

Das Gesetz regelt den Fall nicht besonders. Die zweckmäßigste und gerechteste Lösung ergibt sich vom Boden der Willenstheorie, nämlich: Nichtigkeit der Erklärung.

Man denke an den Fall des Handaufhebens in einer Versteigerung, um einem Freund zu winken. Zunächst könnte man meinen, der Fall sei durch 119 I geregelt: Wer eine Handlung vornehme, ohne sich ihres rechtsgeschäftlichen Erklärungswertes irgendwie bewußt zu sein, wolle eben „eine Willenserklärung dieses Inhalts überhaupt nicht abgeben".

Die Annahme einer anfechtbaren Willenserklärung würde aber den Erklärenden ungebührlich belasten, weil er den objektiven Erklärungswert gegen sich gelten lassen müßte und auch trotz der Anfechtung mit der Verpflichtung zum Ersatz des Vertrauensschadens belastet bliebe, 122. Diese Rechtsfolgen enthalten jedenfalls dann eine unbegründete Härte, wenn dem Handelnden jede Vorstellung, sich am rechtsgeschäftlichen Verkehr zu beteiligen, gefehlt hat und man ihm auch keinen Vorwurf daraus machen kann, daß er sich die Möglichkeit einer Deutung seines Verhaltens als rechtsgeschäftliche Mitteilung nicht klar gemacht hat. Wer eine Mitteilung rechtsgeschäftlicher Art macht, wird sich regelmäßig darüber klar sein, daß der Rechtskreis des Empfängers dadurch berührt wird und daß dessen rechtliches Verhalten durch diese Mitteilung beeinflußt wird. Deshalb muß er sich sein Verhalten als WE. zurechnen lassen und darf es auch durch Anfechtung nur beseitigen gegen Ersatz des Vertrauensschadens. Mit einer solchen Beeinflussung braucht dagegen nicht zu rechnen, wem das Bewußtsein fehlt, daß andere sein Verhalten als Willenserklärung deuten können. Deshalb ist ihm der Nachweis freizugeben, daß ihm jegliche Vorstellung vom Erklärungswert seines Verhaltens gefehlt hat, und dadurch den Schein der Willenserklärung zu zerstören. Falls das Fehlen dieser Vorstellung auf einem Außerachtlassen der im Verkehr erforderlichen Sorgfalt beruht, wird er dem Gegner, der berechtigterweise auf das Vorliegen einer Willenserklärung vertraut hat, wenigstens den Vertrauensschaden ersetzen müssen. Vgl. dazu Larenz Methode der Auslegung 90f. Mit dem Gesetz bleibt diese Auffassung in Einklang, wenn man das Erklärungsbewußtsein zu den begrifflichen Erfordernissen der Erklärung rechnet. Fehlt es, so liegt die „Abgabe einer Erklärung" im Sinne des 119 I gar nicht vor; 119 setzt voraus, daß der Erklärende eine Erklärung dieses Inhalts nicht hat abgeben wollen, also doch immerhin eine Erklärung. Endlich kann man auf 118 hinweisen. Macht der Mangel des ernstlichen Geschäftswillens die Erklärung sogar nichtig, obwohl diese als solche gewollt war, so muß eine Erklärung erst recht nichtig sein, wenn nicht einmal der Erklärungstatbestand zum Bewußtsein gekommen ist. BGH. NJW. 1953 S. 58 läßt die Frage dahingestellt. Wie hier Enneccerus-Nipperdey § 145 II A 4; R. Schmidt I § 28 III; H. Lange § 37 II; Staudinger-Coing, Einleitung 2 i vor § 104ff.

c) Irrtum über den Erklärungsinhalt, die Erklärungsbedeutung — Inhaltsirrtum — d. i. die irrige Vorstellung über die inhaltliche Tragweite, die rechtliche Bedeutung des Erklärungsverhaltens, also Mangel des Geschäftswillens. Folge: Anfechtbarkeit unter Verpflichtung zum Ersatz des Vertrauensschadens (119 I, 122).

Der Käufer eines Grundstücks irrt sich über dessen Grenzen, der Käufer eines Rechts über dessen Inhalt. Der Bauer steigt in die Kraftdroschke mit dem Schild „Frei" ein, läßt sich an sein Ziel bringen und verweigert dann die Bezahlung, weil er geglaubt habe, die Fahrt sei eine Freifahrt.

α) Der Inhaltsirrtum unterscheidet sich vom Irrtum über das Erklärungsverhalten (von der fehlgegangenen Erklärung) dadurch, daß bei ihm der Erklärende eine richtige Vorstellung von dem tatsächlichen Erklärungsvorgang hat (dem Sprechen oder Schreiben bestimmter Worte, Nicken mit dem Kopf, Stillschweigen unter gewissen Umständen), daß er sich aber über dessen inhaltliche Tragweite, seine rechtliche Bedeutung täuscht.

Schreuer (DeutschPR. § 12 1a u. b) bringt das auf die Formel: Beim Inhaltsirrtum will der Erklärende nicht, was er sagt — während er beim Irrtum in der Erklärungshandlung etwas sagt, was er nicht sagen will.

A greift in die Börse, um dem Bettler 1 DM zu geben, sieht nicht genau zu und gibt ihm 2 DM (Irrung). A besieht sich das Geldstück genau, hält es aber infolge Unkenntnis der deutschen Sprache und des Münzfußes nur für zwei Groschen wert (Inhaltsirrtum).

β) Wann bezieht sich der Irrtum gerade auf den Inhalt der Erklärung? Im Gemeinen Recht hatte man für die wichtigsten Fälle gewisse Begriffsgruppen gebildet und unterschied den Irrtum über den Geschäftsinhalt (error in negotio), über die Person des Geschäftsgegners (error in persona), über den Vertragsgegenstand (error in corpore s. obiecto), über die Eigenschaften des Geschäftsgegenstandes (error in substantia et qualitate). Dabei war streitig, ob und inwieweit der Eigenschaftsirrtum als Irrtum im Geschäftswillen (wesentlicher Irrtum) anzusehen sei oder bloß die Bedeutung eines Irrtums im Beweggrund habe.

Die herrschende Lehre erkannte den Irrtum über solche Eigenschaften als erheblich an, die das Wesen des Gegenstandes (nicht seine Beschaffenheit und Güte) bestimmen, für die Gattungszugehörigkeit entscheidend sind — sog. error in substantia. Es wird z. B. irrtümlich ein Gefäß aus Erz statt Gold geliefert (error in substantia); anders, wenn ein vergoldetes statt eines rein goldenen Gefäßes gegeben wird, quia auri aliquid habuit (error in qualitate).

Von derartigen formelhaften Einteilungen sieht das BGB. ab. Entscheidend ist, ob und inwieweit der Wille in der Erklärung zum Ausdruck gekommen ist. Zum Inhalt sind alle Bestandteile zu rechnen, die zur Individualisierung des erklärten Geschäftswillens dienen, also die nähere Bestimmung der Art des Geschäftes, des zu begründenden oder aufzuhebenden Rechts, des Geschäftsgegenstands und der beteiligten Personen. Danach gehören zum Inhalt der Erklärung auch die Eigenschaften, durch welche dem Geschäft ein bestimmtes Eigengepräge verliehen wird.

Das können auch mehrere sein (Doppelindividualisierung); ein Hausgrundstück wird z. B. gekennzeichnet einmal durch die grundbuchmäßige Bezeichnung, sodann durch Straße und Hausnummer.

Ein Irrtum über die den Geschäftsgegner oder den Geschäftsgegenstand individualisierenden Eigenschaften, also über die Eigenschaften, die diese nach dem Inhalt des Geschäfts haben sollen, ist als Inhaltsirrtum anzusehen; ebenso ein Irrtum darüber, daß ihre tatsächliche Beschaffenheit (Istbeschaffenheit) der Sollbeschaffenheit nicht entspricht. Wenn jemand ein Gefäß als goldenes verkauft, so liegt darin auch die Zusage, daß es ein goldenes sei. Und diese Aussage bestimmt als wesentliches Element der Erklärung ihren Inhalt mit.

Eine irrige Vorstellung von Eigenschaften, die dem Geschäftsgegenstand, den Beteiligten usw. darüber hinaus beigelegt werden, ohne zum Inhalt der Erklärung gemacht zu werden, ist ein bloßer Irrtum im Beweggrund. Das Gesetz bestimmt aber in 119 II, daß als Inhaltsirrtum auch der Irrtum über solche Eigenschaften der Person oder Sache gelten solle, die im Verkehr als wesentlich angesehen werden; denn ein solcher Irrtum steht dem Irrtum über die Identität wirtschaftlich gleich. Es ist natürlich möglich, das Zutreffen einer beliebigen Vorstellung über Eigenschaften zur Bedingung des Geschäfts und damit zu einem Bestandteil seines Inhalts zu machen.

Kauft A beim Althändler ein Gemälde, das er für ein Urbild eines bestimmten Meisters hält, ohne daß darüber gesprochen wird — so erfolgt die Individualisierung nur durch demonstratio ad oculos. Die Vorstellung des Käufers, es handele sich um ein Urbild, ist bloßer Beweggrund, der Irrtum darüber freilich nach 119 II grundsätzlich wie ein Inhaltsirrtum zu behandeln, berechtigt also zur Anfechtung. Doch wird man sie hier wegen des spekulativen Einschlags des Geschäfts als unbeachtlich bezeichnen müssen. Echter Inhaltsirrtum liegt dagegen vor, wenn das Bild als Urbild gekauft wird (Doppelindividualisierung). Verkauft jemand, der in seiner Wohnung zwei Bismarckbilder hängen hat, außerhalb der Wohnung das Bismarckbild, das in seinem Arbeitszimmer hängt, ohne dabei zu wissen, daß seine Frau inzwischen die Bilder umgehängt hat, so liegt ebenfalls ein echter Inhaltsirrtum vor, da er nicht das Bild gemeint hat, das durch die obigen Eigenschaften bestimmt wurde.

γ) Auch der Irrtum über die Rechtsfolgen berechtigt zur Anfechtung, wenn er als Inhaltsirrtum auftritt — also regelmäßig nur, soweit er sich auf die Hauptfolgen bezieht, die für die Unterordnung des Geschäfts unter ein bestimmtes Geschäftsmuster oder für seine rechtliche Kennzeichnung wesentlich sind. Dagegen ist der Irrtum über bloße Nebenfolgen ergänzenden Rechts bedeutungslos, wenn der auf ihren Eintritt gerichtete Wille in der Erklärung keinen Ausdruck gefunden hat (RG. **79** 394, **88** 284, **89** 33, **98** 139, **134** 197).

Anfechtbar ist die Übernahme einer Schuld, wenn sich der Übernehmer hat verbürgen wollen, der Leihvertrag, wenn Miete beabsichtigt war — nicht anfechtbar der Kaufvertrag bei unrichtiger Vorstellung über die Mängelhaftung oder der Mietvertrag bei Unkenntnis des Vermieterpfandrechts, wenn diese Vorstellungen nicht zum Inhalt der Erklärung gemacht sind.

Die Lehre über den Inhalt der Erklärung ist außerordentlich bestritten. Vgl. etwa: Flume, Eigenschaftsirrtum u. Kauf 1948; Schmidt-Rimpler, Eigenschaftsirrtum u. Erklärungsirrtum in Festschrift für H. Lehmann 1956 S. 213ff.; Staudinger-Coing § 119 Anm. 15—18; Enneccerus-Nipperdey § 167 IV 3; Brauer, Der Eigenschaftsirrtum 1941.

d) Unrichtige Übermittlung.

Dem beachtlichen Irrtum gleich behandelt wird die falsche Übermittlung einer Erklärung durch die dazu verwendete Person oder Anstalt (den Boten), 120. Auch in diesem Falle weicht der Wille ab von der Erklärung, so wie sie dem Empfänger zugeht, und das führt auf der einen Seite zur Anfechtbarkeit, auf der anderen zur Verpflichtung, dem Empfänger die Nachteile zu ersetzen, die ihm durch das Vertrauen auf die Erklärung erwachsen sind (120).

Der Bote bestellt falsch einen mündlich erteilten Auftrag, ein drahtlicher Verkaufsauftrag wird durch Versehen des Postbeamten als Kaufauftrag übermittelt.

Das Gesetz behandelt offenbar die Übermittlung als Bestandteil der Erklärung des Urhebers, die für den Adressaten erst in der ihr durch die Übermittlungsanstalt gegebenen Formulierung bedeutsam wird (so richtig Oertmann, Komm. § 120, 2b). Der Bote ist redender Brief. Wie das Schreibmaschinendiktat zu einer Fehlerklärung führen kann, so die Verwendung eines sonstigen vermittelnden Organs. Der Irrtum dieses ist dem Geschäftsherrn ebenso zuzurechnen wie der Fehler des Tippfräuleins. Aber nur der Irrtum! Wenn der Bote die aufgetragene Erklärung bewußt verfälscht, dann schiebt er eine eigene Erklärung unter, die dem Auftraggeber nicht mehr zugerechnet werden kann. Anders beim Schreibmaschinenfehler, der durch die Unterschrift des Erklärenden gedeckt wird! Dagegen wird man den Aufftraggeber bei nicht bewußter Entstellung sowohl dann haften lassen, wenn die Erklärung verfälscht wird, wie wenn eine völlig verschiedene Erklärung übermittelt wird, wenn z. B. aus einem Kaufvertrag ein Verkaufsauftrag wird (Fall: Weiler-Oppenheim) oder wenn die Erklärung an einen falschen Adressaten ausgerichtet wird (der Bote überbringt den Korb Sekt dem Doktor Meier anstatt dem auf seinem Lieferzettel richtig angegebenen, eine Etage höher wohnenden Sänger Meier). Anders liegt der Fall, wenn der Bote die mehrdeutige Erklärung (der Lieferzettel lautet auf Dr. Meier, Kantstraße, in der aber zwei Dr. Meier wohnen) durch Zustellung an den falschen Adressaten in einer Weise vervollständigt, die dem wahren Willen des Erklärenden widerspricht; die Erklärung ist hier nach 119 anfechtbar.

Der in der 2. Auflage gemachte Unterschied zwischen unrichtiger Übermittlung und Abgabe einer völlig verschiedenen Erklärung wird preisgegeben; er ist innerlich nicht begründet und auch nicht ohne Willkür durchführbar. (Ebenso RGR. Komm. § 120 Anm. 1; Oertmann, Komm. z. Allg. T. § 120 Anm. 5b und c.)

§ 120 kommt nicht zur Anwendung, wenn das zur Übermittlung verwandte Werkzeug ein bloßes Transportwerkzeug ist, das ein vom Urheber angefertigtes Schriftstück lediglich überbringen soll. Unterschiebt dieses eine andere Erklärung, so haftet der Urheber ebensowenig, wie wenn ein von ihm verwandter Bote (Erklärungswerkzeug) bewußt verfälscht. — Ebensowenig haftet der Urheber, wenn die an einen vom Gegner ermächtigten Empfangsboten abgegebene Erklärung von diesem unrichtig weitergegeben wird.

Soweit ein Angestellter als Stellvertreter fungiert, kann sich unter Umständen eine gleiche Behandlung (Anfechtbarkeit und Pflicht zum Ersatz des Vertrauensschaden für den Prinzipal) ergeben, zwar nicht nach 120, aber nach 119 I. Vgl. den interessanten Fall in RGE. **105** 183 ff., wo das RG. die Anwendung des 179 abgelehnt und angenommen hat, der Prinzipal müsse bei auftragswidriger Ausfüllung einer mit seinem gedruckten Namen unterfertigten Karte deren Inhalt gegen sich gelten lassen.

e) Ausnahmsweise beachtlicher Irrtum im Beweggrund. — Irrtum über verkehrswesentliche Eigenschaften.

Der bloße Beweggrund ist aus zwingenden Gründen der Verkehrssicherheit grundsätzlich unbeachtlich. Es genügt, daß jemand will; warum er will, ist regelmäßig gleichgültig.

Die Grenzlinie zwischen Irrtum im Beweggrund und Inhaltsirrtum ist theoretisch leichter zu bestimmen als praktisch zu ziehen. Der Motivirrtum gehört dem Vorgang der Willensbildung an, der Inhaltsirrtum (genau wie die Irrung) dem Vorgang der Erklärungsbildung. Zweifelhaft aber bleibt, was im einzelnen Fall zum Inhalt der Erklärung gemacht wird und was bloß kundgegebene Vorstellungen aus dem Vorstadium der Willensbildung sind. Gegen die ganze Unterscheidung hat neuerdings Titze (der sog. Motivirrtum) sehr beachtliche Bedenken erhoben; siehe auch Brauer (Eigenschaftsirrtum), der eine verschiedene Behandlung vorschlägt, je nachdem sich der Irrtum auf die Sollbeschaffenheit oder die Istbeschaffenheit bezieht. Jener soll einem Inhaltsirrtum wesensgleich sein, dieser grundsätzlich keine Beachtung verdienen.

Ein typisches Beispiel für einen unbeachtlichen Irrtum im Beweggrund ist ein Irrtum in der Preiskalkulation. Der Preis ist keine Eigenschaft der Ware, sondern nur das Ergebnis einer Schätzung der für die Wertbildung maßgebenden Eigenschaften (RG. **55** 370, **64** 266).

Anders, wenn der Verkäufer erkennbar zu dem aus den angegebenen Grundlagen der Berechnung sich ergebenden Preis verkaufen wollte und infolge eines Rechenfehlers eine von diesem Willen abweichende Erklärung abgab; dann kann er, weil er die Preisberechnung zum Gegenstand seiner rechtsgeschäftlichen Erklärung und damit zum Vertragsinhalt gemacht hat, wegen Inhaltsirrtum anfechten (RG. **90** 272 und **101** 108), wenn man nicht durch Auslegung eine Einigung über die richtig berechnete Gesamtsumme annehmen kann. Wenn beide Parteien die Berechnung gemeinsam vornehmen und sie dem Vertrag zugrunde legen, bezieht sich der gemeinschaftliche Irrtum auf die Grundlagen des Rechtsgeschäfts und soll nach RG **105** 407 die Anfechtung wegen Inhaltsirrtums rechtfertigen. Ebenso RG. **116** 17. — In diesen Entscheidungen wird nicht scharf genug hervorgehoben, daß es Frage des Einzelfalles ist, ob wirklich die einverständliche Vertragsgrundlage zum Inhalt der Erklärungen gemacht ist. Falls das nicht der Fall ist, kommt die Anfechtung wegen Inhaltsirrtums nicht in Frage; vielmehr sind die Parteien infolge des Mangels der Geschäftsgrundlage an das Geschäft nicht gebunden, soweit man dieses nicht ausnahmsweise in dem von den Parteien wirklich gewollten Sinn aufrechterhalten kann. Vgl. RG. **108** 110 und **123** 93 sowie unten unter f.; ferner Uhlmann, LZ. 1931, 146f.

Von der Unbeachtlichkeit des Beweggrundes ist eine Ausnahme gemacht zugunsten des Irrtums über verkehrswesentliche Eigenschaften der Person oder Sache. Hier kann der Irrende anfechten unter Verpflichtung zum Ersatz des Vertrauensschadens (119 II, 122). Damit wird der Streit abgeschnitten, ob eine Eigenschaft zum Geschäftsinhalt gemacht ist oder nicht, andererseits aber auch dem Eigenschaftsirrtum eine zu weitgehende Beachtlichkeit verliehen, wenn er sich nur auf die Istbeschaffenheit bezieht.

Vgl. dazu Lenel, Jahrb. Dogm. 44, S. 1ff.; ArchZivPr. 123, S. 161ff.; Gschnitzer, ArchZivPr. N. F. 1, S. 199; Brauer, Eigenschaftsirrtum, 1941.

α) Als Eigenschaften kann man alle tatsächlichen und rechtlichen Merkmale und Verhältnisse einer Person oder Sache bezeichnen, die für ihre Individualisierung, ihren Wert oder ihre Verwendbarkeit für irgendeinen Lebenszweck bedeutsam sind.

Der Wert selbst ist nach der Rechtsprechung keine Eigenschaft, sondern das Ergebnis von Eigenschaften (RG. HRR. 32, 224), ebensowenig der Preis, wohl aber sind es die den Wert bildenden Umstände. Also ist die Anfechtung ausgeschlossen wegen Irrtums über den Marktpreis einer Ware oder den Preisstand eines Papieres (RG. **64** 269; **107** 238; **111** 257; **116** 15; **149** 238; BGH. NJW. 1952, 778), möglich aber wegen des Irrtums über einen preisbildenden Umstand, wie z. B. die Unechtheit des Stoffes (Silber statt Gold, kein reines Silber usw.). Über den Fall, daß der gemeinsam zugrunde gelegte Kurswert für die Berechnung irrig war, vgl. unten unter f.

β) Soweit derartige Eigenschaften zur Individualisierung der Geschäftspartei oder des Geschäftsgegenstandes verwendet und damit zum Inhalt der Erklärung gemacht werden, ist die Anfechtbarkeit schon nach 119 I begründet, ohne daß es auf die Verkehrswesentlichkeit der Eigenschaft ankäme.

Unter Anwesenden wird der Vertragsgegenstand regelmäßig durch das hinweisende Fürwort „dieser" individualisiert. Hier fragt sich dann, ob nach den gesamten Umständen doch gewisse Eigenschaften zum Sollinhalt des Geschäfts gemacht sind. Vielfach wird hier der Gegenstand, „wie er steht und liegt" verkauft. Unter Abwesenden kann der Gegenstand nur durch Eigenschaften individualisiert werden. Diese Eigenschaften gehören dann zum Inhalt der Erklärung. Soweit dem Gegenstand darüber hinaus Eigenschaften beigelegt werden, ohne daß sie zum Inhalt der Erklärung gemacht wären, kann ein Irrtum nur nach 119 II unter dem Gesichtspunkt der Verkehrswesentlichkeit beachtet werden.

γ) Die Eigenschaften müssen, um überhaupt beachtet zu werden, mit dem Geschäftsinhalt im unmittelbaren Zusammenhang stehen, ihr Fehlen muß also die Erfüllbarkeit des abgeschlossenen Rechtsgeschäfts gefährden. Nach BGH. 16, 57 können die Eigenschaften bei einem Vertrag nur dann zu einer Anfechtung führen, wenn sie dem Vertrag „zugrunde gelegt" wurden. Andernfalls liegt nur ein unerheblicher Irrtum im Beweggrund vor. Unter dieser Voraussetzung kann der Erklärende auch wegen eines Irrtums über eigene Eigenschaften anfechten.

Die Zahlungsfähigkeit spielt z. B. nur eine Rolle bei Kreditgeschäften (RG. **66** 38 und **105** 206), nicht dagegen bei Bargeschäften. Die persönliche Vertrauenswürdigkeit ist z. B. bedeutsam bei der Eingehung eines Gesellschaftsvertrages, aber im allgemeinen nicht beim Kauf (RG. Warn. 1920, Nr. 185). Das Vorleben eines Chefarztes ist bei seiner Anstellung von Bedeutung (RG. Warn. 1909, Nr. 2), ebenso das Vorleben einer Erzieherin, die für die Kinder gewonnen wird, während es beim Kauf grundsätzlich gleichgültig ist.

Bei einer Person muß es sich zudem nach der Rechtspr. d. RG. (**99** 215) um Merkmale handeln, die der Gesamtpersönlichkeit für eine gewisse Dauer anhaften, ihre Wertschätzung für die Dauer des unter den Beteiligten fraglichen Verhältnisses wesentlich beeinflussen. Bloß vertragsmäßige Beziehungen zu einem Dritten (z. B. Versichertsein gegen Haftpflicht) können regelmäßig nicht als Eigenschaften angesehen werden.

Nicht nötig ist dagegen, daß der Irrtum stets die Person des Erklärenden oder des Erklärungsempfängers selbst betrifft; unter Umständen kann auch ein Irrtum über die Eigenschaft einer dritten für den Inhalt und Zweck des Rechtsgeschäfts bedeutsamen Person erheblich sein, so z. B. ein Irrtum über den Ehemann einer Gesellschafterin, der als Geschäftsführer in Aussicht genommen war (RG. **98** 207) oder der Irrtum des Bürgen über wesentliche Eigenschaften des Hauptschuldners, für den er ein Bürgschaftsversprechen abgibt (RG. JW. 1906, 131[2]).

δ) Verkehrswesentlich sind nicht bloß Eigenschaften, durch deren Vorhandensein oder Fehlen die Sache für die Verkehrsauffassung zu einer anderen wird (so früher Enneccerus § 157 III 3, aber nicht mehr Nipperdey i. d. 15. Bearbeitung). Vielmehr kommen alle Eigenschaften in Betracht, auf die der Verkehr bei Geschäften von der typischen Eigenart des gerade vorliegenden entscheidendes Gewicht legt; oder wie der RGR.Komm. (§ 119 Anm. 5) formuliert: alle tatsächlichen und rechtlichen Verhältnisse, die infolge ihrer Beschaffenheit und vorausgesetzten Dauer nach den Anschauungen des Verkehrs einen nennenswerten Einfluß auf die Wertschätzung des Gegenstandes zu üben pflegen (RG. **61** 85, **64** 269).

Verkehrswesentlich sind danach z. B. bei Grundstücken: die Bebaubarkeit, die Freiheit von Straßenbaukosten, von Trockenfäule usw.; bei beweglichen Sachen wie Banknoten, Bildern, Edelsteinen usw. regelmäßig die Echtheit. Bei Personen, die sich zu einer Sachleistung verpflichten, spielen im allgemeinen die persönlichen Eigenschaften des Verpflichteten keine entscheidende Rolle, es sei denn, daß ausnahmsweise durch die Mängel der Person die Sicherheit der Vertragserfüllung ernstlich gefährdet wird (RG. **107** 212). Die Zahlungsfähigkeit kommt als persönliche Eigenschaft normalerweise nur dann in Betracht, wenn es sich um Kreditgeschäfte handelt, bei einem Barkauf ist sie nur unter besonderen Umständen bedeutsam (RG. **105** 206).

H. Brauer, der den Irrtum über die Istbeschaffenheit scharf von dem Irrtum über die Sollbeschaffenheit unterscheidet, erklärt jenen regelmäßig für unbeachtlich und will § 119 II nur auf die verhältnismäßig seltenen Fälle isolierter Verfügungen z. B. die Dereliktion eines fälschlich für unecht gehaltenen Ringes, angewandt wissen. Man kann auch im Rahmen des geltenden Rechts § 119 II in den Fällen des Irrtums über die Istbeschaffenheit durch eine richtige Risikoverteilung so einengen, daß unangemessene Ergebnisse vermieden werden. Die Anfechtungsmöglichkeit ist da zu verneinen, wo sie mit dem spekulativen Charakter des Geschäfts oder der richtigen Risikoverteilung unverträglich ist. Ebensowenig verdient Schutz, wer heimlich eine andere Istbeschaffenheit annimmt, als er selbst in seiner Erklärung gutheißt, wer z. B. einen Kahn als tadellos verkauft, weil er irrig erhofft, er sei morsch (Brauer S. 47).

ε) Zweifelhafte Fälle.

Der Name oder die Bezeichnung kann als Eigenschaft in Betracht kommen, wenn er dem Gegenstand für eine gewisse Dauer anhaftet, also nicht willkürlich jeden Augenblick genommen werden kann. In Betracht kommen also die Bezeichnungen, die nicht beliebig abänderbar sind, wie die Hausnummer oder der Personenname, ferner Bezeichnungen, die sich in der Volksanschauung so fest mit dem Gegenstand verbunden haben, daß sie ihm dauernd anhaften (Ölmühle, Papiermühle als Bezeichnung für eine sehr beliebte Sommerwirtschaft).

Sehr streitig ist, ob die rechtliche Zuständigkeit des Geschäftsgegenstandes als verkehrswesentliche Eigenschaft angesehen werden darf. Der Veräußerer hält sich oder einen anderen zu Unrecht für den Eigentümer. Meines Erachtens ist die Anfechtbarkeit nach 119 II zu verneinen. Wenn der Irrtum des Veräußerers über das Eigentum auf einer Unkenntnis oder einem Mißverständnis objektiver Rechtssätze beruht (der Finder hält sich sofort für den Eigentümer), so kann die Anwendbarkeit von 119 II keinesfalls in Frage kommen; denn es liegt ein Irrtum über die Rechtsfolgen vor (vgl. neuestens OGHBrZ. NJW. 49, 220 = 1, 292). Wenn dagegen der Irrtum auf einer falschen Beurteilung der tatsächlichen Verhältnisse beruht (der Auktionator veräußert irrigerweise seinen eigenen Überzieher), so läßt sich kaum bestreiten, daß man die Zugehörigkeit einer Sache zum Vermögen einer bestimmten Person als eine Eigenschaft bezeichnen kann. Wohl aber fehlt ihr, wenn man mit dem RG. an dem Erfordernis eines Dauermerkmals festhält, das nach den Anschauungen des Verkehrs einen nennenswerten Einfluß auf die

Wertschätzung des Gegenstandes zu üben pflegt, der Charakter der Verkehrswesentlichkeit. Vgl. RG. i. Recht 1908, Beil. 117. Zudem würden die Vorschriften über die Haftung des Verkäufers wegen rechtlicher Mängel (440ff.) in der Hauptsache bedeutungslos, wenn man dem Veräußerer wegen seines Irrtums über das Eigentum die Anfechtung gestatten wollte. So richtig Kipp bei Windscheid-Kipp (I § 172 Nachtrag I 13). Anders liegt die Frage bei einem Irrtum über sonstige rechtserhebliche Eigenschaften des Erklärungsgegenstandes, wie beim Irrtum über die Bebaubarkeit eines Grundstücks oder die Brauereifreiheit einer Wirtschaft (vgl. Oertmann, § 119 Anm. 4d γ $\beta\beta$).

Die Abwesenheit einer gewissen Eigenschaft kann man selbstverständlich nicht wieder als Eigenschaft betrachten — es ist keine Eigenschaft einer Hamburger Zigarre, daß sie keine Importzigarre ist — es sei denn, daß es sich um die Abwesenheit von Fehlern handelt, d. h. von Merkmalen, die nicht als positive Vorzüge in Betracht kommen, sondern ein Zurückbleiben hinter der normalen Beschaffenheit bedeuten, wie z. B. die Schwammfreiheit beim Haus, oder das straflose Vorleben bei einer Person.

Geschichtliche Vorgänge bezüglich eines Gegenstandes (Kauf der Feder, mit der der Gesandte eines bestimmten Landes den Friedensvertrag von Versailles unterzeichnet hat), können eine verkehrswesentliche Eigenschaft begründen, wenn sie die Wertschätzung bei Geschäften der fraglichen Art entscheidend beeinflussen.

Ob die Eigenschaft des Kaufgegenstandes als Original oder Kopie verkehrswesentlich ist, hängt von den Umständen ab, namentlich davon, ob ein gewöhnliches Kaufgeschäft oder ein Kauf im Kunst- und Antiquitätenhandel in Frage steht. Hier wird die Eigenschaft als Urbild regelmäßig verkehrswesentlich sein, doch bleibt zu beachten, daß bei Ungewißheit über die Eigenschaft der Schluß berechtigt sein kann, der Käufer habe das Risiko auf sich nehmen wollen (vgl. Enneccerus-Nipperdey, § 168 I 1 u. RG. **134** 31), ferner, daß die Gewährleistungsregeln grundsätzlich die Irrtumsanfechtung verdrängen (siehe die unmittelbar folgenden Bemerkungen).

ζ) Obwohl § 119 II nur von der Eigenschaft einer „Sache" spricht, verlangt sein Zweckgedanke die Erstreckung auf andere Geschäftsgegenstände wie z. B. Forderungen, Hypotheken, Geschäftsgeheimnisse, Handelsgeschäfte usw.

So die Mehrzahl der Schriftsteller und später unter Aufgabe seiner früheren ablehnenden Haltung (RG. **73** 136) für die Hypotheken auch das RG. Vgl. jetzt RG. **149**, 238; BGH. LM. § 779 Nr. 2.

η) Dagegen wird das an sich begründete Anfechtungsrecht des Käufers oder Bestellers beim Kauf- und Werkvertrag wegen Irrtums über wesentliche Eigenschaften ausgeschlossen, soweit die Gewährschaftsansprüche (§§ 459f., 633ff.) gegeben sind; die Gewährleistungsvorschriften wollen als lex specialis die Irrtumsanfechtung verdrängen.

Das folgert RG. in ständiger Rechtsprechung aus ihrem Zweck, binnen der kurzen, in §§ 477 (u. 638) vorgesehenen Verjährungsfrist Klarheit über das Bestehenbleiben des Kaufs zu schaffen. Dieser Zweck würde vereitelt, wenn das Damoklesschwert der Anfechtbarkeit 30 Jahre lang über dem Geschäft schweben bliebe. Vgl. RG. **61** 175; **97** 351; **138** 356; BGH. 16, 57. Dagegen schließt die Sonderregelung beim Mietvertrag (§§ 537 539) die Anwendung des § 119 nicht aus; so RG. **157** 174.

f) Ein **doppelseitiger Irrtum** liegt vor, wenn beiden Teilen ein Irrtum hinsichtlich der Erklärung oder im Beweggrund unterlaufen ist.

Vgl. darüber Oertmann, ArchZivPr. 117, 275f.; Rhode, ebenda 124, 257ff.; von Tuhr, LeipzZ. 1921 Sp. 153; Uhlmann, LZ. 1931, 129; Stampe. JW. 1921, 826 zu Nr. 2; Jacoby, DogmJ. **70** 133f.

α) Ist der Irrtum jeder Partei ein besonderer, hält die eine etwa den Stoff des Geschäftsgegenstandes für Kupfer, die andere für Platin, während er in Wahrheit massiv silbern ist, so gelten die allgemeinen Regeln über die Anfechtbarkeit gemäß 119.

β) Ist der Irrtum ein gemeinschaftlicher, so ist dagegen keineswegs immer eine Anfechtbarkeit nach 119 begründet.

αα) Zunächst besteht die Möglichkeit, daß es sich um eine falsche Bezeichnung, eine unschädliche falsa demonstratio handelt (vgl. darüber § 30 VI 4a S. 196 dieses Buches). Für diesen Fall gilt das wirklich Gewollte.

ββ) Es besteht ferner die Möglichkeit, daß beide Parteien sich in einem gemeinsamen Irrtum hinsichtlich Eigenschaften oder sonstiger Voraussetzungen des erklärten Willens befunden haben und diesen Irrtum zur Geschäftsgrundlage gemacht haben. Hier bedarf es allerdings einer Anfechtung durch den beschwerten Teil nicht, die ihn zum Ersatz des Vertrauensschadens verpflichten würde. Vielmehr ist das Geschäft wegen Fehlens der Geschäftsgrundlage unverbindlich, falls man es nicht ausnahmsweise in dem von den Parteien vernünftigerweise gewollten Sinne aufrechterhalten kann (vgl. unten § 35 A VII). Die Lossage vom Geschäft muß Treu und Glauben Rechnung tragen (242), ist also ausgeschlossen, soweit eine Heilung möglich und zumutbar ist, sowie dem benachteiligten Geschäftsgegner binnen angemessener Frist angeboten wird. Die gleiche Behandlung muß der gemeinschaftliche Grundlagenirrtum auch dann erfahren, wenn er im konkreten Falle zu einem gemeinschaftlichen Inhaltsirrtum oder zu einem gemeinschaftlichen Eigenschaftsirrtum i. S. des § 119 geführt hat (arg. a fortiori). Die im § 119 vorgeschriebene Irrtumsanfechtung hat nur den Fall eines besonderen Irrtums, nicht den eines gemeinschaftlichen Irrtums im Auge.

Nach der Rechtsprechung des Reichsgerichts sollen „auch die — irrtümlich für richtig gehaltenen — Grundlagen der Erklärung, auf denen diese sich aufbaut und die an sich nur einen Irrtum im Motiv abgeben, zum Inhalte der Erklärung werden, wenn sie in einer dem Gegner erkennbaren Weise die Erklärung beeinflußt haben und wenn sie Gegenstand der rechtsgeschäftlichen Erklärung der Parteien geworden sind". So RG. **94** 67.

Vgl. auch RG. **97** 138, wo die Parteien ein Geschäft über Wertpapiere auf Grund einer im Kurszettel enthaltenen, infolge eines Druckfehlers irrigen Angabe des Kurses geschlossen hatten, die sie beide für richtig hielten — und zwar so, daß nach dem geäußerten Willen beider Vertragsteile nur der Kurs des betreffenden Tages als Kaufpreis in Betracht kam; das RG. nahm auch hier nicht bloß Irrtum im Motiv, sondern Inhaltsirrtum an. Während das RG. in den vorerwähnten

Fällen ein Anfechtungsrecht nach § 119 zugestand, hat es in neueren Urteilen bei beiderseitigem Grundlagenirrtum die Unverbindlichkeit des Vertrags angenommen. Vgl. RG. **108** 109 u. **123** 93; LZ. 1928, 186 Nr. 5; JR. 1927, Nr. 219, 1929. Nr. 485; JW. 1929, 728. — In RG. **116** 17 wird freilich wieder die Anfechtbarkeit aus § 119 wegen Inhaltsirrtum bejaht. — Richtig ist an dieser Rechtsprechung, daß ein gemeinschaftlicher Irrtum im Beweggrund, wenn er zur Geschäftsgrundlage gemacht ist, Beachtung verdient, irrig aber die Meinung, daß er deshalb schon zum Inhalt der Erklärung werde.

Die einzelnen Fälle liegen durchaus verschieden. Ein gemeinschaftlicher Grundlagenirrtum im eigentlichen Sinne setzt gerade voraus, daß die gemeinschaftlichen irrigen Vorstellungen außerhalb des Rahmens der Willenserklärungen geblieben sind, wie z. B. in den RG. **108** 109 und **123** 92 sowie JW. 1929, 728 entschiedenen Fällen. Es ist aber auch denkbar, daß der gemeinschaftliche Grundlagenirrtum im konkreten Falle auch den Inhalt der Erklärungen mit beeinflußt und bestimmt, daß er auch zu einem gemeinsamen Inhaltsirrtum führt. Enneccerus-Nipperdey (13. Aufl. § 165 III 1, aber nicht mehr 15. Aufl. § 177 VI) wollte dann § 119 anwenden und den Anfechtenden mit der Pflicht zum Ersatz des Vertrauensschadens belasten. Ebenso sollte der Grundlagenirrtum behandelt werden, der sich als Eigenschaftsirrtum nach 119 II darstelle; es liege kein Anlaß vor, an Stelle der vom Gesetz vorgesehenen Irrtumsanfechtung ein Rücktrittsrecht zu geben. Mir erscheint es im Gegenteil widerspruchsvoll, einem gemeinschaftlichen Irrtum, der nur die außerhalb der Erklärung bleibenden Vorstellungen betrifft, einen stärkeren Einfluß einzuräumen, als einem gemeinschaftlichen Irrtum, der sogar den Inhalt der Erklärung betrifft. Er muß erst recht das Geschäft unverbindlich machen, falls man es nicht in dem von den Parteien einverständlich gemeinten Sinne aufrechterhalten kann. Das ist in dem obigen Beispiel möglich, wenn wirklich schlechthin zum Tageskurs gekauft ist, der von den Parteien infolge eines gemeinschaftlichen Irrtums mit 337 statt 437 angenommen wurde. Hier dürfte der Abschluß zum wirklichen Tageskurs, also 437, anzunehmen sein. Das geht dagegen nicht an, wenn der Kaufpreis doppelt individualisiert ist, einmal durch den Tageskurs, dann durch die Einschränkung des verkaufslustigen Auftraggebers, daß nicht unter einem Kurs von 337 abgeschlossen werden dürfe. Hier bedeutet die Übernahme der Aktien zum Kurs von 337 durch den Bankier als Eigenhändler die Erklärung, daß der Kaufvertrag zu dem betreffenden Tageskurs, der diese Höhe erreicht habe, zustande gekommen sei; der Vertrag ist zu 337 als Tageskurs abgeschlossen. Insoweit liegt aber auch ein gemeinschaftlicher Inhaltsirrtum vor. Aber da gleichwohl die Parteien nicht dasselbe wollen, der Verkäufer nur zum Tageskurs, aber nicht unter 337 verkaufen, der Käufer zum Tageskurs, aber nicht über 337 kaufen will, ist an eine Aufrechterhaltung des Geschäfts nicht zu denken. Fraglich kann nur sein, ob der Verkäufer sich durch Anfechtung nach 119 vom Geschäft befreien muß oder sich von ihm wegen Grundlagenirrtums lossagen kann, falls nicht der Käufer die Differenz nachzuzahlen bereit ist. Diese letztere Lösung ist im Interesse einer einheitlichen Handhabung des Rechts vorzuziehen. Enneccerus-Nipperdey will jetzt in entsprechender Anwendung des § 242 den Parteien ein Recht zur Lossage vom Vertrag geben, sofern der Vertrag nicht ausnahmsweise durch Auslegung mit verändertem Inhalt aufrechterhalten werden kann. Ein Ausgleichanspruch eines Teils sei dabei u. U. nach § 242 gegeben.

Nach OLG. München v. 3. 2. 1950 (MDR. 50, 672) bedarf es bei beiderseitigem Irrtum der Vertragsteile bei der Preisvereinbarung (gemietet wurde zur Friedensmiete, die beide Parteien irrig mit 176 Mark Monatsmiete bezifferten) zur Berücksichtigung des Irrtums keiner Anfechtung, die Rechtsfolgen des beiderseitigen Irrtums bestimmen sich nach § 242 BGB.

2. Die Rechtsfolgen des Irrtums.

Hildebrandt, Erklärungshaftung. 1931.

a) Die Anfechtbarkeit.

α) die Folge des Irrtums ist — abgesehen von den Fällen des fehlenden Erklärungsbewußtseins und des doppelseitigen Irrtums — überall die gleiche: der Irrende kann seine Erklärung anfechten, aber nur unter der Voraussetzung, daß er die Erklärung bei Kenntnis der Sachlage und bei verständiger Würdigung des Falles nicht abgegeben hätte (119 I, 120).

Darin liegt eine rein persönliche und eine mehr sachbestimmte Voraussetzung. Der Irrtum muß in der Tat ursächlich gewesen sein, und seine mutmaßliche Ursächlichkeit muß sich hinterher auch unter der Annahme bejahen lassen, daß der Irrende von seinem Interessenstandpunkt aus die wahre Sachlage vernünftig beurteilt hätte. Nach RG. **62**, 206 ist die Frage darauf abzustellen, ob der Irrende „frei von Eigensinn, subjektiven Launen und törichten Anschauungen“ als verständiger Mensch die Sachlage gewürdigt hätte.

Das ist durchaus eine Frage des einzelnen Falls, des besonderen Interesses an einem bestimmten Punkt des Geschäfts. Nicht anfechten kann z. B. der Mieter, weil das Haus die Nr. 13 trägt, und er gegen diese Nummer einen Widerwillen hat.

Auf Entschuldbarkeit des Irrtums kommt nach dem Wortlaut des Gesetzes nichts an.

Nach Lange (332) muß aber die Verschuldensfrage die Würdigung mit beeinflussen, dies um so mehr, als §122 II die Schuld des Gegners betr. die Erkennbarkeit des Irrtums zu dessen Lasten berücksichtigt wissen will. Ebenso müsse die Entwicklung des Rechtsgeschäfts mit berücksichtigt werden; abgewickelte Rechtsgeschäfte seien schwerer anfechtbar als bloß vereinbarte. Endlich ist die Anfechtbarkeit ausgeschlossen, wenn der Erklärungsempfänger das Rechtsgeschäft nachträglich so gegen sich gelten läßt, wie es der Irrende irrtumsfrei gewollt hat.

β) Die Anfechtung muß unverzüglich, d. h. ohne schuldhaftes Zögern erfolgen, nachdem der Irrende von dem Anfechtungsgrunde Kenntnis erlangt hat; sie ist ausgeschlossen, wenn seit der Abgabe der Erklärung 30 Jahre verstrichen sind (121).

Die Rücksichtnahme auf den Anfechtungsgegner, zu dessen Schutz das Gesetz die unverzügliche Abgabe der Anfechtungserklärung vorschreibt, braucht nicht so weit zu gehen, daß dadurch das Anfechtungsrecht selbst vereitelt wird, RG. **124** 118 (Hinausschiebung bis zur Erw rkung eines Arrestbefehls). Ob Rechtsirrtum über die Anfechtungsbedürftigkeit als Entschuldigungsgrund gilt, ist streitig; vgl. RG. **134** 25 u. RG. **152** 228.

Wie, wenn der Anfechtungsgegner die Anfechtbarkeit nachträglich erkannt hat? Entschuldigt das die Verzögerung der Anfechtung? RA. nach: Nein! Denn der Gegner hat ein schutzwürdiges Interesse daran, alsbald zu wissen, ob der Anfechtungsberechtigte von seinem Anfechtungsrecht Gebrauch machen wird. Vgl. auch 122, der in Verbindung mit dieser Erwägung einen Umkehrschluß gestattet. Wenn der Anfechtungsgegner die Anfechtbarkeit schon bei der Abgabe erkannt, also die Erklärung richtig verstanden hat, liegt kein Grund zur Anfechtung vor, die Erklärung gilt im wirklich gemeinten Sinne (RG. **66** 427). Nimmt der Anfechtungsberechtigte das letztere an, so wird die Schuldhaftigkeit seines Zögerns so lange ausgeschlossen, als diese irrige Annahme durch die Umstände gerechtfertigt war.

b) Die Entschädigungspflicht.

Die nachteilige Wirkung der Anfechtung für den Gegner, der auf die Gültigkeit der Erklärung vertraute, wird ausgeglichen durch die Verpflichtung des Anfechtenden zum Ersatz des Vertrauensschadens, des sog. negativen Interesses (122 I).

α) Der Vertrauensschaden deckt nicht das Interesse an der Gültigkeit des Geschäfts (das Erfüllungsinteresse), sondern nur das Interesse an der Kenntnis des Anfechtungsgrundes (das Vertrauensinteresse); er gewährt also nur den Ersatz der Nachteile, die der Gegner nicht erlitten hätte, wenn er den Ungültigkeitsgrund gekannt hätte. Dann würde er das Geschäft überhaupt nicht oder nicht so abgeschlossen haben und hätte sich erspart die etwaigen Kosten des Abschlusses (Stempelkosten, Reisekosten), der Übersendung der verkauften Ware, hätte vielleicht auch ein anderes Angebot nicht ausgeschlagen usw.

β) Der Vertrauensschaden hat seine Grenze stets am Nichterfüllungsschaden, da kein Anlaß vorliegt, den Gegner des Anfechtenden besser zu stellen, als er bei Unterbleiben der Anfechtung stehen würde.

Der Gegner kann also den entgangenen Gewinn aus einem sonst etwa abgeschlossenen Geschäft (anderweitige Vermietung des anfechtbar vermieteten Hauses) nur verlangen bis zur Grenze des Erfüllungsinteresses aus dem anfechtbaren Geschäft.

γ) Der Ersatzanspruch ist ausgeschlossen, wenn der Geschädigte den Anfechtungsgrund gekannt hat oder hätte kennen müssen, d. h. infolge von Fahrlässigkeit nicht gekannt hat (122 II); vgl. RG. **116** 19.

Nach RG. **81** 399 kann der Geschädigte aber den Ersatzanspruch nicht geltend machen, wenn er selbst den Irrtum veranlaßt hat; das RG. gibt dem Anfechtenden die exceptio doli generalis. Besser ist die Begründung von Enneccerus-Nipperdey, Allg. T. (§ 171 II 5) der den Ausschluß der Haftung aus der mittelbaren Kausalität ableitet, was die Anwendbarkeit von 254 rechtfertigt, wenn beide Parteien den Irrtum veranlaßt haben; vgl. RG. **116**, 19.

3. Sonderregelung des Irrtums.

a) Letztwillige Verfügungen und Erbverträge sind ganz allgemein wegen eines Irrtums des Erblassers im Beweggrund anfechtbar.

„Soweit der Erblasser zu der Verfügung durch die irrige Annahme oder Erwartung des Eintritts oder Nichteintritts eines Umstandes bestimmt worden ist", keine Ersatzpflicht, 2078/79.

b) Die Erbschaftsannahme im Irrtum über den Berufungsgrund ist nichtig (1949).

c) Bei der Eheschließung begründet der Irrtum über die Eheschließung oder über die Person des anderen Ehegatten oder über dessen persönliche Eigenschaften kein Anfechtungsrecht, sondern nur ein Aufhebungsrecht; §§ 28, 31, 32 EheG.

d) Der Irrtum über die Vergleichsgrundlage hat nach 779 Unwirksamkeit zur Folge; ebenso der gemeinsame Irrtum über die Geschäftsgrundlage.

(Vgl. oben III 1f. in diesem Paragr. und § 35 A VII dies. Lehrb.)

IV. Arglistige Täuschung und Drohung

In zwei Fällen begründet ein Beweggrund die Anfechtbarkeit, weil er in rechtlich gemißbilligter Weise hervorgerufen und dadurch die Entschlußfreiheit beeinträchtigt worden ist.

1. Seine Willenserklärung kann anfechten, wer zu ihrer Abgabe durch die von einem anderen vorgenommene **arglistige Täuschung** bestimmt worden ist (123 I).

Sprenger, ZivA. 88 359; Riehl, Gruchot **60** 790f.; Lenz, Zur Lehre v. bürgerlichrechtl. Betrug 1918; Elster, HdwbRw. I 324f.

a) Voraussetzungen:

α) eine Täuschung, d. h. ein Verhalten, durch das eine irrige Vorstellung in einem andern erregt, bestärkt oder erhalten wird.

Regelmäßig muß die Täuschung auf Tatsachen gerichtet sein, da durch die Aussprache persönlicher Urteile, die als solche erkennbar geäußert werden, die Entschlußfreiheit des Erklärungsempfängers nicht unzulässig beeinträchtigt wird. Anders selbstverständlich, wenn der Erklärende ein Urteil abgibt, von dem er weiß, daß der Gegner es für sich als maßgebend erachtet.

β) Ursächlichkeit der Täuschung für die Abgabe der Willenserklärung — der andere muß zur Abgabe einer Erklärung bestimmt worden sein, die er sonst überhaupt nicht oder doch nicht so abgegeben hätte.

Es genügt, wenn die Täuschung für die Abgabe der WE. auch nur mitbestimmend war, RG. **77** 314.

γ) Arglist des Täuschenden, er muß den Irrtum vorsätzlich erregt, bestärkt oder unterhalten haben und sich die ursächliche Bedeutung seines Vorgehens für die Abgabe der Willenserklärung klargemacht haben.

Es genügt Eventualdolus, so das Bewußtsein, daß die Täuschung den anderen zur Erklärung bestimmen könnte, RG. 143, 53, ja sogar, daß die ihm gemachte Angabe falsch sein könnte, RG. JW. 29, 3161.

Unnötig ist die Absicht, sich dadurch einen rechtswidrigen Vermögensvorteil zu verschaffen (Betrugstatbestand des 263 StGB.) oder die Absicht, den anderen zu schädigen; RG. **107** 177; **111** 7. Arglist erfordert nur das Bewußtsein, den anderen zu schädigen oder möglicherweise zu schädigen; RG. JW. **36**, 988.

b) Das Verschweigen gewisser Tatsachen begründet die Anfechtbarkeit nur, wenn eine besondere Mitteilungspflicht bestand (259, 260, 402, 666) oder doch Treu und Glauben mit Rücksicht auf die Verkehrssitte im besonderen Fall Offenheit verlangten.

Auf Fragen nach bestimmten Eigenschaften dürfen vorhandene Fehler nicht geleugnet werden. Die Auffassung der Praxis geht etwa dahin, daß ein Vertragschließender grundsätzlich von der Gegenseite die Mitteilung von Tatsachen erwarten darf, von denen diese annehmen muß, daß sie für seine Entschließung von besonderer Bedeutung sind und deren Kenntnis er sich auch nicht durch die im eigenen Interesse gebotene Sorgfalt verschaffen kann. Dazu gehört vor allem die Wahrscheinlichkeit, daß der Erfüllung des Vertrags Hindernisse im Wege stehen werden, RG. **120**, 252. Ein bereits bestehendes Treueverhältnis begründet erweiterte Aufklärungspflichten RG. **77**, 309.

c) Ist eine derartige Täuschung ursächlich gewesen, so kommt es nicht darauf an, ob durch sie ein Inhaltsirrtum im Sinne des 119 herbeigeführt worden ist oder nicht; jeder irrige Beweggrund rechtfertigt die Anfechtbarkeit. Ist der Erklärende durch die Täuschung nur zu einem Teile seiner Erklärung bestimmt worden, so ist zunächst nur dieser Teil anfechtbar und die Gültigkeit des ganzen Geschäfts nach 139 zu beurteilen.

Beispiele: Der Verkäufer braucht z. B. beim Verkauf eines Spekulationspapieres den Käufer nicht auf die allgemeinen Marktverhältnisse hinzuweisen, die ein erhebliches Sinken der Kurse erwarten lassen, wohl aber muß er ihn auf besondere Umstände aufmerksam machen, die für die Entschließung des Käufers hinsichtlich des Kaufgegenstandes und seine Wertschätzung erheblich sind, z. B. darauf, daß in das Bergwerk, dessen Aktien zum Tageskurs verkauft werden, Wasser eingebrochen ist, RG. **111** 233. — Der Käufer braucht beim Kreditkauf nicht ungefragt seine Kreditwürdigkeit anzuzeigen, oder es müßten besondere erschwerende Umstände vorliegen, wie im Falle (RG. **69** 15), wo der Käufer nicht bloß seine große Überschuldung, sondern auch seine auf unlautere Schiebungen gerichtete Absicht verschwieg. — Der Versicherungsnehmer muß dem Versicherer gefahrerhöhende Umstände (bei der Lebensversicherung z. B. eine frühere schwere Erkrankung) anzeigen, bei deren Kenntnis der Versicherer den Abschluß des Vertrags abgelehnt oder doch so, wie er abgeschlossen wurde, abgelehnt hätte. Vgl. auch RG. **107** 175ff.

2. Seine Willenserklärung kann ferner anfechten, wer zu ihrer Abgabe **widerrechtlich durch Drohung** bestimmt worden ist (123 I).

Henle, Anwendungsgebiet der Anfechtbarkeit wegen Drohung, 1913; Beling, ZivA. **126** 263; Henle, Drohung 1925; Nipperdey, Die Ersatzansprüche für die Schäden, die durch den von den Gewerkschaften gegen das geplante BetriebsverfassungsG. geführten Zeitungsstreik v. 27.—29. Mai 1952 entstanden sind, Rechtsgutachten, Schriftenreihe der Bundesvereinigung der deutschen Arbeitgeberverbände, Heft 9, Köln 1953.

Voraussetzungen:

a) Eine Drohung, d. h. die Ankündigung eines vom Willen des Ankündigenden irgendwie abhängigen Übels für den Fall, daß der Bedrohte eine vom Drohenden gewünschte Willenserklärung nicht abgeben wird. Gleichgültig ist die Art des Übels. Fallen gelassen sind die Erfordernisse des römischen Rechts, wonach das angedrohte Übel ein erhebliches sein mußte (z. B. Drohung gegen Leib, Leben oder Freiheit, nicht aber Bedrohung des guten Rufs oder des Vermögens), ein gegenwärtiges sein mußte (malum praesens) und geeignet sein mußte, auch einen standhaften Mann einzuschüchtern (metus non vani hominis, sed qui merito et in homine constantissimo cadat).

Auch ein geringfügiges Übel genügt, vorausgesetzt, daß es überhaupt geeignet war, den Bedrohten in seiner Entschließung entscheidend zu beeinflussen. Das Erfordernis einer „objektiven Zwangslage" ist unbegründet. Die subjektive Eigenart des Bedrohten ist vielmehr zu berücksichtigen, die stärkeren Nerven verdienen kein Privileg.

Keine Drohung liegt vor, wenn jemand die bereits sonstwie entstandene Notlage eines anderen ausnutzt, um sich für seine Hilfe Vorteile versprechen zu lassen; der Arzt weigert sich, nachts zum Kranken zu kommen, wenn er nicht eine übertrieben hohe Vergütung zugesagt erhält. Hier kommt die Anwendbarkeit von 123 nicht in Frage, der Vertrag kann aber nach 138 wucherisch oder sittenwidrig sein. Anders liegt der Fall, wenn der seine Hilfe Verweigernde zur Hilfeleistung verpflichtet war, wie der Arzt, der mitten in der Operation, oder der Bergführer, der auf dem Gipfel mit der Einstellung seiner Tätigkeit droht. Die Herbeiführung einer Notlage begründet eine solche Pflicht zur Hilfeleistung auch ohne vertragliche Übernahme; vgl. KG. DJZ. 1906, 1097.

Keine Drohung liegt ferner in dem Hinweis darauf, daß die bestehenden Verhältnisse und ihre Entwicklung von selbst für den andern ein künftiges Übel erwarten lassen; BGH. **6** 348 (Hinweis auf objektive Zwangslage).

Auf der andern Seite ist es nicht nötig, daß das Übel unmittelbar vom Drohenden selbst verwirklicht werden soll, es genügt, wenn der Drohende zum Ausdruck bringt, daß er einen Dritten veranlassen werde, das Übel zuzufügen.

b) Zwischen Drohung und Abgabe der Willenserklärung muß ein ursächlicher Zusammenhang bestehen, der Bedrohte muß auch wirklich gerade durch die Drohung und die dadurch ausgelöste Furcht zur Erklärung bewogen sein (RG. **59** 351).

c) Die Drohung muß widerrechtlich gewesen sein.

In dem Erfordernis der Widerrechtlichkeit liegt die Schwierigkeit des ganzen Problems begründet. Es handelt sich um eine der streitigsten Fragen des ganzen Bürgerlichen und Strafrechts (vgl. Oertmann, Komm. z. Allg. T. § 123 C 1c). Hier kann nur die eigene Ansicht vorgetragen werden.

Der Begriff Widerrechtlichkeit ist zunächst objektiv zu nehmen. Im Gegensatz zur strafrechtlichen Erpressung (253 StrGB.) ist die Rechtswidrigkeit nicht zu beziehen auf Ziel und Zweck der Willensbestimmung, also auf die Erlangung einer Leistung, auf die kein rechtlich begründeter Anspruch besteht; vielmehr ist die Rechtswidrigkeit zu beziehen auf die unzulässige Art und Weise der Willensbeugung, auf die verwerfliche Benutzung einer Drohung als Druckmittel, um einen andern in seinen Entschlüssen zu bestimmen.

Die Rechtswidrigkeit im Sinne des 123 kann darin begründet sein, daß entweder das gebrauchte Mittel oder der erstrebte Zweck dem Recht widerspricht oder endlich das gebrauchte Mittel zum erstrebten Erfolg in einem solchen Mißverhältnis steht, daß es nicht mehr als zulässiges Druckmittel, als ein adäquates, der Rechtsordnung gemäßes Druckmittel anerkannt werden kann.

Rechtswidrig ist danach die Drohung ohne Rücksicht auf den erzwungenen Rechtserfolg, wenn das Drohmittel eine an sich rechtswidrige oder sittenwidrige Handlung ist. Man denke an die Bedrohung des Schuldners mit einem Revolver, um ihn zur Zahlung zu bewegen, oder an das Einsperren der Tochter, um ihre Einwilligung zum gewünschten Eheschlusse zu erlangen.

Rechtswidrig ist ferner die Drohung, wenn der erzwungene Rechtserfolg ein rechts- oder sittenwidriger ist; man denke an die Drohung mit der Einklagung einer bestehenden Schuld, um einen anderen zur Abgabe eines verbots- oder sittenwidrigen Versprechens gefügig zu machen.

Rechtswidrig ist dagegen nicht ohne weiteres eine Drohung mit an sich nicht verbotenen oder unsittlichen Mitteln, weil auf den erzwungenen Rechtserfolg kein rechtlich begründeter Anspruch des Drohenden besteht. Man denke an die Drohung des Vermieters, die Wohnung zu kündigen, wenn der Mieter die geforderte Erhöhung des Mietzinses nicht bewilligt, oder an die Bedrohung des Arbeitgebers mit einem Streik, wenn er den erbetenen Lohnzuschlag nicht zusagen sollte. Falls mit einem an sich nicht verbotenen Mittel gedroht wird, kann sich in solchen Fällen die Rechtswidrigkeit nur aus dem Gesichtspunkt eines unerträglichen Mißverhältnisses zwischen dem Drohmittel und dem erstrebten Erfolg ergeben; dabei ist die Gut- oder Schlechtgläubigkeit des Drohenden bezüglich des Rechtes auf das erzwungene Verhalten maßgebend mit zu berücksichtigen.

Das RG. hat sich in einer Reihe von Entscheidungen auf den Standpunkt gestellt, daß das Verhalten des Drohenden grundsätzlich statthaft ist, wenn er nur das Recht der Selbsthilfe (226ff.) ausüben will oder den Gebrauch einer sonst jedermann nach der Rechtsordnung zustehenden Befugnis androht, wie die zu klagen, einen Arrest auszubringen, die Zwangsvollstreckung herbeizuführen, ein Zurückbehaltungsrecht auszuüben oder eine Strafanzeige zu erstatten (RG. **59** 353; **108** 102; **110** 383; **112** 226; JW. 1928, 1135). Der Bundesgerichtshof hat entschieden, daß die Drohung zur Abgabe einer familienrechtlichen Willenserklärung dann nicht widerrechtlich ist, wenn sie als angemessenes Mittel einem billigenswerten Zwecke dienen soll (BGH. **2** 296).

Bei Gutgläubigkeit des Drohenden bezüglich des Rechtes auf das erzwungene Verhalten ist dieser Grundsatz sicher zu billigen. Soweit aber der Drohende weiß, daß er keinen Anspruch auf das erzwungene Verhalten hat, wird man die Entscheidung auf den einzelnen Fall abstellen müssen und zu prüfen haben, ob zwischen dem Druckmittel und dem erstrebten Erfolg angesichts der Kenntnis des fehlenden Rechtsanspruchs noch ein erträgliches Verhältnis besteht. Die Bedrohung mit einer Strafanzeige ist nicht zu beanstanden, wenn jemand von dieser Befugnis nur Gebrauch macht, um ein bestehendes oder doch vermeintliches Recht zu schützen (RG. **110** 383), ebensowenig die Drohung mit einer Klage, um dadurch Ersatz des Schadens vom haftbaren Täter zu erlangen. Falls aber die Drohung mit der Strafanzeige benutzt wird, um einen Vorteil oder eine Leistung zu erlangen, auf die der Drohende, wie er weiß, keinen Anspruch hat, ist die Drohung widerrechtlich, RG. **59** 351 (Drohung, um den Ersatzpflichtigen zur Ausstellung eines Schuldscheines zu bewegen); nicht minder, wenn sie erfolgt, um den Schadensersatz nicht vom haftbaren Täter, sondern von dessen Angehörigen zu erlangen; widerrechtlich ist die Drohung auch, wenn sie erfolgt, um die Zahlung einer mit einer Straftat und dem Schadensersatz nicht zusammenhängenden andern Schuld zu erreichen. Vgl. weiter BGH **25** 220 (Drohung mit Strafanzeige). Nicht widerrechtlich die Drohung mit erlaubten Mitteln, um eine billige Entschädigung für Rechte zu erlangen, die der Drohende zum Nutzen des anderen aufgeben will, RG. **166**, **44**. Die Formulierung Krückmanns (ArchZivPr. **113** 222—245), daß die Drohung mit einem vertragsfremden Mittel rechtswidrig sei, wird dem Durchschnitt der Fälle gerecht, geht aber meines Erachtens als ausschließliches Prinzip zu weit. Besser scheint die Franksche Formel (Komm. z. StGB. § 253 Anm. II 2), wonach diejenigen Nachteile als zulässige Druckmittel anerzukennen sind, mit deren Eintritt der Bedrohte verkehrsüblicherweise sowieso schon rechnen mußte; nur wird man mit Rücksicht auf mögliche Mißstände der Verkehrsübung auf die Üblichkeit unter Berücksichtigung von Treu und Glauben abstellen müssen und die Druckmittel als zulässig bezeichnen, die nach Treu und Glauben mit Rücksicht auf die Verkehrsübung, auch ganz abgesehen von der Drohung, als statthafte angemessene Mittel zur Erreichung des erstrebten Vorteils anzuerkennen sind, die sozial adäquat sind.

d) Der Drohende muß die Abgabe der Willenserklärung durch seine Drohung bezweckt haben, also das Übel in Aussicht gestellt haben, um den andern in Furcht zu setzen und dadurch zur Abgabe der Erklärung zu bestimmen.

Unnötig ist die Absicht oder der Zweck der Schädigung oder das Bewußtsein der Rechtswidrigkeit (RG. **104** 80; **108** 104).

Erforderlich ist unbedingt das Bewußtsein der Drohung, nämlich daß die Äußerung geeignet sei, den Erklärungsempfänger in seiner Willensentschließung zu beeinflussen (RG. **108** 104).

Wenn der mit einem bestimmten Übel Bedrohte, um dieses abzuwenden, irgendeine Leistung anbietet, die der Drohende nicht bezweckt hatte, so ist § 123 nicht anwendbar, es sei denn, daß der Drohende, als er diesen Erfolg seiner Drohung sah, eine solche Zweckrichtung in seinen Willen aufgenommen hat; die Drohung mit Strafanzeige führt, z. B. den der Unterschlagung Überführten, zur Ausstellung eines Schuldscheines, RG. **59** 351.

3. Die rechtliche Bedeutung der arglistigen Täuschung und widerrechtlichen Drohung.

a) Das Anfechtungsrecht.

α) Das durch Täuschung oder Drohung herbeigeführte Rechtsgeschäft ist anfechtbar.

αα) Bei der arglistigen Täuschung ist nicht der Anfechtung ausgesetzt der Empfänger einer Willenserklärung, der die Täuschung weder verübt hat noch kannte oder kennen mußte, 123 II 1; außerdem setzt die Anfechtung voraus, daß er die Ursächlichkeit der Täuschung gekannt hat oder hätte kennen müssen, RG. **134** 53. Hat ein anderer als der Empfänger auf Grund einer durch die Täuschung eines Dritten herbeigeführten empfangsbedürftigen Willenserklärung unmittelbar ein Recht erworben (z. B. 328), so ist die Erklärung nur ihm gegenüber anfechtbar und nur dann, wenn er die Täuschung kannte oder kennen mußte (123 II 2). Bei einseitigen oder amtsempfangsbedürftigen Willenserklärungen ist gleichgültig, wer die Täuschung verübt hat.

Als Dritter kann aber niemals der Vertreter angesehen werden, seine Täuschungshandlung muß sich der Vertretene zurechnen lassen, RG. **72** 136; **76** 108. Anders wenn die Täuschung von jemand ausging, der nur zur Vorbereitung des Vertragsabschlusses und zur Vermittlung beauftragt war wie der Mäkler, RG. **101** 97.

ββ) Bei der Drohung ist gleichgültig, wer sie verübt hat.

Der gute Glaube des Erklärungsempfängers wird nicht geschützt. Sein Interesse muß hinter der Erwägung zurücktreten, daß gegen Zwang für den Anfechtenden ein weitergehender Schutz erforderlich ist als gegen Betrug.

β) Die Anfechtung braucht nicht unverzüglich, muß aber binnen Jahresfrist geschehen: bei der Täuschung von ihrer Entdeckung an, bei der Drohung vom Aufhören der Zwangslage an. Die Anfechtung ist nach Ablauf von 30 Jahren seit Abgabe der Erklärung schlechthin ausgeschlossen (124).

Auch bei Versäumung der Anfechtungsfrist des § 124 ist regelmäßig gegenüber dem Erfüllungsanspruch die allgemeine Arglisteinrede zulässig, RG. **130** 216.

γ) Hat die Täuschung einen nach 119 beachtlichen Irrtum hervorgerufen, so ist auch die Anfechtung nach dieser Vorschrift statthaft.

Die Anfechtung wegen arglistiger Täuschung enthält zugleich die Behauptung des Irrtums hinsichtlich der Tatsache, über die der Anfechtende getäuscht sein will, RG. **57** 358. Zurückhaltender RG. **100** 207.

b) Die Ersatzpflicht. Arglistige Täuschung und Drohung können auch unerlaubte Handlungen (823, 826) sein und verpflichten dann den Drohenden oder Betrüger zum Schadensersatz, also zur Herstellung des Zustandes, wie er bestehen würde, wenn Täuschung oder Drohung nicht erfolgt wären (249).

Dann würde der Erklärende das Geschäft überhaupt nicht oder doch nicht so abgeschlossen haben; folglich kann er regelmäßig nur den Vertrauensschaden (das negative Interesse) geltend machen, nicht aber den Nichterfüllungsschaden, RG. **59** 157, **103** 159.

Daran ist festzuhalten, wenn der Anfechtungsberechtigte den Vertrag anficht RG. **59** 157. Doch kann er auch beim Vertrag stehenbleiben. Das Unterlassen der Anfechtung steht zunächst der Geltendmachung des auf eine unerlaubte Handlung gestützten Schadensersatzanspruches nicht entgegen, RG. **103** 159.

Die Unabhängigkeit dieses Ersatzanspruches wird sogar dann besonders bedeutsam, wenn das an eine einjährige Ausschlußfrist (124) geknüpfte Anfechtungsrecht erloschen ist; für diesen Fall bleibt der an eine dreijährige Verjährungsfrist (852) gebundene Ersatzanspruch bestehen.

Bei völliger Aufrechterhaltung des Vertrages kann freilich unter Umständen der Grundsatz der Naturalrestitution (249) der Geltendmachung eines Geldersatzanspruches entgegenstehen; das da, wo die Herstellung des früheren Zustandes, an deren Stelle ja der Geldersatz tritt, zu einer Beseitigung des Vertrages führen müßte (RG. **83** 246). Doch ist auch denkbar, daß der Anfechtende beweist, daß der Vertrag ohne die Täuschung oder Drohung zu für ihn günstigeren Bedingungen geschlossen worden wäre. Dann kann er verlangen, dementsprechend gestellt zu werden, also das Interesse an der Erfüllung des sonst abgeschlossenen Vertrages geltend machen (Differenzklage), RG. **103** 49 und 159.

Lehrreich ist der in RGE. **83** 245 entschiedene Fall. Der Verkäufer trat den Nachweis an, daß er ohne die betrügerisch in Zahlung gegebenen wertlosen Hypotheken in Höhe von 10 000 Mark das Grundstück vollwertig verkauft und die 10000 Mark bar erhalten hätte; das RG. nimmt an, daß ihm bei Gelingen des Nachweises der Käufer die 10000 Mark zahlen müsse, um diejenige Vermögenslage des Verkäufers herbeizuführen, in der er sich ohne den Betrug befunden hätte. Entsprechend ist zu entscheiden, wenn der Käufer nachweist, daß der Verkäufer ihm die Ware — ohne den Betrug — zu geringerem Preise überlassen hätte; dann kann der Käufer teilweise Zurückzahlung des zu hohen, im anfechtbaren Geschäft bewilligten Kaufpreises verlangen, RG. **95** 59.

Grundsätzlich kann der Getäuschte dagegen nicht verlangen, so gestellt zu werden, wie wenn die vorgespiegelte Tatsache wahr wäre. Eine Ausnahme schreibt 463 für den Kauf vor und gibt dem Käufer gegen den Verkäufer, der einen Fehler der Sache arglistig verschwiegen hat, einen Anspruch auf Schadensersatz wegen Nichterfüllung. Die Geltendmachung dieses Anspruchs in Kenntnis des Anfechtungsrechts enthält eine Bestätigung des Kaufvertrags und schließt die Anfechtung aus, RG. **65** 403.

Das RG. hat dem arglistigen Verschweigen eines Fehlers den Fall gleichgestellt, daß der Verkäufer arglistig eine Eigenschaft vorgespiegelt hat (RG. **63** 112; **66** 338). Darüber hinaus wird man die Ausnahmevorschrift des 463 nicht ausdehnen dürfen. Bezieht sich die Täuschung auf einen anderen Punkt, so hat der Getäuschte nur einen Anspruch auf das negative Interesse.

Der Verkäufer spiegelt z. B. einen bestimmten Jahresertrag des Zinshauses vor (Anspruch auf das positive Interesse), er spiegelt vor, daß eine Straße oder Bahnlinie in der Nähe des Grundstücks vorbeigeführt werden solle (Anspruch nur auf das negative Interesse).

c) Endlich sei noch darauf hingewiesen, daß nach der Rechtspr. des RG. die Möglichkeit der Wandlung (459ff.) die Anfechtung wegen arglistiger Täuschung nach 123 nicht ausschließt; so ausdrücklich RG. **96** 156.

6. Kapitel

§ 35 Bedingung und Zeitbestimmung

Enneccerus, Rechtsgeschäft, Bedingung und Anfangstermin, 1889; Siméon, Das befristete Rgeschäft 1889; Kohler, BürgA. **15** 1f.; Brecht, DogmJ. **61** 263; Knoke, HdwbRw. I 558f.; Schwarz, RvglHdwb. II 391f.; Blomeyer, Arved, Studien zur Bedingungslehre I 1938, II 1939.

A. Die Bedingung.

I. Begriff. Die Bedingung ist die einer Willenserklärung hinzugefügte Beschränkung, wodurch die Wirkungen des Rechtsgeschäfts von einem ungewissen, künftigen Umstand abhängig gemacht werden. Doch nennt man auch diesen ungewissen künftigen Umstand selbst Bedingung.

1. Bei der Bedingung handelt es sich um eine Parteibestimmung: der Parteiwille richtet sich nicht schlechthin auf die Wirkung, sondern nur für den Fall, daß ein bestimmtes, weiteres, zur Zeit der Erklärung ungewisses Tatbestandsmerkmal hinzutritt. Keine Bedingung im eigentlichen Sinne sind die gesetzlichen Voraussetzungen der Rechtswirkung, die sog. Rechtsbedingungen (condiciones iuris), im Gegensatz zu den hier in Betracht kommenden Geschäfts- oder Parteibedingungen.

A verfügt letztwillig: X soll mein Haus haben, wenn er mich überlebt (Rechtsbedingung) — wenn er seine Base heiratet (Parteibedingung).

Zum Begriff und der Bedeutung der Rechtsbedingung vgl.: Oertmann. Die Bedingung 1924. Nach ihm ist der Begriff im engeren Sinne einer Wirksamkeitsvoraussetzung zu verstehen, die zu dem bereits vorliegenden rechtsgeschäftlichen Tatbestand hinzutreten muß, um ihm die Wirksamkeit zu verleihen. Die ausdrückliche Hinzufügung einer solchen Rechtsbedingung ist grundsätzlich bedeutungslos. Zuweilen wird ihr Eintritt mit rückwirkender Kraft ausgestattet, 108, 177, 185; zuweilen sind die Parteien an ihre Erklärungen bis zur Entscheidung über den Eintritt der Bedingung gebunden, wie nach 109 II.

2. Der Umstand, wovon die Geschäftswirkungen abhängig gemacht werden, muß nach allgemeiner Erkennbarkeit ungewiß sein; ob er sich verwirklichen wird, muß zur Zeit der Setzung der Bedingung dem menschlichen Erkenntnisvermögen überhaupt entzogen sein. Dadurch unterscheidet sich die Bedingung von der Befristung (Zeitbestimmung, Termin), einem künftigen, gewiß eintretenden Ereignis.

Um eine Zeitbestimmung handelt es sich z. B., wenn ein Abgeordneter eine Wohnung für die nächste Tagung mietet. Die Wirkung ist hinausgeschoben bis zum Beginn der Tagung, die gewiß stattfindet.

3. Weil eine derartige feststehende Ungewißheit fehlt, darum sind keine echten, sondern bloße Scheinbedingungen solche, die auf einen vergangenen oder gegenwärtigen, auf einen notwendigen oder unmöglichen Umstand gestellt sind.

Von dem für die echte Bedingung eigentümlichen Schwebezustand zwischen Abschluß des Geschäfts und Eintritt des Erfolgs kann hier nirgendwo die Rede sein.

Bei den condiciones in praesens vel praeteritum collatae ist von vornherein objektiv gewiß, ob der Rechtserfolg eingetreten ist. Gegen die Statthaftigkeit einer solchen Bedingung, von Henle (Unterstellung und Versicherung, 1922) Unterstellung genannt, bestehen keine Bedenken.

In der condicio necessaria liegt in Wahrheit eine Befristung. Die Vereinbarung einer condicio impossibilis ist nichtig, für die Behandlung des Restes sind 139 und 140 maßgebend.

II. Die Fassung der Bedingung kann sehr mannigfaltig sein. Auf den Gebrauch des Wortes „Bedingung" kommt nichts an. Die Parteien bedienen sich vielfach eines Bedingungszusatzes mit „wenn, falls" usw. oder sprechen von einer „Annahme" oder „Voraussetzung". Auslegungsfrage ist, ob damit ein bedeutungsloser Beweggrund kundgegeben wird oder die Wirkung von dem Umstand abhängig gemacht werden soll. Bei formbedürftigen Geschäften bedarf auch die Erklärung der Bedingung dieser Form; anderenfalls ist das ganze Geschäft nichtig (139).

Nochmals sei darauf hingewiesen, daß die Parteien vielfach die wesentlichen Punkte ihrer Abmachungen als Bedingungen zu bezeichnen pflegen — ohne daß an eine echte Bedingung im Sinne eines ungewissen künftigen Umstandes gedacht werden darf. Vgl. oben § 26 III.

III. Bedeutung. Die Bedingung ermöglicht, der Zukunft Rechnung zu tragen und sich je nach ihrer verschiedenen Gestaltung zu sichern; sie ist das Mittel, einen sonst unbeachtlichen Beweggrund zum Geschäftsbestandteil zu machen; sie kann einen Antrieb zur Vornahme oder Unterlassung einer Handlung schaffen.

A mietet für den Fall seiner Versetzung nach X dort eine Wohnung, vermacht seiner Nichte 100000 Mark, wenn sie nicht wieder heiratet.

IV. Arten der Bedingung.

1. Die aufschiebende (Anfangs- oder Suspensivbedingung) macht das Wirksamwerden des Rechtsgeschäfts, den Eintritt der Wirkung, von einem ungewissen künftigen Umstand abhängig; die auflösende (End- oder Resolutivbedingung) das Wirksambleiben, die Wiederaufhebung der Wirkung.

A hinterläßt B 1000 Mark, falls er binnen einem Jahre seinen Doktor macht (aufschiebende Bedingung — die Wirkung soll erst dann eintreten). A hinterläßt B 10000 Mark; wenn er nicht binnen einem Jahre seinen Doktor macht, soll das Vermächtnis an C fallen (auflösend — die sofort eingetretene Wirkung soll dann wieder wegfallen).

Das Wesen der auflösenden Bedingung (condicio resolutiva) ist streitig. Manche sehen in ihr einen dem Geschäft beigefügten, aufschiebend bedingten Wiederaufhebungsvertrag (so Windscheid, Pandekten I § 86 Anm. 6 und die dort Genannten). Danach würde es nur aufschiebende Bedingungen geben. Unter der Herrschaft des BGB. hat diese Auffassung andauernd an Anhängern verloren. Heute fassen die meisten die bedingte Willenserklärung in beiden Fällen als ein einheitliches untrennbares Ganzes auf.

Vom Standpunkt der Windscheidschen Lehre aus ergibt sich ohne weiteres, daß derjenige, der sich auf eine auflösende Bedingung beruft, um daraus Rechte für sich herzuleiten, die Vereinbarung und den Eintritt der Bedingung beweisen muß. Aber auch vom Boden der Einheitstheorie aus wird man sich für die gleiche Regelung der Beweislast zu entscheiden haben; denn wer sich auf die auflösende Bedingung beruft, gibt damit mittelbar zu, daß das Recht oder die Forderung des Gegners wirksam entstanden war und macht demgegenüber nur geltend, daß der Anspruch des Gegners wieder erloschen sei.

Wenn dagegen aus einem Rechtsgeschäft geklagt wird und der Beklagte den Abschluß zwar zugesteht, aber behauptet, daß das Geschäft unter einer aufschiebenden Bedingung abgeschlossen sei, muß nach der heute herrschenden Ansicht der Kläger den unbedingten Abschluß des Geschäftes und notfalls den Eintritt der Bedingung beweisen.

Ob eine aufschiebende oder auflösende Bedingung gewollt ist, muß in zweifelhaften Fällen aus der Interessenlage durch Auslegung und sinngemäße Willensergänzung (157) ermittelt werden. Gesetzliche Auslegungsregeln finden sich in 455, 495 I 2, 2075.

Man wird also zu fragen haben, ob die Wirkungen der aufschiebenden oder auflösenden Bedingung angesichts der von den Parteien verfolgten Zwecke im konkreten Falle zu einer praktisch brauchbareren, befriedigenderen Lösung führen.

Wenn die Parteien die durch ein obligatorisches Geschäft vereinbarte Güterverschiebung bereits voll durchgeführt haben, spricht manches dafür, daß der sofortige Eintritt der Geschäftswirkungen während des Schwebezustandes ihrem Willen mehr entspricht. Man denke daran, daß ein Wirt sein Geschäft samt Inventar an einen Käufer unter der Bedingung der Konzessionserteilung verkauft, sofort überträgt und sich ins Privatleben zurückzieht.

Schwierigkeiten kann ferner machen die Unterscheidung einer auflösenden Bedingung von einem vertraglich beigefügten Rücktrittsrecht. In der Ausmachung eines solchen Rücktrittrechts für einen gewissen Fall kann eine auflösende Bedingung gefunden werden (so RG. vom 9. März 1910, I 167/09). Dann liegt vielfach eine Doppelbedingung vor: die erste Bedingung ist der Eintritt eines gewissen, vom Willen des Berechtigten unabhängigen Umstandes, die zweite Bedingung ist die Geltendmachung des Willens, im Hinblick auf diesen Umstand die Wirkungen des Geschäfts zu vernichten.

Ebenso ist denkbar, in einer „auflösenden Bedingung" die Vereinbarung eines einseitigen Rücktrittsrechtes zu sehen (vgl. RG. SeuffA 79 Nr. 15).

Der Unterschied zwischen auflösender Bedingung und Rücktrittsrecht ist, wie Oertmann (Komm. z. Allg. T. § 158, 5c) richtig bemerkt, zunächst ein mehr begrifflicher als praktischer. Die auflösende Bedingung vernichtet durch den Eintritt einer weiteren — nicht notwendig rechtsgeschäftlichen Tatsache — die Wirkung des Geschäftes. Die Rücktrittserklärung ist dagegen ein neuer, selbständiger, geschäftlicher Tatbestand. Der Vertrag selbst, dem die Rücktrittsklausel beigefügt ist, wird durch diese nicht bedingt, vielmehr erzeugt der Rücktritt nur eine Verpflichtung zur Rückgewähr der empfangenen Leistungen. Infolgedessen werden die zur Erfüllung eines obligatorischen Grundgeschäftes vollzogenen Vermögensverschiebungen beim Rücktritt nicht ohne weiteres hinfällig. Wenn dagegen das Grundgeschäft unter einer auflösenden Bedingung abgeschlossen ist, wird man im Zweifel auch die Vornahme der Vollzugsleistungen als unter der gleichen Bedingung erfolgt anzunehmen haben.

Der ganze Unterschied wirkt ziemlich spitz, deshalb identifizieren manche diesen Fall der auflösenden Bedingung mit dem Rücktrittsrecht. Auch hier kann nur eine sinngemäße Willenserklärung nach 157 unter Berücksichtigung der Interessenlage zum Ziele führen. Man wird zu fragen haben, ob die Annahme eines Rücktrittsrechts oder einer auflösenden, auf den Willen einer Partei gestellten Bedingung im Hinblick auf die verschiedene Beeinflussung der Vollzugsleistungen zu einem befriedigenderen, praktisch brauchbareren Ergebnis führt.

2. Positive (affirmative) und negative Bedingung, je nachdem der bedingende Umstand eine Veränderung ist oder nicht.

Der Unterschied ist juristisch bedeutungslos. Die Fassung ist nicht entscheidend. „Wenn X ledig bleibt", ist eine negative Bedingung; Enneccerus-Nipperdey (15.) § 194 IV 1.

3. Willkürliche (potestative), zufällige (kasuelle) und gemischte Bedingung — je nachdem die Erfüllung abhängt vom freien Willensentschluß der Beteiligten oder einem davon unabhängigen Umstand.

„Wenn X sein Examen besteht", ist eine gemischte Bedingung.

Streitig ist, wieweit die Bedingung auf das reine — selbstverständlich zu äußernde — Wollen der Beteiligten gestellt werden kann. In 495 hat das Gesetz sie beim Kauf auf Probe ausdrücklich anerkannt. Die aktive, auf das Wollen des bedingt Berechtigten gestellte, ist unbedenklich (RG. **67** 45, **69** 283, **72** 385). Die passive, auf das Wollen des bedingt Verpflichteten gestellte Bedingung wird von der herrschenden Ansicht gleichfalls als zulässig anerkannt; doch wird die Auslegung hier regelmäßig zu dem Ergebnis führen, daß die Verpflichtung erst mit dem Wollen des Verpflichteten begründet sein soll und nicht schon mit dem Setzen der Bedingung, RG. **124** 336, **131** 24, **136** 135.

„Ein einseitiger Vertrag unter Wollensbedingung des Schuldners ist, da er vorläufig für niemanden eine Bindung herbeiführt, in der Regel nicht als Rechtsgeschäft zu betrachten, sondern als unverbindliche Verabredung einer späteren freiwilligen Leistung", so richtig von Tuhr, SchweizOblR. 645. Noch schärfer RG. **136** 134: „Wer sich nur für den Fall verpflichtet, daß er wollen wird, verpflichtet sich tatsächlich noch nicht". Dagegen ist die Zulässigkeit der Wollensbedingung bei gegenseitigen Verträgen, bei denen notwendig jeder zugleich Gläubiger und Schuldner ist, unbedenklich zu bejahen. So RG. **104** 100. Vgs. Raape, Wollensbedingung, 1912; Walsmann, Jahrb. Dogm. **54** 197ff.; Hölder, ebenda **56** 147.

V. Zulässigkeit der Bedingung.

Bruck, Bedingungsfeindliche Rechtsgeschäfte, 1904.

1. Grundsätzlich vertragen alle Rechtsgeschäfte eine Bedingung, soweit durch sie nicht gegen die allgemeinen Schranken des Geschäftsinhalts verstoßen wird.

a) Unerlaubte oder unsittliche Bedingungen sind nichtig. Ihre Beifügung macht regelmäßig das ganze Geschäft nichtig; doch ist unter Umständen möglich, dieses unter Streichung der Bedingung als unbedingtes aufrechtzuerhalten (139, 140). Ein Geschäft kann aber gerade erst durch die Verbindung mit einer an sich nicht unsittlichen und auch nicht unerlaubten Bedingung ein unsittliches oder unerlaubtes Gepräge erhalten.

b) Sog. perplexe, d. h. mit dem Geschäftsinhalt in unvereinbarem Widerspruch stehende Bedingungen machen das Geschäft stets nichtig.

2. Bedingungsfeindliche Rechtsgeschäfte. Gewisse Rechtsgeschäfte vertragen überhaupt keine Bedingung, meist auch nicht einmal eine Befristung; dies teils aus Gründen der Sittlichkeit, teils im öffentlichen und allgemeinen Interesse, teils im Interesse des Geschäftsgegners.

So die meisten Geschäfte des Familienrechts, wie die Eheschließung, die Annahme an Kindes Statt usw. (vgl. 13 EheG., 1742, 1768 I. 1724), aber auch viele vermögensrechtliche Geschäfte (wie die Auflassung 925, die Annahme des Vertragsangebots 150 II, die Aufrechnung 388 II usw.).

Auch ohne ausdrückliche gesetzliche Anordnung kann sich die Bedingungsfeindlichkeit aus der Natur eines Rechtsgeschäfts ergeben, soweit ein berechtigtes Interesse des Geschäftsgegners an der sofortigen Schaffung einer klaren Rechtslage besteht.

So vertragen grundsätzlich keine Bedingung manche einseitige Rechtsgeschäfte, die unmittelbar in fremde Vermögensverhältnisse eingreifen und dem Gegner nicht bloß einen rechtlichen Vorteil einbringen, wie Kündigung, Anfechtung, Rücktritt, Widerruf usw.; vgl. OGH. 3, 250. Doch wird z. B. eine Kündigung zuzulassen sein, wenn die Bedingung eintritt, und der Gegner das erfährt vor Ablauf der Zeit, die für die Kündigung offen stand. Kein Bedenken besteht, wenn solche Erklärungen als eventuelle, für den Fall, daß eine Tatsache gegeben sei oder nicht (unechte Bedingung), abgegeben werden und dem Gegner diese Tatsache bekannt ist oder vor Beginn der Kündigungsfrist bekannt wird. Vgl. RG. **57** 101; **66** 153; **74** 5; **97** 271. Einverständnis des Gegners mit der bedingten Abgabe schließt die Unwirksamkeit aus, wo die Unzulässigkeit der Bedingung nur dessen Schutz bezweckt, RG. **91** 309.

VI. Die Wirkungen der Bedingung.

1. Vor der Entscheidung über den Eintritt oder Ausfall der Bedingung — Schwebezeit.

a) Bei der aufschiebenden Bedingung.

Die Hauptgeschäftswirkung ist noch nicht eingetreten, das bedingt übertragene Recht noch nicht erworben. Der Gläubiger des bedingten Forderungsrechtes hat noch keinen Anspruch auf Erfüllung usw. (158 I). — Es treten aber zahlreiche Vor- oder Zwischenwirkungen (Interimswirkungen) ein; es liegt eine Anwartschaft für den einen, eine Gebundenheit für den anderen vor, die in mannigfacher Beziehung den Schutz des Vollrechts genießt.

α) Das bedingte Rechtsgeschäft ist bindend wie ein unbedingtes; der bedingte Anspruch ist grundsätzlich vererblich, veräußerlich, sicherbar (durch Bürgschaft und Pfandrecht), wird im Konkurs beachtet und kann unter Umständen durch Klage auf künftige Leistung verfolgt (ZPO. 259) sowie durch Eintragung einer Vormerkung (883), Arrest (916 ZPO.) oder einstweilige Verfügung (935ff. ZPO.) gesichert werden.

β) Der bedingt Verpflichtete darf das von der Bedingung abhängige Recht in der Zwischenzeit weder vereiteln noch beeinträchtigen. Bei schuldhafter Beeinträchtigung ist er im Falle des Bedingungseintritts schadensersatzpflichtig (160 I).

Bei absoluten Anwartschaften wird man dem Anwärter auch gegen dritte Personen nach Eintritt der Bedingung einen Ersatzanspruch geben (823 I), wenn sie den Gegenstand, auf dessen Erwerb die Anwartschaft bestand, in der Schwebezeit schuldhaft vernichtet oder beschädigt haben. So Enneccerus-Nipperdey (15.) § 197 Anm. 7 und die dort Genannten. Kurz, die Anwartschaft aus bedingter Übereignung ist ein dingliches Erwerbsrecht (so auch Wolff § 2 III 3c u. Westermann § 5 IIIc, während Blomeyer den Anwartschaftsbegriff ablehnt, dabei aber mit § 246 StGB. in Schwierigkeiten kommt, vgl. S. 273). Vgl. aus der Rspr. RG **170**. 6; BGH LM § 823 (Ad) Nr. 1.

γ) Bei einer bedingten Verfügung entsteht eine eigenartige Verfügungsbeschränkung des Verfügenden. Jede weitere Verfügung der Zwischenzeit ist bei Bedingungseintritt so weit unwirksam, als sie die von der Bedingung abhängige Wirkung vereiteln oder beeinträchtigen würde (161 I 1). Diese Unwirksamkeit ist aber keine relative, sondern eine absolute, RG. **76** 91. Doch hat das RG. auf sie (wie bei 135) die Grundsätze von der Genehmigung und Einwilligung für anwendbar erklärt, RG. **76** 91.

Ebenso finden die Vorschriften über den gutgläubigen Erwerb vom Nichtberechtigten entsprechende Anwendung (161 III).

Bei Forderungen und Rechten ist bekanntlich Gutglaubensschutz grundsätzlich nicht anerkannt. Also ist der Erwerb durch einen redlichen Dritten ausgeschlossen.

Wenn in 161 III die Redlichkeitsvorschriften genannt werden, so darf man darin auch eine Bezugnahme auf die Bestimmungen sehen, die einen Ausgleich für den durch Gutglaubenserwerb eingetretenen Rechtsverlust bedeuten, wie 816 und 822. Der Anwärter kann somit bei Eintritt der Bedingung gegen den gutgläubigen, unentgeltlichen Dritterwerber auf Herausgabe der Bereicherung klagen.

Den rechtsgeschäftlichen Verfügungen sind die behördlichen Verfügungen durch Zwangsvollstreckung und Arrestvollziehung oder durch den Konkursverwalter gleichgestellt (161 I 2).

A hat von B ein Pferd für den Fall seiner militärischen Beförderung gekauft. B veräußert unterdes das Pferd an X. Die Veräußerung ist wirksam, A kann das Pferd bei Bedingungseintritt nicht von X herausverlangen; denn der Verkauf an A war keine Verfügung, sondern begründete nur eine Verpflichtung des B, wegen deren Verletzung B nach 160 I ersatzpflichtig ist. Wenn schon der unbedingte Verkauf an A die Wirksamkeit der Veräußerung an X nicht in Frage gestellt hätte, um wieviel weniger kann es der bedingte tun.

B hat dem A das Pferd nicht bloß verkauft, sondern auch schon bedingt übereignet. Falls B nun das Pferd, das bei ihm eingestellt bleibt, vor der Beförderung des A an X verpfändet, so erlischt das Pfandrecht des X in dem Augenblick der Beförderung des A, wenn X von der bedingten Übereignung wußte oder wissen mußte (932); war X gutgläubig, so erwirbt A das Pferd mit dem Pfandrecht belastet zu Eigentum.

B hat dem A ein Pferd auf Abzahlung verkauft und unter Eigentumsvorbehalt (455) durch Besitzübergabe nach 929 übereignet, darauf veräußert er es zum zweitenmal an X durch Abtretung seines Herausgabeanspruchs gegen A. Tritt er dem X seinen bedingten Anspruch aus dem Eigentum als solchen ab, so fällt dieser Anspruch mit Zahlung des Kaufpreises weg, ohne daß man zur Verneinung des Eigentumserwerbs des X auf 161 III zurückgreifen müßte. Anders, wenn B unter Verschweigung der bedingten Übereignung das Pferd durch Abtretung eines angeblichen Herausgabeanspruchs aus Leihe oder Verwahrung übereignen würde, hier könnte X nur nach 934 Halbs. 2 bei gutem Glauben Eigentümer werden. Denn der abgetretene Anspruch aus mittelbarem Besitz besteht nicht und der wirklich bestehende bedingte Eigentumsherausgabeanspruch ist nicht abgetreten.

Auf Rechtsbedingungen ist 161 nicht entsprechend anwendbar.

δ) Wenn der Anwärter aus bedingtem Rechtsgeschäft über die Anwartschaft verfügt, so fragt sich, ob das aus der Anwartschaft erwachsende Recht beim Bedingungseintritt unmittelbar für den Anwartschaftserwerber entsteht oder nicht. A hat von B ein Auto auf Abzahlung unter Eigentumsvorbehalt gekauft und überträgt dem C sein Anwartschaftsrecht sicherungshalber durch Besitzkonstitut, nunmehr wird das Auto vor dem Bedingungseintritt bei A von seinem Gläubiger X gepfändet. Bejaht man den unmittelbaren Erwerb des C mit dem Bedingungseintritt, so dringt C mit der Widerspruchsklage aus 771 ZPO. durch; verneint man ihn, so geht das Eigentum nur mit dem Pfandrecht belastet auf C über. Die früher herrschende Meinung wollte die Unmittelbarkeit des Erwerbs nur so weit bejahen, als sie bei der Übertragung des Vollrechts, des Eigentums, nach 185 anerkannt wird, also wenn der Eigentümer vorher der Übertragung des Anwartschaftsrechts zugestimmt hat (so Brandis, JW. 1931, 505) oder mindestens nach einer Benachrichtigung nicht widersprochen hat (so Schanz, JW. 1931, 507 und RG. **95** 105). Darüber hinaus bejahen von Tuhr (II, 2, 306), Jacobi (JW. 1930, 332) und Abenheimer (JW. 1931, 3061) den unmittelbaren Erwerb schlechthin, also auch, wenn der Eigentümer bei der Übertragung des Anwartschaftsrechts überhaupt nicht beteiligt worden ist. Dafür spricht, daß nur bei dieser Annahme der Übertragung des Anwartschaftsrechts selbständige Bedeutung zukommt. Beim Abzahlungskauf hat der Anwärter ein berechtigtes Interesse daran, den Vermögenswert, den der teilweise bezahlte Gegenstand darstellt, seinem Kreditbedürfnis dienstbar zu machen. Das ist aber im Wege der Sicherungsübereignung nur möglich, wenn der Sicherungseigentümer gegen die zwischenzeitliche Begründung eines Pfändungspfandrechts geschützt ist. Der Einwand, daß man eine Verfügung über das Anwartschaftsrecht nicht in weiterem Umfange anerkennen könne als über das Vollrecht, nämlich das Eigentum, übersieht, daß § 185 die Verfügung eines Nichtberechtigten voraussetzt, während der Anwärter nur über das verfügt, was ihm zusteht. Dem Eigentümer und Vorbehaltsverkäufer kann es gleichgültig sein, in wessen Person das Anwartschaftsrecht zum Vollrecht erstarkt. — Auch wer das ablehnt, wird zum mindesten eine stillschweigende im voraus erteilte Einwilligung des Eigentümers und Vorbehaltsverkäufers in all den Fällen annehmen dürfen, wo die Vorbehaltsware einem Käufer geliefert wird, der, wie dem Verkäufer bekannt ist, damit Handel treibt. Vgl. aus der Rechtsprechung OLG. Hamm, JW. 1931, 550; OLG Frankfurt, 1931, 509 für sowie OLG. Breslau, JW. 1929, 2958 gegen die Unmittelbarkeit. Für unmittelbaren Erwerb auch Holtz, Das Anwartschaftsr. aus bedingter Übereignung als Kreditsicherungsmittel, 1933 und Schwister, JW. 1933, 1762 und 1858.

Die Auffassung des RG (140, 223), wonach die Begründung eines dinglichen Rechts durch Übertragung der Anwartschaft sich nur in den Formen der Übertragung des dinglichen Vollrechts vollziehen könne, hat jetzt auch BGH 20, 88 = NJW 1956, 655 aufgegeben.

ε) Bei bedingter Übereignung ist streitig, ob der gute Glaube noch beim Bedingungseintritt vorhanden sein muß (so Reichel, Grünhut **42** 208; RGRKom. zu § 932, 4) oder ob Gutgläubigkeit zur Zeit des Geschäftsabschlusses genügt (so v. Tuhr II 2 S. 296; Heck, SachenR. § 58 III 3; Wolff, § 69 Anm. 15 u.a.). — Vorzuziehen ist grundsätzlich die letztere Auffassung, weil die Anwartschaftinteressen des Erwerbers den gleichen Schutz verdienen wie die des unbedingten Erwerbers. Es muß genügen, wenn der gute Glaube bei der Erfüllung des jeweils letzten der in §§ 929f. aufgestellten Erfordernisse (Einigung und Übergabe) noch vorhanden war. Eine Ausnahme ist lediglich für Willkürbedingungen zu machen.

b) Bei der auflösenden Bedingung hat der, an den das Recht bei Bedingungseintritt zurückfallen soll, eine entsprechende Stellung wie der unter einer aufschiebenden Bedingung Berechtigte.

Also Schadensersatzpflicht des bisher Berechtigten (d. h. dessen, der auflösend bedingt erworben hat) wegen schuldhafter Beeinträchtigungen in der Zwischenzeit (160 II) und Unwirksamkeit seiner beeinträchtigenden Zwischenverfügungen.

A bringt als Mieter Sachen ein, die ihm von B unter auflösender Bedingung übereignet sind, später tritt die Bedingung ein. Das Vermietpfandrecht ist hier nicht durch eine Verfügung entstanden; Einbringen ist eine Rechtshandlung, kein Rgeschäft. Danach scheint 161 nicht anwendbar und B scheint seine Sache, belastet mit dem Vermieterpfandrecht, zurückzuerhalten. Gleichwohl dürfte analoge Anwendung von 161 geboten sein, da das Einbringen eine verfügungsähnliche Rechtshandlung ist; so von Tuhr II 2, S. 313; Oertmann, Komm. z. Allg. T., S. 586.

2. Bei Eintritt der Bedingung.

a) Ob und wann die Bedingung als eingetreten (erfüllt) anzusehen ist, muß durch Auslegung ermittelt werden.

Für die letztwillige Zuwendung enthalten 2074—76 Auslegungsregeln. Die Auslegung des bedingten Geschäfts kann auch bei Geschäften unter Lebenden zu dem Ergebnis führen, daß die Bedingung da als erfüllt gelten soll, wo der bedingt Berechtigte das seine zur Erfüllung der Bedingung getan hat und der Erfolg ohne sein Verschulden ausgeblieben ist.

b) Dem Eintritt der Bedingung wird der Fall gleichgestellt (Fiktion), wenn der, zu dessen Nachteil der Eintritt gereichen würde, diesen wider Treu und Glauben verhindert (162 I, dolus pro impleta condicione). Darin kommt der auch sonst maßgebende Rechtsgrundsatz zum Ausdruck, daß man aus der Verletzung einer Treuepflicht keine Rechte herleiten kann.

G. Schiedermair, Das Anwendungsgebiet des § 162 BGB. 1929. Bonner Diss.

Ein Grundstückseigentümer hat sich zur Verzinsung einer Hypothek unter der Bedingung verpflichtet, daß alle Wohnungen seines Grundstückes vermietet seien, und unterläßt den Abschluß eines Mietvertrages (JW. 1907, 357, Nr. 3).

A verpflichtet sich für den Fall, daß er das käuflich erworbene Hausgrundstück vor dem 1. Oktober mit einem Gewinn weiter verkaufen sollte, die Hälfte des Gewinns dem B herauszugeben und verzögert dann den formellen Kaufabschluß über diese Frist hinaus, um sich seiner Verpflichtung zu entziehen (RG. **53** 258). Der Verkauf eines Hausgrundstückes wird davon abhängig gemacht, daß der Käufer die Konzession für den in dem Hause zu errichtenden Hotel- und Schankbetrieb erhalte; der Käufer vereitelt die Konzessionserteilung, indem er es zuwider der getroffenen Verabredung unterläßt, das Haus entsprechend auszubauen (RG. **97** 96).

Der Arbeitgeber entläßt den Angestellten kurz vor dem Tag, an dem er einen Urlaubsanspruch erwerben würde, grundlos. AG. Berlin. BenshS. III 112.

Objektiv muß zwischen dem Verhalten des am Ausfall der Bedingung Interessierten und dem Ausfall ein ursächlicher Zusammenhang nachgewiesen werden; 162 stellt insoweit keine Fiktion auf (RG. **66** 222). Regelmäßig setzt die Verhinderung ein positives Eingreifen voraus. Eine Verhinderung durch bloßes Unterlassen kommt nur dann in Betracht, wenn positive Bemühungen nach Treu und Glauben erwartet werden durften — ohne daß auf eine Rechtspflicht zur Erfüllung der Bedingung abgestellt werden darf (RG. **79** 98).

Subjektiv genügt das Bewußtsein der Kausalität des Verhaltens für den Bedingungsausfall, nicht nötig ist der Nachweis einer besonderen Vereitelungs- oder Schädigungsabsicht.

So RG. **122** 247 im Gegensatz zu RG. BayrRpfZ. **3** 130; bloße Fahrlässigkeit genügt nicht.

Von einer Verhinderung wider Treu und Glauben kann man ferner grundsätzlich nur dann sprechen, wenn jemand in den Gang der Dinge eingreift, wo sein Wille nach der Absicht der Parteien beim Vertragsschluß nicht bestimmend sein sollte, wo also das Spiel des Zufalls entscheiden sollte. Grundsätzlich ist deshalb kein Raum für die Anwendung des 162 im Falle einer reinen Willkürbedingung (RG. **53** 257). Doch ist auch hier im besonderen Fall ein Verstoß gegen Treu und Glauben denkbar, namentlich wenn die Bedingung auf ein an sich von der Willkür abhängiges Handeln gestellt ist, mit dem man aber nach Treu und Glauben rechnen durfte — so wenn jemand eine bereits eingeleitete Handlung (Verkauf, Vermietung, Instandsetzung) grundlos wieder abbricht oder ihre Vollendung so lange hinauszögert, daß der Abschluß erst nach der für den Eintritt der Bedingung vorgesehenen Frist stattfindet.

Zweifelhaft ist die Anwendung des 162 auf sog. Rechtsbedingungen. Dagegen RG. **129** 376; dafür Oertmann, Rbedingung 155. Hier ist u. U. Ersatzpflicht aus 826 oder aus Verschulden beim Vertragsschluß begründet.

Bei gemischten Bedingungen kann die entsprechende Frage auftauchen, ob es genügt, daß der Bedingtberechtigte alles ihm Obliegende zur Herbeiführung der Bedingung getan hat. Für die letztwillige Verfügung trifft 2076 Vorsorge, indem er bestimmt, daß die Bedingung, unter der eine letztwillige, den Vorteil eines Dritten bezweckende Zuwendung gemacht ist, im Zweifel als eingetreten gilt, wenn der Dritte die zum Eintritt der Bedingung erforderliche Mitwirkung verweigert. Man denke daran, daß die Tante dem Neffen 100000 Mark vermacht, wenn er ihre Pflegetochter heiratet. Von 2076 abgesehen, ist die Frage grundsätzlich zu verneinen. Der Student, dem der Onkel für den Fall des Bestehens seines Examens 1000 Mark versprochen hat, kann die 1000 Mark keinesfalls verlangen, wenn er trotz redlicher Arbeit durchfällt. Ausnahmsweise ist freilich denkbar, daß die Auslegung des konkreten Vertrages zu einem anderen Ergebnis führt.

Das RG. hat 162 auf den Fall angewandt, wo beim Vertragsschluß mehr oder minder feststeht, daß eine Bedingung nicht eintreten wird und die eine Partei die andere darüber arglistig täuscht (RG. III vom 15. 6. 1915, Warneyer 15 Nr. 200 S. 301). Das führt praktisch zur Zubilligung des Anspruchs auf das Erfüllunginteresse. Richtiger dürfte es sein, hier ein Verschulden beim Vertragsschluß anzunehmen und grundsätzlich nur den Anspruch auf das Vertrauensinteresse sowie ein Anfechtungsrecht aus 123 zuzubilligen.

c) Die Rechtsfolgen des Bedingungseintritts.

Bei der aufschiebenden Bedingung treten die von der Bedingung abhängigen Geschäftswirkungen nunmehr ein (158 I), bei der auflösenden endigen nunmehr die Wirkungen des Geschäfts, und der frühere Rechtszustand tritt wieder ein (158 II).

α) Die Regel. Der Eintritt der Bedingung hat grundsätzlich keine rückwirkende Kraft, die Bedingung wirkt ex nunc, nicht ex tunc. Die von der Bedingung abhängigen Wirkungen treten von Rechts wegen ein, und zwar bei dinglichen Geschäften mit dinglicher Wirkung.

Das unter aufschiebender Bedingung übertragene Eigentum geht ohne weiteres auf den Erwerber über, das unter auflösender Bedingung übertragene fällt ohne weiteres an den Veräußerer zurück.

Ob der gute Glaube beim Bedingungseintritt noch vorhanden sein muß, ist — wie oben S. 267 dargelegt — nicht einheitlich zu beantworten. Wenn die Bedingung vom Willen des Erwerbers unabhängig ist, genügt es, wenn sein guter Glaube bei der Erfüllung des jeweils letzten der in §§ 929ff. aufgestellten Erfordernisse (Einigung oder Übergabe bzw. Erwerb des Besitzes) noch vorhanden war. Andernfalls muß er auch beim Bedingungseintritt noch vorliegen.

β) Ausnahmen.

αα) Die Parteien können der Bedingung rückwirkende Kraft beilegen. Ob sie das getan haben, ist Auslegungsfrage. Die vereinbarte Rückwirkung hat aber nur schuldrechtliche Wirkung (159).

Hat A dem B eine Hündin bedingt übereignet und diese vor dem Eintritt der Bedingung Junge geworfen, so erwirbt bei aufschiebender Bedingung A die Jungen, bei auflösender B. — Falls aber die Rückwirkung als gewollt anzunehmen ist, ist A, je nachdem auch B, verpflichtet, dem Gegner das Eigentum an den Jungen zu übertragen, während das Eigentum an der Mutter von selbst übergeht, im anderen Fall zurückfällt.

ββ) Kraft gesetzlicher Vorschrift tritt Rückwirkung ein bezüglich der Haftung dafür, daß das von der Bedingung abhängige Recht in der Zwischenzeit schuldhaft beeinträchtigt worden ist (160) und bezüglich der Unwirksamkeit beeinträchtigender Verfügungen der Zwischenzeit (161).

3. Bei Ausfall der Bedingung.

a) Auch hier ist zunächst durch Auslegung festzustellen, ob die Bedingung ausgefallen ist.

Das ist sie schon dann, wenn sie nicht innerhalb der besonders vereinbarten oder der Vereinbarung entsprechenden angemessenen Frist eingetreten ist.

Dem Ausfall wird gleichgestellt die Herbeiführung der Bedingung wider Treu und Glauben von dem, zu dessen Vorteil der Eintritt gereicht (162 II).

Der Mieter hat eine Vertragsstrafe für den Fall nicht rechtzeitiger Zinszahlung versprochen; der Vermieter verreist und macht die rechtzeitige Zinszahlung unmöglich.

Der Lizenznehmer betreibt die Vernichtung des Patents, um sich von der Zahlung von Lizenzgebühren zu befreien, RG. **101** 235.

b) Die Rechtsfolgen des Ausfalls. Bei der aufschiebenden Bedingung erweist sich das bedingte Geschäft als völlig unwirksam, bei der auflösenden behält es endgültig seine Wirksamkeit.

A hat B einen Gegenstand unter einer aufschiebenden Bedingung verkauft und übereignet. Hat er nur bedingt verkauft, aber unbedingt übereignet, so kann er, da sich der mit der Übereignung bezweckte Erfolg nicht verwirklicht, Rückübereignung nach 812 I 2 fordern (condictio causa data causa non secuta); hat er auch bedingt übereignet — was bei Immobilien nicht möglich ist —, so kann er Herausgabe mit der Eigentumsklage (985) verlangen, der gegenüber B sich nicht auf den Kaufvertrag berufen kann. — A hat B unter auflösender Bedingung eine Uhr geschenkt. B behält die Uhr endgültig.

VII. Unentwickelte Bedingung — Voraussetzung und Geschäftsgrundlage.

Windscheid, Voraussetzung 1850, ZivA. **78** 161; Lenel, ZivA. **74** 213, **79** 49; Oertmann, Geschäftsgrundlage, 1921; v. Tuhr, LZ. 1921, 153; Krückmann, ZivA. **116** 157, **128** 157, **131** 1f.; 257f.; Locher, ZivA. **121** 1; Rhode, ZivA. **124** 257; Plum, ZivA. **130** 214; Süß, Wesen u. Rechtsgrund der Gewährleistung für Sachmängel 1931, 122f.; Schmitz, RvglHdwWb. II 634; Uhlmann, LZ. 1931, 129; 1932, 641f.; Bernstein, Irrtum u. Geschäftsgrundlage 1933; Fulterer, Der Irrtum u. die Geschäftsgrundlage bei vermögensr. Rgeschäften, 1931. Neuestens Kegel, Die Abwicklung von Vorkriegsverträgen der deutschen Wirtschaft mit dem Ausland, zugleich ein Beitrag zum Problem der Geschäftsgrundlage DRZ 1948, 3. Beiheft, sowie Kegel, Aktuelle Grenzfragen der Geschäftsgrundlage, DRZ. 1949; 7. Beiheft; Larenz, Geschäftsgrundlage und Vertragserfüllung, 1951; Heinrich Lehmann, Mißbrauch der Geschäftsgrundlage, JZ. 52, 10f. Schmidt-Rimpler, Zum Problem der Geschäftsgrundlage, Festschrift für Nipperdey, 1955, 1ff.; Siebert (Soergel) § 242 Bem. 227—297. Flume, Rgeschäft u. Privatautonomie 1960, 207f.

Wie steht es, wenn eine Partei oder beide Parteien mit der Erheblichkeit eines Umstandes gerechnet, ihn aber nicht zur Bedingung gemacht haben, weil sie ihn fälschlich für eingetreten, fortdauernd oder in Zukunft sicher eintretend hielten?

Bei einer Erbauseinandersetzung ersteht einer der Erben einen Gegenstand teuer, dem man irrig besonderen Wert zuschrieb, weil er sich im täglichen Gebrauch des Verstorbenen befunden haben soll, während die Sache, für die das zutrifft, einem anderen Erben als wertlos unentgeltlich zugegeben wird. — Bei einem langfristigen Lieferungsvertrag haben die Parteien mit der Fortdauer der bisherigen Wirtschaftsverhältnisse zur Zeit des Vertragsschlusses gerechnet, diese ändern sich aber vollkommen, Problem der clausula rebus sic stantibus. — Jemand mietet ein Fenster, um einen Festzug anzusehen, dieser unterbleibt; jemand kauft eine Wirtschaft, weil weder er noch der Verkäufer daran zweifeln, daß ihm die Schankerlaubnis erteilt wird, diese wird aber versagt.

Hier spricht man von Voraussetzung, unentwickelter Bedingung. Windscheid ist für die Berücksichtigung der Voraussetzung eingetreten, wenn diese erkennbar gehegt worden sei. Das hat mit Recht Ablehnung erfahren, weil dadurch eine ungeheure Unsicherheit in den Verkehr hineingetragen würde.

Nach der Rechtsprechung des Reichsgerichts genügt eine bloß einseitige Voraussetzung nicht; es genügt auch nicht, wenn der Beweggrund des Leistenden dem Gegner erkennbar oder von ihm erkannt worden ist. Vielmehr muß der Zweck Vertragsinhalt geworden sein, indem sich die

Parteien über ihn als einen wesentlichen Bestandteil des Vertrages ausdrücklich oder stillschweigend geeinigt, d. h. das Rechtsverhältnis von seiner Erreichung abhängig gemacht haben — (so RG.Komm. 812 Anm. 9).

Dann liegt aber wohl eine stillschweigend vereinbarte (echte oder unechte) Bedingung vor, während bei der Voraussetzung die Parteien unbedingt wollen, aber durch ihr Verhalten zum Ausdruck bringen, daß sie nicht wollen würden, wenn sie dächten, daß der fragliche Umstand nicht eingetreten sei oder nicht eintreten werde (sog. „virtueller" Vorbehalt).

Meines Erachtens steckt in der Lehre Windscheids ein richtiger Kern. Die Voraussetzung verdient Berücksichtigung, wenn sie nicht bloß einseitig gehegt, sondern erkennbar zum Vertragsinhalt gemacht ist (so schon die erste Auflage dieses Grundrisses) oder wie Oertmann (Geschäftsgrundlage, 1921) formuliert, wenn ihre grundlegende Bedeutung für den Geschäftsabschluß im äußeren Tatbestand des Geschäfts zum Ausdruck gekommen ist.

Dabei ist keineswegs notwendig, daß die Voraussetzung, um beachtet zu werden, stets die Rolle eines maßgebenden Beweggrundes für den Geschäftsabschluß hat. Vielmehr genügt es, wenn sich ihre Kausalität in dem Sinne bejahen läßt, daß die richtige Vorstellung vom Geschäftsabschluß abgehalten hätte. Daß der Mangel der richtigen Vorstellung Motiv genannt wird, darf nicht befremden. Eine mangelnde Vorstellung ist zwar — wie Zitelmann (Irrtum, 338) nachgewiesen hat — nicht Ursache im eigentlichen Sinne; trotzdem werten wir sie der Ursache, dem Motiv gleich, wenn das Vorhandensein der richtigen Vorstellung zur Hemmung der wirklichen Motive der Handlung geführt hätte. In diesem Sinne ist z. B. der Mangel der Vorstellung eines streitausschließenden Umstandes nach 779 als Motiv für die Fassung des Streitbeseitigungswillens, für die Verfolgung des Streitbeseitigungszweckes anzuerkennen.

Sowie man das zugibt, kommt man zum Ergebnis, daß die Parteien von der Bedeutung der Geschäftsgrundlage nicht immer eine klare positive Vorstellung gehabt haben müssen. Deshalb darf man aber der Geschäftsgrundlage doch noch nicht die psychologische Realität absprechen. Es genügt, wenn man sie aus dem sonstigen erklärten Willen im Wege sinngemäßer Willensergänzung nach 133 und 157 erschließen kann. Da dieses Verfahren grundsätzlich durch 157 vorgeschrieben wird, muß es auch für die Gewinnung der Geschäftsgrundlage zulässig sein. Die reale psychologische Grundlage ist eben der erklärte Parteiwille.

Danach ist die Voraussetzung grundsätzlich zu beachten, wenn sie zur Vertragsgrundlage erhoben wird, sei es auf Grund gemeinsamer positiver, irgendwie zum Ausdruck gekommener Vorstellungen, sei es auf Grund der aus dem gemeinsamen geäußerten Willen im Wege der sinngemäßen Ergänzung gewonnenen einverständlichen Grundlage dieses Willens, wonach die richtige Vorstellung vom Geschäftsabschluß abgehalten hätte.

Das ist keine Verwischung der Grenze zwischen dem Inhalt der Erklärung und dem Beweggrund, sondern nur die Anerkennung, daß ein gemeinsam zur Vertragsgrundlage gemachter Beweggrund Beachtung verdient, weil der Gegner sich mit seiner maßgeblichen Bedeutung einverstanden erklärt hat. Daß diese Erhebung zur Vertragsgrundlage auch stillschweigend geschehen kann und unter Umständen im Wege der Willensergänzung festgestellt werden muß, macht praktisch die Abgrenzung zur einseitig gehegten und vom Gegner erkannten Voraussetzung schwierig, läßt aber theoretisch die Grenze zwischen erklärtem Willen und seinen Beweggründen auf der einen Seite und zwischen Abhängigmachung des erklärten Willens von dem fraglichen Umstand im Sinne einer Bedingung und bloßer vertragsmäßiger Anerkennung als Beweggrund auf der andern Seite bestehen; von einem Umstand, den man als sicher eingetreten, fortdauernd oder eintretend annimmt, macht man vernünftigerweise seine Erklärung eben nicht abhängig.

Wer ein Fenster für bestimmte Stunden zu erhöhten Preisen mietet, um den Festzug zu sehen, dessen Abhaltung beide Teile als gewiß annehmen, macht normalerweise das Stattfinden des Festzuges nicht zur Bedingung. Die psychologische Voraussetzung der Bedingung ist der Zweifel.

Gleichwohl darf man ohne Willkür sagen, daß der Vermieter sich mit der Voraussetzung des Mieters als Vertragsgrundlage einverstanden erklärt hat, schon deshalb, weil der erhöhte Preis, den er fordert, nur mit Rücksicht auf den Festzug gerechtfertigt erscheint. Deshalb ist es billig, dem Mieter den Rücktritt vom Vertrag freizugeben, wenn der Festzug wider Erwarten nicht stattfindet — gegen Ersatz der Aufwendungen, die der Vermieter zur Bereitstellung des Zimmers etwa gemacht hat (Ausräumen).

Ein besonderer Fall einer solchen zur Vertragsgrundlage erhobenen Voraussetzung ist der der clausula rebus sic stantibus, wonach eine unvorhersehbare grundstürzende (durchgreifende) Veränderung der dem Vertragsschluß zugrunde gelegten wirtschaftlichen Verhältnisse ein Rücktrittsrecht zugunsten des Teils begründet, der durch seine Festhaltung am Vertrag übermäßig beschwert wird (RG. **100** 130; **103** 4 und 329; **106** 8ff.; **107** 151; **108** 130).

Hier kann man sicher in den meisten Fällen nicht sagen, daß die positive Vorstellung von der Fortdauer der bestehenden Verhältnisse, genauer des annähernden Gleichgewichts zwischen Leistung und Gegenleistung, obgewaltet hat; trotzdem darf das Fehlen der richtigen Vorstellung von der später eingetretenen grundstürzenden Änderung der Verhältnisse in dem Sinne als Motiv bezeichnet werden, als die richtige Vorstellung diesen Vertragsschluß verhindert hätte. Und aus der Tatsache des Abschlusses eines gegenseitigen Vertrages, dem der Gedanke der annähernden Gleichwertigkeit von Leistung und Gegenleistung innewohnt, läßt sich ferner im Wege sinngemäßer Willensergänzung erschließen, daß die Fortdauer der Wirtschaftsverhältnisse zur Zeit des Vertragsschlusses als einverständliche Vertragsgrundlage von beiden Parteien anerkannt ist — soweit nicht besondere Umstände, wie der spekulative Charakter des Geschäfts, dem widersprechen.

Daß das Gesetz die Berücksichtigung einer solchen, zur Vertragsgrundlage gemachten Voraussetzung billigt, beweisen folgende Bestimmungen.

1. 459 I (wonach der Käufer Wandlung oder Minderung verlangen kann, wenn die Sache zur Zeit des Gefahrüberganges mit Fehlern behaftet ist, die den Wert oder die Tauglichkeit zu dem gewöhnlichen oder dem nach dem Vertrag vorausgesetzten Gebrauch aufheben oder mindern). Vgl. auch 633.

2. 610 (wonach, wer die Hingabe eines Darlehns versprochen hat, das Versprechen im Zweifel widerrufen kann, wenn in den Vermögensverhältnissen des andern Teiles eine wesentliche Verschlechterung eintritt). Vgl. auch 321.

3. 812 I 2 (wonach der Empfänger einer Zuwendung zur Herausgabe des Erlangten unter dem Gesichtspunkt der ungerechtfertigten Bereicherung verpflichtet wird, wenn der mit der Leistung nach dem Inhalt des Rechtsgeschäfts bezweckte Erfolg nicht eintritt).

4. 779 (wonach der Irrtum über den nach dem Inhalt des Vertrages als feststehend zugrunde gelegten Sachverhalt, die sog. feste Vergleichgrundlage, Nichtigkeit zur Folge hat). Doch dürfte diese Vorschrift als Sondernorm nur vorsichtig zu einem Analogieschluß verwertbar sein.

Aus diesen Rechtssätzen läßt sich im Wege der Analogie der Schluß ziehen, daß ein Irrtum hinsichtlich einer zur Vertragsgrundlage erhobenen Voraussetzung grundsätzlich die Geltendmachung der Vertragsrechte ausschließt, soweit darin ein Verstoß gegen Treu und Glauben (242) liegt, und unter Umständen das Recht zum Rücktritt vom Vertrag gibt. Vorausgesehene oder voraussehbare Änderungen kommen nicht in Betracht.

Dieser Grundsatz ist heute in Schrifttum und Rechtsprechung durchgedrungen, wenn auch die nähere Formulierung, die Begründung und Begrenzung im einzelnen noch streitig sind.

Um die nähere Rechtfertigung der zum Vertragsinhalt erhobenen Voraussetzung haben sich vor allem Oertmann (Geschäftsgrundlage, 1921) und Locher (ArchZivPr. **121** 11ff.) verdient gemacht.

Oertmann geht bei der Gewinnung des Begriffs der Geschäftsgrundlage, wie das auch hier geschehen ist, aus von der motivierenden Vorstellung der Beteiligten und betont scharf, daß die Voraussetzung nicht notwendig maßgebender Beweggrund gewesen sein muß, daß es vielmehr genügt, wenn ohne sie der Willensentschluß nicht gefaßt worden wäre. Zu weit dürfte er freilich gegangen sein, wenn er es als genügend bezeichnet, daß die Gegenpartei die Vorstellungen der andern Partei als bedeutsam erkannte, ohne sie zu beanstanden.

Im Gegensatz zu Oertmann geht Locher nicht von den Vorstellungen bestimmter Umstände als Beweggrund, sondern von dem Zweck des Geschäftes aus. Für ihn (S. 72 a. a. O.) ist Geschäftsgrundlage die Gesamtheit derjenigen Umstände, ohne deren Vorhandensein, Fortbestand oder Eintritt der mit dem Geschäft nach seinem Inhalt bezweckte Erfolg (Geschäftszweck) durch das Geschäft trotz ordnungsmäßigen Abschlusses und trotz Aufwendung der nach dem Inhalt des Geschäfts den Beteiligten zuzumutenden Opfer nicht erreicht werden kann.

Da sich psychologisch, wie Locher (S. 75) zugibt, der Geschäftszweck in nichts von bloßem Parteimotiv unterscheidet, vielmehr ein solches ist, da ferner nach Locher (S. 76) der an sich einseitige Parteizweck nur durch übereinstimmenden Willen der Parteien zum Geschäftszweck wird, vermag ich keinen wesentlichen Unterschied zwischen seiner Lehre und der Oertmanns einzusehen, was den sachlichen Unterbau angeht. Insofern dürfte es aber Locher gelungen sein, die als beachtlich anzuerkennenden Umstände von den unerheblichen schärfer abzugrenzen, als er auf die objektive Bedeutung der Umstände als Mittel der Erreichung des Vertragszweckes abstellt.

Auf der anderen Seite ist zu betonen, daß vom Boden seiner Theorie aus der Nachweis der Voraussetzung als Geschäftszweck in all den Fällen schwerfällt, wo die Voraussetzung kein maßgebender Beweggrund für das Fassen der Geschäftsabsicht ist, sondern nur in dem Sinne kausale Bedeutung beansprucht, daß die richtige Vorstellung vom Geschäftsabschluß abgehalten hätte. Man denke an die Fälle, wo Voraussetzung des Geschäftsabschlusses die Fortdauer des annähernden Gleichgewichtes zwischen Leistung und Gegenleistung ist oder wo etwa die Wiederbeschaffbarkeit einer Ware zur Vertragsgrundlage gemacht wird. Daß diese Fortdauer eines annähernden Gleichgewichtes oder die Wiederbeschaffbarkeit der Ware der Zweck des Geschäftsabschlusses seien, läßt sich kaum sagen.

Durchaus abzulehnen ist der Versuch, die Beurteilung der Geschäftsgrundlage völlig in die objektive Sphäre zu rücken und sie rein objektiv zu verstehen als das Vorhandensein und -bleiben der Umstände, die da sein müssen, um das Geschäft als brauchbare und im Sinne der völkischen Gesamtordnung angemessene Gestaltung erscheinen zu lassen; so früher Larenz, Vertrag und Unrecht I S. 164, und Palandt-Danckelmann § 242 A. 6. Darin liegt eine Mißachtung der Aufgabe des Rechtsgeschäfts als Mittel zur grundsätzlich freien, beliebigen Gestaltung der Rechtsverhältnisse. Dagegen auch RG. **168**, 127.

Auch der Versuch Henles (Allg. T., S. 234) bietet keine befriedigende Lösung, insofern er als beachtlich nur die Motive bezeichnet, auf deren Obwalten der Erklärungsempfänger gefaßt sein mußte. Sicher ist das ein bedeutsames Moment für den Schluß auf die vertragliche Anerkennung eines derartigen Motivs. Aber die Beschränkung darauf scheint mir doch zu eng. Auch die nichttypische Voraussetzung kann unter Umständen Beachtung beanspruchen, wenn sich der Geschäftsgegener mit ihr als Vertragsgrundlage einverstanden erklärt hat.

Meines Erachtens muß eine haltbare allgemeine Formel eine Verbindung subjektiver und objektiver Momente suchen und darauf abstellen, ob der Vertragsgegner sich nach Treu und Glauben mit Rücksicht auf den Zweck des Vertrages auf die Abhängigmachung desselben von dem fraglichen Umstand eingelassen hätte oder redlicherweise hätte einlassen müssen, wenn man die Unsicherheit des Umstandes beim Vertragsabschluß in Betracht gezogen hätte.

Ein für die Willensbildung erheblicher Umstand ist danach als Voraussetzung bzw. Geschäftsgrundlage zu betrachten:

1. falls die grundlegende Bedeutung des Umstandes für den Vertragsschluß dem Vertragsgegner erkennbar geworden ist,

2. falls ferner nur die Gewißheit hinsichtlich des Vorhandenseins, der Fortdauer oder des Eintritts des fraglichen Umstandes die Partei, die auf ihn Wert legte, davon abgehalten hat, vom Gegner seine Anerkennung als Bedingung zu verlangen, und

3. falls endlich der Gegner sich auf dieses Ansinnen, wenn man die Unsicherheit des Umstandes ernsthaft in Betracht gezogen haben würde, mit Rücksicht auf den Zweck des Vertrages eingelassen hätte oder redlicherweise hätte einlassen müssen.

Ich sollte meinen, daß die Abscheidung der unerheblichen Motive von den als Geschäftsgrundlage oder Geschäftszweck beachtlichen Umständen auf Grund dieser Formel erleichtert wäre. Zweifellos hat Locher recht, wenn er feststellt (S. 67 a. a. O.), daß ein Parteimotiv nicht schon durch seine Mitteilung an den Gegner beachtlicher Geschäftszweck werde. Warum der Juwelier, wenn ich ihm sage, daß ich vom Gewinn des Haupttreffers in der Klassenlotterie meiner Frau eine Perlenkette kaufe, Anlaß haben sollte, dazu Stellung zu nehmen, ist nicht einzusehen. Noch viel weniger läßt sich hinterher sagen, daß er sich als redliche Vertragspartei auf die Abhängigmachung des Kaufes von dem Zutreffen der Gewinnnachricht hätte einlassen müssen. Daß er es hätte tun können, genügt eben nicht. Wo dagegen, wie bei der Fenstermiete, der besondere von dem Mieter verfolgte Zweck das Maß seiner Leistung entscheidend beeinflußt, hätte ein redlicher Vermieter, wenn Zweifel an dem Stattfinden des Festzuges ernsthaft erörtert worden wären, erklären müssen:

dann sollen Sie selbstverständlich nicht gebunden sein.

Für den Fall, daß den Parteien Vorstellungen über einen als Vertragsgrundlage in Betracht kommenden Umstand überhaupt gefehlt haben — man denke an die Zerstörung des Gleichwertverhältnisses oder an das Unmöglichwerden der Erreichung des Vertragszwecks mit den vorgesehenen Mitteln — ist die obige Formel zu Punkt 1 u. 2 der Sachlage sinngemäß anzupassen. Hier ist der fragliche Umstand nur dann als Geschäftsgrundlage anzuerkennen:

1. wenn seine grundlegende Bedeutung für den Vertragsschluß sich aus dem übereinstimmenden Willen beider Parteien, dem objektiven Vertragszweck, ergibt,

2. wenn nur das Fehlen der Vorstellung, daß der fragliche Umstand möglicherweise nicht vorliege, nicht eintreten oder künftig wegfallen werde, verständlich macht, daß die Partei, die sich auf das Nichtvorliegen, den Nichteintritt oder den Wegfall des Umstands beruft, davon Abstand genommen hat, vom Gegner seine Anerkennung als Bedingung zu verlangen usw.

Nipperdey wendet in Enneccerus-Nipperdey (14) § 177 III S. 750 dagegen zu Unrecht ein, daß sich niemand — auch nicht redlicherweise — darauf einzulassen brauche, einen Vertrag unter einer Bedingung zu schließen, die zudem noch lediglich im Interesse einer Vertragspartei liege. Selbstverständlich besteht eine solche unbedingte Verpflichtung, sich auf einen bestimmten Vertragsinhalt einzulassen, nicht. Wohl aber darf man von einem redlichen Vertragspartner, wenn er sich auf den Abschluß eines Vertrags einläßt, erwarten, daß er zu einer Gestaltung des Vertragsinhalts mitwirkt, die die Erreichung des Vertragszweckes gestattet und nicht gefährdet. Deshalb darf man rückblickend sagen, daß ein Vertragspartner sich bei redlichem Verhalten mit der Aufnahme einer Bedingung hätte einverstanden erklären müssen, die die Erreichung des Vertragszweckes sicherstellen sollte, oder daß er (bei Ablehnung der Bedingung) von dem Vertragsschluß hätte abstehen müssen. Nicht schlagkräftiger wird der Einwand Nipperdeys dadurch, daß er mir in der 15. Auflage S. 1078 Anm. 12 die Lehre unterstellt, wenn der Vertrag einmal geschlossen sei, dürfe man von einem redlichen Partner erwarten, daß er zu einer Gestaltung des Vertrages mitwirke, die die Erreichung des Vertragszwecks gestatte und nicht gefährde. Nach meiner Lehre ist lediglich zu fragen, ob ein redlicher Partner den Vertragsschluß hätte scheitern lassen, wenn der Vertragsgegner die Anerkennung des fraglichen Umstandes als Bedingung verlangt hätte.

Larenz (Geschäftsgrundlage und Vertragserfüllung, 1951) will die Fälle subjektiver und objektiver Geschäftsgrundlage schärfer scheiden. Er versteht unter subjektiver Geschäftsgrundlage eine gemeinsame bestimmte Vorstellung oder Erwartung beider Vertragsparteien, von der beide beim Abschluß des Vertrages sich haben leiten lassen; nicht genügen soll es, daß die Vorstellung oder

Erwartung den Willensentschluß nur einer Partei maßgeblich bestimmt habe, selbst dann nicht, wenn dies der anderen Partei bekannt gewesen sei. Hierher rechnet er die Fälle der unrichtigen Berechnungsgrundlage, der fehlenden Vergleichsgrundlage, des Nichteintritts eines erwarteten Ereignisses und der getäuschten Erwartung gleichbleibender Verhältnisse bei Unterhaltsvereinbarungen. Unter objektiver Geschäftsgrundlage versteht er diejenigen Umstände und allgemeinen Verhältnisse, deren Vorhandensein und Fortdauer objektiv erforderlich sind, damit der Vertrag im Sinne der Intentionen beider Vertragsparteien noch als eine sinnvolle Regelung bestehen kann. Hierher rechnet er die Fälle der Äquivalenzstörung und Zweckvereitelung.

Schon die Formulierungen von Larenz zeigen, daß sich eine scharfe Trennung von subjektiven und objektiven Momenten nicht durchführen läßt. Der Vertragszweck wird auch bei der sog. objektiven Vertragsgrundlage durch die Intentionen beider Parteien maßgeblich mitbestimmt. Der Geschäftszweck unterscheidet sich psychologisch überhaupt nicht vom bloßen Parteimotiv, ist vielmehr ein solches, das durch den übereinstimmenden Willen der Parteien zum Geschäftszweck erhoben wird. Larenz verlangt zuviel, wenn er zur Anerkennung der subjektiven Geschäftsgrundlage fordert, daß die leitende Vorstellung der einen Partei auch zum Beweggrund der anderen geworden sei. Das nötigt den Richter, wenn er die Geschäftsgrundlage anerkennen will, zu Fiktionen und erleichtert ihm auf der anderen Seite die Ablehnung in den zahlreichen Fällen, wo die fragliche Vorstellung für die andere Partei nicht gleich wichtig war. Bei einem Vertrag ist die Bedingung, die für den Teil, der sie ausmacht, von wesentlicher Bedeutung ist, regelmäßig für den anderen Teil nicht bestimmend. Er nimmt sie nur in den Kauf, um den Vertragsschluß nicht scheitern zu lassen. Zugegeben ist nur, daß ein Unterschied gemacht werden kann zwischen den von den Parteien nach dem objektiven (typischen) Zweck eines Vertrages unbewußt vorausgesetzten selbstverständlichen Umständen, wie z. B. dem Gleichwertverhältnis von Leistung und Gegenleistung, und den etwaigen besonderen unabhängig vom typischen Vertragszweck gehegten Vorstellungen und Erwartungen einer oder beider Parteien. Dieser Unterschied vermag allerdings, u. U. eine verschiedene Ausgestaltung der Rechtsfolgen zu rechtfertigen. Aber auch insoweit ist die Schablonisierung von Larenz bedenklich. Man wird auch beim Wegfall der subjektiven Geschäftsgrundlage grundsätzlich der Zubilligung eines Rücktrittsrechts den Vorzug geben vor der von Larenz befürworteten Unwirksamkeit. Ebenso verdient der Anpassungsgedanke grundsätzlich den Vorrang, nicht bloß beim Wegfall der objektiven Geschäftsgrundlage, sondern auch in den Fällen getäuschter Erwartung gleichbleibender Verhältnisse bei Unterhaltsverträgen, worauf der Betroffene sich durch Einwendung, nicht aber durch Einrede (so Larenz) berufen kann. In der zweiten Auflage erkennt auch Larenz an, daß die Fälle der objektiven und subjektiven Geschäftsgrundlage gleich zu behandeln sind; vgl. S. 171f.

Die hier vorgeschlagenen Formeln ermöglichen es, die Umstände, die für eine Partei von so grundlegender Bedeutung sind, daß bei ihrem Nichtzutreffen der Vertrag jeden vernünftigen Zweck verliert, und zwar so, daß das auch ein redlicher Gegner anerkennen müßte, von denen zu scheiden, die keine solche grundlegende, sondern nur eine rein subjektive Bedeutung haben. Zustimmend von Godin, GroßKomm. z. HGB. Anhang zu § 346 Anm. 40.

Die Formeln zeigen aber auch, wie recht Windscheid mit seiner Charakterisierung der Voraussetzung als unentwickelter Bedingung hatte. Denn sie ist nach unserer These nur dann beachtlich, wenn lediglich die Gewißheit hinsichtlich des betreffenden Umstandes seine Vereinbarung als Bedingung des Geschäftes verhindert hat. Und unsere Formel zeigt, daß das RG. instinktiv auf dem richtigen Wege war, wenn es die Voraussetzung nur da als beachtlich anerkennen will, wo die Parteien das Rechtsverhältnis nach dem Vertragsinhalt von ihr abhängig gemacht haben. Wenn das RG. gesagt hätte:

wo die Parteien das Rechtsverhältnis von ihr abhängig gemacht hätten — in dem Sinne, daß sich der Gegner redlicherweise der Einkleidung in eine Bedingung nicht hätte widersetzen dürfen,

so wäre m. E. gegen diese Formulierung nichts einzuwenden gewesen.

4. Auch wenn die zu 1.—3. angegebenen Voraussetzungen verwirklicht sind, ist nicht ohne weiteres ein Rücktrittsrecht gegeben. Das Festhalten am Vertrag muß wider Treu und Glauben verstoßen (§ 242), die Geltendmachung der Vertragsrechte sich als unzulässige Rechtsausübung darstellen, RG. **152** 403; **153** 358; **158** 175; **168** 126. Auch die Lossage vom Geschäft muß Treu und Glauben Rechnung tragen, ist also ausgeschlossen, soweit eine Heilung möglich und zumutbar ist sowie dem benachteiligten Gegner binnen angemessener Frist angeboten wird (vgl. auch neuestens BGH. NJW. 51, 836; 52, 137).

Es ist also stets zu prüfen, ob der Mangel der Geschäftsgrundlage heilbar ist, etwa durch Erhöhung der Gegenleistung oder Ermäßigung der Gegenforderung (RG. **131** 93; **111** 158; JW. 1929, 729). Nach der Rechtsprechung des Reichsgerichts genügt bei einer durch Geldentwertung verursachten erheblichen Verschiebung des Wertverhältnisses zwischen Leistung und Gegenleistung die bloße Verweigerung der Aufwertung der Gegenleistung noch nicht, um das Rücktrittsrecht des Leistungspflichtigen zu begründen; die Weigerung muß sich als positive Vertragsverletzung darstellen, mithin schuldhaft sein; so RG. **111** 158. Vgl. auch BGH. **10** 44 (Wegfall der Geschäftsgrundlage bei einem Gesellschaftsvertrag).

5. Abzulehnen ist die Auffassung, daß es sich bei der zur Vertragsgrundlage gemachten Voraussetzung um einen zukünftigen Umstand handeln müsse. Es besteht ein Bedürfnis nach einem Rücktrittsrecht wegen Fehlens der Geschäftsgrundlage auch in Fällen, wo die wirtschaftliche Grundlage des Geschäfts nicht durch eine nachträgliche Veränderung der Umstände weggefallen ist, sondern von vornherein nicht gegeben war — eine Fallgestaltung, wie sie beim Irrtum über die feste Vergleichsgrundlage (779) vorliegt. Die Lehre von der clausula rebus sic stantibus wird diesem Bedürfnis nicht gerecht.

Vgl. Oertmann, KommAllg. T. (3) S. 570 und v. Tuhr, LZ. 1921, 153. Auch die Rechtsprechung hat bei einem derartigen Irrtum in mehreren Fällen den Gesichtspunkt der fehlenden Geschäftsgrundlage verwandt. Vgl. RG. **108** 109; **131** 94; **152** 403; **158** 172. OLG. Kiel, JW. 1930, 2458; OGHBrZ., MDR. 50, 282.

6. Für das Rücktrittsrecht wegen veränderter Umstände infolge der durch Kriegs- und Nachkriegsentwicklung hervorgerufenen wirtschaftlichen Umwälzung hat die Rspr. eine Reihe von Richtlinien aufgestellt. Vgl. Enneccerus-Lehmann, Schuldrecht § 41 VII und BGH. 7, 238.

B. Die Zeitbestimmung.

1. Begriff. Die Zeitbestimmung ist die einer Willenserklärung beigefügte Beschränkung, daß die Wirkungen des Rechtsgeschäfts erst mit einem

gewiß eintretenden künftigen Ereignis beginnen (Anfangspunkt) oder nur bis dahin dauern sollen (Endpunkt).

1. Durch die Gewißheit des Eintritts unterscheidet sich die Zeitbestimmung von der Bedingung. Es ist nicht nötig, daß der Termin kalendermäßig feststeht. Der dies certus an et quando, aber auch certus an, incertus quando sind Zeitbestimmungen.

Wohnungsmiete vom 1. 11. ab, aber auch vom Beginn der Landtagstagung ab, sind befristete Geschäfte. Der Todestag einer Person ist eine reine Zeitbestimmung. Wenn dagegen der Oheim seinem Neffen zu einer Reise beim 21. Geburtstag 2000 Mark verspricht, so liegt eine Bedingung vor, weil ungewiß ist, ob dieser den Tag erlebt.

2. Die Bestimmung eines Anfangstermins kann in einem doppelten Sinne vereinbart werden: entweder wird aufgeschoben die Entstehung des Rechts oder nur seine Geltendmachung. Eine echte Befristung im Sinne des Gesetzes liegt nur im ersten Fall vor.

Auf dem Gebiete des Schuldrechts ist die Befristung regelmäßig im zweiten Sinne auszulegen und ein sofort wirksames Recht anzunehmen, das nur hinsichtlich seiner Ausübung betagt ist.

A gibt B ein akzeptiertes Wechselblankett unter der Vereinbarung:

a) B dürfe es am 1. Oktober als Sichtwechsel ausfüllen, falls nicht bis dahin Zahlung erfolgt sei (Befristung);

b) B dürfe das Akzept zum 1. 10. fällig machen (betagtes Recht).

Die Rechtsnatur des befristeten Rechts ist streitig. Enneccerus-Nipperdey (15. Aufl. § 199 II) leugnen den Unterschied zwischen befristeten (noch nicht entstandenen, aber eine Anwartschaft begründenden) Forderungen und betagten (schon entstandenen, aber noch nicht fälligen) Forderungen; ebenso Dernburg § 157 II, R. Leonhard 416, Kipp zu Windscheid § 96a I 2, Planck-Flad zu § 163, 4. Die herrschende Lehre hält an der Möglichkeit der befristeten Forderung fest (v. Tuhr II 2, 326; Oertmann § 163, 2a u. 4c) und nimmt eine Befristung namentlich da an, wo die Entstehung des ganzen Schuldverhältnisses hinausgeschoben wird, was bei Dauerschuldverhältnissen wie der Miete, dem Dienst-, Gesellschafts- u. Versicherungsvertrag häufig vorkommt. Die Befristung eines einzelnen Anspruchs ist regelmäßig im Sinne der Betagung, also bloßer Hinausschiebung der Fälligkeit zu deuten.

II. Rechtswirkungen. Für die Zeitbestimmung sind die Vorschriften über die Bedingung entsprechend anzuwenden (163).

Unanwendbar sind: 159 — denn die Rückziehung widerspricht dem Gedanken des zeitlichen Aufschubs — und grundsätzlich auch 162 — denn ein gewiß eintretendes Ereignis kann man nicht künstlich herbeiführen oder vereiteln.

Doch ist eine entsprechende Anwendung von 162 nicht völlig ausgeschlossen. Man kann unter Umständen ein gewiß eintretendes Ereignis, z. B. den Tod eines Menschen, künstlich früher herbeiführen und darf sich dann auf diesen früheren Eintritt nicht berufen.

Anwendbar sind: 158 (Eintritt oder Wegfall der Wirkung mit dem Termineintritt), 160 (Schadenersatzpflicht bei schuldhafter Beeinträchtigung des befristeten Rechts), 161 (Unwirksamkeit weiterer beeinträchtigender Verfügungen der Zwischenzeit).

C. Die Auflage (modus) ist dem Zweck nach der Bedingung verwandt, aber von ihr scharf zu scheiden.

I. Begriff. Die Auflage ist die einer unentgeltlichen Vermögenszuwendung beigefügte Nebenbestimmung, wodurch der Empfänger zu einer Leistung verpflichtet wird. Sie verfolgt einen hinter dem Hauptzweck stehenden Nebenzweck. Also liegt keine Auflage vor, wenn die dem Empfänger einer Zuwendung auferlegte Leistung als Gegenwert der Zuwendung aufgefaßt werden muß (525ff., 1940, 2192—96, 2278).

A schenkt oder vermacht dem B seine Bücherei mit der Verpflichtung, die Doppelstücke der Universitätsbibliothek zu überlassen.

II. Rechtswirkung. Anders als die Bedingung hindert die Auflage keineswegs den Eintritt der Geschäftswirkungen. Die Zuwendung wird sofort wirksam — ohne daß das für die Bedingung eigentümliche Schwebeverhältnis entstünde. Der Bedachte wird aber durch die Annahme der Zuwendung zur Erfüllung der Auflage verpflichtet. — Die Bedingung schiebt auf, zwingt aber nicht, die Auflage zwingt, schiebt aber nicht auf. — Im allgemeinen begründet die Auflage sowohl einen Anspruch auf Erfüllung (Verpflichtungsbestandteil) wie einen Anspruch auf Rückforderung bei Nichterfüllung (Voraussetzungsbestandteil).

Die näheren Voraussetzungen und Einschränkungen dieser Ansprüche sind bei der Schenkung und den letztwilligen Verfügungen zu besprechen (vgl. z. B. 527, 2194 sowie Enneccerus-Lehmann § 125).

7. Kapitel

§ 36

Die Stellvertretung

Hauptliteratur zum Gemeinen Recht: Buchka, Stellvertretung, 1852; Savigny III § 113; Jhering, DogmJ. 2 S. 67ff.; Hellmann, Stellvertretung, 1882; Mitteis, Lehre v. d. Stellv., 1885; Windscheid-Kipp I § 73ff. — Literatur zum BGB.: Schloßmann, Lehre v. d. Stellv., 2 Bde., 1900 und 1902; M. Rümelin, ArchZivPr. **93** 131ff.; Riezler, ebenda **98** 372ff.; Rosenberg, Stellv. im Prozeß, 1908; von Tuhr II 2, S. 333ff.; Bruns, Besitzerwerb durch Interessenvertreter, 1910; Cohn, Das rechtsgeschäfliche Handeln für denjenigen, den es angeht, 1931; Schleß, Mittelbare Stellvertretung u. Treuhand, 1931; H. Lehmann, HdwbRw. V 694f.; Bettermann, Vom stellvertretenden Handeln, 1937; Müller-Freienfels, Die Vertretung beim Rechtsgeschäft, 1955. Fikentscher AcP. 154, 1ff.

I. Begriff. Stellvertretung ist die Abgabe oder der Empfang einer Willenserklärung für einen anderen in dessen Namen, d. h. so, daß die Wirkungen des Geschäfts unmittelbar diesen treffen sollen.

Das Gesetz knüpft in Anerkennung dieses Willens die Geschäftswirkungen unmittelbar zwischen dem Vertretenen und dem Dritten, demgegenüber die

Vertretung stattfindet — dies aber nur unter der Voraussetzung, daß der Vertreter eine entsprechende Vertretungsmacht hat (164 I).

Die Vertretung in der Abgabe nennt man auch: aktive — die im Empfang: passive Vertretung.

Die große wirtschaftliche Bedeutung eines derartigen unmittelbaren Eintritts der Rechtsbeziehungen zwischen den eigentlichen Geschäftsparteien macht man sich am besten an folgender Zeichnung klar.

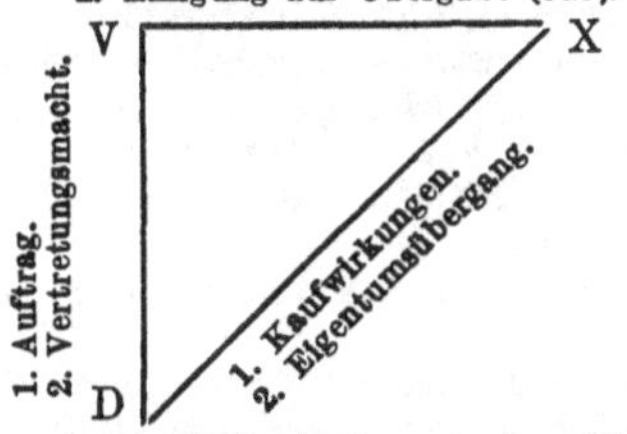

Wenn V als Beauftragter des D im Rahmen seiner Vertretungsmacht im Namen des D von X ein Pferd kauft und sich zu Eigentum übergeben läßt, so erlangt D unmittelbar die Rechte und Pflichten aus dem Kaufvertrag gegenüber dem X und wird unmittelbar Eigentümer. Wäre eine derartige unmittelbare Wirkung nicht anerkannt, so könnte D das Eigentum nur auf dem Umweg über V erlangen. V müßte zuerst die Käuferrechte und Pflichten sowie das Eigentum erwerben und dieses dann durch ein weiteres Übertragungsgeschäft auf D übertragen. Die Anerkennung der unmittelbaren Wirkung erspart diesen zeit- und kraftraubenden Umweg.

1. Stellvertreter in der Abgabe der Willenserklärung ist nur:

a) wer das Rechtsgeschäft durch seinen eigenen Willensentschluß abschließt, also selbst den rechtsgeschäftlichen Tatbestand verwirklicht. Keine Vertreter sind die Hilfskräfte, deren sich jemand bloß zur Äußerung des von ihm gefaßten Entschlusses bedient, wie z. B. der Angestellte, der einen Bürgschaftsschein auf Vorsprechen nachschreibt, der Notar, der ein Rechtsgeschäft beurkundet. Kein Vertreter ist namentlich der Bote, der die von einem anderen abgegebene Erklärung übermittelt.

Der BGH. (Bd. 5, 344) will neuerdings auch eine Vertretung in der Erklärung bei höchstpersönlichen Angelegenheiten, wo die Vertretung in der Willensbildung ausgeschlossen ist, anerkennen; vgl. §§ 1595, 1596, 1750. Dagegen mit Recht Götz Hueck, AcP. 152, 443.

Die tatsächliche Hilfeleistung bei dem Zustandekommen einer fremden Erklärung bis zur Abgabe ist Gehilfenschaft, die Übermittelung der schon abgegebenen: Botenschaft.

Bei der verkörperten Erklärung hebt sich die rein tatsächliche Mitwirkung des Boten, der für den Zugang des Briefes sorgt, scharf ab von der Tätigkeit des Vertreters. Bei der mündlichen Botschaft ist oft schwierig zu unterscheiden, ob Botenschaft oder Vertreterschaft vorliegt. Ob eine zugezogene Hilfsperson als Bote oder Vertreter auftreten soll, hängt von dem ihr eingeräumten Maß der

Entschlußfreiheit ab. Wo die Entschlußfreiheit fehlt, wo nur ausgerichtet werden soll, was aufgetragen ist, wird jemand als Bote verwandt; Vertreter ist er da, wo ihm ein Spielraum für die Entschließung gelassen wird, sei es hinsichtlich des Geschäftsinhalts oder der Auswahl des Vertragsgegners oder der zu kaufenden Gegenstände usw. Wenn die Hilfsperson ihren Auftrag dem Willen des Geschäftsherrn entsprechend ausführt, wird es diesem gleichgültig sein, wie sie dabei nach außen dem Dritten gegenüber aufgetreten ist. Wenn sie dagegen etwas anderes erklärt hat, als ihr aufgetragen wurde, so ist für die Wirkungen gegenüber dem Dritten nicht entscheidend, wie die Hilfsperson hat auftreten sollen, sondern wie sie tatsächlich nach außen aufgetreten ist. Wer mit einer Botschaft beauftragt ist und diese als eine eigene Willenserklärung abgibt, ist Vertreter; Bote dagegen ist, wer als Vertreter ausgeschickt wird und die Willenserklärung als eine vom Geschäftsherrn abgegebene ausrichtet. Da die von der Hilfsperson gewählten Worte oft keinen unzweideutigen Schluß darauf zulassen, in welcher Eigenschaft sie handelt, so spielen die Umstände und die soziale Stellung der Person eine große Rolle.

Welche Tragweite im Leben das verschiedene Auftreten hat, zeigt sich in folgendem:

α) Die unrichtig durch einen Boten übermittelte Erklärung bindet den Auftraggeber, er kann die Erklärung zwar anfechten (120), muß aber dem Gegner das negative Interesse ersetzen (122); die Erklärung des Stellvertreters bindet den Vertretenen dagegen nicht, wenn jener unter Überschreitung der Vollmacht handelt, verhaftet den Vertreter nach 179. Doch kann sich aus einem Verschulden des beim Vertragsschluß zugezogenen Gehilfen (278) auch eine Haftung des Vertretenen zum Ersatz des Vertrauensschadens ergeben; vgl. RG. **120** 130 und 249f. Die Haftung des nicht oder nicht wirksam ermächtigten oder seine Ermächtigung überschreitenden Boten richtet sich nach den Grundsätzen über unerlaubte Handlungen, setzt also stets ein Verschulden des angeblichen Boten voraus (823, 826). Abweichend wollen manche (v. Tuhr II 2 S. 341 und Enneccerus-Nipperdey [15] § 178 Anm. 7) den § 179 analog anwenden, weil eine solche Einschränkung der Botenhaftung nicht mehr den Erfordernissen des modernen Verkehrs entspreche.

β) Die Botenschaft erfordert keine Geschäftsfähigkeit, sondern nur natürliche Fähigkeit zur Ausrichtung der Botschaft (z. B. Kind). Die Stellvertretung setzt Geschäftsfähigkeit voraus, doch genügt beschränkte Geschf. (165).

b) Stellvertreter in der Abgabe der Willenserklärung ist nur, wer die Erklärung im fremden Namen abgibt, also zum Ausdruck bringt, daß die Wirkungen des Geschäfts in der Person des anderen (des Geschäftsherrn) eintreten sollen. Gleichgültig ist dabei, ob dieser Wille ausdrücklich erklärt wird oder sich aus den Umständen ergibt (164 I).

Es genügt nicht, daß einzelne Wirkungen den Dritten treffen sollen; deshalb liegt im Vertragsschluß zugunsten eines Dritten, z. B. im Abschluß eines Lebensversicherungsvertrags zugunsten der Frau (328f.), keine Stellvertretung.

Das Handeln im fremden Namen nannte man im Gemeinen Recht direkte, unmittelbare Vertretung, weil die Wirkungen des Rechtsgeschäfts in diesem Falle unmittelbar in der Person des Vertretenen eintreten, falls der Vertreter Vertretungsmacht hat und in deren Rahmen bleibt. Besser ist der Ausdruck: offene Vertretung.

Davon schied man das rechtsgeschäftliche Handeln in fremdem Interesse — aber in eigenem Namen — als indirekte, mittelbare Vertretung, weil hier die Wirkungen des Geschäfts zunächst eintreten in der Person des als Geschäftspartei handelnden Vertreters und später durch weitere Rechtshandlungen (Übertragung des Eigentums, Forderungsabtretung Schuldübernahme) auf den eigentlichen Geschäftsherrn übertragen werden müssen. Besser ist die Bezeichnung als stille oder verdeckte Vertretung.

Das BGB. beschränkt den Begriff der Vertretung auf den Tatbestand der direkten (offenen) Stellvertretung.

c) Geschichtliches und Rechtspolitisches zur unmittelbaren Stellvertretung.

Geschichtlich ist die mittelbare Vertretung die älteste Art der Vertretung. Das römische Recht hat die unmittelbare Vertretung nur anerkannt in Ausnahmefällen (beim Besitzerwerb und dem dadurch vermittelten Rechtserwerb, z. B. dem des Eigentums und des Pfandrechts). Auch dem älteren deutschen Recht war die Stellvertretung als Vertretung im Willen mit unmittelbarer Wirkung für den Vertretenen unbekannt. Als teilweiser Ersatz dafür fungierte der Treuhänder, der selbst im eigenen Namen kraft eigenen Rechts handelt, aber gleichzeitig verpflichtet ist, nur im Interesse und gemäß den Weisungen des Treugebers über das ihm von diesem übertragene Recht zu verfügen. In Deutschland ist die Zulässigkeit der unmittelbaren Stellvertretung seit dem 17. Jahrhundert grundsätzlich anerkannt worden und auch von den neueren Kodifikationen, dem ALR., Cod. civ., Sächs. GB., Schweiz. OblR. ebenso wie vom BGB. geregelt worden.

Aber auch die mittelbare Stellvertretung ist heute noch häufig, sei es, weil der wirkliche Geschäftsherr nicht nach außen in die Erscheinung treten will, wie z. B. beim Erwerb durch einen Strohmann, sei es, weil markttechnische Gründe das Handeln des Vertreters im eigenen Namen fordern, wie z. B. beim Ein- und Verkauf von Börsenpapieren. Das Musterbild des mittelbaren Stellvertreters ist der Kommissionär, der es gewerbsmäßig übernimmt, Waren oder Wertpapiere für Rechnung eines anderen (des Kommittenten) im eigenen Namen zu kaufen oder zu verkaufen, § 383 HGB. Grundsätzlich verdient, technisch und wirtschaftlich betrachtet, die unmittelbare Stellvertretung den Vorzug, weil sie den Umweg über das Vermögen des V. vermeidet und die Wirkungen sofort in dem Rechtskreis dessen entstehen läßt, dem sie letzthin zugute kommen oder zur Last fallen sollen.

Haben so beide Arten der Vertretung ihre eigenartigen Funktionen, so sind auf der anderen Seite auch typische Gefahren mit ihnen verknüpft. Die Hauptgefahr der unmittelbaren Stellvertretung liegt darin, daß der Dritte, der sich mit einem solchen Vertreter einläßt, das Risiko des Vorhandenseins der Vertretungsmacht und des Einhaltens ihres Rahmens trägt. Die Aufgabe der Rechtsordnung ist es, das berechtigte Vertrauen auf das Dasein und den Umfang der Vertretungsmacht zu schützen, wenigstens aber dem gutgläubigen Gegenkontrahenten bei Fehlen oder Überschreitung der Vertretungsmacht einen Ersatzanspruch gegen den unberufenen Vertreter zu geben.

Das Hauptrisiko bei der mittelbaren Vertretung läuft der Vertretene, weil zwischen ihm und dem Geschäftsgegner grundsätzlich keinerlei unmittelbare Beziehungen entstehen, sondern der Vertreter allein berechtigt und verpflichtet wird. Daher ist die Rechtslage des Vertretenen bis zu dem Augenblick gefährdet, wo die vom Vertreter erworbenen Rechte auf ihn übertragen sind oder er bei einem Auftrag zur Veräußerung eines Gegenstandes den Gegenwert dafür erhalten hat. Der Auftrag zur Veräußerung eines Rechts durch den mittelbaren Vertreter im eigenen Namen verlangt zwar nicht, daß dieses Recht zuerst auf den V. übertragen wird. Da das BGB. eine Verfügung über fremde Rechte im eigenen Namen mit Zustimmung des Verfügungsberechtigten als wirksam anerkennt (§ 185 BGB.), darf man die Aushändigung des zu veräußernden Gegenstandes an den mittelbaren Vertreter nicht als Eigentumsübertragung an diesen deuten. Der Rechtsübergang vollzieht sich bei der späteren Veräußerung des Gegenstandes durch V. unmittelbar vom Vertretenen auf den Gegenkontrahenten ohne Zwischeneigentum des V. Aber die Ansprüche aus dem Veräußerungsgeschäft auf den Gegenwert stehen nur dem V. zu. Die Rechtsordnung muß deshalb Sorge tragen, die Überleitung der vom mittelbaren Vertreter erworbenen Rechte auf den Vertretenen zu erleichtern.

Was das Kommissionsgeschäft angeht, so sucht das HGB. den Kommittenten durch die Vorschrift zu schützen, daß die Forderungen des Kommissionärs aus dem Ausführungsgeschäft gegen seinen Gegenkontrahenten (im Verhältnis von Kommittent und Kommissionär oder dessen Gläubigern) bereits vor der Abtretung als Forderungen des Kommittenten zu behandeln sind, § 392 Abs. 2 HGB.

Das DepotG. vom 4. 2. 1937 versucht, bei der Einkaufskommission von Wertpapieren den Schwebezustand zwischen dem Erwerb der Stücke durch den Kommissionär und ihrer Übertragung in das Vermögen des Kommittenten möglichst zu verkürzen. Es bestimmt, daß der Kommissionär dem Kommittenten ein Stückeverzeichnis zu übersenden hat und daß mit dessen Absendung das Eigentum an den Stücken auf den Kommittenten übergeht, §§ 18f. Der Kommittent, der seine Verpflichtungen völlig erfüllt hat, ohne daß die einzukaufenden Wertpapiere bis zu diesem Zeitpunkt durch Übersendung eines Stückeverzeichnisses oder auf andere Weise in sein Eigentum übergegangen wären, hat ein Konkursvorrecht im Konkurs des Kommissionärs; § 32 I Z. 1 DepotG.

Ganz allgemein wird die Rechtsübertragung der vom mittelbaren Vertreter erworbenen Gegenstände in das Vermögen des Vertretenen ferner erleichtert durch das Mittel des constitutum possessorium (§ 930 BGB.), das der Kommissionär nach § 181 BGB. mit sich selbst abschließen kann und das beim Erwerb von Wertpapieren schon in der Einlage der erworbenen Stücke in die Mappe des Kunden oder in der Buchung bestimmter Nummern als Stücke des Kunden gefunden werden kann, RG. **116** 202. — Nach der herrschenden Lehre ist auch ein vorweggenommenes (antizipiertes) d. h. vor der Besitzerlangung abgeschlossenes Konstitut zulässig, das aber erst durch die Besitzerlangung des Vertreters vollendet wird; vgl. RG. **56** 52; **100** 192; **109** 170 und Wolff, Sachenr. § 67 I 2. Vertretener und mittelbarer Vertreter müssen dann im voraus außer dem Besitzmittlungsverhältnis (Auftrag oder dgl.) den Eigentumsübergang mit der Besitzergreifung durch den Vertreter vereinbaren. Der Übertragungswille muß aber noch vorhanden sein, wenn der Vertreter den Besitz erwirbt, was aber zu vermuten ist, RG. **135** 367.

Im Familienrecht, wo förmliche Rechtsübertragungen zwischen den Ehegatten praktisch selten vorkommen, geht das BGB. noch weiter und schreibt in gewissen Fällen, wo der Mann ein Erwerbsgeschäft im eigenen Namen abgeschlossen hat, den sofortigen Rechtserwerb der Frau kraft Surrogation vor, erspart dadurch also dem Manne die Vornahme jeder besonderen Übertragungshandlung, vgl. §§ 1382, 1381 (beim gesetzlichen, jetzt aufgehobenen Güterstand der ehemännlichen Nutzverwaltung) und 1646 (Erwerb beweglicher Sachen durch den Vater mit Mitteln des Kindes).

Aber auch der Gegenkontrahent ist bei der mittelbaren Stellvertretung dadurch gefährdet, daß er grundsätzlich keine Ansprüche gegen den Vertretenen erwirbt. Die Römer gaben ihm in einer Reihe von Fällen Nebenklagen gegen den

Vertretenen, die sog. actiones adjecticiae qualitatis. Nach geltendem Recht werden unmittelbare Beziehungen zwischen dem Geschäftsgegner und dem Vertretenen nur ausnahmsweise, im Seeversicherungsrecht, begründet. Der Versuch Müller-Erzbachs (Die Grundsätze über mittelbare Stellvertretung, aus der Interessenlage entwickelt, 1905), ganz allgemein neben den Beziehungen zwischen dem mittelbaren Vertreter und seinem Geschäftsgegner auch noch ein Rechtsband zwischen diesem und dem Vertretenen zu knüpfen, hat keine Gefolgschaft gefunden. Wohl aber muß der Geschäftsgegner damit rechnen, daß der mittelbare Vertreter im Falle eines Vertragsbruchs von ihm nicht nur Ersatz des ihm persönlich, sondern auch des seinem Aufftraggeber erwachsenen Schadens verlangt. Die sog. Schadensliquidation aus fremdem Interesse ist hier nicht bloß im Handelsrecht gewohnheitsrechtlich anerkannt, sondern entspricht auch auf dem bürgerlichrechtlichen Gebiet der Verkehrsanschauung und Billigkeit; RG. **113** 254.

Vgl. zur mittelbaren Stellv. noch Schmidt-Rimpler, Ehrenbergs HdbHR. V 18, 477f.; Neubecker, Grünhut **36** 31f.; Müller-Erzbach, DogmJ. **53** 358f.

2. Stellvertreter im Empfange der Willenserklärung (passiver Vertreter) ist der, an den eine Erklärung, deren Wirkungen einen anderen treffen sollen, für diesen abgegeben wird (164 III).

Der Empfangsvertreter braucht überhaupt nichts zu erklären — das Zugehen setzt keinerlei tätige Mitwirkung des Vertreters voraus — der andere Teil muß vielmehr dem Vertreter gegenüber erkennbar zum Ausdruck bringen, daß er die Erklärung an diesen gerade in seiner Vertretereigenschaft richtet. Auch hier genügt es, wenn dieser Inhalt der Erklärung aus den Umständen zu entnehmen ist, z. B. eine Kündigung des Mieters an den Hausverwalter.

Wie bei der Abgabe zwischen Vertreter und Bote unterschieden werden muß, so auch beim Empfang. Der bloße Empfangsbote wirkt rein tatsächlich mit beim Zugang der Willenserklärung. Bei der Annahme eines Briefs durch einen Angestellten für den Geschäftsherrn liegt Empfangsbotenschaft vor. Bei der Annahme einer mündlichen Erklärung kommt es darauf an, ob der Annehmende die Worte rein äußerlich an den Empfänger weitergeben soll, ohne Rücksicht auf ihr Verständnis, gleichsam wie ein Hörrohr des Geschäftsherrn (Bote), oder ob er ihren Sinn verstehen und die verstandene Erklärung weitergeben soll (Vertreter). Wer eine mündliche Erklärung für einen anderen annimmt, ohne zu deren Empfang ermächtigt zu sein, ist nicht als Bote auf der Empfangsseite, sondern als Bote des Erklärenden anzusehen. E. Cohn, Der Empfangsbote, 1927; Stoll, ZivA. 131, 228; Voswinkel, BürgA. 32, 386.

3. Ob die Erklärung die beabsichtigte unmittelbare Wirkung zwischen dem Geschäftsherrn und dem Dritten entfaltet, hängt davon ab, ob der Vertreter Vertretungsmacht gehabt und sich in deren Rahmen gehalten hat oder nicht (164 I und III). Das Dasein der Vertretungsmacht ist eine Wirksamkeitsvoraussetzung der Vertretung, aber für ihren Begriff gleichgültig. Auch der vollmachtlose Vertreter ist Vertreter im eigentlichen Sinne.

4. Das Wesen der Stellvertretung war im Gemeinen Recht streitig. Um die unmittelbare Wirkung gegenüber dem Vertretenen zu rechtfertigen, hatte man verschiedene Erklärungsversuche aufgestellt.

a) Die von Savigny vertretene Theorie (Geschäftsherrntheorie) sah als eigentliche Geschäftspartei, als im Rechtssinne handelnd, nur den Vertretenen an und stellte sich den Vertreter als ein bloßes Organ von ihm vor — und bestimmte infolgedessen nicht bloß die Wirkungen, sondern auch die Voraussetzungen des Rechtsgeschäfts (z. B. die Anfechtbarkeit wegen Willensmängeln) aus der Person des Vertretenen.

b) Die Repräsentationstheorie (Windscheid, Jhering) sah umgekehrt den Vertreter als den an, der das Rechtsgeschäft abschließt — mit der Folge, daß die Wirkungen kraft gesetzlicher Vorschrift in der Person des Vertretenen eintreten; sie bestimmte deshalb die Voraussetzungen des Rechtsgeschäfts (Geschäftsfähigkeit, Einfluß der Willensmängel usw.) nach der Person des Vertreters.

c) Die Vermittlungstheorie (L. Mitteis und Dernburg) erklärte die Wirkungen aus einem Zusammenhandeln des Vertreters und des Vertretenen bei der Vornahme des Rechtsgeschäfts und bestimmte deshalb die Voraussetzungen teils nach der Person des Vertreters, teils der des Vertretenen, je nach dem Maß ihrer Beteiligung. Die Einheit des rechtgeschäftlichen Gesamttatbestandes betont jetzt wieder Müller-Freienfels, Die Vertretung beim Rechtsgeschäft, 1955.

Das BGB. hat seine Regelung vom Boden der Repräsentationstheorie aus getroffen. Da der Vertreter das Rechtsgeschäft vornimmt, bestimmen sich die Voraussetzungen des Geschäfts grundsätzlich nach seiner Person. Daß die Wirkungen in der Person des Vertretenen eintreten, beruht auf den darauf gerichteten Willenserklärungen des handelnden Vertreters und seines Geschäftsgegners sowie auf dem Gesetz, das deren Willen anerkennt. Man braucht also, um diese Wirkungen zu erklären, sich nicht den Vertretenen als handelnd zu denken; vgl. H. Lehmann JZ. 1957, 134.

5. Abgrenzung der Vertretung von ähnlichen Erscheinungen.

a) Vertreter und Gehilfe sowie Bote. Vgl. oben unter I 1a S. 280.

b) Vertreter und Organ. Die Organe der juristischen Person (vgl. die §§ 31, 86, 89 BGB.) sind genau gesehen Vertreter im Willen. Aber das Gesetz behandelt sie als eine eigene Kategorie, auf die die Vertretungsregeln nur so weit anwendbar sind, als nicht Sondersätze gelten; und der wichtigste Sondersatz ist eben der, daß die juristische Person durch ihre Organe deliktsfähig ist.

c) Vertreter und Treuhänder. Dem Treuhänder werden durch Rechtsgeschäft oder obrigkeitlichen Akt in fremdem Interesse Rechte eingeräumt mit der Bestimmung, sie zwar im eigenen Namen, aber im fremden Interesse auszuüben. Von einem echten Treuhandverhältnis kann im Rechtssinne nur dann gesprochen werden, „wenn der eine (Treugeber) aus seinem Vermögen dem anderen (Treuhänder) einen Gegenstand zu treuen Händen anvertraut, d. h. übereignet und zwar derart, daß der andere das übertragene Recht im eigenen Namen ausüben, aber nicht zu seinem Vorteil gebrauchen soll" (vgl. RG. **84** 217 und **127** 344; BGH. **11** 43). Danach kann der unmittelbare Stellvertreter in keiner Weise mit dem Treuhänder gleichgestellt werden. Der mittelbare Stellvertreter, der mit dem Erwerb einer Sache betraut ist, kommt schon deshalb nicht als Treuhänder in Betracht, weil die erworbenen Gegenstände ihm nicht vom Treugeber aus seinem Vermögen anvertraut sind, sondern für den Vertretenen von dem Geschäftsgegner, also aus drittem Vermögen, erworben werden. Der mittelbare

Vertreter, der mit der Veräußerung des ihm vom Vertretenen übergebenen Gegenstandes betraut ist, kommt aber auch nicht als Treuhänder i. obig. S. in Betracht, weil ihm der Gegenstand gar nicht übereignet, sondern lediglich übergeben wird, um über ihn als einen fremden im eigenen Namen zu verfügen. Gemeinsam ist danach dem mittelbaren Vertreter und dem Treuhänder lediglich, daß sie beide im eigenen Namen handeln; der Treuhänder kann sich insoweit als indirekter Vertreter betätigen, aber niemals kann der indirekte Vertreter dem Treuhänder gleichgesetzt werden. Vgl. i. übr. § 34 II 2b dieses Buches.

d) Vertreter und Strohmann. Der Strohmann ist eine vorgeschobene Person, die für jemanden einen Gegenstand erwerben soll, so daß dieser Erwerb dritten Personen, z. B. den Gläubigern gegenüber, verheimlicht bleibt. Wenn die Veräußerung durch den Geschäftsgegner nicht ernstlich gemeint ist, weil der Veräußerer die Rolle des Strohmanns durchschaut und mit seinem Auftreten einverstanden ist, so muß die Veräußerung an den Strohmann als nichtiges Scheingeschäft angesehen und unmittelbarer Erwerb durch den vertretenen Hintermann angenommen, d. h. also der Strohmann als unmittelbarer Stellvertreter behandelt werden. Wenn dagegen der Geschäftsgegner mit dem Strohmann das Geschäft als ein ernstlich gemeintes abschließt, erwirbt der Strohmann Rechte und Pflichten aus dem Geschäft und wird unter Umständen Eigentümer der an ihn übertragenen Sachen oder Inhaber der auf ihn übertragenen Forderungen. Hier ist er also als mittelbarer Stellvertreter anzusehen. Doch versagt die Rechtsprechung in diesem Falle dem Hintermann ein Aussonderungsrecht im Konkurs des Strohmanns und ebenso die Widerspruchsklage des § 771 ZPO. gegenüber einer Pfändung beim Strohmann; RG. **84** 217; **91** 16; **127** 334. Vgl. i. übr. § 34 II 2c dieses Buches.

e) Vertreter und Verwalter. In einer Reihe von Fällen werden bestimmte Persönlichkeiten zur Wahrung allgemeiner, nicht von vornherein eine bestimmte Person berührender Interessen durch das Gesetz berufen. So z. B. der Konkursverwalter, der Nachlaßverwalter, der Testamentsvollstrecker, der Vertreter, der für ein vom Eigentümer derelinquiertes Grundstück gemäß § 58, 787 ZPO. bestellt worden ist. Ihre Eigenschaft als Vertreter ist außerordentlich bestritten. Das Reichsgericht (RG. **29** 29; **35** 31; **81** 292) erblickt z. B. im Konkursverwalter ein im öffentlichen Interesse geschaffenes Organ zur Durchführung der Zwecke des Konkurses, den Träger eines Amtes (sog. Amtstheorie). Es lehnt die Auffassung des Konkursverwalters als eines Vertreters ab und gestattet, daß der Gemeinschuldner im Prozeß des Verwalters als Zeuge gehört wird, während der Verwalter einen etwaigen Parteieid zu leisten hat. Demgegenüber wird von den Anhängern der Vertretungstheorien (so z. B. Jaeger) betont, daß ein solches Amt die Vertretereigenschaft nicht ausschließt und daß die Handlungen des Verwalters in dieser seiner Eigenschaft den Gemeinschuldner, allerdings nur bezüglich der Masse, binden. Richtiger Ansicht nach handelt es sich beim Konkursverwalter um eine komplexe Erscheinung. Er nimmt Gläubigerinteressen kraft Amtes wahr mit Wirkung für und gegen die Masse, d. h. also für und gegen den Gemeinschuldner als Träger des konkursgebundenen Vermögens. Insoweit entfaltet seine rechtsgeschäftliche Betätigung durchaus die Wirkungen der unmittelbaren Stellvertretung. Es muß deshalb der Streit um die Vertretereigenschaft als ein durchaus theoretischer betrachtet werden, wenn man nur die falsche Folgerung vermeidet, den Gemeinschuldner als Partei des vom Konkursverwalter geführten Prozesses anzusehen usw. Die Konkursmasse wird als ein vertretungsfähiges Sondervermögen behandelt. Entsprechendes gilt für die anderen Fälle der Verwalterschaft. Vgl. Jaeger Komm. z. KO. § 6 Anm. 1ff.

II. Zulässigkeit der Stellvertretung. Die Stellvertretung ist grundsätzlich bei allen Rechtsgeschäften zulässig. Ausnahmsweise ist sie ausgeschlossen:

1. bei den meisten Geschäften des Familien- und Erbrechts, die einen höchstpersönlichen Charakter haben — namentlich der Eheschließung und den Verfügungen von Todes wegen;

2. grundsätzlich auch, wenn sie sich in der Gestalt des sog. Selbstkontrahierens vollzieht (siehe darüber IV 4c S. 295).

III. Anwendungsgebiet der unmittelbaren Stellvertretung.

a) Das BGB. kennt die unmittelbare Stellvertretung nur bei „Rechtsgeschäften", also nicht bei unerlaubten Handlungen, RG. **96** 179; **132** 78. Wenn die §§ 31, 86 und 89 BGB. die juristische Person auch für die unerlaubten Handlungen ihrer satzungsmäßigen Vertreter haften lassen, so rechtfertigt man das aus der Eigenschaft der satzungsmäßig berufenen Vertreter einer juristischen Person als deren „Organe".

Sachlich ist freilich ein scharfer begrifflicher Unterschied zwischen Organ und Vertreter nicht zu ziehen. Es handelt sich bei den vorerwähnten Bestimmungen in Wahrheit um eine Durchbrechung des oben aufgestellten Grundsatzes von der Unanwendbarkeit der Stellvertretungsregeln auf unerlaubte Handlungen. Der Grund für die deliktische Verantwortlichkeit der juristischen Person liegt in der Billigkeitserwägung, daß eine Vermögensmasse, die die Vorteile einer bestimmten Verwaltung genießt, auch den durch diese angerichteten Schaden tragen muß. Es ist nicht recht einzusehen, warum diese Billigkeitserwägung nicht auch für die Verwaltung des Vermögens eines Geschäftsunfähigen durch seinen Vormund zutreffen soll.

b) Obgleich die §§ 164ff. BGB. nur von Willenserklärungen sprechen, besteht das Bedürfnis, diese Vorschriften auf sonstige „Rechtshandlungen" analog anzuwenden.

Grundsätzlich ist analoge Anwendung geboten bei den sog. Willensäußerungen ohne Kundmachungszweck (Willensgeschäften im Sinne von Manigk), z. B. bei der Annahme eines dem Vertretenen gemachten Vertragsantrags durch Aneignungs- oder Erfüllungshandlungen des Vertreters, § 151 BGB. Analogie ist grundsätzlich auch geboten bei sonstigen unmaßgeblichen Willensäußerungen, wie z. B. der Mahnung und bei Mitteilungen (vgl. RG. **127** 241 gegen Anwendbarkeit des 181 auf Mitteilungen). Dagegen ist bei Tathandlungen die Mitwirkung eines Dritten nicht als Vertretung, sondern Gehilfenschaft anzusehen, so z. B. bei der Verarbeitung nach § 950 BGB. Was den Besitzerwerb anlangt, so ist eine Vertretung nur bei der Einigung des § 854 Abs. 2 BGB. möglich, da diese ein rein rechtsgeschäftlicher Vorgang ist, RG. **137** 27. Davon abgesehen kann die Erlangung der tatsächlichen Gewalt durch eine Mittelsperson dem Geschäftsherrn keinen Besitz nach den Regeln der Vertretung verschaffen, sondern nur, wenn dadurch die in §§ 855 und 868 BGB. selbständig geregelten Voraussetzungen für die Begründung der Besitzerstellung in seiner eigenen Person verwirklicht werden, wenn er also durch die Mittelsperson (als Besitzdiener) unmittelbaren Besitz erlangt oder neben ihr (als Besitzmittler) mittelbaren Besitz bzw., was in Ausnahmefällen denkbar ist, sogar unmittelbaren Besitz, RG. **137** 257.

c) Auch im Zivilprozeß ist die direkte Stellvertretung, d. h. die Vornahme oder Entgegennahme einer Prozeßhandlung an Stelle und im Namen einer Partei mit unmittelbarer Wirkung für sie grundsätzlich anerkannt. Die Fälle, wo die Partei sich nicht vertreten lassen darf, werden als Ausnahmefälle in der ZPO. hervorgehoben. In vielen Fällen müssen sich die Parteien sogar vertreten lassen, so die prozeßunfähige Partei durch ihren gesetzlichen Vertreter, und sodann alle Parteien vor den Kollegialgerichten durch einen bei dem Prozeßgericht zugelassenen Anwalt. Für die Prozeßvertretung hat das Prozeßrecht besondere Regeln aufgestellt. Das bürgerliche Recht kommt nur insoweit in Frage, als das Prozeßrecht auf es verweist. Zur Lückenausfüllung können die privatrechtlichen Vorschriften im Wege der Rechtsanalogie so weit herangezogen werden, als in ihnen ein dem allgemeinen Wesen der Stellvertretung entsprechender Rechtsgedanke zum Ausdruck kommt. (Vgl. Hellwig, System des deutschen Zivilprozeßrechts, Bd. I, § 82, S. 186; Rosenberg, Lehrbuch des Zivilprozeßrechts [5] § 50.)

IV. Der Tatbestand der wirksamen Vertretung.

1. Abgabe oder Empfang einer Willenserklärung,

2. Abgabe der Willenserklärung im Namen des Vertretenen oder Empfang einer an den Vertreter in seiner Vertretereigenschaft gerichteten Erklärung.

a) Es muß also wenigstens aus den Umständen erkennbar sein, daß die Geschäftswirkungen nicht den Vertreter, sondern den Vertretenen treffen sollen (164 I). Daß dessen Name genannt wird, ist nicht notwendig, RGSeuffA. 78 63 es genügt, wenn der Vertreter zum Ausdruck bringt, daß er in Vertretung eines anderen handele — ohne zu sagen, wer dieser ist.

Eine derartige stillschweigende Erklärung des Vertreterwillens ist namentlich anzunehmen, wenn Personen in erkennbar dienender Stellung ein Geschäft abschließen, das nicht ihren persönlichen Bedürfnissen dienen soll, oder wenn ihnen ein Gegenstand zur Erfüllung eines ihrem Herrn zustehenden Anspruchs übergeben wird (z. B. die in einem Laden von dem Herrn oder für ihn gekaufte Ware).

b) Ob im eigenen oder fremden Namen gehandelt wird, ist oft zweifelhaft. Es ist Sache des Vertreters, bei Abgabe der Erklärung den Eintritt der Wirkungen in seiner Person mit genügender Deutlichkeit abzulehnen. „Tritt der Wille, in fremdem Namen zu handeln, nicht erkennbar hervor, so kommt der Mangel des Willens, im eigenen Namen zu handeln, nicht in Betracht" (164 II). Der Vertreter muß sich demnach als Selbstpartei behandeln lassen, ohne seine Erklärung nach 119 I wegen Irrtums anfechten zu können.

Eine Anwendung von 164 II kommt nicht in Frage, wenn nicht nur vom Vertreter, sondern auch vom Geschäftsgegner der Abschluß des Geschäfts mit Wirkung für den Vertretenen gewollt war. Dies trifft namentlich dann zu, wenn jemand mit dem im Geschäftsraum anwesenden Bevollmächtigten des Geschäftsinhabers verhandelt, in der irrigen Annahme, es mit diesem zu tun zu haben, und beide Verhandelnden den Geschäftsinhaber zur Geschäftspartei machen wollen (RG. **80** 78; **67** 149; **68** 433; JW. 1921, 1309[4], wo der Ehemann der Klägerin auf deren Gut Pflanzen gekauft und den Eindruck des Gutsbesitzers gemacht hatte).

c) Durch § 164 Abs. 2 BGB. soll aber nur die Behandlung des Falles sichergestellt werden, wo der vorhandene Wille für einen bestimmten anderen zu handeln, nicht zum Ausdruck gelangt und der Wille des V, selbst berechtigt und verpflichtet zu werden, fehlt. Daraus soll im Interesse der Verkehrssicherheit kein Grund zur Anfechtung der Willenserklärung hergeleitet werden. Durch § 164 Abs. 2 BGB. soll dagegen der Behandlung des Falles nicht vorgegriffen werden, wo beim Vertragsschluß unbestimmt gelassen wird, ob die Wirkungen des Geschäftes in der Person des V oder eines Dritten eintreten sollen. Dieser Fall ist in § 164 Abs. 2 BGB., der nur den Gegensatz zwischen Handeln im fremden und im eigenen Namen regelt, nicht getroffen. Bei der grundsätzlich anerkannten rechtsschöpferischen Macht des Parteiwillens ist aber an der Wirksamkeit eines derartigen Vertragsschlusses nicht zu zweifeln. Ein Kauf mit der Klausel „Aufgabe des Käufers vorbehalten“ ist sicher wirksam. Eine solche Abmachung zugunsten dessen, den es angeht, kann auch stillschweigend getroffen werden. Sie ist anzunehmen, wenn der eine Vertragsteil kein besonderes Interesse daran hat, wer sein Gegner ist, und der andere Vertragsteil sich ihm gegenüber lediglich mit dem Eintritt der Wirkung einverstanden erklärt, aber sich vorbehält oder offenläßt, wen die Wirkung treffen soll, ihn selbst oder einen Dritten. Hier darf angenommen werden, daß für den abgeschlossen wird, den es angeht, und daß die Wirkungen des Geschäfts in seinem Rechtskreis eintreten. So namentlich, wenn ein Käufer einer beweglichen Sache, ohne seinen Namen erkennen zu geben, einen Barkauf abschließt und sich die Ware übergeben läßt. Hier ist dem Verkäufer regelmäßig gleichgültig, mit wem er zu tun hat.

Deshalb wird der berechtigt und verpflichtet, den das Geschäft angeht, ohne daß zwischen obligatorischer und dinglicher Wirkung zu scheiden wäre. Seine Person ist dann durch den Vertreter zu bestimmen. Ob dazu eine Erklärung gegenüber dem Vertragsgegner notwendig ist, hängt von dem Inhalt des Vertrages ab. Im Zweifel ist das unnötig, es genügt die Bestimmung durch irgendwelche Willensäußerungen, namentlich durch Willensbetätigung des Vertreters gegenüber dem Vertretenen.

Wenn der Vertreter auf Grund eines Angestelltenverhältnisses oder eines Auftrages einen Kauf abgeschlossen hat und in dessen Erfüllung eine Erwerbshandlung vornimmt, so liegt schon darin — mangels abweichender Äußerung — die Bestätigung des Willens, für den Geschäftsherrn zu erwerben. Was den Besitzerwerb angeht, so vollzieht sich dieser ebenfalls unmittelbar für den Geschäftsherrn. Ergreift der stille Vertreter als Besitzdiener (855) Besitz, so erwirbt er diesem unmittelbaren Besitz; ergreift er als Besitzgehilfe (868) Besitz, so erwirbt er diesem mittelbaren Besitz.

Der bekannte von Eck erörterte Fall, wo eine Hausdame im Auftrag und mit Mitteln der Herrschaft Silbergeräte und Möbel anschafft und bar bezahlt, ohne ihren Namen oder den der Herrschaft anzugeben, dürfte am befriedigendsten entschieden werden, wenn man einen solchen Geschäftsabschluß mit dem, den es angeht, annimmt und die Herrschaft als Partei des Kaufvertrages ansieht, sowie sie das Eigentum an der Ware mit dem Augenblick ihrer Übergabe an die Hausdame erwerben läßt. — Wo allerdings zwischen dem Stellvertreter und dem Vertretenen ein derartiges Rechtsverhältnis noch fehlt, hängt das Geschäft bis zur Bestimmung dessen, für den es gelten soll, noch in der Luft, der Übergebende bleibt Eigentümer und der Stellvertreter hat lediglich Besitz.

Diese schon in der Vorauflage versuchte Rechtfertigung des Geschäfts „für wen es angeht", als eines bezüglich des Subjekts noch bestimmungsbedürftigen Geschäfts, ist von Cohn (Das rechtsgeschäftliche Handeln für denjenigen, den es angeht, 1931) tiefer begründet worden.

Zweifelhaft bleibt, inwieweit man bei Veräußerungsgeschäften davon ausgehen darf, daß dem Veräußerer die Person des Erwerbers gleichgültig sei. Das ist die Frage der Auslegung im Einzelfall. Ein Geschäft für Rechnung, wen es angeht, kann grundsätzlich nur bei Geschäften des täglichen Lebens, nicht aber bei größeren Objekten angenommen werden; so OLG. Celle, Nds. Rpfl. 1950, 121. Zu weit geht die Annahme, daß der Wille des Veräußerers bei Leistungsgeschäften grundsätzlich nicht auf eine bestimmte Person gerichtet sei, daß zwischen Bar- und Kreditkauf kein Unterschied hinsichtlich der Erfüllungshandlung gemacht werden dürfe, weil der Veräußerer sich durch Übertragung des vollen Eigentums auch beim Kreditkauf der rechtlichen Herrschaft in demselben Maße entäußere, wie beim Barkauf, und weil er ebensowenig wie bei diesem die sofortige Weiterveräußerung hindern könne. Aber vernünftigerweise dürfte es für den Verkäufer beim Kreditkauf — auch wenn er keinen Eigentumsvorbehalt gemacht hat — keineswegs bedeutungslos sein, ob eine ganz andere Person als der ihm bekannte Mittler, an den er sich mit seinen Ansprüchen allein halten kann, sofort das Eigentum erlangt, ob also die Sache als Zugriffsobjekt überhaupt nicht in das Vermögen des Mittlers tritt. Richtig ist allerdings, daß dieser sie alsbald nach dem Erwerb weiter veräußern kann, aber deshalb braucht er das nicht zu tun und kann seine etwaige Veräußerungsabsicht bei wertvollen Gegenständen oder Warenmengen größeren Umfangs auch nicht immer sofort ausführen. Man wird die Person des Erwerbers höchstens bei denjenigen Kreditkäufen als gleichgültig bezeichnen dürfen, wo der Verkäufer darauf verzichtet hat, sich durch Eigentumsvorbehalt zu sichern, obwohl ihm bekannt war, daß der Käufer mit der Ware Handel treiben wollte.

Das RG. hat die Anerkennung eines derartigen Vertrages „für wen es angeht" abgelehnt. Es behandelt den Vertreter als Selbstpartei des obligatorischen Geschäfts. Aber es hilft dem Vertretenen, insofern es das Eigentum an den vom stillen Vertreter erworbenen Gegenständen auf Grund antizipierten oder durch Selbstkontrahieren (181) geschlossenen Konstituts sofort — und unmittelbar — auf den Vertretenen übergehen läßt; vgl. RG. **100** 190; **109** 167 u. **140** 229; vgl. dazu von Lübtow, ZHR. 112, 227. Folgerichtig müßte das RG. hier Durchgangseigentum durch das Vertretervermögen annehmen, wobei dann aber die Einschränkung, daß die Person des Erwerbers dem Veräußerer gleichgültig sein müsse, ganz ungerechtfertigt wäre. Gegen die Annahme eines Zwischenerwerbs spricht andererseits, daß dem Vertretenen durch ihn unberechtigte Vorteile zuwachsen können, insofern er kraft seines guten Glaubens auch da Eigentümer werden kann, wo der Erwerb des Vertreters nichtig oder anfechtbar ist (933, 142 II); aber auch daß dem Vertretenen Nachteile drohen, insofern die in der Person des Vertreters begründeten Wirkungen mangelbehaftet auf ihn übergehen können (Manigk, HdWbRw. III, 312). Die Bedenken gegen eine Gefährdung des Verkäufers bei

Kreditgeschäften steigern sich hier, weil die Zulässigkeit des antizipierten Konstituts von den Interessen des Verkäufers ganz unabhängig ist und diese Konstruktion dazu drängt, die Anforderungen an die Erkennbarkeit des Konstituts immer mehr zu verflüchtigen; vgl. nam. RG. **109** 170. Wenn man in der Übernahme eines Auftrags zum Eigentumserwerb ein stillschweigendes antizipiertes Konstitut erblicken darf, vollstreckt der Auftrag sich geradezu selbst, soweit der Eigentumserwerb in Frage steht! (?)

Die Anregung von Tuhrs II 2 S. 350, in analoger Anwendung von **185** die Möglichkeit des unmittelbaren Erwerbs von Mobiliarrechten für einen anderen durch Handeln im eigenen Namen anzuerkennen, hat keine Gefolgschaft gefunden.

d) Vom Handeln in fremdem Namen ist zu scheiden das Handeln unter fremdem Namen. V legt sich einen fremden Namen bei, gibt sich für B aus. Echte Stellvertretung kann das nicht sein, weil die Erklärung fehlt, für einen anderen zu handeln. Mithin kann ein solches Geschäft grundsätzlich nur für und wider den Erklärenden selbst wirken, ist als ein wirksames Handeln im eigenen Namen anzusehen — vorbehaltlich der dem Gegner zustehenden Anfechtung wegen Täuschung oder Irrtums in der Person. Der wahre Namensträger hat mit dem Geschäft nichts zu tun. Anders nur, wenn der Handelnde sich den fremden Namen beilegt, um den Geschäftsgegner über seine Person zu täuschen und in diesem falsche Identitätsvorstellungen erweckt. Dann kann der richtige Namensträger den Vertrag in entsprechender Anwendung des § 177 genehmigen; vgl. RG. **145** 88 für den Fall der Fälschung einer Wechselunterschrift.

Beisp.: Jemand steigt im Gasthaus unter fremdem Namen ab (Inkognitoreise). V benutzt seine Ähnlichkeit mit B, stellt sich in einem Juwelierladen als dieser vor und kauft in dessen Namen Wertsachen auf Kredit, die er gleich mitnimmt. — Der Dieb verkauft im Namen des Bestohlenen den diesem entwendeten Gegenstand an einen anderen. — Der kurzsichtige Professor gibt beim Verlassen einer Gesellschaft einem jungen Mann im Frack, den er für den Lohndiener hält, 3 Mark Trinkgeld. Wenn er hinterher feststellt, daß der Empfänger in Wahrheit ein Student war, kann er die Übereignung nach 119 anfechten. Der Lohndiener kann, wenn das nicht geschieht, die Gabe nach 687 II herausverlangen. Er kann aber auch nach 826 wegen Vereitelung einer Erwerbsaussicht Schadensersatz, d. h. Herausgabe an sich fordern (249). — Vgl. auch RG. **95** 188f., wo Anton B einen Vertrag unter dem Namen seines Sohnes Ernst B geschlossen und die Vertragsurkunde mit Ernst B unterzeichnet hatte. RG. nimmt an, daß Anton B berechtigt und verpflichtet worden sei; vgl. ferner OLG. Frankfurt Bankarchiv V, 240: Jemand zahlt fremde Gelder bei einer Bank ein und legt sich den Namen des Eigentümers bei. Der Verwahrungsvertrag kommt lediglich mit dem Einzahlenden zustande. Vgl. auch RG., Gruchot **62** 587 (Fehlentscheidung). — Jemand fälscht eine Wechselunterschrift.

Schrifttum: Pagel, Gruchot 53, 229; Letzgus, AcP. 126, 27 f.; Hinke, Wirkung des Handelns unter falschem Namen, 1929; Mendel, Das Auftreten im Rverkehr unter falschem Namen; Köln, Diss. 1930; Reichel, Höchstpersönl. Rgeschäfte, 1931 S. 136f.; Mansfeld, LZ. 1914, 801; Ohr, AcP. 152, 216; Erman, § 164 Anm. 20; Enneccerus-Nipperdey, § 183 III. Larenz i. Festschrift f. H. Lehmann z. 80. Geburtstag, 234f.

e) Eine gesetzliche Ausnahme von dem Erfordernis der Kundgebung des Vertreterwillens ist in 1357 gemacht. Die von einer Ehefrau im Rahmen der Schlüsselgewalt abgeschlossenen Geschäfte gelten als im Namen des Mannes vorgenommen, wenn sich nicht aus den Umständen etwas anderes ergibt. Vgl. auch § 1646.

f) Bei den Willensgeschäften (Willensbetätigungen), wie z. B. der Aneignung, ist keine Kundgebung des Vertreterwillens im Augenblick der Geschäftsvornahme nötig, weil bei ihnen überhaupt keine Erklärung des Geschäftswillens erfolgt. Hier entscheidet der sonstwie geäußerte Wille des Handelnden. Wer auf Grund einer Verabredung oder Anweisung eines anderen handelt, erwirbt für diesen.

3. Die sonstigen Erfordernisse einer wirksamen Willenserklärung müssen grundsätzlich in der Person des Vertreters erfüllt sein.

a) Da die Willenserklärung eine solche des Vertreters ist, muß er geschäftsfähig sein; aber da die Wirkungen den Vertretenen treffen, genügt beschränkte Geschäftsfähigkeit des Vertreters (165).

Die Vollmacht bringt, da sie nur berechtigt, lediglich rechtlichen Vorteil. Die Haftung des falsus procurator trifft nach 179 III 2 den Geschäftsbeschränkten nicht, es sei denn, daß er mit Zustimmung seines gesetzlichen Vertreters gehandelt hätte.

b) Willensmängel, Bedeutung des Kennens und Kennenmüssens gewisser Umstände, sind aus der Person des Vertreters zu beurteilen (166 I).

Gilt auch für Vertreter ohne Vertretungsmacht (RG. **68** 376); aber nicht für Vermittler, wohl aber für Vertreter, die nur zu Vorverhandlungen ermächtigt sind, RG. **131** 357; SeuffA. **88** 6.

Dem Vertretenen aber kommt die Unkenntnis eines bevollmächtigten Vertreters nicht zugute, wenn dieser das Geschäft nach bestimmten Weisungen des Vollmachtgebers geschlossen hat und der Vollmachtgeber die maßgebenden Umstände kannte oder kennen mußte (166 II).

Dem ist der Fall gleichzustellen, wo der Vertretene beim Geschäftsschluß anwesend war und nicht widersprach, 242; vgl. OLG. **30** 351. — § 164 II gilt auch bei Genehmigung, doch kommt es hier auf die **Kenntnis** in diesem Augenblick an, RG. **68** 377; **131** 357.

Der Prokurist einer Bank kauft für sie gestohlene Wertpapiere. Hätte er sich über den unredlichen Erwerb des Veräußerers klar sein müssen, so erwirbt der Prinzipal kein Eigentum (932, 935). War der Prokurist gutgläubig, so erwirbt der Bankherr Eigentum, selbst wenn er selber schlechtgläubig war. Hat er aber den gutgläubigen Prokuristen angewiesen, die Papiere zu erwerben, obwohl er vom Diebstahl wußte oder wissen mußte, so wird er nicht Eigentümer.

166 bezieht sich auch auf die gesetzlichen Vertreter juristischer Personen, RG. **59** 408; dagegen gilt 166 nicht für den Boten, auch nicht für den pfändenden Gerichtsvollzieher, der Beamter und nicht Vertreter ist, RG. **90** 194.

Was gilt, wenn der Vertreter sich einer arglistigen Täuschung des Geschäftsgegners schuldig gemacht hat? Wird hier der Vertretene aus dem Verhalten des Vertreters auch positiv ersatzpflichtig?

Das RG. bejaht diese Frage in mittelbarer Anwendung von 166 für Erklärungen des bevollmächtigten Vertreters, die zum Vertragsinhalt geworden sind.

Der Vertretene müsse das Geschäft, zu dem er allgemein Vollmacht erteilt habe, so hinnehmen, wie es sein Vertreter geschlossen habe, d. h. mit seinen dem Geschäft anhaftenden Mängeln und dürfe sich nicht darauf berufen, daß er den Vertreter zu einem arglistigen Verhalten nicht ermächtigt habe. Vgl. RG. **83** 242ff.; wo der Vertreter, der zu einem Grundstücksverkauf bevollmächtigt war, auf Frage des Käufers die Höhe der Unkosten des Hauses wahrheitswidrig auf etwa 15 v. H. der Mieten angegeben hatte, während sie in Wahrheit mehr als das Doppelte betrugen.

Wie aber, wenn die Erklärungen des bevollmächtigten Vertreters nicht Vertragsbestandteil geworden sind, sondern sich als eine gelegentlich des Vertragsschlusses begangene betrügerische Täuschung darstellen? Soll der Vertretene auch hier vertraglich haften? Diese Frage hat das RG. (**61** 209; **96** 179) mehrfach verneint und eine Haftung des Vertretenen nur nach Maßgabe von 831 anerkannt (vgl. auch RG. **73** 436).

Dabei dürfte aber übersehen sein, daß sich unter Umständen eine Haftung des Vertretenen für das betrügerische Verhalten des Vertreters nach 278 aus dem Gesichtspunkt der culpa in contrahendo ergeben kann. Von einer auch nur entsprechenden Anwendung des 166 darf allerdings nicht die Rede sein, da es sich nicht um die Frage der Rechtsbeständigkeit der Erklärung, sondern lediglich darum handelt, ob der Vollmachtgeber für das schädigende Verhalten seines Vertreters, dessen er sich als Gehilfen bei der Führung der Vertragshandlungen zu seinem Vorteil bedient hat, eben deshalb einstehen muß. Diese Frage dürfte, wenn man aus dem Eintritt in die Vertragsverhandlungen ein gesetzliches Schuldverhältnis zur Beobachtung der nach Treu und Glauben erforderlichen Sorgfalt erwachsen läßt, zu bejahen sein. Vgl. § 33 II 2b dieses Grundr. u. RG. JW. 1927 S. 262 u. 2114.

Für ein Verschulden des Vertreters während eines bereits bestehenden Vertragsverhältnisses kann der Vertretene selbstverständlich nicht nach 166, sondern nur nach 831 und 278 haftbar gemacht werden.

Was hier für die arglistige Täuschung des Vertreters ausgeführt worden ist, muß entsprechend für einen vom Vertreter durch rechtswidrige Drohung erzwungenen Vertragsschluß gelten.

Bei der Prüfung der Anfechtbarkeit wegen Irrtums muß davon ausgegangen werden, daß der Vertreter der Vertragschließende ist. Eine Anfechtung der von ihm in seiner Vertretereigenschaft abgegebenen Willenserklärung ist also nur zulässig, soweit er dabei einem Irrtum unterlegen ist; ferner ist zu erwägen, wie er sich bei Kenntnis der Sachlage verhalten haben würde, wobei dann freilich berücksichtigt werden muß, daß er fremde Interessen wahrnehmen wollte (RG. **82** 196). Die Anfechtung steht selbstverständlich dem Vertretenen zu. Sie erfolgt bei gesetzlicher Vertretungsmacht durch den Vertreter; beruhte die Vertretungsmacht auf einer Vollmacht, ist im Zweifel der Bevollmächtigte kraft der Vollmacht neben dem Vertretenen zur Anfechtung berechtigt.

Wenn sich der Vollmachtgeber bei der Erteilung des Auftrags und der Vertretungsmacht geirrt hat, ist ihm die Anfechtung der Vertretererklärung versagt; er muß dann die Vollmachterteilung anfechten und so dem Vertreter die Vertretungsmacht nachträglich mit rückwirkender Kraft entziehen. Der Vertreter haftet dann nach 179 II dem Vertragsgegner auf Ersatz des Vertrauensschadens, den der Vertretene nach 122 dem Vertreter erstatten muß.

Hat sich der Vertreter über den erteilten Auftrag geirrt, kann er selbstverständlich dieserhalb seine dem Dritten gegenüber abgegebene Willenserklärung nicht anfechten, falls er den Inhalt dieser Erklärung gewollt hat (RG. 82 193).

c) Die Auslegung der Willenserklärung erfolgt aus dem Verhalten des Vertreters.

d) Dagegen bestimmen sich der Inhalt des Geschäfts und seine Rechtswirkungen aus der Person des Vertretenen.

4. Der Vertreter muß Vertretungsmacht haben und in deren Rahmen handeln.

a) Die Vertretungsmacht kann beruhen:

α) auf einem Rechtssatz — gesetzliche Vertretungsmacht.

Als gesetzlicher Vertreter kommen namentlich in Betracht: Vater, Mutter, Vormund, Pfleger. Auf dem Gesetz beruht ferner die Vertretungsmacht des Konkursverwalters, des Testamentsvollstreckers, der Ehefrau im Rahmen der Schlüsselgewalt. Keine Vertretungsmacht ist die mehrfach, so früher dem Ehemann kraft Güterrecht (1376 ff.), erteilte Befugnis, im eigenen Namen über fremdes Vermögen zu verfügen. Sie entspringt aus dem Verwaltungsrecht an fremdem Vermögen.

β) Die Vertretungsmacht kann ferner beruhen auf der Verfassung einer juristischen Person (Verein oder Stiftung). Deren Vorstand hat die „Stellung eines gesetzlichen Vertreters" (26).

γ) Die Vertretungsmacht kann endlich beruhen auf rechtsgeschäftlicher Erteilung durch den Vertretenen — Vollmacht — (167).

b) Der Umfang der Vertretungsmacht bestimmt sich nach ihrer Grundlage, also nach dem Gesetz (je nachdem in Verbindung mit einer behördlichen Anordnung) oder nach der Verfassung der juristischen Person oder nach dem Inhalt der Vollmacht.

Zu beachten ist, daß die Vollmacht zum Abschluß eines Bar- oder Kassageschäfts nicht das vom Bevollmächtigten tatsächlich abgeschlossene Kreditgeschäft deckt.

c) Von großer Bedeutung wird der Umfang der Vollmacht für die Zulässigkeit des sog. Selbstkontrahierens.

Darunter versteht man den Fall, daß der Vertreter im Namen des Vertretenen mit sich selbst, als eigener Person, ein „Geschäft vornimmt" oder mit sich als Vertreter eines Dritten.

Das Wort „Selbstkontrahieren" ist aber insofern zu eng, als es die einseitigen Erklärungen des Vertreters an sich selbst nicht mit umfaßt. Deshalb spricht man genauer von „Erklärungen an sich selbst" (von Tuhr II 2, 360), „Selbstabshcluß" (Oertmann, Komm. § 181 Anm. 1 a. E.), „Rechtsgeschäft mit sich selbst" Henle, Allg. T. 108).

Der Vormund vermietet eine dem Mündel gehörige Wohnung an sich selbst, er legt den Mietzins aus seiner Kasse in die des Mündels, er schreibt als Vertreter des Mündels an sich als Mieter einen Kündigungsbrief. Wenn er dagegen in seiner Eigenschaft als Mieter an sich in seiner Eigenschaft als Vertreter des Vermieters einen Kündigungsbrief schreibt, also in seiner Vertretereigenschaft nur beim Empfang mitwirkt, dürfte der Tatbestand des 181 schon nach seinem Wortlaut nicht vorliegen (Empfang ist keine Vornahme eines Rechtsgeschäftes), noch auch der der Zweck des 181 (Schutz der Interessen des Vertretenen bei einem Interessenzwiespalt) seine Anwendung verlangen. So richtig Oertmann, Komm. § 181 2a S. 661 oben; a. A. RGRKomm. § 181 Anm. 1.

Der Bevollmächtigte zahlt sich aus dem für den Herrn einkassierten Gelde seine verdiente Provision aus; der Notariatsgehilfe, der Vollmacht vom Versteiglasser und den Ansteigerern hat, läßt im Namen des Versteigerers an sich als Vertreter der Ansteigerer die angesteigerten Grundstücke auf.

Aus dem Begriff der Stellvertretung ergeben sich gegen die Zulässigkeit des Selbstkontrahierens keine Bedenken, wenn der Vertreter die erforderlichen zwei Erklärungen in seiner doppelten Stellung abgibt oder doch (so bei der Vertretung im Empfang) in doppelter Stellung erkennbar auftritt. Das Selbstkontrahieren ruft aber einen Interessenzwiespalt hervor. Darum schließt das Gesetz das Selbstkontrahieren grundsätzlich aus (181).

Das Verbot des Selbstkontrahierens gilt auch für Generalvollmachten. OLG. 8 30.

Ausnahmsweise ist es anerkannt:

α) wenn es das Gesetz, die Verfassung der juristischen Person oder die Vollmacht gestatten;

β) wenn es sich ausschließlich um die Erfüllung einer Verbindlichkeit handelt.

Gegen die Zulässigkeit derartiger Erklärungen an sich selbst bestanden im gemeinen Recht Bedenken, die teils mit begrifflichen, teils mit rechtspolitischen Gründen gerechtfertigt wurden. Obwohl man hätte erwarten dürfen, daß das Reichsgericht das Anwendungsgebiet der Vorschrift in erster Linie mit Rücksicht auf den Zweck des Gesetzes, die Benachteiligung des Vertretenen in einem Interessenzwiespalt zu verhindern, bestimmt hätte, hat es sich mehrfach vorwiegend an den Wortlaut des § 181 gehalten und seinen Geltungsbereich nicht aus der ratio legis, sondern aus dem positivrechtlichen Inhalt der gesetzlichen Vorschrift begrenzt (vgl. von Tuhr II 2, 366 u. Enneccerus-Nipperdey; § 181 Anm. 13; RG. **103** 412; **108** 405; **157** 31); OLG. Celle, SDJZ. 48, 311 und neuestens BayObLG. v. 26. 6. 51, DNotZ. 1952, 163.

In RG. **108** 407 heißt es wörtlich: „Nicht das Vorhandensein solcher widerstreitenden Interessen hindert nach § 181 BGB. die volle Wirksamkeit des Vertrags, sondern lediglich der Umstand, daß verschiedene untereinander entgegenstehende Interessen der Vertragschließenden bei dem Vertragsschlusse einen und denselben Vertreter gefunden haben." Es kommt danach nur auf die Art der Vornahme, nicht auf die Interessenlage an. Daraus zieht das RG. die Folgerung, daß ein Vertreter, dem die Bestellung eines Unterbevollmächtigten allgemein gestattet ist, sich der Anwendung des 181 entziehen kann, indem er einen Unterbevollmächtigten zur Vornahme des Rechtsgeschäfts mit sich selbst bestellt — sei es, daß er diesen mit seiner eigenen Vertretung betraut, sei es, daß er ihn mit der Vertretung des von ihm selbst vertretenen Machtgebers betraut. Vgl. auch KG. DR. 41, 997.

Nur das kann nach der Meinung des Urteils fraglich sein, ob nicht andere Gründe als 181 dazu nötigen, eine solche Untervollmacht für unwirksam zu erachten, wie

z. B. die Umgehungsabsicht oder Kollusion zwischen dem Vertreter und dem Unterbevollmächtigten oder ein sonstiges sittenwidriges Handeln i. S. von 826.

Nach dieser Ansicht scheint es auch nicht stets erforderlich zu sein, daß der Vater oder Vormund, wenn er mit den seiner Gewalt unterstehenden Kindern oder Mündeln ein nicht durch 181 ausgenommenes Geschäft abschließen will, einen Pfleger nach 1909 bestellen läßt (1795 II, 1909); u. Umst. könnte er auch einen Unterbevollmächtigten betrauen. RG. **71** 221 lehnt indessen zutreffend eine Analogie zur Stellung des Vormundes als verfehlt ab, weil dort der Umfang der Vollmacht gesetzlich begrenzt sei, 1630 II u. 1795.

Da 181 nach der Auffassung des RG. nur auf die Art des Zustandekommens des Rechtsgeschäfts abstellt, eine rein abstrakte Ordnungsnorm ist, findet es das RG. erst recht unbedenklich, daß ein Generalbevollmächtigter namens des Machtgebers für eine eigene Schuld eine Bürgschaft gültig eingehen kann, da diese durch Vertrag des Bürgen (also Machtgebers) mit einem Dritten (Gläubiger) übernommen wird; RG. **71** 219; JW. 1931, 2229; RG. 157, 31. Dem Zweck des 181 hätte dessen analoge Anwendung besser entsprochen. Vgl. Bauer-Mengelberg, Generalvollmacht 38 u. RG. **143** 352, wo der Grundgedanke des § 181, wie hier, verstanden wird.

Immerhin steht eine solche rein formale Handhabung der Vorschrift des § 181 wenig im Einklang mit dem strengen Beschluß der Vereinigten Zivilsenate vom 13. Mai 1909 (RG. **71** 162), wonach nicht einmal das Vormundschaftsgericht in der Lage ist, einen für mehrere Mündel bestellten Vormund oder Pfleger zu ermächtigen, unter Abweichung von der Regel des § 181 BGB. im Namen des einen Mündels mit sich selbst als dem Vertreter des anderen ein Rechtsgeschäft vorzunehmen; vgl. BGH. **21** 229.

Als abstrakte Ordnungsnorm soll nach RG. **157** 31ff. das Selbstkontrahieren aber auch dann verboten sein, wenn das Geschäft dem Vertretenen nur Vorteile bringen konnte, ein Mißbrauch der Vertretungsmacht also ausgeschlossen sei, wie bei einer unentgeltlichen Zuwendung des gesetzlichen Vertreters an den Vertretenen!? Vgl. auch BayOLG. 50/51, S. 426.

Diese Entwicklung der Rechtsprechung erweckt Bedenken, weil sie eine typische Wortdeutung zum Nachteil der Zweckdeutung bevorzugt. R.A. nach dürfte in der Bestellung eines Unterbevollmächtigten zum Zweck des Selbstkontrahierens regelmäßig ein unzulässiger Umgehungsversuch des § 181 liegen; vgl. RG. **56** 104. Das RG. verstößt zudem gegen den Grundsatz, daß niemand mehr Machtbefugnisse auf einen übertragen kann, als ihm selbst zustehen. Wo ein Interessenzwiespalt vorliegt, muß die Bestellung eines Unterbevollmächtigten, falls das nicht i. S. des § 181 besonders gestattet ist, oder die Gewähr für eine selbständige Wahrnehmung der Interessen des Vertretenen zweifelsfrei gegeben ist, als unzulässig abgelehnt werden. Kein Interessenzwiespalt dürfte z. B. vorliegen bei Vertretung im Empfang einer einseitigen empfangsbedürftigen Willenserklärung, wie etwa einer Kündigung des Vormundes an sich als Vertreter des Mündels (falls man diesen Fall überhaupt durch 181 getroffen ansieht); der Mietvertrag selber dürfte dagegen nicht zwischen dem Vormund und einem von ihm bestellten Unterbevollmächtigten abgeschlossen werden, weil hier jede Gewähr für die unparteiische Wahrnehmung der Mündelinteressen fehlen würde. Vgl. zu dem ganzen Problem die tiefdringenden Ausführungen Boehmers, Grundlagen der Bürgerl. Rordnung Bd. II 2 S. 44ff.

Die Folge eines Verstoßes gegen 181 ist keine unheilbare Nichtigkeit. Nach der milderen heute durchgedrungenen Auffassung entsteht vielmehr ein Schwebeverhältnis wie beim vollmachtslosen Geschäftsabschluß, so daß das Rechtsgeschäft vom Vertretenen hinterher noch genehmigt werden kann (RG. **56** 104; **67** 51ff.; **68** 180; **93** 337; **108** 406; **119** 116).

Bei der neuerlichen formalen Handhabung des 181 durch das Reichsgericht muß es auch zulässig sein, daß jemand dem von ihm im eigenen Namen mit einem andern geschlossenen Vertrag namens desjenigen Dritten, von dessen Zustimmung die Wirksamkeit des Vertrages oder der Verfügung gemäß 182 ff. abhängt, wirksam die Genehmigung erteilt. A tritt im eigenen Namen dem B die Forderung seines Vollmachtgebers C ab und genehmigt dann gegenüber B diese Abtretung. Wenn er die Genehmigung an sich selbst erklären würde, wäre das als Verstoß gegen 181 zweifellos unwirksam; wenn er die Genehmigung an B erklärt, liegt aber formal eine unzulässige Erklärung an sich selbst nicht vor. Das RG. hat in **76** 89 die Wirksamkeit einer solchen Genehmigung gegenüber dem Erwerber anerkannt. Derartige spitze Unterschiede sind für den, der im Gesetz eine zweckstrebende Macht erblickt, schwer faßbar! Vgl. auch RG. **102** 410.

V. Die Vollmacht im besonderen.

Hupka, Die Vollmacht, 1900; Laband, Ztschr. f. Handelsr., **10** 203ff.; Eccius i. Gruchot **47** 219ff.; von Seeler, BürgA. **28** 1ff.; Jung, DogmJ. **69** 82ff.; Bauer-Mengelberg, Generalvollmacht 1932; Gottschalk, Die Vollmacht zum Grundstücksverkauf u. zu anderen formbedürftigen Rgeschäften, 1932; Heldrich, DogmJ. **79** 315; Manigk, Stillschweigend bewirkte Vollmachten im Handelsrecht 1931; Macris, Die stillschweigende Vollmachterteilung, 1941; Fikentscher, Scheinvollmacht u. Vertreterbegriff. AcP. 154, 1f.

1. Begriff. Vollmacht ist die durch Rechtsgeschäft erteilte Vertretungsmacht (166 II).

Sie ist ein Unterfall der Einwilligung (182, 183) und gibt dem Vertreter die Macht, den Vollmachtgeber durch Rechtsgeschäfte, die in seinem Namen abgeschlossen werden, unmittelbar zu berechtigen und zu verpflichten.

Auch Vollmachterteilung oder Vollmachturkunde werden zuweilen ungenau Vollmacht genannt.

2. Erteilung.

a) Sie erfolgt durch einseitige, empfangsbedürftige Willenserklärung entweder gegenüber dem zu Bevollmächtigenden oder gegenüber dem Dritten (Geschäftsgegner), 167 I. Jene nennt man auch Innen-, diese Außenvollmacht.

Außerdem kann die Bevollmächtigung durch eine an eine unbestimmte Personenmehrheit gerichtete öffentliche Bekanntmachung erfolgen. Zwar hat das BGB. diese Art der Vollmachtserteilung nicht ausdrücklich geregelt, ihre Zulässigkeit ergibt sich aber aus § 171, wo eine derartige Kundgebung zwar nicht als Willenserklärung, durch die die Bevollmächtigung geschieht, aber als Mitteilung einer bereits geschehenen Bevollmächtigung als wirksam anerkannt wird.

α) Die Bevollmächtigung ist ein selbständiges Rechtsgeschäft, nicht ein Teil des vom Vertreter vorgenommenen Rechtsgeschäfts; deshalb bedarf sie nicht der für dieses etwa vorgeschriebenen Form (167 II).

So z. B. nicht die Vollmacht zur Grundstücksveräußerung der Form des § 313; anders nur, wenn die Vollmacht die Gebundenheit, die § 313 verhindern will, wegen ihrer Unwiderruflichkeit hervorrufen würde; RG. 110, 320.

Abweichend sieht Müller-Freienfels die Bevollmächtigung als ein notwendiges Tatbestandsmerkmal des Vertretergeschäfts an (S. 211, 241ff.).

β) Die Bevollmächtigung kann auch stillschweigend erfolgen, z. B. es gibt jemand einen Auftrag, der sich ohne Vertretung und Vertretungsmacht nicht sachgemäß ausführen läßt, oder es duldet jemand, daß ein anderer als sein Vertreter auftritt, z. B. Wechsel giriert (RG. **76** 203; **117** 165), sog. Duldungsvollmacht. Eine solche Duldungsvollmacht hat BGH. NJW. 1955, 985 auch bei öffentlich-rechtlichen Körperschaften als möglich anerkannt. Die neuere Rechtsprechung des BGH. hat sich aber für eine grundsätzliche Unanwendbarkeit der Grundsätze über die Duldungs- und Anscheinsvollmacht auf Körperschaften des öffentlichen Rechts und deren Behörden ausgesprochen, BGH. 5, 212; 6, 333. Vermutete Vollmachten kennt das BGB. nicht; wer sich also mit einem angeblichen Bevollmächtigten einläßt, tut das auf seine Gefahr. Vgl. aber 370 (Quittungsüberbringer).

Das Gesetz mildert dieses Risiko dadurch, daß es die Vollmacht hinsichtlich ihres Entstehens von dem Grundverhältnis unabhängig macht, daß es bis zu einem gewissen Grade das Hervorrufen des Rechtsscheines einer erteilten Vollmacht mit vollmachtähnlichen Wirkungen begabt (vgl. die §§ 171 und 172 BGB.), daß es im Handelsrecht gewisse Vollmachten mit einem feststehenden unabänderlichen Inhalt ausstattet, so die Prokura (vgl. §§ 49, 50 HGB.), und daß es ein Fortwirken der erloschenen Vollmacht zum Schutze des gutgläubigen Verkehrs in gewissen Fällen anordnet (vgl. §§ 170, 171 Abs. 2, 172 Abs. 2, 173 BGB.).

In Anlehnung an § 54 HGB. (Handlungsvollmacht) und § 56 HGB. (Ladenvollmacht) sowie § 171 und 172 BGB. wird von der Rechtsprechung allgemein anerkannt, daß eine Haftung des Geschäftsherrn für Handlungen eines Angestellten, die über dessen wirkliche Bevollmächtigung hinausgehen, auch daraus begründet werden kann, daß der Geschäftsherr durch sein Verhalten den Rechtsschein verursacht, der Angestellte sei zu diesen Handlungen bevollmächtigt; sog. Anscheinsvollmacht. Entscheidend ist dabei nicht in erster Linie, ob der Vertretene die rechtsgeschäftliche Tätigkeit des Vertreters gekannt und geduldet hat oder doch bei pflichtmäßiger Sorgfalt das Verhalten des Vertreters hätte erkennen und verhindern müssen (BGH. **5** 116), sondern wie das Verhalten des Vertretenen gegenüber den Handlungen des Vertreters von den mit diesem abschließenden dritten Personen gedeutet werden mußte, RG. **105** 185; **117** 165; **119** 204; **118** 240; **133** 100; **138** 265; **145** 155; **170** 284, BGH. NJW. 51, 309, BGH. **5** 111. Leichtes Mitverschulden des Kontrahenten schließt (in Analogie zu § 122 II BGB.) die Haftung aus der Scheinvollmacht aus. Vgl. Manigk, Stillschweigend bewirkte Vollmachten im Handelsrecht, 1931; Heymann, RG. Festschr. IV, 359 n. Krause, Schweigen im Rverkehr (1933), S. 138f.; Ehlerding, Scheinvollmacht, Diss. 1929 S. 18. Insoweit handelt es sich aber nicht mehr um eine stillschweigende Willenserklärung, sondern um Rechtsscheinverursachung. Bei öffentlich-rechtlichen Körperschaften kann eine solche Vollmacht kraft Rechtsscheins entgegen den Bestimmungen des öffentlichen Rechts aber nicht entstehen, RG. 162, 149; OLG. Braunschweig MDR. 50, 237.

γ) Üblich ist die Erteilung einer Vollmachturkunde an den Vertreter. Das ist praktisch geboten für die Vornahme eines einseitigen, empfangsbedürftigen Geschäfts; dieses kann der Empfänger unverzüglich zurückweisen, wenn der Bevollmächtigte nicht zugleich eine Vollmachturkunde vorlegt (174, 1).

Die Zurückweisung ist aber dann ausgeschlossen, wenn der Vollmachtgeber den Geschäftsgegner von der Bevollmächtigung in Kenntnis gesetzt hatte (174, 2).

δ) Die Vollmachterteilung erfordert Geschäftsfähigkeit des Vollmachtgebers (vgl. 107, 111).

ε) Die Vollmachterteilung ist nach den allgemeinen Regeln wegen Willensmängeln nichtig, allenfalls anfechtbar.

Vor dem Gebrauch der Vollmacht genügt grundsätzlich ein Widerruf, eine Anfechtung der Bevollmächtigung kommt erst in Betracht, wenn der Vertreter bereits rechtsgeschäftlich tätig geworden ist. Die Anfechtungserklärung richtet sich gegen die Bevollmächtigung als selbständiges Geschäft. Eine Schwierigkeit ergibt sich, wenn die Bevollmächtigung wegen arglistiger Täuschung angefochten werden soll und die Täuschung durch den Geschäftsgegner, nicht den Bevollmächtigten, erfolgt ist. Nach § 123 Abs. 2 setzt die Täuschungsanfechtung voraus, daß der Erklärungsgegner (d. i. hier der Bevollmächtigte) entweder die Täuschung verübt hat oder die von einem Dritten verübte Täuschung kannte oder kennen mußte. Wenn man den Geschäftsgegener als einen Dritten im Sinne des § 123 Abs. II betrachtet würde die Anfechtung wegen Täuschung in den Fällen ausgeschlossen sein, wo der Bevollmächtigte die Täuschung des Vollmachtgebers durch den Geschäftsgegner weder kannte noch kennen mußte. Richtiger Ansicht nach braucht man aber den Geschäftsgegner insoweit sein Rechtserwerb aus dem auf Grund der Vollmachterteilung abgeschlossenen Geschäfte in Frage steht, nicht als Dritten anzusehen; denn sein Rechtserwerb wird durch die Vollmacht unmittelbar mitbedingt, er nimmt an den Geschäftswirkungen der Vollmacht Anteil. Das genügt. Es ist nicht notwendig, daß er an der Geschäftshandlung, d. i. der Vollmachterteilung, unmittelbar beteiligt ist. Doch ist die Frage sehr bestritten. Vgl. Hupka, Die Vollmacht, 198ff. Staudinger-Coing, § 167 Anm. 27 u. Müller-Freienfels, Stellvertretung 406/07.

b) Der Erteilung der Vollmacht durch Willenserklärung stehen gleich:

α) die Mitteilung an einen Dritten oder die öffentlich bekanntgemachte Mitteilung, daß man einen anderen bevollmächtigt habe (171 I);

β) die Vorlage einer vom Vollmachtgeber dem Vertreter ausgehändigten Vollmachtsurkunde durch diesen (172 I).

In diesen Fällen beruht die Vertretungsmacht des Vertreters nicht notwendig auf einer Bevollmächtigung, sondern auf einer Handlung des Vertretenen (Mitteilung, öffentliche Bekanntmachung, Aushändigung der Vollmachtsurkunde), die — einerlei, ob die Bevollmächtigung wirklich erfolgt ist oder nicht — kraft Gesetzes eine vollmachtgleiche Vertretungsmacht erzeugt (und zwar gegenüber einem bestimmten Dritten bei besonderer Mitteilung oder Vorlage der Urkunde an ihn, gegenüber jedem Dritten bei der öffentlichen Bekanntmachung).

Der Schutz der §§ 171 I und 172 I wird aber nur gutgläubigen Dritten zuteil, RG. **108** 127.

Auf die oben erwähnten Handlungen sind entsprechend anwendbar die für die Willenserklärung geltenden Vorschriften: sie erfordern Geschäftsfähigkeit und sind wegen Willensmängel anfechtbar (bestritten), nicht aber wegen der bloß bestimmenden irrigen Vorstellung, die Bevollmächtigung sei erfolgt.

γ) Die Verursachung des Rechtsscheins der Vollmacht.

Die Bindung an diesen Rechtsschein ergibt sich durch Rechtsanalogie zu §§ 171 I, 172 I u. 173 BGB. sowie § 56 HGB. (Ladenvollmacht). Schuldhafte Verursachung ist nicht erforderlich; vgl. RG. **170**, 284. Sehr streitig ist aber, ob die von der Rechtslehre entwickelten Grundsätze von der Scheinvollmacht auch auf den rechtsgeschäftlichen Verkehr mit juristischen Personen des öffentlichen Rechts anwendbar sind oder ob die zum Schutze der öffentlichen Hand im öffentlichen Interesse erlassenen Zuständigkeits- und Formvorschriften dem Grundsatz von Treu und Glauben vorgehen; vgl. oben V 2a β u. Enneccerus-Nipperdey, § 184 II 3c β. Dort wird gesagt: Begibt sich die öffentliche Hand in die Arena des Privatrechts, so muß sie sich im Rahmen der von ihr abgeschlossenen vermögensrechtlichen privatrechtlichen Geschäfte so behandeln lassen, wie die Bürger behandelt werden.

3. Vollmacht und Grundverhältnis.

a) Begriffliche Scheidung. Der Bevollmächtigung liegt regelmäßig ein anderes Rechtsverhältnis zugrunde, vermöge dessen der Bevollmächtigte das Recht und regelmäßig auch die Pflicht hat, für den Vollmachtgeber tätig zu werden und von der Vollmacht einen bestimmten Gebrauch zu machen; regelmäßig ist das ein sog. Geschäftsbesorgungsvertrag, Auftrag (662), Dienst- oder Werkvertrag (675), aber auch oft ein Gesellschaftsvertrag (709, 714).

Doch ist auch eine isolierte, nicht mit einem Grundverhältnis verbundene Vollmacht denkbar. Ein Gläubiger erlaubt seinem Schuldner, die Kündigung an einen anderen (V) zu richten, ohne diesem etwas zu sagen. Der Vollmachtgeber erteilt eine Generalvollmacht, damit der Bevollmächtigte sich ihrer zur Erledigung etwaiger Aufträge bedienen kann.

Das Grundverhältnis ist scharf von der Vollmacht zu unterscheiden, wenn, äußerlich betrachtet, beides auch oft zusammenfallen mag (Laband). Zunächst ist nicht jedes derartige Grundverhältnis von einer Vollmacht begleitet, so z. B. nicht die Beauftragung zu tatsächlichen Verrichtungen, zum Handeln im eigenen Namen; aber auch nicht jeder Vollmacht entspricht ein solches Grundverhältnis, es gibt isolierte Vollmachten (siehe oben).

Trotzdem ist die Scheidung leicht, auch wo beides zusammentrifft. Das Grundverhältnis wird begründet durch Vertrag; die Vollmacht wird erteilt durch einseitige empfangsbedürftige Erklärung. Das Grundverhältnis wirkt nach innen, beeinflußt die Beziehungen, die sich aus der Tätigkeit des Bevollmächtigten zwischen ihm und dem Vollmachtgeber ergeben; die Vollmacht dagegen wirkt nach außen, beeinflußt die Beziehungen, die sich aus der Tätigkeit des Bevollmächtigten zwischen dem Vollmachtgeber und dem Geschäftsgegner ergeben.

b) Die Unabhängigkeit der Vollmacht vom Grundverhältnis. Die Vollmacht wird zwar regelmäßig im Zusammenhang mit dem Grundverhältnis erteilt. Ihr Wirksamwerden ist aber grundsätzlich unabhängig von dem Bestand des Grundverhältnisses; sie ist hinsichtlich der Entstehung selbständig, nicht vom Grundverhältnis abhängig (akzessorisch).

Die einem minderjährigen Milchkutscher erteilte Einziehungsvollmacht ist also auch wirksam, wenn der Dienstvertrag mangels Zustimmung des gesetzlichen Vertreters unwirksam ist.

Das ist bestritten, wenigstens für die Innenvollmacht, d. h. die durch Erklärung gegenüber dem zu Bevollmächtigenden erteilte Vollmacht. Es folgt aber einmal aus dem selbständig geformelten (167) Entstehungstatbestand der Vollmacht (man darf für ihr Wirksamwerden nicht mehr Erfordernisse aufstellen als das Gesetz), ferner aus dem Umkehrschluß zu 168 (worin das Erlöschen der Vollmacht in Abhängigkeit vom Grundverhältnis gebracht wird) und aus dem Fehlen von Schutzbestimmungen für den Fall der Unwirksamkeit des Grundverhältnisses. Dafür spricht auch, daß der rechtliche Bestand der Vertretungsmacht nach § 165 durch Geschäftsbeschränktheit nicht beeinträchtigt wird. — Möglich ist selbstverständlich, daß die Gültigkeit des Grundgeschäfts zur Gültigkeitsbedingung der Vollmacht gemacht wird; mangels besonderer Umstände ist das aber nicht zu unterstellen (vgl. RG. **69** 234; **97** 273).

4. Der Umfang der Vollmacht ergibt sich aus der Erteilungshandlung und den Begleitumständen durch Auslegung. Für die Innenvollmacht kommt in erster Linie das Grundverhältnis in Betracht, für die Außenvollmacht sind nur die dem Dritten bekannten oder doch erkennbaren Umstände verwertbar.

Es gibt aber auch Vollmachten mit einem vom Gesetz festgelegten Umfang: so die der Handlungsbevollmächtigten nach 54 HGB. (deren Beschränkungen der Dritte nur so weit gegen sich gelten lassen muß, als er sie kannte oder kennen mußte) — und vor allem die Prokura, die grundsätzlich unbeschränkt und unbeschränkbar ist (49 HGB.).

Je nach dem Umfang unterscheidet man ferner Sonder- oder Spezialvollmacht und Generalvollmacht; jene ermächtigt zur Vornahme bestimmter einzelner Geschäfte. Diese zur Vornahme aller Rechtsgeschäfte oder doch einer bestimmten Gruppe von Rechtsgeschäften, z. B. zur Verwaltung eines bestimmten Gutes, einer bestimmten Erbschaft u. dgl. (beschränkte Generalvollmacht).

Die Begriffe sind gesetzlich nicht festgelegt. Nur das HGB. macht einen Unterschied in § 54 zwischen General-, Gattungs- (Art-) und Einzelvollmacht. Einen Versuch, den Begriff der Generalvollmacht näher zu begrenzen, macht Bauer-Mengelberg, Generalvollmacht 1932.

Einen Substituten (Ersatz- oder Unterbevollmächtigten) darf der Bevollmächtigte im allgemeinen nicht ernennen, da die Vollmacht ein Vertrauensbeweis an die Person des Bevollmächtigten ist. Wo kein Interesse an der persönlichen Ausführung durch den Bevollmächtigten besteht, ist die Ernennung eines Unterbevollmächtigten zur Vornahme einzelner Geschäfte als zulässig anzunehmen, die Ernennung eines Ersatzbevollmächtigten aber, der ganz an die Stelle des Bevollmächtigten tritt, nur bei besonderer Gestattung (Enneccerus-Nipperdey § 185 II).

5. Ende. Die Vollmacht endet:

a) mit Eintritt des für sie bestimmten Endpunkts oder einer auflösenden Bedingung oder Erledigung der Geschäfte, auf die sie sich bezieht;

b) im Zweifel mit Erlöschen des ihr zugrunde liegenden Rechtsverhältnisses, 168 I.

Die Köchin wird entlassen, der Buchhalter gibt seine Stellung auf.

In der Regel führen namentlich der Tod oder der Eintritt der Geschäftsunfähigkeit des Bevollmächtigten zum Erlöschen des Grundverhältnisses und der Vollmacht, während diese Ereignisse in der Person des Vollmachtgebers einflußlos sind (672, 673, 675, 727).

Bei der isolierten (nicht mit einem Grundverhältnis verbundenen) Vollmacht kommt die Anwendung des § 168 natürlich nicht in Frage. Im Zweifel ist auch hier ihr Erlöschen mit dem Tod des Bevollmächtigten anzunehmen. Beim Tode des Vollmachtgebers ist es Auslegungssache, ob dieser die Vollmacht nur für seine Person hat erteilen wollen.

Richtiger Ansicht nach wird man die Annahme der Fortdauer einer isolierten Vollmacht, namentlich einer isolierten Generalvollmacht, über den Tod hinaus besonders rechtfertigen müssen, ohne daß schlechthin eine ausdrückliche Anordnung der Fortdauer durch den Vollmachtgeber verlangt werden dürfte. Um Zweifel auszuschließen, empfiehlt sich jedenfalls die ausdrückliche Anordnung. Vgl. RG. JW. 1929, 1647.

c) Die Vollmacht erlischt ferner durch Widerruf gegenüber der Person, an die die Bevollmächtigung s. Z. erteilt war (168, 3).

Grundsätzlich ist die Vollmacht trotz Fortbestehens des Grundverhältnisses frei widerruflich, sofern sich nicht aus ihm etwas anderes ergibt (168, 2; vgl. z. B. 715).

Die Vollmacht kann unwiderruflich erteilt sein, so wenn der Schuldner seinem Gläubiger eine Einziehungsvollmacht erteilt hat, um sich aus den eingezogenen Geldern bezahlt zu machen. Man wird namentlich da Unwiderruflichkeit anzunehmen haben, wo sich aus dem Innenverhältnis ergibt, daß die Vollmacht nicht ausschließlich im Interesse des Machtgebers, sondern auch im Interesse des Bevollmächtigten selbst oder eines Dritten erteilt worden ist; vgl. RG. **52** 99. Nach OGHBrZ. (MDR. 49, 81) ist Ausschluß des Widerrufs nur möglich, soweit die Vollmacht zur Durchführung des Grundgeschäfts dient. Nach der Rspr. d. RG. (**109** 331 u. JW. 1932, 1548) verlangt die Unwiderruflichkeit: 1. eine Rechtfertigung aus dem Grundverhältnis, 2. eine zum mindesten stillschweigende Erklärung und 3. die Zustimmung des Empfängers oder des Dritten. Der einseitig erklärte Verzicht des Vollmachtgebers auf den Widerruf genügt also nicht. Eine unbeschränkte Generalvollmacht kann nicht unwiderruflich erteilt werden. Darin würde eine unsittliche Knebelung liegen. Vgl. Bauer-Mengelberg, 62 u. OLG. (Hamburg) **24** 267.

Bei Nichtigkeit des Verzichts auf den Widerruf, ist im Zweifel die Vollmacht als fortbestehend zu behandeln; Staudinger-Coing § 168 Anm. 15; Erman, § 168 Anm. 9. Aus wichtigem Grunde muß die Widerruflichkeit stets trotz Ausschluß des Widerrufs gestattet werden (Analogie zu §§ 626, 723); Enneccerus-Nipperdey, § 186 Anm. 16; Erman, § 168 Anm. 9; OGH. MDR. 49, 81.

Zur unwiderruflichen Stimmrechtsvollmacht vgl. Fischer, GmbHRdsch. 52 113 u. BGH. 3, 354.

6. Fortwirken der erloschenen Vollmacht gegenüber gewissen Personen. Die praktische Bedeutung des Erlöschens der Vollmacht nach den obigen Regeln ist für den regelmäßigen Fall der Außenvollmacht und der dieser gleichgestellten Fälle der 171 I und 172 I gering. Denn zum Schutz des gutgläubigen Verkehrs bleibt die erloschene Vollmacht in Kraft:

a) Wenn sie einem Dritten gegenüber erklärt ist oder ihm Mitteilung von ihrer Erteilung gemacht oder ihm die dem Vertreter ausgehändigte Vollmachtsurkunde vorgelegt ist — oder wenn die Erteilung durch öffentliche Bekanntmachung kundgegeben ist.

Hier gilt die Vollmacht dem bestimmten Dritten, bei der öffentlichen Bekanntmachung jedem Dritten gegenüber als fortbestehend, bis das Erlöschen in entsprechender Weise mitgeteilt ist, bei erteilter Vollmachtsurkunde, bis die Urkunde zurückgegeben oder für kraftlos erklärt ist (170, 171 II, 172 II).

Das gilt nicht, wenn der Dritte das Erlöschen der Vertretungsmacht bei der Vornahme des Rechtsgeschäfts kennt oder kennen muß (173).

b) Wenn nach den Regeln des Schuldrechts ein Auftrag, der nicht durch Widerruf erloschen ist, zugunsten des Beauftragten fortbesteht, bis dieser das Erlöschen kennt oder kennen muß (674), dann besteht auch die erteilte Vollmacht fort und wirkt zugunsten eines Dritten, es sei denn, daß dieser das Erlöschen bei Vornahme des Rechtsgeschäfts mit dem Bevollmächtigten kennt oder kennen muß (169).

Ebenso wenn ein auf eine Geschäftsbesorgung gerichteter erloschener Dienst- oder Werkvertrag oder eine nicht durch Kündigung aufgelöste Gesellschaft zugunsten des Geschäftsbesorgers oder geschäftsführenden Gesellschafters als fortbestehend gilt (675, 729, 169).

7. Die Vollmacht über den Tod hinaus.

Oertmann, BankA. 13. Jahrg. 5f.; Wolff, R. 1922, 71; Heldrich, DogmJ. **79** 315ff.; Eule, Die über den Tod des Machtgebers erteilte Vollmacht, 1933. Boehmer bei Staudinger, Einleitung zum Erbr. § 26 Bem. 17. u. 18 sowie § 1922 Bem. 224.

Eine Vollmacht über den Tod hinaus kommt häufig vor und entspricht einem Bedürfnis. Man denke namentlich an die Bevollmächtigung eines Hinterbliebenen, um im Todesfalle auch ohne Erbschein über das Bankkonto und -depot verfügen zu können. Eine solche Vollmacht kann ebenso wie der ihr zugrunde liegende Auftrag von vornherein auf den Fall des Todes beschränkt werden, RG. **114** 354; sie kann auch isoliert ohne Grundverhältnis erteilt werden, nicht minder als Generalvollmacht — aber nur für den Nachlaß, nicht für das sonstige Vermögen der Erben, RG. **106** 187; **88** 345. Der Bevollmächtigte vertritt dann natürlich die Erben.

a) Im Zweifel ist freilich das Erlöschen einer isolierten Spezial- oder Generalvollmacht mit dem Tode des Vollmachtgebers anzunehmen; vgl. oben zu Ziff. 5b. Der Vollmachtgeber wird also gut tun, die Fortdauer ausdrücklich anzuordnen.

b) Eine solche Vollmacht ermächtigt ebenso wie eine vom Vormund mit Genehmigung des Vormundschaftsgerichts erteilte Prokura (1822 Nr. 11) ohne weiteres auch zur Vornahme von solchen im Rahmen der Vollmacht liegenden Rechtsgeschäften, zu denen der Vormund der Genehmigung des Vormundschaftsgerichts bedurft hätte, RG. **106** 186.

c) Das Widerrufsrecht steht in solchen Fällen den Erben zu, soweit es nicht nach dem Zweck der Vollmacht als ausgeschlossen anzusehen ist, so wenn z. B. durch die Vollmacht ein selbständiges Interesse des Bevollmächtigten gegenüber den Erben gewahrt werden soll oder wenn sie, um das Interesse dritter Personen zu wahren, als unwiderruflich erteilt ist; vgl. RG. **114** 354; BayObLG. SeuffA. 48 Nr. 182 S. 286f. Doch ist ein solcher Ausschluß der Widerruflichkeit nach dem Tode nur bei der Spezialvollmacht zulässig. Bei der Generalvollmacht ist den Erben das Widerrufsrecht mindestens in demselben Umfang gegeben, in dem der Vollmachtgeber nicht darauf verzichten kann; vgl. Bauer-Mengelberg 63 und OLG. (Hamburg) **24** 267; ferner Staudinger-Boehmer, § 1922 A. 226; KGJFG. 15, 334; RGDJ. 38, 1127.

d) Eine solche Vollmacht kann natürlich zur Umgehung der Vorschriften über letztwillige Verfügungen dienen. Aber der Einwand, daß sie eine Verfügung von Todes wegen darstelle und deren Form bedürfe, greift nach der Rechtsprechung dann nicht durch, wenn sie zur Erfüllung eines unter Lebenden abgeschlossenen Rechtsgeschäfts dient, RG. **114** 354 und Oertmann, a. a. O. Als solcher Vertrag kommt aber nur ein entgeltlicher in Betracht, da die unentgeltlichen Geschäfte durch die Sonderregel des § 2301 getroffen werden; vgl. RG. **83** 231. Eine solche Vollmacht unterscheidet sich auch von der Testamentsvollstreckung durch ihre Abhängigkeit vom Willen der Erben (v. Tuhr II 2 § 85 Anm. 157). Im einzelnen bedarf die Frage noch näherer Klärung, wann man eine Umgehung der erbrechtlichen Vorschriften annehmen soll. Vgl. RG. **139** 42 und Bauer-Mengelberg, a. a. O. 26f. sowie Staudinger-Boehmer, Erbrecht, Einl. §§ 24—28.

VI. Die Wirkungen der Vertretung.

1. Bei vorhandener Vertretungsmacht. Die Wirkungen des vom Vertreter vorgenommenen Geschäfts treffen unmittelbar den Vertretenen, wie wenn er selber das Geschäft vorgenommen hätte (164 I).

2. Bei fehlender Vertretungsmacht.

Kipp, RG. Festschrift II 273f.

a) Gegenüber dem Vertretenen erzeugt das vom Vertreter vorgenommene Rechtsgeschäft zunächst keine Wirkung.

α) Verträge (auch dingliche, RG. **69** 266) können aber nachträglich durch Genehmigung des Vertretenen wirksam werden. Die Genehmigung, die gegenüber dem Vertreter oder dem Dritten erfolgen kann und nicht der für den Vertrag etwa vorgeschriebenen Form bedarf (182), wirkt auf den Zeitpunkt des Vertragsschlusses zurück (184 I). Dann ist der Vertrag auch dem Vertretenen gegenüber wirksam.

Bis zur Entscheidung entsteht ein Schwebeverhältnis, ähnlich wie bei den Geschäften beschränkt Geschäftsfähiger. Zur Lösung bieten sich zwei Wege für den Dritten:

αα) Er kann den Vertretenen zur Erklärung über die Genehmigung auffordern. Dann kann die Erklärung nur noch ihm gegenüber erfolgen. Zweiwöchiges Schweigen gilt als Verweigerung (177).

ββ) Er kann statt dessen bis zur Genehmigung den Vertrag auch widerrufen, es sei denn, daß er den Mangel der Vertretungsmacht gekannt hat (178).

β) Einseitige Vertretergeschäfte sind ohne Vertretungsmacht unzulässig (180, 1). Bei einseitigen empfangsbedürftigen Rechtsgeschäften, z. B. der Kündigung, gilt eine Ausnahme.

Hat hier der Geschäftsgegner bei der Vornahme des Geschäfts ihm gegenüber die vom Vertreter behauptete Vertretungsmacht nicht beanstandet oder ist er mit der Vornahme des Rechtsgeschäfts ohne Vertretungsmacht einverstanden gewesen, so werden die Vorschriften über Verträge entsprechend angewandt. Ebenso regelt sich die Empfangnahme durch den vollmachtslosen Vertreter bei seinem Einverständnis mit der Vornahme (180, 2 und 3).

γ) Die Unwirksamkeit des Geschäfts selbst für den Vertretenen schließt aber nicht aus, daß dieser aus dem Gesichtspunkt des Verschuldens beim Vertragsschluß nach § 278 ersatzpflichtig wird für ein Verschulden des Gehilfen, das in dem Abschluß als Vertreter ohne Vertretungsmacht liegt. Der Vertretene haftet aber nur auf das negative Interesse.

Der am Vertrag selbst interessierte Vertreter (procurator in rem suam) soll nach RG. **120** 250 dem Vertragsgegner unmittelbar für Verschulden beim Vertragsschluß haften. (?)

Auch ein Bereicherungsanspruch gegen den Vertretenen ist nicht ausgeschlossen, RG. JW. **19** 715.

b) Folgen fehlender Vertretungsmacht für den Vertreter (179).

Der Geschäftsgegner kann den Vertreter bei Verweigerung der Genehmigung in Anspruch nehmen — es sei denn, daß er den Mangel der Vertretungsmacht kannte oder kennen mußte (179 III, 1) oder der Vertreter geschäftsbeschränkt war (anders nur, wenn er mit Zustimmung seines gesetzlichen Vertreters gehandelt hat, 179 III, 2).

α) Grundsätzlich haftet der Falschvertreter dem Geschäftsgegner nach dessen Wahl auf Erfüllung des Vertretergeschäfts (soweit er dazu überhaupt imstande ist) oder auf Schadenersatz wegen Nichterfüllung (179 I); RG. **120** 128.

Der Haftende hat u. U. Ansprüche aus §§ 320f. (RG. **120** 126). Ein Erfüllungsanspruch ist aber dann nicht gegeben, wenn der vom Falschvertreter geschlossene Vertrag auch bei Vorhandensein der Vertretungsmacht nichtig wäre; RG. 145, 43. Hier kommt nur ein Ersatzanspruch auf das Vertrauensinteresse in Frage.

β) Ausnahmsweise, wenn der Vertreter beweist, daß er den Mangel einer Vertretungsmacht nicht gekannt hat, haftet er nur für das negative Interesse, jedoch nicht über den Betrag des Erfüllungsinteresses des Geschäftsgegners hinaus (179 II).

Der Rechtsgrund für die Haftung des falsus procurator ist darin zu finden, daß der als Vertreter Auftretende eben dadurch Beziehungen zum Vertretenen kundgibt, auf Grund deren im Geschäftsgegner das Vertrauen erweckt wird, daß durch den Abschluß mit dem Vertreter das Geschäft mit dem Vertretenen wirksam zustande komme — und daß, wenn dieses Vertrauen, wiewohl ohne subjektives Verschulden des als Vertreter Auftretenden, getäuscht wird, dieser wegen der Gefährdung des Geschäftsgegners zum mindesten für das negative Vertragsinteresse haften muß. So RG. **106** 73. Dieser Gedanke des im Verkehrsinteresse erforderlichen Vertrauensschutzes ist außer in 179 auch anerkannt in 54 BGB. sowie § 34 I AktG. und 11 GmbHG. (Handeln für die AG. oder GmbH. vor ihrer Eintragung ins Handelsregister.)

179 begründet unmittelbar eine Gewährleistungspflicht des Vertreters nur für das Vorhandensein der Vertretungsmacht oder die Erteilung der Genehmigung, nicht aber für das Nichtvorhandensein anderer Mängel, insbesondere nicht für die Rechtsfähigkeit des Vertretenen, RG. **106** 71. Doch wird man 179 entsprechend auf den Fall anwenden dürfen, daß der unberechtigt Vertretene in Wahrheit gar nicht existiert oder zum Abschluß eines derartigen Geschäftes rechtlich nicht befähigt ist. Dafür mit Recht RG. **106** 74, das in 179 die Anerkennung eines allgemeinen Grundsatzes erblickt.

Angesichts dieser Verschärfung der Vertreterhaftung durch die Rechtsprechung ist zu betonen, daß durch das bloße Auftreten als Vertreter noch nicht schlechthin eine Vertrauensgrundlage für die Annahme der Vertretungsmacht geschaffen wird, so nicht, wenn der Vertreter kundgibt, daß er ohne Vertretungsmacht handelt oder wenn er dem Geschäftsgegner nur gewisse Tatsachen unterbreitet hat, aus denen sich der Schluß auf die Vertretungsmacht ziehen läßt; ersterenfalls braucht er für die Vertretungsmacht oder die Erteilung der Genehmigung überhaupt nicht einzustehen, letzterenfalls braucht er in entsprechender Anwendung von 179 nur für die Richtigkeit dieser Tatsachen einzustehen. Man denke an den Fall, daß jemand ein Testament vorlegt, wodurch er zum Testamentsvollstrecker ernannt ist und daß sich hinterher herausstellt, daß der Erblasser geschäftsunfähig war. Auf der anderen Seite wird man aber auch keine ausdrückliche Hervorhebung der Vertretungsmacht verlangen dürfen, sondern im Auftreten als Vertreter regelmäßig die stillschweigende Versicherung vorhandener Vertretungsmacht finden. So richtig Oertmann, Komm. § 179 Anm. II 1.

3. Wenn der Vertreter mit Vertretungsmacht diese überschreitet, ist das Geschäft grundsätzlich gegenüber dem Vertretenen ebenso unwirksam wie bei Fehlen der Vertretungsmacht. Auch für die Haftung des Vertreters gilt das gleiche. Jedoch ist u. U. bei Teilbarkeit des Rechtsgeschäfts die Aufrechterhaltung des von der Vollmacht gedeckten Teiles nach 139 möglich, falls der Geschäftsgegener das Geschäft auch nur für diesen Teil abgeschlossen hätte oder sich nachträglich mit der Teilung einverstanden erklärt.

So Enneccerus-Nipperdey (§ 183 I 4). Die Haftung des Vertreters beschränkt sich dann auf den überschießenden Teil.

4. Bei Mißbrauch der Vertretungsmacht können aus Rechtshandlungen eines Vertreters keine Rechte gegen den Vertretenen hergeleitet werden, wenn der Vertreter bewußt die Vollmacht zum Nachteil des Vertretenen mißbraucht hat und der Dritte diesen Mißbrauch gekannt hat oder hätte

erkennen müssen. Es finden auch hier die Vorschriften der §§ 177ff. Anwendung.

So Kipp, RG.Festschr. II, 285f. und RG. **52** 99; **58** 356; **71** 222; **75** 301; **143** 196; **145** 312. Doch muß man die Prüfungspflicht des Dritten richtig begrenzen. Ergibt sich aus den erkennbaren Innenbeziehungen, daß eine bestimmte Vertreterhandlung zwar durch den bloßen Wortlaut der Vollmacht mitumfaßt sein mag, aber den Interessen des Vollmachtgebers offenbar widerspricht, so wird sie schon durch den richtig begrenzten Umfang der Vollmacht nicht gedeckt. Im übrigen besteht keine Prüfungspflicht bezüglich der Auftragsmäßigkeit, sondern nur hinsichtlich eines erkennbar begründeten Verdachts eines bewußten Vollmachtsmißbrauchs. Sieh. RGJW. 1934, 683 Nr. 1 (= RG. **143** 196) und Anm. v. Heinr. Lehmann; ferner Stoll i. Festschr. für H. Lehmann 1937 S. 115; ferner Siebert, Ztschr. f. ges. StaatsW. **95** 629f.; Egger, Festschr. f. Wieland 1934 S. 47ff.

Bei Kollusion gilt § 138. Wer mit dem Vertreter zum Schaden des Vertretenen kolludiert, kann sich nicht auf den vereinbarten Scheinabschluß berufen, RG. **134** 37; **130** 142.

8. Kapitel

§ 37 Die Zustimmung

L. Seuffert, Lehre v. d. Ratihabition, 1886; von Blume, DogmJ. **48** 417ff. A. Müller, Gruchot **54** 226; Zitelmann, ArchZivPr. **99** 47ff.; Oertmann, Rechtsbedingung, 1924, Ludewig, Die Ermächtigung, 1922; von Tuhr II 2 S. 211ff.; Enneccerus-Nipperdey (15) § 204; Raape, ArchZivPr. **121** 285: **123** 194ff.; Isay, ebenda **122** 195; Müller-Freienfels, Die Vertretung beim Rgeschäft 1955, S. 212; H. Lehmann, JZ 1957, 134.

I. Begriff, Aufgaben, Formen.

1. Begriff. Die Zustimmung ist die Erklärung des Einverständnisses mit fremdem (d. h. von einem anderen vorgenommenen) Rechtsgeschäft.

Die Zustimmung ist eine rechtsgeschäftliche Willenserklärung, als solche aber kein Tatbestandsstück des Hauptrechtsgeschäfts, sondern Rechtsbedingung für dessen Wirksamkeit (Oertmann, Rechtsbedingung, 31ff.).

Sie gehört zur Gruppe der ergänzenden Rechtsgeschäfte, die zu einem anderen Rechtsgeschäft hinzutreten müssen, um ihm die volle Wirksamkeit zu verleihen; ohne das ergänzende Rechtsgeschäft ist das Grundgeschäft entweder völlig (107) oder nach gewisser Richtung hin unwirksam (177). Die ergänzenden Rechtsgeschäfte sind einseitige Willenserklärungen entweder dessen, der das Grundgeschäft vorgenommen hat — so die Bestätigung des anfechtbaren Geschäfts (144), die Wahl bei der Wahlschuld usw. —, oder eines Dritten — so die Zustimmung.

2. Aufgaben. Die Zustimmung ist nötig:

a) bald zur Vornahme von Rechtsgeschäften, die den eigenen Rechtskreis des Handelnden beeinflussen wollen oder den Rechtskreis eines Dritten, der der Fürsorge des Handelnden anvertraut ist — Zustimmung kraft Aufsichtsrechts.

Zustimmung des gesetzlichen Vertreters zu den Rechtsgeschäften Geschäftsbeschränkter (107). — Zustimmung des Gegenvormunds oder des Vormundschaftsgerichts zu Rechtsgeschäften des Vormunds (1809, 1812, 1821).

b) Die Zustimmung ist ferner nötig zur Vornahme von Rechtsgeschäften, die den Rechtskreis des Zustimmenden unmittelbar beeinflussen sollen:

α) Zustimmung des Vertretenen zum Handeln in seinem Namen (164, 177).

β) Zustimmung des Berechtigten zur Verfügung über sein Recht (185, 415 [die Schuldübernahme ist Verfügung über fremdes Recht]).

Hierher gehört auch die Ermächtigung zur Ausübung oder Verwirklichung fremder Rechte, z. B. zur Einziehung einer fremden Forderung im eigenen Namen (sog. Einziehungsermächtigung, die scharf von der fiduziarischen Zession zu scheiden ist; siehe oben § 34 II 2 b ε 1 und unten VI 4). Praktisch bedeutsam sind ferner die Ermächtigung, einen Grundbuchberichtigungsanspruch in eigenem Namen geltend zu machen sowie die aktienrechtliche Legitimation zur Ausübung des Stimmrechts (Legitimationsaktionär).

„Auf allen Gebieten des Rechts drängt die Entwicklung dazu, die Möglichkeit einer Übertragung der Legitimation zur Ausübung fremder Rechte anzuerkennen", RG. **117** 72 und **133** 241.

c) Die Zustimmung ist endlich nötig zur Vornahme von Rechtshandlungen, die den eigenen Rechtskreis des Handelnden beeinflussen, aber gleichzeitig Rechte oder Interessen des Zustimmenden mittelbar berühren.

Z. B. Zustimmung des Nacherben zu gewissen Verfügungen des Vorerben (2113, 2120), Zustimmung des Pfandberechtigten oder Nießbrauchers zur Verfügung über das belastete Recht (876, 880 III, 1245 I, 1255 II).

d) Keine Zustimmung im Sinne der 182 ff. liegt vor, wenn der Verbotsgeschützte beim relativen Veräußerungsverbot (135) eine seine Interessen verletzende Verfügung „genehmigt". Das ist vielmehr ein Verzicht auf die Geltendmachung der Unwirksamkeit. Ein solcher Verzicht entfaltet nicht die rückwirkende Kraft der Genehmigung nach 184. Gleiches gilt für das gewillkürte Veräußerungsverbot des § 399.

3. Formen. Die Zustimmung kann dem Grundgeschäft vorausgehen — Einwilligung (Vollmacht) — oder nachfolgen — Genehmigung.

Für die Zustimmung des Vormundschaftsgerichts, des Gegenvormunds oder Beistands gebraucht das Gesetz (1751, 1690 usw.) den Ausdruck Genehmigung, versteht aber darunter die Einwiligung mit. Die Vornahme eines einseitigen, genehmigungsbedürftigen Geschäfts durch den Vormund ist z. B. ohne die im voraus erteilte Genehmigung des Vormundschaftsgerichts schlechthin unwirksam. Vgl. 1831 und für die Genehmigung des Gegenvormunds, 1812 ff.

4. Rechtliche Regelung. Überall gelten die §§ 182—185. Besonders geregelt sind die Vollmacht, d. i. die Einwilligung des Vertretenen zum Handeln in seinem Namen (166 ff.), und die Zustimmung des gesetzlichen Vertreters zu den Geschäften Geschäftsbeschränkter (107 ff.). Lücken der Sonderregelung sind aus 182—185 ff. zu ergänzen.

II. Allgemeine Regeln für die Zustimmung.

1. Die Zustimmung ist eine einseitige empfangsbedürftige Willenserklärung, die für Verträge oder einseitige empfangsbedürftige Willenserklärungen sowohl dem einen als dem anderen Beteiligten gegenüber erklärt werden kann (182 I; Ausnahmen 108, 177, 876, 1071 usw.).

Jede andere Äußerung der Zustimmung, auch an das Gericht oder Grundbuchamt, ist rechtlich wirkungslos; so KGJ. 34 A 253; fragwürdig. Bei Weiterleitung an den richtigen Erklärungsgegner muß sie regelmäßig mit Zugang bei diesem wirksam werden.

2. Die Zustimmung bedarf nicht der für das ergänzungsbedürftige Geschäft vorgeschriebenen Form (182 II).

RG. JW. **31** 2696. Bedeutsam beim Grundstückskauf (313). Sie kann also auch stillschweigend erklärt werden, RG.Recht 09 Nr. 210; RG. **106** 45; **129** 153; **134** 327.

3. Bei Zustimmung zu einer Verfügung des Nichtberechtigten müssen die Erfordernisse des Verfügungsgeschäfts — abgesehen von der Berechtigung — in der Person des Verfügenden erfüllt sein. Willensmängel sind aus seiner Person zu beurteilen.

Die Zustimmung des Berechtigten trägt ebenfalls Verfügungscharakter, sie ist die eigentliche materielle Verfügung. Aus seiner Person sind deshalb etwaige Verfügungsbeschränkungen zu beurteilen.

Vgl. zum Verfügungscharakter der Einwilligung unten III 4.

4. Bei Vornahme eines einseitigen zustimmungsbedürftigen Rechtsgeschäfts muß der Erklärende die Einwilligung in schriftlicher Form vorlegen; anderenfalls Zurückweisungsrecht des Gegners und Unwirksamkeit des Geschäfts (182 III, 111 S. 2 und 3).

III. Die Einwilligung.

1. In einer Reihe von Fällen kann die Zustimmung nur als Einwilligung erteilt werden, so bei den einseitigen Geschäften eines Geschäftsbeschränkten (111) oder eines Stellvertreters (180). Es soll der Gegner des Erklärenden nicht der Unsicherheit ausgesetzt werden, die sich aus der Möglichkeit einer rückwirkenden Genehmigung ergibt. Bei Verträgen ist eine derartige Besorgnis ausgeschlossen, weil der Gegner sich auf den Vertragsschluß ja nicht einzulassen braucht.

Dieser Grundgedanke verlangt regelmäßig Anwendung auch auf die Fälle einseitiger Geschäfte, wo das Gesetz die Unwirksamkeit schlechthin nicht besonders ausgesprochen hat, so namentlich auf die einseitige Verfügung über ein fremdes Recht, z. B. durch Kündigung einer fremden Forderung oder Aufrechnung mit ihr. Vgl. von Tuhr II 2 S. 223.

2. Die Einwilligung ist grundsätzlich frei widerruflich (183 und für die Vollmacht 168), soweit sich nicht aus dem ihrer Erteilung zugrunde liegenden

Rechtsverhältnis ein anderes ergibt. Man denke an eine unwiderruflich erteilte Ermächtigung zur Verwertung eines Rechts, um sich aus den eingezahlten Geldern bezahlt zu machen. Doch gibt es Grundverhältnisse, die mit der Unwiderruflichkeit unvereinbar sind.

Die Einwilligung des gesetzlichen Vertreters kann z. B. bis zur Vornahme des Rechtsgeschäfts frei widerrufen werden, weil ihm zur Erfüllung seiner Verwaltungspflicht die freie Entschließung bis zum letzten Augenblick zustehen muß. In vielen Fällen hat das Gesetz die Unwiderruflichkeit der Einwilligung ausdrücklich ausgesprochen (876, 880, 1071 usw.). Die Prokura ist kraft zwingenden Rechts jederzeit frei widerruflich (§ 52 HGB.).

3. Die Einwilligung kann auf Grund eines anderen Rechtsverhältnisses (z. B. eines Dienstvertrages) erteilt werden und ist dann hinsichtlich ihres Wirksamwerdens selbständig (abstrakt) — die einem minderjährigen Verwalter erteilte Verfügungsermächtigung ist also auch wirksam, wenn der Dienstvertrag mangels Zustimmung des gesetzlichen Vertreters unwirksam ist.

Hinsichtlich des Erlöschens ist die Einwilligung dagegen grundsätzlich von dem Grundverhältnis abhängig. Die Einwilligung erlischt wie die Vollmacht im Zweifel mit dem Erlöschen des ihr zugrunde liegenden Rechtsverhältnisses, z. B. der wirksamen Kündigung des Dienstvertrages. Doch bleibt die erloschene Vollmacht zugunsten redlicher Dritter, die ihr Erlöschen weder kennen noch kennen müssen, in einer Reihe von Fällen in Kraft (§§ 170ff. BGB.); und diese Regeln sind auf die übrigen Fälle der Einwilligung analog anzuwenden.

Fort wirkt also die dem Dritten gegenüber erteilte oder ihm mitgeteilte Einwilligung, die durch Ausfertigung einer Urkunde erteilte Einwilligung, falls die Urkunde vorgelegt wird, und die durch öffentliche Bekanntmachung kundgegebene Einwilligung — bis zur Vornahme entsprechender Gegenakte.

4. Die Einwilligung zu einer Verfügung ist ebenfalls als Verfügung zu betrachten, einerlei ob sie als Vollmacht erteilt wird oder als Einwilligung zur Verfügung in eigenem Namen.

Vgl. RG. **90** 399 und Raape, ZivA. **121** 257; dagegen Isay, ZivA. **122** 195 und Erwiderung von Raape ebenda **123** 194; Staudinger (10) I S. 499. Daß sie die Rechtslage noch nicht unmittelbar ändert, sondern erst in Verbindung mit der Verfügung, in die eingewilligt wird, steht nicht entgegen; denn die Unmittelbarkeit der Rechtsänderung, die für den Begriff der Verfügung kennzeichnend ist, darf nicht zeitlich verstanden werden, wie das von Tuhr II 2, 229 tut. Schon deshalb ist der Verfügungscharakter der Einwilligung nicht zu bestreiten, weil die Abspaltung einer mit der Verfügungsmacht des Einwilligenden konkurrierenden Verfügungsmöglichkeit eine unmittelbare Schwächung seiner Rechtslage bedeutet.

IV. Die Genehmigung.

1. Die Genehmigung ist anders als die Einwilligung nicht widerruflich. Sie kann auch stillschweigend, z. B. durch Prozeßführung, erklärt werden.

Vgl. RG. **106** 44; in der Klage des Eigentümers auf den Verfügungserlös, den der nichtberechtigte Besitzer der Sache durch Veräußerung erzielt hat, wird eine Genehmigung der Verfügung gefunden, die rückwirkend die Verfügung wirksam macht und den Anspruch auf den Erlös gemäß 816 begründet. Vgl. ferner RG. **64** 149; **118** 335. Die Genehmigung setzt aber begrifflich voraus, daß sich der Genehmigende der schwebenden Unwirksamkeit des Vertrages bewußt ist, jedenfalls aber mit einer solchen Möglichkeit rechnet (BGH. **2** 150).

2. Die Genehmigung ist nicht mehr möglich, wenn das zu genehmigende Geschäft bei ihrer Erteilung nicht mehr besteht. Deshalb wird die Frage wichtig, ob die Vertragschließenden den Vertrag vor der Genehmigung durch Übereinkunft wieder aufheben können.

Die Frage ist grundsätzlich zu bejahen, wenn sie den Vertrag in eigenem Interesse und Namen geschlossen haben und die Genehmigung des Dritten nur deshalb nötig ist, weil über sein Recht verfügt wird. Die Frage ist zu verneinen, wenn der Vertrag ohne Vertretungsmacht im fremden Namen geschlossen ist; nur der andere Teil hat ein Widerrufsrecht, wenn er den Mangel nicht kannte (177/178). Ähnliches gilt für Verträge, die ein Geschäftsbeschränkter oder ein Vormund ohne Zustimmung des gesetzlichen Vertreters oder des Vormundschaftsgerichts geschlossen haben (109, 1830).

Wird die vorgeschriebene behördliche Genehmigung eines Geschäfts rechtskräftig versagt, aber hinterher noch erteilt, so wirkt diese Genehmigung nicht zurück, da die Versagung die endgültige Vernichtung des Geschäfts zur Folge hatte; RG. **103** 104; **106** 142; **168** 351.

3. Die Genehmigung hat rückwirkende Kraft, sie wirkt im Zweifel dinglich und ex tunc, 184 I, RG. **69** 263. Jedoch bleiben beeinträchtigende Verfügungen der Zwischenzeit, auch solche im Wege der Zwangsvollstreckung, bestehen, 184 II.

Das Gesetz spricht nur von Zwischenverfügungen des Genehmigenden selbst; infolgedessen kommen nach dem Wortlaut auch nur Zwangsmaßregeln gegen ihn und nicht gegen seinen Vertragsgegner in Betracht. Gleichwohl wollen manche in 184 II die Anerkennung eines weiterreichenden Grundsatzes finden, wonach in der Zwischenzeit erworbene Rechte Dritter durch die Genehmigung nicht geschmälert werden sollen. Dafür aus dem Zweckgedanken der Vorschrift heraus gegen von Tuhr (II 2 S. 245) namentlich Planck (Komm. § 184, 1b), Oertmann (Rechtsbed., S. 98ff.) und Enneccerus-Nipperdey (13. Aufl. § 191 Anm. 18, aber nicht mehr 15. Aufl § 204 IV 3). Dagegen OLG. Königsberg. SeuffA. **60** Nr. 1 S. 2 und G. **134** 123.

A hat eine Forderung des B im eigenen Namen am 1./I. veräußert. Ein Gläubiger des B läßt die Forderung am 1./II. pfänden. Wenn B später genehmigt, bleibt das Pfandrecht bestehen. Falls man die eben erwähnte Analogie annimmt, muß man die gleiche Entscheidung fällen, wenn E als vollmachtloser Vertreter für X eine Forderung erwirbt und der Zedent diese Forderung, ehe die Genehmigung des X erfolgt ist, noch einmal an den Y abgetreten hat, oder ein Gläubiger des Zedenten die Forderung hat pfänden lassen.

184 ist an sich auch auf die vormundschaftsgerichtliche Genehmigung anwendbar. Doch ist zu beachten, daß der Vormund auch nach erteilter Genehmigung ihm gegenüber noch freie Hand hat, ob er von dieser Genehmigung Gebrauch machen will. Wirksam wird die Genehmigung erst mit ihrer Mitteilung durch den Vormund an den Vertragsgegner (RG. **76** 366; **125** 53; **131** 98).

Auf behördliche Genehmigungen, von denen die Wirksamkeit eines Rechtsgeschäfts ganz allgemein abhängig gemacht wird (z. B. im Devisen-, Preis-, Wirtschafts- und Arbeitsrecht), können die nur für privatrechtliche Zustimmungserklärungen geltenden Vorschriften der §§ 108, 177, 184, 185 keine unmittelbare Anwendung finden. Inwieweit sie auf solche Staatshoheitsakte anwendbar sind, muß im Einzelfall aus dem Zweck der behördlichen Genehmigung entnommen werden. Vgl. Palandt-Danckelmann vor § 182 Anm. 2. Erman-Böhle-Stamschräder vor § 182 Anm. 5; Staudinger-Coing § 184 Anm. 10.

4. Selbstverständliche Voraussetzung der Rückwirkung ist, daß eine wirksame Genehmigung vorliegt, daß also der Genehmigende überhaupt noch die Macht besitzt, dem bestehenden Mangel des Rechtsgeschäfts abzuhelfen. Soweit die Voraussetzungen des Gutglaubensschutzes in Betracht kommen, entscheidet aber nicht der Zeitpunkt des Geschäftsabschlusses, sondern der Zeitpunkt der Genehmigung. Infolgedessen hindert die Eintragung eines Widerspruchs im Grundbuch in der Zwischenzeit, daß der Genehmigende sich auf den öffentlichen Glauben z. Z. der Vornahme des genehmigungsbedürftigen Geschäfts noch berufen kann, wenn er später genehmigt.

So mit Recht RG. **134** 287 mit Raape, ZivA. **121** 289; anders früher RG. **69** 263.

5. Der Genehmigung der Verfügung eines Nichtberechtigten ist der Fall gleichzustellen, daß der Verfügende selbst die von ihm im Zustand beschränkter Verfügungsmacht getroffene Verfügung nach Erlangung des Verfügungsrechts genehmigt; R. **111** 250.

Gleichzustellen ist der Fall, wo die Verfügung eines Verfügungsbeschränkten durch Erlangung der vollen Verfügungsmacht ohne weiteres konvalesziert, wo also die Konvaleszenz kraft Gesetzes an Stelle der Genehmigung tritt; hier aber ohne Rückwirkung, RG 135, 383.

6. Bei einer Gesamtvertretung ist Heilung des Geschäfts eines Vertreters durch Genehmigung des anderen zulässig; RG. **112** 221; **118** 168.

V. Nachträgliches Wirksamwerden. — Konvaleszenz (185).

Im Zusammenhang mit der Genehmigung regelt das Gesetz das nachträgliche Vollwirksamwerden eines anfänglich mangelhaften Geschäfts (Konvaleszenz).

Als Hauptfälle kommen in Betracht:

1. Bestätigung des anfechtbaren Geschäfts (144) und Versäumung der Anfechtungsfrist (121, 124);

2. Genehmigung des zustimmungsbedürftigen Geschäfts (184 I, 185 II);

3. Zusammentreffen des Rechts, über das verfügt worden ist, mit der Gebundenheit an die Verfügung in einer Person (bei Verfügung eines Nichtberechtigten, 185 II).

Das ist der Fall, wenn der Verfügende oder sein unbeschränkt haftender Erbe hinterher das Recht erwirbt oder wenn der Verfügende von dem Berechtigten beerbt wird und dieser für die Nachlaßverbindlichkeiten unbeschränkt haftet. Die Verfügung wird aber in diesen Fällen des § 185 II nicht mit rückwirkender Kraft, sondern nur ex nunc wirksam (wichtig für die Früchte); vgl. RG. **135** 378. Bei widersprechenden Verfügungen wird nur die erste wirksam.

Die Konvaleszenz ist bei einseitigen Verfügungsgeschäften, z. B. der Aufrechnung, ausgeschlossen aus den gleichen Gründen wie die Genehmigung nach 111 und 180.

185 trifft unmittelbar nur die rechtsgeschäftlichen Verfügungen, doch stellt die Rechtsprechung die sog. Verfügungen durch Zwangsvollstreckung auch hier gleich, RG. **60** 70ff.; eine dem Schuldner nicht gehörige Sache wird bei ihm gepfändet und später von ihm zu Eigentum erworben.

185 bezieht sich unmittelbar nur auf Verfügungen eines Nichtberechtigten im eigenen Namen. Da aber die Konvaleszenzwirkung für den Fall der Genehmigung einer Verfügung des vollmachtlosen Vertreters durch 177 ausdrücklich anerkannt ist, wird man sie auch für die anderen Fälle des 185 II analog bejahen dürfen; so richtig von Tuhr II 2, 446.

Über die Bedeutung des 185 II für die Verfügungen des Käufers unter Eigentumsvorbehalt über sein Anwartschaftsrecht siehe oben § 35 A VI 1 a δ.

VI. Die Ermächtigung.

Neuerdings hat man unternommen, neben der Einwilligung den Begriff der Ermächtigung als einen besonderen Rechtsbegriff herauszuarbeiten.

Ludewig, Die Ermächtigung nach bürgerl. R. 1932; Enneccerus, Allgem. T. (12. Bearb.) § 175; Krückmann, RGFestschr. III 79f.: ders. ZivA. **137** 167f.

Unter Ermächtigung versteht man die Erteilung der Macht, im eigenen Namen auf einen fremden Rechtskreis durch Rechtsgeschäft einzuwirken.

Neben diesem engeren technischen Begriff wird auch noch ein weiterer Begriff in dem Sinne verwandt, daß er alle Willenserklärungen umfaßt, die die Befugnis erteilen, durch Rechtsgeschäfte irgendwie auf die Verhältnisse, insbesondere das Vermögen des Ermächtigenden, einzuwirken. Insoweit handelt es sich um eine die Vollmacht und Einwilligung nach 185 I zusammenfassende Begriffsbildung, für die kein Bedürfnis besteht.

Bei genauer Prüfung dürfte aber auch die Notwendigkeit eines selbständigen allgemeinen Ermächtigungsbegriffes (im engeren Sinne) nicht hinreichend dargetan sein.

1. Bei der ersten Gruppe der Ermächtigungsfälle, den Verfügungsermächtigungen, handelt es sich um zweifelsfreie Fälle der Einwilligung zur Verfügung im eigenen Namen über fremdes Recht.

2. Bei der sog. Verpflichtungsermächtigung, d. i. der Ermächtigung durch ein im eigenen Namen vorzunehmendes Rechtsgeschäft den Ermächtigenden zu verpflichten, z. B. auf seine Rechnung eine Summe zu erheben oder zu zahlen oder einen Kauf abzuschließen, handelt es sich um eine Erscheinung, die im Institut der Anweisung (783 BGB.) zweifellos anerkannt ist; die Anweisung ist die Verbindung zweier Ermächtigungen, einer Zahlungsermächtigung und einer Empfangsermächtigung. Insoweit ist der Begriff der Ermächtigung wertvoll.

Dagegen ist die Zulässigkeit einer Verpflichtungsermächtigung mit unmittelbarer Wirkung für den Ermächtigenden abzulehnen. Man kann nicht einem anderen zu einem im eigenen Namen zu schließenden Vertrage seine Zustimmung derart erteilen, daß man durch den Vertragsschluß unmittelbar selbst zur Leistung verpflichtet würde. Die Entscheidung des RG. in **80** 395 zeigt eine gewisse Hinneigung zur Anerkennung einer solchen Verpflichtungsermächtigung mit unmittelbarer Wirkung für den Ermächtigenden. Sie bezieht sich auf eine Gebrauchs- und Besitzüberlassung, die als Verfügung nach 185 zu behandeln ist (Raape, DogmJ. **71** 100f.) und hat keine allgemeine Bedeutung. Ein späteres Urteil des V. Senats vom 13. Oktober 1923 (JW. 1924 S. 809) äußert sich zweifelnd. Vgl. auch RG. **111** 166; **124** 32; **127** 139. In der Literatur haben gegen die Verpflichtungsermächtigung Stellung genommen: namentlich Planck-Siber (vor § 328 V 2), Raape (DogmJ. **71** 100ff.), Nipperdey (Arbeitsrecht 1924 S. 571). Auf § 185 läßt sich die Annahme einer solchen Verpflichtungsermächtigung mit unmittelbarer Wirkung jedenfalls nicht stützen; denn die Verpflichtung ist keine Verfügung. Dem Versuch Bettermanns (JZ. 1951, 321f.), aus der normativen Wirkung der Tarifverträge auf die allgemeine Zulässigkeit einer Verpflichtungsermächtigung zu schließen, ist nicht zu folgen. Denn die Verpflichtungswirkung Dritten gegenüber ergibt sich nicht aus einem allgemeinen Rechtsgrundsatz, sondern aus einer ausdrücklichen gesetzlichen Ermächtigung der Tarifvertragsparteien, aus ihrer autonomen Satzungsbefugnis. Es geht nicht an, vom Besonderen auf das Allgemeine zu schließen.

3. Die Fälle der Ermächtigung, in denen ein Dritter zu einem nichtempfangsbedürftigen, einseitigen Rechtsgeschäft seine Zustimmung erklärt, z. B. zu einer Dereliktion oder zur Ausstellung eines Inhaberpapiers, fallen zwar nach dem Wortlaut nicht unter die §§ 182 u. ff., müssen aber nach Analogie dieser Vorschriften behandelt werden; dabei ist freilich zuzugeben, daß die Bestimmungen der §§ 182ff. zum Teil auf derartige einseitige, nichtempfangsbedürftige Erklärungen nicht passen. So steht z. B. bei der Dereliktion ein Wahlrecht hinsichtlich des Adressaten der Zustimmung überhaupt nicht in Frage (182 I). Ebenso ist 182 III unanwendbar. Warum aber die Bestimmungen über die Widerruflichkeit der Einwilligung (183), die rückwirkende Kraft der Genehmigung (184) und die Wirksamkeit der mit Einwilligung vorgenommenen Verfügung (185 I) nicht zur Anwendung kommen sollen, ist nicht einzusehen.

4. Die Ermächtigung zur Einziehung und zur gerichtlichen Geltendmachung eines Rechts, namentlich einer Forderung, die als letzter Fall der Ermächtigung angeführt wird, läßt sich auch aus 185 I als wirksam begründen, da die Prozeßführung, wenn sie auch keine unmittelbare Verfügung enthält, doch zu solchen führen kann und ein Analogieschluß als gerechtfertigt erscheint. Man ist also nicht bloß auf die Rechtsprechung des Reichsgerichts und die gewohnheitsrechtliche Anerkennung einer solchen Ermächtigung angewiesen. Was für die Rechtsübertragung durch Verfügung gilt, daß sie nämlich mit Einwilligung des Berechtigten wirksam ist (185 I), muß erst recht für die Überlassung der Ausübung des Rechts im eigenen Namen durch den Berechtigten Geltung haben, RG. **117** 72; **133** 241; **170** 191; BGH **4** 164. Ablehnend neuerdings Larenz, Schuldr. (3) I 296; Esser, Schuldr. (2) § 92, 2; Palandt-Danckelmann § 398, 7.

Das Ergebnis ist, daß man überall mit der unmittelbaren oder analogen Anwendung des Rechts der Einwilligung auskommt, soweit keine Sonderregelung wie bei der Anweisung (783ff.) stattgefunden hat. Das erkennt Nipperdey in der 15. Bearbeitung des Allgem. Teils von Enneccerus (§ 204 Anm. 8) ausdrücklich an.

5. In weitergehendem Umfange verwendet Krückmann den Ermächtigungsbegriff (vgl. ZivA. **137** 167f.), um die Haftung aus verursachtem Rechtsschein, z. B. aus Bescheinigungen, Erklärungen, Bestätigungen usw., über eigene Rechtsverhältnisse dogmatisch zu rechtfertigen. Der Bescheinigende ermächtigt

nach ihm den Empfänger der Bescheinigung, aber auch Dritte, an die diese Bescheinigung nicht gegen den Willen des Ausstellers kommt, ihn so zu behandeln, als ob das Bescheinigte wahr wäre. — Auf den gleichen Grundgedanken führt Krückmann auch die Haftung aus culpa in contrahendo zurück. Der Gegner des Antragenden wird von diesem ermächtigt, auf ernstliche Abschlußabsichten zu schließen, anzunehmen, daß der Ermächtigende sich so verhalten werde, daß der Zweck des Geschäfts nicht gefährdet werde. Die Erlaubnis zum Betreten des Ladens, des Magazins, der Gaststätte sei eine leiherechtliche, mindestens leiheähnliche Ermächtigung. — Nach Krückmann soll die Ermächtigung überall da einspringen, wo einer Partei rechtliche Befugnisse gegeben werden müssen, ohne daß sie ein entsprechendes unentziehbares Recht hat oder haben kann oder haben soll. „Wo das subjektive Recht versagt, tritt die Ermächtigung in die Lücke.“ (ZivA. **137** 169).

Ich vermag nicht einzusehen, wie durch einen derartigen Ermächtigungsbegriff die fraglichen Probleme dogmatisch geklärt werden sollen. Der Gesichtspunkt der Erklärungshaftung scheint mir fruchtbringender zu sein. Wer durch seine Erklärung in einem anderen das berechtigte Vertrauen auf die Richtigkeit einer Bescheinigung, auf die Erfüllung gewisser Fürsorgepflichten, auf das Zustandekommen eines Vertrages erweckt, darf dieses Vertrauen nicht enttäuschen; aus seiner Erklärung erwachsen ihm nach Treu und Glauben gewisse Verkehrspflichten. M. E. wird damit der wahre Grund der Haftung völlig hinreichend ersichtlich gemacht, während die Einschiebung des im Gesetz nicht anerkannten Begriffs der Ermächtigung die Dinge nur kompliziert.

III. Abschnitt

Rechtmäßiges Verhalten nicht rechtsgeschäftlicher Art

§ 38 Die sogenannten Rechtshandlungen im engeren Sinne

Eltzbacher, Die Handlungsfähigkeit, 1903; Breit, Die Geschäftsfähigkeit 1903; Manigk, Willenserklärung und Willensgeschäft, 1907; Klein, Rechtshandlungen, 1912; Manigk, HdwbRW. IV 664f.; ders. DogmJ. **83** 1f.; ders. Das rechtswirksame Verhalten, 1939.

I. Begriff. Unter Rechtshandlungen im engeren Sinne versteht man alle erlaubten rechtswirksamen Handlungen, die nicht Rechtsgeschäfte sind. Der Begriff wird also im wesentlichen durch eine Verneinung gewonnen: kennzeichnend für die ganze Gruppe ist der Gegensatz zur Willenserklärung: die Wirkung tritt ein ohne Rücksicht auf den Willen des Handelnden.

Im einzelnen unterscheidet man drei Klassen:

1. Willensäußerungen wie die Mahnung, Fristsetzung und sonstige Aufforderungen, ferner Androhungen (384), Weigerungen (295) usw.

2. Mitteilungen, d. h. Vorstellungsäußerungen über irgendwelche Vorgänge oder Zustände, wie z. B. Anzeige eines Mangels durch den Käufer, die Mitteilung, daß eine Vollmacht erteilt oder eine Forderung abgetreten sei usw.

3. Realakte (auch Tathandlungen genannt), die auf einen äußeren tatsächlichen Erfolg gerichtet sind, wie z. B. die Verarbeitung (950), der Fund (965. 984), Besitzerwerb und Besitzaufgabe (854 I und 856 I). — Einige von ihnen

verlangen neben der Hervorbringung eines äußeren Erfolgs noch eine innere Tatsache, sog. gemischte Realakte, Tathandlungen mit innerer Tatsache (Klein), wie z. B. die Wohnsitzbegründung und -aufgabe, die Geschäftsführung ohne Auftrag usw. Enneccerus-Nipperdey (15) § 137 IV 2a α, $\delta\delta$ rechnen die letzteren jetzt zur ersten Gruppe (Willensäußerungen).

4. Eltzbacher (a. a. O. 197ff.) will noch eine weitere Klasse bilden, nämlich die Gefühlsäußerungen, und rechnet dazu vor allem die Verzeihung (532, 2327, 2343, 2345; **49** EheGes.), deren Rechtsnatur jedoch streitig ist, da manche für sie den Rechtserfolgswillen fordern.

Die Zusammenfassung aller dieser Klassen zu einer einheitlichen Gruppe hat keinen großen systematischen Wert, da es sich um außerordentlich verschiedenartige Vorgänge handelt, über die sich positiv kaum etwas Gemeinsames aussagen läßt. Nur das eine ist sicher, daß sie keine Rechtsgeschäfte sind und deshalb den Vorschriften des Gesetzes über diese nicht unmittelbar unterstellt sind. Da das Gesetz — abgesehen von Ausnahmen wie bei der Wohnsitzbegründung (8) — keine Regeln für sie aufgestellt hat, ist es Aufgabe der Wissenschaft und Rechtsprechung, das für sie maßgebende Recht aus ihrer Natur heraus zu entwickeln, gegebenenfalls unter entsprechender Anwendung der für die Willenserklärungen aufgestellten Vorschriften des Gesetzes.

II. Die geschäftsähnlichen Handlungen, nämlich die Willensäußerungen (Mahnung, Fristsetzung usw.) und die Mitteilungen, sind grundsätzlich nach Ähnlichkeitsschluß (Analogie) entsprechend den Willenserklärungen zu behandeln. Ihre rechtswirksame Abgabe setzt also Geschäftsfähigkeit voraus, die Vollendung Empfang; die Vorschriften über Stellvertretung, Einwilligung und Genehmigung sind entsprechend anwendbar. Die Bedeutung der Willensmängel ist bei den Willensäußerungen grundsätzlich die gleiche wie bei den Willenserklärungen. Bei den Mitteilungen dürfte statt der Anfechtung Richtigstellung in Betracht kommen (so r. Manigk, DogmJ. **83** 21). Das alles gilt aber nur, soweit sich nicht Abweichungen ergeben aus der Natur der einzelnen Handlung oder besonderen gegesetzlichen Vorschriften. Der Widerruf einer ehrenkränkenden Behauptung ist keine rechtsgeschäftliche Willenserklärung, ihr rechtlicher Bestand wird von den Mängeln des Verpflichtungswillens nicht berührt. Der Widerruf kann also nicht wegen Zwangs angefochten werden, BGH. NJW. **52** 417.

Ein Geschäftsunfähiger kann also nicht wirksam mahnen, wohl aber ein Geschäftsbeschränkter, da die Mahnung lediglich rechtlich vorteilhaft ist. Sie wird wirksam mit dem Zugang, die Mahnung eines Vertreters ist nach 180 zu beurteilen. Ein Geschäftsunfähiger kann auch keine wirksame Anzeige machen, etwa als Käufer einer Mängelanzeige. — Das Gesagte gilt nur grundsätzlich. Wenn z. B. die Anzeige außerhalb des Rahmens eines rechtsgeschäftlichen Gesamtverhältnisses stattfindet (der sechsjährige Finder zeigt den Fund an, 965), so genügt die tatsächliche Vorstellungsmitteilung (Manigk, DogmJ. **83** 26).

III. Die Realakte oder Tathandlungen dagegen sind grundsätzlich nicht nach Rechtsähnlichkeit entsprechend den Willenserklärungen zu behandeln, da durch sie überhaupt kein seelischer Vorgang erklärt wird und ihre Wirkung bloß mit Rücksicht auf ihren äußeren Erfolg eintritt.

Deshalb ist zur Verarbeitung oder zum Schatzfund keine Geschäftsfähigkeit erforderlich, es genügt die natürliche Fähigkeit zur Hervorbringung des Erfolgs; unanwendbar sind auch die Vorschriften über die Vollendung der Willenserklärung und über Willensmängel. Die Mitwirkung eines Dritten ist bei ihnen nicht als Stellvertretung zu behandeln, sondern als Gehilfenschaft.

Nur bei den gemischten Realakten ist zum Teil eine analoge Anwendung der Vorschriften über Rechtsgeschäfte möglich; für die Wohnsitzbegründung wird z. B. vom Gesetz volle Geschäftsfähigkeit verlangt (8); ebenso für die Geschäftsführung ohne Auftrag (682).

IV. Das Recht der „Verzeihung" ist aus der besonderen Natur dieser Rechtshandlung zu entwickeln.

Die Verzeihung des § 49 EheG. ist jedenfalls kein Rechtsgeschäft — sondern die Äußerung eines dem sittlichen Gebiet angehörigen, tatsächlichen inneren Vorgangs, irgendwelche Verfehlungen nicht als ehezerrüttend ansehen und das eheliche Leben fortsetzen zu wollen; RG. **96** 268; **105** 106; LZ. **18** 1074; **23** 132; Warn. **11** 383; **28** 152. Die Vorschriften über die Willensmängel (§§ 116ff.) sind unanwendbar. Eine durch Täuschung, Drohung, Irrtum hervorgerufene Verzeihung ist nicht anfechtbar, sondern zurücknehmbar; RG. JW. **29** 1742; RG. **123** 237.

Vgl. Wolff, Familienrecht § 35 VI 1; Lehmann, Familienrecht (3) § 20 IV 8 und Manigk, DogmJ. **83** 30f.

IV. Abschnitt
Rechtswidriges Verhalten

1. Kapitel
§ 39 Begriff und Rechtsfolgen

Von Liszt, Die Deliktsobligationen des BGB. 1898; Linkelmann, Die Schadenersatzpflicht aus unerl. Handlungen, 1898; H. A. Fischer, Die Rechtswidrigkeit, 1911; Eltzbacher, Die Handlungsfähigkeit, 1903, 348ff.; von Tuhr II 2 S. 453ff.; K. Wolff, Verbotenes Verhalten 1923; M. Rümelin, ZivA. **124** 115; E. Mezger, Die subjektiven Unrechtselemente, Gerichtssaal **89** 207f.; Elster, HdwRW. IV 739. Nipperdey; Grundfragen d. Reform d. Schadenersatzr. 1940.

I. Widerrechtliches (oder rechtswidriges) Verhalten ist von der Rechtsordnung gemißbilligtes Verhalten.

Das Gesetz braucht das Wort widerrechtlich an vielen Stellen, z. B. in 823, 123 I, 1632, 227—229, 530 II. Das gleichbedeutende Wort „rechtswidrig" kommt nur vor in 227 II, der eine wörtliche Übernahme des 53 II StGB. ist.

Von dem **rechtsgeschäftlichen** Verhalten unterscheidet es sich dadurch, daß seine Wirkungen **ohne Rücksicht** auf den **Willen** eintreten. Diese Wirkung hat es mit dem rechtmäßigen Verhalten nicht rechtsgeschäftlicher Art gemeinsam, unterscheidet sich aber von diesem dadurch, daß es rechtlich **gemißbilligt** ist, daß die Rechtsfolgen mit Rücksicht auf diese Mißbilligung, als Gegenwirkung gegen die Widerrechtlichkeit, eintreten.

II. **Widerrechtlich** ist **nicht** gleichbedeutend mit **schuldhaft**.

Beweis: 823 I „vorsätzlich oder fahrlässig ... widerrechtlich verletzt"; vgl. auch 823 II, 530 II.

Man muß **objektive** und **subjektive** Widerrechtlichkeit unterscheiden.

1. Mit dem Begriff: **objektive** Widerrechtlichkeit — **Widerrechtlichkeit schlechthin** — wollen wir die **äußere** Tatsache treffen, daß ein menschliches Verhalten einen von der Rechtsordnung gemißbilligten Erfolg herbeigeführt hat, ohne die Frage aufzuwerfen, ob es gerade auf einen Willensfehler des Täters zurückgeführt werden kann; sein Verhalten verstößt, **äußerlich** beurteilt, gegen eine Rechtsvorschrift.

2. **Subjektiv rechtswidrig** = **schuldhaft** nennen wir ein Verhalten, wenn es auf einen Willensfehler zurückzuführen ist.

Die Strafbarkeit ist ein engerer Begriff als die Widerrechtlichkeit; das strafbare Verhalten ist immer widerrechtlich, aber nicht jedes widerrechtliche Verhalten ist strafbar (z. B. die fahrlässige Sachbeschädigung).

3. Gegen die hier vorgenommene, von der herrschenden Lehre vertretene Scheidung zwischen **objektiver** und **subjektiver** Widerrechtlichkeit wendet sich neuerdings **Nipperdey** (Enneccerus-Nipperdey, Allgemeiner Teil (15) § 209 IV, S. 1279ff.). Er meint, das Rechtswidrigkeitsurteil könne nicht bloß auf den Erfolg abstellen, der Gesichtspunkt des Erfolgsunwertes vermöge die Widerrechtlichkeit allein nicht zu erklären, das Rechtswidrigkeitsurteil müsse die beiden Gesichtspunkte, unter denen eine Handlung gewürdigt werden könne, umfassen. Daran ist nur richtig, daß die **Verantwortlichkeit**, die **Haftung**, für ein Verhalten, das zu einer Rechtsverletzung führt, durch die rechtliche Mißbilligung des Erfolgs allein nicht gerechtfertigt werden kann. Die Haftung setzt auch die Würdigung der Verletzungshandlung voraus. Das geschieht durch das geltende Recht, indem die Haftung entweder an ein schuldhaftes Verhalten geknüpft wird oder an ein mit typischen Gefahren verbundenes Verhalten, das zwar wegen seiner Nützlichkeit erlaubt ist, aber doch für den Fall einer schuldlosen Rechtsgüterverletzung ersatzpflichtig macht. Es ist durchaus folgerichtig, den Erfolgsunwert durch ein Mißbilligungsurteil zu kennzeichnen und die Würdigung der Handlung, die zum Erfolg geführt hat, unter dem Gesichtspunkt eines Haftungsgrundes vorzunehmen.

Indem **Nipperdey** die für die Haftung maßgebenden Umstände mit in den Rechtswidrigkeitsbegriff einbezieht, entfernt er sich ohne Not von der dem Bürgerlichen Gesetzbuch zugrunde liegenden Scheidung zwischen bloßer

Erfolgsmißbilligung und zureichendem Haftungsgrund. Diese Scheidung hat das Gesetz im Hinblick auf die Aufgabe des Zivilrechts, dem Verletzten einen gerechten Schadensausgleich zu verschaffen und nicht, wie das Strafrecht den Täter zu bestrafen, vorgenommen. Eine lediglich am Handlungserfolg orientierte Unrechtslehre wäre sicherlich unhaltbar. Aber sie liegt dem Gesetz auch gar nicht zugrunde, sondern eine klare Scheidung zwischen objektiver und subjektiver Rechtswidrigkeit oder sonstigen Zurechnungsgründen.

Im Falle der Gefährdungshaftung kann man keineswegs von einem „sinnentleerten Unrechtsbegriff" (so Nipperdey, S. 1284), sprechen. Die Vornahme der fraglichen Tätigkeit ist mit dem Risiko einer Verletzung fremder Rechtsgüter trotz Beobachtung aller Vorsicht verbunden. Die Verletzung will die Rechtsordnung mit Rücksicht auf die Nützlichkeit der Tätigkeit nicht verbieten, kann sie aber, vom Standpunkt des Verletzten aus gesehen, auch nicht billigen. Deshalb gibt sie dem gefährdeten Rechtsgutsinhaber auch das Notwehrrecht, betrachtet also den drohenden Eingriff in seine Rechtsgüterwelt als widerrechtlich. Das muß auch Nipperdey (S. 1297) zugeben; sein Einwand, daß das Begriffsmerkmal „Rechtswidriger Angriff" nicht alle einschlägigen Fälle umfasse, ist richtig, beweist aber nicht die Richtigkeit seines Rechtswidrigkeitsbegriffes.

Auch die Regelung des negatorischen Schutzes, der dem Eigentümer gegenüber einer Beeinträchtigung ein Abwehrrecht gegen den Störer — ganz ohne Rücksicht auf dessen Verschulden — gibt, ist mit der herrschenden Lehre durchaus vereinbar. Der Abwehranspruch wird nach § 1004 II nur dann ausgeschlossen, wenn der Eigentümer zur Duldung verpflichtet ist. Eine von ihm nicht zu duldende Beeinträchtigung wird regelmäßig als eine rechtswidrige Eingriffshandlung zu charakterisieren sein. Aber auch da, wo das nicht der Fall ist, die Beeinträchtigung aber aus anderen Gründen unbefugt ist, ergibt sich daraus ihr Erfolgsunwert, also ihre objektive Widerrechtlichkeit; vgl. dazu Larenz, Schuldrecht II (4) S. 363f.

III. Rechtswidrig kann nur ein Verstoß gegen ein gesetzliches Gebot oder Verbot sein, nicht z. B. gegen eine Formvorschrift (313).

1. Das Verbot kann dahin gehen, ein Verhalten als solches zu verbieten (Rauchen im Walde, Ausstellen eines falschen Dienstzeugnisses, 823 II) oder nur so weit zu verbieten, als es einen rechtlich gemißbilligten Erfolg herbeiführt (823 I); dieser Erfolg kann die Verletzung eines subjektiven Rechts sein, braucht das aber nicht; es kann ein bloßer Normverstoß, eine Interessen- oder Rechtsgutsverletzung vorliegen.

2. Je nachdem eine Gebots- oder Verbotssatzung verletzt wird, kennzeichnet sich das widerrechtliche Verhalten als Tun oder Unterlassen.

3. Nur menschliches Verhalten kann widerrechtlich sein, nicht z. B. der Einsturz eines Gebäudes.

4. Dagegen können auch Willensunfähige, wie Kinder und Geisteskranke, widerrechtlich handeln.

Darüber ist man einig; über die Begründung herrscht Streit. Nach der einen Ansicht ergehen die Rechtsbefehle auch an sie oder wollen doch für jeden gelten, nach der anderen werden die Handlungen der Unzurechnungsfähigen denen der Zurechnungsfähigen gleichgestellt.

IV. Die Rechtsfolgen des widerrechtlichen Verhaltens sind mannigfaltig.

Mataja, Das Recht des Schadenersatzes vom Standpunkt der Nationalökonomie, 1883; Unger, Handeln auf eigene Gefahr, 1893; Sjögren, DogmJ. **35** 341ff.; R. Merkel, Die Kollision rechtmäßiger Interessen und die Schadensersatzpflicht, 1895; M. Rümelin, Die Gründe der Schadenszurechnung, 1896; ders., Schadenersatz ohne Verschulden, 1910; Jung, Delikt und Schadensverursachung, 1897; G. Rümelin, Kulpahaftung und Kausalhaftung, ArchZivPr. **88** 285; Traeger, Kausalbegriff i. Straf- und Zivilrecht, 1904; Maucza, Der Rechtsgrund des Schadenersatzes, 1904; Adler, Unverschuldetes Unrecht, 1910; Müller-Erzbach, ArchZivPr. **106** 309ff.; Grundfragen der Reform des Schadensersatzrechts, 1940 (Beiträge von Nipperdey, Wahl, Löning, Reinhardt); Wilburg, Die Elemente des Schadensersatzrechts, 1941; Esser, Grundlagen und Entwicklung der Gefährdungshaftung, 1941; ders. ZivA. 148 (1942) 121f. u. DRWiss. 42, 65f.; Süß, Außerdeliktische Haftung, DRWiss. 42, 185f., Reinhardt, AcP. 148 (1942) 147f.

1. Immer entsteht aus dem objektiven Unrecht ein Anspruch auf Herstellung des rechtmäßigen Zustandes (1004, 862).

2. Ein Anspruch auf Schadenersatz (auf Wiederherstellung des früheren Zustandes [249], allenfalls Geldersatz) wird dagegen grundsätzlich nur aus subjektiv rechtswidrigem Verhalten, aus verschuldetem Unrecht gewährt (sog. Verschuldensgrundsatz).

Das geltende Recht hat aber den Verschuldensgrundsatz in vielen Fällen durchbrochen und läßt den Verursacher auch ohne Verschulden haften, so wenn der Schaden entstanden ist:

a) aus erlaubtem Eingriff in fremden Rechtskreis wegen überwiegenden privaten oder öffentlichen Interesses (904, 867 usw. BGB., 26 GewO.);

b) aus rechtmäßigem, aber besonders gefährlichem Verhalten, namentlich Betrieb eines gefährlichen Gewerbes (sog. Gefährdungshaftung), z. B. nach 1 HaftpflG., 833, 1 Tierhalterhaftung, 835, jetzt § 44ff. JagdG., Haftung für Wildschaden. Haftung des Kraftwagenhalters (KraftfahrzeugsG. vom 3. 5. 1909 § 7), des Halters eines Luftfahrzeuges (LuftverkehrsG. vom 1. 8. 1922 § 19f.) usw.;

c) aus einer nicht berechtigten Selbsthilfehandlung (231) und Erwirkung vorläufiger Gerichtshilfe ohne Berechtigung (ZPO. 945, 717 II, 302) — wer so vorgeht, tut das auf eigene Gefahr;

d) aus der Abgabe fehlerhafter Willenserklärungen, hier aber nur auf das negative Interesse, d. h. für den Schaden, der dem Gegner aus der Nichtkenntnis des Anfechtungsgrundes (119, 120, 122) oder des Nichtigkeitsgrundes (118) erwachsen ist. Vgl. auch 179 II und 409;

e) aus freiwilliger Aufopferung von Vermögenswerten in fremdem Interesse (670, 683, Ersatzansprüche des Beauftragten und Geschäftsführers, 700f., HGB. Schadensausgleich bei der großen Haverei).

f) Es bleiben aber noch immer genug Fälle übrig, in denen eine Haftung des Schadenverursachers auch ganz abgesehen von dem Zutreffen der erwähnten Gesichtspunkte als eine Forderung der besonderen Billigkeit empfunden wird.

Ein Fall dieser Art ist in BGB. 829 durch das Gesetz geregelt worden. Danach kann ein unzurechnungsfähiger Schadenstifter — wenn Ersatz nicht von einem aufsichtspflichtigen andern zu erlangen ist — zum Ersatz des Schadens so weit verurteilt werden, wie die Billigkeit nach den Umständen, namentlich nach den Verhältnissen der Beteiligten, eine Schadloshaltung erfordert und ihm nicht die Mittel entzogen werden, deren er zum standesmäßigen Unterhalte sowie zur Erfüllung seiner gesetzlichen Unterhaltspflichten bedarf.

Der hier durchgedrungene Gedanke, dem Richter eine Berücksichtigung der widerstrebenden Bedürfnisse (Interessenlage) unter Beachtung aller besonderen Umstände des einzelnen Falls zu ermöglichen, sollte verallgemeinert werden. Das Gesetz hätte, wie das im 2. Entwurf übrigens geplant war, einen allgemein gefaßten Aushilfesatz bereitstellen müssen, etwa des Inhalts: Wer für einen durch unerlaubte Handlung verursachten Schaden nicht auf Grund einer besonderen Vorschrift verantwortlich gemacht werden kann, hat gleichwohl den von ihm angerichteten Schaden so weit zu ersetzen, wie die Billigkeit nach den Umständen des einzelnen Falles eine Schadloshaltung erfordert und ihm nicht die Mittel entzogen werden usw.

Dafür auch jetzt der 34. Deutsche Juristentag Bd. II S. 515.

Heute ist der Richter nicht in der Lage, außerhalb des Rahmens des 829 BGB. auf die besonderen Umstände des einzelnen Falles einzugehen; er hat die an gattungsmäßige Tatbestände geknüpfte Gesetzesregel anzuwenden.

V. Zwei Gruppen des rechtswidrigen Verhaltens haben allgemeine Bedeutung, die Forderungsverletzung und die unerlaubten Handlungen.

1. Die Forderungsverletzung ist der schuldhafte Verstoß gegen eine besondere (relative) Verhaltensnorm, die dem Täter zugunsten des Verletzten kraft einer Sonderverbindung auferlegt ist (relatives Unrecht).

Dabei ist nicht bloß an die im II. Buch des BGB. geregelten Sonderverbindungen zu denken, sondern auch an die aus dem Besitz einer fremden Sache sich ergegebenden Pflichten (987ff.), die Pflichten aus der Vormundschaft gegenüber dem Mündel usw.

2. Die unerlaubte Handlung — Delikt — ist der schuldhafte Verstoß gegen eine Norm des allgemeinen Verhaltens (absolute Verhaltensnorm), wodurch als Rechtsfolge ein selbständiger Ersatzanspruch des Geschädigten begründet wird.

Das BGB. hat auch die Haftung für Tierschaden (833) und Wildschaden (835) unter der Überschrift „unerlaubte Handlungen" geregelt, obwohl die Ersatzpflicht weder ein menschliches Verhalten nach Verschulden des Ersatzpflichtigen voraussetzt. Die Tatbestände stehen hier bloß wegen ihrer deliktsähnlichen Folgen, sind aber keine Delikte.

3. Zusatz. Zusammentreffen der Schadenersatzansprüche aus Forderungsverletzung und unerlaubter Handlung. Nicht selten erfüllt ein bestimmtes schädigendes Verhalten sowohl den gesetzlichen Tatbestand einer Forderungsverletzung als auch den einer unerlaubten Handlung, z. B. der Entleiher oder der Verwahrer beschädigen schuldhaft die anvertraute Sache. Dann entstehen zwei auf dasselbe Ziel (Schadenersatz) gerichtete Ansprüche. Man spricht von Anspruchskonkurrenz. Vgl. dazu Dietz, Anspruchskonkurrenz bei Vertragsverletzung u. Delikt, 1934, sowie die § 8 IV zitierten Schriften.

Das Nebeneinanderbestehen der Ansprüche hat grundsätzlich auf ihren Bestand keinen Einfluß, auch gerichtlich können sie unabhängig voneinander geltend gemacht werden. Wird aber einer der Ansprüche befriedigt, so erlischt auch der andere, weil und soweit er auf dasselbe Ziel gerichtet ist.

Ehe man eine solche Anspruchskonkurrenz annehmen darf, ist aber zu prüfen, ob nicht der eine Anspruch durch den anderen ausgeschlossen werden soll, genauer, ob nicht die eine der beiden haftungbegründenden Vorschriften der anderen gegenüber als Sonderregel (lex specialis) auftritt, sie verdrängen will. Hier sprechen viele von Gesetzeskonkurrenz (Hellwig). — Vgl. oben § 8 IV.

Im einzelnen ist zu bemerken:

a) Die Frage, ob und inwieweit Delikts- und Vertragsrecht in solchen Fällen nebeneinander zur Anwendung kommen, ist sehr streitig. Vereinzelt nimmt man an, daß die Deliktsvorschriften durch die schuldrechtlichen Sondervorschriften grundsätzlich verdrängt werden. Viele lassen aus einem derartigen Tatbestand nur einen einzigen Anspruch entstehen, dessen Inhalt nach den Sätzen beider Rechtsgebiete zu bestimmen ist, soweit nicht die eine Norm als lex specialis die Anwendung der anderen von vornherein zurückdrängt (Theorie der sog. Gesetzeskonkurrenz). Durchgedrungen ist im Anschluß an die grundlegende Entscheidung des Reichsgerichts vom 13. 10. 1916 (RG. **88** 433) die Auffassung, daß Vertrags- und Deliktsrecht grundsätzlich nebeneinander zur Anwendung kommen, daß zwei konkurrierende Ansprüche entstehen (Theorie der Anspruchskonkurrenz). Die allgemeine Rechtspflicht, deren Verletzung die unerlaubte Handlung darstellt, kann nicht dadurch beseitigt werden, daß es ein Vertrag war, der erst die Möglichkeit der rechtswidrigen Einwirkung auf den Rechtsgüterkreis des anderen gegeben hat. Der Vertrag verstärkt die allgemeine Rechtspflicht, nicht aber beseitigt er sie. Ebenso RG. **102** 44.

b) Wo freilich das Gesetz, wie in den §§ 599 (Leihe), 690, 277 (Verwahrung) die Vertragshaftung auf die schwereren Schuldarten beschränkt, wird man darin auch eine Beschränkung der Widerrechtlichkeit der Handlung und folglich einen Ausschluß der Deliktshaftung bei leichtem Verschulden finden müssen. Anderenfalls würde eine derartige Einschränkung praktisch ziemlich bedeutungslos werden; RG. **66** 363. Ebenso ist möglich, die Deliktshaftung durch ausdrückliche oder stillschweigende Abrede der Parteien auszuschließen, mit der Einschränkung freilich, daß ein Freibrief für Dolus im voraus nicht erteilt werden kann, § 276 II.

c) Der Vorteil der Vertragshaftung für den Geschädigten liegt vornehmlich in dem stärkeren Einstehenmüssen für Gehilfen nach § 278 im Gegensatz zu § 831 (Möglichkeit des Entlastungsbeweises), sodann in der Umkehrung der Beweislast durch § 282, während bei deliktischer Haftung der Geschädigte grundsätzlich dem anderen Teile das Verschulden nachweisen muß. Die neuere Rechtsprechung geht allerdings dahin, nach beiden Richtungen die Lage des Geschädigten bei Fehlen einer vertraglichen Haftung zu verbessern, hinsichtlich des Einstehens für Gehilfen durch Annahme einer Haftung aus culpa in contrahendo schon beim Eintritt in Vertragsverhandlungen (vgl. oben § 33 II 2), hinsichtlich der Beweislast durch eine Erleichterung in der Beweisführung. Es genügt nämlich zum Nachweis des Verschuldens, wenn der Geschädigte Tatsachen anführen kann, die nach allgemeinen Erfahrungssätzen ein Verschulden sehr wahrscheinlich erscheinen lassen. Allerdings kann der Schädiger diesen sog. prima-facie-Beweis (Beweis des ersten Anscheins) schon dadurch entkräften, daß er seinerseits Tatsachen nachweist, die eine Entstehung des Schadens ohne sein Verschulden erklärlich erscheinen lassen. Dadurch zerstört er den gegen ihn sprechenden „Schein“ und zwingt nun doch den Geschädigten zum Nachweis des Verschuldens im einzelnen. Denn bei dem prima-facie-Beweis handelt es sich nur um eine Erleichterung in der Beweisführung, nicht um eine völlige Umkehrung der Beweislast. Vgl. RG. **119** 353; **128** 124.

d) Zu beachten ist, daß eine Handlung, die eine Forderungsverletzung bildet, aber davon abgesehen nicht widerrechtlich ist. keine unerlaubte Handlung im

Sinne des 823 I, keine Verletzung eines sonstigen Rechts darstellt. Unter „sonstigem Recht" ist das Forderungsrecht nicht mitgetroffen; denn die Verletzung des Forderungsrechts durch den Schuldner ist nach Voraussetzungen und Wirkungen so eingehend an anderer Stelle (276ff.) geregelt, daß diese Vorschriften gegenüber 823 I als ausschließende Sondervorschriften auftreten, die Deliktsregeln verdrängen wollen.

2. Kapitel

Ausschluß der Rechtswidrigkeit

Zitelmann, Ausschluß der Widerrechtlichkeit, ZivArch. **99** 1ff.; H. A. Fischer, Die Rechtswidrigkeit (1911) 187ff. Verhandl. des 34. Deutsch. Juristent. I 98ff., II 420ff.; H. Lehmann, HdwbRW. II 212; Gerland, ebenda 213f. Vgl. zum Strafrecht ferner Bohne, JW. 1928, 2229 mit Literaturangaben. Dietz, Anspruchskonkurrenz bei Vertragsverletzung und Delikt, 1934; H. Lehmann, Festschrift für Hedemann, 1958, 188.

I. Der grundsätzlich verbotene Eingriff in ein fremdes Recht oder Rechtsgut kann aus einem besonderen Grunde erlaubt sein. Dann sprechen wir von Ausschluß der Widerrechtlichkeit.

II. Aus Gründen des öffentlichen Rechts ist die Rechtswidrigkeit ausgeschlossen, wenn in den fremden Rechtskreis in berechtigter Ausübung der öffentlichrechtlichen Gewalt oder in Erfüllung einer öffentlichrechtlichen Pflicht eingegriffen wird.

Verhaftung kraft richterlichen Befehls; berechtigte Festnahme nach 127 StPO.; Körperverletzung infolge berechtigten, militärischen oder behördlichen Waffengebrauchs; Züchtigungsrecht des Lehrers, aber m. E. kein Berufsrecht des Arztes zu körperlichen Eingriffen.

III. Aus privatrechtlichen Gründen ist die Rechtswidrigkeit ausgeschlossen:

1. bei erlaubter Selbstverteidigung und Selbsthilfe (227—229, 904);

2. bei Ausübung einer besonders verliehenen privatrechtlichen Befugnis zu einem bestimmten Eingriff;

Züchtigungsrecht des Vaters oder Vormunds (1627, 1631, 1800), Eingriff in fremdes Eigentum auf Grund eines stärkeren Rechts an der Sache, z. B. einer Wegedienstbarkeit.

3. bei Einwilligung des Verletzten in den Eingriff — volenti non fit iniuria;

In manchen Fällen der Selbstgefährdung kann nach Treu und Glauben die stillschweigende Einwilligung in eine etwaige Verletzung oder Schädigung gefunden werden, die die Rechtswidrigkeit und damit die Haftung des Schadensverursachers ausschließt, vgl. RG. **128** 39 u. 229; **145** 394, **141** 264.

Ob die Fähigkeit zu einer wirksamen Einwilligung Geschäftsfähigkeit voraussetzt (so RG. **141** 265) oder Deliktsfähigkeit genügt (§ 828), ist streitig. Die Einwilligung darf nicht gegen ein gesetzliches Verbot oder gegen die guten Sitten verstoßen (134, 138). Sie kann ferner unwirksam sein. wenn der Träger des verletzten Rechtsgutes nicht frei darüber verfügen, schärfer, wenn er das Recht nicht einmal der Ausübung nach einem anderen überlassen kann (Namenrecht, R. des Gatten auf eheliche Lebensgemeinschaft u. dgl.). Doch wird hier regelmäßig der Vertrag schon wegen Sittenwidrigkeit nichtig sein; vgl. RG. **66** 308.

Die neuere strafrechtliche Literatur stellt auf den Zweck des Verbots ab, ob dieses nur das private Interesse des Verletzten schützen will oder ob daneben überwiegende öffentliche Interessen als Schutzgegenstand in Betracht kommen. So z. B. Sauer, Grundl. des Strafr. 336; Mezger, Gers. **89** 272f. u. Bohne, JW. 1928, 2231.

Das am 26. 5. 1933 erlassene G. zur Abänderung strafrechtlicher Vorschriften bestimmt jetzt in § 226a:

Wer eine Körperverletzung mit Einwilligung des Verletzten vornimmt, handelt nur dann rechtswidrig, wenn die Tat trotz der Einwilligung gegen die guten Sitten verstößt.

4. bei berechtigter Geschäftsführung ohne Auftrag (677, 678).

Aus diesem Gesichtspunkt kann sich die Berechtigung eines ärztlichen Eingriffs bei Bewußtlosigkeit ergeben, ferner die zur Züchtigung eines fremden Kindes. Vgl. RG. 88 436; **151** 353; **149** 206.

Es ist aber dringend geboten, die Frage, ob und inwieweit ein ärztlicher Eingriff die Rechtswidrigkeit ausschließt, durch eine besondere Gesetzesbestimmung zu klären. Vgl. Verh. d. 34. Deutsch. Juristent. II 499; v. Hippel, RGFestschr. V 1f.

5. Wenn und soweit bei Ehrverletzungen der Verletzer in Wahrnehmung berechtigter Interessen handelt, § 193 StGB.

RG. **142** 116. — BGH. 3, 270 (Constanze-Urteil) bedient sich der Analogie zu § 193 StGB. auch, um bei Eingriffen in den Bereich eines Gewerbebetriebs festzustellen, ob dem Eingreifenden ein besonderer Rechtfertigungsgrund zur Seite steht, der die grundsätzlich anerkannte Widerrechtlichkeit eines solchen Eingriffs ausschließt; vgl. Enneccerus-Lehmann (14) § 234 I 1b S. 911.

6. Nicht aber wird die Widerrechtlichkeit ausgeschlossen durch nachträgliche Genehmigung oder Verzeihung. Darin kann ein Verzicht auf Ersatzansprüche liegen. Widerrechtlichkeit und Strafbarkeit bleiben bestehen.

7. Die Rechtsprechung des Bundesgerichtshofs (BGHZ. 24, 21f.) hat als weiteren Ausschlußgrund der Rechtswidrigkeit neuerdings die soziale Adäquanz des schädigenden Verhaltens anerkannt, wenn sich ein Verrichtungsgehilfe im Sinne des § 831 BGB. im Straßen- oder Eisenbahnverkehr verkehrsrichtig verhalten habe, was von dem in Anspruch genommenen Geschäftsherrn zu beweisen sei. Das nötigt zu einer doppelten Prüfung des schädigenden Verhaltens, einmal unter dem Gesichtspunkt der Rechtswidrigkeit mit Beweislast des in Anspruch genommenen Schädigers, dann unter dem Gesichtspunkt der Schuld mit Beweislast des Geschädigten. Über die Bedenklichkeit der Übernahme dieses von Welzel entwickelten strafrechtlichen Rechtswidrigkeitsbegriffs vgl. unten § 41 I.

Durch die Anerkennung der sozialen Adäquanz als allgemeinen Rechtfertigungsgrund entwerten wir die bisher auf ihre rechtliche Tragweite klar herausgearbeiteten Ausschlußgründe der Rechtswidrigkeit, nämlich die „Einwilligung", die „Geschäftsführung ohne Auftrag", ja sogar die „Notwehr" und den „Notstand".

Nur bei den Rechten, die neuerdings hinsichtlich des absoluten Rechtsschutzes den bisher durch § 823 anerkannten Rechten gleichgestellt werden, darf der Gesichtspunkt der sozialen Adäquanz verwandt werden. Denn bei ihnen kann anders als beim Leben, dem Körper, der Gesundheit, der Freiheit und dem Eigentum ein grundsätzlicher Schutz gegen jeden Eingriff nicht in Betracht kommen, sondern nur ein Schutz gegen einen unberechtigten Eingriff. Eingriffe, die sich im Rahmen der allgemeinen geschichtlich gewordenen sozialethischen Ordnung des menschlichen Zusammenlebens halten, von ihr offensichtlich gestattet werden, muß jeder hinnehmen. Deshalb kann man hier die soziale Inadäquanz zur Voraussetzung der Rechtswidrigkeit machen bzw. die soziale Adäquanz zu einem Ausschlußgrund der Rechtswidrigkeit.

Bei den Konfliktsmöglichkeiten, die sich daraus ergeben, daß das allgemeine Persönlichkeitsrecht eines jeden mit dem eines jeden anderen gleichen Rang hat und die freie Entfaltung der Persönlichkeit gerade in dem Hinausstreben des einzelnen über sich selbst hinaus besteht (vgl. Larenz, Schuldr. § 66), bedarf es im Streitfall einer Abgrenzung, für die das Prinzip der Güter- und Interessenabwägung maßgebend sein muß; so BGH. 24, S. 80. Für diese Abgrenzung wird die soziale Adäquanz als Leitstern in Betracht kommen.

3. Kapitel

§ 41 Verschulden und Verantwortlichkeit

Weyl, System der Verschuldensbegriffe, 1905; M. Rümelin, Das Verschulden im Straf- und Zivilrecht, 1909; Exner, Wesen der Fahrlässigkeit, 1910; Kohlrausch in Reform des ReichsstrafGBs., herausgegeben von Aschrott u. Liszt, 1910 S. 179ff.; Fr. Leonhard, in Festgabe für Enneccerus, 1913; Dölle, Reichel, Goldschmidt, Kadecka, 34. Deutsch. Juristent. I 98ff., II 420ff.; v. Hippel, Deutsch. Strafr. II (1930) 306f. Welzel, Studien zum System d. Strafr. ZStW. 58, 491; ders., Das deutsche Strafrecht (6) 1958.

I. Das Verschulden.

1. Begriff. Verschulden ist ein von der Rechtsordnung gemißbilligtes seelisches Verhalten des Täters, genauer ein Willensfehler, der dem Täter zum Vorwurf gemacht wird. Der Fehler besteht darin, daß er gehandelt hat, obwohl er die schädlichen Folgen seiner Tat bedacht hat oder hätte bedenken müssen.

Dementsprechend unterscheidet man zwei Schuldformen oder -arten: Vorsatz und Fahrlässigkeit.

Die von Welzel (Das deutsche Strafrecht [6] 1958 § 8ff.) vertretene Lehre, der sich Nipperdey (Enneccerus-Nipperdey, Allgemeiner Teil § 211) angeschlossen hat, zieht den Vorsatz und auch die Fahrlässigkeit (Verletzung der im Verkehr erforderlichen Sorgfalt, § 276 BGB.) als konstituierende Elemente der Handlung in den Handlungsbegriff ein und will davon die Schuld als persönliche Vorwerfbarkeit unterscheiden. Die Übernahme dieses Handlungsbegriffes in das Privatrecht empfiehlt sich nicht; vgl. BGH. 24 S. 27 u. Wieacker, JZ. 57, 535. Diese Lehre berücksichtigt nicht, daß die Rechtsbegriffe aus dem Zweckgedanken heraus gebildet werden müssen. Sie übersieht, daß der Unrechtsbegriff des Privatrechts erfolgsbetont, sachverhaltsbezogen ist, daß er die Rechtswidrigkeit nicht nach dem Standpunkt des Handelnden (grundsätzlich ohne Rücksicht auf den Erfolg wie das Strafrecht) bemißt, sondern nach dem Standpunkt des Verletzten, nach dem Handlungserfolg.

Die Rechtswidrigkeit des Privatrechts richtet sich nach der Aufgabe, einen gerechten Schadensausgleich herbeizuführen. Eine erlaubte Gefährdung absoluter Rechte kann zu einer unerlaubten Rechtsverletzung führen, falls die Gefährdung zwar sozial adäquat ist, dem Schädiger aber die Eingriffsbefugnis fehlt. Die Anerkennung eines Ausschlußgrundes der Rechtswidrigkeit, der im verkehrsrichtigen Verhalten des Schädigers liegt, steht mit dem System unserer Deliktsordnung nicht in Einklang.

Der Gedanke, daß der Schädiger dem Vorgang vielfach näher steht, berechtigt noch nicht, ihm die Beweislast für sein verkehrsrichtiges Verhalten aufzuerlegen. Die Beweislast des Geschädigten für ein verkehrswidriges Verhalten des Schädigers kann nach den Grundsätzen des prima-facie-Beweises gemildert werden. Wo noch keine so eingehenden Spielregeln ausgebildet sind, wie für den Straßen- und Eisenbahnverkehr, müßte die Anerkennung der sozialen Adäquanz als Ausschlußgrund der Rechtswidrigkeit das Arbeiten mit juristisch noch nicht abgeklärten Werturteilen zum Nachteil der Rechtssicherheit begünstigen. Vgl. Nipperdey NJW. 57, 1777; R. Schmidt NJW. 58, 488; Hans Stoll, JZ. 58, 137f.

2. Vorsatz (dolus) ist der auf den rechtswidrigen Erfolg gerichtete Wille.

Das BGB. enthält keine Begriffsbestimmung. Daher ist der Begriff sehr bestritten.

a) Nach der herrschenden Willenstheorie ist Vorsatz der auf den rechtswidrigen Erfolg gerichtete Wille.

Nach der Vorstellungstheorie ist Vorsatz die Voraussicht des Erfolgs (Zitelmann, Liszt, Frank, Kohler, Weyl).

Nach beiden Theorien muß die Handlung, die den rechtswidrigen Erfolg verursacht, vom Täter gewollt sein, verschieden wird bloß das seelische Verhalten des Täters zu diesem Erfolg bestimmt.

Nach der streng durchgeführten Vorstellungstheorie ist jeder Erfolg vorsätzlich herbeigeführt, den sich der Täter als einen sicher oder möglicherweise eintretenden vorgestellt hat; im letzten Fall ist dolus eventualis anzunehmen. Nach den Anhängern der Willenstheorie ist dagegen nur Vorsatz anzunehmen, wenn der Täter sich den Erfolg als sicher oder möglicherweise eintretend vorgestellt und ihn gewünscht hat oder sich gegen die vorgestellte Möglichkeit seines Eintretens gleichgültig verhalten hat oder den Erfolg als eine unerwünschte Begleiterscheinung eines als untrennbares Ganzes angesehenen Erfolges mit in den Kauf genommen hat; dagegen fehlt nach der Willenstheorie der Vorsatz, wenn der Täter den Erfolg zwar als möglich voraussah, aber seinen Nichteintritt hoffte und wünschte, vor allem ihn abzuwenden gesucht hat (sog. luxuria).

Die Willenstheorie verdient den Vorzug, weil sie eine sachgemäßere Entscheidung der Fälle ermöglicht, wo der Täter sich den Erfolg nur als möglicherweise eintretenden vorgestellt hat. Nach der Vorstellungstheorie müßte bei folgerichtiger Durchführung hier immer dolus eventualis angenommen werden. Das erscheint aber nicht gerechtfertigt, wenn der Täter in der Hoffnung gehandelt hat, der als möglicherweise eintretend vorgestellte Erfolg werde in Wahrheit nicht eintreten, namentlich wenn er Vorkehrungen getroffen hat, um ihn abzuwenden.

Frank (Komment. z. Strafgesetzb. § 59 I u. V) verneint hier Vorsatz, wenn der Täter sich von der Tat hätte abhalten lassen, falls er den Erfolg als sicher betrachtet hätte (sog. Franksche Formel). Damit wird aber auf die Willensbildung zurückgegriffen, also die Vorstellungstheorie zum Teil preisgegeben.

b) Jedenfalls muß der Täter die Tatumstände kennen, auf denen die Rechtswidrigkeit oder Sittenwidrigkeit seiner Handlung beruht, RG. **79** 23.

Der Schuldner muß also das Bestehen des Schuldverhältnisses kennen, wenn er wegen vorsätzlicher Nichterfüllung verantwortlich gemacht werden soll; vorsätzliche Sachbeschädigung setzt die Kenntnis der Sache als einer fremden voraus.

c) Der Täter muß grundsätzlich auch wissen, daß seine Handlung bei Vorliegen jener Tatumstände widerrechtlich ist. Das Bestehen der verbietenden Rechtsnorm, nicht aber einer etwaigen Strafandrohung, muß ihm bekannt sein. Fehlt dem Täter das Bewußtsein der Rechtswidrigkeit, so liegt derjenige Grad sittlichen Verschuldens nicht vor, der die besonderen Folgen der vorsätzlichen Handlung rechtfertigt. Der Rechtsirrtum schließt stets den Vorsatz aus, RG. **119** 267. Nicht zu kennen braucht aber der Täter die sittliche Verwerflichkeit seines Verhaltens im Gegensatz zu den diese begründenden Tatumständen.

Im Zivilrecht ist der Rechtsirrtum dem tatsächlichen Irrtum gleichzustellen, RG. JW. 1907, 251 Nr. 12. Aber der Rechtsirrtum schließt auch nur Vorsatz aus, nicht ohne weiteres Fahrlässigkeit. Die Annahme eines Verschuldens schlechthin wird nur ausgeschlossen, wenn der Rechtsirrtum entschuldbar ist, also wenn der Verletzende bei Beobachtung der im Verkehr erforderlichen Sorgfalt (276) zu der rechtsirrigen Auffassung gelangen konnte, seine schädigende Handlung sei erlaubt. Daraus ergibt sich für ihn u. U. eine Erkundigungspflicht, vgl. RG. **73** 337; **119** 268. Nach der Rechtsprechung ist z. B. Unkenntnis einer Polizeiverordnung im allgemeinen nur denkbar auf Grund einer Verletzung dieser Erkundigungspflicht. Selbst die Duldung einer Zuwiderhandlung von dem zur Überwachung ihrer Befolgung berufenen Beamten schließt schuldhaften Verstoß nicht ohne weiteres aus; jedenfalls nicht, wenn nur im Einzelfall nicht eingeschritten wird, RG. Warn. Jahrb. 1909 Nr. 297. Bei Verletzung der absolut geschützten Rechtsgüter des Lebens, der Gesundheit, Freiheit und Ehre, des Eigentums und der sonstigen Rechte, ist Vorsatz ohne weiteres anzunehmen, weil jeder Zurechnungsfähige diese Verbote kennen muß.

Im Strafrecht sollte nach der ständigen früheren Rechtsprechung des RG. zwar der Irrtum über das Strafgesetz den Vorsatz nicht ausschließen (error juris nocet), wohl aber der Irrtum über Rechtssätze anderer Rechtsgebiete, etwa hinsichtlich einer zur Ausfüllung des Blankettgesetzes des § 366 Ziff. 10 StGB.

erlassenen PolizeiVO. Doch fordert das neuere strafrechtliche Schrifttum auch für das Strafrecht die Feststellung des Unrechtsbewußtseins. Dem ist auch die neuere Rechtsprechung gefolgt. Vgl. OLG. Oldenburg, NJW. 50, 795 und Hartung, Irrtum über negative Tatumstände, NJW. 51, 209ff. mit zahlreichen Literaturhinweisen. Neuestens hat der Beschluß des Großen Senats des BGH. v. 18. 3. 52 (NJW. 52, 593) diese Lehre gebilligt; vgl. auch Welzel NJW. 52, 564f.

Streitig bleibt für das Strafrecht, ob die Kenntnis der Rechtswidrigkeit als ein der Kenntnis der Tatumstände gleichstehender Bestandteil des Vorsatzes anzusehen ist, so daß ihr Mangel den Vorsatz schlechthin ausschließt (Vorsatztheorie), oder ob das Bewußtsein der Rechtswidrigkeit ein vom Vorsatz getrenntes selbständiges Schuldmoment bildet, so daß ein unverschuldeter Verbotsirrtum die Strafbarkeit schlechthin ausschließt, während ein verschuldeter die Bestrafung wegen einer vorsätzlich begangenen Tat zuläßt (Schuldtheorie). Für letztere der BGH., namentlich um die Bestrafung der in verschuldetem Verbotsirrtum begangenen Verbrechen zu ermöglichen, deren fahrlässige Begehung nicht mit Strafe bedroht ist. — Für das Zivilrecht ist der Streit nicht bedeutsam, weil auch die fahrlässig begangene unerlaubte Handlung ersatzpflichtig macht (823 I u. II).

d) Unnötig ist dagegen, daß der Täter sich die weiteren schädlichen Folgen seines rechtswidrigen Verhaltens, z. B. der Forderungsverletzung, klargemacht hat. Vom Eintritt des rechtswidrigen Erfolgs an haftet er für alle schädigenden Folgen seines Tuns auf Ersatz (280, 823).

3. Fahrlässigkeit ist die Außerachtlassung der im Verkehr erforderlichen Sorgfalt, durch deren Anwendung sich der nicht gewollte Erfolg hätte vermeiden lassen (276 I, 2).

Man scheidet zwischen bewußter Fahrlässigkeit (luxuria) und unbewußter: bei jener erkennt der Täter die Möglichkeit des Erfolgseintritts, vertraut aber auf Grund falscher Überlegungen auf sein Ausbleiben; bei dieser verkennt er die Möglichkeit des Erfolgseintritts, obwohl er sie bei Beobachtung der im Verkehr erforderlichen Sorgfalt hätte erkennen und die Rechtsverletzung hätte vermeiden müssen.

a) Der Maßstab für die Beurteilung der Fahrlässigkeit ist ein objektiver und abstrakter; er wird gewonnen nicht mit Rücksicht auf die Ichbeschaffenheit (Individualität), die persönlichen Anlagen, Eigenschaften und Gewohnheiten des Haftungspflichtigen, sondern mit Rücksicht auf die Verkehrserfordernisse, mit Rücksicht auf die Sorgfalt, die von tüchtigen gewissenhaften Menschen im Berufskreis des Täters für genügend gehalten wird bei einer Angelegenheit der fraglichen Art; RG. **119** 400, **128** 43.

α) Es ist derselbe Maßstab, den die Römer mit der diligentia boni patris familias gemeint haben. Der Arzt hat also bei der Behandlung die Sorgfalt eines ordentlichen Arztes, der Baumeister beim Bau die eines ordentlichen Baumeisters zu beobachten usw. Dabei ist aber auch die Art der Angelegenheit zu beachten; Versendung eines Wertgegenstandes erfordert eine sorgfältigere Verpackung, die Vornahme einer lebensgefährlichen Operation andere Vorsichtsmaßregeln als das Ziehen eines Zahnes. Je mehr man die in Betracht kommenden Personenkreise und die Art der Angelegenheit besonders behandelt, nähert man sich einem Einzelmaßstab; immerhin verlangt das Gesetz eine Musterbildung. — Streitig ist, ob diese auch maßgebend sein soll für die nicht vom Willen abhängigen Eigenschaften (Verstand, Kenntnisse,

Geschicklichkeit usw.). Die herrschende Lehre bejaht das und macht damit dem Täter „das Zurückbleiben hinter der normalen Beschaffenheit des verkehrstüchtigen Menschen“ zum Vorwurf. RG. **119** 397; **152** 140. Dagegen Fr. Leonhard, (Festgabe für Enneccerus, 1913). Vgl. auch Verhandl. d. 34. Deutsch. Juristent. Bd. I, 114ff., Bd. II, 473ff.

β) Im Gegensatz zum Privatrecht ist der Verschuldensmaßstab des Strafrechts ein ichpersönlicher und besonderer. Hier ist zu fragen, ob dem Täter mit Rücksicht auf seine persönlichen Anlagen, Eigenschaften, Kenntnisse, Willenskraft ein Vorwurf gemacht werden kann.

γ) Nicht zu verwechseln mit der im Verkehr erforderlichen Sorgfalt ist die zuweilen in ihm übliche; sie ist nicht maßgebend, sonst wäre jeder Schlendrian gedeckt.

δ) Fahrlässig handelt auch, wer ein Geschäft übernimmt, das besondere Sachkunde verlangt, obwohl er wissen muß, daß ihm solche fehlt; RG. **126** 363.

b) Das BGB. kennt neben dem Begriff der Fahrlässigkeit den der groben Fahrlässigkeit (culpa lata), ohne ihn näher zu bestimmen (vgl. z. B. 932 II). Der Unterschied ist nur gradmäßig. Die Feststellung grober Fahrlässigkeit kann nur für den besonderen Fall durch den Richter erfolgen. Allgemein läßt sich die grobe Fahrlässigkeit nur bestimmen als schwere Verletzung der Sorgfaltspflicht, leichtsinnige Außerachtlassung der im Verkehr erforderlichen Sorgfalt.

c) In einigen Fällen ist der Maßstab für das Verschulden auch im Zivilrecht ein einzelpersönlicher und besonderer, wird gewonnen aus dem durchschnittlichen Verhalten des Schädigenden selbst — culpa in concreto (277). Das kann zu einer Ermäßigung, nie zu einer Verschärfung der Haftung führen, bewirkt aber niemals eine Ermäßigung unter die Haftung für grobe Fahrlässigkeit. Wenn dies nicht vorliegt, kann sich der Täter von der Haftung durch den Nachweis befreien, daß er in seinen eigenen Angelegenheiten nicht sorgfältiger zu sein pflegte (277, 690, 708, 1359, 2131).

II. Die Verantwortlichkeit.

1. Das Verschulden ist ein Willensfehler, setzt also einen normalen geistigen Zustand des Täters voraus, der ihn befähigt, den Geboten der Rechtsordnung nachzukommen, so daß er für seinen Willen verantwortlich gemacht werden kann. Diesen Zustand nennt man: Zurechnungsfähigkeit oder Verantwortlichkeit.

Fehlt die Verantwortlichkeit, so treten die Folgen einer schuldhaften Handlung nicht ein.

Das Gesetz hat die Zurechnungsfähigkeit nur für die unerlaubten Handlungen geregelt (827, 828) und diese Vorschriften in 276 I, 3 auf die Forderungsverletzungen für anwendbar erklärt.

2. Die Zurechnungsfähigkeit fehlt aus zwei Gesichtspunkten,

a) weil die freie Willensbestimmung, d. h. die normale Bestimmbarkeit durch vernünftige Beweggründe ausgeschlossen ist.

α) Das ist der Fall, wenn der Täter sich bei der Tat „im Zustand der Bewußtlosigkeit oder in einem die freie Willensbestimmung ausschließenden Zustand krankhafter Störung der Geistestätigkeit" befindet (827, 1).

Nicht bloß Dauerzustände, sondern auch vorübergehende (Fieber, Narkose Hypnose, sinnlose Trunkenheit) haben diese Wirkung. — Die bloße Entmündigung reicht nicht aus, da auch ein wegen Geisteskrankheit Entmündigter nicht unfähig ist, eine unerlaubte Handlung zu begehen; RG. **108** 90.

β) Hat der Täter sich selbst durch geistige Getränke oder ähnliche Mittel in einen solchen Zustand vorübergehender Art versetzt, so ist er für den darin widerrechtlich verursachten Schaden in gleicher Weise verantwortlich, wie wenn ihm Fahrlässigkeit zur Last fiele. — Ausgenommen ist der Fall, wenn er ohne sein Verschulden in einen solchen Zustand geraten ist (827, 2).

Ob der Täter den angerichteten Schaden vorhersehen konnte, ist gleichgültig. — Wie wenn die unerlaubte Handlung nur vorsätzlich begangen werden kann (826) und der Täter sich absichtlich in einen Zustand versetzt, der ihn zur Vornahme einer Handlung unfähig macht, deren Unterlassung den deliktischen Tatbestand bildet? Hier liegt die vorsätzliche unerlaubte Handlung schon darin, daß der Täter sich in diesen Zustand versetzt.

b) die Zurechnungsfähigkeit fehlt ferner wegen jugendlichen Alters;

α) ausgeschlossen ist die Zurechnungsfähigkeit bei Personen unter sieben Jahren (828 I);

β) Personen vom vollendeten 7. bis zum vollendeten 18. Lebensjahr sowie Taubstumme sind nicht verantwortlich, wenn ihnen z. Z. der Tat die zur Erkenntnis der Verantwortlichkeit erforderliche Einsicht gefehlt hat (828 II). Damit ist die geistige Reife gemeint, das Unrecht zu erkennen und das Bewußtsein zu erlangen, dafür irgendwie verantwortlich zu sein (RG. **51** 32, **53** 159).

III. Eigenes Verschulden des Geschädigten.

Reimer Schmidt, Die Obliegenheiten, 1953.

Das Verschulden im eigentlichen Sinne als Begleiterscheinung des rechtswidrigen Verhaltens setzt stets Verstoß gegen eine Rechtspflicht voraus, die jemand im Interesse anderer Personen auferlegt ist.

Im übertragenen Sinne spricht man von Pflichten auch dann, wenn von jemandem ein bestimmtes Verhalten gefordert oder erwartet wird, sei es als Voraussetzung eines Erwerbs, sei es zur Wahrung oder Ausübung eines Rechts (vgl. z. B. 777, 1237, 254), ohne daß durch die Verletzung dieser „Pflichten" ein anderer beschädigt und ersatzberechtigt würde. In diesen Fällen hat die Pflichtverletzung nur Nachteile zur Folge für den, der das von ihm geforderte Verhalten nicht beobachtet; der Rechtserwerb tritt nicht ein, oder das Recht geht verloren oder kann nicht mehr ausgeübt werden. Es handelt sich also bei diesen „Pflichten" in Wahrheit um Gebote des wohlverstandenen eigenen Interesses, um „Obliegenheiten" (Schmidt).

Vielfach bringt ihre Mißachtung jene Nachteile mit sich ohne Rücksicht darauf, ob man dem Mißachtenden vom Standpunkt seiner Interessenwahrnehmung aus einen Vorwurf machen kann. In einigen Fällen sollen aber die Nachteile für ihn nur eintreten, wenn sein Verhalten schuldhaft gewesen ist, z. B. 254 II, 121. Ein Verschulden im eigentlichen Sinne kann hier nicht gemeint sein, mit dem Ausdruck soll eben nur das Verhalten vom eigenen Interessenstandpunkt aus als unvernünftig, unwirtschaftlich gekennzeichnet werden. Es ist ein dem rechtswidrigen Verschulden entsprechendes „Verschulden gegen sich selbst" (Zitelmann; Grundriß 166).

Auf dieses Verhalten sind die eben entwickelten Grundsätze über die Zurechnungsfähigkeit und das Verschulden in fremden Angelegenheiten entsprechend anzuwenden. Doch braucht der Täter die gesetzlichen Folgen seines schuldhaften Verhaltens nicht zu kennen.

Nach der Rechtsprechung des RG. ist die Frage der Unzurechnungsfähigkeit nach dem Grundsatze der 827, 828 zu beantworten. Mitwirkendes Verschulden bei Kindern unter 7 Jahren kann überhaupt nicht in Frage kommen (RG. **54** 404, 407), ebensowenig bei Geisteskranken, deren Willensfreiheit in der kritischen Zeit völlig aufgehoben war (RG. **108** 89/90), während bei Kindern von 7—18 Jahren ihre Einsichtsfähigkeit entscheidet (RG. **59** 221; **68** 423; OGHBrZ. NJW. 50, 905). Wenn aber ein Kind oder Geisteskranker unter gewissen Umständen für eine einem anderen zugefügte Schädigung haftet, muß unter gleichen Umständen auch in Betracht kommen, daß sie einen sich selbst zugefügten Schaden mitverursacht haben; RG. **108** 90; RG. JW. 1906, 55. So kann im Einzelfall nach Analogie des 829 aus besonderen Gründen auch die Mitverursachung des Schadens durch den unzurechnungsfähigen Geschädigten berücksicht werden.

Dem § 254 liegt der Gedanke zugrunde, daß die Rechtsordnung die Abwälzung eines erlittenen Schadens auf den Täter nicht schlechthin zulassen kann, wenn der Verletzte selber den Schaden unter Vernachlässigung der eigenen Interessen schuldhaft mitverursacht hat. Eine solche Abwälzung würde Treu und Glauben zuwiderlaufen; vgl. H. A. Fischer (RWidrigkeit 176).

Wenn 254 auch nur von Ersatzansprüchen spricht, so ist doch seine analoge Anwendung zulässig, wenn es sich um andere Fragen handelt, bei denen das Verschulden zweier Personen gegeneinander abzuwägen ist; z. B. um ein Rücktrittsrecht wegen einer von beiden Teilen verschuldeten Unmöglichkeit (RG. **71** 191; **94** 141); oder wenn ein beiderseitiges Verschulden bei Vertragsverhandlungen vorliegt (RG. **97** 339; **104** 267). Keinesfalls darf aber aus 254 ein allgemeiner Rechtsgrundsatz abgeleitet werden, wonach jedes Verschulden, das Rechtsfolgen auslöst, durch das mitwirkende Verschulden des anderen gemindert oder entkräftet werde (RG. **62** 424; **93** 282; **103** 91).

4. Kapitel

§ 42 Zufall und höhere Gewalt

I. Zufall.

M. Rümelin, Der Zufall i. R. 1896; G. Rümelin, Kulpahaftung und Kausalhaftung, ZivA. **88** 285f.; Traeger, Kausalbegriff 1904, 294f.; Müller-Erzbach, ZivA. **106** 309f.

1. In vielen Fällen wird ein Schade durch Zufall herbeigeführt. Grundsätzlich wird für Zufall nicht gehaftet. Den zufälligen Schaden muß der tragen, der ihn erlitten hat.

Nur ausnahmsweise ist jemandem die Haftung für Zufall auferlegt (701, HGB. 456 u. a.).

2. Der Begriff des Zufalls ist ein bedingter. Der Zufall im juristischen Sinne darf nicht mit den Naturereignissen gleichgesetzt werden, sondern steht im Gegensatz zum schuldhaften Verhalten dessen, der für ein Ereignis haftbar gemacht werden soll. Für ihn ist Zufall alles, was nicht als sein zu vertretendes Verhalten erscheint oder darauf zurückzuführen ist.

Wird z. B. das verkaufte Pferd, während der Käufer im Annahmeverzug ist, beschädigt durch „leichte Fahrlässigkeit" des Verkäufers selbst, so ist das Zufall, weil der Schuldner nach 300 I während des Annahmeverzugs nur grobe Fahrlässigkeit zu vertreten hat.

II. Höhere Gewalt.

Goldschmidt, Zeitschr. HandR. **3** 58f., 331f.; **16** 324f.; Exner, Grünhut **10** 495; v. Caemmerer, RvglHdWb. IV 239f.

1. Wo das Gesetz ausnahmsweise für Zufall haften läßt, da nimmt es doch davon wieder die Zufälle aus, die als „höhere Gewalt" erscheinen (701 I; HGB. 454; PostG. 11; HaftpflichtG. 1).

Ihr Begriff ist streitig. Nach der subjektiven Theorie (Goldschmidt) ist höhere Gewalt ein Zufall, der auch durch die äußerste Sorgfalt nicht hat vermieden werden können. Nach der herrschenden objektiven Theorie (Exner) ist sie ein außerhalb des Betriebskreises eines Unternehmens entstandenes Ereignis, dessen schädigende Einwirkungen durch vernünftigerweise zu erwartende Vorkehrungen nicht haben vermieden werden können.

RG. Gruchot **47** 141; RG. **93** 66; **101** 95; **104** 150; **109** 173; **112** 285; **117** 12; **171** 104; RG. JW. 1931, 865.

Nach RG. **64** 404 setzt der Begriff der höheren Gewalt erst dann ein, wenn der Unfall in einem äußeren unabwendbaren Ereignis seinen Grund hat, das mit den dem Betrieb eigentümlichen Gefahren außer Zusammenhang steht.

RG. **171** 106 ein Ereignis betriebsfremden Ursprungs.

2. In anderen Fällen verwendet das Gesetz die höhere Gewalt als Entschuldigungsgrund für eine Fristversäumnis (203 II, 1996 I 1). Hier ist die subjektive Theorie vorzuziehen (bestritten).

RG. **48** 409; **151** 198; BGH. NJW. 53, 1180.

V. Abschnitt

§ 43

Die Zeit

1. Kapitel

Allgemeines

Brinz, Über die Zeit im Rechte, 1882.

I. Unter den rechtswirksamen Tatsachen ist von allgemeiner Bedeutung außer den menschlichen Handlungen noch die Zeit. Das BGB. unterscheidet Termine und Fristen.

Unter Frist versteht man einen Zeitraum, d. h. eine Summe aufeinanderfolgender Zeitpunkte. Auch beim Termin handelt es sich genau gesehen um einen Zeitraum — es wird z. B. eine Forderung am 1. Januar fällig —, aber um eine Zeitspanne, die als etwas Einheitliches aufgefaßt und behandelt wird.

II. Rechtliche Bedeutung der Zeit.

I. Bald spielt die Zeit eine Rolle als Voraussetzung einer Rechtswirkung (Entstehung eines Rechts oder Verhinderung der Entstehung oder Ende des Rechts).

Ersitzung durch zehnjährigen Besitz (937); kein Rückforderungsrecht des Schenkers, wenn die Bedürftigkeit erst nach Ablauf von 10 Jahren seit der Schenkung eintritt (529 I); das Urheberrecht erlischt in 50 Jahren seit dem Tode des Urhebers (LitUrhG. 29).

Bald ist sie Unterscheidungsmerkmal der Leistung, gibt ihr die nötige Bestimmtheit.

Verpflichtung, am 1. Januar zu zahlen.

2. Besondere Bedeutung haben die Einrichtung der Verjährung und der gesetzlichen Befristung.

III. Die Zeitbestimmungen beruhen teils auf Gesetz, teils auf richterlicher Anordnung (z. B. Inventarfrist, 1994), teils auf Parteibestimmung. Für ihre Berechnung stellt das Gesetz einheitliche Auslegungsvorschriften auf, die also nur im Zweifel zur Anwendung kommen.

Die §§ 187 sind für alle Rechtsgebiete anwendbar, auch für das öffentliche Recht, wie z. B den Prozeß (222 I ZPO.), die freiw. Gerichtsbarkeit, Handels- und Wechselrecht usw. — RG. 65 24 (PatentG.).

IV. Die Grundlage unserer Zeitrechnung ist der Gregorianische Kalender. Die genauere Bestimmung erfolgt nach der sog. mitteleuropäischen Zeit, d. h. der mittleren Ortszeit des 15. Grades östlicher Länge von Greenwich (G. vom 12. März 1893).

2. Kapitel

Auslegung und Berechnung der Zeitbestimmungen § 44

I. Für Fristen.

1. Maßgebend ist die sog. Zivilkomputation, zivile Berechnung, die mit dem Tag als kleinster Zeiteinheit arbeitet, während die Naturalkomputation a momento ad momentum rechnet, also z. B. eine um 12 Uhr am 1. Mai beginnende Frist von da ab rechnet. Fristen, die kürzer sind als ein Tag, werden aber auch nach BGB. a momento ad momentum berechnet werden müssen, geradeso wie der ZPO. (217, 262, 499, 604) Stundenfristen bekannt sind.

Da die Fristen nach vollen Tagen berechnet werden, endet eine am 1. Mai um 12 Uhr mittags begonnene Frist von 3 Tagen jedenfalls nicht um 12 Uhr am 4. Mai. Wann sie endet, hängt von zweierlei ab:

a) ob man den Tag des sie in Lauf setzenden Ereignisses oder Zeitpunkts mitzählt,
b) ob die Frist mit Anbruch oder Ende des letzten Tages endet.

2. Fristberechnung nach der Zivilkomputation:

a) Welches ist der erste Tag der Frist?

Grundsätzlich wird der Tag des maßgebenden Ereignisses nicht mitgezählt.

Ausnahmen:

α) Wenn das die Frist in Lauf setzende Ereignis der Beginn des Tages ist, wird dieser Tag,

β) wenn es sich um die Berechnung des Lebensalters handelt, wird der Geburtstag mitgezählt.

Erklärt sich A dem B gegenüber am 1. Mai um 12 Uhr für drei Tage an ein Angebot gebunden, so beginnt die Frist mit dem 2. Mai. — Anders bei Miete eines Zimmers vom 1. April ab.

b) Welches ist der letzte Tag der Frist?

α) Bei einer nach Tagen bestimmten Frist ergibt sich der letzte Tag durch Zählung, die Frist endet mit Tagesablauf.

Das Angebot des A muß also bis zum Ablauf des 4. Mai von B angenommen werden.

β) Bei einer nach Wochen, Monaten oder längeren Abschnitten bestimmten Frist ergibt sich der letzte Tag durch Rechnung a dato ad datum; die Frist endet mit dem gleichbenannten Wochen- oder Monatstage, und zwar endet sie regelmäßig — wo der Tag des auslösenden Anfangsereignisses nicht mitgezählt wird — mit Ablauf des dem entsprechenden Wochen- oder Kalendertage vorhergehenden Tages.

Eine am Montagmittag gesetzte einwöchige Frist endet mit Ablauf des nächsten Montags; ein am 2. 1. 1900 Geborener wird mit Ablauf des 1. 1. 1921 volljährig.

Fehlt bei einer nach Monaten berechneten Frist im letzten Monat der entsprechende Tag, so endet die Frist am letzten Tag des Monats (188 III).

3. Sonstige Auslegungsvorschriften über Fristberechnungen sind in 189—191 enthalten.

Was unter 8 Tagen zu verstehen ist, hat das BGB. nicht angegeben; es ist also Auslegungsfrage, ob wirklich 8 Tage oder eine Woche (so meistens) anzunehmen sind. Bei Handelsgeschäften sind nach HGB. 359 II im Zweifel volle 8 Tage gemeint.

II. Für Termine. Unter Anfang des Monats wird der erste, unter Mitte des Monats der 15., unter Ende der letzte Tag des Monats verstanden (192).

III. Für Fristen und Termine gilt die Vorschrift des 193 über den Einfluß der Sonn- und Feiertage. An die Stelle eines Sonn- oder Feiertags tritt der nächstfolgende Werktag:

1. wenn an einem bestimmten Tage oder innerhalb einer Frist eine Willenserklärung (Kündigung, Annahme eines Angebots) abzugeben oder eine Leistung zu bewirken ist, und

2. dieser Tag oder der letzte Tag der Frist ein am Erklärungs- oder Leistungsort staatlich anerkannter allgemeiner Feiertag ist.

Nach 222 ZPO. wird bei einer nach Stunden bestimmten Prozeßfrist der Sonn- oder allgemeine Feiertag überhaupt nicht mitgerechnet. § 193 gilt auch für Willenserklärungen, zu deren Abgabe man nicht verpflichtet ist, die Rechtsnachteile abwenden sollen, RG. **100** 20. Streitig ist, ob er auch auf Verjährungsfristen analog anwendbar ist; dagegen RG.BayZ. 06, 123. Dafür jetzt RG. **151** 347. Wohl aber gilt er für Kündigungen, RG. JW. 1907, 705; RAG. Bensh. VI 351; VII 444.

3. Kapitel

§ 45 Die Anspruchsverjährung

Grawein, Verjährung u. gesetzliche Befristung, 1880; O. Fischer, Recht u. Rechtsschutz, S. 117ff.; Naendrup, Die Verjährung als Rechtsscheinwirkung DogmJ. 75 237ff.; ders., RG.-Festschr. III 35f.; von Tuhr, II 2 S. 507ff.

I. Begriff und Wesen.

1. Die Anspruchsverjährung ist die Entkräftung eines Anspruchs infolge seiner fortgesetzten Nichtausübung.

Die Anspruchsverjährung ist eine Unterart der Verjährung im weiteren Sinne, das ist: der Begründung, Zerstörung oder Schwächung von Rechten durch Zeitablauf. Man unterschied früher:

a) Die erwerbende Verjährung — Ersitzung — das ist der Erwerb eines Rechts infolge fortgesetzter Ausübung. Sie ist heute im Sachenrecht (III. Buch

937, 1033, 900, 927) unter dem Gesichtspunkt der Ersitzung geregelt und hat an Bedeutung gegenüber dem Gemeinen Recht sehr verloren infolge der Vorschriften über den gutgläubigen Erwerb.

b) Die erlöschende Verjährung — Verjährung im engeren Sinne, das ist die Entkräftung oder der Untergang eines Rechts infolge seiner fortgesetzten Nichtausübung. Dem BGB. ist das völlige Erlöschen eines Rechts infolge Verjährung nur noch ausnahmsweise bekannt, die Verjährung führt nach ihm bloß zu einer Lähmung des Rechts, und sie ergreift auch nicht die Rechte als solche, sondern nur die Ansprüche. Deshalb beschränkt man heute den Begriff der Verjährung auf die Anspruchsentkräftung.

Von der Verjährung scharf zu unterscheiden ist der Untergang eines Rechts, das von vornherein zeitlich befristet ist, wie z. B. des Anfechtungsrechts (121, 124). Die sog. Ausschluß- oder Präklusivfristen dienen verwandten Zwecken wie die Einrichtung der Verjährung, sind aber nach Voraussetzungen und Wirkungen verschieden (s. unten § 46).

2. Der Zweck der Verjährung ist:

a) zunächst die allgemeine Rechtssicherheit zu gewährleisten, die erschüttert werden müßte, wenn ein Zustand, der lange unangefochten bestanden hat, nun mit einemmal auf Grund niemals geltend gemachter Ansprüche als unrechtmäßig angegriffen werden könnte — das Lebende hat Recht, das Abgestorbene soll nicht künstlich belebt werden;

b) den einzelnen vor den Beweisschwierigkeiten zu schützen, die eine Verteidigung gegen derartige Angriffe mit sich brächte;

c) einen erzieherischen Druck zur ordnungsmäßigen Rechtshandhabung auszuüben behufs glatter Abwicklung des Verkehrslebens (vgl. namentlich 477).

3. Gegenstand der Verjährung im engeren Sinne ist nur der Anspruch, d. i. das Recht, von einem anderen ein Tun oder Unterlassen zu verlangen (194 I). Das BGB. hat die Klagenverjährung des Gemeinen Rechts entsprechend der Lehre Windscheids durch die Verjährung der Ansprüche ersetzt.

Nur die Ansprüche verjähren, also nicht die ihnen zugrunde liegenden Rechte. Das dingliche Recht bleibt nach wie vor bestehen und läßt weitere Ansprüche gegen dritte Störer entstehen. Gleiches gilt für das Forderungsrecht im weiteren Sinne; die Verjährung der Ansprüche aus 558 übt keinen Einfluß auf das Mietverhältnis aus. Ebensowenig werden die Rechte berührt, die keine Ansprüche erzeugen, wie die Gestaltungsrechte. Streitig ist, ob die Einrede verjährt. Da das Gesetz nur eine Anspruchsverjährung kennt, ist die Einrede grundsätzlich unverjährbar; dafür spricht auch die Erwägung, daß die Geltendmachung der Einrede nicht im Belieben des Einredeberechtigten steht, sondern die Klage voraussetzt. Nur die unselbständigen Einreden, die nichts anderes sind als die Geltendmachung des Anspruchs in Form der Verteidigung, verjähren im allgemeinen mit dem Anspruch (Ausnahmen 478, 639, 651, 490, 821, 853).

4. Die Verjährungsvorschriften sind, da sie dem öffentlichen Interesse der Rechtssicherheit dienen, grundsätzlich zwingenden Rechts, die Verjährung kann durch Rechtsgeschäft weder ausgeschlossen noch erschwert werden (225).

Doch sind Erleichterungen, namentlich Abkürzungen der Fristen zulässig (225, 2). Ausnahmsweise können längere Fristen festgesetzt werden für Mängelansprüche aus Kauf- oder Werkvertrag (477 I 2, 638 II), z. B. eine zweijährige Garantie für eine Uhr.

5. Die Unvordenklichkeit. Die Ausübung oder Nichtausübung eines Rechts seit unvordenklicher Zeit begründet nach der gemeinrechtlichen Auffassung die widerlegbare Rechtsvermutung der Entstehung oder des Untergangs des Rechts; sie war also, genau genommen, gar keine Verjährung. Unvordenklichkeit nahm man an, wenn das lebende Geschlecht keinen anderen Zustand kannte und auch von den Vorfahren keinen anderen erfahren hatte. Das BGB. kennt die Einrichtung nicht. Im Rahmen der Vorbehalte hat sie noch Geltung, soweit das Landesrecht sie als eine Besonderheit der vorbehaltenen Stoffgebiete ansieht.

II. Voraussetzungen der Verjährung.

1. Verjährbarkeit des Anspruchs.

Grundsätzlich verjähren alle Ansprüche. Ausgenommen sind:

a) der Anspruch aus einem familienrechtlichen Verhältnis auf Herstellung des dem Verhältnis entsprechenden Zustandes für die Zukunft (194 II),

b) die Ansprüche auf Gemeinschaftsteilung und Erbteilung (758, 2042),

c) die Ansprüche aus Rechten, die im Grundbuch eingetragen sind oder wegen deren ein Widerspruch gegen die Richtigkeit des Grundbuchs eingetragen ist (902) — Ausnahmen 1028, 1090 —,

d) die Ansprüche auf Berichtigung des Grundbuchs oder des Schiffsregisters (898, § 20 G. über Rechte an eingetragenen Schiffen u. Schiffsbauwerken),

e) gewisse nachbarrechtliche Ansprüche, die in jedem Augenblick neu entstehen (924).

2. Entstandensein und Fälligkeit des Anspruchs.

a) Der Anspruch muß entstanden sein (198, 1). Die Verjährung beginnt mit der Entstehung des Anspruchs. — Bedingte und befristete Ansprüche sind noch nicht entstanden.

Die gemeinrechtliche Verletzungstheorie, die zum Beginn der Verjährung eine Verletzung des Rechts verlangte, ist aufgegeben. Mit der Entstehung des Forderungsrechts, nicht erst mit der Verweigerung der Leistung durch den Verpflichteten, beginnt der schuldrechtliche Anspruch zu verjähren. Ebenso beginnt der Herausgabeanspruch des Eigentümers mit dem Augenblick zu verjähren, wo ein anderer als der Eigentümer den Besitz erlangt, z. B. infolge Hinterlegung durch den Eigentümer selbst. Gleiches gilt für andere Ansprüche aus absoluten Rechten, eine Verletzung des Rechts ist unnötig. Nur für die Ansprüche auf Unterlassung ist eine Ausnahme gemacht, sie beginnen erst mit der Zuwiderhandlung zu verjähren (198, 2).

b) Die Entstehung allein genügt noch nicht. Der Anspruch muß auch auf eine gegenwärtig geschuldete Leistung gehen, fällig sein. Die Verjährung beginnt also mit dem Dasein eines befriedigungsbedürftigen, nicht befriedigten Rechts — Nichtbefriedigungstheorie.

Beweis: 202. Das Erfordernis der Fälligkeit folgt aus dem Wesen der Verjährung. Diese ist Anspruchsentkräftung wegen Nichtgeltendmachung; folglich muß die Geltendmachung auch möglich sein. Viele leugnen das Erfordernis der Fälligkeit, lassen aber bei fehlender Fälligkeit den Verjährungsbeginn nach 202 gehemmt sein, was praktisch aufs gleiche hinausläuft.

c) Ausnahmen:

α) Der Anspruch auf eine Unterlassung beginnt jedenfalls erst mit der Zuwiderhandlung zu verjähren (198, 2).

β) Schon vor der Anspruchsentstehung setzt die Verjährung ein, wenn der Berechtigte den Anspruch beliebig durch eine Willenserklärung schaffen kann, und zwar mit dem Augenblick, von dem ab ihm dies möglich wird. Die Entstehungsmöglichkeit führt hier zur Verjährung, weil sonst der Berechtigte die Verjährung beliebig hinhalten könnte. Das ist anerkannt für die Ansprüche, die abhängen von einer Kündigung (199) oder einer Anfechtung (200) des Berechtigten und für den von der Ausschlagung des Zugewandten abhängigen Pflichtteilsanspruch (2332 III).

3. Die Verjährung setzt im allgemeinen keine Kenntnis des Anspruchs voraus.

Ausnahme für Deliktsansprüche, 852.

Ebensowenig ist auf seiten des Verpflichteten guter Glaube erforderlich.

4. Ablauf der Verjährungsfrist.

a) Länge. Regel: 30 Jahre (195). Das BGB. hat zahlreiche kürzere Fristen, die kürzeste beträgt 6 Wochen (490 I).

Im allgemeinen Teil sind zwei Gruppen von Ansprüchen mit kürzerer Frist zu unterscheiden:

α) Die eine Gruppe betrifft gewisse Ansprüche des täglichen Verkehrs, also Forderungen, die im Verkehr sofort oder binnen kurzer Zeit beglichen zu werden pflegen. Dahin gehören namentlich die Ansprüche der Kaufleute, Fabrikanten, Handwerker wegen gelieferter Waren und Arbeiten usw. (196 I); sie verjähren in zwei Jahren, es sei denn, daß die Leistung für den Gewerbebetrieb des Schuldners erfolgt ist, in welchem Falle eine vierjährige Frist läuft (196 II).

β) Die andere Gruppe wird gebildet durch Ansprüche auf Rückstände von Zinsen, Miet- und Pachtgeldern, Renten, Besoldungen, Pensionen und anderen wiederkehrenden Leistungen (Frist: 4 Jahre, 197). Dadurch soll ein übermäßiges Auflaufen solcher Rückstände vermieden werden.

Zusatz zu α) und β). Die kurze Verjährungsfrist beginnt aber nicht mit der Entstehung des Anspruchs zu laufen, sondern erst mit dem Schluß des Entstehungsjahres (201). Die im Jahre 1932 entstandenen Ansprüche dieser Art verjähren also gemeinsam erst mit Schluß des Jahres 1934 oder auch 1936.

γ) Außerdem finden sich durch das ganze Gesetz zerstreut kurze Verjährungsfristen. So verjähren z. B. die Ersatzansprüche aus unerlaubter Handlung in 3 Jahren (852).

Bei allen Fällen kurzer Verjährungsfristen ist zu beachten, daß der rechtskräftig festgestellte Anspruch erst in 30 Jahren verjährt (218).

b) Zusammenrechnung der Fristen findet statt bei einem Wechsel in der Person des Anspruchsberechtigten oder Gegners; denn der Anspruch bleibt derselbe.

Das gilt nicht bloß beim schuldrechtlichen Anspruch, sondern auch für dingliche Ansprüche, wenn die vom Anspruch betroffene Sache durch Rechtsnachfolge in den Besitz eines Dritten gelangt; diesem kommt die während des Besitzes des Rechtsvorgängers verstrichene Verjährungszeit zugute, obwohl gegen seine Person ein neuer Anspruch durch den Besitzerwerb entstanden ist (221).

c) Unterbrechung der Verjährung.

α) Begriff und Wirkung.

Die Unterbrechung entzieht der bisher abgelaufenen Frist die Wirkung; es bleibt nur die Möglichkeit eines neuen Verjährungsbeginns nach Wegfall des Unterbrechungsgrundes (217).

β) Gründe:

αα) Ausdrückliche oder stillschweigende Anerkennung des Anspruchs gegenüber dem Berechtigten durch den Verpflichteten (208).

Die Anerkennung verlangt keine Äußerung des Anerkennungswillens (sie ist kein Rechtsgeschäft); es genügt ein Verhalten, welches das Bewußtsein, verpflichtet zu sein, zum Ausdruck bringt, z. B. ein Stundungsgesuch (RG. **73** 131; **78** 132; **113** 238).

Von dem Anerkenntnis des § 208 ist scharf zu scheiden das in § 222 erwähnte vertragsmäßige Anerkenntnis des Anspruchs, das nach 781, 782 der Schriftform bedarf, in Unkenntnis der Verjährung erfolgen kann und die Rückforderung des Geleisteten ausschließt. Ein mündliches, nach Vollendung der Verjährung erteiltes Schuldanerkenntnis kann grundsätzlich nur als Verzicht auf die Verjährung wirksam werden, setzt also Kenntnis der Verjährung voraus. Die Unterbrechungswirkung des § 208 ist selbstverständlich nach Vollendung der Verjährung nicht mehr denkbar (RG. **78** 130). Auch die Umwandlung der verjährten Schuld in eine Darlehnsschuld bedarf der Schriftform (RG. **78** 163).

ββ) Gewisse Rechtshandlungen des Berechtigten: Klageerhebung und gleichgestellte Handlungen.

§ 209: Zustellung des Zahlungsbefehls im Mahnverfahren, Einbringung eines Güteantrags bei einer Gütestelle i. S. § 794 Abs. I Nr. 1 ZPO., Anmeldung im Konkurs, Aufrechnung im Prozeß, Streitverkündung, Vornahme einer Vollstreckungshandlung und Stellung des Antrags auf Zwangsvollstreckung, soweit diese den Gerichten oder anderen Behörden zugewiesen ist.

Kein Unterbrechungsgrund ist die Mahnung.

Die Dauer der Unterbrechung und ihr Wegfall ist genauer in 209ff. geregelt.

d) Hemmung (Ruhen) der Verjährung.

α) Begriff und Wirkung. Die Hemmung hindert die Einrechnung eines bestimmten Zeitraums in die Verjährungsfrist (205), so daß die Verjährung während dieser Zeit gewissermaßen ruht.

Dabei ist zu unterscheiden zwischen der Fortlaufshemmung, die dem Beginn oder Fortlauf der Frist im Wege steht, und der Ablaufshemmung, die das Ende der an sich abgelaufenen Verjährungsfrist hinausschiebt.

β) Die Fortlaufshemmung. Die Gründe sind:

αα) Entgegenstehen einer aufschiebenden Einrede, z. B. der Stundung (202 I).

Dauernde Einreden hemmen die Verjährung überhaupt nicht, sie legen den Anspruch ja völlig lahm (z. B. die Wandlungseinrede, die Einrede der ungerechtfertigten Bereicherung oder unerlaubten Handlung). Aber auch einem Teil der aufschiebenden Einreden ist die Hemmungskraft versagt, so der Einrede des Zurückbehaltungsrechts, des nicht erfüllten Vertrages, der mangelnden Sicherheitsleistung, der Vorausklage, den Einreden, die dem Bürgen nach 770 und dem Erben nach 2014/15 zustehen (202 II).

ββ) Hinderung des Berechtigten an der Rechtsverfolgung durch Stillstand der Rechtspflege oder höhere Gewalt, z. B. Überschwemmung, Belagerung usw. — aber nur, wenn diese Ereignisse in den letzten 6 Monaten der Verjährungsfrist eintreten (203). Nicht hierher rechnen Hindernisse, die ihren Grund nur in persönlichen Verhältnissen haben, wie in einer Krankheit oder Unkenntnis.

γγ) Gewisse persönliche Beziehungen zwischen den Beteiligten während ihrer Dauer aus Gründen der Liebes- und Anstandspflicht (Ansprüche zwischen Ehegatten, Eltern und minderjährigen Kindern, Vormund und Mündel, Pfleger und Pflegebefohlenen 204).

γ) Die Ablaufshemmung.

αα) Zugunsten eines vertreterlosen Geschäftsunfähigen oder Geschäftsbeschränkten endet die Verjährung seiner Ansprüche nicht vor Ablauf von 6 Monaten, nachdem der Mangel der Vertretung behoben oder er selbst voll geschäftsfähig geworden ist (206).

ββ) Zugunsten der Ansprüche eines Nachlasses und gegen einen Nachlaß endet die Verjährung nicht vor Ablauf von 6 Monaten seit Annahme der Erbschaft oder Eröffnung des Nachlaßkonkurses oder Eintritt eines Nachlaßvertreters, Pflegers oder Testamentvollstreckers (207).

III. Wirkung der Verjährung.

1. Auf den Anspruch.

a) Er wird einredebehaftet: dem Verpflichteten erwächst aus dem Ablauf der Verjährungsfrist eine dauernde Einrede, d. h. das dauernde Recht, die Leistung zu verweigern (222 I).

Dieses Recht wird aber nur beachtet, wenn es gerichtlich oder außergerichtlich geltend gemacht wird. Im Revisionsrechtszug ist dies jedoch nicht mehr möglich (BGH. NJW. 51, 557). — Das Gesetz überläßt es dem Verpflichteten, ob er sich durch Berufung auf die Verjährung befreien will.

Infolgedessen muß der Richter den Beklagten verurteilen, wenn dieser die Einrede nicht vorschützt, gegebenenfalls durch Versäumnisurteil, wenn er nicht erscheint.

Der verjährte Anspruch kann also nicht mehr gegen den Willen des Verpflichteten mit Erfolg eingeklagt oder zur Aufrechnung benutzt oder in Form der Einrede geltend gemacht werden, es sei denn, daß der Einrede der Verjährung die Gegeneinrede der Arglist (replicatio doli) entgegengehalten werden kann (vgl. § 15 I 2c dieses Buches).

Doch gilt der Ausschluß der Einredbarkeit nur grundsätzlich; nach 478 kann z. B. die einredeweise Geltendmachung des Wandlungs- oder Minderungsanspruchs erhalten werden.

Ebenso bleibt der verjährte Anspruch aufrechenbar, wenn die Forderungen sich schon vor der Verjährung als aufrechenbare gegenüberstanden (390).

Auf die Einrede der vollendeten Verjährung kann verzichtet werden. Der Verzicht erfolgt durch einseitige empfangsbedürftige Willenserklärung (RG. 78 130).

b) Der verjährte Anspruch erlischt keineswegs, er wird nicht zu einer sog. Naturalobligation im älteren Sinne der klaglosen Verbindlichkeit gemindert; denn er bleibt ja klagbar. Man kann höchstens von einer unvollkommenen Verbindlichkeit reden. Der verjährte Anspruch bleibt erfüllbar, seine Zahlung ist Zahlung einer Schuld; daher kein Rückforderungsanspruch nach 813 I und 814 (222 II). Das vertragsmäßige Anerkenntnis oder eine Sicherheitsleistung für den verjährten Anspruch sind gültig (222 II, 2). Die für den Anspruch bestellten Pfandrechte und Hypotheken bleiben in Kraft, während sich allerdings der Bürge auf die zugunsten des Hauptschuldners vollendete Verjährung berufen kann (768).

c) Mit dem Hauptanspruch verjähren auch die von ihm abgeleiteten Nebenansprüche, z. B. Zinsansprüche, auch wenn die für sie geltende besondere Verjährung noch nicht vollendet ist (224).

2. Das Recht selbst wird grundsätzlich durch die Verjährung der aus ihm entspringenden Ansprüche nicht getroffen, kann freilich gegen den Anspruchsgegner, zugunsten dessen die Verjährung eingetreten ist, nicht durchgesetzt werden.

Doch bedeutet das genau gesehen nur eine Erhaltung der absoluten Rechte gegenüber dem Zeitablauf. Da die einzelnen Forderungsrechte Ansprüche sind (oben § 13 II 2a ff.), ist mit der Verjährung des Anspruchs auch die des einzelnen Forderungsrechts gegeben.

Das Schuldverhältnis im weiteren Sinne (Kaufverhältnis, Rechtsstellung des Käufers) muß selbstverständlich scharf vom einzelnen Forderungsrecht daraus geschieden werden.

Nur in ganz seltenen Fällen wird das dingliche Recht selber infolge der Verjährung der aus ihm entspringenden Ansprüche aufgehoben (901, 1028, 1090).

IV. Der Krieg und später der Stillstand der Rechtspflege nach dem Zusammenbruch sowie die vielfachen sonstigen Hindernisse der Rechtsverfolgung haben Anordnungen nötig gemacht, durch die der Ablauf der Verjährungsfristen in mehr oder minder großem Umfang aufgeschoben wurde. Die während des Krieges selbst erlassenen Verordnungen haben ihre Bedeutung zum Teil schon verloren. Hervorzuheben ist, daß durch §§ 32—34 der KriegsmaßnahmenVO. vom 27. 9. 44 eine allgemeine Verjährungshemmung angeordnet wurde. Danach wurden sämtliche Verjährungsfristen vom 15. 10. 1944 (dem Tage des Inkrafttretens der VO.) an bis zum 31. 12. 1945, also um ein Jahr 78 Tage, gehemmt. Nach dem Zusammenbruch wurde die Hemmung der Verjährung in allen Besatzungszonen bis Ende 1946 ausgedehnt. Anschließend wurden in den einzelnen Ländern und Zonen weitere Hemmungsvorschriften erlassen, so beispielsweise für die britische Zone die Verordnung vom 16.12.46 mit den Verlängerungsverordnungen vom 17.12.47, 13.1.49 und 24.8.49. — Das Gesetz über den Ablauf der durch Kriegs- oder Nachkriegsvorschriften gehemmten Fristen vom 28.12.50 (BGBl. S.821) hat die nach dem Kriege völlig unübersichtlich gewordenen Verhältnisse auf dem Gebiete der Verjährungshemmung einheitlich geregelt. Hiernach treten die bisherigen Hemmungsvorschriften der einzelnen Zonen sowie auch die §§ 30, 31 der VertragshilfeVO. vom 30.11.39 in der Fassung vom 3.11.41 außer Kraft; was aber bisher verjährt ist, bleibt verjährt. Die allgemeinen Verjährungsvorschriften greifen wieder Platz, jedoch kann eine Verjährung frühestens mit Ablauf des 31.3.51 eintreten (§ 1 Abs. 1). Zur Ergänzung des Ges. v. 28.12.1950 ist später noch das Gesetz v. 30.3.1951 (BGBl. 213) ergangen; vgl. dazu Spreckelsen JZ. 1951, 298. Als Ergänzung dieser Gesetze erging endlich zum Schutz ausländischer Interessen in Deutschland das Ges. Nr. 67 des AHK. v. 23.11.1951.

Zum Ges. v. 28.12.50 ist die Regelung des § 1 Abs. 2 zu beachten. Liegt ein normaler Hemmungsgrund noch nach dem 30.6.50 vor, so tritt der Verjährungsablauf erst 6 Monate nach dem Wegfall des Hemmungsgrundes ein. Ist die Dauer der Hemmung kürzer als 6 Monate, so läuft die Verjährung schon nach einem der Dauer der Hemmung entsprechenden Zeitraum ab (aber nie vor dem 31.3.51! — Absatz 1). Unter Dauer der Hemmung ist nur der nach dem 30.6.50 liegende Teil zu verstehen (vgl. Palandt zu § 1 des Ges. im Anhang zu § 202).

Besondere Hemmungsvorschriften enthält § 2 für die Personen, die sich infolge von Kriegsereignissen in Gebieten außerhalb einer deutschen Gerichtsbarkeit befinden. Hier tritt die Verjährung erst am Ende des Jahres nach dem Wegfall des Hemmungsgrundes ein. Unter diese Bestimmung fallen vor allem Kriegsgefangene, Internierte und Zwangsarbeiter, aber auch Gefangene im Gebiet der DDR (§ 2 Abs. 1 Satz 2)! Dagegen bestehen für und gegen Evakuierte im Gegensatz zu der früheren Regelung in § 30 Abs. 1 Nr. 4 VertragshilfeVO. keine besonderen Hemmungsvorschriften mehr.

Für und gegen Verschollene laufen die Verjährungsfristen nicht vor rechtskräftiger Todeserklärung bzw. gerichtlicher Feststellung des Todes ab (§ 2 Abs. 2).

Für den Ablauf von Ausschlußfristen (vgl. unten § 46) gelten nach § 4 die Vorschriften über die Verjährung entsprechend.

4. Kapitel

Befristung

§ 46

Grawein, Verjährung und gesetzliche Befristung, 1880; Rutz, AcP. **101** 425 und SeuffBl. **74** 263.

I. Begriff. Die Befristung setzt einem Recht von vornherein eine zeitliche Grenze, bei deren Überschreitung es erlischt. Man spricht im Gegensatz zur Verjährungsfrist von Präklusiv- oder Ausschlußfrist.

Der Zweck ist ähnlich wie bei der Verjährung. Die Rechtssicherheit verlangt die alsbaldige Ausübung gewisser Rechte, die jemandem die Möglichkeit geben, eine bestehende Rechtslage umzugestalten, z. B. der Anfechtungsrechte. Es entspricht z. B. dem sittlichen Wesen der Ehe nicht, bei fortdauerndem tatsächlichen Bestand ihren Rechtsbestand längere Zeit der Willkür eines Teils zu überlassen (RG. **48** 163).

II. Unterschiede gegenüber der Verjährung.

1. hinsichtlich des Tatbestandes. Die Befristung kommt nicht bloß als gesetzliche, sondern auch als vertragliche vor, z. B. beim Versicherungsvertrag. Die Befristung hat ihr Hauptanwendungsgebiet bei den Gestaltungsrechten, für Ansprüche ist sie nur ganz ausnahmsweise vorgesehen (z. B. im 561 II, 801 I, 864). Die Vorschriften über Hemmung und Unterbrechung sind grundsätzlich nicht anwendbar, das Recht erlischt ja nicht wegen Nichtgeltendmachung, sondern ist von vornherein zeitlich begrenzt.

Ausnahmsweise erklärt das Gesetz einzelne Hemmungsgründe, so z. B. den Stillstand der Rechtspflege, auch auf gewisse Ausschlußfristen für anwendbar (RG. **128** 47) oder schreibt für sie besondere Hemmungsgründe vor; vgl. 210, 802.

2. hinsichtlich der Wirkung. Das befristete Recht erlischt mit Ablauf der Frist. Der Richter muß sein Erlöschen von Amts wegen berücksichtigen, wenn es in der mündlichen Verhandlung von irgendeiner Seite behauptet wird.

5. Kapitel

§ 47

Die Verwirkung

Siebert, Verwirkung und Unzulässigkeit der Rechtsausübung 1934; Krause, Schweigen im Rverkehr 1933, 40f., 160f.; Letzgus, DR. 41, 2324; Heinrich Lehmann, Zur Lehre von der Verwirkung, JW. 1936, 2193f.; ders., ZschrHandR. Bd. 79, 96f.; Kleine JZ. 51, 9.

Die lange Dauer vieler Verjährungsfristen und die Beschränkung der Verjährung auf Ansprüche hat die Praxis dazu geführt, dem Zeitablauf auch ohne Verjährung dann Rechnung zu tragen, wenn der Berechtigte die Ausübung seines Rechts wider Treu und Glauben verzögert hatte. So namentlich in den Fällen eines nachträglich erhobenen Aufwertungsanspruchs (RG. **110** 127; **131** 225), ferner im Wettbewerbsrecht, wenn für den Verklagten infolge der Untätigkeit des Berechtigten ein sog. redlicher Besitzstand entstanden war (RG. **134** 38; **138** 294) und endlich im Arbeitsrecht, wo das Arbeitsverhältnis seiner besonderen Natur nach alsbaldige Klärung verlangt, ob ein dem Arbeitgeber erwachsenes Kündigungsrecht ausgeübt wird; RAG. JW. 1933 S. 2081; RAG. **10** 354; **14** 1.

Die Gerichte haben in diesen Fällen die verspätete treuwidrige Geltendmachung des Rechts unter dem Gesichtspunkt der „Verwirkung" zurückgewiesen. Das Reichsgericht hat nach anfänglichen Bedenken (RG. **144** 22; **149** 352) die Verwirkung als Ausfluß des allgemeinen Rechtsgedankens des § 242 ganz allgemein für das Privatrecht anerkannt; RG. JW. 31, 735; RG. **155** 148; **159** 107; **160** 357.

Über den tragenden Grundgedanken der Verwirkung ist bis jetzt noch keine Einigkeit erzielt worden. Siebert erblickt in seiner Schrift (S. 251) die gemeinsame Grundlage aller Verwirkungsfälle im Zeitablauf, währenddessen der Berechtigte untätig geblieben sei. Das ist zu eng. Dadurch wird die Verwirkung zu sehr in die Nähe der Verjährung gerückt und dem Irrtum Vorschub geleistet, als ob die mehr oder minder große Zeitspanne, während deren das Recht nicht geltend gemacht worden ist, das Entscheidende sei. Das droht die Verjährung zu entthronen und leistet der Rechtsunsicherheit Vorschub (vgl. H. Lehmann in JW. 1936, 2194). Das Bedürfnis nach Anerkennung der Verwirkung ist aus der Betrachtung der Lage des Verpflichteten erwachsen, die durch das Zurückgreifen des Berechtigten auf ein Recht unbillig erschwert wird, mit dessen Geltendmachung angesichts der Umstände nicht mehr gerechnet zu werden brauchte. Die Verwirkung ergibt sich mithin allgemein aus dem Grundsatz von der Unzulässigkeit des gegensätzlichen Verhaltens (venire contra factum proprium). Danach bleibt ein am Rechtsverkehr Beteiligter an sein eigenes Verhalten in der Weise gebunden, daß er sich später nicht zu diesem in einen Widerspruch setzen kann, der gegen Treu und Glauben verstößt.

Die Verzögerung der Rechtsausübung ist nur ein Hauptanwendungsfall eines solchen unzulässigen Selbstwiderspruchs. Die Verzögerung allein genügt auch nicht.

Entscheidend ist, daß sie nach den gesamten Umständen und der Eigenart des Rechtsverhältnisses in dem Verpflichteten den Eindruck erwecken durfte, der Berechtigte wolle sein Recht nicht mehr ausüben, und daß das Zurückgreifen auf das Recht infolgedessen eine unbillige Benachteiligung des Verpflichteten zur Folge haben würde, die er bei rechtzeitiger Geltendmachung nicht erlitten hätte.

Die spätere Entscheidung des RG. (Bd. **160** 357) rechtfertigt deshalb den Grundgedanken der Verwirkung zutreffend ganz allgemein aus §§ 242 und 826, und aus der Unvereinbarkeit der Geltendmachung des Rechts mit dem früheren Verhalten (S. 98 oben). Auch für den Bundesgerichtshof bedeutet die Verwirkung nichts anderes als die Ablehnung einer verspäteten Rechtsverfolgung als wider Treu und Glauben verstoßend (BGH. **1** 31). Vgl. weiter BGH. **5** (sogar gegenüber einem rechtskräftig festgestellten Anspruch) u. BGH. **21**, 78f.

Auch insoweit unterscheidet sich die Verwirkung von der Verjährung, als diese eine Einrede im technischen Sinne des Gegenrechts gibt, während die Verwirkung den Einwand unzulässiger Rechtsausübung begründet, der eine inhaltliche Schranke des Rechts geltend macht; siehe oben § 15 I 2c.

III. Teil
Die Lehre von den Rechtsobjekten (Gegenständen)

I. Abschnitt
Allgemeines

G. Husserl, Der Rechtsgegenstand, 1933; Wieacker AcP 148, 57.

I. Begriff. Objekt (Gegenstand) eines Rechtsverhältnisses ist das Gut, über das der Berechtigte kraft des Rechtsverhältnisses Macht hat. Die Macht ist nicht in dem Sinne zu denken, als ob sich das Recht unmittelbar gegen den Gegenstand richte, z. B. das Eigentumsrecht gegen die Sache. Das subjektive Recht beruht stets notwendig auf der Verpflichtung von Menschen, die in ihm enthaltene Willensmacht richtet sich immer gegen Menschen. Aber Willensgebundenheit und Macht werden verliehen mit Beziehung auf bestimmte Güter, die dadurch der Herrschaft des Berechtigten dienstbar werden.

Rechtsobjekt ist also der einheitliche inhaltliche Beziehungspunkt der im subjektiven Recht enthaltenen Verpflichtungen und Berechtigungen.

Gleichwohl faßt die unbefangene und natürliche Anschauung diesen einheitlichen Beziehungspunkt als unmittelbaren Gegenstand des Rechts auf, soweit dem Berechtigten durch Verbote an jedermann eine ausschließliche Herrschaft über das Gut gewährleistet ist. Diese unmittelbare Beziehung zum Gegenstand kommt klar zum Ausdruck in den Erlaubnissätzen, die meist bei den absoluten Rechten vorhanden sind; diese gestatten, entweder das Gut in allen Beziehungen zu beherrschen (so beim Eigentum 903) oder doch in bestimmten Beziehungen (so bei den beschränkten dinglichen Rechten).

Sohm (Der Gegenstand 1905 u. BürgA. **28** 173ff., DogmJ. **53** 373f.) will unter Gegenstand nur das mögliche Objekt einer Verfügung verstehen. Nach ihm beruht die rechtliche Eigenschaft der Vermögensrechte darin, daß sie Gegenstände, d. h. Gegenstände des verfügungsrechtlichen Verkehrs seien. In Wahrheit besteht diese Abhängigkeit des Vermögens- und Gegenstandsbegriffs von der Verfügbarkeit nicht. Vgl. z. B. 1439: Von dem Gesamtgut ausgeschlossen sind Gegenstände, die nicht durch Rechtsgeschäfte übertragen werden können. Sohm ist von Binder (ZHR. **59** 1ff. u. BürgA. **34** 209) überzeugend widerlegt worden.

II. Überblick über die Rechtsobjekte:

Als Objekt der Rechte kommen in Betracht:

1. Der Mensch, und zwar sowohl die eigene Person (Persönlichkeitsrecht) wie fremde Personen (Kind, Mündel, an denen Vater, Vormund ein absolutes Recht haben);

2. die Sachen, das sind körperliche Gegenstände;

3. gewisse unkörperliche Güter, und zwar:

a) die sog. Persönlichkeitsgüter, die mit dem Persönlichkeitskreis in näherem Zusammenhang stehen, aber keinen selbständigen Vermögenswert haben (wie Name, Firma usw.),

b) die sog. immateriellen Güter, die mit dem Persönlichkeitskreis in näherem Zusammenhang stehen, aber daneben auch selbständigen Vermögenswert haben (bestimmte geistige Erzeugnisse, wie Schriftwerk, Tonwerk, Erfindung).

4. Die Rechte,

doch ist streitig, ob ein Recht (z. B. ein Forderungsrecht) als Gegenstand eines anderen Rechts (z. B. eines Pfandrechts) aufgefaßt werden darf. — Vgl. oben § 12 I 2a β, $\beta\beta$ S. 78.

5. Das Vermögen als Ganzes,

wobei wiederum streitig ist, wieweit es überhaupt als Gegenstand von Rechten (z. B. des Erbrechts) aufgefaßt werden darf. — Vgl. oben § 12 I 2a β, $\beta\beta$ S. 79.

6. Das gewerbliche Unternehmen als Inbegriff von Produktionsfaktoren (vgl. oben § 12 I 2a β, $\beta\beta$ S. 9).

II. Abschnitt

Die Sachen

1. Kapitel

Begriff der Sache § 49

Sohm, Der Gegenstand, 1905; ders. ArchBürgR. **28** 173ff. u. DogmJ. **53** 373ff.; Binder, ZHR. **59** 1ff. u. ArchBürgR. **34** 209; Bekker, Grundbegriffe des Rechts und Mißgriffe der Gesetzgebung, 1910, S. 1ff., 284; Kloeß, Die Energien in- u. außerhalb des Verkehrs und das Eigenrecht an ihnen, ArchZivPr. **103** 67ff.; Schreuer, Der menschliche Körper und die Persönlichkeitsrechte, in der Bonner Festgabe für Bergbohm, 1919, S. 242ff.; von Blume, Fragen des Totenrechts, ArchZivPr. **112** 367ff.; Erik Wolf, Der Sachbegriff i. Strafrecht, RG.-Festschr. V 44f.; Swoboda, Das Privatrecht der Zukunft, 1932. 45f.; Wieacker, Zum System des deutschen Vermögensrechts, 1941; ders. ZivA. 148, 57f; ders. Privatrechtsgeschichte der Neuzeit, 1952 S. 306, 326; Westermann, Sachenrecht (4) 1960; Wolff-Raiser, Sachenrecht (10) 1957; Hedemann, Sachenrecht (3) 1960.

Vorbemerkung

Das Gesetz unterscheidet Gegenstand und Sache. Gegenstand ist der Oberbegriff, er umfaßt alle Rechtsobjekte mit Ausnahme der Personen. Die Gegenstände sind entweder körperliche (Sachen) oder unkörperliche, wie z. B. die immateriellen Güter, die Rechte, das Unternehmen usw. Dem Gegenstand des BGB. entspricht im römischen Recht der Begriff „res"; Sache (res) im Sinne des römischen Rechts ist alles, was Vermögensbestandteil sein kann. Die Römer unterscheiden: res corporales (körperliche Gegenstände) = Sachen im Sinne des BGB., und res incorporales (unkörperliche Gegenstände). Entscheidend war die Wahrnehmbarkeit mit dem Tastsinn, res corporales sunt, quae tangi possunt.

I. Sachen im Sinne des Gesetzes sind nur körperliche Gegenstände (90), genauer: die unpersönlichen, körperlichen, für sich bestehenden Stücke der beherrschbaren Natur (RG. **87** 45).

1. Sachen sind nur unpersönliche Dinge.

Keine Sache ist der Körper eines lebenden Menschen und der Persönlichkeitskreis, also was von der Verkehrsauffassung als Glied oder Teil der menschlichen Persönlichkeit angesehen wird (Goldplombe). Erst mit dem Tod wird der Körper (der Leichnam), erst mit der Trennung vom lebenden Körper ein einzelner Körperteil (ein Glied oder das Haar) Sache.

Vgl. Bohne, Das Recht zur klinischen Sektion. Festg. für R. Schmidt Straf- u. ProzeßR. 1932, S. 105f., 131, Anm. 66 mit Angaben.

Der Leichnam dürfte als eine herrenlose, aneignungsunfähige Sache anzusehen sein. Die Annahme eines Eigentumsrechts des Erben widerspricht unseren sittlichen Anschauungen. In gewissem Umfang ist ein Verfügungsrecht der nächsten Angehörigen anzunehmen, das aber durch die Vorschriften des öffentlichen Rechts (Beerdigungspflicht usw.) beschränkt ist. Dies Verfügungsrecht beruht auf Gewohnheitsrecht (Josef, Gruchot **65** 304ff.). Rechtsgeschäfte der Angehörigen über den Leichnam, die nicht die Bestattung, die Vornahme einer Sektion und ähnliches betreffen, sind grundsätzlich als unserm sittlichen Empfinden widersprechend zu beanstanden (138); also kein wirksamer Verkauf der Leiche durch die Erben an die Anatomie. Eine von dem Verstorbenen selbst getroffene Bestimmung über die Sektion oder Auslieferung an die Anatomie ist zu Lebzeiten zwar frei widerruflich, aber nach dem Tode zu beachten. — An Skeletten, anatomischen Präparaten, Mumien ist jedoch Eigentum anzuerkennen. — Für Art und Ort der Bestattung ist in erster Linie der Wille des Verstorbenen maßgebend, RG. **100** 172; **108** 220; **154**, 272 u. jetzt §§ 2—4 FeuerbestattungsG. v. 15. 5. 1934.

Verträge des Lebenden über abzutrennende Körperteile (z. B. Haare) sind im Rahmen des 138 gültig, ein Erfüllungszwang aber ist ausgeschlossen; mit der vorgenommenen Trennung fallen die Körperteile ins Eigentum dessen, von dessen Körper sie abgetrennt sind.

2. Sachen sind nur körperliche Dinge.

Die Verkehrsanschauung entscheidet, nicht die Physik. Wahrnehmbarkeit mit dem Tastsinn ist unnötig, Wahrnehmbarkeit durch irgendeinen Sinn genügt. Auch gasförmige Körper sind als Sachen anzuerkennen.

Unkörperlich dagegen sind:

a) Die Naturkräfte: Energien, Wärme, Licht, Ton, Elektrizität.

Das, was die Juristen bei der Elektrizität angeht, was geliefert, entwendet wird usw., ist die den elektrischen Vorgängen innewohnende Fähigkeit, Arbeit zu leisten, die Energie. Sie ist zweifellos etwas Unkörperliches. Das Reichsgericht hat die Möglichkeit eines Diebstahls an der Elektrizität verneint, weil sie keine Sache sei,

RG. in Strafsachen **29** 111; **32** 165 (242 StGB. kennzeichnet den Diebstahl als Wegnahme einer fremden beweglichen Sache in der Absicht rechtswidriger Zueignung). Infolgedessen ist das RGesetz vom April 1900, betr. die Bestrafung der Entziehung elektrischer Arbeit ergangen, das die Entziehung als ein besonderes Vergehen bestraft.

b) Unkörperlich sind ferner die Sachgesamtheiten, Sachinbegriffe. Die Sachgesamtheit (die römische universitas rerum distantium) ist eine Mehrheit selbständiger Sachen, die durch ihre gemeinsame wirtschaftliche Bestimmung zusammengehalten werden und deshalb auch von der Rechtsordnung in einzelnen Beziehungen als eine Einheit behandelt werden. — Beispiele: eine Bücherei, Herde, ein Warenlager.

Oertmann, Zum Rechtsproblem d. Sachgesamth., ZivA. **136** 88f. Vgl. auch Sokolowski, Die Philosophie im Privatrecht, 1902, 385ff.

In welcher Hinsicht wird die wirtschaftliche, durch die Sachgesamtheit dargestellte Einheit auch als rechtliche Einheit anerkannt?

α) Der Sachinbegriff kann als solcher mangels Körperlichkeit niemals Gegenstand sachenrechtlicher Herrschaft sein. Es gibt kein Eigentum, keinen Nießbrauch, kein Pfandrecht an einer Bücherei als einer Gesamtheit, sondern nur an den einzelnen in ihr zusammengefaßten Gegenständen. Es gibt keine Eigentumsklage auf Herausgabe der Bücherei, sondern nur der einzelnen zu ihr gehörigen Bücher. Die Übereignung der Bücherei verlangt so viel Übertragungshandlungen, als Bücher darin vorhanden sind, das Eigentum an den Büchern, die bei der Übergabe der verkauften Bücherei verliehen sind, geht keinesfalls nach 929, allenfalls nach 931 über. Vgl. RG. **53** 219; **74** 146. — Die Zugehörigkeit von Stücken zu einer Sachgesamtheit schließt rechtliche Sonderverfügungen über das einzelne Stück nicht aus; ebensowenig eine Zwangsvollstreckung (ausgeschlossen ist nach 865 II ZPO. aber die Mobiliarvollstreckung in Zubehörstücke eines Grundstücks). Um den landwirtschaftlichen Pächtern die Kreditbeschaffung zu erleichtern, läßt das PachtkreditG. vom 5. 8. 1951 (BGBl. I 494) ausnahmsweise die Bestellung eines Pfandrechts an dem dem Pächter gehörigen Inventar als Sachgesamtheit zu.

β) Dagegen kann die Sachgesamtheit als wirtschaftliche Einheit sehr wohl der Gegenstand eines einheitlichen schuldrechtlichen Geschäfts, z. B. eines Verkaufs sein. Mitverkauft sind auch die Bücher, die z. Z. des Büchereiverkaufs verliehen sind.

γ) Überhaupt wird die wirtschaftliche Einheit von großer Bedeutung für die Auslegung und den Inhalt der auf sie bezüglichen Rechtsgeschäfte und Rechtsverhältnisse — Rechtsgeschäfte über einen Inbegriff gelten da, wo ein natürlicher Wechsel stattfindet, als unter Berücksichtigung dieses Wechsels abgeschlossen; beim Verkauf einer Herde wird z. B. das Vieh, das kraft natürlichen Wechsels ausscheidet, frei, während neu hinzukommende Stücke in das Rechtsverhältnis eintreten. Nießbrauch und Pfandrecht an den einzelnen Gegenständen nehmen einen besonderen Inhalt an, wenn diese als Zusammengehöriges zu Nießbrauch oder Pfand gegeben werden (1035, 1048).

Man muß sich freilich hüten, das Erfordernis der Körperlichkeit zu übertreiben und stets da eine Sachgesamtheit anzunehmen, wo mehrere physisch selbständige Stücke als eine wirtschaftliche Einheit auftreten. Es gibt Fälle, wo im Verkehr einzelne Stückchen nicht als selbständige Wertträger umzulaufen pflegen, wo deshalb erst eine bestimmte Menge davon wirtschaftlich als eine Einheit, und zwar eine Sacheinheit bewertet wird — so ein Sack Getreide, ein Lot Kaffee, ein Sandhaufen, ein Kartenspiel. Hier erkennt auch die Rechtsordnung eine Sacheinheit an und sieht das Erfordernis der Körperlichkeit durch das körperliche Näheverhältnis erfüllt.

c) Unkörperlich sind endlich Rechte und Inbegriffe von Rechten.

Dem Vermögen (der universitas iuris) fehlt die Körperlichkeit, mag es sich um das allgemeine Vermögen der Person oder ein Sondervermögen (Zweckvermögen) handeln. Das Vermögen bedeutet nur eine gedankliche Zusammenfassung geldwerter Rechte (und Pflichten) entweder in der Person ihres Trägers (so beim Vermögen im allgemeinen) oder im Hinblick auf einen einheitlichen Zweck (so beim Sondervermögen: Vorbehaltsgut, Handelsvermögen, Gesellschaftsvermögen usw.). Vgl. 310, 311, 312, 419, 1363, 1438, 1922.

Grundsätzlich versteht das BGB. unter Vermögen nur das Aktivvermögen (geldwerte Rechte, einschließlich Besitz, Anwartschaftsrechte, aber nicht bloße Hoffnungen und Aussichten); so namentlich in 419 und 1975. Ob bei Übergang des Aktivvermögens die Schulden mit übergehen, ist nicht aus dem Vermögensbegriff, sondern aus den jeweiligen gesetzlichen Vorschriften zu entscheiden; die Schulden gehen z. B. nicht unbeschränkt auf den Erben über, vielmehr haftet er dafür bald beschränkt (mit dem ererbten Vermögen), bald unbeschränkt (auch mit seinem sonstigen Vermögen). Vgl. auch Enneccerus-Nipperdey § 131 I 4.

α) Sehr streitig ist, ob auch die Schulden zum Vermögen gehören. Vgl. dazu Oertmann, Komm. z. Allg. T. Vorbem. vor § 90 und Nr. 5 und von Tuhr, I 324/325. R. A. nach ist die Frage dahin zu stellen, ob im Sinne einer bestimmten einzelnen Vorschrift nur die Summe der Aktiva (das Bruttovermögen) oder die Gesamtheit der Aktiva und der auf ihnen lastenden Passiva (das Nettovermögen) darunter zu verstehen ist.

β) Auch an der Rechtsgesamtheit als solcher können Rechte nicht begründet werden. Die Übertragung des Geschäftsvermögens kann also nur dadurch erfolgen, daß seine einzelnen Bestandteile übertragen werden, und zwar jeder nach den für Gegenstände dieser Art jeweils geltenden besonderen Vorschriften; Grundstücke sind aufzulassen (925), die Waren zu Eigentum zu übergeben (929ff.), die Forderungen abzutreten (398) ein Patentrecht zu übertragen, ein Geschäftsgeheimnis mitzuteilen (vgl. RG. **70** 228 f.). Die Zwangsvollstreckung muß in die einzelnen Bestandteile erfolgen (RG. **95** 235). Das wird gemildert durch die Anerkennung der Surrogation für eine Reihe von Sondervermögen (vgl. etwa 1370, 1381, 1382, 1440, 2019, 2041, 2111) und einer einheitlichen Gesamtnachfolge für Sonderfälle (vgl. etwa die Rechtsnachfolge des Erben, 1922, die Vergemeinschaftung des Vermögens bei der allgemeinen Gütergemeinschaft, 1438, und die Übertragung des Vermögens einer AG. auf eine andere AG. oder auf den Staat § 253 AktG. oder die Verschmelzung (Fusion) zweier Aktiengesellschaften (§§ 240 u. 247 AktG.).

γ) Dagegen ist unbestritten, daß einheitliche schuldrechtliche Geschäfte über eine Rechtsgesamtheit und namentlich das Handelsgeschäft abgeschlossen werden können. Die Veräußerung und Verpachtung von gewerblichen Unternehmen wird in 23ff. HGB. und 1822 Nr. 3 und 4 BGB. mittelbar anerkannt.

Die Verpflichtungsgeschäfte erstrecken sich i. Zw. auf alles, was wirtschaftlich zum Unternehmen gehört. Vgl. R. Isay, Das Recht am Unternehmen, 1910; Oppikofer, Das Unternehmungsrecht, 1927.

δ) Ob die Versagung absoluter Rechte am Vermögen überall zweckmäßig ist, ist eine andere Frage. Für den Gewerbetreibenden wäre z. B. die Anerkennung einer Verpfändung seines Unternehmens als solches wünschenswert; denn er könnte dadurch seinem Kreditbedürfnis den Gebrauchswert der Unternehmung nutzbar machen, der den Liquidationswert (Abbauwert) weit übersteigt. Deshalb hat ein französisches G. von 1909 die Verpfändung des ganzen Unternehmens, also eines Sondervermögens, zugelassen. Das PreußG. über die Bahneinheiten vom 8. Juli 1902 erkennt die Verpfändung von Bahneinheiten an, also Vermögensinbegriffen, die einem Eisenbahn- oder Kleinbahnunternehmen gewidmet sind und als Einheit behandelt werden (Art. 112 EG.). Für sie werden besondere Bahngrundbücher geführt.

ε) Über das sog. Recht am Unternehmen als immateriellem Güterrecht siehe oben § 12 I 2 β, ββ S. 79. Als Gegenstand dieses Rechts ist die übertragbare Unternehmensorganisation samt den in ihr zusammengefaßten unsichtbaren Werten, den sog. Chancen (Bezugsquellen, Kundschaft, Geschäftsgeheimnissen, Ruf u. dgl.) zu denken.

3. Sachen sind nur für sich bestehende Stücke.

Die Sache verlangt gesondertes, begrenztes Dasein im Raum. Keine Sache sind also die freie Luft, die fließende Wasserwelle, das Meer. Keine Sache ist die am Baume hängende Frucht bis zur Trennung, sie ist Teil einer anderen Sache. Der Erscheinungszustand ist gleichgültig. Luftförmige, flüssige Körper erhalten diese Abgegrenztheit erst durch Zusammenfassung in einem Behälter. Grundstücke werden abgegrenzt durch menschliche Festsetzung, entscheidend ist die Eintragung ins Grundbuch oder die katastermäßige Bezeichnung.

4. Nur die der menschlichen Herrschaft erreichbaren Dinge kommen für das Recht als Sachen in Betracht.

Den Mond und die Sterne, die begehrt man nicht. Das kann sich aber ändern.

II. Bedeutung des Sachbegriffs. Nur Sachen im Rechtssinne sind fähig, Gegenstand dinglicher Rechte zu sein. Andere Gegenstände genießen nicht den absoluten Schutz des Eigentumsrechts und der übrigen Sachenrechte.

An der elektrischen Kraft hat deren Erzeuger kein Eigentum. Die einzige Möglichkeit, den sachenrechtlichen Schutz auf sie zu übertragen, wäre eine anlehnende Erstreckung dieses Schutzes.

Es fragt sich, ob dem das Wörtchen „nur“ in § 90 nicht entgegensteht? Die abwägende Betrachtung des Sachbegriffs zeigt, daß er falsch gebildet ist. Nicht die Körperlichkeit der Dinge entscheidet, sondern ihre Beherrschbarkeit. Nicht beherrschbare körperliche Dinge, wie Sonne, Mond und Sterne, kommen praktisch nicht als Sachen in Betracht; und umgekehrt besteht das Bedürfnis, dem Schutz der Sachenrechte die elektrische Kraft zu unterstellen, die wie die gasförmigen Körper im Verkehr geliefert und entwendet werden kann. Richtiger hätte das Gesetz deshalb die unpersönlichen beherrschbaren Güter als Sachen anerkennen sollen. Wenn man in der Begriffsbestimmung des 90 einen nicht ganz entsprechenden Ausdruck für diesen Gedanken sieht, so kann man auch der elektrischen Kraft den Schutz der Sachenrechte anlehnend zuteil werden lassen, soweit danach ein Bedürfnis besteht.

Die herrschende Lehre versagt dem Rechtsgut der elektrischen Energie den absoluten Schutz der Sachenrechte (RG. **86** 14), doch hat das RG. z. B. anerkannt, daß die elektrische Kraft im Sinne des StempelStG. als Sache zu behandeln sei. Für die Behandlung als Sache auch im Privatrecht ist eingetreten: Pfleghart, Elektrizität als Rechtsobjekt, 1900 und 1902, und ArchBürgR. **24** 300.

Vgl. ferner Steinhauser, Deutsch. Elektrizitätsrecht 1928; Henke-Müller-Rumpf, Rechtsgrundlagen der öffentl. Elektrizitätswirtsch. 1930.

Die Beschränkung des Sachbegriffs auf körperliche Gegenstände zieht — auch ganz abgesehen vom Sachenrecht — der unmittelbaren Anwendung mancher schuldrechtlicher und sonstiger privatrechtlicher Normen Grenzen, doch ist hier vielfach ein Analogieschluß zulässig und geboten, da auf dem Gebiete des Schuldrechts grundsätzlich Vertragsfreiheit gilt.

Die Sachmängelhaftung (459ff.) ist z. B. auf den Verkauf eines Handelsgeschäftes oder sonstigen gewerblichen Unternehmens nicht unmittelbar, wohl aber analog anwendbar (RG. **98** 289; **100** 206; **138** 356).

Die Irrtumsanfechtung aus 119 II hat das RG. anfänglich zwar beim Verkauf von Rechten meist mangels Körperlichkeit versagt (RG. **78** 136), doch hat sich auch hier eine Wendung zugunsten der Analogie für alle Geschäftsgegenstände durchgesetzt (RG. **103** 22, **149** 238); siehe oben § 34 III 1 e S. 248.

Die Gastwirtehaftung (701ff.) setzt die Einbringung einer „Sache" voraus. Wie wenn der Gast dem Hoteldiener den Gepäckschein übergibt, dieser verlorengeht und der Finder sich das Gepäck aushändigen läßt? Das im Schein verbriefte Recht ist keine Sache, wohl aber ist der Schein eine Sache (803), deren Besitz die Geltendmachung des verbrieften Rechts erleichtert, so daß der Verlust der Urkunde als adäquate Folge den Verlust des Gepäcks zu Folge haben kann. Also Haftung des Gastwirts, OLG. Rspr. **40** 304.

2. Kapitel

§ 50 Einfache und zusammengesetzte Sachen — Sachbestandteile

Strohal, DogmJ. **38** 37ff.; Tobias, ArchZivPr. **94** 371; Wolff, Martin, Der Bau auf fremdem Boden, 1900; Lenel und Niedner, 29. Deutsch. Juristentag. III, 1ff.; Enneccerus, Referat ebenda V 113ff.; Heilborn, Rechtsgestaltende Kraft der Sachverbindung; Krückmann, Wes. Bestandteil und Eigentumsvorbehalt, 1906; Kirsten, Der Bestandteilsbegriff des § 93 BGB. unter Berücksichtigung der technischen Normung, 1933; Wieacker, AcP. 148, 27f.; Müllereisert, DGWR. 1939, 171.

I. Die Einzelsachen, d. h. die im Verkehr als selbständige Wertträger gewerteten Stücke sind entweder einfach oder zusammengesetzt.

1. Bei der einfachen Sache ist eine natürliche, ununterscheidbare Einheit vorhanden.

— ein Tierkörper, ein Taler, ein Blatt Papier, ein Pfund Butter. —

Bei der zusammengesetzten Sache läßt sich eine Mehrheit von verschiedenen Stücken unterscheiden, die an sich der Selbständigkeit fähig sind.

Unnötig ist, daß diese Stücke bisher selbständig waren und durch Menschenhand zusammengefügt sind.

— ein Baum, Haus, Kraftwagen, Buch. —

Das Gesetz hat den Unterschied nicht verwertet.

II. Das Gesetz knüpft seine Regelung an den Begriff des Sachteils, von ihm Bestandteil genannt.

1. Von Sachteilen kann man auch bei einfachen Sachen sprechen und unter Sachteil im weitesten Sinne alles verstehen, was mit einer Sache zusammenhängt oder sie bildet.

2. Für die Rechtsordnung aber ist die Annahme eines Sachteils nur bedeutsam, soweit es sich nicht bloß um einen gedachten Teil handelt, sondern um einen körperlich abgegrenzten, wahrnehmbaren Teil einer Sache. Denn der Bestandteil kommt für die Rechtsordnung nur unter dem Gesichtspunkt in Betracht, ob und inwieweit sie die Möglichkeit von Sonderrechten an ihm anerkennen soll oder nicht. Sonderrechte an Bestandteilen einer Sache zuzulassen, würde oft dazu führen, eines verhältnismäßig unbedeutenden Vorteils halber weit größere wirtschaftliche Werte zu zerstören: so wenn fremde Stoffe in ein Gebäude eingebaut sind; deshalb verbieten schon die 12 Tafeln die vindicatio von Gebäudeteilen.

Wo einem Sachteil im weitesten Sinne die körperliche Abgegrenztheit fehlt, wo es sich um rein gedachte Teile handelt (wie bei einem Viertel von einem Ochsen, von einem Stück Butter, von einem Kuchen), scheidet die Zulassung von Sonderrechten an diesen gedachten Teilen praktisch überhaupt aus: die einzelnen Teile, woraus die Sache besteht, haben notwendig dieselbe Rechtslage.

Dagegen wäre es an sich möglich, an körperlich abgegrenzten Bestandteilen Sonderrechte anzuerkennen; es fragt sich nur, ob das zweckmäßig wäre. Leitgedanke einer guten Regelung muß sein: die unnütze Zerstörung wirtschaftlicher Werte zu verhindern. Zu dem Zwecke muß bei einer Verbindung von Sachen zu einer neuen einheitlichen Sache unter Umständen der Eigentümer eines Teils sein Eigentum zugunsten des Eigentümers des oder der anderen Teile verlieren; selbstverständlich darf das nicht schlechthin geschehen, vielmehr muß ihm nach Lage der Sache als Ausgleich ein Ersatz- oder Bereicherungsanspruch gegen den gegeben werden, zu dessen Gunsten er sein Recht verliert.

Es wird z. B. eine Beheizungsanlage so in ein Gebäude eingefügt, daß bei einer Trennung entweder das Gebäude oder die Anlage ganz oder doch zu einem erheblichen Teil zerstört oder entwertet würde.

Die Rechtsordnung hat die Aufgabe, anzugeben, wann ein Sachteil sonderrechtsfähig sein soll und wann nicht. Unter diesen Gesichtspunkten ist die Regelung der Sachteile, der Bestandteile, zu verstehen.

3. Von Bestandteilen in diesem Sinne läßt sich ferner nur reden, wenn Sachen so miteinander verbunden sind, daß dadurch eine neue körperliche Einheit entsteht. Bei andersartiger Verbindung bleiben die Sachen selbständig.

— Kerze im Leuchter, Feder im Halter, Zigarre in der Spitze. —

Entscheidend für die Annahme einer körperlichen Einheit sind die Verkehrsanschauungen und die natürliche Auffassung des unbefangenen Beurteilers (RG. **158**, 370).

Bei fester Verbindung wird man grundsätzlich eine einheitliche Sache annehmen dürfen, wenn die Verkehrsanschauung nicht entgegensteht. Bei loser Verbindung wird man den einheitlichen wirtschaftlichen Zweck für sich allein nicht als ausschlaggebend ansehen dürfen (er ist auch bei der Sachgesamtheit vorhanden, RG. **87** 45), sondern muß auch die Art und Dauer der Verbindung der Teile, die Anpassung des einen an den andern, die Bedeutung des verbundenen Stückes für die bestimmungsgemäße Benutzung der ganzen Sache usw. berücksichtigen.

Als Sachteile darf man z. B. bezeichnen: Preßluftreifen eines Kraftwagens oder Fahrrades, abschraubbare Maschinenteile, das Rad eines Wagens, eine Tischplatte, die Schublade im Tisch, Glocke und Zylinder einer Stubenlampe, Öfen einer Wohnung, wenn die Verkehrsanschauung nicht entgegensteht. Nicht als Bestandteile sind z. B. angesehen worden: Die Kegelbahn in einer Gastwirtschaft (BGH. LM. Nr. 2 zu § 93) und der Dampfkessel einer Molkerei (RG. Warn. 1934 Nr. 81).

4. Nach § 96 gelten auch Rechte, die mit dem Eigentum an einem Grundstück verbunden sind, als Bestandteile des Grundstückes, d. h. sind als solche zu behandeln, z. B. Recht auf Duldung eines Überbaus; vgl. RG. **160**, 166, 177.

III. Das Gesetz unterscheidet bei den Sachen:

1. Wesentliche Bestandteile, das sind sonderrechtsunfähige Bestandteile — „sie können nicht Gegenstand besonderer Rechte sein" (93); ein Eigentumsvorbehalt an ihnen ist wirkungslos.

2. Unwesentliche Betandteile, das sind sonderrechtsfähige — sie können Gegenstand besonderer Rechte sein (z. B. der liefernde Maschinenbauer bedingt sich einen Eigentumsvorbehalt aus), im Zweifel freilich teilen sie die rechtlichen Schicksale der Sache, deren Teile sie bilden.

3. Nicht- oder Scheinbestandeile, das sind natürliche Sachteile, die rechtlich als selbständige Sachen behandelt werden, also nicht bloß sonderrechtsfähig sind, sondern durch die Verbindung mit einer anderen Sache in ihren rechtlichen Schicksalen grundsätzlich nicht berührt werden (95).

Praktisch geworden ist die Bestandteilsregelung namentlich für die Maschinenindustrie, die sich zum großen Teil genötigt sieht, ihre Maschinen auf Kredit zu liefern und sich durch einen Eigentumsvorbehalt bis zur völligen Zahlung des Kaufpreises zu sichern pflegt. Nimmt man an, daß die Maschine mit der Einfügung ins Fabrikgrundstück bzw. Fabrikgebäude dessen wesentlicher Bestandteil wird, so geht das Eigentum an ihr trotz des Vorbehalts auf den Käufer über, die auf dem Fabrikgrundstück lastenden Hypotheken erstrecken sich auf die Maschine, und sie fällt bei einem Konkurs des Käufers in die Masse. Anders wenn die Maschine nur unwesentlicher oder Scheinbestandteil wird. Das Reichsgericht hat in dem ersten Jahrzehnt der Herrschaft des BGB. eingefügte Maschinen grundsätzlich als wesentliche Bestandteile angesehen, dann aber (wohl unter dem Eindruck der dagegen erhobenen Bedenken) eine Schwenkung vollzogen. Es stellte seitdem die Entscheidung auf die „Verkehrsanschauung" ab und machte die Annahme eines wesentlichen Bestandteiles davon abhängig, ob durch die Verbindung der Maschine mit dem Gebäude nach der Verkehrsauffassung ein einheitlicher körperlicher Gegenstand entstanden ist, ob die Maschine als körperlich unselbständiger Gebäudeteil anzusehen ist (vgl. RG. **67** 33ff., **69** 121 u. 152, **87** 45; JW. 1912, 128[1] u. 1934, 1849).

IV. Wesentliche Bestandteile insbesondere.

1. Begriff. Das Gesetz bestimmt den Begriff grundsätzlich in 93 für Sachen aller Art — und erweitert ihn dann für die Sachteile von Grundstücken und Gebäuden in 94.

a) Wesentliche Bestandteile sind alle Teile, die voneinander nicht getrennt werden können, ohne daß der eine oder andere Sachteil (im Gegensatz zum Ganzen) zerstört oder in seinem Wesen verändert wird (93). Dem muß eine erhebliche Wertminderung durch die Trennung gleichgestellt werden.

Nicht auf die Zerstörung oder Wertminderung der ganzen Sache kommt es an, maßgebend ist die Bedeutung der Trennung für die einzelnen, bisher Bestandteile bildenden Stücke — andernfalls wären nahezu alle Sachteile „wesentliche"; denn das Ganze erleidet durch die Trennung fast immer eine Zerstörung oder Wertminderung. Das Wagenrad ist also nicht deshalb ein wesentlicher Bestandteil des Wagens, weil nach seiner Abtrennung ein zum Fahren nicht verwendbarer Rumpf übrigbleibt. Die Annahme eines wesentlichen Bestandteils ist unzulässig, wenn Rad und Rumpf durch die Trennung nicht zerstört werden und in Verbindung mit anderen Ersatzstücken wirtschaftlich verwendbar bleiben, ohne eine erhebliche Wertminderung erlitten zu haben. Anders, wenn der wirtschaftliche Wert eines Stückes gerade durch seine Bestandteilseigenschaft maßgebend bestimmt wird, z. B. ein Rad in einem historischen Prunkwagen des Kgl. Marstalls. Wenn eine Zerstörung der einzelnen Bestandteile nicht in Betracht kommt, ist demnach zu fragen: Ist die Summe der Werte der getrennten Teile in ihrer Verwendungsmöglichkeit zu einem neuen Ganzen im wesentlichen gleich dem Wert des Ganzen vor der Trennung?

Danach sind wesentliche Bestandteile: das Deckblatt der Zigarre, der Hausanstrich, Tapeten, die Klinge eines Messers, eine Erinnerungstafel an einem bestimmten Haus, der Kork einer gefüllten Sektflasche; nicht wesentlich der Bilderrahmen, wenn er nicht für ein bestimmtes Bild gearbeitet ist, das Uhrgehäuse, Steine im Ring, nicht der Serienmotor des Kraftfahrzeugs, BGH. 18, 226.

Das Reichsgericht hat seine frühere grundsätzliche Auffassung, eine in ein Fabrikgebäude eingefügte Maschine sei wesentlicher Bestandteil des Gebäudes, darauf gestützt, daß der Fabrikbetrieb durch die Wegnahme der Maschine unmöglich gemacht und dadurch auch das Fabrikgebäude in seinem Wesen verändert werde (RG. **50** 243). Aber darauf kommts nicht an, entscheidend ist, ob das Gebäude selbst oder die Maschine durch die Wegnahme zerstört oder erheblich im

Wert gemindert werden. Dementsprechend machte die neuere Rechtsprechung des Reichsgerichts die Annahme der Wesentlichkeit davon abhängig, ob die Maschine nach der Verkehrsauffassung oder nach verständiger unbefangener Beurteilung als ein unselbständiger Teil des Gebäudes anzusehen ist; das ist nur dann der Fall, wenn entweder Maschine oder Gebäude einander angepaßt sind, also die Maschine keine Katalogmaschine, sondern in eigenartiger Weise für das Gebäude hergestellt ist oder dieses mit Rücksicht auf jene eine besondere bauliche Gestalt erhalten hat oder wenn die Verbindung beider miteinander so fest ist, daß sie nicht ohne Zerstörung oder erhebliche Beschädigung der Maschine oder des Gebäudes getrennt werden können (RG. **67** 34, **69** 121 u. 152, **130** 266). Ebenso BGH. LM. Nr. 2 zu § 93.

Es sind also vornehmlich noch die Gesichtspunkte des § 94 (feste Verbindung und Einfügung zur Herstellung), aus denen sich die Eigenschaft der Maschine als wesentlicher Bestandteil ergibt.

b) Eine Erweiterung erfährt der Begriff des wesentlichen Bestandteils bei Grundstücken und Gebäuden durch 94.

α) Wesentliche Bestandteile eines Grundstücks sind (ohne Rücksicht auf 93) die mit dem Boden fest verbundenen Sachen, vornehmlich Gebäude — und die mit dem Boden zusammenhängenden Erzeugnisse, wie z. B. die Früchte. Samen wird mit dem Aussäen, eine Pflanze mit dem Einpflanzen wesentlicher Bestandteil (94 I).

Davon macht 912 eine Ausnahme für den Überbau, den ein Grundstückseigentümer ohne Vorsatz oder grobe Fahrlässigkeit vornimmt; der übergebaute Teil wird nicht Bestandteil des Nachbargrundstücks, sondern wesentlicher Bestandteil des Grundstücks des Bauenden RG. **83** 147. (Vgl. aber auch RG. **137** 47, wonach 912 unanwendbar ist, wenn der Eigentümer beim Bauen die Grenze eines anderen, ihm gehörigen Grundstücks überschreitet.)

Als fest verbunden sind anzusehen: Mauern, in den Boden oder die Wände eingelassene Röhrenleitungen, gerammte Fahnenstangen und Turngeräte, dagegen nicht Weinbergspfähle, Bohnen- und Hopfenstangen. Das Reichsgericht hat für eingefügte Maschinen den anfänglich sehr weit verstandenen Begriff der festen Verbindung immer enger und schärfer gefaßt. Es betont jetzt, daß auch diese Frage unter Berücksichtigung der Lebensauffassung zu entscheiden sei und nimmt eine feste Verbindung nur an, wenn die Trennung nicht ohne erhebliche Veränderung oder Beschädigung des Grundstücks oder nicht ohne verhältnismäßig erhebliche Mühe und Kosten möglich ist. Nicht fest verbunden sind danach Maschinen, die auf einem Unterbau nur aufgeschraubt oder an ihren Grundplatten nur mit einer Zementschicht umgossen sind. Selbst ein Einmauern (!) begründet nicht immer eine feste Verbindung. (Vgl. RG. **83** 69, **87** 43; WarnRspr. 1932 Nr. 114; JW. 1932, 1198.)

β) Wesentliche Bestandteile eines Gebäudes sind die zu seiner Herstellung eingefügten Sachen (94 II).

Hergestellt ist ein Gebäude durch die Einfügung einer Sache, wenn es durch die Verbindung mit dieser Sache gerade zu dem geworden ist, was es darstellen soll und darstellt; so RG. **150**, 26. Auf Grund dessen hat das fragl. Urteil Treibstofftankanlagen und Öltankanlagen in einer Großgarage zu wesentlichen Gebäudebestandteilen erklärt, ebenso RG. **90**, 200 die elektrische Fahrstuhlanlage in einem neuzeitlichen Hotelgebäude. Eine solche Einfügung kommt aber in der Regel nur bei solchen Maschinen und Anlagen in Betracht, die eigens für das Gebäude angefertigt sind, während nach Preislisten gehandelte Maschinenwaren, wie Lokomobile, Motoren und ähnliche Betriebsmaschinen kaum jemals in dieser Weise eingefügt werden. Auch bei modernen Miethäusern wird man heute die Zentralheizungs- und Warmwasserbereitungsanlage als wesentlichen Bestandteil anerkennen müssen. KG. JW. 1932, 3006; BGH. NJW. 1953, 1180.

2. Rechtliche Bedeutung.

a) Wesentliche Bestandteile sind sonderrechtsunfähig, d. h. sie teilen notwendig die dingliche Rechtslage der ganzen Sache; Eigentum und sonstige dingliche Rechte an dieser ergreifen sie mit, und zwar kraft zwingenden Rechts. Ein Eigentumsvorbehalt ist für den Fall, daß eine Sache als wesentlicher Bestandteil eingefügt wlrd, unwirksam; dingliche Rechte, die bisher an der eingefügten Sache begründet waren, gehen unter; RG. **90** 198.

Also keine Übereignung oder Verpfändung des Bestandteils allein, RG. **60**, 319, keine Zwangsvollstreckung in den Bestandteil allein. Der Zuschlag bei der ZV. ergreift stets auch die wesentlichen Bestandteile (RG. **67** 32; **74** 201; **150** 24). Die Auflassung ohne wesentliche Bestandteile ist nichtig (RG. **97** 103). — Nach der Ausnahmevorschrift des 810 ZPO. ist die Pfändung der Früchte auf dem Halm einen Monat vor der gewöhnlichen Zeit der Reife zulässig. — Wohl aber ist besondere Besitzherrschaft an ihnen denkbar.

b) Zulässig ist die Begründung schuldrechtlicher Ansprüche hinsichtlich wesentlicher Bestandteile,

Verkauf von Holz auf dem Stamm, eines Hauses auf Abbruch. Wenn ein Zuschlagsbeschluß wesentliche Bestandteile ausnimmt, so kann das höchstens einen schuldrechtlichen Anspruch gegen den Ersteigerer auf Herausgabe begründen, RG. 150, 24.

c) Anerkannt ist in einer Reihe von Fällen ein Recht zur Abtrennung — ius tollendi — und zur Aneignung, so z. B. in 997, 547 II 2, und zwar auch hinsichtlich wesentlicher Bestandteile (RG. **109** 128).

d) Eine Durchbrechung der §§ 93—95 bringt das Wohnungseigentumsgesetz vom 15. 3. 51. Der Wiederaufbau der kriegszerstörten Miethäuser, zu dem die Eigentümer meist wirtschaftlich allein nicht in der Lage waren, machte eine kapitalmäßige Beteiligung der Bewohner erforderlich. Im Hinblick auf den Kapitalmangel gilt das gleiche für die bei der heutigen Wohnungsnot dringend notwendige Errichtung neuen Wohnraums. Eine starke dingliche Sicherung der sich an den Baukosten beteiligenden Bewohner erschien — vor allem in Anbetracht ihrer Position bei etwaiger Zwangsversteigerung oder Konkurs — wünschenswert. Das WEG. geht hier zwei Wege: Einmal läßt es die Begründung von Sondereigentum an einzelnen Räumen zu, bei Wohnungen Wohnungseigentum, bei gewerblichen Räumen Teileigentum genannt. Verbunden ist dieses Sondereigentum stets mit einem Miteigentumsanteil an dem gemeinschaftlichen Eigentum, worunter Grundstück und die für alle Räume des Gebäudes bestimmten Einrichtungen fallen. Daneben hat das WEG. ein dingliches Wohnrecht geschaffen, das im Gegensatz zum Wohnungsrecht des § 1093 BGB. vererblich und veräußerlich ist. Ein derartiges Recht an einer Wohnung heißt Dauerwohnrecht, an gewerblichen Räumen Dauernutzungsrecht.

Auf Einzelheiten kann hier nicht eingegangen werden. — Vgl. Bärmann, WohnungseigentumsG. 1958.

V. Scheinbestandteile insbesondere.

1. Begriff. Der bisher gefundene Begriff des wesentlichen Bestandteil wird eingeengt durch 95.

a) Überhaupt nicht zu den Bestandteilen zählen Sachen, die nur zu einem vorübergehenden Zweck mit einem Grundstück oder Gebäude verbunden worden sind. Maßgebend ist, ob der spätere Wegfall der Verbindung von vornherein in Aussicht genommen oder nach der Art des Zweckes zu erwarten ist.

Der innere Wille des Einfügenden entscheidet, sofern er mit dem äußeren Tatbestand vereinbar ist, RG. 158, 376 (Täfelungen in Schloßzimmern).

Z. B. Jahrmarktsbuden, Baubuden, Tribünen, Gebäude für die Zwecke einer einzelnen Ausstellung (RG. JW. 01, 184); regelmäßig die vom Mieter oder Pächter eingefügten Sachen, wie z. B. Fensterrolläden, Sicherheitsketten, Briefkästen, nicht aber die Aussaat oder eine Pflanzung, es sei denn, daß sie, wie z. B. in einer Baumschule, zum Verkauf lebender Pflanzen dienen soll (RG. **105** 215); nicht eine vom Mieter auf Grund seiner Instandhaltungspflicht vorgenommene Verbindung oder die Einfügung verhältnismäßig wertloser Sachen, mit deren späterer Entfernung nach der Regel des Lebens vernünftigerweise nicht gerechnet wird; RG. Gruch. 59, 111. Bei auf fremdem Grund und Boden errichteten Behelfsheimen spricht eine tatsächliche Vermutung dafür, daß sie zu einem vorübergehenden Zweck mit dem Grundstück verbunden sind (OGHBrZ. 1, 168ff.).

b) Nicht zu den Bestandteilen zählen ferner: Gebäude und Werke, die der Berechtigte in Ausübung eines Rechts an einem Grundstück mit diesem verbunden hat.

Als solche Rechte kommen nach der herrschenden Meinung nur dingliche in Frage: Erbbaurecht, Nießbrauch (RG. **106** 51), Dienstbarkeit, Wohnungseigentum — nicht aber das Forderungsrecht des Pächters oder Mieters (bestritten, wie hier BayerOLGR. 1903, 337f.).

2. Rechtliche Bedeutung. Indem das Gesetz natürliche Sachteile zu Nichtbestandteilen erklärt, will es ihre rechtliche Selbständigkeit aussprechen. Ihre Rechtslage wird also durch die Verbindung grundsätzlich nicht berührt. Verfügungen über das Grundstück ergreifen sie nicht, schuldrechtliche Geschäfte über jenes beziehen sich im Zweifel nicht auf sie. Für sie gelten, da sie keine Grundstücksbestandteile werden, die Vorschriften über bewegliche Sachen (RG. **97** 103, **103** 253; **105** 215; **109** 129). Folglich unterliegen sie der Mobiliarzwangsvollstreckung.

Der Pächter, der Eigentümer seiner zum Verkauf bestimmten Pflanzungen bleibt, kann deshalb gegen schädigende Immissionen unmittelbar aus 1004 vorgehen und ist nicht auf 862 beschränkt (RG. **105** 215).

Solange die Verbindung tatsächlich dauert, ist der Rechtserwerb an derartigen Scheinbestandteilen freilich insoweit praktisch ausgeschlossen, als er Besitzerwerb voraussetzt, wie z. B. der Erwerb eines Vertragspfandrechts (1205).

VI. Unwesentliche Bestandteile insbesondere.

1. Begriff.

Alle übrigen Bestandteile sind unwesentliche.

— Zäune, Grenzsteine, die dauernd, aber nicht fest mit dem Boden verbunden sind, Rahmen und Bild, die einzelnen uubebautenBodenflächen, die zusammen ein Grundstück bilden, Öfen einer Wohnung, sofern nicht die Verkehrsanschauung ausnahmsweise die Bestandteilseigenschaft überhaupt verneint, wie z. B. bei eisernen Öfen in manchen Teilen der Rheinprovinz.

Als Bestandteile eines Grundstücks, und zwar unwesentliche gelten auch die Rechte, die mit dem Eigentum am Grundstück verbunden sind (96), sog. subjektiv dingliche Rechte.

— Grunddienstbarkeiten, Patronatsrechte, Recht auf Kirchenstuhl, Begräbnisplatz usw.

2. Rechtliche Bedeutung.

a) Die unwesentlichen Bestandteile sind sonderrechtsfähig, die Rechte an ihnen gehen also nicht dadurch unter, daß sie Bestandteile einer anderen Sache werden.

Der Eigentumsvorbehalt an den Maschinen ist wirksam, der Lieferant kann sie im Konkurs des Käufers aussondern.

b) Sie können Gegenstand besonderer Rechte sein, teilen aber im allgemeinen als Sachteile das rechtliche Schicksal der ganzen Sache (RG. **69** 120, **74** 402). Soweit keine besonderen Rechte an ihnen bestehen, erfaßt sie die Verfügung über die Sache, der sie eingefügt sind. Und auch soweit besondere Rechte bestehen, greifen die Vorschriften über den gutgläubigen Erwerb vom Nichtberechtigten ein.

Schuldrechtliche Geschäfte über die Sache erstrecken sich im Zweifel auf alle ihre Bestandteile.

Der Verkauf des Hauses verpflichtet im Zweifel zur Übereignung aller Bestandteile.

c) Streitig ist, ob und inwieweit während der Dauer der Verbindung die Neubegründung von Sonderrechten an unwesentlichen Bestandteilen allein möglich ist, z. B. die Verpfändung des Bestandteils allein oder die Zwangsvollstreckung in ihn allein.

Die Frage ist r. A. nach für unwesentliche Bestandteile eines Grundstücks zu verneinen. Wer sich aus einem unwesentlichen Bestandteil eines Grundstücks befriedigen will, muß die Zwangsvollstreckung in die Gesamtsache, also ins unbewegliche Vermögen betreiben. (So r. RGKomm. § 93 Anm. 1; Oertmann, Komm. z. Allg. T. § 93 Anm. 3, während KG. I Berlin (JW. 1932, 1985) die Zulässigkeit der Mobiliarvollstreckung bejaht. Nach RG. 158, 369 nimmt eine bewegliche, als unwesentlicher Bestandteil eingefügte Sache für die Dauer der Verbindung den Charakter der unbeweglichen an. Dagegen besteht kein Bedenken, die Zwangsvollstreckung in unwesentliche Bestandteile beweglicher Sachen zu gestatten; der Eigentümer der letzteren hat dann ein die Veräußerung der ganzen Sache hinderndes Recht i. Sinne des § 771 ZPO.; so RG. **144** 236.

VII. Kritischer Zusatz.

Die Bestandteilsregelung ist eine der unglücklichsten Leistungen des Gesetzes. Man fragt sich vergeblich, warum zwischen die natürliche Bedarfslage und den Betrachter das blaue Glas eines scholastischen Begriffs, eben der Wesentlichkeit eines Sachteils, eingeschoben worden ist.

Wieviel einfacher und einleuchtender hätte die Vorschrift geklungen:

Sachteile sind sonderrechtsunfähig, wenn der eine oder der andere Sachteil durch die Trennung erheblich entwertet würde. Das ist namentlich anzunehmen bei fester Verbindung einer Sache mit einem Grundstück oder Gebäude, nicht minder, wenn eine Sache derart in ein Gebäude eingefügt ist, daß dieses erst dadurch für seine wirtschaftliche Zweckbestimmung tauglich wurde.

Wenn man den sachlichen Leitgedanken der Regelung klar herausgestellt hätte, wäre die ganze unerfreuliche Rechtsprechung zum wesentlichen Bestandteil vermieden worden. Das hätte dem gesunden Menschenverstand auch die Zumutung erspart, sich natürliche Sachteile als Nichtbestandteile vorzustellen (95 BGB.); man hätte nur zu sagen brauchen:

Rechtlich selbständig sind Sachteile usw.

3. Kapitel

§ 51

Arten der Sachen

Wieacker, ZivA. 148, 57f.

I. Grundstücke und bewegliche Sachen.

1. Begriff. Als unbeweglich gelten die Grundstücke, das sind die durch menschliche Maßnahmen (Vermessung) abgegrenzten Teile der Erdoberfläche, samt ihren wesentlichen Bestandteilen. Beweglich ist jede Sache, die weder Grundstück noch wesentlicher Bestandteil eines Grundstücks ist. Unwesentliche Bestandteile nehmen für die Dauer der Verbindung den Charakter des Unbeweglichen an, RG. 158, 369.

Zum Grundstück gehört auch der Raum über der Erdoberfläche und der Erdkörper darunter, aber beides nur so weit, als ein Berechtigter ein Bedürfnis nach der Beherrschung haben kann (905).

Den Grundstücken sind vom Gesetz gleichgestellt: Grundstücksrechte mit besonderem Grundbuchblatt, wie z. B. Erbbaurecht, Erbpachtrecht, Bergwerkseigentum (§ 11 Erbbaurecht VO., EG. 63, 67) und neuestens das Sondereigentum nach WEG., ferner gewisse Rechte auf Gewinnung von Materialien, die den bergrechtlichen Vorschriften nicht unterliegen (EG. 68); ebenso werden im Schiffsregister eingetragene Schiffe in einzelnen Beziehungen wie Grundstücke behandelt (Ges. v. 15. 11. 40).

2. Rechtliche Bedeutung. Während im römischen und Gemeinen Recht Mobilien und Immobilien im wesentlichen gleich behandelt wurden, erkannte das deutsche Recht dem Grundbesitz eine Sonderstellung zu, weil die Stellung der Familie auf dem Grundbesitz beruhte, später auch, weil er die Grundlage des Sachkredits bildet. Das BGB. ist dem deutschen Recht gefolgt und hat ein in wesentlichen Punkten verschiedenes Grundstücks- und Fahrnissachenrecht.

Zunächst ist der Inhalt des Eigentumsrechts an Grundstücken mit Rücksicht auf die Nachbarrechte besonders begrenzt (906/924). — Für den Rechtserwerb gelten verschiedene Grundsätze [der rechtsgeschäftliche Erwerb von Grundstücksrechten erfolgt durch Einigung und Eintragung ins Grundbuch (873), von Fahrnisrechten durch Einigung und Besitzübergabe (929, 1205)]. Selbst im Schuldrecht erweist sich der Unterschied bedeutsam (313, 565, 566, 571).

Die nationalsozialistische Bewegung hat versucht, Grund und Boden eine Vorzugsstellung durch weitere Maßnahmen zu sichern. Vor allem sei auf das bäuerliche Erbhofrecht hingewiesen (ReichserbhofG., aufgehoben, KRG. 45). Auch ein demokratisches Rechtsdenken wird anerkennen müssen, daß das Eigentum an Grund und Boden erhöhte Pflichten zu sachgetreuer Bewirtschaftung und Nutzung mit sich bringt. Das beweist die Aufteilung des Großgrundbesitzes.

II. Vertretbare und nicht vertretbare Sachen.

M. Wolff, Ehrenbergs Handbuch des HR. IV 10ff.

1. Begriff. Vertretbar sind bewegliche Sachen, die im Verkehr nicht als Einzelsache, sondern als Träger von Gattungsmerkmalen gewertet werden, „nach Zahl, Maß oder Gewicht bestimmt zu werden pflegen" (91), sog. fungible Sachen. Nicht vertretbar sind Sachen, die nach der Verkehrsauffassung ihre Bedeutung durch ihre besonderen, gerade diesem Stück zukommenden Eigenschaften erhalten, als Einzelsachen (Sachindividuen) gewertet werden.

Vertretbar sind: ungebundene oder gleichmäßig gebundene Bücher einer in vielen Exemplaren hergestellten Auflage, Nahrungsmittel, Getreide, gewöhnliche Maschinen, Geld, Banknoten; nicht vertretbar: ein Grundstück, ein Ölbild — etwa von Liebermann, ein Pferd, ein Hund.

2. Die rechtliche Bedeutung zeigt sich namentlich im Schuldrecht. Schadenersatz wegen Verlust oder Beschädigung einer vertretbaren Sache kann geleistet werden durch Lieferung eines anderen Stücks mit gleichen Gattungsmerkmalen (249), während bei nicht vertretbaren Sachen nur Geldersatz möglich ist.

Vgl. außerdem 607 (Darlehn), 700 (Hinterlegungsdarlehn), 651 (Werklieferungsvertrag), 783 (Anweisung) usw.

3. Zusatz. Nicht zu verwechseln mit der Bestimmung einer Sache nach Gattungs- oder Einzelmerkmalen durch den Verkehr ist ihre Bestimmung nach solchen Merkmalen durch die Parteiabrede. Auch eine vertretbare Sache kann

als Vertragsgegenstand nach Einzelmerkmalen bestimmt werden; wenn jemand ein ihm vorgelegtes Buch mit hoher Auflageziffer kauft, ist das ein Stückkauf. Und andererseits können nicht vertretbare Sachen zum Gegenstand eines Gattungskaufs gemacht werden, so z. B., wenn ein Kunsthändler einen (nicht: diesen) Rembrandt oder Liebermann zu liefern verspricht. Der Schuldner einer als species geschuldeten vertretbaren Sache kann grundsätzlich nicht mit einem anderen Stück der Gattung erfüllen, aber er kann damit Schadenersatz wegen Nichterfüllung nach 249 leisten.

III. Verbrauchbare und unverbrauchbare Sachen.

Sokolowski, Philosophie im Privatrecht (1902) 383f.; Andree, Heidelb. Diss. 1919.

1. Begriff. Verbrauchbar sind bewegliche Sachen, deren bestimmungsmäßiger Gebrauch im Verbrauch oder in der Veräußerung besteht (92 I); unverbrauchbar sind alle anderen.

Es handelt sich also um eine natürliche, wirtschaftliche Eigenschaft, die auf der Verkehrsanschauung beruht. Verbrauchbar sind namentlich Nahrungsmittel, Brennstoffe, Geld, Banknoten usw. Nötig ist aber, daß der Gebrauch in einer bewußten Vernichtungs- und Entwertungshandlung besteht; es genügt nicht, daß die Abnutzung eine tatsächliche, aber unerwünschte Nebenerscheinung des Gebrauchs ist, wie bei Kleidern, Teppichen, Möbeln, Büchern.

Als verbrauchbar gelten aber auch Sachen, die zu einem Warenlager oder einem sonstigen Sachinbegriff gehören, dessen einzelne Sachen zur Veräußerung bestimmt sind (92 II).

Hiernach werden also auch an sich unverbrauchbare Sachen, solange sie zu einem solchen Inbegriff gehören, verbrauchbar (Kleider, Bücher, Pferde usw.).

2. Die rechtliche Bedeutung zeigt sich vor allem bei den Gebrauchsüberlassungsverträgen; die Rückgabepflicht kann sich vernünftigerweise nicht auf dasselbe Stück, sondern nur eine gleiche Menge beziehen. Die verbrauchbare Sache ist kein geeigneter Gegens and des Leihvertrags, sondern Gegenstand des Darlehns (607, vgl. auch 706). Wo die Nutzung einem anderen als dem Eigentümer zusteht (Nießbraucher, 1067) braucht dieser die Sachen nur dem Wert nach herauszugeben.

Nicht gleichzusetzen mit den verbrauchbaren Sachen sind die vertretbaren. Fast alle verbrauchbaren Sachen sind zwar vertretbar, aber nicht umgekehrt (Oertmann, Komm. z. Allg. T. § 92, 1g). Der Nießbraucher wird also nicht nach § 1067 Eigentümer der ihm übergebenen Inhaberpapiere, da sie zwar vertretbar, aber nicht verbrauchbar sind.

IV. Teilbare und unteilbare Sachen.

1. Begriff. Teilbar sind Sachen, die sich ohne Wertminderung in gleichartige Teile zerlegen lassen (752), z. B. Stoffstücke, Metallbarren, Getreide-, Sandhaufen, regelmäßig die nicht mit Gebäuden versehenen Grundstücke. Unteilbar sind z. B.: Diamanten, lebende Tiere, Gemälde, Hausgrundstücke.

Im physikalischen Sinne kann natürlich auch eine unteilbare Sache zerteilt, in ihre Atome zerlegt werden. Der Schwerpunkt einer wirklichen Teilung liegt in der Erhaltung des Begriffs der Sache, da der Teil nur als dem Ganzen wesensgleich gedacht werden kann.

2. Die rechtliche Bedeutung zeigt sich bei der Auseinandersetzung einer Gemeinschaft. Hier kann Teilung in Natur nur bei teilbaren Sachen verlangt werden (752).

Vgl. auch 420, 427, 431/432 (Forderungen auf Leistung teilbarer Sachen sind Forderungen auf teilbare Leistungen).

4. Kapitel

Zubehör § 52

Mart. Wolff, Ehrenbergs Handb. d. ges. HR. IV, 1, S. 16; Rostosky, DogmJ. **74** 75ff.; Wieacker, AcP 148, 91f.; Siebert, Zubehör des Unternehmens und Zubehör des Grundstücks, Festschrift für Gieseke, 1958 S. 59ff.

Vorbemerkung. Mehrere Sachen können nicht bloß so in Verbindung gesetzt werden, daß sie zu einer neuen einheitlichen Sache als deren Bestandteile vereinigt werden. Sie können auch unter Beibehaltung ihrer körperlichen Selbstständigkeit zueinander in Beziehung treten, sei es im Verhältnis der Gleichordnung (Messer und Gabel, Tasse und Untertasse, Schachfiguren), sei es im Verhältnis der Unterordnung (Schlüssel zum Haus oder Schrank, Futteral zur Brille). In diesem Fall nennt man die dienende Sache Zubehör (römisches Recht: quasi pars, mittelalterlich: pertinentia). Die Rechtsordnung hat die Aufgabe, den wirtschaftlichen Zusammenhang der Hauptsache mit dem Zubehör dagegen zu schützen, daß er unnötig zerrissen wird.

I. Begriff (97). Die Eigenschaft als Zubehör setzt voraus:

1. zwei Sachen, eine Hauptsache und eine Nebensache (Zubehör). Die Nebensache muß:

a) beweglich sein;

Nach Gemeinem Recht konnten auch unbewegliche Sachen Zubehör sein, wie z. B. ein Hausgarten. Nach BGB. kann ein Grundstück mit einem anderen nur so in rechtliche Verbindung gebracht werden, daß es als dessen Bestandteil im Grundbuch eingetragen wird (890 II), oder daß beide zu einem einheitlichen Grundstücke als dessen Bestandteile vereinigt werden (890 I).

b) Die Nebensache muß ferner körperlich selbständig (darf also kein Bestandteil der Hauptsache) sein.

Hier ist in erster Linie nicht der körperliche Zusammenhang, sondern die Verkehrsauffassung maßgebend, die in verschiedenen Landesteilen verschieden sein kann. Bestandteile sind die Sachteile, die — solange die Verbindung dauert — als ein Ganzes angesehen werden. Öfen werden z. B. bald als selbständige Sachen gewertet und sind dann entweder Zubehör oder weder Bestandteil noch Zubehör, bald werden sie als Bestandteile angesehen. Bei einem Gasthof ist z. B. die Heizungs- und Beleuchtungsanlage Bestandteil, das Inventar, auch der Hotelomnibus, Zubehör; vgl. RG. **47** 200ff., wo sogar die Gondeln, die sich auf einem zugepachteten Teich zur Benutzung der Gäste eines Restaurationsgrundstücks befanden, als Zubehör dieses Grundstücks angesehen wurden. Der Mast des Schiffes ist Bestandteil, das Boot Zubehör. Versandgefäße, Biertonnen, Flaschen, worin die Waren geliefert werden, sind kein Bestandteil, sondern Zubehör (RG. Gruchot **53** 899).

2. Die Nebensache muß dem wirtschaftlichen Zweck der Hauptsache dauernd zu dienen bestimmt sein.

a) Der wirtschaftliche Zweck der Hauptsache ergibt sich aus ihrer tatsächlichen Benutzung. Die Orgel kann Zubehör der Kirche sein (RG. Gruchot **54** 833).

b) Die Widmung der Nebensache zu diesem Zweck kann von jedem ausgehen, der über die Haupt- und Nebensache tatsächlich zu verfügen vermag; unnötig ist, daß Hauptsache und Zubehör demselben Eigentümer gehören. Wird ein gestohlener Schlüssel dauernd zum Öffnen eines Schrankes benutzt, so wird er dessen Zubehör.

Die Zweckwidmung muß — von den gleich zu behandelnden Fällen abgesehen — nachgewiesen werden. Ein Klavier, das in einer Gastwirtschaft steht, ist nicht ohne weiteres Zubehör des für diesen Betrieb hergerichteten Grundstücks (KG. JW. 1932, 2096).

Für gewisse Fälle ersetzt das Gesetz die Bestimmungshandlung und die Prüfung des Unterordnungsverhältnisses. Nach der ausdrücklichen Vorschrift des § 98 sind dem wirtschaftlichem Zweck der Hauptsache zu dienen bestimmt:

α) bei einem Gebäude, das für einen gewerblichen Betrieb dauernd eingerichtet ist (z. B. Mühle, Schmiede, Brauhaus, Fabrik), die zum Betrieb bestimmten Maschinen und Gerätschaften;

Das RG. sieht das Leitungsnetz eines Elektrizitätswerkes und das Rohrnetz einer Gasanstalt grundsätzlich als Zubehör des Elektrizitätswerkgebäudes bzw. der Gasanstalt an — soweit sie sich nicht auf dem Grundstück des Werkes selbst befinden und durch feste Verbindung wesentlicher Bestandteil geworden sind (RG. **83** 60; **87** 51; Warneyer, 1915 Nr. 271).

β) bei einem Landgute das zum Wirtschaftsbetriebe bestimmte Gerät und Vieh (sog. Gutsinventar), die landwirtschaftlichen Erzeugnisse, soweit sie zur Fortführung der Wirtschaft bis zur nächsten Ernte erforderlich sind (z. B. Saatkorn), sowie der vorhandene, auf dem Gute gewonnene Dünger.

Das auf einer Geflügelfarm gehaltene Geflügel ist Zubehör des Farmgrundstückes; so r. OLG. Braunschweig gegen OLG. Celle, JW. 1932, 2456.

Nach HGB. 478 sind Schiffsboote Zubehör des Schiffes; als Zubehör gelten alle im Schiffsinventar eingetragenen Gegenstände.

c) Die Nebensache muß dazu bestimmt sein, dem wirtschaftlichen Zweck der Hauptsache zu dienen, ihre wirtschaftliche Aussnutzung zu ermöglichen oder zu erleichtern — und zwar so, daß sie als der Hauptsache untergeordnet erscheint, zu ihr in einem Abhängigkeitsverhältnis steht (RG. **86** 326). Deshalb sind die auf einem Fabrikgrundstück lagernden, zur Verarbeitung in der Fabrik bestimmten Rohstoffvorräte vom RG. nicht als Zubehör der Fabriksache angesehen worden, ebensowenig die Fertigfabrikate; sie sind ihr als gleichwertig und gleichwichtig zu erachten (RG. **86** 326). Anders verhält es sich mit den Kohlenvorräten, die zum Betrieb der Fabrik bestimmt sind; sie hat das RG. als Zubehör erklärt (RG. **77** 36). Ebenso sind die sog. Materialreserven, d. h. die zur Ausbesserung oder zum Ersatz abgenutzter Fabrikteile dienenden Vorräte sowie die auf einem Baugrundstück lagernden, zur Verbauung auf ihm bestimmten Baustoffe Zubehör (RG. **86** 330; **84** 284). Alle diese Dinge sind abhängige Hilfssachen, während die zur Verarbeitung in der Fabrik bestimmten Vorräte der Fabriksache bis zu einem gewissen Grade gleichwertig sind.

d) Die Zubehöreigenschaft ist ausgeschlossen bei nur vorübergehender Verwendung für die Zwecke der Hauptsache. So regelmäßig bei den vom Mieter oder Pächter eingebrachten Sachen, bei einer aushilfsweise verwandten Maschine.

3. Das Zubehör muß in einem räumlichen Verhältnis zur Hauptsache stehen, das seiner Zweckbestimmung entspricht.

Ob diese Voraussetzung gegeben ist, beurteilt sich nach den Umständen des einzelnen Falls. Körperliche Verbindung ist nicht erforderlich, es braucht die Sache sich nicht einmal unbedingt an der Stelle zu befinden, wo sie bestimmungsgemäß verwendet werden soll; so hat das RG. (**51** 272) z. B. einen zum Ersatz bestimmten vorläufig auf dem Fabrikhof abgeladenen Maschinenkessel für Zubehör der Fabrik erklärt. Auch eine vorübergehende Trennung hebt die Zubehöreigenschaft nicht auf; der Gartenschlauch bleibt Zubehör, auch wenn er z. B. zur Ausbesserung weggegeben wird. Vgl. auch RG. DR. 1942, 137 (betr. Förderbagger eines Kieswerks).

4. Auch wenn alle diese Voraussetzungen verwirklicht sind, ist die Sache nicht Zubehör, wenn sie im Verkehr nicht als solches angesehen wird (97 I, 2).

Eiserne Öfen gelten z. B. in manchen Teilen der Rheinprovinz, weil sie von den Mietern mitgebracht werden, nicht als Zubehör, aber auch nicht als Bestandteil. — Das Zaumzeug eines Pferdes ist kein Zubehör. Nach Hamburger Verkehrsanschauung ist das auf dem Holzboden liegende Linoleum kein Zubehör (OLG. Rspr. **45** 110).

II. Rechtliche Bedeutung.

Der wirtschaftliche Zusammenhang zwischen Zubehör und Hauptsache veranlaßt die Rechtsordnung, das Zubehör in gewissen Beziehungen den rechtlichen Schicksalen der Hauptsache zu unterwerfen. Aber während die Abhängigkeit des wesentlichen Bestandteils eine allgemeine und notwendige ist, teilt das Zubehör die Rechtsschicksale der Hauptsache nur in den vom Gesetz vorgesehenen Fällen und meist nur vermutlich. Wieweit sich daraus ein allgemeiner Grundsatz ableiten läßt, ist streitig. Gegenüber dem Gemeinen Recht, das nur eine Erstreckung der schuldrechtlichen Verpflichtungsgeschäfte auf das Zubehör kannte, ist seine Bedeutung durch das BGB. erheblich erweitert.

1. Die rechtsgeschäftliche Verpflichtung zur Veräußerung oder Belastung der Hauptsache erfaßt im Zweifel auch deren Zubehör (314, 498, 2164).

Der Verkäufer eines Hauses ist also im Zweifel aus dem Kaufvertrag zur Übereignung der Hausschlüssel usw. verpflichtet.

2. Die Veräußerung oder Belastung eines Grundstücks oder gleichgestellten Rechts ergreift in vielen Fällen im Zweifel auch das Zubehör (926, 1031, 1093, 1096, § 8 ReichserbhofG.).

Bei der Veräußerung eines Grundstücks soll sich im Zweifel nach 926 I 2 die Veräußerung auch auf das Zubehör erstrecken. Für diesen Fall erlangt der Erwerber das Eigentum mit dem Eigentum am Grundstück, also ohne weiteres auf Grund der Auflassung, obwohl an sich das Eigentum am Zubehör nur auf Grund von Einigung und Übergabe (929ff.) erworben werden kann. Regelmäßige Voraussetzung ist freilich, daß die Zubehörstücke dem veräußernden Grundstückseigentümer gehören; anderenfalls sind 932ff. anwendbar, wenn der Erwerber den Besitz erlangt. Vgl. ferner § 4 Ges. über Rechte an eingetragenen Schiffen u. Schiffsbauwerken v. 15. 11. 1940.

Für dingliche Verfügungen über bewegliche Sachen fehlen entsprechende Bestimmungen.

Der Käufer eines Zeißglases kann danach im Zweifel das dazugehörige Etui beanspruchen, aber er erwirbt keineswegs schon das Eigentum daran mit der Übergabe des Glases, sondern erst mit der Übergabe des Etuis selbst.

3. Die Hypotheken, Grundschulden, Rentenschulden, Schiffspfandrechte ergreifen ohne weiteres das dem Eigentümer der Pfandsache gehörige Zubehör; vgl. 1120, 1192, 1200, BGB. u. 31 Ges. v. 15.11.1940 (betr. Schiffshypothek); vgl. RG. **125** 362.

4. Die Zwangsvollstreckung ins unbewegliche Vermögen umfaßt auch das dem Eigentümer gehörige Zubehör; für sich allein kann dieses nicht gepfändet werden (ZPO. 865; ZVG. 20, 21, 55, 146).

5. Beweislast. Wer sich auf die Zubehöreigenschaft einer Sache beruft, muß die Voraussetzungen des Zubehörbegriffs beweisen mit Ausnahme des negativen Erfordernisses, daß die Benutzung keine vorübergehende sein darf (97 II 1) und daß die Verkehrsanschauung de Zubehöreigenschaft nicht verneint (97 I 2). Vgl. RG. JW. 1914, 460; OLG. Rspr. 7 Nr. 35c S. 350.

III. Kritischer Zusatz.

Der Zubehörbegriff des BGB. ist zu eng, weil das Gesetz nur Sachen (körperliche Gegenstände) für fähig erklärt, Zubehör zu haben und Zubehör zu sein. Man denke an den Fall der Unternehmensveräußerung. Da das Unternehmen keine Sache ist, leidet 314 BGB. [wonach die Verpflichtung zur Veräußerung oder Belastung einer Sache sich auch auf das Zubehör der Sache erstreckt] keine unmittelbare Anwendung. Die Vorstellung ist aber unentbehrlich, daß die dem Betrieb dauernd dienenden Geräte Bestandteile oder Zubehör des Unternehmens sind und bei seinem Verkauf als im Zweifel mitverkauft zu gelten haben. So r. M. Wolff in Ehrenbergs Handb. IV 1 S. 17.

Auch sonst ist nach Wolff geboten, einen weiteren Zubehörbegriff anzuerkennen und körperliche sowie unkörperliche Güter als Zubehör anzuerkennen. Bei der Unternehmungsveräußerung muß man i. Zw. die Verpflichtung des Verkäufers zur Übertragung auf alles erstrecken, was wirtschaftlich zum Unternehmen gehört, wie z. B. Patentrechte, auf Grund deren die Fabrikation stattfindet, Rechte aus einem vertraglichen Wettbewerbsverbot (RG. **102** 127), Rechte aus Lieferungsverträgen, die zum Weiterbetrieb des Unternehmens notwendig sind (vgl. Staub, Komm. z. HGB. Anh. zu § 374 Anm. 2a).

Firma und Warenzeichen dürfen aber nicht als Zubehör aufgefaßt werden, weil sie losgelöst vom Unternehmen nicht bestehen können.

Trotz der Enge des Zubehörbegriffes sind wir in der Lage, durch richtige Auslegung des schuldrechtlichen Veräußerungsgeschäftes der Zugehörigkeit unkörperlicher Gegenstände zum Unternehmen Rechnung zu tragen. Die Rspr. hilft sich, wo Grundstücke zum Unternehmen gehören, damit, den Begriff des Grundstückszubehörs möglichst weit zu fassen; so RG. DR. 1942, 137.

Schuldscheine und andre Urkunden — außer Inhaber- und Orderpapieren — werden durch 952 zum Zubehör des verbrieften Rechtes gemacht. Das Recht am Papier folgt i. Zw. dem Recht aus dem Papier, während bei den echten Wertpapieren (Inhaber- und Orderpapieren) umgekehrt das Recht aus dem Papier dem Recht am Papier folgt. Nach Wolff-Raiser, Sachenr. § 75 u. Westermann, Sachenrecht (4) § 55 besteht nur ein rechtsähnliches Verhältnis der Akzessorietät.

5. Kapitel

Früchte

§ 53

Göppert, Organische Erzeugnisse, 1869; v. Petrazyki, Einkommen, 1893 u. 1895; Reichel, DogmJ. **42** 205 u. GrünhutsZ. **30** 167; Affolter, Fruchtrecht 1911; Crome, Zur Fruchtlehre i. Festg. für Bergbohm, 1919, S. 99ff.; M. Wolff in Ehrenbergs Handb. d. ges. Handelsr. IV 1, S. 18ff.; Fr. Schulz, Bonner Festg. für Zitelmann, 1923, 83; Kruchen, Rvgl.-Hdwb. III 540f.; Schnorr v. Carolsfeld, AcP. 145, 27; Wieacker, AcP. 148, 98f.

Vorbemerkung.

Der Fruchtbegriff des BGB. ist ein weiterer als der des Gemeinen Rechts und des wirtschaftlichen Lebens. Im Gemeinen Recht verstand man unter Früchten die wiederkehrenden wirtschaftlichen Erträgnisse, die aus einer Sache bestimmungsgemäß ohne Veränderung ihres Wesens (salva substantia) gewonnen werden. Dabei unterschied man weiter unmittelbare, natürliche Früchte (fructus naturales) und mittelbare, sog. bürgerliche Früchte, das sind die Erträge, die aus einer Sache vermittels eines Rechtsverhältnisses gewonnen werden (fructus civiles). Danach gehörte nicht zu den Früchten: 1. die bestimmungswidrig, und 2. die unter wirtschaftlicher Beeinträchtigung der Sache gewonnene Ausbeute.

Das BGB. hat das Erfordernis des bestimmungsgemäßen Ertrags bei den natürlichen Erzeugnissen aufgegeben, dagegen für die sonstige Ausbeute aus einer Sache und für die Früchte eines Rechts festgehalten, es hat ferner das Erfordernis der Bestandsschonung nicht aufgestellt und so den Fruchtbegriff stark erweitert. Dadurch sah es sich genötigt, Sondervorschriften zu geben für die Fälle, wo eine Beschränkung geboten schien auf die Erträge, die unter Wahrung des Bestandes bestimmungsgemäß gewonnen werden (581, 993, 1039, 2133). Es arbeitet überhaupt mit zwei Fruchtbegriffen, dem „organischen" Göpperts bei den Sachfrüchten und einem „wirtschaftlichen" bei der Ausbeute und den Rechtsfrüchten.

I. Begriff. Der Oberbegriff, unter den das BGB. den Fruchtbegriff einordnet, ist der der Nutzungen (100). Nutzungen sind Früchte und andere Gebrauchsvorteile.

1. Früchte sind:

a) Die Erzeugnisse einer Sache (Tierjunges, Getreide, Obst, Bäume, Pflanzen) ohne Rücksicht darauf, ob die Sache zur Fruchtziehung bestimmt ist oder nicht (99 I).

Auch der rücksichtslos zur Brennholzgewinnung niedergeschlagene Obstbaum ist Frucht des Grundstücks, ebenso ein ganzer unter Raubbau niedergelegter Wald. Freilich wird das Fruchtziehungsrecht gewisser Fruchtziehungsberechtigter auf den Teil der Früchte beschränkt, die nach den Regeln einer ordnungsmäßigen Wirtschaft als Ertrag der Sache anzusehen sind, so für den Pächter (581) und Besitzer (993); der Nießbraucher (1039) muß wenigstens den Wert der darüber hinausgezogenen Früchte ersetzen (vgl. auch 2133). Nötig aber ist immer, daß es ein Erzeugnis ist, das die Sache ohne Einbuße ihres Daseins gewährt. Das Fleisch selbst ist keine Frucht des Ochsen.

Beim Begriff der Erzeugnisse kommt es nach der Meinung des RG. vor allem auf die Auffassung des gewöhnlichen Lebens an. Deshalb werden auch eingepflanzte Bäume, sobald sie Wurzeln geschlagen haben, als Früchte des Bodens anzusehen sein (RG. **80** 232).

b) Früchte sind auch die sonstige Ausbeute, die aus der Sache ihrer Bestimmung gemäß gewonnen wird (99 I).

Dahin gehören die Erträgnisse einer Ton- oder Kohlengrube, eines Steinbruchs, das Eis eines Teiches. Unnötig ist, daß es sich um regelmäßig wiederkehrende Erträgnisse handelt oder die Sache selbst geschont wird. Nur bestimmungsgemäß muß die Ausbeute sein; keine Frucht ist der im Grundstück gefundene Schatz. Keine Frucht, was nichts als ein Teil der zerlegten Sache selbst ist; das Fleisch des Ochsen ist auch nicht unter dem Gesichtspunkt der Ausbeute als Frucht anzusehen.

Streitig ist, ob auch die Energien aus Elektrizitäts- oder Wasserwerken als Ausbeute dieser Anlagen und damit als Sachfrüchte angesehen werden dürfen; so Staudinger-Coing § 99 Anm. 10. „Ausbeute" aus der Sache sind sie sicher nicht; RGRK. § 99, 4. Es kann sich also nur um analoge Anwendung handeln.

c) Früchte sind weiter die sog. unmittelbaren Rechtsfrüchte, das sind die Erträge, die das Recht seiner Bestimmung gemäß gewährt (99 II).

Dahin gehören die Früchte des Nießbrauchs, des Erbbaurechts, der Reallast, einer Bergwerksgerechtigkeit usw. — die Zinsen als juristische Früchte des Kapitalforderungsrechts, JW. 1922, 947[27].

Der ganze Begriff ist schief. In Wahrheit handelt sichs auch hier meist um Sachfrüchte, die nicht auf Grund des Eigentums an der Muttersache, sondern eines sonstigen Rechts (Nießbrauchs usw.) gewonnen werden, das gerade auf die Gewinnung solcher Erträge gerichtet sein muß. Eine und dieselbe Sache kann also je nach der Berechtigung des Fruchtziehungsberechtigten Sachfrucht (d. h. Eigentumsfrucht) nach 99 I oder Rechtsfrucht (d. h. Frucht eines sonstigen Rechts) nach 99 II sein.

Als Erträge sind nicht bloß die Leistungen anzusehen, die auf Grund eines Rechtes gewährt werden, sondern auch schon die auf diese Leistungen gerichteten Forderungen; die Erträge werden aber erst endgültig mit deren Fälligkeit gewonnen.

d) Früchte sind endlich auch die mittelbaren Sach- und Rechtsfrüchte, das sind die Erträge, die eine Sache oder ein Recht gewährt vermöge eines (auf die Erzielung dieser Erträge gerichteten) Rechtsverhältnisses, bürgerliche oder Zivilfrüchte (99 III).

Hier handelt sichs stets um Entgelte, die jemand für den Gebrauch einer Sache oder eines Rechts zahlt, wie Miet- oder Pachtzinsen, Kapitalzinsen und Gewinnanteile.

Das Bezugsrecht auf neue Aktien ist keine Frucht des Aktienrechts, da es weder ein bestimmungsgemäßer Ertrag der Aktie ist, noch aus ihr entsteht. (OLGRspr. **24** 139; **36** 283; Gutachten des Reichsfinanzhofs, JW. 1921, 491). Es ist ein neuerworbenes selbständiges Vermögensrecht, das deshalb auch nicht dem Nießbraucher, sondern dem Eigentümer der Aktie zusteht.

2. Zu den Nutzungen gehören außer den Früchten noch die sonstigen Vorteile, die der Gebrauch einer Sache oder eines Rechts gewährt (100), wie z. B. das Bewohnen eines Hauses, das Tragen eines Anzugs, der Rennpreis, den ein Rennpferd gewinnt, nicht aber der Totalisatorgewinn; auch das Stimmrecht des Aktionärs ist ein solcher Vorteil (RG. **118** 268).

II. Die rechtliche Bedeutung des Fruchtbegriffs.

1. Sie zeigt sich bei der Regelung des Rechtserwerbs.

a) Die Frage, wer die Früchte erwirbt und in welchem Augenblick, beantwortet sich für die natürlichen Früchte nach sachenrechtlichen Grundsätzen (vgl. namentlich 953ff.), für die Zivilfrüchte nach den Vorschriften des Schuldrechts.

Bedeutsam ist bei den Sachfrüchten der Entwicklungszustand der Frucht. Die hängenden, ungetrennten Früchte (fructus stantes et pendentes) sind wesentlicher Bestandteil der Muttersache (94), also sonderrechtsunfähig. Mit der Trennung (fructus separati) werden sie selbständige Sachen und fallen dem Fruchtziehungsberechtigten zu (953ff.). Der Nießbraucher eines vermieteten oder verpachteten Grundstückes erlangt den Anspruch auf die Erträge, also die Miet- und Pachtzinsforderungen bereits mit der Bestellung und Eintragung des Nießbrauchs RG. **81** 149; **86** 135). Ein obligatorisch Berechtigter, dem der Besitz der Muttersache nicht überlassen ist (z. B. der Pächter des Obstes der Straßenbäume), erwirbt das Eigentum aber erst mit der Besitzergreifung (fructus percepti, 956).

Ein für den Rechtserwerb bedeutungsloser, aber für die Ersatzpflicht wichtiger Begriff ist der der gewinnbaren oder versäumten Früchte (fructus percipiendi); das sind die Früchte, die jemand nicht gezogen hat, aber nach den Regeln ordnungsmäßiger Wirtschaft hätte ziehen müssen (vgl. z. B. 987 II).

b) Auch insoweit ist der Fruchtbegriff wichtig, als gewisse hinsichtlich der Sache dinglich oder obligatorisch Berechtigte zwar das Eigentum an den Früchten und Nutzungen, nicht aber an sonstigen abgetrennten Bestandteilen der Sache erwerben, so der Nießbraucher, gutgläubige Besitzer, Pächter, Pfandgläubiger, Ehemann usw. (954ff., 1030, 1039, 1089, 1213, 1383).

2. Die rechtliche Bedeutung des Fruchtbegriffs zeigt sich weiter bei der Fruchtverteilung, wenn ein Wechsel des Fruchtziehungsberechtigten innerhalb eines Fruchtziehungszeitraums eintritt, so wenn der Nießbraucher stirbt, die Ehe geschieden oder das Pachtverhältnis aufgehoben wird.

Hier sind zwei Fragen scharf zu unterscheiden:

a) Wer erwirbt das Eigentum an den natürlichen Früchten oder den Anspruch auf die Zivilfrüchte? Wem gehören sie? (siehe darüber zu 1a).

b) Darf der Erwerber die Früchte behalten oder muß er sie seinem Nachfolger (Vorgänger) herausgeben oder doch ihren Wert ersetzen? Wem gebühren sie? Wie gestaltet sich die endgültige Auseinandersetzung? Das Gesetz (101) unterscheidet:

α) Für die natürlichen Früchte (auch wenn sie als Früchte eines Rechts erworben werden, 99 II) entscheidet der Augenblick der Trennung.

Das ist das römischrechtliche Substanzial- oder Trennungsprinzip — während das deutsche Recht das Produktionsprinzip (wer säet, der mähet) anerkannte. Da sich der Erwerb grundsätzlich nach BGB. mit der Trennung vollzieht, darf der Fruchtziehungsberechtigte alle Früchte behalten, die während der Dauer seines Fruchtziehungsrechts geerntet sind. Der Besteller kann nicht einmal einen Teil der Früchte beanspruchen, wenn die Ernte erst nach Beendigung seines Fruchtziehungsrechts erfolgt. Daß das keine gerechte Verteilung ist, bedarf keiner Ausführung. Doch wird dieser Grundsatz gemildert durch die Bestimmungen, die dem Besitzer eines landwirtschaftlichen Grundstücks einen Anspruch auf Erstattung der Kosten zubilligen, die er — entsprechend einer ordnungsmäßigen Wirtschaft — auf die noch nicht getrennten Früchte verwandt hat, 592, 998, 1055, 1421.

β) Die Zivilfrüchte werden — wenn es sich um regelmäßig wiederkehrende Leistungen, wie Miet- und Pachtzinsen, Renten und Gewinnanteile handelt — nach Verhältnis der Dauer der Berechtigung verteilt; sonst entscheidet der Zeitpunkt der Fälligkeit.

Sind z. B. auf Grund einer Reallast jährliche Leistungen vom Eigentümer eines Bauernhofes an den jeweiligen Eigentümer eines herrschaftlichen Gutes zu machen, so sind diese beim kaufweisen Übergang des Herrengutes entsprechend zwischen dem alten und neuen Eigentümer zu verteilen; ist dagegen nur beim Tod des Hofeigentümers eine Geldsumme zu zahlen, so ist entscheidend, ob die Reallast vor oder nach der Auflassung des Herrenguts fällig wird.

γ) Entsprechendes gilt für die Lastenverteilung unter mehreren nacheinander Verpflichteten (103).

Die wiederkehrende Grundsteuer ist entsprechend zu verteilen, gleiches gilt für Renten-, Hypotheken- und Grundschuldzinsen; außerordentliche Deichlasten, Straßenanliegerbeiträge, Einquartierungslasten, Schullasten, Patronatslasten (RG. **70** 263) hat jeder so weit zu tragen, wie sie während der Dauer seiner Verpflichtung zu entrichten sind.

3. Der Fruchtbegriff ist endlich bedeutsam bei der Regelung der Herausgabepflicht (102).

Wer auf Grund eines Rechtsgeschäfts oder gesetzlicher Bestimmung zur Herausgabe von Früchten verpflichtet ist (vgl. z. B. 987ff., 998), kann Ersatz der Fruchtziehungskosten so weit verlangen, als sie einer ordnungsmäßigen Wirtschaft entsprechen und den Wert der Früchte nicht übersteigen.

Die dispositive Vorschrift kann wegbedungen werden (auch stillschweigend); bei einer rechtsgeschäftlichen Herausgabepflicht kann sich z. B. bei richtiger Auslegung (133, 157, 242) ergeben, daß die Bestellungskosten nicht abgezogen werden dürfen.

Streitig ist, ob § 102 nur ein Einrederecht zubilligt (Planck) oder einen klagbaren Anspruch (so r. RGRKomm. § 102, 4 und die herrschende Meinung).

6. Kapitel

§ 54

Rechts- und verkehrsunfähige Sachen

Wappäus, Zur Lehre von den dem Rechtsverkehr entzogenen Sachen 1867, Kloeß, Die allgemeinen Sachen, Luft und Wasser, nach gelt. Recht, 1907; Biermann, Die öffentl. Sachen, 1905; Moll, Gruchot **54** 313ff.; Friedrichs; ebenda **64** 676 u. ArchöffR. **40**, 257; Peters, Lehrbuch der Verwaltung 1949; Forsthoff, Lehrb. des Verwaltungsr. (7) 1958; v. Turegg, Lehrb. d. Verwaltungsr. (3) 1956.

I. Begriff. Rechts- und verkehrsunfähig sind Sachen, die zwar im Eigentum stehen können, aber wegen ihrer Zweckwidmung im öffentlichen Interesse der privaten Rechtsmacht völlig oder teilweise entzogen sind und deshalb überhaupt nicht oder nur in beschränktem Maße Gegenstand des Rechtsverkehrs sein können.

An sich ist jede Sache tauglicher Gegenstand sachenrechtlicher Herrschaft. Wenn die sog. verkehrsunfähigen Sachen ganz oder zum Teil dem Rechtsverkehr entzogen sind, so ist das grundsätzlich nicht in ihrer natürlichen Unfähigkeit begründet, Gegenstand des Eigentums und sonstiger Rechte zu sein, sondern folgt aus ihrer Zweckwidmung. Und deshalb reicht ihre Verkehrsunfähigkeit auch nur so weit, als die Anerkennung privatrechtlicher Macht mit dieser Zweckbestimmung in Widerspruch stünde; die Verkehrsunfähigkeit ist also für jede Gruppe verschieden.

Früher führte man zum Teil die Verkehrsunfähigkeit zurück auf die natürliche Unfähigkeit dieser Sachen zum Rechtsverkehr und leitete diese irrige Anschauung ab aus der ersten Gruppe der nach römischem Recht verkehrsunfähigen Sachen, nämlich der res omnium communes (Luft, fließendes Wasser, Meer und Meeresgestade). Indessen diese sind grundsätzlich mangels räumlicher Abgegrenztheit und Beherrschbarkeit überhaupt nicht als Sachen anzuerkennen. Soweit sie tatsächlich dem Gewaltbereich des einzelnen unterworfen werden können (durch Ausscheidung oder bestimmte Benutzungsweise), können sie auch Gegenstand von Rechten sein, so r. Staudinger-Coing, Vorb. vor § 90 VII 1 b. Die Herrschaft im Raume über einem Grundstück hat nach 905 dessen Eigentümer. Fließendes Wasser darf jeder schöpfen, soweit er es, ohne fremden Grund und Boden zu betreten, erreichen kann (Enneccerus-Nipperdey, § 130 I 2). Das Meeresgestade steht im Eigentum des Staates; ebenso steht diesem ein Hoheitsrecht an Buchten, Reeden und dem Küstenwasser zu.

II. Die maßgebenden Rechtsvorschriften. Das BGB. erwähnt die verkehrsunfähigen Sachen nicht. Zum Teil ist hier das Landesrecht kraft Vorbehalts (vgl. 65, 66, 111, 133 EG.) maßgebend. Im übrigen beruht die

Zweckwidmung und die Regelung auf öffentlichem Recht, ist also durch das BGB. unberührt geblieben (EG. 55). Infolgedessen ist der Rechtszustand für Deutschland nicht einheitlich.

III. Die Arten der verkehrsunfähigen Sachen:

1. Die geheiligten, d. h. religiösen oder Bestattungszwecken gewidmeten Sachen (res sacrae et religiosae).

Die Widmung erfolgt durch einen berechtigten Verwaltungsakt der Kirchenbehörde bzw. der zuständigen Stelle, meist der politischen Gemeinde.

Sie stehen im Eigentum bald der Kirche (d. h. religiöser Körperschaften oder Anstalten) — so meist die kirchlichen Gebäude, Geräte, Glocken —, bald der politischen Gemeinden — so vielfach die Friedhöfe —, zuweilen aber auch Privater — so nicht selten Schloß- und Gutskirchen, aber auch Familiengrüfte —. Das Eigentum ist aber überall dadurch beschränkt, daß ein bestimmungswidriger Gebrauch ausgeschlossen ist.

Innerhalb dieser Schranken sind Rechte denkbar, so das Kirchenstuhlrecht RG. 118, 22. Auch das Recht auf einen bestimmten Begräbnisplatz kommt vielfach als dingliches Recht vor, EG. 133.

2. Die dem Gemeingebrauch dienenden Sachen (res publicae).

Soweit sie nicht ihrer natürlichen Beschaffenheit nach der Privatrechtssphäre entzogen sind, wie das freie Meer und das fließende Wasser, müssen sie dem Gemeingebrauch erst durch einen öffentlichrechtlichen Verwaltungsakt zugänglich gemacht werden.

So vor allem die öffentlichen, d. h. dem allgemeinen Verkehr geöffneten Wege und die öffentlichen Flüsse und Seen.

a) Sie sind meist Eigentum des Staates oder der Gemeinden, und dieses untersteht im allgemeinen den Vorschriften über das Privateigentum des BGB. Die Eigenschaft der Sache als res publica beginnt mit dem öffentlich-rechtlichen Akt der Widmung und Indienststellung.

RG. **88** 16; **94** 33; **123** 181 u. 187; **125** 108.

In den Teilen des früheren französischen Rechtsgebiets hat das „domaine public" des französischen Rechts an den Staatsstraßen (ein öffentliches Eigentum, in dem Sachherrschaft und Verwaltungshoheit in eins zusammenfließen) sein Ende gefunden, RG. 131, 268. Das Recht an der Straße ist echtes Privateigentum, beschränkt durch die Zweckbestimmung der Straße, dem Gemeingebrauch zu dienen, RG. 132, 399.

b) Da sie aber für den Gemeingebrauch bestimmt sind, tritt das Eigentum des Berechtigten stark zurück; er muß die Zweckwidmung achten, darf den Gemeingebrauch nicht zweckwidrig beschränken und muß auch die nötigen Maßnahmen treffen, um ihn zu ermöglichen.

Im Laufe der Zeit hat das RG. das Privateigentum an der Straße zugunsten des zulässigen Gemeingebrauchs stärker eingeschränkt. Der Gemeingebrauch ist nicht auf den Verkehr im engsten Sinne beschränkt, die

Straße dient auch sonstigem allgemein ausgeübtem Gebrauch; vgl. RG. **123** 181 (Lichtreklameanlage eines Straßenanliegers); **123** 187 (Anlage und Betrieb von Tankzapfstellen); **125** 108 (Verkaufsstand eines Straßenhändlers auf dem Bürgersteig). Vgl. weiter RG. **131**, 268; **132**, 399.

Soweit die Zweckwidmung nicht entgegensteht, kann das Eigentum ausgeübt werden, z. B. durch Verpachtung der Grasflächen der Böschungen (RFHJW. 1921, 1377).

c) Ob auf Teilnahme am Gemeingebrauch ein subjektives öffentliches Recht (Persönlichkeitsrecht) besteht oder es sich nur um Ausübung einer jedem eingeräumten Befugnis handelt, ist streitig.

Wer Grundstücke oder Wege dem Verkehr eröffnet, übernimmt damit auch eine Erhaltungspflicht, deren Verletzung nach 823 ersatzpflichtig macht (RG **54** 56).

d) Die aus der öffentlichrechtlichen Zweckbestimmung sich ergebenden Beschränkungen bestehen so lange, als die Sache eine öffentliche ist. Um sie ihrem öffentlichen Zweck zu entziehen, muß grundsätzlich die Zweckwidmung aufgehoben werden. Die „Außerdienststellung" ist ein öffentlichrechtlicher Akt, zu dem vielfach die Genehmigung einer übergeordneten Verwaltungsbehörde erforderlich ist.

Wenn eine dem Gemeingebrauch dienende Sache im Eigentum eines einzelnen steht — was namentlich bei öffentlichen Wegen nicht selten ist —, gelten entsprechende Grundsätze.

3. Die für den öffentlichen Dienst bestimmten Sachen, wie Gerichts- und Verwaltungsgebäude, Schulhäuser, Kasernen, Festungen, Gefängnisse usw., das sog. Verwaltungsvermögen. Sie stehen im Eigentum des Staates oder der öffentlichrechtlichen Verbände, dürfen aber, solange ihre öffentliche Bestimmung dauert, dem öffentlichen Dienst nicht entzogen werden; sie unterliegen also z. B. nicht dem Zugriff der Gläubiger.

Vgl. RG. **72** 347 (Kriegsschiff).

Das gilt aber nicht für das Finanzvermögen (Kämmereigut) der öffentlichrechtlichen Verbände (Miethäuser, Wertpapiere, Domänen usw.), d. h. Sachen, die den öffentlichen Zwecken nur durch ihren Ertrag oder Tauschwert dienen. Sie stehen im freien Privateigentum.

Ebensowenig gelten diese Beschränkungen für die Gewerbebetriebe, die vom Staat oder von der Gemeinde nach Art privater Unternehmer, nicht also gerade in Erfüllung öffentlichrechtlicher Aufgaben, betrieben werden, wie Eisenbahnen, Gas- und Elektrizitätswerke, Bäder, die Porzellanmanufaktur in Berlin. Doch ist die Zwangsvollstreckung nach Landesrecht vielfach beschränkt.

IV. Teil

Die Lehre von den Rechtssubjekten (Personen)

Husserl, Rechtssubjekt und Rechtsperson, ZivA. **127** 129f.; Schönfeld, Rechtspersönlichkeit und Rechtsgut, RGFestschr. II 191f.

§ 55 Die Bedeutung der rechtlichen Neuordnung seit dem ersten Weltkrieg für das Personenrecht. — Neue Verbandsformen

H. Lehmann, Die Grundgedanken des neuen Arbeitsrechts, 1922; Wieacker, Privatrechtsgeschichte der Neuzeit, 1952.

Die Zeit nach dem ersten Weltkrieg brachte Deutschland eine grundsätzliche Neueinstellung zu der Bewertung der Lebensgüter. Gebrochen wurde mit der römisch-rechtlichen Wertung, wonach das Privatrecht in erster Linie Vermögensrecht und das Eigentum die Zentralsonne des Rechtssystems ist. Demgegenüber wurde der Mensch, die menschliche Persönlichkeit, als wertvollstes, werteschaffendes Glied des gesellschaftlichen Gesamtorganismus auf die erste Stufe gestellt, der Vorrang des lebenden Menschen vor den toten Sachgütern verkündet. Der Leitgedanke, der die ganze Neuordnung beherrschte, war der Gedanke von der grundsätzlichen Vorzugsstellung des wichtigsten Produktionsfaktors, der menschlichen Arbeitskraft, vor allen anderen Gütern.

Vgl. Art. 157 WeimRV. von 1919: „Die Arbeitskraft steht unter dem besonderen Schutz des Reiches."

Die sachliche Ausgestaltung des Persönlichkeitsbereichs wurde nach der RV. von 1919 beherrscht vom Gleichheitsgedanken. Die Weimarer RV. suchte in seiner Verwirklichung bis an die Grenze des Möglichen zu gehen.

Nach Art. 109 sind alle Deutschen vor dem Gesetz gleich. Männer und Frauen haben grundsätzlich dieselben staatsbürgerlichen Rechte und Pflichten. Öffentlichrechtliche Vorrechte und Nachteile der Geburt oder des Standes sind aufzuheben. Adelsbezeichnungen gelten nur als Teil des Namens und dürfen nicht mehr verliehen werden usw. (vgl. noch 109 wegen der Titel und Orden). Nach Art. 119 beruht die Ehe auf der Gleichberechtigung der beiden Geschlechter. Nach Art. 121 sind den unehelichen Kindern die gleichen Bedingungen für ihre leibliche, seelische und gesellschaftliche Entwicklung zu schaffen, wie den ehelichen Kindern.

Die Weim RV. enthielt, insoweit sie diese Sätze ausspricht, in der Hauptsache nur ein Programm, das erst nach Maßgabe seiner Ausführung zur Umgestaltung des Personenrechts führen sollte. In teilweiser Ausführung sind in Preußen die Standesvorrechte abgeschafft worden durch das Gesetz über die Aufhebung der Standesvorrechte des Adels und die Auflösung der Hausvermögen vom 23. Juni 1920.

Der zweite sachliche Leitgedanke des Weimarer Verfassungsrechts war der Freiheitsgedanke. Die Freiheit des einzelnen gegenüber der Staatsverwaltung wird in der RV. von 1919 ganz im Sinne der alten Grundrechte betont.

Unverletzlichkeit der Person, Art. 114, der Wohnung, Art. 115, des Briefgeheimnisses, Art. 117, Freiheit der Meinungsäußerung, Pressefreiheit, Art. 118, Glaubens- und Gewissensfreiheit sowie Freiheit der Religionsausübung, Art. 135 RV. von 1919.

Auch die wirtschaftliche Betätigungsfreiheit des einzelnen wurde weiter gewährleistet (Art. 151 RV. von 1919).

Freilich sind alle diese Freiheitsrechte, namentlich die das Eigentum betreffenden, in der Reichsverfassung selbst und durch die nachfolgende Gesetzgebung gegen früher stark eingeengt worden, z. B. durch die Bestimmungen über die Vergesellschaftung (Art. 7 Nr. 13, 12 II, 156 RV.), durch das ReichssiedlungsG. vom 12. August 1919 usw.

Durch das sog. Ermächtigungsgesetz (Ges. zur Behebung der Not von Volk und Reich) vom 24. März 1933 wurde der Regierung sogar die Befugnis gegeben, diese Freiheitsrechte noch weiter einzuschränken.

Das nötigt zu der Erkenntnis, daß die Herrschaft des Freiheitsgedankens, wie er von den Bannerträgern der Französischen Revolution und später von den Vertretern einer liberalen, individualistischen Wirtschafts- und Rechtsordnung verstanden wurde, endgültig dahin ist. Das Freiheitsideal ist inzwischen in einem neuen sozialethischen Sinne umgestaltet worden, Krieg und Revolution haben insoweit nur eine schon lange währende Entwicklung zum rascheren Ablauf gebracht.

Das eigentliche Problem der Freiheitsgesetzgebung ist nicht die Gewährung der Freiheit, sondern ihre vernünftige Begrenzung. Der schlimmste Feind der Freiheit ist die falsch benutzte Freiheit selbst. Mittels der unbeschränkt anerkannten Vertragsfreiheit könnte man z. B. die gewerbliche Betätigungsfreiheit ausschalten. Diesen Gefahren einer rein eigennützigen Ausnutzung der Freiheit suchte die rechtliche Neuordnung in der weimarischen Republik in verschiedener Weise zu begegnen.

Einmal wandte sie sich mit sozialethischen Anforderungen an die grundsätzlich als frei anerkannte Einzelpersönlichkeit, übertrug ihr einen Teil der Verantwortung am Ganzen; demgemäß bestimmt schon Art. 163 RV. von 1919: „Jeder Deutsche hat unbeschadet seiner persönlichen Freiheit die sittliche Pflicht, seine geistigen und körperlichen Kräfte so zu betätigen, wie es das Wohl der Gesamtheit erfordert." Damit ist auch für die Ausgestaltung des Persönlichkeitsbereichs mit der rein individualistischen Denkweise gebrochen. Es wird verlangt, daß der einzelne sich der Gesamtheit ein- und unterordnet. Die Freiheit wird begrenzt durch die Pflicht zur Ein- und Unterordnung.

Namentlich ergab sich eine derartige Begrenzung der individualistischen Freiheit aus der Neubelebung des deutschrechtlichen Genossenschaftsgedankens. Schon vor der Revolution von 1918 hatte man für wichtige Gebiete des sozialen Lebens den römisch-rechtlichen Grundgedanken der freien Einzelregelung der Vertragsbedingungen ersetzt durch den einer genossenschaftlichen Regelung unter Bindung des einzelnen an die Berufsgenossenschaft. So sah Art. 165 Weim RV. eine derartige genossenschaftliche Regelung ausdrücklich für das Gebiet des Arbeitsvertrages vor.

„Die Arbeiter und Angestellten sind dazu berufen, gleichberechtigt in Gemeinschaft mit den Unternehmern an der Regelung der Lohn- und Arbeitsbedingungen sowie an der gesamten wirtschaftlichen Entwicklung der produktiven Kräfte mitzuwirken. Die beiderseitigen Organisationen und ihre Vereinbarungen werden anerkannt."

Die Verträge, wodurch die allgemeinen Arbeitsbedingungen für gewisse Betriebe und Fachgruppen genossenschaftlich geregelt werden, sind die sog. Tarifverträge. Für das einzelne Unternehmen wurde der Gedanke der gemeinschaftlichen Regelung der Arbeitsbedingungen vom Betriebsrätegesetz durchgeführt.

Diese Rechtsentwicklung bedeutet eine starke Einschnürung der individuellen Freiheit auf dem der genossenschaftlichen Regelung überlassenen Gebiet. Der einzelne kann seine Stimme nur mehr als Mitglied der Genossenschaft geltend machen, er ist an deren Beschlüsse gebunden.

Der autoritäre nazistische Staat machte es sich zur Aufgabe, diese Einordnungs- und Unterordnungspflicht und die Bindung des einzelnen an die Berufsgenossenschaft ganz allgemein zur Grundlage einer neuen berufsständischen Wirtschaftsordnung zu machen. Er stellte sich zur Wirtschaft völlig anders ein als der liberale demokratische Staat, er erhob auch der Wirtschaft gegenüber den unbedingten Führungsanspruch. Durch die Bildung wirtschaftlicher Berufsgemeinschaften sollte der ungehemmte Eigennutz des liberalen Konkurrenzkapitalismus und auch des klassenkämpferischen Marxismus unmöglich gemacht werden; die in Berufsgemeinschaften vereinten Arbeitgeber und -nehmer des gleichen Erzeugungszweiges sollten — statt Verbandsinteressen gegen Verbandsinteressen auszuspielen und durchzukämpfen — in positiver und vertrauensvoller Gemeinschaftsarbeit unter staatlicher Führung und Aufsicht dem Wohl des Ganzen dienen.

Zur Erreichung dieses Zieles wurde die Deutsche Arbeitsfront gebildet. Sie wurde in das Vermögen der früheren Arbeitgeber- und -nehmervereinigungen eingewiesen, Ges. v. 9.12.1937.

Auf der Unternehmerseite wurde der Reichsverband der Deutschen Industrie und die Vereinigung der deutschen Arbeitgeberverbände zum „Reichsstand der deutschen Industrie" zusammengeschlossen. Für die Landwirtschaft erging das Gesetz über den ständischen Aufbau der Landwirtschaft v. 15.7.1933. Durch die VO. des Reichspräsidenten v. 28.2.1933 wurden die Artikel 123 und 124 Weim RV., die die Vereins- und Versammlungsfreiheit anerkannten, bis auf weiteres außer Kraft gesetzt. Durch Ges. v. 14.7.1933 wurden alle Parteien mit Ausnahme der NSDAP. verboten. Die Lehre drang durch, daß die Weimarer Verfassung stillschweigend durch die neue staatsrechtliche Entwicklung hinfällig geworden sei und nur noch einzelne Artikel, wie z. B. Art. 131 über die Haftung des Staates für hoheitsrechtliche Handlungen seiner Beamten Geltung behalten hätten.

Kurz, durch diese ganze Entwicklung und durch die Terrorherrschaft des Nazismus wurde der Freiheitsbereich der Einzelpersönlichkeit nahezu ausgetilgt. Erst recht wurde der Gleichheitsgedanke auf Grund der rassegesetzlichen Rechtslehre gröblich mißachtet (Judenverfolgung).

Nach dem Zusammenbruch der nationalsozialistischen Herrschaft und der Proklamierung der Grundsätze der Demokratie, die auf der Freiheit der Einzelpersönlichkeit und ihrer frei geschaffenen Vereinigungen aufgebaut ist, gilt es nunmehr, wieder an die Vergangenheit vor 1933 vorsichtig anzuknüpfen. An eine völlige Wiederherstellung der Freiheitsrechte, wie sie im liberal-individualistischen Staat bestanden haben, ist freilich nicht mehr zu denken. Dafür hat der Sozialisierungsgedanke zu große Fortschritte gemacht. Es muß ein vernünftiger Ausgleich zwischen sozialer Bindung und Freiheit der Einzelpersönlichkeit gesucht werden. Das Bonner Grundgesetz hat in Fortführung der Weim RV. der Freiheit der Einzelperson wieder Bedeutung verschafft.

Hervorzuheben sind vor allem Unverletzlichkeit der Person, Art. 2, der Wohnung, Art. 13, des Briefgeheimnisses, Art. 10, Freiheit der Meinungsäußerung und Pressefreiheit, Art. 5, Glaubens- und Gewissensfreiheit sowie Freiheit der Religionsausübung, Art. 4 GG.

Die persönliche Freiheit hat aber dort ihre Grenze, wo Interessen der Allgemeinheit im Vordergrund stehen. So hat beispielsweise das Recht der freien Meinungsäußerung seine Schranken in den allgemeinen Gesetzen, den Bestimmungen zum Schutz der Jugend und in dem Recht der persönlichen Ehre (Art. 5 II). Ganz besonders tritt die Einschränkung der Freiheit beim Eigentum in Erscheinung; Eigentum verpflichtet, sein Gebrauch soll zugleich dem Wohle der Allgemeinheit dienen (Art. 14 II). Enteignungen sind zum Wohle der Allgemeinheit grundsätzlich zulässig (Art. 14 III).

Dagegen ist der Gleichheitsgedanke wieder rein durchzuführen, indem jede Verschiedenbehandlung wegen rassischer Zugehörigkeit, Religionsbekenntnis usw. aufhört. Das Grundgesetz hat den Gleichheitsgedanken in Art. 3 verankert. Dort heißt es in Absatz 3, daß niemand wegen seines Geschlechtes, seiner Abstammung, seiner Rasse, seiner Sprache, seiner Heimat und Herkunft, seines Glaubens, seiner religiösen oder politischen Anschauungen benachteiligt oder bevorzugt werden darf; Abs. 2 bestimmt ausdrücklich: Männer und Frauen sind gleichberechtigt.

Was insbesondere das Verbandsrecht angeht, das nach dem ersten Weltkrieg eine Reihe neuer Formen hervorbrachte, so ist seine Weiterentwicklung z. Z. noch schwer zu übersehen. Es muß der Hinweis darauf genügen, daß die Erweiterung der öffentlichen Aufgaben und die Auflösung der Grenzen zwischen privatem und öffentlichem Recht die Schaffung zahlreicher Zwischengebilde mit sich gebracht haben, die zwar förmlich als Erscheinung des Privatrechts auftreten, etwa als AG., GmbH., oder bürgerlichrechtlicher Verein, aber hoheitliche Elemente in sich aufgenommen haben, indem sie durch Hoheitsakt gegründet oder von oben her mit hoheitlichen Aufgaben betraut sind — Gebilde, die deshalb z. T. auch öffentlichrechtlichen Grundsätzen unterliegen. Man denke nur an die früheren Zwangskartelle. Die für die privatrechtlichen, frei gebildeten Gesellschaften gegebenen Vorschriften können deshalb nur sinngemäß auf sie angewandt werden. Unter der Herrschaft des Nazismus ist diese Gruppe ganz außerordentlich angewachsen, hat aber inzwischen durch Auflösung vieler Verbände, z. B. der der NSDAP. angeschlossenen, eine starke Verminderung erfahren.

Vgl. zu diesen Fragen: Weber, Die Körperschaften, Anstalten und Stiftungen des öffentlichen Rechts (2) 1942 u. KontrollRG. Nr. 2 v. 10. 10. 1945.

Inwieweit der Sozialisierungsgedanke zur völligen Überführung privater Betriebe in Gemeineigentum führen wird, bleibt abzuwarten. Vorerst geht das Bestreben dahin, den Arbeitnehmern in den Organen der privatrechtlichen Betriebe Einfluß zu verschaffen; erste Etappe auf diesem Wege ist das Gesetz über die Mitbestimmung der Arbeitnehmer in den Aufsichtsräten und Vorständen der Unternehmen des Bergbaus und der Eisen und Stahl erzeugenden Industrie vom 21. 5. 51 (BGBl. S. 347) und das Betriebsverfassungsgesetz v. 11. 10. 52 (BGBl. 681).

I. Abschnitt
Natürliche Personen

1. Kapitel
Anfang und Ende der Rechtspersönlichkeit § 56

Hölder, Natürliche und juristische Personen, 1905; Pagel, ArchBürgR. **42** 227ff.; Hachenburg, Vorträge (2) S. 329ff.; Schreuer, Festg. für Bergbohm (1919), 242; Husserl, ZivA. **127** 129f.; Schönfeld, RGFestschr. II 191f.; Rudolf Schmidt, Der Schutz der Leibesfrucht, JZ. 1952, S. 167; Dahm, Deutsches Recht (1951) 494ff.

I. Der Begriff der Rechtsfähigkeit ist schon in § 11 dieses Buches entwickelt. Die Fähigkeit, Rechte und Pflichten zu haben, oder — was dasselbe ist — die Rechtspersönlichkeit kommt heute jedem Menschen zu, § 1 BGB.

Selbstverständlich kann die deutsche Rechtsordnung nur über die Rechtsfähigkeit der Menschen bestimmen, die ihr unterworfen sind, also der deutschen Staatsangehörigen. Für andere Menschen hat § 1 aber den Sinn, daß sie als rechtsfähig zu behandeln sind. Das entspricht der Rechtslehre des Naturrechts, an der festzuhalten ist. Anders die nationals. Lehre, die die Anerkennung einer solchen einheitlichen Rechtsfähigkeit ablehnte und eine verschieden gestaltete Rechtsfähigkeit je nach der Stellung des einzelnen in der Gemeinschaft annahm. Indessen verträgt die grundsätzlich anerkannte Rechtsfähigkeit Beschränkungen, die aber den Gleichheitsgrundsatz nicht mißachten dürfen, indem sie auf Rasse oder religiöses Bekenntnis abstellen.

II. Beginn und Ende der Rechtsfähigkeit.

Die Rechtsfähigkeit beginnt mit der Vollendung der Geburt und dauert von da ab bis zum Tode fort (1).

1. Zur Vollendung der Geburt im Sinne des 1 gehören:

a) völliges Ausscheiden aus dem Mutterleib (Durchschneiden der Nabelschnur ist unnötig);

b) Leben, wenn auch nur für einen Augenblick;

Die medizinische Wissenschaft legt auf den Beginn der Atmungstätigkeit entscheidendes Gewicht; die Fähigkeit, das Leben fortzusetzen, ist unnötig.

c) Geburt eines Menschen. Menschliche Gestalt ist nicht als Erfordernis aufgestellt. Die Abstammung entscheidet.

Mißgeburten, die von Menschen abstammen, gelten danach als rechtsfähig, mögen sie sich vom Durchschnitt auch noch so sehr unterscheiden. Es fehlt auch an Sonderbestimmungen über Zwitter und Hermaphroditen; das Gesetz kennt nur männliches und weibliches Geschlecht, das überwiegende Geschlecht entscheidet.

2. Der Zeitpunkt des Todes ist nach den Lehren der medizinischen Wissenschaft zu bestimmen.

III. Die Rechtslage der Leibesfrucht.

Braun, Rechtl. Stellung der Leibesfrucht, 1922; Wolf-Naujocks, Anfang und Ende der Rechtsfähigkeit, 1955; dazu R. Schmidt, AcP 155, 73.

Die Leibesfrucht (der Embryo) entbehrt nach § 1 der Rechtsfähigkeit. Die ausnahmslose Durchführung dieses Grundsatzes wäre hart, das z. Z. des Erbfalles schon erzeugte, aber noch nicht geborene Kind würde z. B. nicht miterben. Deshalb hat schon das römische Recht dem nasciturus den Anteil an der Erbschaft vorbehalten und den Embryo insoweit als Rechtsträger behandelt, aber nur für den Fall seiner Geburt, nasciturus pro iam nato habetur, quoties de commodis eius agitur.

Auch heute noch genießt die Leibesfrucht besonderen Schutz:

1. Strafrechtlich ist verboten die Abtreibung (218 StGB.).

2. Privatrechtlich werden die Interessen der Leibesfrucht (ja unter Umständen sogar die eines nicht Erzeugten) durch eine Reihe von Sondervorschriften berücksichtigt:

a) Gewisse Rechte werden ihr vorbehalten und fallen ihr für den Fall späterer Geburt an. Bis dahin liegt eine rechtliche Gebundenheit, Anwartschaft vor, die sich zum Recht auswächst, wenn ein Kind (Rechtsträger) zur Welt kommt.

Namentlich fallen der Leibesfrucht Erbschaft, Nacherbschaft, Vermächtnis an, sie gilt, wenn sie hinterher als Rechtsträger geboren wird, als vor dem Erbfall geboren (1923 II, 2108, 2176 und 2178). Der Unterhalt eines unehelichen Kindes kann schon vor der Geburt sichergestellt werden (1716). Vgl. ferner 2043 (Aufschub der Erbauseinandersetzung), 844 II (Ersatzanspruch aus der schuldhaften Tötung des Unterhaltspflichtigen). Vermächtnisse und Nacherbeneinsetzungen können auch zugunsten eines im Zeitpunkte des Erbfalls noch nicht Erzeugten angeordnet werden (1923 II, 2108, 2162 II, 2176, 2178, 2101 I). — Ein Versprechen kann auch zugunsten eines noch nicht erzeugten Dritten gültig abgegeben werden (331). Auch in anderen Fällen wird man in Rechtsanalogie eine Vorverlegung der Rechte eines später Geborenen annehmen dürfen, so z. B. ihm einen Ersatzanspruch wegen Einwirkung auf die reifende Frucht zugestehen können.

b) Zur Wahrung der künftigen Rechte der Leibesfrucht oder eines noch nicht Erzeugten kann ein Pfleger, namentlich ein Nachlaßpfleger bestellt werden (1912, 1913, 1960).

IV. Beweis von Geburt, Leben und Tod.

1. Die Beweislast für Geburt, Leben und Tod einer Person in einem bestimmten Augenblick hat der, welcher daraus Rechte für sich ableitet.

Den Beweis erleichtern die von den Standesbeamten geführten Personenstandsbücher, worin Geburten, Heiraten und Todesfälle — namentlich auch deren Zeitpunkt — eingetragen werden. Man unterscheidet das Geburtenbuch (§§ 16f. PStG.), das Heiratsbuch (§ 9f. PStG.), das Familienbuch (§§ 12ff. PStG.) und das Sterbebuch (§ 32 PStG.).

Die Geburt eines Kindes ist innerhalb einer Woche anzumelden. Dazu sind in folgender Reihenfolge verpflichtet: 1. Die Entbindungsanstalt, 2. der Vater, 3. die

Hebamme, 4. der Arzt, 5. wer aus eigener Wissenschaft unterrichtet ist, 6. die Mutter, sobald sie in der Lage ist. Der Tod ist spätestens am nächsten Werktag anzumelden. Anmeldepflichtig sind 1. die Anstalt, 2. das Familienhaupt, 3. der Inhaber der Wohnung, worin der Tod erfolgt ist, 4. jede aus eigener Wissenschaft unterrichtete Person.

Die Bücher und deren Auszüge beweisen die beurkundeten Tatsachen, zu deren Beurkundung sie bestimmt sind — bis zum Nachweis der Fälschung oder unrichtigen Eintragung oder Unrichtigkeit der zugrunde liegenden Anzeigen und Feststellungen. Die Register haben sich im Anschluß an die Kirchenbücher entwickelt. In Frankreich traten an deren Stelle 1792 die von Staatsbeamten (den maires) geführten Zivilstandsregister, die im Gebiet des französischen Rechts in Geltung blieben. Während des Kulturkampfes wurde die Beurkundung für das ganze Reich eingeführt durch das PersStG. vom 6. 2. 1875/11. Juni 1920.

2. Vermutungen.

Für gewisse Fälle, wo sich der Beweis des Lebens oder Todes oder des Überlebens mit Hilfe der Register oder sonstwie nicht oder nur schwer erbringen läßt, stellt das an Stelle der §§ 13—20 BGB. getretene VerschollenheitsG. v. 4. 7. 39 in der Fassung vom 15. 1. 51 Vermutungen auf:

a) Eine Todesvermutung, nur bei Verschollenheit und nur auf Grund einer Todeserklärung, die selbst wieder ein vorhergegangenes Aufgebotsverfahren voraussetzt. — Die Todeserklärung begründet die Todesvermutung für den festgestellten Todeszeitpunkt, § 9 VerschG.

b) Eine Lebensvermutung ebenfalls nur für Verschollene.

α) Sie greift für Verschollene Platz, wenn es zur Todeserklärung kommt (abhängige Lebensvermutung). Da der die Todeserklärung aussprechende Beschluß den Zeitpunkt des Todes feststellt, folgt daraus denknotwendig die Vermutung, daß der Verschollene bis dahin gelebt habe.

β) Sie greift für Verschollene aber auch ganz unabhängig von einem eingeleiteten Todeserklärungsverfahren ein und gilt bis zu dem Zeitpunkt, der im Falle der Todeserklärung als Todeszeitpunkt festzustellen wäre (§ 10 VerschG.). Von da ab fehlt jede Vermutung. Leben oder Tod nach diesem Zeitpunkt müssen bewiesen werden; zur Feststellung des Todes müssen die Beteiligten dann doch das Todeserklärungsverfahren einleiten.

c) Die Vermutung gleichzeitigen Todes, wenn nicht bewiesen werden kann, daß von mehreren gestorbenen oder für tot erklärten Menschen der eine den anderen überlebt hat, § 11 VerschG.

Das römische Recht hat bei Versterben von Aszendenten und Deszendenten in gemeinsamer Gefahr die wenig begründete Vermutung aufgestellt des Vorversterbens des Aszendenten vor puberes, ihres Nachversterbens hinter impuberes. Demgegenüber bestimmt das VerschG. ganz allgemein (nicht nur für den Fall des Umkommens in gemeinsamer Gefahr) rein verneinend, daß gleichzeitiger Tod anzunehmen ist, wenn sich nicht nachweisen läßt, daß der eine den anderen überlebt habe. Das müßte aber auch bei Fehlen einer entsprechenden Vorschrift geschehen. Die Erbfolge eines jeden muß demnach so geregelt werden, als ob der andere nicht in Betracht käme.

V. Todeserklärung.

Herbert Meyer, Rschein des Todes i. Festg. für Brie, 1912; M. Wolff Festg. für Bergbohm, 1919 S. 116; Balog, Verschollenheit u. Todeserklärung, 1909; Partsch, Komm. zur Bundesratsbekm. vom 18. 4. 1916 (Verschollenheit des Weltkriegs); Siber, Verschollenheit u. Lebensversicherung, Z. f. VersWiss. 26 425. Völker, Das neue Verschollenheitsrecht, 1951; Vogel, Verschollenheitsr. 1951; Strebel, Die Verschollenheit als Rechtsproblem, 1954.

Vorbemerkung. Weder das römische Recht noch das alte deutsche Recht haben bei Verschollenheit Lebens- oder Todesvermutungen gekannt. Erst die mittelalterliche italienische Jurisprudenz stellte eine Todesvermutung auf nach Ablauf von 100 Lebensjahren. Das fand in Deutschland Eingang. Die sächsische Praxis setzte die äußerste Lebensgrenze auf 70 Jahre herab, und wenn die Verschollenheit erst später eintrat, auf 80 Jahre. Das Kennzeichnende des sog. sächsischen Systems liegt darin, daß die Todeserklärung von der Erreichung der äußersten Lebensgrenze abhängig gemacht ist.

Neben dem sächsischen System bildete sich in Frankreich ein anderes System aus, das die Todesvermutung nicht an die Erreichung der äußeren Lebensgrenze, sondern an eine längere Dauer der Verschollenheit (meist 10 Jahre) knüpfte. Die Vermutung stützte sich hier auf die Wahrscheinlichkeit, daß der Verschollene nicht wieder auftauchen werde. Dies System fand zuerst im kaiserlichen Reskript an den Rat der Stadt Görlitz von 1616 obrigkeitliche Anerkennung und später weite Verbreitung (schlesisches System). Um der Vermutung eine sichere Grundlage zu geben, bildete sich seit der Mitte des 18. Jahrhunderts ein gerichtliches Aufgebotsverfahren aus, in dem die Voraussetzungen der Vermutung festgestellt wurden, und das mit der Todeserklärung endigte.

Das BGB. fand einen sehr buntscheckigen Rechtszustand vor; es hat sich dem schlesischen System angeschlossen; ebenso das VerschG. v. 4. 7. 1939, das seit 15. 7. 1939 an Stelle der §§ 13—20 BGB. u. Art. 9 EGBGB. getreten und durch ÄnderungsG. v. 15. 1. 1951 neugefaßt worden ist.

1. Voraussetzungen.

Vgl. über die Anwendbarkeit des Verschollenheitsrechts auf Ausländer § 12 II und III VerschG.

a) Verschollenheit. Verschollen ist, wessen Aufenthalt während längerer Zeit unbekannt ist, ohne daß Nachrichten darüber vorliegen, ob er in dieser Zeit noch gelebt hat oder gestorben ist, sofern nach den Umständen hierdurch ernstliche Zweifel an seinem Fortleben begründet werden, § 1 I VerschG.

Verschollenheit darf nicht mit Abwesenheit gleichgesetzt werden, auch nicht mit Nachrichtenlosigkeit — ist vielmehr ein Zustand des Vermißtwerdens. Verschollen ist nicht, wessen Tod nach den Umständen nicht zweifelhaft ist.

b) Ablauf einer bestimmten Verschollenheitsfrist. Das Gesetz unterscheidet hier zwei Arten der Verschollenheit mit verschiedenen Fristen.

α) Gewöhnliche Verschollenheit (§ 3 VerschG.). Die Frist beträgt 10 Jahre und beginnt mit dem Schluß des Jahres, worin der Verschollene zufolge den Nachrichten zuletzt gelebt hat.

Die Frist verkürzt sich auf 5 Jahre für Personen, die zur Zeit der Todeserklärung das achtzigste Lebensjahr vollendet hätten. Vor dem Ende des Jahres, in dem der Verschollene das fünfundzwanzigste Lebensjahr vollendet hätte, darf er auf Grund der allgemeinen Verschollenheit des § 3 I nicht für tot erklärt werden, § 3 II.

β) Besondere oder Gefahrverschollenheit. Da die Verschollenheit mit einem bestimmten lebensgefährdenden Ereignis begonnen hat und dadurch die Wahrscheinlichkeit des Todes erhöht ist, sind die Fristen abgekürzt:

αα) bei der Kriegsverschollenheit für die Angehörigen irgendeiner bewaffneten Macht, die als Teilnehmer am Krieg oder einem kriegsähnlichen Unternehmen während dessen Dauer im Gefahrengebiet vermißt worden und seitdem verschollen geblieben sind. — Frist: ein Jahr seit Friedensschluß, oder auch Schluß des letzten Kriegsjahres (§ 4).

Gleichgestellt sind Personen, die sich bei der bewaffneten Macht in Erfüllung einer besonderen Aufgabe, also nicht bloß zufällig, aufhalten, wie z. B. Krankenpfleger, Pressevertreter.

In der Praxis ergaben sich Zweifel, ob das tatsächliche Kriegsende im Sinne des § 4 I mit der im Mai 1945 erklärten Kapitulation eingetreten sei. Die Auffassung drang durch, daß die alliierten Nationen sich mit Deutschland rechtlich noch im Kriegszustand befinden und ein Zurückgreifen auf den Zeitpunkt des tatsächlichen Endes der Kampfhandlungen nicht statthaft sei, solange ein öffentlicher Friedensschluß erwartet werden könne. Um die daraus sich ergebenden Unklarheiten zu beseitigen, ergingen für die einzelnen Zonen Regelungen, wonach der Beginn der Frist des § 4 I durch VO. der Landesjustizverwaltungen bestimmt werden solle. Das Gesetz zur Änderung von Vorschriften des Verschollenheitsrechts vom 15. 1. 1951 (BGBl. S. 59) hat für die Fälle des letzten Krieges eine einheitliche Regelung getroffen. Nach Art. 2 § 1 kann jeder, der vor dem 1. 7. 1948 im Zusammenhang mit Ereignissen oder Zuständen des letzten Krieges vermißt worden und seitdem unter Umständen, die ernstliche Zweifel an seinem Fortleben begründen, verschollen ist, für tot erklärt werden. Die §§ 4—8 VerschG. gelten für Fälle des letzten Krieges nicht; an ihre Stelle tritt das Änderungsgesetz.

Eine frühere Todeserklärung ist nach § 4 I VerschG. zulässig, wenn der Verschollene unter Umständen vermißt wird, die eine hohe Wahrscheinlichkeit seines Todes begründen — hier wird die Jahresfrist von dem Zeitpunkt ab gerechnet, in dem er vermißt wird. Diese Vorschrift wird aber streng ausgelegt, ein Antrag hat nur Aussicht, wenn durch Urkunden oder Zeugen nachgewiesen werden kann, daß der Tod mit großer Wahrscheinlichkeit eingetreten ist.

ββ) bei der Seeverschollenheit für Personen, die bei einer Fahrt auf See, insbesondere infolge Untergang des Schiffes, verschollen sind. — Frist: 6 Monate seit dem Schiffsuntergang oder dem die Verschollenheit begründenden Ereignis (§ 5).

Vgl. § 5 II zu dem Sonderfall, daß der Untergang des Schiffes nicht feststellbar ist.

γγ) bei der Luftverschollenheit für Personen, die bei einem Fluge, insbesondere infolge Zerstörung des Flugzeugs, verschollen sind. — Frist: 3 Monate (§ 6).

Zur Luftverschollenheit: Ludewig, ArchLuftR. 2, 231.

δδ) bei der sonstigen Gefahrverschollenheit für Teilnehmer an einer sonstigen Lebensgefahr, wie Theaterbränden, Hochgebirgswanderungen usw. —Frist: 1 Jahr seit dem Ende oder mutmaßlichen Ende der Lebensgefahr (§ 7).

Die VO. vom 16. 12. 1946 für die britische Zone, die die Verschollenheit von politischen Häftlingen, rassisch Verfolgten und Insassen von Konzentrationslagern regelte, ist durch das VerschÄndG. aufgehoben; solche Fälle sind heute nach Art. 2 § 1 dieses Gesetzes zu beurteilen.

2. Das Verfahren ist ein solches der freiwilligen Gerichtsbarkeit und unterliegt den Vorschriften des FrGG. sowie der §§ 14—38 VerschG.

Zuständig ist das Amtsgericht des Wohnsitzes des Verschollenen, bei Seeverschollenheit infolge Schiffsuntergang das AG. des Heimat-Hauptliegehafens, bei Luftverschollenheit das AG. Berlin, § 15; vgl. § 15a bei deren Nichterreichbarkeit. Das Verfahren wird auf Antrag eingeleitet. Antragsberechtigt sind der Staatsanwalt, der gesetzliche Vertreter, der Ehegatte, die ehelichen oder gleichgestellten Abkömmlinge, die Eltern des Verschollenen sowie jeder andere, der ein rechtliches Interesse an der Todeserklärung hat, z. B. Erbe oder Gläubiger, § 16. Das Gericht erläßt ein Aufgebot mit einer Frist von mindestens 6 Wochen und regelmäßig nicht mehr als einem Jahr. § 19—21. In dem Beschluß, durch den der Verschollene für tot erklärt wird, ist der Todeszeitpunkt festzustellen, und zwar der Zeitpunkt, der nach den gesamten Umständen der wahrscheinlichste ist, § 9 II. Nur, wenn sich ein solcher nicht angeben läßt, ist ein vom Gesetz bestimmter mutmaßlicher Zeitpunkt festzustellen; vgl. die Einzelheiten § 9 III.

3. Wirkungen.

a) Regelmäßige Wirkungen. Die Todeserklärung begründet nur die Vermutung des Todes in dem im Urteil festgestellten Zeitpunkt. Sie hat bloß feststellende (deklaratorische), keine rechtsändernde (konstitutive) Wirkung. Die Vermutung wirkt sofort für und gegen alle (z. B. gegen die Lebensversicherungsgesellschaft), kann aber durch jeden Interessenten und jedes Beweismittel entkräftet werden.

Die Todeserklärung führt namentlich zur Eröffnung der Erbfolge in den Nachlaß des Verschollenen. Da man sich aber auf die Todeserklärung — wegen der jederzeitigen Möglichkeit der Entkräftung der Vermutung — nicht verlassen kann, spricht 2370 eine Fiktion der Richtigkeit aus zugunsten gutgläubiger Dritter für gewisse Rechtsgeschäfte (2366/67) mit dem, der auf Grund der Todeserklärung Erbe sein würde.

b) Unmittelbares Aufhören gewisser Rechte. Während es im allgemeinen den Beteiligten überlassen ist, den der Vermutung entsprechenden Rechtszustand herzustellen, wirkt darüber hinaus die Todeserklärung im Familienrecht vielfach wie der Tod selbst.

α) Mit dem Erlaß des Todeserklärungsurteils endigen die Ämter des Vormunds, Gegenvormunds, Mitglieds eines Familienrats, Pflegers, Beistands der Mutter, — sogenannte rechtschaffende Wirkung (1884 II, 1885 II, 1895, 1878, 1915, 1921).

β) Mit dem festgestellten Todeszeitpunkt erlöschen (Wiederherstellung zulässig!) die elterliche Gewalt des für tot Erklärten (1679, 1684), die gesetzliche güterrechtliche Verwaltung und Nutznießung des Ehemanns (1420), die Errungenschaftsgemeinschaft und die fortgesetzte Gütergemeinschaft (1544, 1494).

γ) Die Ehe des fälschlich für tot Erklärten bleibt zunächst bestehen, wird aber durch eine neue Heirat aufgelöst, es sei denn, daß beide Gatten der neuen Ehe wissen, daß der für tot Erklärte die Todeserklärung überlebt hat, § 38 EheG.

c) Entkräftung der Vermutung.

α) Der Gegenbeweis gegen die Richtigkeit der Todesvermutung wird am schlagendsten geführt dadurch, daß der Verschollene zurückkehrt. Dann kann er sein Vermögen durch eine der Erbschaftsklage entsprechende Klage vom Besitzer herausverlangen (2031, vgl. aber auch 2370). Der Gegenbeweis kann aber auch von jedem anderen Interessenten, z. B. der Lebensversicherungsgesellschaft im Prozeß mit der Witwe geführt werden.

β) Der Gegenbeweis kann nicht bloß dahin geführt werden, daß der Verschollene noch lebt, sondern auch dahin, daß er in einem anderen Zeitpunkt verstorben ist, als im Urteil angenommen wurde.

γ) Die Widerlegung wirkt aber nur zwischen den Parteien des jeweiligen Prozesses. Der Zurückgekehrte muß also die Aufhebung des Beschlusses betreiben. Auch der Staatsanwalt kann diese beantragen, § 30 VerschG. Eine Aufhebung des Beschlusses, nur um einen anderen Todeszeitpunkt feststellen zu lassen, ist nicht vorgesehen. Hier muß also die Vermutung in jedem einzelnen Fall widerlegt werden!?

4. Das VerschG. hat auch die Möglichkeit eröffnet, den ungewissen Zeitpunkt des Todes einer Person, an deren Tod selbst nicht gezweifelt werden kann, feststellen zu lassen, § 39 VerschG.

Auch sie erfolgt durch Beschluß des Amtsgerichts, § 40 VerschG. Als Zeitpunkt ist auch hier der wahrscheinlichste festzustellen und notfalls der in § 9 III gesetzlich bestimmte mußmaßliche Zeitpunkt festzustellen. Der Beschluß begründet die jederzeit widerlegbare Vermutung, daß der Tod in diesem Zeitpunkt eingetreten ist, § 44 II VerschG. Auch hier kann ein rechtskräftiger Beschluß, der einen falschen Zeitpunkt festgestellt hat, nicht mehr aufgehoben werden!?

2. Kapitel

Rechtlich erhebliche Eigenschaften und Zustände § 57

Schon das BGB. hatte im wesentlichen mit den Standes- und Geburtsvorrechten aufgeräumt und den Grundsatz der Rechtsgleichheit aller Menschen durchgeführt. Immerhin ließ es im Rahmen der landesrechtlichen Vorbehalte (vgl. namentlich EG. 57, 58) einzelne Standesvorrechte bestehen. Auch davon abgesehen, gibt es natürliche Verschiedenheiten, die das Privatrecht nicht völlig übersehen kann.

Die Weimarer Reichsverfassung vom 11. 8. 1919 ging in der Anerkennung und Durchführung der Rechtsgleichheit noch weiter (vgl. § 55 dieses Buches).

Nach Art. 3 I GG. sind alle Menschen vor dem Gesetz gleich; niemand darf wegen seines Geschlechtes, seiner Abstammung, seiner Rasse, seiner Sprache, seiner Heimat und Herkunft, seines Glaubens, seiner religiösen oder politischen Anschauungen benachteiligt oder bevorzugt werden (Art. 3 III GG.).

I. Geschlecht.

1. Im öffentlichen Recht hatte die Verschiedenheit der Geschlechter früher eine große Tragweite. Seit dem Umsturz von 1918 ist auch hier eine Gleichberechtigung der Frau mit dem Mann anerkannt. Männer und Frauen hatten zur Zeit der Geltung der Weim.RV. grundsätzlich dieselben staatsbürgerlichen Rechte und Pflichten (Art. 109 II). Namentlich hatten die Frauen aktives und passives Wahlrecht in Staat und Gemeinde. Durch Art. 128 II Weim.RV. wurden ferner alle Ausnahmebestimmungen gegen weibliche Beamte beseitigt, RG. **106** 54, **110** 190.

Am 11. 7. 1922 ist ergangen das Gesetz über die Zulassung von Frauen zu den Ämtern und Berufen der Rechtspflege. Art. 1 des Gesetzes bestimmt, daß die Fähigkeit zum Richteramte auch von Frauen erworben werden kann, ebenso können Frauen zu Handelsrichtern, Amtsanwälten, Urkundsbeamten der Geschäftsstelle (Gerichtsschreibern) und Gerichtsvollziehern ernannt werden. In der Begründung wird darauf hingewiesen, daß nicht die völlig gleichartige Betätigung von Frau und Mann in der Rechtspflege angebahnt werden solle, sondern daß gerade die Andersartigkeit der Frau, die eigentümlich weibliche Art, der Rechtspflege dienstbar gemacht werden müsse. Die Zulassung der Frau als Standesbeamte ist bereits durch G. vom 11. 6. 1920 und ihre Zulassung zum Börsenbesuche durch G. vom 28. 12. 1921 erfolgt; die Zulassung zum Schiedsmannsamt durch G. vom 25. 11. 1926.

Die nationalsozialistische Bewegung führte zu einem Rückschlag in der Emanzipation der Frau, der mit Wiederherstellung der Demokratie überwunden ist. Nach Art. 3 II GG. sind heute Männer und Frauen gleichberechtigt.

2. Das BGB. hatte mit der früheren Zurücksetzung der Frau in der Privatrechtsfähigkeit (Geschlechtsvormundschaft, Interzessionsbeschränkungen usw.) aufgeräumt. Die ledige Frau wurde dem Manne völlig gleichgestellt. Der eine Unterschied, daß sie die Übernahme einer Vormundschaft ablehnen konnte (1786 Nr. 1), ist durch 48 RJWG. dahin gemildert worden, daß ein solches Ablehnungsrecht nicht mehr jede Frau, sondern nur eine Frau hat, die mindestens zwei noch nicht schulpflichtige Kinder hat oder glaubhaft macht, daß die ihr obliegende Fürsorge für ihre Familie die Ausübung des Amtes dauernd besonders erschwert (Privileg). Dagegen bestanden noch Rechtsungleichheiten zum Nachteil verheirateter Frauen auf dem Gebiet des persönlichen Eherechts (1354ff.), des Güterrechts (1363ff.), des Eltern- und Kindesrechts (1634). Diese Bestimmungen standen aber in Widerspruch zu Art. 3 II GG.; sie mußten wie das gesamte dieser Vorschrift entgegenstehende Recht an diesen Grundsatz angepaßt werden und sind mangels einer rechtzeitigen Anpassung durch den Gesetzgeber mit Ablauf des 31. 3. 1953 außer Kraft getreten; so Urt. des BGH. vom 14. 7. 1953, BGH. **10** 266 (Art. 117 Abs. 1 GG.).

Um die im Interesse der Rechtseinheit und Rechtssicherheit notwendigen Änderungen des bisher geltenden Rechts außer Zweifel zu stellen, erging am

18. 6. 1957 das sog. GleichberechtigungsG., dessen Vorschriften am 1. 7. 1958 in Kraft getreten sind. Sein Schwergewicht liegt auf vermögensrechtlichem Gebiet; es hat aber wichtige Bestimmungen auch für das Ehepersonenrecht gebracht. Zwei seiner Vorschriften hat bereits das BVG. (NJW. 59, 1483) für verfassungswidrig und nichtig erklärt, weil sie gegen den Gleichberechtigungsgrundsatz verstoßen, nämlich §§ 1628 I und 1629. Nach § 1628 I n. F. soll, wenn die Eltern sich über eine Angelegenheit des Kindes nicht einigen können, der Vater entscheiden und dabei auf die Auffassung der Mutter Rücksicht nehmen; ebenso soll dem Vater die Vertretung zustehen, § 1629 n. F.

II. Lebensalter.

Denk- und Willensvermögen der Menschen, die Eigenschaften, worauf sich seine Handlungsfähigkeit aufbaut, entwickeln sich nur allmählich und bedürfen eines gewissen Reifegrades. Darauf muß das Recht Rücksicht nehmen. Die Rechtssicherheit läßt nicht zu, alles auf die Prüfung des einzelnen Falles abzustellen. Die Handlungsfähigkeit muß von äußerlich erkennbaren Tatsachen abhängig gemacht werden, der Erreichung eines bestimmten Alters. Das BGB. unterscheidet deshalb wie das römische und Gemeine Recht gewisse Altersstufen, von deren Erreichung die Handlungsfähigkeit (die Geschäftsfähigkeit und die Verantwortlichkeit für widerrechtliches Verhalten) abhängt.

1. Das BGB. unterscheidet zwei Altersstufen:

a) das Kindesalter bis zum vollendeten 7. Lebensjahre (104 Nr. 1);

b) die Minderjährigkeit bis zum vollendeten 21. Lebensjahr. Von da ab tritt die Volljährigkeit ein (2).

2. Die rechtliche Bedeutung.

a) Das Kind und der Minderjährige stehen unter elterlicher Gewalt (1626) oder erhalten einen Vormund (1773).

b) Die Geschäftsfähigkeit (d. h. die Fähigkeit, durch Willenserklärungen die gewollten Wirkungen herbeizuführen) fehlt Kindern völlig, sie sind geschäftsunfähig (104 Z. 1). Minderjährige über 7 Jahre sind beschränkt geschäftsfähig (106, 107).

Die Testierfähigkeit und bei der Frau die Ehemündigkeit werden aber schon mit vollendetem 16. Lebensjahre erlangt (§ 2229 I, § 1 I EheG.). Außerdem hat noch das 14. Lebensjahr Bedeutung; privatrechtlich: vgl. 1728 II, 1750 I 2, 1827 I; öffentlichrechtlich: Kinder erlangen nach dem RG. über die religiöse Kindererziehung vom 15. 7. 1921 das Recht, sich selbständig das religiöse Bekenntnis zu wählen (Diskretionsalter). Vgl. ferner zum 18. Jahr 1827, zum 50. Jahr 1744, zum 60. Jahr 1786 Nr. 2, 1889.

c) Die Deliktsfähigkeit (Zurechnungsfähigkeit, Fähigkeit zur unerlaubten Handlung) fehlt völlig den Kindern unter 7 Jahren. Vom 18. Lebensjahr an besteht sie grundsätzlich. Zwischen dem 7. und 18. Lebensjahr muß im einzelnen Fall untersucht werden, ob der Täter die zur Erkenntnis der Verantwortlichkeit erforderliche Einsicht hatte (828).

d) Minderjährige sollen nicht als Vormund bestellt werden (1781 Nr. 1).

3. Die Volljährigkeitserklärung.

Im Durchschnitt wird die erforderliche Reife zur vollen Geschäftsfähigkeit erst mit Vollendung des 21. Lebensjahres erreicht. Dem besonderen Bedürfnis nach früherer rechtlicher Selbständigkeit kommt die Volljährigkeitserklärung entgegen.

a) Voraussetzungen.

α) Mußerfordernisse: Vollendung des 18. Lebensjahres (3, 1); Einwilligung des Minderjährigen (4 I); regelmäßig auch Einwilligung der Eltern, wenn der Minderjährige unter elterlicher Gewalt steht.

Die Einwilligung eines Elternteils ist nicht erforderlich, wenn ihm weder die Sorge für die Person noch die Sorge für das Vermögen des Kindes zusteht. Eine minderjährige Tochter, die verheiratet ist oder verheiratet war, kann ohne Einwilligung der Eltern für volljährig erklärt werden (GleichberG. § 4).

β) Sollerfordernisse: Die Volljährigkeitserklärung soll nur erfolgen, wenn sie das Beste des Minderjährigen fördert (5) und der Minderjährige oder der gesetzliche Vertreter, dem die Sorge für die Person zusteht, sie beantragt (FrGG. 56).

Nach Bedarf sind anzuhören Verwandte eines bevormundeten Minderjährigen, 1847 I, 2.

b) Verfahren. Sie erfolgt durch Beschluß des Vormundschaftsgerichts im Verfahren der freiwilligen Gerichtsbarkeit (3 I BGB., 56 FrGG.) und wird erst mit der Rechtskraft wirksam.

c) Wirkungen. Sie gibt die Rechtsstellung eines Volljährigen (3 II) richt. Ans. nach im vollen Umfang auch gegenüber dem bisherigen Vertreter; so Erman-Böhle-Stamschräder §§ 3—5 Anm. 9. Der minderjährige Mann bedarf aber außer der Volljährigkeitserklärung der Befreiung von der Vorschrift des § 1 Abs. I EheG.; LG. Hbg. MDR. 48, 218.

III. Gesundheit.

Das G. zur Verhütung erbkranken Nachwuchses vom 14. 7. 1933 sieht vor, daß Erbkranke durch chirurgische Eingriffe unfruchtbar gemacht werden. Dieses Gesetz hat nichts mit der Rassengesetzgebung zu tun, anders als das aufgehobene Blutschutzgesetz; es entspricht amerikanischem Vorbild; vgl. H. H. Laughlin: Legal status of Eugenical Sterilization, 1930. Das Ges. wird aber z. Z. nicht angewandt. Soweit es nicht ausdrücklich aufgehoben ist, wie in Bayern, Hessen und in der russischen Zone gilt aber § 14 des Ges. weiter, der die Rechtswidrigkeit ausschließt bei einer Unfruchtbarmachung auf Grund medizinischer Indikation mit Einverständnis der Schwangeren und einer ärztlichen Gutachterstelle; vgl. OGH. 3, 83; BGH. **1** 329, **2** 112 u. **244** u. Welzel, Das deutsche Strafrecht § 40, 3 a.

1. Körperliche Gebrechen (Stummheit, Taubheit, Blindheit usw.) haben keine Beschränkung der Rechts- und Geschäftsfähigkeit zur Folge. Sie können aber ein tatsächliches Hindernis für die Vornahme gewisser Geschäfte bilden. Mit Rücksicht darauf kann dem Gebrechlichen für alle oder einzelne

Angelegenheiten ein Pfleger bestellt werden — aber nur mit seiner Einwilligung und ohne, daß seine Handlungsfähigkeit im Rechtssinn dadurch geschmälert würde (1910). Auch die Deliktsfähigkeit wird durch körperliche Gebrechen nicht aufgehoben. Taubstumme werden wie Minderjährige von 7—18 Jahren behandelt (828 II, 2).

Auch sonst nimmt das Gesetz Rücksicht auf die körperlichen Gebrechen durch besondere Vorschriften für die Vornahme förmlicher Geschäfte, z. B. letztwilliger Verfügungen (16, 17. TestG.; vgl. auch 168 FrGG.); Gebrechlichkeit ist ferner ein Grund zur Ablehnung der Vormundschaft (1786 Z. 4).

2. Geistige Gebrechen haben größere Bedeutung wegen ihres stärkeren Einflusses auf Denk- und Willensvermögen. Das Gesetz kennt folgende Stufen geistiger Regelwidrigkeit:

a) Geisteskrankheit und Geistesschwäche, die nach 6 Nr. 1 als Entmündigungsgrund anerkannt sind, wenn der von ihnen Betroffene infolge der Regelwidrigkeit seine Angelegenheit nicht zu besorgen vermag. Die Entmündigung wegen Geisteskrankheit zieht volle Geschäftsunfähigkeit nach sich, die wegen Geistesschwäche begründet nur Geschäftsbeschränktheit.

Nach welchen Gesichtspunkten sind Geisteskrankheit und -schwäche zu unterscheiden? Nicht nach dem Grund oder der Art der Regelwidrigkeit; nach der ärztlichen Wissenschaft ist die Geistesschwäche nur eine besondere Form der Geisteskrankheit. Maßgebend kann nur der Grad der Regelwidrigkeit sein, der Einfluß, den die Krankheit auf die freie Willensbestimmung hat, RG. **130** 71.

Geisteskrankheit ist der Grad geistiger Regelwidrigkeit, der die freie Willensbestimmung in einem solchen Maße ausschließt, daß die Entmündigung mit der Wirkung voller Geschäftsunfähigkeit berechtigt erscheint. Man schließt also aus der Wirkung der Maßregel auf die Voraussetzung. Geistesschwäche ist der leichtere Grad der Regelwidrigkeit, der die Willensbestimmung zwar krankhaft macht, aber doch nicht in einem Maße, daß man dem Kranken jede Willensbetätigung zu entziehen braucht, daß es vielmehr genügt, wenn man ihm zu seinem Schutz die Stellung eines Minderjährigen gibt (vgl. RG. **50** 203; **130** 71). Durch das Bestehen lichter Zwischenräume wird das Vorhandensein der Geisteskrankheit im Sinne des § 6 nicht ausgeschlossen.

Außer Geisteskrankheit und -schwäche erwähnt das Gesetz noch in 104 Nr. 2, 105 die krankhafte Störung der Geistestätigkeit, durch welche die freie Willensbestimmung ausgeschlossen wird. Die freie Willensbestimmung fehlt, wenn die Bestimmbarkeit durch vernünftige Erwägungen ausgeschlossen ist; RG. **103** 400; **130** 71. Ein solcher Zustand macht die in ihm abgegebene Willenserklärung nichtig (105 II), hebt die Zurechnung auf (827) und bewirkt Geschäftsunfähigkeit, wenn der krankhafte Zustand seiner Natur nach kein bloß vorübergehender ist (104 Nr. 2). Einen derartigen Dauerzustand wird man stets als geistige Erkrankung ansehen müssen; darf ihn aber deshalb noch nicht mit der „Geisteskrankheit" im technischen Sinne der Anwendbarkeit des § 6 Z. 1 gleichstellen (vgl. JW. 1923, 414 OLG. Augsburg). Unter Umständen kann auch dann Geisteskrankheit im Sinne von 6 Nr. 1 angenommen werden, wenn die freie Willensbestimmung nicht völlig ausgeschlossen ist, der regelwidrige Zustand aber einen solchen Grad erreicht hat, daß dadurch der von ihm Betroffene zur Besorgung seiner Angelegenheiten so unfähig wird, wie ein unmündiges Kind. Äußert sich eine die freie Willensbestimmung ausschließende Störung der Geistigkeit nur auf einem gewissen Lebensgebiet, so sind die von dem Geistesgestörten in diesem Bereich abgegebenen Erklärungen je nach dem dauernden oder vorübergehenden Charakter der Beeinträchtigung der Willensbildung in entsprechender Anwendung der §§ 104 Nr. 2 und 105 I BGB. oder des § 105 II BGB. nichtig; so OGHBrZ. 4, 66. § 44 EheG. erkennt neben Geisteskrankheit (§ 45) als Ehescheidungsgrund an ein auf geistiger Störung beruhendes Verhalten, das zu einer tiefen Zerrüttung der Ehe geführt hat.

b) Geistige Gebrechen, die den Betroffenen an der Besorgung einzelner Angelegenheiten oder eines bestimmten Kreises, namentlich der Vermögensangelegenheiten, hindern. Hier kann der Betroffene für diese Angelegenheiten mit seiner Einwilligung einen Pfleger erhalten (1910), doch wird dadurch seine Handlungsfähigkeit nicht gemindert.

Nach RG. **65** 200 kann die Pflegschaft auch ohne Einwilligung des Gebrechlichen eingesetzt werden, wenn eine Verständigung nicht möglich ist.

Die Entmündigung wird aber nicht dadurch ausgeschlossen, daß der zu Entmündigende zur Besorgung gewisser Angelegenheiten befähigt bleibt, sei es wegen ihrer Einfachheit, sei es wegen der erlangten Übung, sei es aus sonstigen Gründen (RG. Warn. 08 Nr. 111, 1910 Nr. 309).

Nach der Rspr. d. RG. ist Anlaß zur Entmündigung insbesondere gegeben in den Fällen des Querulantenwahnsinns, wenn die krankhaften Vorstellungen den Kranken derart beherrschen, daß dadurch seine gesamten Lebensverhältnisse mehr oder minder in Mitleidenschaft gezogen werden. Vgl. RGKomm. Anm. 3 zu § 6.

c) Eine geistige Regelwidrigkeit ist auch die Verschwendungssucht, der Hang zu sinn- und zweckloser Vermögensvergeudung oder auch nur zu unverhältnismäßigen Ausgaben und Schulden wie z. B. übertriebener und verkehrter Wohltätigkeit (RG. Recht **1908** Nr. 1319). Aus ihr ist ein selbständiger Tatbestand gemacht. Sie beeinträchtigt als solche weder die Geschäfts- noch die Zurechnungsfähigkeit, ist aber Entmündigungsgrund, wenn der Verschwender sich oder seine Familie der Gefahr des Notstands aussetzt (6 Nr. 2). Wirkung: Geschäftsbeschränktheit.

Es kann aber mit einem Entmündigungsantrag wegen Geisteskrankheit ein solcher wegen Verschwendung verbunden werden; RG. **108** 307.

d) Trunksucht, das ist eine krankhafte, unwiderstehliche Neigung zum Genuß berauschender, alkoholischer Getränke. Auch sie ist vom medizinischen Standpunkt aus eine geistige Regelwidrigkeit, aber ebenfalls zum selbständigen Tatbestand gemacht. Sie mindert weder die Geschäftsfähigkeit noch die Zurechnungsfähigkeit, ist aber Entmündigungsgrund, wenn der Betroffene infolge von ihr entweder seine Angelegenheiten nicht zu besorgen vermag oder sich oder seine Familie der Gefahr des Notstands aussetzt oder die Sicherheit anderer gefährdet (6 Nr. 3). Wirkung: Geschäftsbeschränktheit.

Leider hat das Gesetz die krankhafte Neigung zum Genuß sonstiger Rauschgifte (Morphium, Kokain) nicht gleichgestellt; ich halte aber die Ausdehnung — ohne Bruch mit dem Gedanken des Rechtsstaates — für zulässig; argum. a fortiori. A. A. Enneccerus-Nipperdey, § 93 Anm. 15.

3. Die Entmündigung.

a) Die Fälle: Geisteskrankheit, Geistesschwäche, Verschwendung, Trunksucht unter den schon angegebenen Voraussetzungen (6 Nr. 1—3). Auch Minderjährige können entmündigt werden.

b) Das Verfahren ist durch 645—687 ZPO. geregelt. Die Entmündigung erfolgt durch Beschluß des Amtsgerichts (rechtsgestaltender Staatsakt) — aber nur auf Antrag. Der Beschluß ist durch Klage beim Landgericht anfechtbar.

Nach RGKomm. § 6 Anm. 1 ist das Gericht an den Antrag nicht in der Weise gebunden, daß es, wenn die Entmündigung wegen Geistesschwäche beantragt ist, verhindert wäre, wegen Geisteskrankheit zu entmündigen (RG. JW. **1900** 867, **1915** 1263).

c) Wirkungen.

α) Stellung unter Vormundschaft (1896). Schon nach Stellung des Antrags kann ein Volljähriger unter vorläufige Vormundschaft gestellt werden (1906).

β) Verlust oder Minderung der Geschäftsfähigkeit — Verlust bei Entmündigung wegen Geisteskrankheit (104 Nr. 3), und zwar ohne Berücksichtigung lichter Zwischenräume; Geschäftsbeschränktheit in allen anderen Fällen (114).

Wird der Beschluß auf Grund einer Anfechtung aufgehoben, so fällt die Aufhebung oder Beschränkung der Geschäftsfähigkeit wieder weg, und zwar ex tunc. Zwischenzeitliche Rechtsgeschäfte des Entmündigten oder ihm gegenüber sind so zu beurteilen, als ob die Entmündigung nicht erfolgt wäre. Wirksam aber bleiben die Rechtsgeschäfte des Vertreters (115).

γ) Unfähigkeit zum Amt des Vormunds (1780).

d) Die Aufhebung der Entmündigung erfolgt, wenn ihr Grund wieder wegfällt (6 II).

IV. Ehre.

Lobe, HdwbRw. II 160f.; Riezler, RvglHdwb. II 758f.; Müllereisert, Die Ehre im deutschen Privatrecht, 1931.

1. Ehre ist Anerkennung des Wertes einer Person durch die bürgerliche Gesellschaft. Im allgemeinen hat sie sittliche und gesellschaftliche Bedeutung. Unter bürgerlicher Ehre versteht man das Maß von Achtung und Wert-

schätzung, das jedem unbescholtenen Menschen zukommt (Enneccerus-Nipperdey § 94). Die Minderung dieser Anerkennung kann tatsächlich sein oder auf Rechtsvorschriften beruhen.

2. Die tatsächliche Minderung hat keine bestimmten Rechtsfolgen, sondern führt nur zu tatsächlicher Zurücksetzung, wo es auf die Makellosigkeit ankommt, wie z. B. bei der Auswahl zum Vormund, der Bewertung des Zeugnisses usw.

Das ehrlose oder unsittliche Verhalten, das nach BGB. von rechtlicher Bedeutung ist (§ 43 EheG. Scheidungsgrund, 2333 Nr. 5 Enterbungsgrund, 1666 I Grund zur Entziehung der in der elterlichen Gewalt enthaltenen Befugnisse) darf nicht mit tatsächlicher Ehrenminderung, schlechtem Ruf, verwechselt werden.

3. Bestimmte privatrechtliche Folgen hat die rechtliche Ehrenminderung, die in gewissen Fällen als Nebenstrafe durch Strafurteil ausgesprochen werden kann oder sogar muß. Die Verurteilung zur Zuchthausstrafe zieht von selbst (31 StGB.) die dauernde Unfähigkeit zur Bekleidung öffentlicher Ämter nach sich. Daneben kann oder muß in gewissen Fällen auf Verlust der bürgerlichen Ehrenrechte erkannt werden (StGB. 32—34). Diese Nebenstrafe hat öffentlichrechtliche, aber auch privatrechtliche Folgen; sie bewirkt u. a. die Untauglichkeit, während der im Urteil bestimmten Zeit:

a) Zeuge bei der Aufnahme von Urkunden zu sein (§ 10 Ziff. 2 TestG.; FrGG. 173 Nr. 2),

b) Vormund, Gegenvormund, Pfleger, Beistand der Mutter, Mitglied eines Familienrats zu sein, es sei denn, daß es sich um Verwandte absteigender Linie handelt und das Vormundschaftsgericht oder der Familienrat die Genehmigung erteilt (1781, 1792, 1694, 1866, 1915).

Nach § 35 StGB. kann statt der Aberkennung der bürgerlichen Ehrenrechte die zeitweilige Unfähigkeit zu öffentlichen Ämtern neben einer Gefängnisstrafe ausgesprochen werden; das führt ohne weiteres zum dauernden Verlust der bekleideten Ämter.

4. Auch das Konkursverfahren bewirkt während seiner Dauer eine privatrechtliche Zurücksetzung des Gemeinschuldners. Er soll z. B. nicht als Vormund bestellt werden (1781 Nr. 3) und ist — wenn er schon Vormund ist — zu entlassen (1886). Vgl. ferner für das eheliche Güterrecht 1419, 1543, für die elterliche Gewalt 1647.

Das Vergleichsverfahren zur Abwendung des Konkurses (Ges. vom 5. 7. 1927) kennt keine Ehrenminderungen.

5. Über das Recht an der Ehre siehe § 58.

V. Staatsangehörigkeit.

G. Schwartz, Das Recht der Staatsangehörigkeit in Deutschland und im Ausland seit 1914 (1925); Schätzel, Das deutsche Staatsangehörigkeitsrecht, 1928; ders. Der heutige Stand des deutschen Staatsangehörigkeitsrechtes, AöR. 1948, 273;

Magnus, Tabellen zum internationalen Recht, 2. Heft: Staatsangehörigkeitsrecht 1926; Weck, RvglHdwb. II 313ff.; Wittmayer bei Nipperdey, Grundrechte I zu Art. 110; Bonner Kommentar zu Art. 16.

1. Die rechtliche Zugehörigkeit zu einem Staate ist für das öffentliche Recht von großer Bedeutung.

Jeder Staat ordnet die Voraussetzungen des Erwerbs und Verlustes der Zugehörigkeit selbständig. Völkerrechtliche Regeln fehlen. Für Deutschland ist maßgebend das Reichs- und StaatsangehörigkeitsG. vom 22. 7. 1913/5. 11. 1923.

Das ReichsbürgerG. v. 15. 9. 1935, das zwischen Staatsangehörigen und Reichsbürgern, für die Zugehörigkeit zum deutschen oder artverwandten Blut Voraussetzung war, unterschied, ist aufgehoben: KRG. Nr. 1 v. 20. 9. 1945.

Nach Art. 116 GG. ist Deutscher, wer die deutsche Staatsangehörigkeit besitzt oder als Flüchtling oder Vertriebener deutscher Volkszugehörigkeit oder als dessen Ehegatte oder Abkömmling in dem Gebiet des Deutschen Reichs nach dem Stande vom 31. 12. 1937 Aufnahme gefunden hat. Nach Art. 116 II sind frühere deutsche Staatsangehörige, denen zwischen dem 30. 1. 1933 und 8. 5. 1945 die Staatsangehörigkeit aus politischen, rassischen oder religiösen Gründen entzogen worden ist, und ihre Abkömmlinge auf Antrag wieder einzubürgern. Sie gelten als nicht ausgebürgert, sofern sie nach dem 8. 5. 1945 ihren Wohnsitz in Deutschland genommen und nicht einen entgegengesetzten Willen zum Ausdruck gebracht haben.

2. Grundlegend ist die Staatsangehörigkeit für das internationale Privatrecht. Das EGBGB. knüpft für die Bestimmung des maßgebenden Rechts grundsätzlich an die Staatsangehörigkeit an; ebenso tun das die Haager Abkommen.

3. Für das materielle Privatrecht wird grundsätzlich kein Unterschied zwischen In- und Ausländern (RG. **111** 378) gemacht, erst recht nicht zwischen den Angehörigen der einzelnen deutschen Länder. Nach Art. 3 RV. von 1871 besteht für alle Deutschen ein gemeinsames Indigenat, d. h. ein Recht auf Gleichbehandlung. Im Einklang mit diesem Grundsatz, der auch in der Weim.RV. von 1919 (Art. 110 II) zum Ausdruck kam, heißt es heute in Art. 33 I GG.: Jeder Deutsche hat in jedem Lande die gleichen staatsbürgerlichen Rechte und Pflichten.

Ausnahmsweise kam noch eine privatrechtliche Zurücksetzung der Ausländer vor:

a) Nach 88 EGBGB. konnte das Landesrecht den Grundstückserwerb von staatlicher Genehmigung abhängig machen.

b) Ausländer sollen eine Ehe nicht eingehen, bevor sie ein Ehefähigkeitszeugnis ihrer ausländischen Behörde beigebracht haben; § 10 EheG.

c) Die Zulassung zu gewissen inländischen Rechtsvorteilen war in einzelnen Fällen von der Verbürgung der Gegenseitigkeit abhängig (vgl. EGBGB. 25).

d) Ausländer konnten einem Vergeltungsrecht unterworfen werden; 31 EGBGB., 5 II KO.

Die meisten dieser Bestimmungen sind durch Art. II KRG. Nr. 1 v. 20. 9. 1945 aufgehoben worden.

VI. Wohnsitz.

Stier-Somlo, HdwbRw. VI 943f.

1. Rechtliche Bedeutung. Nach dem Wohnsitz bestimmt sich der allgemeine Gerichtsstand (ZPO. 13ff.), die Zuständigkeit für die Ausübung der freiwilligen Gerichtsbarkeit (FrGG. 36—40, 45, 66, 73), der Leistungsort für das Schuldrecht (269); in vielen Fällen knüpft das Zwischenprivatrecht an ihn an, um das maßgebende sachliche Recht zu bestimmen (vgl. EG. 8, 15 II, 16 I, 24 II, 25, 29; auch § 12 VerschG.).

2. Der Wohnsitz ist entweder ein freigewählter (Ort der ständigen Niederlassung) oder ein vom Gesetz (ohne Rücksicht auf den Willen) bestimmter, sog. gesetzlicher Wohnsitz.

a) Der gewillkürte Wohnsitz ist am Ort der ständigen Niederlassung (7 I).

α) Die Begründung erfolgt einmal durch tatsächliche Niederlassung an einem Ort (sachliches Merkmal). Dazu muß der Wille kommen, sich ständig dort niederzulassen, den Ort zum Mittelpunkt der Lebensverhältnisse zu machen (persönliches Merkmal). Dieser Wille fehlt z. B. dem Studenten, Dienstboten usw.

β) Die Aufgabe erfordert Aufhebung der Niederlassung und einen entsprechenden Aufgabewillen; z. B. die Auflösung des Haushalts genügt nicht (7 III).

γ) Begründung und Aufgabe sind Rechtshandlungen, keine Rechtsgeschäfte, erfordern aber unbeschränkte Geschäftsfähigkeit. Geschäftsunfähige oder Geschäftsbeschränkte können ohne den Willen des gesetzlichen Vertreters einen Wohnsitz weder begründen noch aufheben (8). Eine minderjährige Frau, die verheiratet ist, kann selbständig einen Wohnsitz begründen und aufheben. Das gleiche gilt für eine Frau, die verheiratet war und das 18. Lebensjahr vollendet hat, § 8 II.

δ) Mehrere Wohnsitze sind möglich (7 II), man kann das Schwergewicht der Lebenstätigkeit auf mehrere Orte verteilen. Z. B. ein Arzt ist im Winter in der Großstadt, im Sommer in einem Badeort tätig. § 73a Abs. 3 RabgabenO. läßt bei mehrfachem Wohnsitz im Inland entscheiden den Ort, an dem sich der Steuerpflichtige vorwiegend aufhält, bei einem Amtsträger den mit dem Dienstort zusammenfallenden Wohnsitz.

b) Ein gesetzlicher Wohnsitz ist begründet ohne Rücksicht auf ständige Niederlassung:

α) für Soldaten (§ 9 neugefaßt durch das SoldatenG. vom 19. 3. 1956); sie haben ihren Wohnsitz am Standort. Das gilt aber nicht für Soldaten, die nur auf Grund der Wehrpflicht Wehrdienst leisten oder selbständig einen Wohnsitz nicht begründen können.

β) Ein gesetzlicher Wohnsitz war früher begründet für die Frau am Wohnsitz des Ehemannes, § 10. Diese Bestimmung ist durch Art. 1 Nr. 3 des GleichberG. gestrichen. Die Ehefrau kann jetzt nach §§ 7 u. 8 den Wohnsitz begründen und aufheben.

γ) Ein eheliches Kind teilt den Wohnsitz der Eltern; haben diese nicht denselben Wohnsitz, so teilt das Kind den Wohnsitz des Elternteils, der das Kind in den persönlichen Angelegenheiten vertritt. Ein uneheliches Kind teilt den Wohnsitz der Mutter, ein für ehelich erklärtes Kind den Wohnsitz des Vaters, ein an Kindes Statt angenommenes Kind des Annehmenden. Das Kind behält den Wohnsitz, bis es ihn rechtsgültig aufhebt, § 11 I; die Legitimation eines volljährigen Kindes oder seine Annahme an Kindes Statt hat keinen Einfluß auf seinen Wohnsitz, § 11 II.

VII. Stand.

O. v. Gierke, Deutsch. Privatrecht I § 46ff.; Stier-Somlo bei Nipperdey, Grundrechte I 204f.

1. Die Zugehörigkeit zu einem bestimmten Geburtsstand, auf der sich im Mittelalter die Rechtsstellung der Person aufbaute, war seit der Französischen Revolution für das Privatrecht immer bedeutungsloser geworden. Für Preußen waren schon durch die PrVerfU. vom 31. Januar 1850 Art. 4 die Standesvorrechte grundsätzlich beseitigt worden. Immerhin hat bis zum Umsturz (1918) der Adel, und zwar namentlich der hohe Adel, eine rechtliche Sonderstellung behauptet.

Doch beruhte diese auf dem öffentlichen Recht, die Grundsätze über Erwerb, Verlust und Wirkungen sind deshalb in den einzelnen Landesrechten zu suchen.

a) Nach Art. 109 III RV. von 1919 sind öffentlichrechtliche Vorrechte oder Nachteile der Geburt aufzuheben. Darin liegt keine unmittelbare Aufhebung, aber eine Anweisung an die Landesgesetzgebungen zur Aufhebung (RG. **103** 192). Demgemäß ist das Preußische Gesetz über die Aufhebung der Standesvorrechte des Adels und die Auflösung der Hausvermögen ergangen, sog. AdelsG. vom 23. 6. 1920/22. 4. 1930.

Dagegen wird die privatrechtliche und hausrechtlich-familienrechtliche und vermögensrechtliche Sonderstellung kraft Geburt oder Standes von Art. 109 III RV. nicht betroffen (RG. **101** 185). „Die Feststellung, daß der Kläger nach Maßgabe der Hausgutsverfassung der L.W.F.-Linie nicht als vollgültiges Mitglied derselben anzusehen sei, verstößt nicht gegen den Grundsatz der Gleichheit aller Deutschen vor dem Gesetz."

b) Die Adelsbezeichnungen sind Namensbestandteile geworden, Art. 109 III S. 2 Weim.RV. Sie dürfen nicht mehr verliehen werden.

Ihr Erwerb und Verlust vollzieht sich deshalb in Zukunft rein nach den Vorschriften des bürgerlichen Rechts, nicht mehr nach öffentlichem Recht.

Folglich erwirbt heute das uneheliche Kind der adeligen Mutter deren Adelsbezeichnung als Teil des mütterlichen Namens mit der Geburt; Entsprechendes gilt für Legitimation und Adoption durch einen Adeligen.

c) Heute sind sämtliche Vorrechte zugunsten eines bestimmten Personenkreises durch Art. 3 GG. beseitigt.

2. Die Zugehörigkeit zu einem bestimmten Berufsstand ist auch heute noch für gewisse Stände wichtig. Sonderrecht gilt namentlich für Kaufleute

(HGB.), für Gewerbetreibende (GewO.), für Militärpersonen Art. I § 3 G. v. 24. 4. 1934 [Militärtestament]), für Beamte (570, 411) usw.

VIII. Religion und Rasse.

O. v. Gierke, Deutsches PrivatR. I §§ 54ff.; Freund, Die Emanzipation der Juden in Preußen, 2 Bde., 1912; H. Mirbt in Nipperdey, Grundrechte II, Art. 135, 136; Bonner Kommentar zu Art. 3 und 4.

Nach geltendem Recht hat die Verschiedenheit des religiösen Bekenntnisses keinerlei Beschränkungen der bürgerlichen und staatsbürgerlichen Rechte mehr zur Folge. Das Grundgesetz bestimmt in Fortführung des Art. 136 II der Weim.RV. in Art. 33 III:

Der Genuß bürgerlicher und staatsbürgerlicher Rechte, die Zulassung zu öffentlichen Ämtern sowie die im öffentlichen Dienste erworbenen Rechte sind unabhängig von dem religiösen Bekenntnis. Niemand darf aus seiner Zugehörigkeit oder Nichtzugehörigkeit zu einem Bekenntnis oder einer Weltanschauung ein Nachteil erwachsen.

Des weiteren heißt es in Art. 4 I GG.:

Die Freiheit des Glaubens, des Gewissens und die Freiheit des religiösen und weltanschaulichen Bekenntnisses sind unverletzlich.

Aus dem in Art. 3 GG. aufgestellten Gleichheitsgrundsatz folgt, daß jede Verletzung des Gleichheitsprinzips durch Benachteiligung von Angehörigen bestimmter Rassen untersagt ist. Alle gegen die jüdische Rasse während der nazistischen Herrschaft erlassenen Gesetze sind zudem noch namentlich im KontrollratsG. Nr. 1 aufgehoben worden.

Dadurch wird natürlich die Rücksichtnahme auf das religiöse Bekenntnis auf dem Gebiet des Erziehungsrechts nicht ausgeschlossen. Vgl. §§ 1779 und 1801 (Wahl des Vormunds nach Bekenntnis des Mündels).

Durch das Reichsgesetz über die religiöse Kindererziehung vom 15. 7. 1921 sind alle entgegenstehenden Bestimmungen der Landgesetze (z. B. die preußische Deklaration vom 21. 11. 1803) sowie Art. 134 EGBGB. aufgehoben worden. Nach dem neuen Reichsgesetz sind Verträge über die religiöse Erziehung eines Kindes ohne bürgerliche Wirkung. Über die religiöse Erziehung bestimmt die freie Einigung der Eltern, soweit ihnen Recht und Pflicht zusteht, für die Person des Kindes zu sorgen. Die Einigung ist jederzeit widerruflich und wird durch den Tod eines Ehegatten gelöst.

Besteht eine solche Einigung nicht oder nicht mehr, so gelten auch für die religiöse Erziehung die Vorschriften des BGB. über das Recht und die Pflicht, für die Person des Kindes zu sorgen. Es kann jedoch während bestehender Ehe von keinem Elternteil ohne die Zustimmung des anderen bestimmt werden, daß das Kind in einem anderen als dem zur Zeit der Eheschließung gemeinsamen Bekenntnis oder in einem anderen Bekenntnis als bisher erzogen, oder daß ein Kind vom Religionsunterricht abgemeldet werden soll. Wird die Zustimmung nicht erteilt, so kann die Vermittlung oder Entscheidung des Vormundschaftsgerichts beantragt werden. Für die Entscheidung sind, auch soweit ein Mißbrauch im Sinne des § 1666 nicht vorliegt, die Zwecke der Erziehung maßgebend. Vorher zu hören sind die Ehegatten, erforderlichenfalls Verwandte sowie das Kind, das das 10. Lebensjahr vollendet hat. Nach der Vollendung des 14. Lebensjahres steht dem Kind die Entscheidung darüber zu, zu welchem religiösen Bekenntnis es sich halten will. Hat das Kind das 12. Lebensjahr vollendet, so kann es nicht gegen seinen Willen in einem anderen Bekenntnis als bisher erzogen werden.

Die Ablegung der Klostergelübde, die nach kanonischem Recht Unfähigkeit zu Vermögensrechten und nach Preußischem Allgemeinen Landrecht den bürgerlichen Tod zur Folge hatte, zieht keine Minderung der Rechtsfähigkeit nach sich; ebensowenig eine solche der Handlungsfähigkeit (RG. **97** 124). EG. 87, wonach der Erwerb aus Schenkungen und von Todes wegen landesgesetzlich von staatlicher Genehmigung abhängig gemacht werden konnte, ist durch Teil II Art. 2 des Ges. zur Wiederherstellung der Gesetzeseinheit auf dem Gebiete des Bürgerl. R. v. 5. 3. 1953 aufgehoben worden.

3. Kapitel

Namensrecht und sonstige Persönlichkeitsrechte

§ 58

O. v. Gierke, Deutsches Privatr. I § 81f.; Opet, ZivA. **87** 313f. und JW. 1921, 1520; Wieruszowski, Deutsche RichterZ. 1927, 225f. und in Nipperdey, Grundr. II 82; Matiba, Namensr. 1930; Geiler, Das Namensrecht der Ehefrau, 1931; H. Lehmann, Markenschutz und Wettbewerb, 1931, 353f.; Elster, HdwbRw. IV 173f.; Nußbaum, Der persönliche Schutz gegen Namensmißbrauch, 1933; Schönfeld, RG.-Festschr. II 191f. Ficker, Das Recht des bürgerl. Namens, 1950.

I. Namensrecht.

1. Begriff. Das Namensrecht ist ein Persönlichkeitsrecht. Es will das Interesse der einzelnen Persönlichkeit an einem Kennzeichen schützen, das ermöglicht, ihre sozialen Lebensäußerungen von denen anderer zu unterscheiden. In der Form eines absoluten Rechts gewährleistet es dem Namensträger jedermann gegenüber das Recht, den ihm zustehenden Namen zu gebrauchen und andere am unberechtigten Gebrauch zu hindern, 12.

Es eröffnet ihm leider keinen Weg, den ihm zustehenden Namen bei Namensungewißheit feststellen zu lassen. Hier hat das RG. über die Änderung von Familiennamen und Vornamen vom 5. 1. 1938 nebst Durchführungsverordnungen vom 7. 1. 1938, 17. 8. 1938 und 24. 12. 1940 ein einheitliche Recht gebracht und in § 8 dem Innenminister die Befugnis übertragen, bei Namensungewißheit den Familiennamen eines deutschen Staatsangehörigen (oder auch eines Staatenlosen, der seinen Wohnsitz oder gewöhnlichen Aufenthalt im Deutschen Reich hat) auf Antrag eines Beteiligten mit allgemeinverbindlicher Wirkung festzustellen. — Soweit die Juden dadurch unter Sonderrecht gestellt wurden (2. DurchfVO. vom 17. 8. 1938 betr. jüdische Vornamen), sind die Bestimmungen außer Kraft getreten.

2. Der Erwerb des Namensrechts fällt zusammen mit dem des Namens. Für die herkömmlichen Namensbestandteile: Familiennamen und Vornamen gilt verschiedenes.

a) Der Familienname wird erworben entweder nach bürgerlichem Recht oder Verwaltungsrecht;

Nach BGB. durch Heirat (1355), Abstammung (1616, 1706), Ehelichkeitserklärung (1736), Annahme an Kindes Statt (1758). Nach dem durch das GleichberechtigungsG. neu gefaßten § 1355 ist die Frau berechtigt, durch Erklärung gegenüber dem Standesbeamten dem Namen des Mannes ihren Mädchennamen hinzuzufügen. Vgl. Hildegard Krüger AcP. 156, 232. Die geschiedene Frau behält den Familiennamen des Mannes, § 54 EheG. Sie darf aber auch ihren früheren Ehenamen wieder annehmen, falls sie nicht allein oder überwiegend für schuldig erklärt worden ist und aus der früheren Ehe noch Nachkommen vorhanden sind, § 55 II EheG. Der allein oder überwiegend für schuldig erklärten Frau kann der Mann die Weiterführung seines Namens untersagen, § 56 EheG.

Die Änderung des Familiennamens erstreckt sich auch auf die unter elterlicher Gewalt stehenden Kinder, bei Frauen auch auf die unehelichen Kinder, § 4 des Gesetzes.

b) Den Vornamen legt bei, wer für die Person des Kindes zu sorgen hat (Vater, Mutter, Vormund).

Auch eine Änderung des Vornamens ist nur mit behördlicher Genehmigung zulässig. Zuständig ist hier die untere Verwaltungsbehörde; § 11 NamÄG.

c) Die Adelsbezeichnungen, die nach Art. 109 III S. 2 RV. von 1919 nurmehr als Namensteile gelten, werden seit Inkrafttreten der RV., dem 14. August 1919, nach denselben Grundsätzen erworben wie der Familienname.

Rensch, Der adelige Name nach deutschem Recht, 1931.

Der adelige Namen wird also erworben durch uneheliche Geburt von einer adeligen Mutter, durch Annahme an Kindes Statt seitens eines adeligen Wahlvaters usw. — Aufgehoben ist die PrVO. vom 3. 11. 1919, wonach den unehelichen Kindern adeliger Mütter usw., die zur Zeit des Inkrafttretens der RV. die Adelsbezeichnung noch nicht als Namensbestandteil führten, gestattet war, ihrem Namen die Adelsbezeichnung der Mutter hinzuzufügen; vgl. VO. vom 12. 5. 1922. Es darf also nur der, der nach früherem Recht bei Inkrafttreten der RV. berechtigt war, ein Adelsprädikat zu führen, es als Namensbestandteil fortführen. Vgl. BayrOL. DJ 1926, 1652 und RG. **109** 254. Nach der VO. vom 27. 11. 1923 führen die Mitglieder der vormals in Preußen regierenden landesherrlichen Familien den Namen: „Prinz von Preußen" mit vorangestelltem Vornamen.

Nach RG. **113** 107ff. verstößt es nicht gegen das Gesetz, wenn die adeligen Namen bei weiblichen Personen in der weiblichen Form (Gräfin, Freiin, Freifrau usw.) gebraucht und wenn sie bei Männern dekliniert werden. 1355 BGB., wonach die Frau den Familiennamen des Mannes erhält, steht nicht entgegen; denn damit ist nicht gesagt, in welcher Form der Name zu führen ist. Das ist keine Rechtsfrage, sondern eine Frage des Sprachgebrauchs.

3. Verlust und Veränderungen. Im allgemeinen behält man den erworbenen Namen bis zum Tod, es sei denn, daß einer der eben genannten Erwerbsgründe für einen anderen Namen eintritt. Willkürliche Änderungen sind unstatthaft; nicht einmal die Vornamen können nach der Eintragung ins Geburtsregister beliebig geändert werden.

Nach dem NamensänderungsG. vom 5. 1. 1938 kann die höhere Verwaltungsbehörde die Änderung des Familiennamens zulassen, wenn ein wichtiger Grund vorliegt. Die Änderung des im Geburtenbuch eingetragenen Vornamens ist nur mit behördlicher Genehmigung zulässig.

Beweisend für die Richtigkeit des Namens sind die Eintragungen in das Personenstandsbuch (§ 60 PersStG. vom 3. 11. 1937); deren Berichtigung kann nach § 47 PersStG. nur durch das Gericht angeordnet werden.

4. Streitig ist, ob und inwieweit eine Namensführungs**pflicht** besteht.

Hinsichtlich des **bürgerlichen** Namens folgt sie aus den Vorschriften des öffentlichen Rechts, den Bestimmungen des PersStG. und des NamÄndG.; hinsichtlich der **Firma** aus §§ 17 und 29 HGB. **Bestraft** wird nur die falsche Namensangabe gegenüber einer **zuständigen** Behörde oder einem **zuständigen** Beamten, § 360 I Nr. 8 StGB. Ein privatrechtlicher Anspruch von Privatpersonen gegenüber anderen Privatpersonen auf Führung eines bestimmten Namens ist nur in Ausnahmefällen anzuerkennen; so kann der Ehemann von der Frau mit der Herstellungsklage die Führung seines Namens verlangen. §§ 1353, 1355. Vgl. Staudinger-Coing, § 12 Erl. 22 und 23.

Die **Zufügung** des **alten** Namens zu einem erworbenen neuen wird dem an Kindes Statt Angenommenen ausdrücklich gestattet (1758 II). Ebenso der Frau durch § 1355. Sonst ist sie unzulässig. Doch kann die Annahme eines **Doppelnamens** im Wege **obrigkeitlicher Namensänderung** da gestattet werden, wo wirtschaftliche Interessen, Familienbeziehungen oder ähnliche Gründe dies angezeigt erscheinen lassen.

5. **Schutz.** Das Namensrecht kann nach 12 in zwei Fällen **klageweise** geltend gemacht werden (actio negatoria):

a) zum Schutz des **Eigengebrauchs**, wenn dem Berechtigten das Recht zum Gebrauch **bestritten** wird,

wörtlich oder tatsächlich, z. B. durch Abreißen des Türschilds;

b) zum Schutz gegen **Fremdgebrauch**, aber nur gegen den, der den gleichen Namen **unbefugt** gebraucht und dadurch das **Interesse** des Berechtigten **verletzt**. Eine **Verwechselungsgefahr** ist nicht erforderlich BGH. 15, 107.

Nach der Rechtsprechung ist der Gebrauch eines fremden Namens nicht bloß dann unbefugt, wenn jemand diesen Namen als **seinen eigenen gebraucht** — sondern auch dann, wenn er ihn zur Bezeichnung seines **Geschäfts** oder seiner **Ware** verwendet (RG. **108** 232), es sei denn, daß der verwandte Name „**Gattungsbezeichnung**" geworden ist; RG. **54** 42 (Eintragung eines fremden Namens „Sylvester" als Warenzeichen), RG. **74** 308 (Eintragung des Namens „Graf Zeppelin" für Tabakfabrikate), RG. **100** 182ff. (Gebrauch des Namens „Gervais" für Käseerzeugnisse), RG. **66** 323 (Gebrauch des Namens des früheren Geschäftsinhabers in der Firma). Vgl. auch JW. 1932, 1846.

Ein **unbefugter Namensgebrauch** kann auch liegen in der Verwendung eines fremden Namens zur Bezeichnung eines Tieres oder einer in literarischen oder bildnerischen Erzeugnissen dargestellten Figur. Doch genügt die bloße Benutzung des Namens **ohne Beziehung** auf einen **bestimmten Namensträger nicht**; der RGRKomm. (§ 12 Anm. 4) verlangt weiter, daß die Verwendung in **schutzwürdige Interessen verletzender Weise** geschehen müsse. Die Frage ist streitig, doch dürfte diese Formulierung der Entwicklung der Rechtsprechung gerecht werden. In RG. (Warn. 1911 S. 145) wird der Gebrauch eines fremden, selten vorkommenden **Namens** als **Bühnennamen** durch einen **Schauspieler** zwar nicht als befugt anerkannt, aber eine **Verletzung** der **Interessen** des **Namensträgers verneint**. Vgl. etwa noch KGJW. 1921, 1551; RG. DJZ.

1906, 543 (Professor „Biedermann"); LG. Berlin JW. 1929, 451, und weiter RG. JW. 39, 153, wo die Verwendung eines Namens zur Bezeichnung einer Romanfigur als unzulässig bezeichnet wird, wenn bei der Mehrzahl der Leser der Eindruck erweckt wird, ein bestimmter Namensträger habe der Romanfigur zum Vorbild gedient.

Als schutzwürdig sind selbstverständlich nicht bloß vermögensrechtliche, sondern auch persönliche Interessen — aber nur im Rahmen des Vernünftigen — anzuerkennen (RG. **101** 231). Deshalb können Träger von Allerweltsnamen, wie Herr „Schmitz" oder „Meier" regelmäßig kein vernünftiges Interesse gegen den Gebrauch ihres Namens geltend machen.

Nach RG. **108** 230ff. soll § 12 gegenüber dem, der einem Dritten, nicht sich, einen anderen Namen beilegt, regelmäßig unanwendbar sein; ein Ehemann hatte seine Geliebte, mit der er in einem Gasthof abgestiegen war, unter dem Namen seiner Ehefrau ins Gästebuch eingetragen. Zweifelhaft! In einem widerspruchslosen Dulden der Benennung kann aber ein Gebrauch des fremden Namens durch den Benannten gefunden werden; RG. JW. 1930, 1722.

Dagegen ist aus 12 kein Anspruch des Namensträgers herzuleiten, daß der den gleichen Familiennamen Führende sich zur Vermeidung von Verwechselungen dieses Namens nur in Verbindung mit seinem Vornamen oder einem Unterscheidungsmerkmale bediene (RG. JW. 1911, 572[2]).

Anders auf Grund 16 UnlWG., der den Namenschutz des 12 ergänzt und selbst gegen den befugten Gebrauch eines Namens, einer Firma usw. einen Unterlassungsanspruch gewährt, wenn dadurch eine Verwechselungsgefahr hervorgerufen wird. Das RG. will in seiner Rechtsprechung einen Unterschied machen in bezug auf die Rechtsfolgen der Verwechselungsgefahr, je nachdem ob die Aufnahme des diese Gefahr begründenden Familiennamens in die jüngere Firma nach den Vorschriften des Firmenrechts vermieden werden kann (so nach §§ 20, 24 HGB., 4 GmbHGes.) oder notwendig ist (so bei Neugründung einer Einzelfirma. 18 HGB.). Der ältere Firmeninhaber kann also z. B. die Beseitigung des bürgerlichen Namens in der Firma des jüngeren Wettbewerbers verlangen, wenn dieser seinen bürgerlichen Namen in die Firma einer GmbH. aufnimmt (RG. **110** 234 „Malzmann") oder in eine oHG. (RG. **111** 66 „Arnheim"). Vgl. auch JW. 1928, 345 (Wagner). Dagegen nicht, wenn dieser eine Einzelfirma gründet, in die er nach 18 HGB. seinen Familiennamen mit mindestens einem ausgeschriebenen Vornamen aufnehmen muß (RG. **116** 209 „Stollwerck"). Das kann nicht richtig sein. Das Problem ist falsch gestellt, wenn das RG. davon ausgeht, daß 18 I HGB. als öffentlichrechtliche („gewerbepolizeiliche") Vorschrift 16 UnlWG. vorgehe. Das Interesse des alten Namensträgers an der Zurechnung der eigenen Leistung und des Publikums am Schutz vor Irreführung sind höherwertig und müssen vorgehen. Freilich nicht so weit, daß sich der neue Namensträger seines ihm zustehenden bürgerlichen Namens nicht bedienen darf, aber so weit, daß er, wenn er sich seines Namens bedient, gezwungen wird, die Verwechselungsgefahr durch besonders deutliche Unterscheidungssätze — soweit eben zumutbar — abzuschwächen.

Der Appellationshof in Bern hat im Prozeß der bekannten Schokoladenfirma Lindt u. Sprüngli gegen die Schokoladenfabrikanten Aug. und Walter Lindt, Inhaber der Firma A. u. W. Lindt, durch Urteil vom Mai 1927 die Beklagten verurteilt, auf allen ihren Waren, in ihren Preislisten, Inseraten und Mitteilungen an das Publikum usw. in der für die betreffende Packung oder Mitteilung verwandten Sprache die deutliche Aufschrift anzubringen: „Diese Schokolade ist nicht die Original-Lindt-Schokolade". Vgl. Rosenthal, Komm. z. WettbewGes. § 16 Anm. 24a; Breit, JW. 1928, 321 und 783.

Das neuere Urteil des RG. (165, 271) erkennt gegenüber der verwechselungsfähigen jüngeren Firma einer KommanditG. die Notwendigkeit deutlicher Unterscheidungssätze an, verneint aber das Recht der älteren Gesellschaft, die Beseitigung des in die jüngere Firma gemäß § 19 II HGB. aufgenommenen Geschlechtsnamens des einzigen persönlich haftenden Gesellschafters zu fordern; vgl. auch RG. 170, 562 u. BGH. JZ. 1951, 513; BGH. 4, 96. BGH. 14, 155 verlangt zutreffend, daß Inhaber gleichlautender Firmen sich durch unterscheidungskräftige Zusätze zur Firma voneinander abgrenzen.

c) In beiden Fällen kann auf Beseitigung der Beeinträchtigung (durch Löschung des Warenzeichens, RG. **54** 42, Entfernung des Namens auf dem Ladenschild, Berichtigung, öffentliche Anerkennung bei Bestreiten usw.) und, wenn weitere Beeinträchtigungen zu erwarten sind, auf Unterlassung geklagt werden. Handeln wider besseres Wissen oder Verschulden ist unnötig.

Außer der Abwehrklage ist eine Ersatzklage aus 823 I begründet, aber nur bei schuldhafter Verletzung des Namensrechts. Nach 256 ZPO. kann auch auf Feststellung des Namensrechts geklagt werden, wenn die Voraussetzungen dafür gegeben sind.

6. Ausdehnung des Namenschutzes.

a) Da auch juristische Personen Persönlichkeitsrechte haben können, ist auch für sie 12 entsprechend anwendbar (RG. **74** 114; **109** 214; **115** 406; **163** 233; OLG. Koblenz HEZ. 1, 261).

12 steht im Titel über die natürlichen Personen, trifft also nicht unmittelbar zu.

Der unbefugte Gebrauch des Namens einer Stadtgemeinde kann in der Bezeichnung eines Theaters als Stadttheater oder einer Apotheke als Stadtapotheke liegen (RG. **101** 169, JW. 1927, 117[18]). Eine Universität kann gegen einen Kaufmann vorgehen, der sich der Firma „Universitätsdrogerie" bedient (OLG. Köln vom 23. 10. 1925).

Auch die Offene Handelsgesellschaft genießt den Namenschutz des 12, wird also auch insoweit wie eine juristische Person behandelt (RG. **114** 93).

Selbst nicht rechtsfähige Vereine haben auf den Schutz des 12 Anspruch (RG. **78**, 101, OLG. München in JW. 1925, S. 2150[4]). Ebenso die Firma des Einzelkaufmanns; so OHG. Hamburg, HRR. 1928, 1550 u. KG. JW. 1928, 367 gegen die frühere Entscheidung des Reichsgerichts, RG. 59, 286.

b) Ebenso ist die rechtsähnliche Ausdehnung zum Schutz der adeligen und bürgerlichen Wappen zulässig.

So wenn das Ortswappen einer Stadtgemeinde auf der Ausstattung eines gewerblichen Erzeugnisses angebracht wird; RG. **71** 262; JW. 1924, 1711.

c) Auch die sog. „Telegrammadresse" erfährt analogen Rechtsschutz, RG. **102** 89 („Eka-Werk"). Ebenso schlagwortartige Abkürzungen, RG. **109** 213ff. („Kwatta"); **117** 219 („Eskimo"). Nicht aber ortsgebundene besondere Geschäftsbezeichnungen, RG. **171** 30.

d) Recht zur Führung eines Titels gibt bei Bestreiten des eigenen Rechts die Klagebefugnis aus § 12, nicht aber ein Verbotsrecht gegen unbefugte Titelführung anderer, RG. **80** 273.

e) Sehr bestritten ist die entsprechende Anwendung auf das Pseudonym, d. h. den Decknamen, der zur Kennzeichnung (Individualisierung) gewisser Lebensäußerungen (schriftstellerischer, künstlerischer Betätigung) bestimmt ist. Man muß sie bejahen, wenn der Deckname in weiteren Kreisen als Bezeichnung eines bestimmten Künstlers oder Schriftstellers gilt, wenn er also die Persönlichkeit für einen größeren Kreis wirklich kennzeichnet.

Vgl. Enneccerus-Nipperdey § 100 Anm. 63.

Das RG. hat ausdrücklich anerkannt (RG. **101** 230), daß die Decknamen von Künstlern und Schriftstellern, die ein gut Teil künstlerischer und schriftstellerischer Ehre einschließen, den Schutz des § 12 genießen, und daß das Recht auf den Künstlernamen dem Namensträger auch verbleibt, wenn er die künstlerische Tätigkeit nicht mehr ausübt.

Auf die Gültigkeit eines Rechtsgeschäfts oder die Zulässigkeit der Klage ist es nach der neueren Auffassung des RG. ohne Einfluß, daß die Partei mit einem von ihrem bürgerlichen Namen abweichenden Decknamen bezeichnet ist (RGKomm. § 12 Anm. 2).

e) Auch zugunsten historischer Grundstücks- und Gebäudebezeichnungen wird man dem Eigentümer den Namensschutz des § 12 analog zusprechen dürfen („Richmodishaus" in Köln. Vgl. H. Lehmann, Markenschutz und Wettbewerb XXXI 353f.).

II. Sonstige Persönlichkeitsrechte.

Schulz-Schaeffer, Das subj. Recht im Gebiet der unerlaubten Handlung 1915 (vgl. dazu meine Besprechung i. Ztschr. f. HR. 78 529ff.); Wieruszowski, Der heutige Stand der Lehre vom Persönlichkeitsrecht i. Deutsch. Richterztg. 1927, S. 225; Reinhardt, Das Persönlichkeitsr. i. d. gelt. ROrdnung, 1931; Wandrey, Schutz der Persönlichkeit (Rechtsfragen der Praxis Nr. 47) 1931. Neumann-Duesberg, Das gesprochene Wort i. Urheber- u. Persönlichkeitsr. 1949 u. NJW 1950, 14. Müller-Erzbach, Der Kampf um die Persönlichkeit, 1949; Hubmann, Das Persönlichkeitsrecht, 1953; Süss, Geheimsphäre u. moderne Technik, Festschr. für H. Lehmann, z. 80. Geburtstag, 189ff.

Weitere Persönlichkeitsrechte sind im BGB. nicht ausdrücklich anerkannt. Doch ist ihr Kreis damit nicht geschlossen. Die Zukunft wird eine Erweiterung sehen. Fördernd auf die Entwicklung und den Ausbau der Persönlichkeitsrechte muß einmal wirken der bei der Umwälzung im Verfolgen sozialistischer Gedankengänge verkündete Grundsatz vom Vorrang des lebendigen Menschen vor den toten Sachgütern — sodann haben aber auch auf der anderen Seite die durch das Vordringen der sozialistischen Ideen erweckten Widerstände das Streben nach Behauptung der Persönlichkeit als des „höchsten aller Erdgüter" verstärkt. Oben ist bereits in § 12 I 2a S. 76 dargelegt, daß man angesichts des Art. 2 GG. das allgemeine Persönlichkeitsrecht als verfassungsmäßig gewährleistetes Grundrecht anerkennen muß. Das Hauptproblem ist heute nicht mehr seine Anerkennung, sondern seine Entwicklung und richtige Abgrenzung innerhalb der sozialen Ordnung. Es ist unsere Aufgabe, aus dem allgemeinen Persönlichkeitsrecht Einzelrechte zu entwickeln, die gegen die Verletzung der sittlichen Würde und der freien Entfaltung der individuellen Persönlichkeit Schutz verleihen, ohne durch zu weit gefaßte Störungsverbote die Persönlichkeitsentfaltung allgemein wieder zu lähmen.

1. Schon heute sind gewisse Einzelrechte, die dem Schutz von Persönlichkeitsgütern dienen, gesetzlich anerkannt.

a) Im HGB. 37 ist das Firmenrecht entsprechend dem Namenrecht anerkannt und geregelt.

Nach 37 II HGB. kann, wer in „seinen Rechten" dadurch verletzt wird, daß ein anderer eine Firma unbefugt gebraucht, von diesem die Unterlassung des Gebrauchs der Firma verlangen. Ein nach sonstigen Vorschriften begründeter Anspruch auf Schadenersatz bleibt unberührt.

Zu diesen Rechten gehört keineswegs bloß das Firmenrecht, sondern auch das Namenrecht (RG. **56** 190). Die Ansprüche richten sich aber lediglich gegen unbefugte Firmenführung, nicht z. B. gegen die Benutzung des Namens als Firmenzusatz (RG. **88** 421) oder zur Bezeichnung von Waren.

b) Durch 24 WarenzeichenG. werden Name und Firma gegen den unbefugten Gebrauch zur Warenbezeichnung geschützt. Als Warenbezeichnung gilt hierbei auch die Verwendung des Namens und der Firma in geschäftlichen Ankündigungen, Briefen und Rechnungen, die dem Inverkehrbringen von Waren gelten. Durch § 16 UnlWG. werden der Name oder die besondere Bezeichnung eines Erwerbsgeschäftes usw. auch gegen befugten Gebrauch geschützt, wenn dadurch eine Verwechselungsgefahr hervorgerufen wird.

Daraus läßt sich ableiten ein Recht an der Warenbezeichnung und sonstigen gewerblichen Bezeichnungsmitteln (Kaufhaus des Westens, Hotel Esplanade, AEG., gekreuzte Schlüssel für eine Wach- und Schließgesellschaft).

Vgl. die Kommentare zum WettbewerbsG. von Rosenthal, Callmann, Baumbach.

Manche wollen das erweitern zu einem Recht auf Zurechnung der eigenen Leistung.

Vgl. Schulz-Schaeffer, S. 85ff.

c) Durch 22—24 des KunsturhG. ist das bis dahin sehr bestrittene Recht am eigenen Bild anerkannt worden, d. h. die ausschließliche Befugnis des Menschen, über die Verbreitung und öffentliche Schaustellung seines Bildnisses zu verfügen. Es erfaßt bildliche Darstellungen der Person jeder Art, auch auf der Bühne, durch den Film und das Fernsehen; vgl. BGH. 20, 345; 24, 200; 26, 52 und 349.

Zur Verbreitung und Schaustellung von Bildnissen ist die Einwilligung des Abgebildeten (nach seinem Tode noch 10 Jahre lang die Einwilligung des Ehegatten, der Kinder oder Eltern) erforderlich, wenn nicht: 1. der Abgebildete für die Gestattung des Abbildens entlohnt worden ist; 2. er zum Bereich der Zeitgeschichte gehört (Abbildung des Prinzen Wilhelm auf dem Umschlag des Domela-Buches wurde untersagt, während bei Frau Zoubkow, der ehemaligen Prinzessin Viktoria, die zeitgeschichtliche Bedeutung bejaht wurde); 3. nur Beiwerk neben

Landschaft oder Örtlichkeit ist; nur Teil einer größeren Personenmenge bei Versammlungen, Aufzügen oder ähnlichen Vorgängen ist; 5. ein höheres Kunstinteresse die Verbreitung oder Schaustellung rechtfertigt; 6. die Rechtspflege oder öffentliche Sicherheit es erfordert (Steckbrief, Verbrecheralbum). In den zu 2—5 genannten Fällen erstreckt sich aber die Befugnis nicht auf eine Verbreitung und Schaustellung, durch die ein berechtigtes Interesse des Abgebildeten oder, falls er verstorben ist, seiner Angehörigen verletzt wird. Vgl. RG. **74** 308 und **125** 80 (bedenklich).

Die Grenzen des Rechts am eigenen Bilde sind danach recht strittig; vor allem ist zu beachten, daß 22 sich nicht gegen die Aufnahme als solche, sondern nur gegen die Schaustellung und Verbreitung des Bildnisses wendet.

Sehr bedeutsam ist die Entscheidung des Kammergerichts vom 18. 1. 1928 (JW. 1928, S. 363) in Sachen Wilhelm II. gegen Piscator; hier erstreckt das Kammergericht das Recht am eigenen Bilde auch auf die Darstellung einer Persönlichkeit auf der Bühne. Erst recht wird man das Recht am eigenen Bilde auch gegenüber einer Filmdarstellung anzuerkennen haben; so schon LG. I Berlin im Urteil vom 14. 2. 1920 (38 J. 750/IV), das die vom Schauspieler Bonn dargestellte Figur Wilhelms II. in dem Film „Kaiser Wilhelms Glück und Ende" betraf. Auch die französische und amerikanische Gerichtspraxis haben bereits den Schutz des Eigenbildes gegen die Filmdarstellung durch einen Schauspieler anerkannt (vgl. JW. 1928, S. 264).

Vgl. Keyßner, Das Recht am eigenen Bilde, 1896; Verhandlungen des 26. D. Juristentages I 1ff. (Gareis), S. 72ff. (Keyßner) und des 27. Juristentages IV 28ff.; Rietschel, ArchZivPr. **94** 143ff. und das Recht am eigenen Bilde, 1903; Kohler, BürgA. **7** 94f.; E. Adler, Die Persönlichkeitsr. im ABGB., Festschr. 1911 II 163; Elster, Urheber- und Erfinderrecht usw. (2) 1928; Hubmann, Das Persönlichkeitsrecht 1953 S. 228; Larenz, Schuldrecht II § 66.

2. Ein weiterer Kreis von Einzelrechten ringt heute um Anerkennung.

a) Sehr streitig war früher die Annahme eines Rechts auf Ehre oder an der Ehre, wonach der Einzelne gegen rechtswidrige Angriffe auf seine bürgerliche Ehre, d. h. auf seine soziale Geltung Schutz genießt. Gegen ein solches Recht, das gegen jeden rechtswidrigen Eingriff Schutz genießen und dem Angegriffenen außer der Unterlassungsklage auch einen Ersatzanspruch bei fahrlässiger Ehrverletzung geben müßte, hat sich früher das Reichsgericht in ständiger Rechtsprechung gewandt; vgl. RG. **140**, 395; **148**, 115; **156**, 372; **166**, 156.

Wenn man aber das allgemeine Persönlichkeitsrecht als ein sonstiges Recht i. S. des § 823 anerkennt, wird man auch das Recht an der Ehre als ein solches anerkennen müssen. Es wäre unbefriedigend, der Beziehung des Menschen zu dem Persönlichkeitsgut der Ehre den Rechtscharakter zu versagen, während er zugunsten der Sachgüter zweifelsfrei anerkannt wird. Der Mensch wird durch einen Angriff auf seine Ehre „im Kern seiner sittlichen Existenz" getroffen; so richtig Larenz II, § 66 I c. Die Widerrechtlichkeit des Eingriffs wird man unter dem Gesichtspunkt der Güter- und Interessenabwägung und der Berücksichtigung der sozialen Adäquanz beurteilen müssen, vgl. BGH. **24**, 80.

b) Um Anerkennung ringen weiter das Recht am Geheimbereich der eigenen Person, insbs. auch Geheimhaltung des vertraulichen Inhalts von Briefen und Schriftstücken, an denen ein erkennbares persönliches Geheimhaltungsinteresse besteht.

Bei Verletzung des Interesses an der Geheimhaltung von Privatbriefen mußte früher der Rechtsschutz aus dem Gesichtspunkt einer Verletzung des Urheberrechts oder eines Verstoßes gegen § 826 BGB. begründet werden; vgl. RG. 69, 401 (Nietzsche-Briefe). Anders jetzt BGH. 13, 334, der ein Persönlichkeitsrecht an der jedem Menschen geschützten Geheimsphäre anerkennt und daraus den Schutz brieflicher Mitteilungen gegen unrichtige Wiedergabe ableitet, auch wenn die Aufzeichnungen nicht die individuelle Formprägung aufweisen, die für einen Urheberrechtsschutz erforderlich ist.

c) Neben dem Recht an der Geheimsphäre findet jetzt auch das Recht auf Achtung der Privatsphäre, das die Unantastbarkeit des Privatlebens gewährleistet, Anerkennung. Vgl. BGH. 15, 257.

Ferner das Recht auf Achtung der persönlichen Gefühlswelt, des religiösen Empfindens und des familiären Pietätsgefühls. Vgl. dazu Enneccerus-Nipperdey § 101 II 8.

d) Auch das Recht der blutmäßigen Abstammung ist aus dem allgemeinen Persönlichkeitsrecht abzuleiten; BGH. 5, 385; 17, 252; 25, 351.

II. Abschnitt
Juristische Personen

§ 59

1. Kapitel
Allgemeines

Zur älteren gemeinrechtlichen Literatur: Windscheid-Kipp I § 49 u. Gierke, Deutsch. Privatr. I § 58ff.; Zitelmann, Begriff und Wesen der sog. juristischen Personen, 1873. Zum geltenden Recht: Enneccerus-Nipperdey (14) § 103ff; von Tuhr, I § 31ff.; Meurer, Die juristischen Personen nach Deutsch. Reichsrecht, 1901; Hölder, Natürl. und jurist. Personen, 1905; Binder, Das Problem der jurist. Persönlichkeit, 1907; Haff, Grundlagen der Körperschaftslehre, 1915; ders., RGFestschr. II 178f.; Krückmann, ArchZivPr. **114** 143; Schwarz, ArchBürgR. **32** 20ff., **35** 10ff.; H. A. Fischer, Subjekt und Vermögen, 1923; Schönfeld, DogmJ. **75** 333 und ZivA. **136** 331f.; Rhode, Juristische Person und Treuhand, 1932 und AcP. **136** 346f.; Husserl, AcP. **127** 129f.; Weber, Die Körperschaften, Anstalten und Stiftungen des öffentl. R. (2), 1941. Dazu Wieacker, AcP. **147** (1941) 304f.

I. Das Wesen der juristischen Person.

1. Der Begriff. Die juristische Person ist eine Einrichtung zur Erreichung gemeinsamer Zwecke, die von der Rechtsordnung als selbständiger Rechtsträger anerkannt wird.

a) Neben den besonderen Zwecken der einzelnen gibt es gemeinsame Zwecke, die sich nur durch das Zusammenwirken mehrerer erreichen lassen. Diese können eine vertragliche Vereinigung zur Förderung des gemeinsamen

Zweckes in der Art bilden, daß sie in ihrer Verbundenheit Träger der sich ergebenden Rechte und Pflichten werden (Gesellschaft).

Dadurch gerät freilich die Vereinigung in eine starke Abhängigkeit von der Einzelpersönlichkeit der Genossen, was der Erreichung von Dauerzwecken nicht förderlich ist, ja sie bei großer Mitgliederzahl geradezu erschwert.

b) Die Rechtsordnung eröffnet deshalb noch einen anderen Weg zur Erreichung derartiger Zwecke; es ist möglich, Rechte des einzelnen aus seinem Sonderrechtskreis endgültig auszuscheiden und mit einer davon unabhängigen bleibenden Einrichtung zu verknüpfen in der Art, daß diese als selbständiger, neuer Rechtsträger anerkannt wird. Das kann geschehen durch Vereinigung mehrerer Personen zu einem Verband, der als selbständiger Rechtsträger im Verkehr auftritt (Verein), oder durch einseitige Widmung eines Vermögens für einen bestimmten, einseitig festgelegten Zweck (selbständiges Zweckvermögen, Stiftung).

α) Diese Gebilde sind keine natürlichen Lebewesen, haben keinen natürlichen Willen. Aber in ihnen kommt vereinter menschlicher Wille zur Wirkung in der durch den Zweck der Einrichtung gewiesenen Richtung (Enneccerus-Nipperdey, I § 103 I) und hebt sich von dem Willen der einzelnen Genossen als etwas Selbständiges ab.

Danach ist es nicht Willkür, sondern aus der Natur der Sache herausgewachsen, wenn man sich die geeinte Willensmacht als den Willen der Einrichtung selbst vorstellt und diese als Willensträger auffaßt. So spricht man vom Vereinswillen, Staatswillen usw.

β) Die Rechtsordnung folgt nur der natürlichen Anschauungsweise, wenn sie diesen Einrichtungen rechtliche Macht, Rechte zuerkennt und sie als selbständige Rechtsträger behandelt.

γ) Die juristische Person muß aber ihre Rechte auch ausüben können. Da ihr selbst die natürliche Handlungsfähigkeit fehlt, stellt die Rechtsordnung ihr natürliche Personen — Organe — zur Verfügung; deren Handlungen gelten als solche der juristischen Person selber, wenn sie nur in ihrem Namen und im Machtbereich der Organe vorgenommen werden. Verein und Stiftung müssen z. B. einen Vorstand haben. Die Organe (Wirkglieder) werden keineswegs als die Träger der Rechte und Pflichten angesehen. Träger ist und bleibt die Einrichtung als solche (der Verein, die Stiftung); man denkt sie sich als selbsthandelnd durch die Organe.

Da diese neben den Menschen als Rechtsträger anerkannten Einrichtungen kein körperliches Dasein haben, da der Träger der Persönlichkeit durch Abstraktion (Begriffsbildung) gewonnen wird, ist der Name „juristische Person" angemessen, er entspricht dem Wesen der Sache. Nur muß man sich klarmachen, daß auch die Rechtspersönlichkeit der natürlichen Personen auf der Anerkennung der Rechtsordnung beruht und daß die juristischen Personen nicht bloße Erzeugnisse unseres Denkens sind, sondern etwas Wirkliches zur Grundlage haben; ist der Verein als solcher auch nicht willens- und handlungsfähig wie die einzelnen, so ist er doch wirkungsfähig.

2. Die lehrmäßigen Auffassungen über das Wesen der juristischen Personen gehen sehr auseinander.

Für die Rechtshandhabung ist gleichgültig, welche Auffassung der juristischen Person man annimmt, die einzelnen, für ihr Leben wichtigen Fragen lassen sich ganz unabhängig von dieser oder jener Theorie entscheiden.

a) Die älteren Fiktionstheorien (Savigny, Puchta, Windscheid) gehen davon aus, daß es nur ein Rechtssubjekt gebe, nämlich den Menschen, daß die juristische Person nur als solcher vorgestellt, fingiert werde.

Ihr Fehler liegt in dem unbewiesenen Ausgangspunkt, daß es außer dem Menschen keinen Rechtsträger geben könne. Zudem erklären sie gar nicht das Wesen der juristischen Person. Man fragt sich sofort, was durch die Fiktion verdeckt wird, wem die Rechte wirklich zustehen.

b) Die Genießertheorie und die sonstigen Theorien, die natürliche Personen als wirkliche Rechtsträger bezeichnen.

Nach Jhering (Genießertheorie) gehört das der juristischen Person zugeschriebene Vermögen den zu seinem Genuß berufenen einzelnen (beim Verein: den Mitgliedern, bei der Stiftung: den Destinatären), also einer Vielheit, die nur aus praktischen Gründen durch einen Denkbehelf zu einer Einheit zusammengefaßt wird.

Hölder meint: bei der Stiftung und den „altruistischen" Vereinen gehöre das Vermögen dem zu seiner Verwaltung berufenen Vorstand kraft Amtsrechts, als Amtsvermögen, bei den „egoistischen" Vereinen, wie bei der Gesellschaft sieht er die Mitglieder als Eigentümer an.

Nach Binder steht das Vermögen bei der Stiftung dem Vorstand kraft Amtsrecht zu, bei den Vereinen dagegen der Gesamtheit der Mitglieder.

Auch diese Erklärungsversuche befriedigen nicht. Teils berücksichtigen sie zu wenig die Wirklichkeit der juristischen Personen — der Staat ist mehr als eine als Einheit gedachte Menschenmenge, hat ein eigenes Leben über dem der einzelnen Glieder —, teils tragen sie einen Dualismus in das Rechtssystem, indem sie beim Stiftungsvermögen mit einem Amtsrecht arbeiten, das mit dem Privateigentum nicht auf eine Stufe gestellt werden kann, zudem eine dem geltenden Recht unbekannte Rechtsbildung einführt.

c) Die Zweckvermögenstheorie, die Theorie der subjektlosen Rechte.

Nach Brinz gehören die Rechte bei der juristischen Person in Wahrheit niemandem; sie sind nur für einen Zweck bestimmt. Es handelt sich um Zweckgebundenheiten, Zweckvermögen. — Diese Lehre führt ebenfalls zu einer Spaltung des subjektiven Rechts; steht es dem einzelnen zu, kennzeichnet es sich als Willensmacht, steht es der Korporation zu, ist es Zweckgebundenheit. Entweder müssen wir den Machtbegriff schlechthin streichen oder auch für die juristische Person festhalten.

Den ersten Weg ist Schwarz gegangen und betrachtet jedes Vermögen, auch das der Einzelperson, als Zweckvermögen, das zur Erreichung dieser Zwecke verwaltet werden, einen Vertreter haben muß. Danach ist auch das subjektive Recht der natürlichen Person ein Bestimmtsein von Gütern für die Zwecke des einzelnen: Sicherung seines Daseins und der von ihm freigewählten Ziele; der einzelne ist der Verwalter des so gebundenen Vermögens. Diese Lehre vermeidet den Vorwurf der zwiespältigen Erklärung und könnte als die überall durchführbare Grundlage eines Privatrechtssystem dienen. Nur hat sie keine Grundlage in dem geltenden deutschen Recht. Dieses geht vom Machtbegriff und Rechtssubjekt als Inhaber, als Träger dieser Macht aus — und will die daraus sich ergebenden Einzelregeln auch auf die Zweckgebundenheiten angewandt wissen, die der juristischen Person zugrunde liegen.

d) Herrschend war bis in die jüngste Zeit die Theorie der realen Verbandspersönlichkeit, wie sie von den Germanisten Beseler und Otto v. Gierke entwickelt und von vielen Vertretern des bürgerlichen Rechts angenommen worden ist.

Ihre Anhänger betonen die Wirklichkeit der juristischen Personen, sehen in ihnen Gemeinschaftsgebilde, die sich von den natürlichen Einzelpersönlichkeiten ihrer Mitglieder oder Genießer abheben und die Quelle einheitlicher Willensäußerungen bilden. Streitig ist, ob man darüber hinaus die juristische Person als willens- und handlungsfähiges Wesen annehmen darf. Dafür v. Gierke. Dagegen u. a. Biermann, Enneccerus, v. Tuhr.

Jedenfalls werden mit den Bildern der Willens- und Handlungsfähigkeit der juristischen Person andere seelische Vorgänge getroffen, als den Willensentschließungen und Handlungen eines natürlichen Menschen zugrunde liegen. Aber unbestreitbar tritt in dem einheitlich sich äußernden Verbandswillen einer Körperschaft etwas zutage und entfaltet Wirkungen, das dem Einzelwillen der Genossen selbständig gegenübersteht; der juristischen Person liegt also eine Wirklichkeit zugrunde — wirklich im Sinne von etwas genommen, das in der Außenwelt wirkt und Änderungen herbeizuführen vermag. Wenn die Rechtsordnung die Rechtsfähigkeit der juristischen Personen anerkennt, fingiert sie keine natürlichen Menschen, sondern erkennt neben diesen gewisse soziale Einrichtungen als Rechtsträger an und schreibt ihre Behandlung als Rechts- und Willenssubjekte vor, indem sie den Willen und die Handlungen ihrer Organe als Äußerungen der Organisationen selber betrachtet.

Diese Auffassung vereint den richtigen Kern der Theorie der realen Verbandspersönlichkeit mit dem der Fiktionstheorie. Sie trifft die wirkliche Grundlage der Rechtsträgerschaft, bleibt sich aber bewußt, daß die Vorstellung eines handlungs- und willensfähigen Wesens nur bildliche Bedeutung hat. Ähnlich wie hier Enneccerus-Nipperdey, I § 103, der von „Theorie der Zweckpersonifikation" spricht.

Die Theorie der realen Verbandspersönlichkeit in der Ausprägung Gierkes läßt sich gegenüber den modernen Erscheinungen der Einmanngesellschaft (d. i. der Vereinigung aller Aktien oder Anteile einer GmbH. in einer Hand) und des sog. Mantelkaufs (d. i. der Veräußerung und des Erwerbs aller Anteile) nicht ernsthaft aufrechterhalten. Wenn eine Einzelperson mehrere Mäntel in der Hand hat, oder eine juristische Person die Mäntel mehrerer anderer juristischen Personen besitzt, zeigt sich deutlich, daß es sich bei der juristischen Person um Vermögensbestandteile handelt, die für gewisse Zwecke vereint und personifiziert sind, die insofern also künstliche Gebilde darstellen. Diese Bedenken hat neuerdings Rhode (a. a. O.) scharfsinnig entwickelt. Nach ihm ist die juristische Person eine Zweckvermögensgemeinschaft von Menschen, die auch bis auf einen einzelnen Menschen zusammenschrumpfen oder, wie bei der Stiftung, von ihm allein gebildet sein kann, deren Eigenart darin besteht, daß den Rechtsträgern mit der Beschränkung ihrer Haftung auf den Vermögensanteil die Möglichkeit gegeben ist, vollständig hinter dem Zweckvermögen und dem Zweckverwalter zurückzutreten, anonym zu werden. Der Zweck der Personifikation ist also in der technischen Verselbständigung des einem bestimmten Zweck gewidmeten Sondervermögens zu erblicken. Damit wird an Schwarz angeknüpft. Die Realitäten werden gut herausgestellt und unannehmbare Konsequenzen aus der Theorie der realen Verbandspersönlichkeit vermieden. Wenn man sich der bildhaften Bedeutung der Vorstellungen eines willens- und handlungsfähigen Wesens bewußt bleibt und sich hütet, aus einer derartigen Vorstellung Rechtsfolgen abzuleiten, vielmehr bei der Gewinnung von Rechtsfolgen den durch diese Bilder verdeckten Realitäten Rechnung trägt, ist die Beibehaltung der Fiktion ungefährlich.

II. Die Arten der juristischen Personen.

1. Juristische Personen des öffentlichen und privaten Rechts.

a) Die juristische Person des öffentlichen Rechts ist entweder unmittelbar durch Gesetz oder Verwaltungsakt als Träger staatlicher Aufgaben gegründet oder sie ist doch später als mit der Erfüllung solcher Aufgaben befaßt durch Gesetz oder Verwaltungsakt der zuständigen Staatsbehörde anerkannt worden. Das Entscheidende ist also, daß ihr irgendwelche staatliche Aufgaben von oben her zuerteilt worden sind, oder, daß sie mit Rücksicht auf Zwecke, deren Erfüllung der Staat später als eigene Aufgaben anerkannt hat, in den staatlichen Gesamtorganismus eingegliedert worden ist.

Man denke an die Universitäten, die zum Teil als privatrechtliche Körperschaften entstanden sind, dann aber allmählich mit der Erweiterung der Staatsaufgaben in den staatlichen Organismus hineingewachsen und seine Glieder geworden sind.

Außerdem muß sich die juristische Person des öffentlichen Rechts eine (relativ) selbständige Organisation bewahrt haben, darf keine bloße Verwaltungsstelle oder Verwaltungsabteilung bilden.

b) Der juristischen Person des Privatrechts gibt ihre Entstehung und ihre Aufgaben der freie Wille ihrer Gründer; beim Verein durch eine private Satzung, bei der Stiftung durch privates Stiftungsgeschäft.

Das BGB. befaßt sich grundsätzlich nur mit den juristischen Personen des Privatrechts.

Nicht entscheidend ist der Zweck; denn es können auch juristische Personen, die öffentliche Zwecke verfolgen, solche des Privatrechts sein, wie die Privatvereine mit politischen, sozialpolitischen oder religiösen Zwecken beweisen (62 II). Was die zahlreichen Zwischengebilde, die das moderne Verbandsleben hervorgebracht hat, angeht (siehe oben § 55), so ist ein ziemlich fruchtloser Streit darüber entstanden, ob sie öffentlichrechtliche Körperschaften oder private Verbände darstellen. So z. B. beim Zwangskohlen- und -kalisyndikat. Man sollte sich darauf beschränken, sie als Zwischengebilde anzuerkennen, die kraft ihrer Formen und der ihnen verbliebenen Selbstverwaltung privatrechtliche Wesenszüge haben, kraft ihres Entstehungsgrundes, ihrer z. T. vorgeschriebenen Organisation, ihrer hoheitlichen Aufgaben, ihrer etwaigen Zwangsbefugnisse und ihrer mehr oder minder großen Unterstellung unter staatlicher Aufsicht einen öffentlichrechtlichen Einschlag aufweisen. Gestritten sollte nur darüber werden, welche Wesenszüge überwiegen, die des Privatrechts, was zur grundsätzlichen sinngemäßen Anwendung seiner Vorschriften führt, oder die des öffentlichen Rechts, was die sinngemäße Anwendung der privatrechtlichen Grundsätze nur in beschränktem Umfang gestattet.

2. Die juristischen Personen des Privatrechts zerfallen in:

a) Vereine. Der Verein besteht aus einer Mehrheit von Personen (Mitgliedern), deren Wille für die Gestaltung seiner Rechtsverhältnisse maßgebend ist. — Der Vereinswille ist eigengesetzlich (autonom), der Verein hat Selbstverwaltung.

b) Stiftungen. Die Stiftung ist eine nicht in einem Personenverband bestehende, als selbständiger Rechtsträger anerkannte Einrichtung, die zur

Erreichung eines dauernden Zweckes mit Vermögensmitteln ausgestattet wird — weshalb man auch wohl kurz die Stiftung als Zweckvermögen — kennzeichnet. Das ist freilich ungenau, da ein Vermögen, wenn auch die Regel, doch nicht begriffswesentlich ist. Entscheidend im Gegensatz zum Verein ist, daß kein Personenverband als Rechtsträger in Betracht kommt, dessen Wille eigengesetzlich die Schicksale der Stiftung bestimmen würde, sondern daß diese durch den in der Stiftungsurkunde niedergelegten Willen des Stifters bestimmt werden; diesen Willen haben die Verwalter der Stiftung lediglich auszuführen. Der Stiftungswille ist also fremdgesetzlich, heteronom, ihn bestimmt die in der Satzung niedergelegte Willenstat des Stifters.

Wenn eine Stiftung sich in einer sichtbaren Einrichtung verkörpert, ein gewisser Apparat vorhanden ist (Gymnasium, Museum, Krankenhaus), pflegt man von Anstalt zu sprechen im Gegensatz zu Stiftungen, die bloß in einem Geldkapital bestehen. Das BGB. kennt diese Unterscheidung nicht, weil für derartige Stiftungen besondere Vorschriften nicht nötig sind. Die Scheidung ist für das Privatrecht wertlos.

3. Wie die privatrechtlichen juristischen Personen, so scheiden sich auch die des öffentlichen Rechts; dem Verein entspricht die Körperschaft, der Stiftung des Privatrechts entsprechen dort die Anstalten und Stiftungen.

In 89 sind neben den Stiftungen auch die Anstalten genannt. Das hat schon deshalb sein Gutes, weil man bei gewissen öffentlichrechtlichen Einrichtungen, die man herkömmlicherweise als „Anstalten" bezeichnet, zweifeln kann, was sie sind: Körperschaften oder Stiftungen. Von der Zuteilung zu einer dieser Gruppen soll aber die Anwendung des § 31 nicht abhängig gemacht werden, wenn nur sicher ist, daß eine juristische Person des öffentlichen Rechts vorliegt.

Vgl. RG. **127** 46; **129** 194 und Stier-Somlo, AöffentlR. **54** 360.

Nach Oertmann (Komm. z. Allg. T. § 89, 1 fβ) hat man unter Anstalt jeden verselbständigten, aber nicht auf körperschaftlichem Zusammenschluß einer Vielheit von Mitgliedern oder Stiftungsakt beruhenden sozialen Organismus zu verstehen. Anstalt wird dabei als dem Begriff der Stiftung übergeordnet und der Körperschaft gleichgeordnet verstanden. Die öffentliche Stiftung ist danach nur eine, auf einem besonderen, im öffentlichen Recht seltenen Entstehungsgrund beruhende Anstalt.

Nach Walter Jellinek (Verwaltungsrecht, (1948 S. 173) ist die rechtsfähige Anstalt zu charakterisieren als die zur juristischen Person erhobene, nicht von einer Personenmehrheit getragene Einrichtung. Entscheidend ist also das Fehlen einer verbandsmäßigen Struktur. Nach Jellinek (178) kommen Stiftungen des öffentlichen Rechts, die nicht zugleich Anstalten sind, nur selten vor. Und wenn er nun darlegt, daß die lübeckischen öffentlichen Stiftungen ebenso wie die Frankfurter milden Stiftungen doch auch Anstalten seien, dann stimmt das Ergebnis mit der Oertmannschen Formel im wesentlichen überein. Gewisse öffentlichrechtliche Anstalten nennt man im Hinblick auf ihren Entstehungsgrund: Stiftungen. Vgl. auch Peters. Lehrb. d. Verwaltung (1949) S. 111ff. u. Forsthoff I (3) S. 376ff.

Wichtiger als diese Unterscheidung ist die Erkenntnis, daß die meisten vom Staate oder sonstigen juristischen Personen des öffentlichen Rechts verwalteten Stiftungen unselbständig sind, also lediglich gesondert verwaltete Vermögensmassen ohne eigene Rechtspersönlichkeit darstellen; vgl. RG. **129** 195.

III. Die Rechts- und Handlungsfähigkeit der juristischen Personen.

1. Die Rechtsfähigkeit.

a) Wenn man von dem Zweck ausgeht, den das Gesetz mit der Verleihung der Rechtsfähigkeit verfolgt, nämlich der völligen technischen Verselbständigung eines bestimmten Zweckvermögens, wird man von vornherein davor bewahrt, den juristischen Personen die Rechtsfähigkeit in gleichem Umfang zuzusprechen wie der natürlichen Person. Im wesentlichen ist ihre Rechtsfähigkeit auf den Vermögensverkehr zu beschränken. Sie umfaßt keinenfalls die Fähigkeit zur Innehabung familienrechtlicher Befugnisse, zu der auch infolge ihrer tatsächlichen sozialen Struktur die natürlichen Voraussetzungen fehlen. Dagegen wird man den juristischen Personen gewisse Persönlichkeitsrechte, wie Namen- und Firmenrecht, das Recht auf Ehrenschutz zubilligen müssen. Rechte, für deren Ausübung die individuelle Persönlichkeit eines Menschen von wesentlicher Bedeutung ist, kann sie indessen nicht erwerben, also nicht zum Aufsichtsrat oder Prokuristen bestellt werden, wohl aber zum Vermögensverwalter, Liquidator, Wirtschaftsprüfer (Treuhand AG.). Sie ist nicht fähig, beerbt zu werden (§ 1922 setzt den „Tod“ einer Person voraus), wohl aber ist sie in den Schranken des Art. 86 EGBGB. erbfähig.

b) Auch die Verfassung einer juristischen Person kann den Erwerb gewisser Rechte ausschließen oder erschweren. Streitig ist freilich, ob darin eine Beschränkung der Rechtsfähigkeit liegt oder nur eine Beschränkung der Vertretungsmacht des Vorstandes. Gegen die Zulässigkeit der Beschränkung der Rechtsfähigkeit RG. **49** 294 und Enneccerus-Nipperdey (S. 626) ohne zwingende Begründung; dafür v. Tuhr I 458; Gierke I 516 und andere sowie das französische und englische Recht.

2. Die Handlungsfähigkeit der juristischen Personen.

a) Die herrschende Lehre denkt sich die juristische Person als selbsthandelnd durch ihre Wirkglieder (Organe); deren Handlungen gelten innerhalb ihres Wirkungskreises als Handlungen der juristischen Person selber (Organtheorie).

b) Denkbar ist aber auch, der juristischen Person nur die Rechtsfähigkeit zuzuschreiben, sie aber als handlungsunfähig anzusehen und ihr einen Vertreter zu geben, gerade wie einem unmündigen Kind. Das war die Anschauung des römischen Rechts (Vertretertheorie).

Der praktische Unterschied zeigt sich nach der herrschenden Ansicht in folgendem: Ist die juristische Person handlungsunfähig, so kann sie nur in den Grenzen der Stellvertretung vertreten werden, also bloß bei Rechtsgeschäften, nicht aber bei unerlaubten Handlungen; sie ist dann für die unerlaubten Handlungen ihrer Vertreter nicht verantwortlich. — Wird dagegen die juristische Person als durch ihre Organe handlungsfähig angesehen, so ist es möglich, auch deren unerlaubte Handlungen (in Ausübung der ihnen zustehenden Verrichtungen) als solche der juristischen Personen zu behandeln; diese ist deliktsfähig.

Das BGB. hat sich in §§ 31, 86, 89 für die Deliktsfähigkeit der juristischen Person entschieden und damit eine Auffassung angenommen, für die man sich schon im Gemeinen Recht eingesetzt hatte. Die Billigkeit verlangt, daß eine Vermögensmasse, die „die Vorteile einer bestimmten Verwaltung genießt, auch den durch diese Verwaltung angerichteten Schaden tragen muß" (v. Tuhr I 464). Diesem Billigkeitsempfinden hat die sog. Organtheorie die juristische Grundlage gegeben.

Doch wird angezweifelt, daß juristisch wirklich ein scharfer Unterschied zwischen Organ und Vertreter bestehe und sich die deliktische Haftung der juristischen Person nur aus der Organlehre rechtfertigen lasse (v. Tuhr I 463). In der Tat liegt der wahre Grund für die deliktische Verantwortlichkeit der juristischen Person in der obigen Billigkeitserwägung, und diese trifft auch für die Fälle der Vertretung zu, ist also nicht notwendig mit der Organlehre verknüpft. Wenn man auch zur Erklärung des inneren Lebens der juristischen Person die Organlehre beibehalten will, so darf man daraus doch keine Hemmnisse für die rechtspolitische Anerkennung dieser Billigkeitsforderung in anderen Fällen der Vertretung ableiten (vgl. unten S. 438f.).

Die Organschaftshaftung ist durch die Rspr. noch verschärft worden, indem sie die juristische Person auch für Organisationsmängel haften läßt. Ein solcher kann darin gefunden werden, daß für den fraglichen Geschäftsbereich kein satzungsmäßiger Vertreter bestellt worden ist. Vgl. RG. 89, 136; 157, 234; 162, 166; BGH. in VRS 8, 174.

3. Strafrechtlich ist die juristische Person für die strafbaren Handlungen ihrer Angestellten, mangels natürlicher Handlungsfähigkeit, nicht verantwortlich; vgl. Schönke, Komm. z. StGB. (Vorbem. vor §§ 47ff. IV). Doch sind davon einige Ausnahmen gemacht, z. B. bei Steuervergehen in ihren Betrieben (§ 393 RAG.) und bei Verletzung der Preisstoppgesetzgebung, der Warenüberwachungs- und Devisenvorschriften.

2. Kapitel

§ 60 Vereine

Leist, Vereinsherrschaft und Vereinsfreiheit, 1899; Die Strafgewalt moderner Vereine, 1902; Untersuchungen zum inneren Vereinsrecht, 1904; Altmann, Handbuch des deutschen Vereinsrechts, 1905; O. Gierke, Vereine ohne Rechtsfähigkeit (2) 1902; v. Staudinger, Bl. f. RAnw. 62 305ff. Vgl. auch unten VII.

I. Begriff und Arten der Vereine. Stellung des Staates zum Vereinswesen.

1. Begriff. Der Verein ist eine zur Erreichung eines gemeinsamen Zweckes gegründete freiwillige Personenvereinigung, die auf die Dauer angelegt, vom Wechsel der Mitglieder unabhängig und mit einer körperschaftlichen Verfassung versehen ist sowie einen Gesamtnamen führt.

Kennzeichnend sind danach folgende Merkmale:

a) Der Zweck muß die Einzelpersönlichkeit der Mitglieder überdauern, von ihr unabhängig gestellt sein. Die Vereinigung muß auf den Mitgliederwechsel angelegt sein.

b) Die Vereinigung muß nach innen und außen als ein einheitliches Ganzes (körperschaftlich) ausgestaltet sein, d. h. sie muß eine Satzung haben, wonach die Mehrheitsbeschlüsse die Minderheit binden, sie muß ferner einen Vorstand haben, der über den Mitgliedern steht, und sie muß endlich einen Gesamtnamen führen, also im Verkehr als ein von den einzelnen Mitgliedern unterschiedener Rechtsträger auftreten.

Dadurch unterscheidet sich der Verein von der Gesellschaft, deren Mitglieder in ihrer Verbundenheit Träger der gemeinschaftlichen Rechte und Pflichten sind derart, daß der Bestand der Gesellschaft grundsätzlich von ihrer Einzelpersönlichkeit abhängig ist und die Geschäftsführung ihnen grundsätzlich gemeinschaftlich zusteht.

2. Rechtsfähiger und nichtrechtsfähiger Verein. Nicht jede Vereinigung, die diesen Erfordernissen entspricht, ist damit schon ein rechtsfähiger Verein, eine juristische Person. Die Rechtsfähigkeit ist eine besondere Eigenschaft, welche die Rechtsordnung verleiht.

Das BGB. kennt rechtsfähige und nichtrechtsfähige Vereine (54); auf die nichtrechtsfähigen sind die Vorschriften über die Gesellschaft anzuwenden (54).

Aber darum sind diese noch nicht wirklich Gesellschaften. Begrifflich und grundsätzlich unterscheiden sich scharf auch der nicht rechtsfähige Verein und die Gesellschaft, wenn auch im einzelnen Fall die Unterordnung dahin oder dorthin schwierig sein kann. Das liegt daran, daß das deutsche Recht zahlreiche Mittelglieder ausgebildet hat, namentlich eine Reihe gesellschaftlicher Vereinigung mit körperschaftlichem Einschlag, so die Gemeinschaften zur gesamten Hand. Während die römische societas streng von den Einzelpersönlichkeiten der Gesellschafter abhängig war — der Tod eines jeden sprengte sie — und sich auf dem Einstimmigkeitsgrundsatz aufbaute, läßt die Gemeinschaft zur gesamten Hand den Ein- und Austritt einzelner Mitglieder zu unter Fortbestand der Vereinigung, und kennt eine Mehrheitsbildung. Das BGB. hat die Gesellschaft als Gesamthandgemeinschaft ausgestaltet, der verbandsrechtliche Elemente innewohnen (O. v. Gierke, Dtsch. PR. III 840). Deshalb kann man heute eine Vereinigung nur dann richtig den Vereinen oder Gesellschaften zurechnen, wenn man ihr Gesamtgepräge ins Auge faßt, wobei man alle oben angegebenen Merkmale beachten muß.

Namentlich ist auf folgenden zu achten: Bei der Gesellschaft ergibt sich der Wechsel der Mitglieder kraft Ausnahmerechts, beim Verein folgt er aus dem Wesen der Vereinigung. Bei der Gesellschaft ist jeder Gesellschafter dem anderen Gesellschafter gegenüber zur Leistung der Beiträge usw. verbunden, beim Verein besteht eine Verpflichtung nur den Vereinsorganen gegenüber. Durch eine körperschaftliche Innenorganisation wird eine Vereinigung noch kein Verein, sie muß auch nach außen als ein einheitliches Ganzes auftreten und zu dem Zweck einen Gesamtnamen führen (RG. **60** 94, **74** 371, **76** 27, **95** 192, **97** 123).

3. Das öffentliche Interesse am Vereinswesen veranlaßt den Staat, die Vereinsbildung und Betätigung nicht wahllos gewähren zu lassen,

sondern zu überwachen und auch nötigenfalls zu beschränken sowie die Befugnisse und Pflichten der Behörden den Vereinen gegenüber genauer festzusetzen. — Insoweit hat das Vereinsrecht öffentlichrechtliche Natur.

In Deutschland ist die Vereinsbildung, soweit die öffentlichen Belange in Frage stehen, durch das ReichsvereinsG. vom 19. 4. 1908 einheitlich geregelt worden. Das Gesetz war als Kind einer liberalistischen Epoche von deren Grundanschauungen stark beeinflußt und beschränkte sich darauf, gewisse Auswüchse und Gefahren der grundsätzlich anerkannten Vereins- und Versammlungsfreiheit zu bekämpfen. Die Weimarer Reichsverfassung erkannte die Vereins- und Versammlungsfreiheit erneut grundsätzlich an, Art. 123 und 124. Später drang in Deutschland die Auffassung durch, daß der Staat zur Erfüllung seiner Aufgaben die Vereinsbildung und Betätigung einer schärferen Überwachung und Beeinflussung unterwerfen müsse. Durch die VO. des Reichspräsidenten vom 28. 2. 1933 zum Schutz von Volk und Staat wurden deshalb die Art. 123 und 124 WeimRV. bis auf weiteres außer Kraft gesetzt. Nach dem deutschen Zusammenbruch erteilten die Militärbehörden, in deren Händen die Regierungsgewalt lag, die Genehmigung zur Bildung neuer Vereine, namentlich politischen und sportlichen Charakters, anfänglich von Fall zu Fall. Später wurden die Bestimmungen zur Gründung neuer Vereine in den verschiedenen Besatzungszonen allmählich gelockert, so u. a. in der britischen Zone durch die VO. Nr. 122. Heute ist die Vereinsfreiheit durch Art. 9 GG. grundsätzlich wiederhergestellt.

Art. 9 I GG. garantiert auch die „negative Vereinsfreiheit". Der Zwang zum Beitritt zu einem privatrechtlichen Verein ist unzulässig; vgl. Enneccerus Nipperdey (15) § 106 I.

4. Mitwirkung des Staates bei der Gründung.

Auch vom Standpunkt des Privatrechts empfiehlt sich eine Mitwirkung des Staates bei der Vereinsgründung. Die Schwierigkeit, im einzelnen Fall zwischen Verein und Gesellschaft zu scheiden, würde bei völlig freier Vereinsbildung die Verkehrssicherheit gefährden. Der Außenstehende kennt vielfach nicht die Verfassung einer solchen Vereinigung. Er muß wissen, ob sie als Ganzes mit ihrem Vermögen haftet oder ob er sich nur an die einzelnen Mitglieder halten kann. Das spricht dafür, die Anerkennung der Rechtsfähigkeit von staatlicher Genehmigung oder doch von Merkmalen abhängig zu machen, die nach außen klar hervortreten.

a) Immer muß eine Unterlage da sein, damit ein neuer Rechtsträger entstehen kann. Diese Grundlage wird beim Verein durch die Willenstat mehrerer geschaffen: nötig ist eine Vereinsgründung.

Über die Rechtsnatur des Gründungsvertrags siehe unten II 1.

b) Die Frage dagegen, ob und welche weiteren Erfordernisse dazugehören, hat man im Lauf der Rechtsentwicklung sehr verschieden beantwortet. Drei grundsätzliche Lösungen (Systeme) gibt es:

α) Das System der freien Körperschaftsbildung. Es begnügt sich mit der Vereinigung mehrerer Personen zur Erreichung eines Dauerzwecks unter körperschaftlicher Verfassung.

Dieses System erleichtert sehr die Bildung rechtsfähiger Vereine, läßt aber oft die Tatbestandsmerkmale einer rechtsfähigen Körperschaft im unklaren und beeinträchtigt so die Verkehrssicherheit.

α) Das Konzessionssystem. Danach erlangt ein neu gebildeter Verein die Rechtsfähigkeit erst durch besondere staatliche Verleihung.

Dieses System schafft Klarheit, hemmt aber stark die freie Vereinsbildung.

γ) Das System besonderer Normativbestimmungen. Der Verein erlangt die Rechtsfähigkeit nur, wenn er bestimmte, gerade für die Bildung eines derartigen Vereins aufgestellte besondere gesetzliche Erfordernisse (eines gewissen Satzungsinhalts) erfüllt und dies durch eine behördliche Handlung (meist die Eintragung in ein bestimmtes Register) bekundet wird.

Dies System schafft Klarheit, ohne die Vereinsbildung zu hemmen, lenkt sie vielmehr in sichere Bahnen. Vgl. Beitzke, ZHandR. 108 (1940) 32f.

In Rom herrschte ursprünglich Vereinsfreiheit, bis unter Augustus staatliche Genehmigung vorgeschrieben wurde. Im Gemeinen Recht herrschte das System der freien Körperschaftsbildung — eine besondere Verleihung der Rechtsfähigkeit war unnötig —; doch wurde landesrechtlich meist eine Konzession verlangt. Auf dem Standpunkt des Konzessionssystems standen auch das preußische Allgemeine Landrecht und das französische Recht. Das System der Normativbestimmungen wurde später eingeführt, namentlich für die handelsrechtlichen Gesellschaften: Akt.-G., Kommanditgesellschaften auf Aktien, Erwerbs- und Wirtschaftsgenossenschaften, G.m.b.H. usw. Der I. E. wollte den bisherigen Rechtszustand belassen, in der zweiten Lesung entschied man sich grundsätzlich für das vermittelnde System der Normativbestimmungen mit Registerzwang.

5. Arten der Vereine nach BGB.

a) Inländische Vereine.

α) Wirtschaftliche Vereine, das sind Vereine, „deren Zweck auf einen wirtschaftlichen Geschäftsbetrieb gerichtet ist“ (22). Für sie gilt das Konzessionssystem; sie erlangen die Rechtsfähigkeit durch staatliche Verleihung; zuständig dazu ist das Land, in dessen Gebiet der Verein seinen Sitz hat (22). Ein Rechtsanspruch auf Verleihung besteht nicht.

Das gilt aber nur, wenn besondere reichsgesetzliche Vorschriften fehlen; unberührt bleiben namentlich die Sonderbestimmungen über die Handelsgesellschaften (Aktien- und Aktienkommanditgesellschaft, G.m.b.H. usw.). Danach erlangen die meisten wirtschaftlichen Vereine die Rechtsfähigkeit doch nach dem System besonderer Normativbestimmungen. Indem man in 22 BGB. das Konzessionssystem grundsätzlich proklamierte, hat man also bloß verhindert, daß die Gründung eines wirtschaftlichen Vereins sich auf den bequemen Wegen der Normativbestimmungen des BGB. vollziehen kann; es müssen wenigstens die nach dem Recht der Aktiengesellschaft, Genossenschaft, G.m.b.H. vorgesehenen erschwerten Normativbestimmungen erfüllt werden.

Selbstverständlich unterstehen auch die auf dem Gebiete der landesrechtlichen Vorbehalte gebildeten Vereine, wie z. B. die Genossenschaften des Berg-, Wasser-, Wald- und Jagdrechts nicht der Herrschaft des 22.

Die Formelung des 22 ist, wie anerkannt, völlig mißglückt. Daß der Zweck eines Vereins auf einen wirtschaftlichen Geschäftsbetrieb gerichtet ist, kommt nicht vor; der Betrieb ist Mittel zur Erreichung irgendeines anderen Zwecks, eines Vermögensgewinns (eigenen oder fremden) oder eines sonstigen idealen Zwecks. Gemeint ist: der Verein muß einen Zweck haben, der bestimmungsgemäß mittels eines wirtschaftlichen Geschäftsbetriebs erreicht werden soll. Einen solchen Zweck haben die Vereine, die durch fortlaufenden Abschluß vermögensrechtlicher Geschäfte mit dritten für sich (d. h. für den Verein) oder seine Mitglieder wirtschaftliche Vorteile erzielen wollen, und zwar muß der wirtschaftliche Geschäftsbetrieb die Haupt- oder Grundtätigkeit des Vereins bilden, nicht bloß nebenbei entfaltet werden.

Es ist also nicht nötig, daß die Vorteile nur dem Verein als solchem zukommen sollen (so die frühere Anschauung). RG. 88, 332 hat z. B. einen Haus- und Grundbesitzerverein als nicht wirtschaftlich angesehen, weil er keinen wirtschaftlichen Vorteil für den Verein selbst erzielen wolle. Nach der neueren Entscheidung des Reichsgerichts (RG. 154, 343) genügt, daß die wirtschaftlichen Vorteile unmittelbar den Mitgliedern zufließen.

Als wirtschaftliche Vereine in diesem Sinne sind z. B. angesehen worden ein Beamtenverein, der eine Spar- und Darlehnskasse betreibt, oder ein Konsumverein. Keine wirtschaftlichen Vereine sind z. B. Vereine zur Errichtung von Volksküchen oder Arbeiterwohnungen, weil sie keinen eigenen Nutzen erstreben, oder eine gesellige Vereinigung (Kasino), die ihren Mitgliedern Wein billig abgibt oder eine Wirtschaft zur Reichung von Speisen und Getränken an die Mitglieder, einrichtet, weil hier der wirtschaftliche Geschäftsbetrieb Nebenzweck ist.

β) Nichtwirtschaftliche Vereine, ideale Vereine, das sind die, „deren Zweck nicht auf einen wirtschaftlichen Geschäftsbetrieb gerichtet ist". Für sie gilt das System der Grund- (Normativ-) Bestimmungen mit Eintragungszwang; sie erlangen, wenn sie gewisse vom Gesetz angegebene Grundbedingungen erfüllen, die Rechtsfähigkeit durch Eintragung ins Vereinsregister des zuständigen Amtsgerichts (21). Man nennt sie dann „Eingetragene Vereine". Bei Erfüllung dieser Bedingungen haben sie einen öffentlichrechtlichen Anspruch auf Eintragung.

Die Bestimmung des § 61 II, wonach die Verwaltungsbehörde gegen die Eintragung von Vereinen mit politischem, sozialpolitischem oder religiösem Zweck Einspruch erheben konnte, ist s. Z. durch Art. 124 WeimRV. beseitigt worden. Dieser Bestimmung, die durch die VO. des Reichspräsidenten vom 28. 2. 33 außer Kraft gesetzt worden war, entspricht heute Art. 9 GG. Damit ist das Einspruchsrecht der Verwaltungsbehörde für diese Fälle wieder weggefallen; ebenso schon vor der Geltung des Grundgesetzes Landesverwaltungsgericht Schleswig v. 6. 11. 47 (Beil. z. Amtsbl. für Schleswig-Holstein 1948 Nr. 4 S. 1).

Hierher gehören Vereine ohne besonderen Geschäftsbetrieb (wie z. B. früher die Konditionenkartelle), ferner Vereine, die die Mittel zur Erreichung ihrer Zwecke nicht durch berufsmäßigen Abschluß von vermögensrechtlichen Geschäften mit Außenstehenden, sondern durch Mitgliederbeiträge gewinnen (ein Musikverein, der die Kosten der Konzerte aus den Mitgliederbeiträgen deckt), endlich Vereine, die einen wirtschaftlichen Geschäftsbetrieb nur nebenbei zur Erreichung eines idealen Zwecks pflegen, dessen Verwirklichung in erster Linie aber auf andere Weise erstrebt wird (Alpenvereine, die bewirtschaftete Vereinshütten unterhalten, gesellige Vereine, die eine Wirtschaft errichten, um ihren Mitgliedern Speisen und Getränke darreichen zu können usw.). Vgl. RG. **133** 177 und **154** 354.

Ist der Geschäftsbetrieb tatsächlich ein der sonstigen Vereinsbetätigung gleichwertiges Hauptmittel — betreibt das „Kasino" z. B. einen schwunghaften Weinhandel —, dann hat der Verein keinen idealen Zweck, er kann die Rechtsfähigkeit nur nach 22 durch staatliche Verleihung erlangen; denn 22 setzt nicht voraus, daß ein wirtschaftlicher Verein nur wirtschaftliche Zwecke verfolgt.

Unter 21 fallen danach namentlich: Wissenschaftliche, künstlerische, religiöse, wohltätige, politische, sozialpolitische, Sport-, Turnvereine und die geselligen Vereine, namentlich auch die studentischen Korporationen.

b) Ausländische Vereine, das sind solche, die ihren Sitz nicht in einem deutschen Lande haben.

α) Nichtrechtsfähige Vereine erlangen die Rechtsfähigkeit durch einen Beschluß des Bundesrats (23) — also Konzessionssystem.

An Stelle des Bundesrats war nach der Weimarer Verfassung zuständig der Reichsrat, seit dem Ges. v. 14. 2. 1934 (RGBl. I 89) der zuständige Reichsminister. Heute ist wohl zuständig der Bundesinnenminister, nicht der Bundesrat; so zutr. Dernedde, JWBl. 51, 31; nach Palandt § 23 der Bundesrat.

β) Rechtsfähige ausländische Vereine gelten auch im Inland als rechtsfähig, RG. 83, 367, st. Pr. Wenn sie jedoch als inländische Vereine die Rechtsfähigkeit nur nach 21 oder 22 (also durch Eintrag oder Verleihung) erlangen könnten, gelten sie im Inland erst dann als rechtsfähig, wenn ihre Rechtsfähigkeit durch Beschluß des Bundesinnenministers anerkannt worden ist (EG. Art. 10).

II. Die Erlangung der Rechtsfähigkeit.

1. Als Grundlage muß stets ein nicht rechtsfähiger Verein da sein oder sich bilden. Bei Eintragung eines Vereins sollen mindestens 7 Mitglieder vorhanden sein (56, 59 III).

Die Rechtsnatur des Vereinsgründungsvorgangs ist streitig. Bald bezeichnet man ihn als Vertrag, bald als Gesamtakt, bald als Vereinbarung; nach O. v. Gierke ist er ein sozialrechtlicher Konstitutivakt, der nicht unter den Begriff des Rechtsgeschäfts fällt. Sieht man sich den Gründungsvorgang tatsächlich an, so besteht er darin, daß die bei der Gründung beteiligten Personen sich dahin einigen, daß ein Verein auf der Grundlage der Satzung ins Leben gerufen werden soll. Dazu muß, wenn der Verein als rechtsfähiger gegründet werden soll, auch noch eine Einigung über den Erwerb der Rechtsfähigkeit kommen. Von dieser Einigung der Gründer untereinander, die man aus dem Vertragsbegriff nur auf Grund künstlicher Einengung desselben hinausweisen kann, sind dann die an die Öffentlichkeit gerichteten Erklärungen der Gründer über die Schaffung der Körperschaft zu unterscheiden. Deshalb ist es am richtigsten, die streitigen Theorien dahin zu vereinigen, daß man im Vorgang der Gründung zweierlei verbundene Elemente anerkennt. Mit den vertraglichen Erklärungen der Gründer untereinander, dem Abschluß eines Organisationsvertrages, verbinden sich einseitige, an die Öffentlichkeit gerichtete Erklärungen über die Schaffung einer Körperschaft.

Praktisch bedeutsamer ist die Frage, ob man bei Gründer- und Beitrittserklärungen die Geltendmachung von Willensmängeln — geradeso wie bei der AG., GmbH. und den übrigen Kapitalvereinen — ausschließen soll; vgl. oben § 34 I 4. Die Frage ist, wenn der Verein einmal ins Leben getreten ist, aus den gleichen Gründen zu bejahen, aus denen das RG. sie bereits mehrfach auch für die bürgerlichrechtliche Gesellschaft bejaht hat; vgl. RG. DR. 1943, 801; RG. JW. 1933, 1996. Das Vereinsmitglied kann den Nichtigkeits- oder Anfechtungsgrund nur für die Zukunft in Form des Austritts geltend machen (§ 39 BGB.).

Der Gründung geht regelmäßig eine Vorbesprechung voraus. Es ist denkbar, daß die zum Gründerkreis gehörigen Personen sich dabei gegenseitig verpflichten, die vorbereitenden Schritte zur Vereinsgründung zu tun. Darin würde der Abschluß eines Gesellschaftsvertrages nach § 705 BGB. liegen. — Wenn sie später in Erfüllung dieser Zusagen oder auf Grund unverbindlicher Vorbesprechungen zur Vereinsgründung selbst schreiten, so ist denkbar, daß sie damit nur eine Vorbedingung für den Erwerb der Rechtsfähigkeit schaffen wollen, ohne irgendwelche Verbindlichkeiten vor diesem Ereignis zu übernehmen. Regelmäßig wird aber ihre Absicht dahin gehen, sofort einen Verein mit der Aufgabe ins Leben zu rufen, die vorbereitenden Schritte zur Erlangung der Rechtsfähigkeit zu tun mit der Maßgabe, daß der Verein unter der auflösenden Bedingung der Versagung der Rechtsfähigkeit stehen soll. Dann liegt bis zur Erlangung der Rechtsfähigkeit ein sog. Vorverein vor, der für den in der Entstehung begriffenen Verein bindende Verpflichtungen übernehmen kann, soweit das Rechtsgeschäft der Erlangung der Rechtsfähigkeit dient und nicht schon zum Vereinsbetrieb gehört; vgl. RG. 85, 260; SeuffA. 67 Nr. 171. Auf diesen der Rechtsfähigkeit entbehrenden Gründerverein sind grundsätzlich die Vorschriften der Gesellschaft gemäß § 54 BGB. anwendbar, aber doch auch schon gewisse für den rechtsfähigen Verein maßgebende Vorschriften. So ist z. B. anzunehmen, daß § 728, wonach die Gesellschaft durch den Konkurs eines Gesellschafters aufgelöst wird, wegbedungen ist; RG. JW. 1913, 925. Erlangt der Gründerverein später die Rechtsfähigkeit, so entsteht zwar ein neues Rechtssubjekt, aber dieses setzt das vorher entstandene Rechtsgebilde fort; die vorher entstandenen Rechte und Verbindlichkeiten gehen ohne weiteres — unbeschadet der Haftung der Mitglieder aus § 54 — auf den rechtsfähigen Verein über; RG. 85, 260; SeuffA. 77, Nr. 53. Es ist also keine Rechtsnachfolge gegeben, es bedarf keiner Übertragungsakte (Auflassung), ein schwebender Prozeß wird nicht unterbrochen. A. A. Enneccerus-Nipperdey § 107 VII.

2. Die juristische Person entsteht nicht ohne den Willen ihrer Mitglieder; der auf die Entstehung einer juristischen Person gerichtete Wille muß erklärt werden, entweder gleich bei der Bildung des Vereins oder nachher.

a) Bei zu genehmigenden Vereinen ist ein Antrag auf Verleihung der Rechtsfähigkeit nötig; bei einzutragenden liegt die Erklärung in der Satzungsbestimmung, daß der Verein eingetragen werden solle (57 I) und in der Anmeldung zur Eintragung (59 I).

b) Für einzutragende Vereine enthält das Gesetz besondere Bestimmungen über die einzureichende Satzung. Die Satzung muß den Zweck, den Namen und den Sitz des Vereins enthalten und ergeben, daß der Verein eingetragen werden soll (57).

Sie soll Bestimmungen enthalten: über den Ein- und Austritt der Mitglieder die Mitgliederbeiträge, die Bildung des Vorstandes, die Voraussetzungen und die Form der Berufung der Mitgliederversammlung und die Beurkundung ihrer Beschlüsse (58). Der Verein ist zur Eintragung bei dem Amtsgericht anzumelden, in dessen Bezirk er seinen Sitz hat (55), und zwar durch sämtliche Vorstandsmitglieder in öffentlich beglaubigter Erklärung; beizufügen ist die von mindestens 7 Mitgliedern unterzeichnete, mit Orts- und Zeitangabe versehene Satzung in Ur- und Abschrift samt Abschrift der Urkunden über die Bestellung des Vorstandes (59, 77).

3. Der Staat muß mitwirken:

a) bei den zu genehmigenden Vereinen durch staatliche Verleihung der Rechtsfähigkeit (22, 23; EG. 10).

Zuständig waren nach dem Zusammenbruch die obersten Landesbehörden, meist die zuständigen Minister; jetzt ist das Bundesinnenministerium zuständig.

b) bei den einzutragenden Vereinen durch Eintragung ins Vereinsregister (21).

α) Vorbereitende Maßnahmen.

αα) Prüfung der Anmeldung durch das Amtsgericht, in dessen Bezirk der Verein seinen Sitz hat. Entspricht sie nicht den Vorschriften der 56ff., so wird sie durch begründeten Beschluß zurückgewiesen. Dagegen sofortige Beschwerde nach ZPO. (nicht nach FrGG.) 60.

ββ) Bei Zulassung der Anmeldung erfolgt Mitteilung an die nach den Landesgesetzen zuständige Verwaltungsbehörde. Diese kann gegen die Eintragung Einspruch erheben, wenn der Verein nach dem öffentlichen Vereinsrecht unerlaubt ist oder verboten werden kann, § 61 II. Den Einspruch hat das Amtsgericht dem Vorstand mitzuteilen, der ihn im Verwaltungsstreitverfahren anfechten kann; die Anfechtung aber kann nur die Ungesetzlichkeit des Einspruchs, nicht seine Zweckmäßigkeit angreifen. Vgl. OVG. 103, 164 = JW. 39, 717. Nach Erschöpfung des Verwaltungsrechtswegs kann wegen Verletzung des Grundrechts der Vereinsfreiheit (Art. 9 GG.) Verfassungsbeschwerde an das BVG. erhoben werden; BVGG. § 90.

γγ) Will die Verwaltungsbehörde keinen Einspruch erheben, so wird sie es dem Amtsgericht mitteilen. Die Eintragung darf erst vor sich gehen, wenn diese Mitteilung gemacht ist oder 6 Wochen ohne Erhebung des Einspruchs verstrichen sind oder der Einspruch endgültig aufgehoben ist (63).

β) Die Eintragung soll im Register angeben: Namen und Sitz des Vereins, den Tag der Errichtung der Satzung, die Vorstandsmitglieder sowie beschränkende Bestimmungen über den Umfang der Vertretungsmacht des Vorstandes oder eine vom Gesetz (28 I) abweichende Regelung seiner Beschlußfassung (64).

γ) Als nachträgliche Maßnahme ist vorgeschrieben, daß die Eintragung durch das amtliche Nachrichtenblatt veröffentlicht wird (66 I). Vgl. ferner: 66 II (Rückgabe der Satzungsurschrift mit Bescheinigung der Eintragung an den Vorstand).

4. Durch die Eintragung erlangt der Verein die Rechtsfähigkeit und sein Name den Zusatz: eingetragener Verein (65).

Streitig ist, ob die Eintragung auch für die Fälle eines wesentlichen Mangels der Vereinsentstehung (57, 21) konstitutive Kraft hat, der Verein also so lange als rechtsfähig zu behandeln ist, bis seine Löschung im Register nach 142 FrGG. erfolgt ist. Dafür zutr. Hellwig (Grenzen der Rechtskraft, 29ff.), der der Löschung aber zu Unrecht rückwirkende Kraft zuschreibt unter Aufrechterhaltung inzwischen erlangter Rechte Dritter. Gegen rückwirkende Kraft RG. 81 206 und die herrschende Lehre, insbesondere v. Tuhr I 493ff.

Bis zur Eintragung oder dem früheren Inverkehrtreten des Vereins kann die Nichtigkeit des Gründungsvertrags wegen Verbots- oder Sittenwidrigkeit oder eines sonstigen Nichtigkeitsgrundes nach den allgemeinen Vorschriften geltend gemacht werden.

5. Die Eintragungen in das Vereinsregister genießen keinen öffentlichen Glauben wie das Grundbuch, soweit die Eintragung nicht ausnahmsweise rechtsbegründend wirkt, wie die Eintragung des Vereins selbst und der Satzungsänderungen, § 71. Die Eintragung wirkt nur rechtsbestärkend, ähnlich wie die Eintragung ins Handelsregister nach § 15 HGB. Das Register ist öffentlich, jedermann kann es einsehen (79).

6. Entsprechend der ersten Eintragung sind auch alle späteren Änderungen in der Organisation und den Schicksalen des eingetragenen Vereins einzutragen, so die Änderungen des Vorstandes (67), der Satzung (71), die Auflösung des Vereins und die Entziehung der Rechtsfähigkeit (74), die Eröffnung des Konkurses (75), die Person der Liquidatoren (76), zum Teil auf Grund vorgeschriebener Anmeldung (77), zum Teil von Amts wegen.

III. Die Verfassung des Vereins.

1. Die Verfassung im allgemeinen.

a) Verfassung ist der Inbegriff der Regeln, die sich beziehen auf den Zweck des Vereins, seinen Namen und Sitz, seinen inneren Aufbau und seine Betätigung nach außen, die Mitgliedschaft, seine Auflösung und das Schicksal seines Vermögens.

Als Sitz des Vereins gilt mangels anderer Bestimmung der Ort, wo die Verwaltung geführt wird (24).

b) Die Verfassung eines rechtsfähigen Vereins wird — soweit die Vorschriften des BGB. nicht eingreifen — durch die Satzung bestimmt (25). Die Vorschriften des BGB. über die Verfassung sind zum Teil zwingend, derart, daß eine entgegenstehende Satzungsbestimmung nichtig ist (z. B. 26, 27 II), zum Teil sind sie nachgiebiger Art, wollen also bloß gelten, wenn die Satzung nichts Abweichendes bestimmt (40).

Für die Vereine, deren Rechtsfähigkeit auf staatlicher Verleihung beruht, bleiben übrigens die landesgesetzlichen Vorschriften über die Verfassung ungerührt (82 EGBGB.).

c) Die Satzung ist regelmäßig schriftlich niedergelegt. Wenn der Verein eingetragen werden soll, ist sie zu beurkunden, ohne daß die Nichtbeachtung dieser Vorschrift die Ungültigkeit der Eintragung zur Folge hätte (59). Ohne Beurkundung kann praktisch auch die staatliche Verleihung nicht ausgesprochen werden.

d) Die Satzung ist abänderbar. Fehlen satzungsmäßige Bestimmungen darüber, so greift 33 I ein und verlangt die Zustimmung einer Mehrheit von $^3/_4$

der erschienenen Mitglieder. Zur Änderung des Vereinszwecks ist Einstimmigkeit nötig; die Zustimmung der nicht erschienenen Mitglieder muß schriftlich erfolgen (33 I, 2).

Bei eingetragenen Vereinen bedarf die Satzungsänderung außerdem des Eintrags. Beruht die Rechtsfähigkeit des Vereins auf staatlicher Verleihung, so ist zu jeder Satzungsänderung staatliche Genehmigung erforderlich (33 II).

e) Rechtliche Natur der Satzung. In der Satzung stellt der Verein Rechtssätze auf, die für das Leben des Vereins und die Mitglieder verbindlich sind, ähnlich wie die Verfassung für das Leben des Staates. Der Verein regiert sich selber, namentlich durch die Mitgliederversammlung. Darum schreiben viele dem Verein das Recht der Autonomie (abgeleiteten Satzungsgewalt) zu und legen der Satzung die Eigenschaft einer objektiven Rechtsnorm (eines Vereinsgesetzes) für den Bereich der Körperschaft bei.

So Gierke, D. Privatr. I § 19 III 5, Oertmann, ArchRuWirtschPhilos. VII, 127, Hedemann, ArchBürgR. **38** 132 usw.

Eine annähernd gleich stark vertretene Gegenlehre sieht dagegen die Satzung nur als rechtsgeschäfttiche Vereinbarung an.

So namentlich v. Tuhr I 503; Enneccerus-Nipperdey, § 108 II.

Die Unterwerfung des Mitgliedes unter die Vereinsgewalt läßt sich jedenfalls aus der Vereinsautonomie befriedigender erklären als aus der im Eintritt in den Verein gelegenen vertraglichen Unterwerfung unter die Satzung.

Das RG. hat später die erste Auffassung unzweideutig anerkannt. RG. 165, 143. Danach hat die Satzung den Charakter einer vertraglichen Vereinbarung nur so lange, bis der Verein ins Leben getreten ist. Sobald das geschehen ist, gilt sie als die von der Persönlichkeit seiner Mitglieder losgelöste Verfassung seines Eigenlebens.

f) Die Tätigkeit des Vereins vollzieht sich überall durch seine Organe, also die Personen, die nach den Bestimmungen des Gesetzes und der Satzung berufen sind, den Gemeinwillen der Gesamtheit zum rechtsverbindlichen Ausdruck zu bringen. Solche Organe sind: die Mitgliederversammlung, der Vorstand und etwa für gewisse Geschäftskreise bestellte besondere Vertreter (30).

2. Die Mitgliederversammlung.

a) Sie ist das oberste Organ des Vereins. Ihr Machtbereich umfaßt alle Vereinsangelegenheiten, die nicht durch Satzung oder Gesetz einem anderen Vereinsorgan zugewiesen sind (32 I).

Namentlich bestellt sie den Vorstand und beruft ihn ab (27), die Liquidatoren (48 I); sie ist zuständig für Satzungsänderungen (33 I) und den Auflösungsbeschluß (41).

Ihre Beschlüsse sind durch den Vorstand auszuführen, dem die Vertretung nach außen zusteht; RG **64** 153.

b) Sie wird gebildet durch die Gesamtheit der Mitglieder (34).

Ein Mitglied ist nicht stimmberechtigt, wenn die Beschlußfassung die Vornahme eines Rechtsgeschäfts mit ihm selbst oder die Einleitung oder Erledigung eines Rechtsstreites zwischen ihm und dem Verein betrifft (34).

Kein Rechtsgeschäft im Sinne des 34 ist die Vornahme einer Wahl, bei der alle Mitglieder zur Mitwirkung berufen sind (RG. **60** 172; **68** 179; **104** 186), auch nicht die Festsetzung der Bezüge des Gewählten (RG. **74** 276), ebensowenig der Widerruf der Bestellung (RG. **81** 37). Wohl aber fällt unter 34 die Entlastung, die von der bloßen Feststellung der Bilanz zu unterscheiden ist (RG. **49** 146). — Die Ungültigkeit eines Beschlusses wird durch eine Verletzung des 34 nur herbeigeführt, wenn der Beschluß darauf beruht, nicht aber, wenn die Verletzung nachweisbar auf das Ergebnis ohne Einfluß ist.

c) Die Mitgliederversammlung kann handeln:

α) indem die Mitglieder persönlich zusammentreten.

αα) Ihre Berufung geht vor sich nach 36, 37, 32 I, 2, und zwar regelmäßig durch den Vorstand.

Sie muß stattfinden in den durch die Satzung bestimmten Fällen sowie wenn das Interesse des Vereins es erfordert, ferner wenn der durch die Satzung bestimmte Teil der Mitglieder oder — bei Schweigen der Satzung — der zehnte Teil das unter Angabe des Zwecks und der Gründe verlangt; lehnt es der Vorstand ab, so kann das Amtsgericht die Mitglieder zur Berufung ermächtigen (37 II).

ββ) Bei der Abstimmung entscheidet im allgemeinen die Mehrheit der erschienenen Mitglieder (32 I, 3); für Satzungsänderungen und den Auflösungsbeschluß ist $^3/_4$-Mehrheit, für Zweckänderungen Einstimmigkeit vorgeschrieben (33, 41). Bei Vereinen, deren Rechtsfähigkeit auf Verleihung beruht, ist zu jeder Satzungsänderung außerdem die Genehmigung der Verleihungsbehörde erforderlich, 33 II.

Jedes Mitglied hat eine Stimme. Nur die Erschienenen kommen in Betracht. Die Nichterschienenen müssen sich also die Beschlüsse einer noch so kleinen Zahl, ja des einen erschienenen Mitglieds gefallen lassen. Die absolute Mehrheit entscheidet grundsätzlich, mangels besonderer Bestimmungen in der Satzung oder im Gesetz. Bei der Berechnung der Mehrheit soll nach RG. **80** 192 die Zahl der Anwesenden, nicht die der abgegebenen Stimmen entscheiden. Danach würde Stimmenthaltung Ablehnung bedeuten. Es darf indessen angenommen werden, daß das Gesetz die Abstimmung der Erschienenen voraussetzt und nur die abgegebenen Stimmen gezählt werden, wie das § 113 AktG. richtiger anordnet. Ebenso Tecklenburg, BürgA. **48** 178f. Das entspricht der allgemeinen Sitte.

Abstimmungsvereinbarungen sind dem Verein gegenüber unwirksam, zwischen den Parteien aber grundsätzlich wirksam, soweit sie nicht gegen das Gesetz oder die guten Sitten verstoßen. Das erkennt RG. **112** 279 an, lehnt aber die Erfüllungsklage ab und will nur Schadensersatzansprüche zugestehen. Vgl. auch RG. **119** 386; **131** 183; **133** 95.

Zur uneinheitlichen Ausübung mehrerer Stimmen durch Einzelpersonen und Personenverbände vgl. Klausing in der gleichnamigen Schrift, 1928 und dazu Engländer, Krit. Viertelj.-Schr. **23** 206; Horrwitz, Zentralbl. f. HR. **1929** 24. RG. 118, 67 lehnt die Zulässigkeit uneinheitlicher Abstimmung für die AG. ohne hinreichende Gründe ab. RG. 137, 306 erkennt für die GmbH. an, daß es Fälle geben kann, in denen sich für eine uneinheitliche Stimmabgabe vernünftige und schutzwürdige Interessen anführen lassen.

β) Auch ohne Versammlung der Mitglieder ist ein Beschluß gültig, wenn alle Mitglieder schriftlich zustimmen (32 II).

d) Besondere Vorschriften für die klageweise Anfechtung der Beschlüsse — wie sie z. B. für die AG. im Aktiengesetz enthalten sind — fehlen.

Es gelten die allgemeinen Regeln über Nichtigkeit und Anfechtbarkeit. Die Nichtigkeit eines Beschlusses wegen Verletzung zwingender Vorschriften des BGB. kann auch ein Dritter durch Feststellungsklage geltend machen. Der Richter muß die Nichtigkeit, wenn der sie begründende Tatbestand vorgetragen wird, von Amts wegen beachten (RG. **75** 243). Das auf Nichtigkeitsklage eines Mitgliedes ergehende Feststellungsurteil wirkt gegen alle (von Tuhr I 518ff.; RG. **85** 313). Die Anfechtung eines Beschlusses wegen eines Willensmangels ist nur so möglich, daß ein Mitglied seine eigene Abstimmung anficht, dadurch etwa die erforderliche Mehrheit zerstört und so den Beschluß hinfällig macht. Vgl. RG. **115** 378. — Die Abstimmung eines Minderjährigen ist gültig, wenn die erforderliche Zustimmung des gesetzlichen Vertreters zum Eintritt in den Verein vorliegt; darin ist auch die Einwilligung zur Ausübung der Mitgliedschaft zu finden; OLG. **15** 324.

3. Der Vorstand. Der Verein muß einen Vorstand haben (26 I).

a) Der Vorstand wird bestellt durch einen (nach außen stets widerruflichen, 27 II) Beschluß der Mitgliederversammlung, falls die Satzung nichts anderes bestimmt (27 I, 40). So ist denkbar Bestellung durch den Führer des übergeordneten Verbandes bei Großvereinen, KG. JW. 34, 3000.

Der Bestellungsbeschluß ist ein einseitiger, innerer Vereinsakt, der die Vertretungsmacht auch ohne Zugang begründet; vgl. RGRKomm. § 27 A. 1. Ohne Grund wenden RG. (68, 385) und andere die Grundsätze über die Vollmachterteilung an und verlangen Zugang. Die Annahme begründet Geschäftsführungspflicht und -recht.

Auch mehrere können als Vorstand bestellt werden (26 I). Soweit die erforderlichen Vorstandsmitglieder fehlen, hat in dringenden Fällen auf Antrag eines Beteiligten bis zur Hebung des Mangels das Amtsgericht Ersatzmitglieder zu bestellen (29). Vgl. dazu BGH. **6** 232.

b) Besteht der Vorstand aus mehreren Mitgliedern, so erfolgen Beschlußfassung und Abgabe von Willenserklärungen namens des Vereins nach dem Mehrheitsgrundsatz (28 I). Doch genügt bei Willenserklärungen gegenüber dem Vorstand oder Verein die Abgabe an ein Mitglied (28 II).

Streitig ist, ob sich die Aktivvertretung des Vereins zum Abschluß von Rechtsgeschäften ebenfalls nach 28 I, also dem Mehrheitsgrundsatz, vollzieht oder ob Gesamtvertretung nötig ist. Aus dem Schweigen des Ges. ergibt sich die Richtigkeit der ersten Auffassung. Ebenso Enneccerus-Nipperdey, Planck-Knocke, Oertmann. Demgemäß sind die Vorstandsmitglieder, die den Beschluß gültig gefaßt haben, auch in der Lage, ihn nach außen zu erklären. Vielfach wird in der Satzung festgelegt, daß jedes Vorstandsmitglied Einzelvertretungsmacht hat oder zwei gemeinschaftlich vertreten können.

Die Beschlußfassung erfolgt im einzelnen nach den für die Mitgliederversammlung geltenden Vorschriften, 28 I. Dritten gegenüber wird der ordnungsmäßig gefaßte Beschluß erst wirksam, wenn er ihnen zugeht. Wichtig ist, daß die Rspr. § 28 II über die Passivvertretung durch jedes einzelne Vorstandsmitglied auch auf die Wissenszustände ausgedehnt hat, so daß die Kenntnis eines Mitglieds für die Annahme der Unredlichkeit des Vereins genügt; RG. 57, 94; 78, 359; 81, 436; 110, 14 .

c) Der Vorstand vertritt den Verein gerichtlich und außergerichtlich. Er ist das notwendigste Vereinsorgan, weil ohne ihn der Verein sich in der Außenwelt überhaupt nicht betätigen könnte. Er hat die Stellung eines gesetzlichen Vertreters. Seine Vertretungsmacht ist durch die Satzung beschränkbar (26 II), mit Ausnahme der Befugnis zur Entgegennahme von Willenserklärungen.

α) Die herrschende Lehre (die Organtheorie) meint, daß dadurch der rechtlichen Konstruktion nicht vorgegriffen werden solle, sie betont, daß der Vorstand kein Vertreter im eigentlichen Sinne, sondern Organ sei. Da das Gesetz die Deliktsfähigkeit ausdrücklich bejaht hat, ist der ganze Streit praktisch bedeutungslos.

β) Wird die Vertretungsmacht auch nicht durch die Satzung beschränkt, so ist sie doch nicht völlig unbeschränkt, sondern umfaßt nur Geschäfte, die sachlich ihrer allgemeinen Eigenart nach in den Rahmen des Vereinszwecks fallen. Der Vorstand kann z. B. keine Schenkungen machen, wenn sie völlig aus diesem Rahmen fallen (vgl. RG. 85 261/262).

γ) Im übrigen wirkt gegen Außenstehende nur die Beschränkung der Vertretungsmacht, die in der Satzung steht. Bloße beschränkende Beschlüsse wirken nur als Anweisungen im Innenverhältnis.

δ) Bei eingetragenen Vereinen sind Beschränkungen der Vertretungsmacht, abweichende Bestimmungen über die Beschlußfassung und Änderungen des Vorstandes ins Vereinsregister einzutragen, BGH. 18, 303. Ist das unterblieben, so können sie Außenstehenden gegenüber nur geltend gemacht werden, wenn deren Kenntnis bewiesen werden kann; und selbst wenn die Eintragung erfolgt ist, steht Dritten der Nachweis offen, daß sie die Änderung ohne Fahrlässigkeit nicht gekannt haben (68, 70). Für nicht eingetragene Vereine fehlen solche Schutzvorschriften. Manche wollen auch hier 68, 70 entsprechend anwenden.

ε) Ein unter Überschreitung der Vertretungsmacht vorgenommenes Rechtsgeschäft ist für den Verein nicht verbindlich, der Vorstand haftet nach 179.

d) Im Innenverhältnis zum Verein sind für die Geschäftsführung des Vorstandes die Auftragsregeln entsprechend anwendbar (27 III). Der Vorstand haftet also aus der Nichterfüllung seiner Pflichten grundsätzlich dem Verein. — Den Vereinsgläubigern haftet er nur im Falle des 42 II, 2 (Verzögerung des Antrags auf Eröffnung des Konkurs- oder gerichtlichen Vergleichsverfahrens), sonst noch, wenn der Tatbestand einer unerlaubten Handlung erfüllt ist.

4. Verfassungsmäßige Sondervertreter für gewisse Geschäftszweige.

Für gewisse Geschäftszweige können, wenn es die Satzung gestattet, neben dem Vorstand besondere Vertreter bestellt werden (30), z. B. Kassenwart, Rechner, Buchführer, Gegenbuchführer usw. Sie müssen aber, wenn sie auch Weisungen unterworfen sind, nach außen eine gewisse Selbständigkeit haben, RG. **157**, 236. Ihre Vertretungsmacht erstreckt sich im Zweifel auf alle Rechtsgeschäfte, die der ihnen zugewiesene Geschäftskreis gewöhnlich mit sich bringt. Eine darüber hinausgehende Beschränkung im Innenverhältnis wirkt nach außen nur, wenn sie der Dritte kannte oder kennen mußte, RG. **94**, 320.

Die Bestellung dieser Sondervertreter erfolgt wie die der Vorstandsmitglieder. Sie sind von gewöhnlichen Bevollmächtigten scharf zu unterscheiden. Sie sind Vereinsorgane und haben als solche die Stellung eines gesetzlichen Vertreters im Sinne des 26. Der Verein ist nach 31 für ihre schadenstiftenden Handlungen verantwortlich, während er für gewöhnliche Vertreter nur nach 278, 831 haftet (RG. **53** 279). Entscheidend für die Organeigenschaft ist die Tätigkeit auf Grund satzungsgemäßer Anordnung. Bloßer Angestellter ist, wer ohne Eingliederung in den verfassungsmäßigen Organismus für den Verein auftritt, mag dies auch auf Grund einer Vollmacht sein.

Nach RG. **70** 120 genügt es, daß die Bestellung sich auf die Satzung gründet. Nach RG. **53** 277 und RG. **74** 23 muß die Bestellung durch die Satzung oder eine gleichwertige organisatorische Bestimmung vorgesehen sein. Das nimmt das RG. in freier Würdigung aber schon dann an, wenn die Satzung eine besondere Veranstaltung, z. B. eine Zweigniederlassung, vorsieht, die einen besonderen Vertreter erforderlich macht; RG. **91** 3; **94** 320; **117** 64; JW. 1930, 2927. Außerdem muß der Bestellte innerhalb seines Geschäftsbereichs eine dem Vorstand ähnliche Selbständigkeit und Verantwortlichkeit haben. Sein Wille und Ermessen muß satzungsgemäß unmittelbar für den Verein maßgebend sein, RG. **70** 118 — ohne daß es sich bei seiner Tätigkeit bloß um rechtsgeschäftliche Vertretung im eigentlichen Sinne handeln müßte; RG. **70** 118 und **110** 147 gegen RG. **74** 21 und 250; **91** 4.

5. Die Haftung des Vereins für seine Angestellten und Organe insbesondere.

a) Der Verein haftet zunächst für alle Angestellten nach den allgemeinen Grundsätzen:

α) Er wird durch die von einem Vertreter im Namen des Vereins innerhalb seiner Vertretungsmacht abgegebenen Willenserklärungen nach 164 unmittelbar berechtigt und verpflichtet.

β) Er hat ein Verschulden der Angestellten bei Erfüllung einer schuldrechtlichen Verbindlichkeit nach 278 zu vertreten.

γ) Er haftet für Schädigungen eines Verrichtungsgehilfen außerhalb eines Schuldverhältnisses nach 831, also mit der Möglichkeit des dort vorgesehenen Entschuldungsbeweises; vgl. BGH. **4**, 1.

δ) Er haftet u. U. wegen Verletzung der allgemeinen Aufsichtspflicht, die ihn nach § 823 I als eigene trifft, wenn er die Ausführung von Schutzmaßnahmen zur Sicherung des Verkehrs Dritten überläßt.

Diese allgemeine Sorgfaltspflicht darf mit der nach § 831 anzuwendenden nicht verwechselt werden; vgl. Enneccerus-Lehmann § 234 II 2c; Enneccerus-Nipperdey (15) § 110 II S. 664.

b) Darüber hinaus haftet der rechtsfähige Verein schlechthin für schadenersatzpflichtig machende Handlungen, die seine Organe (das sind der Vorstand, ein Vorstandsmitglied oder ein anderer verfassungsmäßig berufener Vertreter) in Ausführung der ihnen zustehenden Verrichtungen begangen haben; er haftet dafür wie für seine eigene Handlung, also ohne die Möglichkeit des in 831 vorgesehenen Entschuldungsbeweises (RG. **53** 276; **162** 169 u. 207).

α) Die Haftung tritt überall ein, wo auch die natürliche Person schadenersatzpflichtig wäre, also nicht bloß bei unerlaubter Handlung, Verschulden beim Vertragsschluß, sondern auch bei schuldlosem, ersatzpflichtig machendem Verhalten z. B. nach §§ 228, 904 BGB. Diese Haftung ist durch die Rspr. noch verschärft worden, insofern sie den Verein auch wegen eines Organisationsmangels nach § 31 haften läßt, der darin gefunden werden kann, daß der Verein keinen verfassungsmäßig berufenen Vertreter für den fraglichen Geschäftsbereich bestellt hat, obwohl dessen Bestellung angezeigt gewesen wäre, weil der Vorstand allein außerstande ist, den Verpflichtungen zu genügen, denen auch eine juristische Person nachkommen muß; RG. **89** 136; **157** 234; **162** 166 und neuerdings BGH **24** 213; vgl. auch Bergmann, Zur Haftung für Organisationsmängel, DGWR. 1937, 395. Das führt also auch bei Bestellung eines bloß bevollmächtigten Vertreters zum Verlust des Entlastungsbeweises nach § 831, wenn der Verein ihn bei richtiger Organisation zum verfassungsmäßigen Vertreter hätte bestellen müssen. Zu beachten ist ferner, daß die Erteilung einer Vollmacht nicht ausschließt, dem Bevollmächtigten gleichzeitig die Stellung eines verfassungsmäßigen Vertreters zuzusprechen; RG. 91, S. 3.

β) Die Handlungen müssen in Ausführung der dem Vertreter zustehenden Verrichtungen, nicht bloß bei Gelegenheit dieser Verrichtungen erfolgen. Der Verein haftet also für einen Betrug des Organs beim Geschäftsabschluß, nicht aber für einen dabei vorgenommenen Diebstahl.

Auch eine tatsächliche Handlung kommt als Verrichtung in Betracht, wie z. B. eine falsche Auskunft. Früher verlangte das Reichsgericht, daß der satzungsmäßige Vertreter rechtsgeschäftliche Vertretungsmacht besitzen müsse (RG. 74, 257), was den Kreis der haftbar machenden tatsächlichen Handlungen sehr einengte. Das führte dazu, daß der mit der Leitung eines Krankenhauses betraute Arzt, wenn er nur zur ärztlichen Leitung berufen war, nicht als satzungsmäßiger Vertreter angesehen wurde. Die neuere Entscheidung des Reichsgerichts v. 25. 10. 43 DR. 1944, 287 Nr. 9 sieht mit Recht davon ab und erkennt den Leiter einer solchen Anstalt jedenfalls im Rahmen seiner ärztlichen Leistungen als solchen Vertreter an. Auch ein Assistenzarzt, dem die selbständige Wahrnehmung der Ambulanz wegen anderweitiger Überlastung des Direktors einer Universitätsklinik anvertraut ist, ist ein solcher Vertreter, wenn die Satzung für diesen Fall die Bestellung eines besonderen Vertreters nicht vorsieht. Das ist ein Organisationsmangel, der die Berufung auf § 831 ausschließt.

γ) Bei vorgesehener Gesamtvertretung genügt schon das Verschulden eines Vertreters, um eine Haftung der vertretenen juristischen Person zu begründen (RG. **110** 146; **117** 65).

δ) Der Verein haftet dem geschädigten Dritten; das kann auch ein Vereinsmitglied sein.

ε) Die Haftung ist zwingenden Rechts (40).

ζ) Durch die Haftung des Vereins wird die persönliche Haftung des Organs nicht ausgeschlossen. Das schuldige Organ und der Verein haften als Gesamtschuldner (840).

c) Die Haftung des 31 gilt auch für die juristischen Personen des öffentlichen Rechts (Staat, Gemeinden usw.), aber nur soweit sich ihre Organe privatrechtlich betätigen (89 I).

Vgl. Reimer, Amtshaftung aus öffentlicher Gewalt, 1919; Grunau, Die Amtspflichtverletzung, 1933; Siebert, DÖV. 51, 44; ders. Privatrecht im Bereich öffentlicher Verwaltung i. Festschr. für Niedermeyer 1953 S. 215f.

α) Auf Handlungen, die ein Beamter oder Vertreter in Ausübung der ihm anvertrauten öffentlichen Gewalt vorgenommen hat, ist 31 nicht anwendbar. Das folgt daraus, daß 89 auf 31 verweist, der nur die privatrechtliche Vertretungsmacht im Auge haben kann, und ergibt sich auch aus EG. 77. Eine privatrechtliche Betätigung ist anzunehmen bei Ausübung von Rechten oder Verrichtungen, die ebensogut auch einem Privatmann zustehen könnten, die nur zufällig, nicht begriffsnotwendig solche einer öffentlichrechtlichen Körperschaft sind, also bei Ausübung fiskalischer Rechte im Gegensatz zu Hoheitsrechten (RG. **71** 46; **72** 349).

Eine privatrechtliche Streitsache liegt insbesondere vor, wenn ein außervertraglicher Schadenersatzanspruch darauf gestützt wird, daß einem öffentlichrechtlichen Verbande, z. B. einer Stadtgemeinde, als Eigentümer eines Platzes, eines Weges oder Gewässers eine zum Schadenersatz verpflichtende Rechtsverletzung zur Last fällt, so RG. **52** 372. Bei der Erfüllung der Wegebaupflicht handelt es sich, auch wenn sie ausschließlich auf Normen des öffentlichen Rechts beruht, nicht um Ausübung der öffentlichen Gewalt. Anders, wenn der Staat oder ein öffentlichrechtlicher Verband wegen Verletzung der aus dem Wegepolizeirecht sich ergebenden Verpflichtung, für die ordentliche Herstellung und Unterhaltung der öffentlichen Wege zu sorgen, in Anspruch genommen werden soll; insoweit handelt es sich um einen Akt in Ausübung der öffentlichen Gewalt, der eine Begründung der Haftung aus 89 und 31 ausschließt (RG. **54** 53ff.). Die Haftung des Staates und der öffentlichrechtlichen Verbände für derartige Amtspflichtverletzungen ihrer Beamten bestimmt sich gemäß EGBGB. 77 nach dem Landesrecht. In Preußen regelte das Ges. vom 1. 8. 1909/14. Mai 1914 diese Haftung; für das Reich traf das RG. vom 22. 5. 1910 entsprechende Bestimmungen.

Die Weimarer Reichsverfassung regelte die Beamtenhaftung in Art. 131 ganz allgemein; in Fortführung dieser Bestimmung heißt es heute in Art. 34 GG.:

Verletzt jemand in Ausübung eines ihm anvertrauten öffentlichen Amtes die ihm einem Dritten gegenüber obliegende Amtspflicht, so trifft die Verantwortlichkeit grundsätzlich den Staat oder die Körperschaft, in deren Dienst er steht. Bei Vorsatz oder grober Fahrlässigkeit bleibt der Rückgriff vorbehalten. Für den Anspruch auf Schadenersatz und für den Rückgriff darf der ordentliche Rechtsweg nicht ausgeschlossen werden.

Die Rechtsquelle der Staatshaftung ist demnach jetzt nicht mehr das PrG. vom 1. August 1909, sondern Art. 34 GG. Er enthält sofort wirksames Recht. Die Einzelbestimmungen des PrG. behalten aber ihre Gültigkeit als „nähere Regelung“, soweit sie Art. 34 GG. nicht widersprechen (vgl. für die Zeit der Geltung des Art. 131 RV. RG. **102** 168; **106** 34; **107** 61; **108** 250).

Nach Art. 34 GG. ist also ein Schadenersatzanspruch gegen den Beamten wegen hoheitsrechtlicher Handlungen überhaupt ausgeschlossen. Weil er als öffentlichrechtlicher Vertreter des Staates auftritt und die Staatsgewalt verkörpert, muß der Staat für seine Verfehlungen aufkommen. Der Staat haftet aber nur so weit, als der Beamte nach 839 BGB. haften würde, wenn er unmittelbar in Anspruch genommen würde (RG. **96** 143). Folglich führt der Weg zur Inanspruchnahme des Staates wegen Schädigungen durch einen Beamten in Ausübung der öffentlichen Gewalt über 839 BGB.

Als Beispiele solcher Staatshoheitsmaßnahmen seien genannt: Die Tätigkeit des Gerichtsvollziehers im Zwangsvollstreckungsverfahren (RG. **56** 89), die von einem Lehrer an einer öffentlichen Schule im Turnunterricht getroffenen Anweisungen (RG. **84** 29), die Aufsichtstätigkeit der Beamten von Strafanstalten hinsichtlich der gewerblichen Zwangsarbeit der Gefangenen (RG. **56** 220), Abgabe eines Schreckschusses durch einen Polizeibeamten, um einen Fliehenden zum Stehen zu bringen (RG. **104** 203ff.).

Auch die Betätigung auf dem Gebiete der staatlichen Fürsorge gehört zum großen Teil hierher; vgl. RG. **129** 305 (Feuerwehr); **132** 257 (Berufsvormund); RG. Warn. 1927 Nr. 117 (Unterrichtserteilung eines Professors der Chemie). — Bei Eisenbahn und Post ist nur ausnahmsweise eine Ausübung öffentlicher Gewalt anzunehmen, etwa bei der Ausstellung öffentlicher Urkunden, z. B. von Frachtbriefduplikaten (RG. **107** 273) oder Anlage einer Fernsprechleitung (RG. **126** 31).

Aber nicht alles, was eine Körperschaft auf der Grundlage ihrer öffentlichrechtlichen Fürsorgepflicht tut, unterliegt Amtshaftungsgrundsätzen. Zur Begründung der Hoheitshaftung muß sich der Amtsträger als Träger übergeordneter Gewalt betätigen, die Hoheitshaftung kann nur aus einem Unterordnungsverhältnis begründet werden. So haftet die Stadtgemeinde für fehlerhafte Behandlung eines auf Grund der öffentlichen Fürsorge in einem städtischen Krankenhaus unentgeltlich aufgenommenen Kranken nur nach § 278 BGB.; so BGH. **4** 138. Bei Aufnahme eines Patienten auf Grund privatrechtlichen Vertrages haftet die Gemeinde außerdem für die Ärzte, die zu den gesetzlichen Vertretern gehören, nach §§ 31 u. 89; vgl. BGH. **5** 321.

Zu betonen ist, daß die Verletzung einer einem Dritten gegenüber bestehenden Amtspflicht nicht bloß durch Zuwiderhandlung gegen besondere Gesetze, wie z. B. rechtsgültige Dienstvorschriften erfolgen kann, sondern auch durch Verletzung der allgemeinen Verpflichtungen, die jedermann in der Rechtsgemeinschaft zu befolgen hat, die der Beamte, wenn er als Träger der öffentlichen Gewalt auftritt, also erst recht beobachten muß, 823 und 826. Es ist allgemeine Amtspflicht des Beamten, seine Machtmittel streng in den Schranken der Amtsausübung zu halten (vgl. RG. **91** 383; **104** 204; **125** 86 u. 99; **139** 154). Nach RG. 139, 154 liegt dem mit hoheitsrechtlichen Befugnissen ausgestatteten Beamten grundsätzlich jedem Dritten gegenüber amtlich eine Fürsorgepflicht ob, daß die mit seinen Befugnissen verbundenen Machtmittel streng in den Schranken der Amtsausübung gebraucht werden.

Zu beachten ist ferner, daß für die Staatshaftung nach Art. 34 GG. der Beamtenbegriff eine erhebliche Erweiterung erfährt. Schon Art. 131 RV. wurde dahingehend ausgelegt, daß jeder, der mit hoheitsrechtlichen Aufgaben betraut ist, die Staatshaftung begründen könne, auch wenn er kein Beamter im staatsrechtlichen Sinne sei (RG. **151** 386). Dieser Auslegung trägt das Grundgesetz Rechnung, indem es bei der Formulierung des Art. 34 das Wort „Beamter" nicht mehr verwendet, sondern wörtlich bestimmt:

Verletzt jemand in Ausübung eines ihm anvertrauten öffentlichen Amtes... usw.

Für die Eigenhaftung des Beamten ist der engere staatsrechtliche Begriff maßgebend; vgl. DBeamtG. § 27 I.

β) Besondere Schwierigkeiten macht bei der juristischen Person des öffentlichen Rechts die Scheidung zwischen den Beamten, die als verfassungsmäßige Vertreter (Organe) handeln und denen, die als bloße Verrichtungsgehilfen im Sinne des 831 anzusehen sind, was die Haftung aus privatrechtlicher (fiskalischer) Betätigung angeht.

Das Merkmal der Satzung versagt, da die Haftung offenbar nicht bloß auf die im Staatsgrundgesetz (Verfassung) vorgesehenen Beamten beschränkt werden sollte. An Stelle der Satzung treten hier die die Verwaltungsorganisation regelnden Bestimmungen. Die Bestellung muß in verwaltungsorganisatorischen Bestimmungen vorgesehen sein (RG. **53** 280; **62** 36; **74** 23 — irrig **70** 118). Bei einer Stadtgemeinde muß die organisatorische Bestimmung im Gesetz oder in dem den Ausbau der Organisation bezweckenden Statut enthalten sein (RG. **74** 23; Gruchot **56** 867). Doch müssen Vertreter gleichgestellt werden, deren entsprechende Stellung auf gewohnheitsrechtlicher Fortbildung der Verfassung einer öffentlichrechtlichen Körperschaft beruht.

Nicht genügt, daß dem Beamten seine Stellung und sein Verrichtungsbereich erst von einem „verfassungsmäßigen" Vertreter zugewiesen werden.

Außerdem muß dem Vertreter ein bestimmter Verwaltungszweig zu selbständiger Erledigung überlassen sein.

Danach sind als verfassungsmäßige Vertreter anerkannt worden:

Bei der Stadtgemeinde der Bürgermeister, der dem Magistrat als Mitglied angehörende Stadtbaurat — nicht die ihm untergeordneten Bauinspektoren und Ingenieure, nicht der städtische Gas- oder Schlachthofdirektor, auch nicht der Betriebsdirektor der Straßenbahn, falls er nicht als Mitglied der Verwaltungsdeputation oder kraft Ortsstatut zu den verfassungsmäßigen Vertretern gehört; bei der Justizverwaltung die Vorstandsbeamten des Landgerichts (Präsident und Oberstaatsanwalt) und der aufsichtführende Amtsrichter, nicht der einzelne Richter, der Obersekretär oder gar der Kastellan; bei der Eisenbahnverwaltung die Reichsbahndirektion, die Vorstände der Betriebsinspektionen, nicht aber Stationsvorsteher, Bahnmeister, Rangierleiter oder Bahnwärter (vgl. RGKomm. Anm. 2 zu § 89).

IV. Die Rechtsstellung der Mitglieder. In ihrer Eigenschaft als Mitglieder haben die einzelnen keine unmittelbaren Beziehungen nach außen, namentlich haften sie den Vereinsgläubigern gegenüber nicht persönlich für die Vereinsschulden; darin zeigt sich gerade die Bedeutung der selbständigen Rechtspersönlichkeit des Vereins.

Selbst wenn die Satzung die Mitglieder für die Schulden haftbar machen sollte, bedeutet das nur die Auferlegung einer Nachschußpflicht gegenüber dem Verein; denn die Satzung kann nur die Beziehungen der Mitglieder zum Verein, nicht zu Dritten regeln.

Die Beziehungen der Mitglieder zum Verein können doppelter Art sein:

1. Außerkörperschaftliche Rechtsverhältnisse, das sind Rechtsbeziehungen zwischen Verein und Mitglied, die durch die Mitgliedschaft in keiner Weise bedingt werden, bei denen diese etwas Zufälliges ist, was

ebensogut fehlen könnte, wie z. B. Kauf oder Miete eines Vereinshauses von einem Mitglied.

Solche Rechtsverhältnisse unterliegen der Vereinsherrschaft nicht: der Verein kann durch Beschluß nicht in sie eingreifen; und sie werden auch durch das Ausscheiden des Mitgliedes aus dem Verein nicht berührt. Für sie gelten die allgemeinen Regeln des Privatrechts.

2. Körperschaftliche Rechtsverhältnisse, das sind Rechtsbeziehungen zwischen Verein und Mitglied, die gerade aus der Mitgliedschaft als solcher fließen, mit ihr erworben werden und mit ihr wieder verlorengehen, „Mitgliedschaftsrechte". Man faßt sie zusammen in dem Begriff der Mitgliedschaft und versteht darunter den Inbegriff der Rechte und Pflichten, die sich aus den Beziehungen des Vereins zu seinen Mitgliedern als solchen ergeben. Die Mitgliedschaft ist ein personenrechtliches Verhältnis (RG. **100** 2), das je nach dem Zweck des Vereins ein mehr oder minder enges Treueverhältnis zum Verein begründet, RG. HRR. 28, 1551.

Neben den allgemeinen Mitgliedschaftsrechten, die jedem Vereinsmitglied als solchem zustehen, kommen auch Sonderrechte vor, die einzelnen Mitgliedern eine bevorrechtigte Stellung geben, wie z. B. das Anrecht auf ein Vereinsamt, verstärktes Stimmrecht usw. Entsprechendes gilt für die Mitgliedschaftspflichten.

a) Die Mitgliedschaft und die allgemeinen Mitgliedschaftsrechte und Pflichten.

Auch Vereine können Mitglieder eines Vereins sein — r. A. nach auch nicht rechtsfähige Vereine (Gierke, Vereine ohne Rechtsfähigkeit, 30). Selbstverständlich sind mangels Satzungsbestimmung die einzelnen Mitglieder des beigetretenen Vereins damit nicht Mitglieder des Zentralvereins.

α) Der Erwerb der Mitgliedschaft vollzieht sich durch Teilnahme an der Vereinsgründung oder Beitritt (seine Voraussetzungen bestimmen sich nach der Satzung; im Zweifel befindet über die Aufnahme die Mitgliederversammlung, 32); ausnahmsweise durch Erbgang oder Abtretung (laut der Satzung, 38, 40).

Die Satzung kann die einseitige, an den Verein gerichtete Beitrittserklärung für genügend erklären, OLG. **15** 307. — Mangels Satzungsbestimmung ist Eintrittserklärung und Aufnahme notwendig, also ein Vertragsschluß. Doch wollen einzelne zwei einseitige Erklärungen annehmen. Vgl. Planck-Knocke, § 38 Anm. 2.

β) Im Zweifel ist die Mitgliedschaft unübertragbar und unvererblich und kann nicht einmal der Ausübung nach einem anderen überlassen werden (38). Doch schließt 38 die Ausübung durch den gesetzlichen Vertreter nicht aus. Die Satzung kann auch Vertretung durch einen gewillkürten Vertreter zulassen.

γ) Aus der Natur des Vereins und dem geltenden Mehrheitsgrundsatz ergibt sich die grundsätzliche Gleichberechtigung aller Mitglieder, soweit nicht in der Satzung Abweichungen enthalten sind. Dieses Recht auf gleichmäßige Behandlung kann auch durch nachträgliche Satzungsänderung nicht ohne Zustimmung der Benachteiligten, also regelmäßig nur durch einstimmigen Beschluß, beeinträchtigt werden; RG. **73** 191; **119** 228; **132** 165; BGH 3, 252.

δ) Endigung.

αα) Der Austritt aus dem Verein steht jedem frei (39, zwingend). Die Satzung kann aber bestimmen, daß der Austritt erst am Schluß eines Geschäftsjahres zulässig ist oder erst nach dem Ablauf einer höchstens zweijährigen Kündigungsfrist (39 II).

Aus wichtigem Grunde kann aber der Austritt auch ohne Einhaltung der satzungsmäßigen Kündigungsfrist zulässig sein, RG. **130** 357.

„Es ist als leitender Gedanke des bürgerlichen und Handelsrechts anzuerkennen, daß ein in die Lebensbetätigung der Beteiligten stark eingreifendes Verhältnis dann vor Ablauf der festgesetzten Zeit gelöst werden kann, wenn ein wichtiger Grund das erfordert. Dieser Gedanke hat auch für das Vereinsrecht und für die Frage des fristlosen Austritts Gültigkeit. Entscheidend ist, ob bei Berücksichtigung der gesamten Umstände des Einzelfalles ein Verbleiben im Verein bis zum Ablauf der satzungsmäßigen Kündigungsfrist eine unerträgliche Belastung bedeutet, die dem Mitglied nicht zugemutet werden kann."

So RG. **130** 378 unter Berufung auf §§ 626, 723, 737 BGB., 70 HGB. und Oertmann.

Durch den Austritt kann sich das Mitglied aller Pflichten für die Zukunft entledigen; es wird dadurch der Aufsichtsgewalt des Vereins entzogen und kann nicht nachher noch wegen früherer Vorkommnisse verantwortlich gemacht werden; während des Laufes der Kündigungsfrist ist das noch zulässig, RG. **122** 268. Nach dem wirksam gewordenen Austritt kann der Verein auch nicht mehr beschließen, daß er den Ausschluß ausgesprochen hätte, wenn das Mitglied nicht bereits selbst seinen Austritt erklärt hätte; auch darin liegt eine unzulässige Anmaßung der erloschenen Vereinsgewalt, gegen die Feststellungsklage auf Rechtsunwirksamkeit des Beschlusses zulässig ist, RG. **122** 266ff.

Für die Beiträge, die auf die Zeit bis zum Ausscheiden entfallen, bleibt der Austretende verhaftet. Mit Wirksamwerden des Austritts verliert er nicht nur seine Verwaltungsrechte, sondern auch jedes Recht am Vereinsvermögen — falls nicht die Satzung etwas anderes bestimmt.

Eine Satzungsbestimmung, daß ein freiwilliges Ausscheiden aus dem Verein nicht mehr möglich sei, sobald gegen das Mitglied ein Verfahren vor dem Vereinsehrengericht schwebe, verstößt gegen 39 II und ist nichtig (RG. **108** 160). Unzulässig ist auch das Verbot des Austritts bei laufendem Ausschlußverfahren, RG. 143, 3.

Dagegen bleibt der Austretende den Bestimmungen der Satzung über die Zuständigkeit eines Vereinsschiedsgerichts — auch hinsichtlich der Wirksamkeit des Austritts unterworfen (RG. **113** 321).

ββ) Die Ausschließung eines Mitglieds ist zunächst zulässig auf Grund einer sie zulassenden Satzungsbestimmung, die im Zweifel dahin zu deuten ist, daß ein wichtiger Grund vorliegen muß.

Die Satzung kann dem Verein auch eine freie, an Gründe nicht gebundene Ausschließungsbefugnis geben. In diesem Fall ist eine gerichtliche Nachprüfung unstatthaft, RG. **78** 190. Das gilt auch für den Fall, wo die Satzung den Ausschluß gestattet, wenn „nach der Ansicht des Ausschlußorgans" irgendein satzungsmäßiger Ausschlußgrund gegeben ist.

Auch mangels Satzungsbestimmung muß aber dem Verein die Ausschließungsbefugnis aus wichtigem Grunde zugebilligt werden, obwohl das Gesetz schweigt; RG. 130, 375.

Das ergibt sich schon aus §§ 723 und 737. Wenn bei der Gesellschaft eine Ausschließung aus wichtigem Grund möglich ist, muß das um so mehr beim Verein zulässig sein.

Die Ausschließung wird mangels einer besonderen Satzungsbestimmung durch einen Mehrheitsbeschluß der Mitgliederversammlung herbeigeführt (32), der dem ausgeschlossenen Mitglied aber außerdem noch mitgeteilt werden muß.

Außerordentlich streitig ist, wieweit das ausgeschlossene Mitglied eine Nachprüfung des Ausschließungsbeschlusses verlangen kann. Daran hat es nicht bloß ein ideelles, sondern auch ein materielles Interesse, weil es anders als bei der Gesellschaft (738) seine Liquidationsquote nicht herausverlangen kann.

In der Rechtsprechung bestand früher die Neigung, eine Nachprüfung der sachlichen Richtigkeit des Beschlusses nicht zuzulassen, sondern nur wegen Mängel des Ausschlußverfahrens, nicht also nach der Richtung, ob ein in der Satzung vorgesehener oder sonst wichtiger Grund zur Ausschließung wirklich vorgelegen habe; vgl. RG. **49** 150.

Infolge des dagegen erhobenen Widerspruchs ist die Rechtsprechung in der Folgezeit in immer weiterem Umfange dazu übergegangen, die Nachprüfung zuzulassen, auch nach der Richtung, ob der angegebene Ausschließungsgrund wirklich vorgelegen habe, dies wenigstens bei grobem Mißbrauch der Vereinsverwaltung. Dem ist zuzustimmen. Es ist nicht anzunehmen, daß das Gesetz die Mitglieder in diesem Punkte der Willkür des Vereins unterwerfen wolle, wenn nicht der willkürliche Ausschluß in der Satzung vorgesehen ist. Der nicht nachprüfbare Ausschluß wegen einer ehrenrührigen Handlung würde einen Eingriff in das Leben des Ausgeschlossenen bedeuten, der weit über das Gebiet der Vereinsangelegenheiten hinauswirken würde. Dementsprechend erkennt RG. **80** 191 an, daß die formelle Nachprüfung des Ausschließungsverfahrens durch die Satzung nicht ausgeschlossen werden könne (doch kann die Zuständigkeit der ordentlichen Gerichte durch Schiedsvertrag ausgeschlossen werden, §§ 1025ff. ZPO.); wenn keine schiedsrichterliche Nachprüfung vorgesehen sei, dürfe das rechtliche Gehör nicht abgeschnitten werden, falls der Ausgeschlossene behaupte, die beschlossene Ausschließung entspreche in den äußeren Bedingungen des Zustandekommens nicht den Anforderungen der Satzung. Der Ausgeschlossene muß aber die durch die Satzung gebotenen Mittel der Abhilfe (Berufung an die Mitgliederversammlung oder an eine andere Vereinsstelle) erschöpft haben; RG. **85** 355.

Der Ausgeschlossene muß ferner von den Gründen des Ausschlusses in Kenntnis gesetzt werden (RG. 147, 13), wenn die Satzung keine freie, an Gründe nicht gebundene Ausschlußbefugnis gibt.

Diese Gründe sind dann aber nicht auf der ganzen Linie auf ihre sachliche Richtigkeit nachprüfbar, sondern nur nach der Richtung, ob die Ausschließung eine gesetzwidrige, sittenwidrige oder offenbar unbillige Maßnahme darstellt; RG. **140** 24; **147** 14; BGH. NJW. 1954, 833. Völlig befriedigend ist diese Rechtsprechung noch immer nicht. Man wird die sachliche Nachprüfbarkeit des Ausschließungsbeschlusses hinsichtlich des Ausschließungsgrundes auf der ganzen Linie fordern müssen. Das ist kein Eingriff in die Vereinsautonomie, sondern erteilt dem durch Gestaltungsakt der Ausschließung betroffenen Rechtsverhältnis den normalen zivilprozessualen Schutz und verhindert, daß der Verein in eigener Sache richtet.

Wenn ein Verein gegen ein Verbotsgesetz (Z. B. §§ 127, 128 StGB.) oder gegen die guten Sitten verstößt (z. B. Spielklub), ist eine rechtsgültige Mitgliedschaft nicht begründbar, folglich auch die Ausschließung nicht nachprüfbar. Ein ins Vereinsregister eingetragner verbotener oder unsittlicher Verein genießt zwar im Interesse der Rechtssicherheit im Verkehr mit Dritten den Rechtsschein der Rechtsfähigkeit, im Innenverhältnis zu seinen Mitgliedern besteht aber kein schutzwürdiges Interesse an der Anerkennung dieses Rechtsscheins. So mit Recht Heinsheimer, JW. **21** 1527 gegen die dort veröffentlichte RGE.

Die sachliche Zuständigkeit für die Nachprüfung hängt davon ab, ob bei der Ausschließung das personenrechtliche Moment überwiegt (Landgericht) oder das vermögensrechtliche (u. U. das Amtsgericht). Nach RG. **88** 332 liegt die Bedeutung der Ausschließung bei nicht wirtschaftlichen Vereinen (21) vornehmlich auf persönlichem Gebiet. Doch ist der Anspruch auf Feststellung der Zugehörigkeit zur eingetragenen Genossenschaft ein vermögensrechtlicher, RG. **89** 336. Das ist wichtig für die Revisibilität (§ 546 ZPO.), die bei vermögensrechtlichen Ansprüchen von der Höhe des Beschwerdegegenstandes abhängt. Bei den Erwerbs- und Wirtschaftsgenossenschaften vertrat das RG. wegen der meist vorhandenen Vermögensrechte in feststehender Rechtsprechung die Ansicht, daß beim Ausschluß die sachliche Nachprüfung durch den Richter zulässig sei, RG. **57** 154; **88** 196. Das RG. hat aber auf die Dauer die starre Unterscheidung nach der Art der juristischen Person für die Abgrenzung der vermögensrechtlichen von den nicht vermögensrechtlichen Ansprüchen aufgegeben und auf die Umstände des Einzelfalles abgestellt, daß demgemäß der Betroffene bei Ausschluß aus einer Genossenschaft im Einzelfall auch einen personenrechtlichen Anspruch geltend machen könne; vgl. RG. 163, 202. Ebenso jetzt BGH. NJW. 1954, 833.

Vgl. aus der Literatur Hedemann, BürgA. **38** 135; Delius, Recht **13** 23 und **18** 257 sowie VerwA. **22** 209; Heinsheimer, Mitgliedschaft und Ausschließung 1913; ders., Rh. Ztschr. **19** 158 und JW **16** 257; **17** 930; **21** 1527; **25** 49 u. 235; **27** 691 u. 2996; Leist, Strafgewalt moderner Vereine, Schmollers Jahrb. 26, 27; Meyer-Cording, die Vereinsstrafe, S. 77 u. 100f.

γγ) Im Zweifel endet die Mitgliedschaft durch den Tod des Mitglieds (38, 1), endlich

δδ) durch sonstige satzungsmäßige Gründe.

ε) Inhalt.

Die Mitgliedschaft ist ein eigenartiger Inbegriff von Rechten und Pflichten.

αα) Zu den Rechten gehören:

zunächst als Grundlage die Mitgliedschaft selbst, das Recht auf die persönliche Rechtsstellung innerhalb des Vereins. Daraus entspringen laut Satzung als einzelne Mitgliedschaftsrechte:

(1.) sog. Organschaftsrechte (Kohler), das sind die Rechte auf Teilnahme an der Gestaltung und Verwaltung der Vereinsgeschäfte, vor allem das Stimmrecht in der Mitgliederversammlung (32) und das Recht, ihre Berufung zu verlangen (37) — im übrigen beruhen diese Rechte auf der Satzung;

(2.) sog. Wertrechte, das sind die Rechte auf Benutzung der Gegenstände und Einrichtungen des Vereins, auf Zahlungen aus dem Vereinsvermögen, auf Anteil am Vermögen bei der Vereinsauflösung (45).

Die allgemeinen Mitgliedschaftsrechte sind regelmäßig durch Mehrheitsbeschluß, notfalls Satzungsänderung abänderbar. Sie stellen, ebensowenig wie die Mitgliedschaft, Sonderrechte dar, RG. **33** 178; **49** 198; **73** 191.

Doch sind der Majorisierung gewisse Grenzen gezogen. Sonderbenachteiligungen und -beschränkungen einzelner Mitglieder, die dem Grundsatz der gleichmäßigen Behandlung aller Mitglieder widersprechen, sind nur mit Zustimmung des einzelnen Mitglieds zulässig; vgl. Cohn, ZivA. **132** 129; Gadow, Gruchot **66** 514ff.; RG. **49** 198; **57** 174; **62** 60; **73** 191; **113** 156; **118** 76; **119** 228; **120** 180. Siehe auch Enneccerus-Nipperdey § 112 IV 2.

ββ) Den allgemeinen Mitgliedschaftsrechten entsprechen die allgemeinen Mitgliedschaftspflichten, meist die Pflicht zu Beiträgen. Sie beruhen auf der Satzung und können durch Satzungsänderung verschärft werden, wogegen das einzelne Mitglied sich durch Austritt schützen kann (39).

b) Die mitgliedschaftlichen Sonderrechte.

Als derartige Sonderrechte sind die Rechte zu bezeichnen, die dem Mitglied wesentlich nur um seiner selbst willen [nicht im Interesse des Vereins] als ein von den Rechten der anderen Mitglieder verschiedenes Recht eingeräumt sind (RG. **49** 151; **104** 255). Z. B. das Recht auf einen erhöhten Gewinnanteil, auf besondere Teilnahme an der Verwaltung durch Zubilligung eines erhöhten Stimmrechts oder dauernde Zugehörigkeit zum Vorstand, auf Zustimmung zu bestimmten Verwaltungshandlungen usw. Nicht aber die durch Wahl erlangte Organstellung, RG. **79** 409. Das Reichsgericht verlangt aber, daß ein solches Sonderrecht in der Satzung klar zum Ausdruck gebracht ist, RG. **165**, 129. Daraus allein, daß die einen Verein gründende Gesellschaft sich bestimmte Stellen im Vorstand vorbehalten hat, darf nicht ohne weiteres auf ein der Satzungsänderung entzogenes Vorzugsrecht geschlossen werden (RG. in JW. 1911, 747[1]).

Vgl. zum äußerst bestrittenen Begriff der Sonderrechte vor allem Oertmann, § 35, 4; Gadow, LZ. 1932, 922f. u. Gruchot 66, 514f.

α) Die Sonderrechte eines Mitglieds können nicht ohne dessen Zustimmung durch Beschluß der Mitgliederversammlung beeinträchtigt werden (35).

Anders die allgemeinen Mitgliedschaftsrechte, die im Rahmen der Satzung auch ohne Zustimmung des einzelnen Mitglieds geändert oder geschmälert werden können. Da die Sonderrechte durch die Mitgliedschaft bedingt sind, können sie aber auf dem Umweg über die Entziehung der Mitgliedschaft entzogen werden — soweit das nach dem oben Gesagten zulässig ist. Das freilich nur mit Wirkung für die Zukunft, also unbeschadet schon erworbener verselbständigter Ansprüche auf bestimmte Leistungen, z. B. Auszahlung eines fälligen Gewinnanteils.

Natürlich kann ein Sonderrecht auf *Widerruf*, abänderbar durch Vereinsbeschluß oder Satzungsänderung, verliehen werden und ist dann auf diesem Wege entziehbar. Gegen das *Beharren auf Sonderrechten*, die die *Gemeinschaftsinteressen unerträglich* schädigen, muß eine Klage auf Abstellung zugelassen werden (A. *Schultze*, DogmJ. 75 455 und *Enneccerus-Nipperdey*, § 112 Anm. 15).

β) Die Auferlegung von *Sonderpflichten* ist in Rechtsähnlichkeit zu nur mit Zustimmung der einzelnen benachteiligten Mitglieder zulässig. Z. B. dürfen die Beiträge nicht in ungleichem Verhältnis erhöht werden.

V. *Ende der Rechtsfähigkeit.*

1. Die *Rechtsfähigkeit* endet:

a) mit dem *Wegfall des Vereins selbst*, der *Auflösung* des Vereins, durch:

α) *Beschluß* der *Mitgliederversammlung* — Selbstauflösung —, mangels satzungsmäßiger Regelung ist Dreiviertelmehrheit nötig (41);

β) *Auflösung* durch die *Staatsbehörde* auf Grund des öffentlichen Vereinsrechts (74 III). Nach 2 ReichsvereinsG. kann „ein Verein, dessen Zweck den Strafgesetzen zuwiderläuft, aufgelöst werden".

Die Auflösungsverfügung erfolgt durch die nach Landesrecht zuständige Behörde, ist aber im Verwaltungsstreitverfahren anfechtbar.

Durch VO. des ZentrJA. für die brit. Zone vom 15. 9. 1947 ist mit Zustimmung der MR. bestimmt worden, daß ein Verein, der in der Zeit vom 30. 1. 1933 bis 8. 5. 1945 auf staatliche Anordnung aus politischen, religiösen oder rassischen Gründen aufgelöst wurde, bis zum 31. 12. 1949 wiederhergestellt werden konnte. Das galt auch für einen Verein, der durch Mitgliederbeschluß aufgelöst wurde, um eine solche Auflösung oder die Entstehung von Nachteilen für den Verein oder seine Mitglieder zu vermeiden. Die Wiederherstellung war aber nur unter Beachtung der Vorschriften der VO. Nr. 122 der brit. MR. zulässig; VO. vom 23. 4. 48.

γ) Eintritt des in der Satzung vorgesehenen *Endtermins* oder sonstiger satzungsmäßiger Tatsachen (74 II).

Die bloße Zweckerreichung allein ist noch nicht genügend, z. B. ein zur Bekämpfung eines Kriegsnotstands begründeter Verein endet nicht ohne weiteres mit Aufhören des Notstandes, wenn das nicht in der Satzung vorgesehen ist.

δ) Wegfall *aller Mitglieder.*

Das folgt aus dem Begriff des Vereins als einer gegliederten Personenmehrheit. Dagegen nimmt die herrschende Lehre sein Fortbestehen bei nur einem Mitglied an, da wieder neue beitreten können (vgl. auch 73). Die *Einmanngesellschaft* erfreut sich im Handelsrecht heute allgemeiner Anerkennung.

b) Die Rechtsfähigkeit endet ferner mit dem *Verlust* der *Rechtsfähigkeit* — der den Verein als *nichtrechtsfähigen* bestehen läßt —:

α) infolge der *Konkurseröffnung* über das Vereinsvermögen (42); sie wirkt ohne weiteres.

Sie ist vom Vorstand im Falle der Überschuldung zu beantragen, Verzögerung des Antrags macht die schuldhaft handelnden Vorstandsmitglieder den Gläubigern gegenüber verantwortlich (42).

β) infolge gerichtlicher Entziehung der Rechtsfähigkeit wegen Sinkens der Mitgliederzahl unter drei herab (73).

γ) infolge obrigkeitlicher Entziehung der Rechtsfähigkeit durch die zuständige Verwaltungsbehörde gemäß 43.

2. Bei eingetragenen Vereinen ist die Auflösung des Vereins oder die Entziehung der Rechtsfähigkeit ins Vereinsregister einzutragen — mit Ausnahme der Auflösung durch Konkurseröffnung. Die Eintragung wirkt nicht rechtsbegründend (Näheres: 74).

3. Die Auflösung des Vereins bedeutet die völlige Zerstörung jeder rechtlichen Verbindung, der Verein wird auch als nicht rechtsfähiger beseitigt.

Die bloße Entziehung der Rechtsfähigkeit läßt dagegen die Personenvereinigung als nichtrechtsfähigen Verein bestehen, RG. JW. 36,2063. Zum mindesten können die Mitglieder den Fortbestand des Vereins als eines nichtrechtsfähigen oder seine Umwandelung in einen Gesamthandsverband beschließen, RG. JW. 35, 3636. Voraussetzung für die Annahme des Fortbestandes eines nichtrechtsfähigen Vereins ist selbstverständlich, daß überhaupt noch eine Personenvereinigung da ist, die die Eigenschaften eines nichtrechtsfähigen Vereins erfüllt; daran fehlt es bei Sinken der Mitgliederzahl unter drei (§ 73).

VI. Die Schicksale des Vereinsvermögens.

1. Sie sind grundsätzlich dieselben, mag der Verein aufgelöst oder ihm nur die Rechtsfähigkeit entzogen werden (45). Das Vermögen wird wegen seiner Beziehung zu anderen Personen — den Vereinsmitgliedern oder anderen juristischen Personen (Staat, sonstiger öffentlich-rechtlichen Körperschaft, Stiftung oder Anstalt) — niemals herrenlos, sondern fällt diesen ebenso an wie die Erbschaft dem Erben.

2. Die Person des Anfallsberechtigten bestimmt sich bei der Auflösung:

a) in erster Linie nach der Satzung (45 I).

Die Satzung kann die Anfallsberechtigten unmittelbar bezeichnen oder ihre Bestimmung der Mitgliederversammlung oder einem anderen Vereinsorgan überlassen (45 II).

b) Fehlt es an einer solchen Satzungsvorschrift, so ist zu unterscheiden:

α) bei nicht wirtschaftlichen Vereinen kann die Mitgliederversammlung durch Beschluß das Vermögen einer öffentlichen Stiftung oder Anstalt zuweisen (45 II 2);

β) davon abgesehen, gelten folgende gesetzliche Vorschriften (45 III):

αα) bei Vereinen, die ausschließlich den Interessen ihrer Mitglieder dienen (wie Sport-, Gesang-, Turnvereinen, nicht bei politischen, sozialpolitischen, religiösen Vereinen), fällt das Vermögen an die zur Zeit der Beendigung vorhandenen Mitglieder zu gleichen Teilen;

ββ) bei allen anderen Vereinen an den Fiskus des Landes (Bundesstaats), in dessen Gebiet der Verein seinen Sitz hatte (45 III). Die Landesgesetze können an Stelle des Fiskus eine Körperschaft, Stiftung oder Anstalt des öffentlichen Rechts setzen.

3. Bei der Entziehung der Rechtsfähigkeit gilt nach dem Wortlaut von 45 das gleiche.

Tatsächlich verbleibt aber bei den Vereinen, die in der Förderung der Interessen ihrer Mitglieder bestehen, das Vermögen diesen Mitgliedern, und deshalb darf man hier Anfall als Gesamthandsgut annehmen. Eine rechtsgeschäftliche Übertragung ist also unnötig und erst dann geboten, wenn das Gesamthandseigentum in eine andere Zuständigkeitsform, etwa Bruchteilseigentum, verwandelt wird. Auch bei anderen Vereinen wird man — wenn sie nicht mit der Entziehung der Rechtsfähigkeit auseinanderfallen, sondern fortbestehen — Gleiches annehmen dürfen, also 45 III einschränkend auslegen.

Dies, weil das Anfallsrecht des Fiskus nach 46, 2 ja nur der Erhaltung des Vermögens im Sinne der Vereinszwecke dienen soll. Der Fiskus würde dieser Aufgabe am vollkommensten gerecht werden, wenn er das Vermögen nach dem Anfall dem fortbestehenden Verein zurückgeben würde. Cessante ratione legis cessat lex ipsa. So mit Recht Oertmann, Komm. § 45 Anm. 2b.

4. Die rechtliche Natur des Anfalls.

a) Der Fiskus erwirbt das Vermögen stets durch Gesamtnachfolge wie ein Erbe (46); das Vermögen geht demnach als Einheit samt den Schulden von Rechts wegen auf ihn über, ohne Ausschlagungsmöglichkeit (1922, 1942 II).

b) Der Anfall an andere Personen wird verschieden aufgefaßt. Manche nehmen auch hier Gesamtnachfolge an, die überwiegende Meinung gibt den Anfallsberechtigten nur einen persönlichen Anspruch auf Aushändigung des Vermögens.

Diese Auffassung führt zu richtigeren Ergebnissen. Bei der Gesamtnachfolge hätten die Anfallsberechtigten kein Ausschlagungsrecht. Nach der ausdrücklichen Vorschrift des 47 muß eine Liquidation stattfinden; und nach 49 II gilt der Verein als fortbestehend bis zur Beendigung der Liquidation, soweit deren Zweck es erfordert. Ein solches Fortbestehen wäre unerklärlich, wenn das Vermögen schon auf andere übergegangen wäre.

c) Bei der Entziehung der Rechtsfähigkeit kommt nach dem oben Gesagten eine Rechtsnachfolge nicht in Betracht; das Vermögen verbleibt den Mitgliedern des fortbestehenden Vereins als Gesamthandsgut.

5. Die Liquidation (Abwickelung) richtet sich nach 48—53. Sie ist in allen Fällen, mit Ausnahme von 46 (Anfall an den Fiskus) und Wegfall sämtlicher Mitglieder (BGH. 19, 51) zwingend vorgeschrieben. Der Verein gilt bis zur Beendigung der Liquidation als fortbestehend, soweit der Zweck der Liquidation es erfordert, 49 II.

a) Sie erfolgt durch den Vorstand, doch können auch andere Personen als Liquidatoren bestellt werden (48 I).

b) Die Liquidatoren haben die rechtliche Stellung des Vorstandes, soweit sich nicht aus dem Liquidationszweck ein anderes ergibt (48 II).

c) Die Liquidatoren haben die laufenden Geschäfte zu beendigen, die Forderungen einzuziehen, das übrige Vermögen in Geld umzusetzen, die Gläubiger zu befriedigen und den Überschuß den Anfallsberechtigten auszuantworten. Zur Beendigung schwebender Geschäfte können sie auch neue eingehen (49 I).

Bei der Entziehung der Rechtsfähigkeit beschränkt sich die Liquidation — wenn der Verein fortbestehen will — auf die Deckung der Passiva. Doch setzt das Zustimmung aller Beteiligten voraus.

d) Die Liquidatoren haben die Auflösung oder Entziehung der Rechtsfähigkeit öffentlich bekanntzumachen und die Gläubiger zur Anmeldung ihrer Forderungen aufzufordern (50).

e) Das Vermögen darf den Anfallsberechtigten nicht vor Ablauf des sog. Sperrjahres ausgehändigt werden (51).

VII. Nichtrechtsfähige Vereine.

v. Gierke, Vereine ohne Rechtsfähigkeit (2) 1902; Stoll, Gegenwärtige Lage der Vereine ohne Rechtsfähigkeit in RGFestschr. II 49; Breitbach, Nichtrechtsfähige Vereine und Körperschaften, 1930; Petri, DogmJ. **73** 119; Nipperdey, Verhandlungen d. 34. Deutsch. Juristentags, Gutachten 420f.; Schumann, Zur Haftung der nicht rechtsfähigen Vereine, 1956.

1. Begriff vgl. § 60 I.

Begrifflich unterscheidet sich der nichtrechtsfähige Verein scharf von der Gesellschaft. Er will in der Verfolgung seiner Zwecke von der Einzelpersönlichkeit der Mitglieder unabhängig sein und im Verkehr als einheitliches Ganzes auftreten; dementsprechend ist er körperschaftlich gestaltet und führt einen Gesamtnamen.

Die Zahl der nichtrechtsfähigen Vereine übertrifft die der rechtsfähigen bei weitem. Zu ihnen gehören alle Vereine, die auf die Erlangung der Rechtsfähigkeit von vornherein verzichten oder die rechtsfähig sein möchten, aber es nicht können, oder die rechtsfähig gewesen sind und nun als nicht rechtsfähige fortbestehen.

Als nichtrechtsfähige Vereine sind z. B. anerkannt worden: die Tarifgemeinschaft der deutschen Buchdrucker (RG. **76** 25), Ortsgruppen von Arbeitnehmerverbänden (RG. **118** 196; **119** 195), Kalibohrgesellschaften (RG. **76** 276), studentische Korporationen (RG. **78** 134); eine staatlich zugelassene, aber als juristische Person nicht anerkannte Niederlassung eines Ordens oder einer Kongregation (RG. **97** 124), eine preußische Provinz des Franziskanerordens (RG. **113** 127).

Die Arbeiterberufsvereine — Gewerkschaften — sind grundsätzlich als nichtrechtsfähige Vereine organisiert worden. Sie haben den Versuch, sich eintragen zu lassen, wegen des früher in 61 II vorgesehenen beliebigen Einspruchsrechts der Verwaltungsbehörde (gegenüber Vereinen mit politischem, sozialpolitischem oder religiösem Zweck) gar nicht ernsthaft unternommen. Dem Mißlichen ihrer Rechtslage als nichtrechtsfähiger Verein stand der Vorteil gegenüber, daß sie für das Verhalten ihrer Organe nicht nach 31 hafteten. Auch nach

Beseitigung des Einspruchsrechts aus 61 II sind Versuche, die Eintragung zu erlangen, von ihnen nicht gemacht worden; man hatte sich auf dem Boden der bisherigen Rechtslage eben eingerichtet.

2. Grundsätzliche Stellung des Gesetzes.

Der Gesetzgeber hat dem nichtrechtsfähigen Verein leider eine seiner Eigenart wenig entsprechende Regelung zuteil werden lassen, indem er ihn grundsätzlich dem Recht der bürgerlichrechtlichen Gesellschaft (§§ 705f. BGB.) unterstellt. Nicht, als ob er sich des Widerspruchs dieser Behandlung nicht bewußt gewesen wäre. Er glaubte aber, dadurch die freie Bildung nichtrechtsfähiger Vereine verhindern und auf die Beteiligten einen Druck ausüben zu können, sich um die Erlangung der Rechtsfähigkeit zu bemühen. Auch glaubte er, daß die Gläubigerinteressen durch die persönliche Haftung der Mitglieder besser geschützt seien. Deshalb wurde auch der nichtrechtsfähige Verein hinsichtlich der passiven Partei- und Vollstreckungsfähigkeit dem rechtsfähigen Verein gleichgestellt (§ 50 II, § 735 ZPO.) und den Gesellschaftern, die im Namen des Vereins ein Rechtsgeschäft gegenüber einem Dritten vorgenommen haben, eine persönliche, gesetzliche Garantiehaftung auferlegt (§ 54, 2).

Die Erwartungen des Gesetzgebers, den nichtrechtsfähigen Verein dadurch weitgehend zurückdrängen zu können, haben sich als trügerisch erwiesen und die Bildung zahlreicher nichtrechtsfähiger Vereine nicht verhindert. Die Praxis hat sich dadurch geholfen, daß sie die für den nichtrechtsfähigen Verein nicht passenden nachgiebigen Vorschriften des Gesellschaftsrechts in der Satzung wegbedung und die innere Organisation und äußere Stellung des Vereins nach Möglichkeit der des rechtsfähigen Vereines anglich. Die Schranken konnte sie freilich nicht überwinden, die sich daraus ergaben, daß als Rechtsträger die Mitglieder des Vereins in ihrer gesamthänderischen Verbundenheit anzusehen sind und nicht der Verein als solcher. Im ganzen gesehen bietet deshalb die Rechtslage der nichtrechtsfähigen Vereine ein zwiespältiges und wenig befriedigendes Bild.

3. Errichtung des nichtrechtsfähigen Vereins.

Der nichtrechtsfähige Verein wird dadurch errichtet, daß die Gründer sich über die Gründung auf der Grundlage einer Satzung einigen, die den begrifflichen Erfordernissen eines Vereins (im Gegensatz zur Gesellschaft) entspricht, aber erkennen läßt, daß der Verein nicht eingetragen werden soll oder die doch wenigstens keine Bestimmungen über den Erwerb der Rechtsfähigkeit enthält. Auch der nichtrechtsfähige Verein darf keinen Zweck verfolgen, der den Strafgesetzen zuwiderläuft, RVG. v. 19.4.08.

Für die Geltendmachung von Willensmängeln gilt gleiches, wie bei der Gesellschaft und beim rechtsfähigen Verein. Siehe oben § 60 II 1.

4. Verfassung und Innenbeziehungen der Vereinsmitglieder.

a) Die Verfassung des nichtrechtsfähigen Vereins unterscheidet sich scharf von der Organisation einer Gesellschaft und gleicht der des rechtsfähigen Vereins. Sie wird durch die Satzung bestimmt, soweit die nachgiebigen Vorschriften des Gesellschaftsrechts eine abweichende Organisation zulassen. Die Satzung hat insoweit die Bedeutung eines Gesellschaftsvertrages.

Sie kann auch stillschweigend vereinbart werden, da eine Form nicht vorgeschrieben ist. Die für einen Verein nicht passenden Vorschriften des Gesellschaftsrechts sind im Zweifel als ausgeschlossen anzusehen zugunsten einer entsprechenden Anwendung derjenigen Vorschriften für rechtsfähige Vereine, die nicht gerade mit der Rechtsfähigkeit wesentlich zusammenhängen. Nach Analogie von § 33 wird man zur Abänderung der Satzung eine Dreiviertelmehrheit genügen lassen; vgl. RG. LZ. 1922, 12; Gruchot 51, 1117; RG. **113** 135; **143** 213.

b) Die Innenbeziehungen der Mitglieder werden zwar wie bei der Gesellschaft durch ihre gesamthänderische Verbundenheit bezüglich des Gesellschaftsvermögens bestimmt, RG. **57** 90. Keiner kann über seinen Anteil an diesem verfügen. Aber das Gesellschaftsvermögen ist zugleich körperschaftlich gebunden.

Da der Verein trotz wechselnden Mitgliederbestandes derselbe bleibt, der Anteil des Ausscheidenden den Verbleibenden zuwächst und neu eintretende Mitglieder ohne weiteres in die Rechte und Verbindlichkeiten des Vereins eintreten, werden die Rechte den jeweiligen Mitgliedern und damit dem Verein als dauerndem Personenverband erworben; vgl. Warn. 1911, Nr. 89; Recht 1929, Nr. 975. Ein Anspruch auf Auseinandersetzung oder Abschichtung beim Ausscheiden eines Mitglieds besteht nicht; RG. **113** 135. Die Rechte und Pflichten, die die einzelnen Mitglieder einer Gesellschaft gegeneinander haben, werden durch solche der einzelnen Mitglieder gegenüber dem Verein, d. i. der Mitgliedergesamtheit und den Vereinsorganen ersetzt; das Gesellschafterrecht verwandelt sich infolge der körperschaftlichen Organisation in ein Mitgliedsrecht; vgl. RG. **143** 214.

5. Die Betätigung des Vereins vollzieht sich durch seine Organe: Vorstand und Mitgliederversammlung.

a) Der nichtrechtsfähige Verein hat einen Vorstand, dem die Geschäftsführung und Vertretung obliegt. Der Vorstand soll nicht als bloßer geschäftsführender Gesellschafter auftreten. Für seine Bestellung und Abberufung muß deshalb Vereinsrecht gelten (§ 27) und nicht Gesellschaftsrecht (§§ 710, 712). Die Gesamtgeschäftsführung des § 709 widerspricht der Rechtsstellung des Vorstandes und muß als durch die Satzung wegbedungen angesehen werden; es gilt § 28 des Vereinsrechts. Ob § 29 (gerichtliche Hilfsbestellung) analog anwendbar ist, ist streitig; vgl. Habscheid, MDR. 52, 653 u. Krönig, MDR. 53, 217.

Bestritten ist, ob der Vorstand die Stellung eines gesetzlichen Vertreters hat oder nur als rechtsgeschäftlich bestellter Vertreter anzusehen ist. So die herrsch. Ans. u. RGRKomm. § 54 A. 1 und RG. Gruch. 55, 94. Praktisch bedeutsam ist das für den Umfang der Vertretungsmacht, die sich nach dieser Meinung nicht auf Rechtsgeschäfte ungewöhnlicher Art erstrecken soll; RG. Gruch. 55, 94. Ebensowenig wäre der Vorstand imstande, eine Haftung des Vereins durch eine nicht rechtsgeschäftliche Handlung nach § 31 zu begründen; er könnte nur die Mitglieder nach §§ 278 und 831 verpflichten; so RG. **91** 75; **135** 244. Die Gegenansicht verdient durchaus den Vorzug, weil sie der Interessenlage besser entspricht als die Anwendung des § 831, die eine Haftung der einzelnen Mitglieder zur Folge hat, während § 31 nur eine Haftung mit dem Vereinsvermögen begründet. § 31 liegt der Gedanke zugrunde, daß ein Verband, der durch Vertreter am Rechtsverkehr teilnimmt, auch außerkontraktlich für deren Handlungen einzustehen hat, ohne daß es entscheidend darauf ankommen könnte, ob der Verband rechtsfähig ist oder nicht. Ganz mit Recht hat die Rspr. § 31 auch auf die oHG. angewandt (RG. **76**, 48). Deshalb ist der entsprechenden Anwendung des § 31 mit Stoll (RGFestschr. II 77) das Wort zu reden. Gegen die Anwendung des § 831 spricht auch, daß zwischen Vorstand und Mitgliedern kein Bestellungs- und Beaufsichtigungsverhältnis besteht, wie es § 831 voraussetzt. Vgl. auch Haupt, Gesellschaftsrecht (3) § 29 II 6c, Siebert, BB. 50, 846 u. Denecke, JR. 51, 742 sowie LAG. Frankfurt, RdA. 1950, 427; Schumann, S. 43f. In der 15. Aufl. spricht sich auch Nipperdey für die Analogie aus (Enneccerus-Nipperdey § 116 IV 7).

Die Vorstandsmitglieder stehen zum Verein in einem Vertragsverhältnis und sind den Vereinsmitgliedern für ihre Geschäftsführung nach Auftragsrecht verantwortlich; §§ 713 u. 664—670.

§ 708, wonach ein Gesellschafter bei Erfüllung der ihm obliegenden Verpflichtungen nur für die Sorgfalt in eigenen Angelegenheiten haftet, ist mit dem körperschaftlichen, vom Wechsel der Mitglieder unabhängigen Wesen des Vereins unvereinbar und daher im Zweifel als durch die Satzung stillschweigend ausgeschlossen anzusehen; RG. 143, 214.

b) Die Mitgliederversammlung ist für alle Angelegenheiten zuständig, die nicht dem Vorstand übertragen sind.

Auch ohne Satzungsbestimmung ist anzunehmen, daß für ihre Beschlüsse — genauso wie für die eines mehrgliedrigen Vorstandes — der Mehrheitsgrundsatz (§ 32) gelten soll und nicht der für die Gesellschaft aufgestellte Einstimmigkeitsgrundsatz (§ 709). Bei Satzungs- und Zweckänderungen ist § 33 entsprechend anzuwenden.

6. Die Mitgliedschaft.

a) Auch die Mitgliedschaft im nichtrechtsfähigen Verein ist ein personenrechtliches Verhältnis, die den gesellschaftlichen Vorschriften (§§ 705—707) nur so weit untersteht, als die Satzung diese nicht wegbedungen hat.

Der Anteil am Vereinsvermögen (§ 719) hat höchstens die Bedeutung einer Anwartschaft auf das reine, bei einer Auseinandersetzung nach Beendigung des Vereins sich ergebende Vereinsvermögen und kann sogar als solche Anwartschaft ausgeschlossen werden, was bei idealen Vereinen im Zw. schon aus dem Vereinszweck als gewollt zu folgern ist. Ohne weiteres ergibt sich als wegbedungen § 738 I 2, wonach der aus dem Verein Ausscheidende einen Anspruch auf sein Auseinandersetzungsguthaben hat; scheidet ein Mitglied aus, so wächst sein Anteil den übrigen ohne Abfindung zu, § 738 I 1; RG. **113** 135.

b) Für die Mitglieder des nichtrechtsfähigen Vereins gilt, wie beim rechtsfähigen Verein, der Gleichbehandlungsgrundsatz: nicht minder

§ 35, wonach Sonderrechte nicht ohne Zustimmung des Mitglieds durch Beschluß der Mitgliederversammlung beeinträchtigt werden können; RG. Gruch. 51, 1117.

c) Für den Erwerb und Verlust der Mitgliedschaft gilt Entsprechendes wie beim rechtsfähigen Verein.

Das nach § 723 jedem Gesellschafter zustehende Recht, die Gesellschaft zu kündigen, ist im Hinblick auf den Gesellschaftszweck ausgeschlossen; statt dessen steht jedem Mitglied unter den Voraussetzungen der §§ 723, 724 der Austritt frei. Ein satzungsmäßiges Verbot oder eine Beschränkung des Austrittsrechts ist unverbindlich; RG. **78** 134f. Ebenso kann ein Mitglied — auch ohne Satzungsbestimmung — aus wichtigen Gründen jederzeit ausgeschlossen werden. Für die Nachprüfbarkeit der Ausschließung gilt Gleiches wie beim rechtsfähigen Verein, BGH. NJW. 1954, 833.

d) Für die Geltendmachung von Mängeln der Beitrittserklärung gilt Gleiches wie bei der Gründererklärung.

7. Rechtsverhältnisse des Vereins zu Dritten.

a) Aus dem Mangel der Rechtsfähigkeit ergibt sich, daß als Träger des Vereinsvermögens nicht der Verein als solcher, sondern die Mitglieder in ihrer gesamthänderischen Verbundenheit in Betracht kommen. Im Unterschied zur Gesellschaft ist aber das Vermögen körperschaftlich gebunden. Der Anteil des einzelnen ist nicht bloß seiner Verfügung, sondern auch dem Zugriff seiner Gläubiger (anders als bei der Gesellschaft) entzogen.

Die Mitglieder treten zwar, durch den Vorstand handelnd, im Verkehr unter eigenem Namen auf, aber dieses Auftreten ist rechtlich nur im Prozeß und bei der Vollstreckung gegen den Verein anerkannt.

Infolgedessen kann der Verein nicht unter seinem Namen als Eigentümer in das Grundbuch eingetragen werden; vielmehr müssen nach § 47 GBO. sämtliche Mitglieder als gesamthänderisch Berechtigte im Grundbuch eingetragen werden; ebenso als Hypothekengläubiger usw.; RG. **127** 310. Da das praktisch nicht durchführbar ist, hilft man sich mit der Eintragung auf den Namen eines Treuhänders.

Der Verein ist nach RG. **112** 124 ebensowenig unter seinem Namen wechselfähig. Indes genügt nach RG. **119** 198 zur formellen Gültigkeit des Wechsels die Unterzeichnung mit einem möglichen Namen oder einer möglichen Firma; lediglich die verpflichtende Kraft der Unterschrift hängt davon ab, daß der Name oder die Firma üblicherweise geführt wird und den Unterzeichner zuverlässig kennzeichnet. Nach diesen Grundsätzen muß dem Verein auch die Fähigkeit, sich durch Zeichnung mit seinem Namen zu verpflichten, zugesprochen werden.

Der Verein kann weiterhin nicht unter seinem Namen klagen; es fehlt ihm die aktive Parteifähigkeit. Bezüglich der passiven vgl. unten. Streng genommen müssen danach in der Klageschrift sämtliche Mitglieder, die dem Verein bei Beginn des Prozesses angehören, mit ihrem Namen als Kläger angeführt werden, RG. **78** 101ff. In der Praxis begnügt man sich aber mit der Klageerhebung durch die Vorstandsmitglieder, wenn diese durch die Satzung oder besonderen Beschluß zur Klageerhebung ermächtigt sind und bis zur letzten mündlichen Verhandlung eine Liste der Vereinsmitglieder beibringen.

Der Verein ist auch als solcher nicht erbfähig, doch läßt sich seine Erbeinsetzung aufrechterhalten als Berufung sämtlicher Vereinsmitglieder zu Erben mit der Bestimmung, daß das Zugewandte Bestandteil des Vereinsvermögens werden soll, d. h. gesamthänderisches zu Vereinszwecken bestimmtes Vermögen seiner Mitglieder. Zweifelhaft bleibt nur, ob der Nachlaß ohne weiteres Vereinsvermögen wird oder die Zuwendung nur eine Pflicht der Mitglieder zur Übertragung des Nachlasses an den Verein erzeugt; für letzteres RG. Recht 29, 975; KG. JW. 38, 2272. Dem Willen des Erblassers entspricht die erste Lösung besser; sie läßt sich mit einer Analogie zu § 718 rechtfertigen; vgl. Staudinger-Lehmann § 1923 A. 20.

b) Für den Prozeß ist dem nichtrechtsfähigen Verein eine teilweise Rechtsfähigkeit zuerkannt, er ist passiv parteifähig, § 50 II ZPO. Er kann unter seinem Namen verklagt werden und hat dann im Rechtsstreit die Stellung eines rechtsfähigen Vereins. Auf Grund eines Urteils gegen ihn ist die Zwangsvollstreckung in das Vereinsvermögen zulässig, § 735 ZPO. Endlich kann ein Sonderkonkurs über dieses eröffnet werden, § 213 KO.

Da der nichtrechtsfähige Verein in dem gegen ihn angestrengten Prozeß als rechtsfähig gilt, ist er für alle Prozeßhandlungen eines Beklagten rechtsfähig, kann also insbesondere Widerklage erheben. Kann das Urteil dem Verein eine vollstreckbare Pflicht auferlegen, so muß der Vorstand auch in der Lage sein, durch Prozeßvergleich eine solche Pflicht für den Verein zu übernehmen oder ein Recht für ihn zu erwerben; vgl. Heinrich Lehmann, Der Prozeßvergleich 1911 S. 158f.

c) Für die Verbindlichkeiten des Vereins kommen mangels seiner Rechtsfähigkeit als Schuldner nur die einzelnen Vereinsmitglieder in Betracht.

Soweit rechtsgeschäftliche Verbindlichkeiten in Frage stehen, können die Mitglieder nur aus den von ihnen selbst oder vom Vorstand als ihrem satzungsmäßigen Vertreter abgeschlossenen Rechtsgeschäften verpflichtet werden und haften insoweit als Gesamtschuldner, §§ 427, 714.

Dabei kann die Satzung die Haftung der Mitglieder auf ihren Anteil am Vereinsvermögen beschränken; diese Bestimmung ist denn auch für die Vertretungsmacht des Vorstandes maßgebend und schränkt diese entsprechend ein. Es bedarf aber nach der heute durchgedrungenen richtigen Auffassung einer solchen Satzungsbestimmung nicht; die Beschränkung ergibt sich aus dem Zweck und Wesen des nichtrechtsfähigen Vereins und der Mitgliedschaft und wird auch regelmäßig vom Gläubiger vorausgesetzt. Die Rechtsprechung leitet freilich die Haftungsbeschränkung meist aus einer in der Satzung stillschweigend enthaltenen Beschränkungsklausel ab, was eine unnötige Fiktion sein dürfte; vgl. RG. **85** 260; **90** 177; **143** 216.

d) Zum Schutz der Gläubiger ordnet § 54 S. 2 außerdem die persönliche Haftung dessen an, der ein Rechtsgeschäft im Namen eines nicht eingetragenen Vereins vorgenommen hat.

Das geht über die Haftung des Falschvertreters nach § 179 BGB. weit hinaus, insofern der Handelnde auch dann persönlich haftet, wenn er Vollmacht hatte; mehrere haften als Gesamtschuldner. Die Haftung ist eine gesetzliche Garantiehaftung, die zwar nicht durch die Satzung, wohl aber durch besondere Vereinbarung mit dem Geschäftspartner wegbedungen werden kann. Stillschweigende Wegbedingung ist nicht zu vermuten, sondern bedarf der Rechtfertigung aus den besonderen Umständen des Einzelfalles; RG. 82 299; JW. 37, 392. Eine Befreiung von der persönlichen Haftung ist nur durch befreiende Schuldübernahme möglich.

e) Die Haftung für unerlaubte Handlungen der Vorstandsmitglieder ergibt sich nach der h. L. nicht aus § 31, sondern aus § 831, ohne daß die Mitglieder eine Beschränkung der Haftung auf das Vereinsvermögen geltend machen könnten; RG. **91** 74; **135** 244; JW. 33, 423. Jedes Mitglied kann aber den Entlastungsbeweis führen, was die Haftung regelmäßig entwertet.

Über die Bedenken dagegen vgl. oben VII 5a.

8. Auflösung.

a) Nach § 54 sind die Auflösungsgründe der Gesellschaft maßgebend. Danach scheinen Tod, Kündigung und Konkurs eines Mitglieds den Verein zu sprengen; vgl. §§ 723f. BGB. Da aber nach § 736 BGB. trotzdem der Fortbestand der Gesellschaft im Gesellschaftsvertrag vereinbart werden kann und der nichtrechtsfähige Verein als solcher vom Bestand seiner Mitglieder unabhängig sein will, so entfallen diese Auflösungsgründe ohne weiteres; vgl. RG. **113** 135. Es ergeben sich praktisch dieselben Auflösungsgründe wie beim rechtsfähigen Verein: der Selbstauflösungsbeschluß (wobei die Anwendbarkeit des § 41 BGB. und der in ihm geforderten Dreiviertelmehrheit streitig ist), Zeitablauf, Wegfall aller Mitglieder, Hoheitsakt, Konkurseröffnung über das Vereinsvermögen (§ 213 KO.).

b) Die Auflösung versetzt den Verein in den Abwicklungszustand.

Die Abwicklung, die regelmäßig Sache des Vorstandes ist, vollzieht sich nach den Grundsätzen des Gesellschaftsrechts des BGB., §§ 730f. BGB. Über den Anfall des Vermögens kann die Satzung Bestimmungen treffen. Fehlen solche, so ist der nach Berichtigung der Schulden verbleibende Rest an die Vereinsmitglieder zu verteilen; § 734 BGB. Ein Anfall an den Staat, wie in § 45 III, kommt nicht in Frage.

9. Rechtspolitische Stellungnahme.

Die unbefriedigte Lage der nichtrechtsfähigen Vereine macht eine Änderung des gegenwärtigen Rechtzustandes wünschenswert.

Was zunächst die sog. Idealvereine angeht, so ist nicht einzusehen, warum man jeden kleinen, harmlosen Idealverein dazu zwingen soll, sich um die Erlangung der Rechtsfähigkeit zu bemühen oder zu verschwinden. Die polizeiliche Überwachung ist auch ohne Eintragung gesichert. Deshalb erscheint es richtig, sie im wesentlichen dem Vereinsrecht zu unterstellen.

Was die Haftung für die im Namen des Vereins eingegangenen Verbindlichkeiten angeht, so wäre sie demgemäß auf das Vereinsvermögen zu beschränken, eine Klage gegen die Mitglieder wäre auszuschließen. Neben der Haftung des Vereins wäre die persönliche Haftung der in seinem Namen Handelnden beizubehalten.

Bei wirtschaftlichen Vereinen wäre ein erhöhter Gläubigerschutz einzuführen; hier müßten für die im Namen des Vereins von vertretungsberechtigten Personen vorgenommenen Rechtshandlungen grundsätzlich alle Mitglieder persönlich haftbar gemacht werden können, gerade wie bei der bürgerlichrechtlichen Gesellschaft. Ein Ausschluß der Haftung wäre nur unter erschwerten Voraussetzungen zuzugestehen. Im übrigen wäre auch hier eine Gleichstellung mit den Idealvereinen zu empfehlen.

Bei beiden Typen dürfte die Unterstellung unter das Vereinsrecht nicht so weit gehen, daß sie in den tatsächlichen Genuß voller Rechtsfähigkeit kämen; die Eintragungsfähigkeit ins Grundbuch wäre zu versagen.

Die schwierige Frage der Parteifähigkeit könnte nach dem Vorbild des Art. 30 des neuen ital. codice civile dadurch gelöst werden, daß der Vereinsvorstand namens des Vereins klagen und verklagt werden könnte.

3. Kapitel

Stiftungen § 61

v. Gierke, Deutsches Privatr. I §§ 60, 78; v. Tuhr I § 41; Behrend, Die Stiftungen nach dem BGB. 1905; Sartorius, Art. Stiftungen im Wörterb. d. Staats- u. Verwaltungsr.; Knoke, HdwbRw. V 726; Goerdeler, Die Stiftung als Rechtsform für Unternehmungen, ZHK. **118** (1950) 145f.; Strickrodt, Die Stiftung als neue Unternehmensform (2) 1951.

I. Begriff und Arten.

1. Begriff.

Die Stiftung ist eine durch private Willenserklärung geschaffene, für einen dauernden Zweck bestimmte Einrichtung mit selbständiger Rechtspersönlichkeit, die nicht in einem Personenverband besteht, sondern zur Erreichung des im Errichtungsgeschäft festgelegten Zweckes mit Vermögensmitteln ausgestattet wird. Oder besser: Die Stiftung ist eine auf Ausstattung mit einem Vermögen angelegte, nicht in einem Personenverband bestehende, als selbständiger Rechtsträger anerkannte Einrichtung zur Erreichung eines dauernden Zweckes, der durch den im Errichtungsgeschäft niedergelegten Willen des Errichters bestimmt wird.

Der Schwerpunkt der Einrichtung liegt in der Bindung des Stiftungsvermögens für den vom Stifter festgelegten Zweck. Aber darum darf man die Stiftung doch nicht als zweckgebundenes Sondervermögen mit juristischer Persönlichkeit erklären; denn es kann zeitweise an einem Stiftungsvermögen überhaupt fehlen. Gegen die Begriffsbestimmung Gierkes als „Verbandsperson" spricht, daß ein Menschenverband bei der Stiftung nicht vorhanden zu sein braucht; die Stiftung kann von einer einzelnen (natürlichen oder juristischen) Person als Vorstand verwaltet werden; die Destinatäre (Genießer) brauchen gar keinen Verband zu bilden und dürfen nicht als die Rechtsträger aufgefaßt werden.

Der Stiftung kommt Wirklichkeit im früher besprochenen Sinne zu, und die Rechtsordnung will sie als ein durch Organe handelndes Willens- und Machtsubjekt behandelt wissen.

Keine Stiftungen in diesem Sinne sind:

a) Die unselbständigen oder sog. fiduziarischen Stiftungen.

Sie sind zu gewissen Zwecken bestimmte Sondervermögen, die keine selbständige Rechtsträgerschaft haben, vielmehr einer bestehenden juristischen Person (Staat, Stadt, Universität usw.) zu Eigentum übertragen werden zur Verwendung für einen vom Stifter bestimmten Zweck (Stipendien, Kunstzwecke, soziale Zwecke usw.). Das ist in doppelter Weise denkbar: entweder liegt in der Übertragung eine unentgeltliche Zuwendung zu fiduziarischem Eigentum — so wenn das Stiftungsvermögen vom sonstigen Vermögen der juristischen Person getrennt zu verwalten ist — oder eine Schenkung oder letztwillige Verfügung unter einer Auflage — so wenn das Stiftungsvermögen mit dem sonstigen Vermögen vermischt werden darf. Die große Mehrzahl aller Stiftungen sind derartige unselbständige Stiftungen. Für sie sind die landesrechtlichen Erwerbsbeschränkungen (EG. 86, 1) bedeutsam. Auf die unselbständigen Stiftungen finden die Vorschriften des BGB. über rechtsfähige Stiftungen (80ff.) auch keine entsprechende Anwendung, insbesondere auch nicht die Formvorschrift des § 81 (RG. **105** 305).

b) Die sog. Sammelvermögen, die durch eine öffentliche Sammlung für einen vorübergehenden Zweck (Errichtung eines Denkmals usw.) zusammengebracht sind.

Das Gesetz berücksichtigt sie nur in 1914, indem es die Bestellung eines Pflegers vorsieht bei Wegfall der zur Verwaltung und Verwendung berufenen Personen. Ihre Rechtsnatur ist sehr streitig. Eine Schenkung an die Sammler oder deren Vereinigung ist nicht anzunehmen; RG. **62** 391. Man betrachtet das Sammelvermögen bald als stiftungsähnliches Gebilde, bald nimmt man eine Gesellschaft oder einen Verein der Spender (mit den Sammlern als geschäftsführenden Gesellschaftern) an, bald faßt man die Sammler als fiduziarische Eigentümer nach Gesellschafts- oder Vereinsrecht auf. Diese Auffassung dürfte sich für die Regel am meisten empfehlen. Das Sammelvermögen unterliegt dann nicht dem Zugriff der Gläubiger der Sammler und fällt nicht in deren Konkursmasse.

2. Arten. Sonderbestimmungen bestehen für die Stiftungen, deren Verwaltung durch öffentliche Behörden geführt wird, und für die Familienstiftungen, die dem Interesse der Mitglieder einer bestimmten Familie dienen; diese sind durch die Landesgesetzgebung genauer geregelt worden, z. B. in Preußen durch Art. 1—3 AGBGB.

Wegen der Familienfideikommisse vgl. preuß. ZwangsauflG. v. 22. 4. 1930; ferner § 18 FideikommißerlöschungsG. (RG.) v. 6. 7. 1938 sowie VO. über Familienstiftungen v. 17. 5. 1940 u. BundesG zur Änderung von Vorschriften des Fideikommiß- u. Stiftungsrechts v. 28. 12. 1950.

II. Die Rechtsfähigkeit, insbesondere die Entstehung der Stiftung.

Der Umfang der Rechtsfähigkeit ist der gleiche wie bei den Vereinen. Besonderes gilt für die Entstehung.

Zur Entstehung ist erforderlich a) ein Stiftungsgeschäft, das die nötige Unterlage für den neuen Rechtsträger schafft, und b) staatliche Mitwirkung, Staatsgenehmigung, da das öffentliche Interesse die Prüfung des Zwecks verlangt, für den ein Vermögen auf vielleicht unabsehbare Zeit festgelegt werden soll.

1. Die Entstehungstatsachen.

a) Das Stiftungsgeschäft.

α) Begriff. Das Stiftungsgeschäft ist eine einseitige, nicht empfangsbedürftige Willenserklärung des Stifters dahin, daß die Stiftung zur

Verwirklichung eines bestimmten Zwecks als selbständiger Rechtsträger ins Leben treten soll. Wesentlicher Inhalt ist die Festsetzung eines bestimmten Zwecks.

Sehr streitig ist, ob die Ausstattung der Stiftung mit einem Vermögen ein wesentlicher Bestandteil des Stiftungsgeschäfts ist. Eine sofortige gleichzeitige Bewidmung ist nicht zu fordern; denn es wäre zweckwidrig, die Stiftung als nicht entstanden zu betrachten, wenn sich die zugewandten Gegenstände als wertlos herausstellten (z. B. die Kuxe eines inzwischen ersoffenen Bergwerks; vielleicht hat die Stiftung inzwischen anderswoher Kapital erworben). Praktisch wird freilich die staatliche Genehmigung ohne gleichzeitige Bewidmung kaum zu erlangen sein.

Regelmäßig enthält das Stiftungsgeschäft auch Bestimmungen über die Verwaltung, namentlich die Einsetzung eines Vorstandes oder doch Angaben für die Art seiner Bestellung usw. Mit Recht hält das aber Enneccerus-Nipperdey § 117 IV, 1, nicht für wesentlich, da die Ergänzung auch durch die staatliche Aufsichtsbehörde erfolgen könne.

β) Arten und Formen. Das Stiftungsgeschäft kann als Rechtsgeschäft unter Lebenden oder von Todes wegen vorgenommen werden.

αα) Unter Lebenden bedarf es der schriftlichen Form (81 I). Es ist bis zur Erteilung der staatlichen Genehmigung widerruflich; der Widerruf kann aber, wenn die Genehmigung schon bei der zuständigen Behörde nachgesucht ist, nur dieser gegenüber erfolgen (81 II, 2). Über das Widerrufsrecht der Erben vgl. 81, II, 3.

Da das Stiftungsgeschäft mit der formgerechten Erklärung vollendet vorliegt, schaden späterer Tod oder Geschäftsunfähigkeit des Stifters nichts; die Genehmigung ist nur Wirksamkeitserfordernis. — Die Widerruflichkeit schließt nicht aus, daß jemand sich wirksam obligatorisch verpflichtet, eine Stiftung zu errichten, also nicht zu widerrufen.

ββ) Von Todes wegen kann es im Testament oder Erbvertrag erfolgen (83). Dann gelten deren Formen. Die errichtete Stiftung kann zu Erben eingesetzt oder mit einem Vermächtnis bedacht werden.

Der Widerruf erfolgt hier nach den Regeln für letztwillige Verfügungen (§§ 2253 ff.); die Erben haben also kein Widerrufsrecht.

γ) Die Rechtsnatur des Stiftungsgeschäfts ist streitig. Soweit in ihm der neu gegründeten Stiftung ein Vermögen zugewiesen wird, muß man den personenrechtlichen Schöpfungsakt, wodurch die Stiftung ins Leben gerufen wird, unterscheiden von dem Bewidmungsakt, welcher der Stiftung das Vermögen zuweist. Dieser erzeugt grundsätzlich nur eine schuldrechtliche Wirkung, einen Anspruch gegen den Stifter auf Übertragung des Vermögens unter der Bedingung der Genehmigung (82).

Streitig ist, ob die Bewidmung als Schenkung aufgefaßt werden darf. Die herrschende Ansicht sieht sie nicht als Schenkung an, weil der Zweck der Zuwendung nicht die Bereicherung einer vorhandenen Person sei, sondern die Herstellung einer neuen Person oder doch die Schaffung der Daseinsgrundlage für eine solche

Jedenfalls dürften einzelne Vorschriften über die Schenkung nach Anlehnungsschluß anwendbar sein, z. B. die über die Haftung des Schenkers (521—524), aber auch die über sein Rückforderungsrecht wegen Verarmung.

b) Die Staatsgenehmigung.

α) Erforderlich ist die Genehmigung des Landes, wo die Stiftung ihren Sitz haben soll — des Reichsrats, jetzt wohl Bundesministers des Inneren, wenn sie diesen nicht in einem Lande haben soll. Als Sitz gilt der Ort der Verwaltung (80, 2/3).

β) Die Genehmigung steht im freien Belieben der Behörde.

γ) Negative Voraussetzung der Genehmigung ist, daß bis zu ihrer Erteilung kein Widerruf erfolgt (81 II).

δ) Die Genehmigung erfolgt auf Antrag, den der Stifter oder sein Vertreter stellt; nach seinem Tode sind die Erben oder die Testamentsvollstrecker antragsberechtigt, notfalls das Nachlaßgericht antragspflichtig (83).

Streitig ist, ob der Antrag des Stifters ein wesentliches Erfordernis der Entstehung für eine unter Lebenden errichtete Stiftung ist (so die herrschende Lehre) oder ob er nur auf das Verfahren Einfluß hat (Verfahrensvorschrift, so u. a. v. Tuhr I § 41 IV).

ε) Streitig ist das Verhältnis von Stiftungsgeschäft und Genehmigung.

Nach herrschender Auffassung ist das Stiftungsgeschäft die eigentliche Rechtsgrundlage der Stiftung, die Genehmigung hat nur Nebenbedeutung; sie heilt also nicht die Mängel des Stiftungsgeschäfts. Immerhin wird die Rechtspersönlichkeit der Stiftung so lange zu achten sein, bis die zuständige Behörde die Genehmigung zurückgenommen hat (v. Tuhr I § 41 IV S. 605).

2. Die Wirkungen des genehmigten Stiftungsgeschäfts.

a) Mit der Genehmigung ist die Stiftung entstanden. Wird sie erst nach dem Tode des Stifters genehmigt, so gilt sie für die Zuwendungen des Stifters (nicht aber Dritter) als schon vor dessen Tode entstanden, 84 (Fiktion).

Die Rückwirkung ist wichtig bei einer Stiftung, die vom Stifter zum Erben eingesetzt worden ist. Erbe kann nur werden, wer zur Zeit des Erbfalls schon lebt (1923). Auf Grund der Fiktion wird die hinterher erst genehmigte Stiftung so behandelt, als ob sie schon vorher entstanden sei, dem Erfordernis des 1923 ist also genügt.

b) Beim Stiftungsgeschäft unter Lebenden hat der Bewidmungsakt nur eine schuldrechtliche Wirkung. Er erzeugt einen Anspruch der Stiftung auf Übertragung des zugesicherten Vermögens, bewirkt aber keinen unmittelbaren Vermögensübergang. Nur Rechte, zu deren Übertragung der bloße Abtretungsvertrag genügt, gehen kraft des Gesetzes mit dem Augenblick über, wo die Genehmigung wirksam wird (82, 84).

Ein Grundstück muß also aufgelassen werden, eine Forderung kann die Stiftung sofort als Gläubigerin geltend machen.

c) Beim Stiftungsgeschäft in einer Verfügung von Todes wegen erfolgt die Bewidmung vielfach durch Erbeinsetzung; dann erwirbt die Stiftung das

Vermögen auf Grund der rückwirkenden Genehmigung unmittelbar als Erbe (1922). Die Forderung aus einem Vermächtnis fällt ihr mit dem Erbfall an (2176).

3. Wird die Genehmigung versagt, so fällt die gesetzliche Bedingung für die wirksame Vornahme des Stiftungsgeschäfts aus. Dieses ist unwirksam. Doch kann der Antrag auf Genehmigung wiederholt werden.

III. Die Verfassung der Stiftung.

1. Die Verfassung wird bestimmt

a) in erster Linie durch die zwingenden Vorschriften des Reichs- und Landesrechts,

b) in zweiter Linie durch das Stiftungsgeschäft,

c) aushilfsweise durch die ergänzenden Vorschriften des Reichs- oder Landesrechts (85).

2. Der Vorstand. Nach 86 gelten die meisten Vorschriften über den Vereinsvorstand entsprechend für den Stiftungsvorstand.

a) Die Stiftung muß einen Vorstand haben (26). Das Stiftungsgeschäft wird regelmäßig so viel über die Bestellung des Vorstands enthalten, daß ihn daraufhin wenigstens ein Dritter, z. B. eine Behörde, bestellen kann. Ob das Stiftungsgeschäft mangels solcher Anhaltspunkte nichtig ist oder die staatliche Aufsichtsbehörde dann den Vorstand bestellen kann, ist streitig. Vernünftigerweise wird man sich für die letztere Auffassung entscheiden. Bei vorübergehendem Fehlen sind die erforderlichen Vorstandsmitglieder auf Antrag eines Beteiligten nach 29 vom Amtsgericht des Sitzes zu bestellen.

b) Die Handlungsfähigkeit der Stiftung ist dieselbe wie bei den Vereinen, also auch die deliktische Verantwortlichkeit (31). Fehlt der Vorstand, so ist die Stiftung vorübergehend handlungsunfähig, während der Verein immer durch die Mitgliederversammlung handeln kann.

3. Die Destinatäre (Genießer, Bezugsberechtigte, Stiftler). Außer dem Vorstand (und etwaigen besonderen Vertretern nach 30) hat die Stiftung keine Organe, namentlich keine Mitglieder. Die Personen, denen die Erträgnisse der Stiftung zugute kommen sollen, die Destinatäre (oder Stiftlinge), haben keinen Anteil an der Verwaltung; sie sind bloße Genießer. Ihr Kreis darf nicht mit der Mitgliederversammlung des Vereins auf gleiche Stufe gestellt werden.

Ihre Rechtsstellung ist nach dem Stiftungsgeschäft und Landesrecht zu bestimmen. Namentlich ist danach die Frage zu beantworten, ob sie einen klagbaren Anspruch auf satzungsgemäße Verwendung der Stiftungsgelder haben (RG. 100 234). Nach RG. 121 166 ist die Frage durch Auslegung des Stiftungsgeschäfts zu beantworten. Die herrschende Lehre bejaht i. Zw. einen solchen Anspruch, wenn der Kreis des Bezugsberechtigten genügend bestimmt ist, sie leitet den Anspruch ab aus dem sinngemäß ergänzten Willen des Stifters, auch wenn eine ausdrückliche Bestimmung fehlt. Doch wird man auch bei genügend bestimmtem

Kreis ein Klagerecht auf die Stiftungsbezüge ablehnen müssen, wenn die Berechtigung des einzelnen von Voraussetzungen abhängig gemacht ist, über deren Vorhandensein der Vorstand nach freiem Ermessen unter Berücksichtigung der tatsächlichen Verhältnisse des Einzelfalles zu entscheiden hat (RG. JW. 1901, 579[20], 1928, 3240; OLGRspr. 28 13). Dagegen ist eine Feststellungsklage über die Zugehörigkeit zum Kreis der Destinatäre grundsätzlich zuzulassen, wenn der Kreis von objektiv feststellbaren Voraussetzungen abhängig ist. Wo die Frage der Klagbarkeit landesgesetzlich genauer geregelt ist, hat es dabei sein Bewenden; so für Bayern; Bay.VerwGH. 16 Nr. 521.

4. Staatsaufsicht. Die Stiftung steht unter Staatsaufsicht. Nach 87 kann die landesgesetzlich zuständige Behörde der Stiftung eine andere Zweckbestimmung geben und — soweit es die Zweckumwandlung nötig macht — die Verfassung der Stiftung ändern, wenn die Erfüllung des Stiftungszwecks unmöglich geworden ist oder das Gemeinwohl gefährdet. Wenn nötig, kann sie die Stiftung sogar aufheben.

Vgl. z. B. das preußische Gesetz vom 10. 7. 1924 über Änderung von Stiftungen. Dazu RG. JW. 1928, 3239.

Bei der Umwandlung sind möglichst der Wille des Stifters und das Interesse der Stiftlinge zu berücksichtigen. Vorher soll der Vorstand gehört werden, 87 II und III.

IV. Das Ende der Stiftung.

1. Auch darüber entscheidet in erster Linie das Reichs- und Landesrecht, in zweiter das Stiftungsgeschäft.

Reichsrechtliche Beendigungsgründe sind:

a) Konkurseröffnung (86 und 42).

b) Behördliche Aufhebung als äußerste Maßnahme, wenn die Erfüllung des Stiftungszwecks unmöglich geworden ist oder das Gemeinwohl gefährdet (87).

c) Verlust des Vermögens ist nicht als selbständiger Beendigungsgrund anerkannt, kann aber ein Einschreiten der Behörde aus 87 rechtfertigen.

2. Wirkungen.

a) Die juristische Person fällt weg, gilt aber bis zur Beendigung der Liquidation als fortbestehend (49 II, 88).

b) Das Vermögen fällt an die in der Verfassung bestimmten Personen (88). Ein Heimfallrecht des Fiskus ist, anders als beim Verein (45 III), reichsrechtlich nicht vorgesehen, wohl aber meist landesrechtlich, z. B. durch PrAG. 5 § 2.

Sachregister

(Die Zahlen geben die Seiten an)

Kolibri 360 GmbH
Ferdinand-Jühlke-Straße 7
99095 Erfurt, Deutschland
produktsicherheit@kolibri360.de